Raphael Hennecke

Wettbewerbsregulierung im Wirtschaftswunder

Schriftenreihe zur Zeitschrift für Unternehmensgeschichte

In Verbindung mit Hartmut Berghoff, Andreas Fahrmeir, Christina Lubinski, Mary O'Sullivan, Werner Plumpe und Raymond Stokes

Herausgegeben im Auftrag der Gesellschaft für Unternehmensgeschichte von Carsten Burhop, Jan-Otmar Hesse und Christian Kleinschmidt

Band 38

Raphael Hennecke

Wettbewerbs-regulierung im Wirtschaftswunder

Die Kartellrechtspraxis in Westdeutschland unter den alliierten Dekartellierungsgesetzen, 1947–1957

DE GRUYTER
OLDENBOURG

ISBN 978-3-11-151726-1
e-ISBN (PDF) 978-3-11-151767-4
e-ISBN (EPUB) 978-3-11-151796-4
ISSN 2509-291X

Library of Congress Control Number: 2024942939

Bibliografische Information der Deutschen Nationalbibliothek
Die Deutsche Nationalbibliothek verzeichnet diese Publikation in der Deutschen Nationalbibliografie; detaillierte bibliografische Daten sind im Internet über http://dnb.dnb.de abrufbar.

© 2025 Walter de Gruyter GmbH, Berlin/Boston
Einbandabbildung: Bundeskanzler Konrad Adenauer (2. v. r.) mit den Allliierten Hochkommissaren John McCloy (USA; l.); Ivone Kirkpatrick (Großbritannien; 3. v. l.); André Francois-Poncet (Frankreich; r) im Hotel Petersberg (2. v. l.: Ludwig Erhard, Bundesminister für Wirtschaft) – 23.09.1950.
Fotograf: Georg Munker. © Bundesarchiv. B 145 Bild-F090971-0005
Satz: bsix information exchange GmbH, Braunschweig

www.degruyter.com

Vorwort

Die folgende Arbeit ist die überarbeitete Fassung meiner Dissertation, die am 21.6.2023 von der Kulturwissenschaftlichen Fakultät der Universität Bayreuth angenommen wurde und die ich am 4.7.2023 in Form eines wissenschaftlichen Kolloquiums (Rigorosum) an der Universität Bayreuth verteidigt habe. Erstgutachter der Arbeit war Prof. Dr. Sebastian Teupe, Zweitgutachter war Prof. Dr. Jan-Otmar Hesse, Drittprüfer beim wissenschaftlichen Kolloquium war Prof. Dr. Sebastian Till Braun.

Sebastian Teupe als Doktorvater und Betreuer dieser Arbeit soll dann hier auch an erster Stelle gedankt sein. Er hat nicht nur das Forschungsprojekt entworfen, aus dem diese Arbeit hervorgegangen ist, sondern stand auch stets mit Rat und Feedback zur Seite, wann immer das gewünscht war. Das Gleiche gilt für Jan-Otmar Hesse, der diese Arbeit sowie meinen weiteren Karriereweg mit einigen wertvollen Hinweisen und Ratschlägen gefördert hat.

Für die Finanzierung des Forschungsprojekts (Geschäftszeichen TE 1255/1-1 / Projektnummer 388105383) sei zunächst der Deutschen Forschungsgemeinschaft gedankt, die sich zudem angesichts der durch die Covid-19-Pandemie ausgelösten Verzögerungen und Verwerfungen sehr kulant gezeigt hat. Zudem hat die Stiftung Bildung und Wissenschaft im Stifterverband den Abschluss der Arbeit durch ein Stipendium ermöglicht. Hier ebenfalls zu nennen ist die Gesellschaft für Unternehmensgeschichte, welche die Publikation der Arbeit durch einen Druckkostenzuschuss ermöglicht hat.

Zu Dank verpflichtet bin ich außerdem all den Mitarbeiterinnen und Mitarbeitern der Archive, in denen ich für dieses Projekt recherchiert habe. Ihre Mithilfe ermöglichte es mir erst, das Quellenfundament für diese Arbeit zu erfassen.

Gedankt sei auch Raoul Lefmann, der kurzfristig und unter Zeitdruck Teile der Arbeit Korrektur gelesen hat. Vor allem danken möchte ich aber meinen Eltern, die meinen Lebensweg trotz milder Skepsis gegenüber meiner Berufswahl stets begleitet und finanziell wie emotional gefördert haben. Ihnen soll dieses Buch gewidmet sein.

Bielefeld, im Frühjahr 2024

https://doi.org/10.1515/9783111517674-201

Inhaltsverzeichnis

1 Einleitung

1.1 Die oktroyierte Dekartellierung der Besatzer als Basis des Wettbewerbsrechts

Die Bundesrepublik der frühen Jahre des sogenannten Wirtschaftswunders hatte keine eigene gesetzlich fixierte Wettbewerbsordnung. Heute gehören Wettbewerbsgesetze zum Grundverständnis liberaler Marktwirtschaften. Zweck dieser Gesetze ist es, den Wettbewerb gegen Marktmacht in Form von Kartellabsprachen und Monopolen zu schützen und somit letztlich eine Übervorteilung von Konsumenten in Form überhöhter Preise und anderer Nachteile zu verhindern. Ein solches Wettbewerbsgesetz wurde in der Bundesrepublik aber erst durch das am 1.1.1958 in Kraft getretene Gesetz gegen Wettbewerbsbeschränkungen (GWB) geschaffen. Es war dann auch der äußerst kontroverse und fast 10 Jahre anhaltende Entstehungsprozess dieses Gesetzes, welches als ‚wirtschaftliches Grundgesetz' der jungen Bundesrepublik eigentlich an deren Beginn stehen sollte, der bisher im Zentrum der historischen Forschung zum Wettbewerbs- und Kartellrecht der frühen 1950er Jahre stand. Angesichts dieser Fokussierung auf das GWB blieb die konkrete wettbewerbsrechtliche Praxis in den westlichen Besatzungszonen und der frühen Bundesrepublik, die sowohl durch die Besatzungsmächte als auch durch deutsche Gerichte geprägt wurde, bisher unterbelichtet und wurde nie systematisch erforscht. Diese wurde seit 1947 gesetzlich durch die beiden inhaltlich identischen Dekartellierungsgesetze der amerikanischen und britischen Militärregierungen, Gesetz Nr. 56 und Verordnung Nr. 78, sowie, in geringerem Maße, durch die inhaltlich abweichende und seltener angewandte Verordnung Nr. 96 des französischen Commandant en Chef bestimmt. Die alliierten Gesetze wurden nicht nur von den Besatzungsmächten selbst durchgesetzt, sondern im Zuge zivilrechtlicher Auseinandersetzungen sowie Strafverfahren ab 1950 auch zunehmend von deutschen Gerichten interpretiert. Die Kompetenzen der alliierten Kartellbehörden gingen zudem nach der Ablösung des Besatzungsstatuts 1955 endgültig auf das Bundesministerium für Wirtschaft über, nachdem dessen Rolle bei der Durchsetzung der Dekartellierungsgesetze angesichts des langsamen Rückzugs der Alliierten Hohen Kommission und ihrer Abteilungen schon zuvor zunehmend an Bedeutung gewonnen hatte. So waren die eigentlich als kurzfristiges Provisorium gedachten alliierten Dekartellierungsgesetze über zehn Jahre Grundpfeiler der deutschen Kartell- und Wettbewerbsrechtspraxis.

Vor 1945 hatte Deutschland als „klassisches Land der Kartelle" gegolten. Zwar hatten deutsche Gerichte auch schon damals nicht selten über Kartelle, wettbewerbsbeschränkende Verträge oder auf der Ausnutzung von Marktmacht basie-

https://doi.org/10.1515/9783111517674-001

rende Wettbewerbspraktiken zu entscheiden. In diesen Urteilen war jedoch nicht der Schutz des Wettbewerbs selbst die Richtschnur gewesen, sondern die seit Erlass des Gesetzes gegen den unlauteren Wettbewerb (UWG) meist nach diesem definierte „Lauterkeit/Unlauterkeit" oder „Sittenwidrigkeit" der einzelnen wettbewerblichen Handlung. Dies hatte, nicht zuletzt im Rückgriff auf eine in der Mehrheit kartellfreundliche deutsche Nationalökonomie und Regierungspolitik, zu einer kartellfreundlichen Rechtsprechung geführt, die Kartelle und andere wettbewerbsbeschränkende Absprachen – auch bei Anwendung von Zwangsmaßnahmen gegen Außenseiter – in den meisten Fällen grundsätzlich rechtlich aufrechterhielt und lediglich einzelne, als exzessiv empfundene Maßnahmen untersagte.

In den USA hingegen hatte sich seit Ende des 19. Jahrhunderts angesichts der wirtschaftlichen Macht und des rücksichtslosen Geschäftsgebarens der zeitgenössischen wirtschaftlichen *trusts* mit dem *Sherman Act* eine Tradition herausgebildet, die sowohl Versuche zur Monopolisierung als auch wettbewerbsbeschränkende Absprachen zwischen mehreren wirtschaftlichen Akteuren grundsätzlich als *conspiracy* kriminalisierte. Auch wenn die Durchsetzung dieser Doktrin über ihre lange Geschichte nie frei von Widersprüchen und Rückschlägen war, blieb sie doch stets die Leitlinie amerikanischer Wettbewerbspolitik. Als solche erfuhr sie in der Nachkriegszeit nicht nur eine erhebliche Revitalisierung in den USA selbst, sondern wurde von den Vertretern der neu entstandenen Supermacht auch zunehmend international verbreitet und angewandt. Als institutionelles Vehikel für diese Globalisierungsbestrebungen war unmittelbar nach 1945 zunächst die *International Trade Organization* (ITO) vorgesehen gewesen, die im Gegensatz zum *General Agreement on Tariffs and Trade* (GATT) in ihrem Gründungsdokument, der *Havana Charter*, grundsätzliche Regeln für die Bekämpfung von Wettbewerbsbeschränkungen im internationalen Handel verankert hatte. Nachdem diese ausgerechnet im amerikanischen Kongress gescheitert war, gewann die unilaterale Durchsetzung der Internationalisierung des Antitrust an Bedeutung,[1] wodurch das besetzte Westdeutschland, auf dessen Gesetzgebung die amerikanische Besatzungsmacht unmittelbaren Zugriff hatte, ungewollt zum Flaggschiff der amerikanischen Antitruster und ihrer Kampagne wurde.

Dementsprechend brachen die auf amerikanische Initiative verankerten, alliierten Dekartellierungsgesetze bewusst mit der deutschen Kartelltradition, indem sie explizit alle früheren Bestimmungen des deutschen Rechts, die mit den Inhalten der neuen Gesetze in Konflikt standen, für aufgehoben erklärten. Stattdessen orientierten sich die neuen Kartellgesetze sichtbar an der Rechtsprechung des amerikanischen Antitrust, namentlich dem *Sherman Act* und dem *Clayton Act* so-

1 Tony A. Freyer, Antitrust and Global Capitalism, 1930–2004, Cambridge 2006, S. 59; 107.

wie, wohl am wichtigsten, der zeitgenössischen Auslegung dieser Gesetze durch den *U. S. Supreme Court* und die *District Courts*. Auch wenn die deutschen Gerichte die Dekartellierungsgesetze und ihre amerikanischen Vorbilder durchaus selbstbewusst in ihrem eigenen Sinne auslegten, markierte die Anwendung dieser Gesetze auf das deutsche Wirtschaftsleben wegen ihrer Fokussierung auf den Wettbewerb als zu schützendes Gut doch eine wesentliche Kehrtwende in der deutschen Wettbewerbsrechtpraxis. Während durch Marktabsprachen in der deutschen Wirtschaft zumeist ein konstantes Preisniveau und damit auch die wirtschaftlichen und sozialen Strukturen der einzelnen Branchen erhalten werden sollten, waren erstarrte Preise im Zuge der Weltwirtschaftskrise von amerikanischen Ökonomen und Antitrustern als eines der Grundübel des modernen, durch Manager bestimmten Kapitalismus ausgemacht worden [siehe Kapitel 2.2.2]. Die zugrundeliegenden Wettbewerbsvorstellungen der Mehrheit der deutschen Unternehmer und der amerikanischen Antitruster standen sich also diametral entgegen.

Diese Arbeit soll die Wechselwirkung zwischen unternehmerischen Wettbewerbspraktiken und der neuen Gesetzeslage aus einem multiperspektivischen Blickwinkel untersuchen und dabei sowohl durch die Gesetze betroffenen Unternehmer, deutsche Richter, die alliierten Dekartellierungsabteilungen und ihre trilaterale Institution, die *Decartelization and Industrial Deconcentration Group* (DIDEG) sowie das deutsche Bundesministerium für Wirtschaft (BMWi) in den Blick nehmen. Dabei lässt sich eine Reihe von leitenden Fragen stellen: Wurden durch die Dekartellierungsgesetze verbotene Kartellabsprachen in der Illegalität weitergeführt? Wie hoch war der Verfolgungsdruck durch alliierte Behörden und deutsche Staatsanwälte im strafrechtlichen Bereich? Legten deutsche Gerichte die Kartellgesetze strikt aus oder versuchten sie die Ergebnisse der traditionell kartellfreundlichen deutschen Rechtsprechung auch unter der neuen Rechtslage zu bewahren? Gab es bei dieser Auslegung Differenzen zwischen den unterschiedlichen Gerichten? Veränderte sich das Wettbewerbsverständnis der deutschen Unternehmer sowie der politischen Öffentlichkeit grundlegend? Wichen deutsche Unternehmen angesichts des strikten Verbots von Preisabsprachen auf andere Möglichkeiten der Wettbewerbsbeschränkung aus, bei denen die Kartellgesetze weniger strikte Maßstäbe anlegten? Welche Rolle spielte die häufig diagnostizierte Amerikanisierung der westdeutschen Wirtschaft in diesem Zeitraum? Hatte die Wirkungsbilanz der Dekartellierungsgesetze in Westdeutschland Implikationen für die globale Wettbewerbspolitik? Wie positionierte sich die deutsche Bundesregierung zu Verfahren vor alliierten oder deutschen Gerichten? Wie beurteilten die alliierten Kartellbehörden die Verfahren vor deutschen Gerichten? Welchen internen Dynamiken und Konflikten war die trilaterale DIDEG ausgesetzt? Inwiefern beeinflussten die Erfahrungen aus der Durchsetzung der alliierten Gesetze das GWB und seine spätere Anwendung durch das Bundeskartellamt? Diese Fragen sollen dazu dienen, die westdeutsche Wettbewerbs- und Kartellrechtspraxis in den 1950er Jahren quellenbasiert und multiperspektivisch zu untersuchen, die bisher nicht systematisch erforscht, sondern lediglich in einzelnen unternehmens- und branchengeschichtlichen Fallstudien angeschnitten wurde. Die entsprechenden Erkenntnisse beleuchten zudem implizit auch die schon unter anderen Gesichtspunkten aufgeworfene Frage, inwieweit US-amerikanische Wettbewerbsvorstellungen und Rechtsdoktrinen sich auf das Westeuropa der Nachkriegszeit übertragen ließen, ob also bereits unmittelbar nach Kriegsende eine „Amerikanisierung" des Wettbewerbsrechts auf fruchtbaren Boden fiel.

1.2 Forschungsstand

Die erste wissenschaftliche Arbeit zu modernen Kartellen im deutschsprachigen Raum legte 1883 Friedrich Kleinwächter vor, der auch die lange einflussreiche Deutung von Kartellen als ‚Kinder der Not' prägte.[2] In der Folgezeit blieben Kartelle vor allem bei den institutionenverliebten Vertretern der historischen Schule der Nationalökonomie ein beliebtes Thema.[3] Als Standardwerke zu Kartellen und anderen Formen der wirtschaftlichen Konzentration bis in die 1930er Jahre können die Veröffentlichungen Robert Liefmanns und Siegfried Tschierschkys gelten.[4] Während die klassischen Kartelle und ihre wissenschaftliche Behandlung im Rahmen der zunehmenden staatlich-autoritäten Überformung im Nationalsozialismus vor allem ab Beginn des Zweiten Weltkriegs eher an Bedeutung verloren, entfachten amerikanische Antitruster eine Welle an Veröffentlichungen zu internationalen und deutschen Kartellen, die dort im engen Zusammenhang mit der Expansion der nationalsozialistischen Kriegs- und Raubwirtschaft gesehen wurden.[5] Wäh-

2 Friedrich Kleinwächter, Die Kartelle. Ein Beitrag zur Frage der Organisation der Volkswirthschaft, Innsbruck 1883.

3 Bereits die deutschsprachige zeitgenössische Literatur zu Kartellen ist umfassend und kann hier nicht ansatzweise erschöpfend wiedergegeben werden. Die beste Überblicksdarstellung ist: Thomas Jovović, Deutschland und die Kartelle – eine unendliche Geschichte, in: Jahrbuch für Wirtschaftsgeschichte 2012, Heft 1, S. 237–273; Zu den Debatten in der zeitgenössischen deutschen Nationalökonomie über die Kartelle: Roman Köster, Die Kartell- und Monopoldebatte der Nationalökonomie während der Weimarer Republik, in: Peter Collin (Hrsg.), Treffräume juristischer und ökonomischer Regulierungsrationalitäten, Frankfurt a. M. 2014, S. 211–233.

4 Pars pro toto: Robert Liefmann, Kartelle, Konzerne und Trusts, 7. Aufl., Stuttgart 1927; Siegfried Tschierschky, Kartell und Trust, 2. Aufl., Berlin 1932.

5 Siehe Kapitel 2.2.3. George W. Stocking / Myron W. Watkins, Cartels in Action, New York 1947; Joseph Borkin / Charles A. Welsh, Germany's Master Plan. The Story of Industrial Offensive, 2. Aufl, London u. a. 1943; Thurman Arnold, The Bottlenecks of Business, New York 1940; Wendell Berge, Cartels: Challenge to a Free World, Washington D. C. 1944; Edward Mason, Controlling

rend die zeitgenössischen volkswirtschaftlichen und soziologischen Schriften sich zwar umfassend und durchaus auch theoretisierend mit der Kartellbewegung befassten, litten sie letztlich unter dem Mangel, keinen Einblick in das diskret gehandhabte Innenleben der behandelten Kartelle und Syndikate gehabt zu haben.[6]

Diesem Mangel setzte auch die Wirtschaftsgeschichte nach 1945 lange nichts entgegen.[7] Erst im letzten Jahrzehnt erschienen zunehmend quellenbasierte, mit Unternehmensgeschichten vergleichbare Untersuchungen zum Innenleben von Kartellen, aufgrund der Quellenüberlieferung meist zu den strikter organisierten Syndikaten.[8] Ältere, umfassendere Darstellungen zu Kartellen und Kartellpolitik, die meist weder einen Innenblick in die Kartelle vornehmen, noch einzelne Gerichtsverfahren analysieren, haben ihren zeitlichen Fokus zudem meist auf der Periode vor 1914.[9] Arbeiten zu Kartellen und Wettbewerbspolitik im Nationalsozialismus konstatieren meist die zunehmende staatliche Lenkung und institutionelle Überformung der Kartelle im Rahmen der sich mehr und mehr in Richtung Kom-

World Trade: Cartels and Commodity Agreements, New York u. a. 1946; Ervin Hexner, International Cartels, Chapel Hill 1945; Corwin D. Edwards, Economic and Political Aspects of International Cartels. A Study made for the Subcommittee on War Mobilization of the Committee on Military Affairs – United States Senate. Washington D. C. 1944; Gertrud Lovasy, International Cartels. A League of Nations Memorandum, Lake Success 1947.

6 Eva-Maria Roelevink, Warum weniger eine Theorie als vielmehr eine neue empirische Kartellforschung notwendig ist. Eine Replik auf Holm A. Leonhardt: Zum Richtungsstreit in der Kartellgeschichtsforschung, ZUG 61, Heft 1 (2016), S. 116–120.

7 Erich Maschke, Grundzüge der deutschen Kartellgeschichte bis 1914, Dortmund 1964; Ingeborg Esenwein-Rothe, Die Wirtschaftsverbände von 1933 bis 1945, Berlin 1965. Beide Werke basieren trotz hoher Informationsdichte eher auf dem deskriptiven Außenblick.

8 Eva-Maria Roelevink, Organisierte Intransparenz. Das Kohlensyndikat und der Niederländische Markt, 1915–1932, München 2015; Christian Böse. Kartellpolitik im Kaiserreich. Das Kohlensyndikat und die Absatzorganisation im Ruhrbergbau 1893–1919, Berlin/Boston 2018; Elaine Eckert, Die Carbid-Vereinigung GmbH, Regensburg 2014; Mark Spoerer, Der Konzentrationsprozeß in deutschen Tafelglasindustrie 1925 bis 1932. Eine Fallstudie über den Einfluß des technischen Fortschritts auf Marktstruktur und Marktergebnis, in: Zeitschrift für Unternehmensgeschichte 38 (1993), Heft 2, S. 73–113; Harm G. Schröter, Die internationale Kaliwirtschaft 1918 bis 1939. Zum Verhältnis von industrieller Kartellpolitik und Staatsinterventionismus, Kassel 1985; Eher deskriptiv: Karl Erich Born, Internationale Kartellierung einer neuen Industrie: Die Aluminium-Association 1901–1915, Stuttgart 1994.

9 Maschke, Grundzüge; Fritz Blaich, Kartell- und Monopolpolitik im kaiserlichen Deutschland. Das Problem der Marktmacht im deutschen Reichstag zwischen 1879 und 1914, Düsseldorf 1973; Rainer Schröder, Die Entwicklung des Kartellrechts und des kollektiven Arbeitsrechts durch die Rechtsprechung des Reichsgerichts vor 1914, Ebelsbach 1988; Norbert Horn / Jürgen Kocka (Hrsg.), Recht und Entwicklung der Großunternehmen im 19. und frühen 20. Jahrhundert. Wirtschafts-, sozial- und rechtshistorische Untersuchung zur Industrialisierung in Deutschland, Frankreich, England und den USA, Göttingen 1979; Neuer, aber mit ungewöhnlicher Methodik: Klaus W. Richter, Die Wirkungsgeschichte des deutschen Kartellrechts vor 1914, Tübingen 2007.

mandowirtschaft entwickelnden staatlichen Wirtschaftslenkung, sowie eine entsprechende Orientierung der Rechtsprechung an diesen staatlichen Vorgaben (Verwaltungsakzessorietät).[10] Andere Untersuchungen zum NS-Wirtschaftsrecht befassen sich etwa mit den biographischen Kontinuitäten prominenter Juristen zwischen Nationalsozialismus und früher Bundesrepublik[11] oder der völkisch aufgeladenen Semantik der Wirtschaftswissenschaft während des Nationalsozialismus.[12]

Für die Phase der frühen Bundesrepublik hat sich die historische Forschung bisher vor allem auf den Entstehungsprozess des GWB konzentriert. Dieser wurde hinreichend unter unterschiedlichen Perspektiven untersucht. So standen je nach inhaltlichem Schwerpunkt etwa die parlamentarischen und interministeriellen Debatten,[13] die Einflussnahme durch industrielle Lobbygruppen[14] sowie durch die amerikanische Besatzungsmacht[15] oder der zeitgenössische Forschungsstand der Wirtschaftswissenschaft[16] im Vordergrund. Vor allem die Arbeit Lisa Murach-Brands hat dabei, trotz der letztendlich auf das deutsche GWB gemünzten Frage-

---

10 Harald Freise, Wettbewerb und Politik in der Rechtsordnung des Nationalsozialismus. Primat der Politik und ständischer Gedanke im Kartell-, Wettbewerbs- und Organisationsrecht 1933–36, Baden-Baden 1994; Ders., Wettbewerbs- und Kartellrecht im Nationalsozialismus. Die Sperrpräventivzensur des Kartellgerichts, in: Dieter Gosewinkel (Hrsg.), Wirtschaftskontrolle und Recht in der nationalsozialistischen Diktatur, Frankfurt a. M. 2005, S. 243–265; Annette Pöting, Die Kartellgesetzgebung als Instrument staatlicher Wirtschaftslenkung im Zeitalter des Nationalsozialismus, Köln 2006; Daniela Kahn, Die Steuerung der Wirtschaft durch Recht im nationalsozialistischen Deutschland. Das Beispiel der Reichsgruppe Industrie, Frankfurt a. M. 2006.

11 Jan Thiessen, Wirtschaftsrecht und Wirtschaftsrechtler im Schatten der NS-Vergangenheit, in: Manfred Görtemaker / Christoph Safferling (Hrsg.), Die Rosenburg. Das Bundesministerium der Justiz und die NS-Vergangenheit – eine Bestandsaufnahme, Göttingen 2013, S. 204–295.

12 Jan-Otmar Hesse, Zur Semantik von Wirtschaftsordnung und Wettbewerb in nationalökonomischen Lehrbüchern der Zeit des Nationalsozialismus, in: Johannes Bähr / Ralf Banken (Hrsg.) Wirtschaftssteuerung durch Recht im Nationalsozialismus. Studien zur Entwicklung des Wirtschaftsrechts im Interventionsstaat des „Dritten Reichs“, Frankfurt a. M. 2006, S. 473–510.

13 Rüdiger Robert, Konzentrationspolitik in der Bundesrepublik. Das Beispiel der Entstehung des Gesetzes gegen Wettbewerbsbeschränkungen, Berlin 1976.

14 Peter Hüttenberger, Wirtschaftsordnung und Interessenpolitik in der Kartellgesetzgebung der Bundesrepublik 1949–1957, in: Vierteljahrshefte für Zeitgeschichte 24, Heft 3 (1976), S. 287–307.

15 Volker Berghahn, Unternehmer und Politik in der Bundesrepublik, Frankfurt a. M. 1985; Lisa Murach-Brand, Antitrust auf Deutsch. Der Einfluß der amerikanischen Alliierten auf das Gesetz gegen Wettbewerbsbeschränkungen (GWB) nach 1945, Tübingen 2004; Alfred C. Mierzejewski, America as Model? U. S. Antitrust Policy and Ludwig Erhard's Struggle against Cartels in West Germany, in: Alan E. Steinweis (Hrsg.), The impact of Nazism, Lincoln u. a. 2003, S. 213–230.

16 Jan-Otmar Hesse, Abkehr vom Kartelldenken? Das Gesetz gegen Wettbewerbsbeschränkungen als ordnungspolitische und wirtschaftstheoretische Zäsur der Ära Adenauer, in: Hans Günter Hockerts / Günther Schulz (Hrsg.), Der „Rheinische Kapitalismus“ in der Ära Adenauer, Paderborn 2016, S. 29–50.

stellung, bereits erhebliche Vorarbeit bei der Untersuchung der in den alliierten Dekartellierungsgesetzen mündenden amerikanischen Antitrustkampagne in Westdeutschland geleistet. Im Ergebnis kommt sie zu dem Schluss, dass der amerikanische Einfluss auf die deutsche Gesetzgebung trotz energischer Eingriffe angesichts des langen Konflikts und der schwindenden Befugnisse letztlich gering ausfiel. Stattdessen setzte sich ein Kompromiss aus unterschiedlichen deutschen Vorstellungen durch, der sowohl durch die Ergebnisse der langen Debatte selbst als auch durch die Erfahrungen der Besatzungszeit geprägt war.[17] Praxeologische Untersuchungen setzen dann erst vereinzelt wieder nach der Verabschiedung des GWB mit der Errichtung des Bundeskartellamts als zentrale Wettbewerbsbehörde an.[18] Während eine umfassende praxeologische Untersuchung der Wettbewerbspolitik der frühen 1950er Jahre bisher nicht stattfand, deuten die Ergebnisse aus unternehmens- und branchengeschichtlichen Studien doch in eine gewisse Richtung. So kommen Arbeiten zu verschiedenen Wirtschaftssparten zu der Auffassung, dass sich nach dem Zweiten Weltkrieg zunächst nicht viel an den Marktordnungs- und Kontrollstrategien der Unternehmer, die Kartellierung und kartellähnliche Absprachen umfassten, änderte.[19] Neben den klassischen Unternehmens- und Branchengeschichten ist zudem auch die Unternehmenskriminalität in den letzten Jahren zunehmend in den Blick der Wirtschafts- und Unternehmensgeschichte geraten.[20] Diese weist mit ihren Untersuchungen zu den historischen Ur-

17 Murach-Brand, Antitrust auf Deutsch, S. 215–224.

18 Sebastian Teupe, Verhandelte Grenzüberschreitungen. Die Entwicklungstrends der deutschen Kartellrechtspraxis am Beispiel der Fernsehgeräteindustrie, 1950 bis 1990, in: Hartmut Berghoff / Cornelia Rauh / Thomas Welskopp (Hrsg.), Tatort Unternehmen. Zur Geschichte der Wirtschaftskriminalität im 20. und 21. Jahrhundert, Berlin 2016, S. 102–128; Jan-Otmar Hesse/Eva-Maria Roelevink, Cartel Law and cartel register in German twentieth century history, in: Susanna Fellman / Martin Shanahan (Hrsg.), Regulating Competition. Cartel registers in the twentieth-century world, London u. a. 2016, S. 193–207; Werner Kurzlechner, Fusionen – Kartelle – Skandale, Das Bundeskartellamt als Wettbewerbshüter und Verbraucheranwalt, München 2008.

19 Sebastian Teupe, Die Schaffung eines Marktes. Preispolitik, Wettbewerb und Fernsehgerätehandel in der BRD und den USA 1945–1985, Berlin u. a. 2016; Ders., Kontrolldenken. Vertikale Preisbindung, Hersteller-Händler-Beziehungen und die Transformation des Wettbewerbs im Markt für Fernsehgeräte zwischen den 1950er und 80er Jahren, in: ZUG 59, Heft 1 (2014), S. 47–72; Nancy Bodden, Business as usual? Die Dortmunder Brauindustrie, der Flaschenbierboom und die Nachfragemacht des Handels 1950 bis 1980, Dortmund u. Münster 2019; Paul Erker, Vom nationalen zum globalen Wettbewerb. Die deutsche und amerikanische Reifenindustrie im 19. und 20. Jahrhundert, Paderborn 2005; Josef Reindl, Wachstum und Wettbewerb in den Wirtschaftswunderjahren. Die elektrotechnische Industrie in der Bundesrepublik Deutschland und in Großbritannien 1945–67, Paderborn 2001.

20 Berghoff / Rauh / Welskopp (Hrsg.), Tatort Unternehmen; Bernhard Kretschmer / Benno Zabel (Hrsg.), Studien zur Geschichte des Wirtschaftsstrafrechts. Methoden – Analysen – Kritik, Baden-Baden 2018; Jens Ivo Engels u. a. (Hrsg.), Krumme Touren in der Wirtschaft. Zur Geschichte ethi-

sprüngen und Entwicklungen von Unternehmensstrafrecht, Wirtschaftsethik und Korruptionsbegriff Querverbindungen zur modernen Kartell- und Wettbewerbsrechtsgeschichte auf. Umfassendere Überblicksdarstellungen über die Entwicklung des Wettbewerbsrechts haben erzwungenermaßen angesichts der langen zu behandelnden Zeitspanne eher einen zusammenfassend-ideologiegeschichtlichen Ausblick, der den einzelnen Unternehmer selten im Blick hat.[21]

Die allgemeine Globalisierung der amerikanischen Antitrust-Lehre nach dem Zweiten Weltkrieg ist grundsätzlich in der Studie Tony A. Freyers umfassend analysiert worden. Der lange Untersuchungszeitraum sowie die globale Ausrichtung seiner Studie ermöglichen die Beobachtung langfristiger, durch Antitrust induzierter Veränderungen in der Struktur multinationaler Unternehmen, geht aber angesichts des großen zeitlichen wie geographischen Umfangs notwendigerweise auf Kosten der Detailschärfe bei den einzelnen Fallbeispielen.[22] Andere vereinzelte Arbeiten haben das Fallbeispiel des besetzten Westdeutschlands gezielter im Blick, kranken aber sowohl an der Vernachlässigung der Zeitspanne nach Gründung der Bundesrepublik zugunsten der unmittelbaren Besatzungszeit durch OMGUS, der Priorisierung der politisch umstritteneren Entflechtungen gegenüber der Kartellauflösung, sowie an der mangelnden Beachtung der juristischen Eigendynamik der alliierten Dekartellierungsgesetze vor deutschen und alliierten Gerichten.[23] In Summe konstatieren diese Untersuchungen auch aufgrund des zeitlich verkürzten Blicks und der Nichtbeachtung der deutschen Gerichte meist ein Scheitern der amerikanischen Antitrustkampagne.

Besser als die allgemeine Dekartellierung unter Gesetz Nr. 56 / Verordnung Nr. 78 ist die zeitgleiche Entflechtung der Großkonzerne erforscht. Diese stellt zwar einen separaten Sachverhalt dar, kann jedoch politisch sowie gesetzlich

---

schen Fehlverhaltens und seiner Bekämpfung, Köln u. a. 2015; Sarah Wilson, The Origins of Modern Financial Crime. Historical Foundations and Current Problems in Britain, Abingdon u. a. 2014.

21 Gerold Ambrosius, Die Entwicklung des Wettbewerbs als wirtschaftspolitisch relevante Norm und Ordnungsprinzip in Deutschland seit dem Ende des 19. Jahrhunderts, in: Jahrbuch für Sozialwissenschaft 32 (1981), S. 154–201; Harm G. Schröter, Kartellierung und Dekartellierung, 1890–1990, in: Vierteljahrschrift für Sozial- und Wirtschaftsgeschichte 81 (1994), Heft 4, S. 457–493; Gerd Hardach, Wettbewerbspolitik in der Sozialen Marktwirtschaft, in: Werner Abelshauser (Hrsg.) Das Bundeswirtschaftsministerium in der Ära der Sozialen Marktwirtschaft. Der deutsche Weg der Wirtschaftspolitik (Wirtschaftspolitik in Deutschland 1917–1990, Bd. 4), Berlin 2016, S. 193–264.

22 Freyer, Antitrust and Global Capitalism.

23 Graham D. Taylor, The Rise and Fall of Antitrust in Occupied Germany, 1945–48, in: Prologue 11 (1979), S. 22–39; Robert Franklin Maddox, The War Within World War II. The United States and International Cartels, Westport [CT] und London 2001; Wyatt Wells, Antitrust and the Formation of the Postwar World, New York 2002; Ivo Schwartz, Antitrust Legislation and Policy in Germany. A Comparative Study, in: University of Pennsylvania Law Review 105, Heft 5 (1957), S. 617–690.

nicht vollständig von der Dekartellierung getrennt werden. Auch wenn die vier „großen“ Entflechtungen (Kohle- und Stahlindustrie, IG-Farben, Großbanken, Filmwirtschaft) unter Sondergesetzen und somit außerhalb der allgemeinen Dekartellierungsgesetze stattfanden, begriffen die amerikanischen Antitruster Dekartellierung und Entflechtung als zwei Seiten derselben Medaille, von denen die Entflechtung sogar die wichtigere Maßnahme darstellte. Dass diese weitgehend gestoppt wurde, führte schließlich zu erheblichen politischen Konflikten und dem fast kollektiven Rücktritt des ersten *Decartelization Branch* in der amerikanischen Militärregierung unter Lucius D. Clay.[24] Auch wenn die Entflechtung abseits der vier Sonderfälle nie wieder wirklich Fahrt aufnahm und letztendlich in der Praxis nur ein Entflechtungsfall (Robert Bosch GmbH) je unter Gesetz Nr. 56 bis zum Ende vor Gericht verhandelt wurde, verfolgte die amerikanische *Decartelization and Deconcentration Division* grundsätzlich ein äußerst ambitioniertes Entflechtungsprogramm. Dieses kam erst zum Erliegen als die Alliierte Hohe Kommission (AHK) auf höherer politischer Ebene entschied, mit der Revision des Besatzungsstatuts im März 1951 auf Wunsch der Bundesregierung auf die Eröffnung weiterer Entflechtungsverfahren zu verzichten und lediglich die bereits begonnenen Entflechtungen zu Ende zu führen. Da die Entflechtungen sowohl bei der trilateralen Zusammenarbeit in der AHK und DIDEG als auch in den Verhandlungen mit der Bundesregierung Teil derselben Verhandlungsmasse wie die allgemeine Dekartellierung waren und sich die Dynamik der beiden Programme mitunter gegenseitig beeinflusste, soll der Ablauf der Entflechtungen zur Kontextualisierung zumindest konzise beschrieben werden. Da hier zumindest bei den vier sondergesetzlichen Entflechtungen keine wesentlichen Forschungslücken zu schließen sind, werden sich die Kapitel zu diesen vor allem auf schon bestehende Forschungsergebnisse stützen.

Die Geschichte der deutschen Kohle- und Stahlindustrie allgemein ist als klassisches unternehmens- und wirtschaftsgeschichtliches Steckenpferd grundsätzlich gut erforscht.[25] Auch die alliierte Entflechtung der Nachkriegszeit kann nicht zu-

---

24 James Stewart Martin, All Honorable Men, Boston 1950.

25 Werner Abelshauser, Der Ruhrkohlenbergbau seit 1945. Wiederaufbau, Krise, Anpassung, München 1984; Alfred Reckendrees, Das „Stahltrust“-Projekt. Die Gründung der Vereinigten Stahlwerke A. G. und ihre Unternehmensentwicklung 1926–1933/34, München 2000; Gloria Müller, Strukturwandel und Arbeitnehmerrechte. Die wirtschaftliche Mitbestimmung in der Eisen- und Stahlindustrie 1945–1975, Essen 1991; Matthias Riedel, Eisen und Kohle für das Dritte Reich. Paul Pleigers Stellung in der NS-Wirtschaft, Göttingen u. a. 1973; Toni Pierenkemper, Von Krise zu Krise, Die Fried. Krupp AG von der Währungsstabilisierung bis zum Ende der Weimarer Republik 1924 bis 1933, in: Lothar Gall (Hrsg.), Krupp im 20. Jahrhundert. Die Geschichte des Unternehmens vom Ersten Weltkrieg bis zur Gründung der Stiftung, Berlin 2002, S. 167–265. Werner Abelshauser, Rüstungsschmiede der Nation? Der Kruppkonzern im Dritten Reich und in der Nachkriegszeit

letzt aufgrund ihres fließenden Übergangs in die supranationale Europäische Gemeinschaft für Kohle und Stahl (EGKS) und deren erheblicher europapolitischer Implikation als ausreichend erforscht gelten.[26] Tobias Witschke betrachtet die Entflechtung und die darauf folgende Rückverflechtung sogar explizit unter wettbewerbspolitischen Gesichtspunkten.[27] Auch die Geschichte der ebenfalls entflochtenen IG-Farben ist unternehmenshistorisch weitgehend aufgearbeitet.[28] Zum konkreten Entflechtungsprozess liegen materialreiche und interpretationsstarke Arbeiten vor, über die in der hier angestrebten knappen Zusammenfassung nicht hinausgegangen werden muss.[29] Die Entflechtung der Großbanken wurde exzellent von Theo Horstmann aufgearbeitet.[30] Zudem liegen inzwischen zu allen drei Großbanken äußerst umfangreiche Unternehmensgeschichten von einschlägig qualifizierten Historikern vor, die auch den hier relevanten Zeitraum durchaus umfangreich miteinbeziehen.[31] Sowohl quantitativ dünner als auch in der Quellen-

1933 bis 1951, in: Lothar Gall (Hrsg.), Krupp im 20. Jahrhundert. Die Geschichte des Unternehmens vom Ersten Weltkrieg bis zur Gründung der Stiftung, Berlin 2002, S. 267–472; Böse, Kartellpolitik im Kaiserreich; Roelevink, Organisierte Intransparenz; Thomas Welskopp, Arbeit und Macht im Hüttenwerk. Arbeits- und industrielle Beziehungen in der deutschen und amerikanischen Eisen- und Stahlindustrie von den 1860er bis zu den 1930er Jahren, Bonn 1994.

26 John Gillingham, Coal, steel and the rebirth of Europe, 1945–1955. The Germans and French from Ruhr conflict to economic community, Cambridge u. a. 1991; Hanno Bernett, Von der Entflechtung bis zur Wiederherstellung alter Konzernstrukturen: die Unternehmensorganisation deutscher Montanunternehmen am Beispiel Mannesmann (1945–1958/9), Bonn 1991; Werner Plumpe, Desintegration und Reintegration: Anpassungszwänge und Handlungsstrategien der Schwerindustrie des Ruhrgebiets in der Nachkriegszeit, in: Eckart Schremmer (Hrsg.), Wirtschaftliche und soziale Integration in historischer Sicht, Stuttgart 1996, S. 290–303.

27 Tobias Witschke, Gefahr für den Wettbewerb? Die Fusionskontrolle der Europäischen Gemeinschaft für Kohle und Stahl und die „Rekonzentration" der Ruhrstahlindustrie 1950–1963, Berlin 2009.

28 Gottfried Plumpe, Die I. G. Farbenindustrie AG. Wirtschaft, Technik und Politik 1904–1945, Berlin 1990; Peter Hayes, Industry and Ideology. IG Farben in the Nazi era, Cambridge u. a. 1987; Diarmuid Jeffreys, Weltkonzern und Kriegskartell. Das zerstörerische Werk der IG Farben, München 2011.

29 Raymond G. Stokes, Recovery and Resurgence in the West German Chemical Industry: Allied Policy and the I. G. Farben Successor Companies, 1945–1951, Ann Arbor 1986; Hans-Dieter Kreikamp, Die Entflechtung der I. G. Farbenindustrie A. G. und die Gründung der Nachfolgegesellschaften, in: Vierteljahrshefte für Zeitgeschichte 25 (1977), Heft 2, S. 220–251.

30 Theo Horstmann, Die Alliierten und die deutschen Großbanken. Bankenpolitik nach dem Zweiten Weltkrieg in Westdeutschland, Bonn 1991.

31 Werner Plumpe / Alexander Nützenadel / Catherine R. Schenk, Deutsche Bank. Die globale Hausbank, 1870–2020, Berlin 2020; Ralf Ahrens u. a., Die Dresdner Bank 1945–1957. Konsequenzen und Kontinuitäten nach dem Ende des NS-Regimes, München 2007; Carl-Ludwig Holtfrerich, Die Deutsche Bank vom Zweiten Weltkrieg über die Besatzungsherrschaft zur Rekonstruktion, in: Lothar Gall u. a. (Hrsg.), Die Deutsche Bank 1870–1995, München 1995, S. 409–578; Friederike Satt-

kritik mitunter qualitativ schwächer ist die Situation bei der meist unter dem Stichwort UFA/UFI summierten Entflechtung der Filmwirtschaft.[32] Die oft unter journalistischen oder filmwissenschaftlichen Gesichtspunkten entstandenen Untersuchungen übernehmen hier mitunter zeitgenössische, vor allem westdeutsche Bewertungen zu unkritisch, so etwa den Vorwurf an die amerikanischen Besatzer, die deutsche Filmwirtschaft wäre vor allem aus Konkurrenzneid der amerikanischen Filmindustrie zerschlagen worden, ohne dass dafür entsprechende Belege vorgewiesen werden.[33] Ähnliche zeitgenössische (Vor)urteile hat etwa Gottfried Plumpe im Fall der I. G. Farben aus Mangel an Quellenbelegen korrekterweise widerlegt.[34] Trotz dieser vereinzelten Schwächen in der historischen Bewertung und Quellenkritik geht aber der juristisch durchaus nicht unkomplizierte Ablauf der Entflechtung vor allem aus Johannes Hausers Untersuchung gut hervor, sodass deren Ergebnisse nur vereinzelt mit eigenen Quellenbefunden aus der Überlieferung der Alliierten relativiert werden müssen.

Wohl auch wegen des im Endeffekt eher unspektakulären Ausgangs wurde das Entflechtungsverfahren gegen die Robert Bosch GmbH, welches als einziges derartiges Verfahren unter den allgemeinen Dekartellierungsgesetzen je zu Ende geführt wurde, im Gegensatz zu den sondergesetzlichen Entflechtungen in der Forschung lange kaum beachtet. Erst die relativ junge und exzellent recherchierte Unternehmensgeschichte des Konzerns von Johannes Bähr und Paul Erker widmet sich diesem Prozess in angemessenem Umfang.[35] Ihre Interpretation steht mit den Ergebnissen dieser Arbeit im Einklang, kann aber an manchen Stellen durch die Perspektive der Alliierten ergänzt werden, wo die Geschichte des Verfahrens bisher – wie bei einer Unternehmensgeschichte zu erwarten – vor allem aus Unternehmensperspektive dargestellt wurde.

---

ler, Die Commerzbank 1945 bis 1989. Neuanfang, Wirtschaftsboom und Internationalisierung, in: Dies. u. a., Hundertfünfzig Jahre Commerzbank, 1870–2020, München 2020, S. 219–414; Klaus-Dietmar Henke (Hrsg.), Die Dresdner Bank im Dritten Reich, 4 Bde., München 2006.

32 Johannes Hauser, Neuaufbau der westdeutschen Filmwirtschaft 1945–1955 und der Einfluß der US-Amerikanischen Filmpolitik, Pfaffenweiler 1989; Klaus Kreimeier, The Ufa Story. A History of Germany's Greatest Film Company, 1918–1945, Berkeley u. a. 1999; Jörg Schöning, „Es wurde um ein Butterbrot verkauft." Das Erbe der Ufa: Entflechtung und Neuausrichtung nach dem Zweiten Weltkrieg, in: Rainer Rother / Vera Thomas (Hrsg.), Linientreu und populär. Das Ufa-Imperium 1933–1945, Berlin 2017, S. 194–206.

33 So etwa Hauser, Neuaufbau.

34 Plumpe, I. G. Farbenindustrie, S. 756 f.

35 Paul Erker, In den Zwängen allliierter Kartellgesetzgebung: Das Bosch-Entflechtungsverfahren 1947 bis 1952, in: Johannes Bähr / Paul Erker, Bosch. Geschichte eines Weltunternehmens, München 2013, S. 264–270.

Nur äußerst kursorisch wurden in der Forschung die weiteren Entflechtungsbestrebungen unter Gesetz Nr. 56 / Verordnung Nr. 78 behandelt, welche letztendlich ohne gerichtliches Verfahren zu einem im Vergleich zu den ursprünglichen amerikanischen Plänen äußerst begrenzten Abschluss kamen. Da sich auch an diesen, größtenteils gescheiterten Verfahren die politischen Konflikte und Rechtsirritationen bei den Entflechtungen aufzeigen lassen, soll hier zumindest kurz exemplarisch auf die Entflechtungsbestrebungen für Siemens & Halske, den Komplex aus Henkel, Degussa und der Metallgesellschaft sowie die Vereinigten Glanzstoff-Fabriken (VGF) eingegangen werden.[36]

Zur allgemeinen Entwicklung des Kartell- und Wettbewerbsrechts gibt es in der klassischen Rechtsgeschichte eine Vielzahl von Untersuchungen, die hier nicht alle einzeln genannt werden können. Diese sind jedoch zumeist einer relativ engen und im Wesentlichen selbstreferentiellen Dogmen- und Ideengeschichte verpflichtet, die sich mit den konkreten Akteuren der Prozesse, sprich den klagenden und beklagten Unternehmern sowie ihrer konkreten Lebensumstände und Motivation meist nicht befasst und auch die konkreten Urteile mitunter hinter den rechtsdogmatischen Entwicklungslinien verblassen lässt.[37] Eine der wenigen rechtshistorischen Publikationen, die sowohl nah an den konkreten Urteilen arbeitet sowie die sonst oft vernachlässigten alliierten Dekartellierungsgesetze im Blick hat, stellt ein neuerer Aufsatz von Sarah Legner dar, der allerdings – angesichts der quantitativen Beschränkungen eines Aufsatzes verständlicherweise – nur die

36 Die Entflechtungspläne für Henkel werden behandelt bei: Susanne Hilger, Zwischen Demontage und Wiederaufbau. Unternehmen und alliierte Besatzungspolitik nach dem Zweiten Weltkrieg am Beispiel der Firma Henkel, Düsseldorf, in: Zeitschrift für Unternehmensgeschichte 46 (2001), Heft 2, S. 198–220; Zur Metallgesellschaft zudem: Clemens Reichel, Vom Verbund zum Konzern. Die Metallgesellschaft AG 1945–1975, Darmstadt 2008, S. 88–90; Zur Entflechtung bei Siemens nur äußerst kursorisch: Wilfried Feldenkirchen, Siemens. Von der Werkstatt zum Weltunternehmen, München 1997; Wertvolle publizierte Quellen ohne wissenschaftliche Aufarbeitung zur Entflechtung bei den VGF in: Ludwig Vaubel, Zusammenbruch und Wiederaufbau. Ein Tagebuch aus der Wirtschaft 1945–1949, hrsg. v. Wolfgang Benz, München 1984; zu den VGF in den 1950er Jahren allgemein: Christian Kleinschmidt, An Americanised Company in Germany: the Vereinigte Glanzstoff Fabriken AG in the 1950s, in: Matthias Kipping/ Ove Bjarnar (Hrsg.), The Americanisation of European Business. The Marshall Plan and the Transfer of U. S. Management Models, London 1998, S. 171–189.

37 Trotz ansonsten hoher Informationsdichte und guter Vermittlung ein Beispiel für diese Tendenz: Knut Wolfgang Nörr, Die Leiden des Privatrechts. Kartelle in Deutschland von der Holzstoffkartellentscheidung zum Gesetz gegen Wettbewerbsbeschränkungen, Tübingen 1994.

Ebene des Reichsgerichts und Bundesgerichtshofs behandelt und die Instanzgerichte nicht mit einbezieht.[38]

Auch von Juristen ist die fehlende Verbindung von Rechts- und Unternehmensgeschichte schon bemängelt worden. Eine akteursbezogene „Unternehmensrechtsgeschichte“ fand in der rechtsgeschichtlichen Tradition bisher kaum einen Platz.[39] Umgekehrt hat sich auch die von Historikern getragene Unternehmensgeschichte nur vereinzelt mit der Rolle von Gerichtsprozessen und Recht im weiteren Sinne befasst, während stattdessen zumeist die interne Organisationsweise, die Interaktion mit dem Markt, die Arbeitsbeziehungen, das Verhältnis zum Staat, Globalisierung oder zunehmend auch eine kulturgeschichtliche Einbettung im Vordergrund standen.[40] Auch wenn es zu viel versprochen wäre, dieses Problem hier lösen zu wollen oder gar eine methodisch und theoretisch fundierte „Unternehmensrechtsgeschichte“ zu begründen, ist es doch ein Anliegen dieser Arbeit, am konkreten Fallbeispiel der Dekartellierungsgesetze unternehmens- und rechtsgeschichtliche Aspekte zusammenzubringen und auch dadurch über den bisherigen Forschungsstand hinauszugehen. Einerseits sollen dazu zeitgenössische juristische Quellen wie Gerichtsakten, Urteile, *legal briefs* und kartellrechtliche Fachaufsätze für das wirtschaftshistorische Erkenntnisinteresse nutzbar gemacht werden und somit den üblichen Archivquellen aus Unternehmen und Ministerien eine weitere Perspektive hinzugefügt werden, andererseits die sonst in rechtshistorischen Werken oft isoliert betrachteten wettbewerbsrechtlichen Auffassungen der zeitgenössischen Juristen in ihren wirtschaftlichen Kontext eingebettet werden.

Für die Übergangsphase zwischen dem Nationalsozialismus und der jungen Bundesrepublik liegen zudem trotz erheblicher Quellenproblematiken vereinzelt allgemeine Untersuchungen zur Rolle deutscher Gerichte und Juristen vor.[41] Diese legen ihren Fokus aber verständlicherweise neben der praktischen Abläufe der Justiz in Bombenkrieg und Nachkriegszerstörung vor allem auf die Thematik der politischen NS-Belastung deutscher Juristen und können für enger wettbewerbs-

---

38 Sarah Legner, Private Kartellrechtsdurchsetzung in der Weimarer Republik und im Deutschland der frühen Nachkriegszeit, in: Zeitschrift für neuere Rechtsgeschichte 40, Heft 1/2 (2018), S. 59–72.

39 Louis Pahlow, Unternehmensrechtsgeschichte. Methoden und Perspektiven, in: Zeitschrift für Neuere Rechtsgeschichte 36 (2014), Heft 1+2, S. 83–102, hier: S. 83.

40 Hartmut Berghoff, Moderne Unternehmensgeschichte. Eine themen- und theorieorientierte Einführung, 2. akt. Aufl., Berlin u. a. 2016; Eine Ausnahme: Horn / Kocka (Hrsg.), Recht und Entwicklung der Großunternehmen.

41 Edith Raim, Justiz zwischen Diktatur und Demokratie. Wiederaufbau und Ahndung NS-Verbrechen in Westdeutschland 1945–1949, München 2013; Benjamin Lahusen, „Der Dienstbetrieb ist nicht gestört.“ Die Deutschen und ihre Justiz 1943–1948, München 2022.

und kartellrechtliche Fragestellungen daher weniger nutzbar gemacht werden. Zudem lässt die Quellenüberlieferung der für diese Arbeit untersuchten Gerichtsurteile nur in Einzelfällen einen Rückschluss auf die beteiligten Juristen zu, sodass auch kaum ausgehend von individuellen Juristenbiographien Rückschlüsse auf die vorliegenden Forschungsergebnisse genommen werden kann.

Für den Untersuchungszeitraum wurde in der historischen Forschung zudem die zunehmende Amerikanisierung der westdeutschen Wirtschaft diagnostiziert.[42] Harm Schröter definiert Amerikanisierung als „an adapted transfer of values, behaviour, institutions, technologies, patterns of organization, symbols and norms from the USA to the economic life of others."[43] Die vorliegende Arbeit kann hier durch die Bewertung der Erfolgsbilanz der amerikanischen Dekartellierungs- und Entflechtungskampagne vor der Verabschiedung des GWB einen Teilaspekt zu dieser Debatte beitragen. Zudem zeigt etwa das Fallbeispiel der DVSG, wie sich die explizite Übernahme amerikanischer Marktpraktiken auf die westdeutsche Wettbewerbssituation auswirkte, während es im Falle des ebenfalls untersuchten Seifenkartells der Wandel hin zu einer oligopolistischen Branchenstruktur nach amerikanischem Vorbild war, der sich für das Schicksal des Kartells als entscheidend erwies. Auch der hier umfangreich behandelte Schleifmittelfall nahm u. a. deutsche Tochterfirmen amerikanischer Konzerne ins Visier, während diese in den USA zeitgleich in einem ähnlichen Prozess explizit wegen ihrer internationalen Marktabsprachen verurteilt wurden. Dadurch kann die Forschung zur Amerikanisierung um zusätzliche Aspekte bereichert werden, ohne dass dabei der Anspruch erhoben wird, sich umfassend zu der äußerst vielschichtigen und über die Wettbewerbspolitik hinausgehenden Thematik der Amerikanisierung und ihrer Grenzen in ihrer Ganzheit zu positionieren.

1.3 Quellenlage

Dieses Vorhaben steht zwangsläufig wie bei jeder historischen Arbeit unter Vorbehalt der Quellenüberlieferung. Während die Aktenlage zum BMWi im deutschen Bundesarchiv sowie die Überlieferung zur DIDEG und den nationalen Dekartellie-

42 Marie-Laure Djelic, Exporting the American Model. The Postwar Transformation of European Business, Oxford u. a. 1998; Volker Berghahn, Industriegesellschaft und Kulturtransfer. Die deutsch-amerikanischen Beziehungen im 20. Jahrhundert, Göttingen 2011; Ders., Unternehmer und Politik; Susanne Hilger, „Amerikanisierung" deutscher Unternehmen. Wettbewerbsstrategien und Unternehmenspolitik bei Henkel, Siemens und Daimler-Benz (1945/49–1975), Stuttgart 2004.
43 Harm G. Schröter, Americanization of the European Economy. A compact survey of American Economic Influence in Europe since the 1880s, Dordrecht 2005, S. 4.

rungsbehörden etwa im britischen Nationalarchiv in den meisten Fällen eine präzise Rückverfolgung bis auf einzelne interne Individualkonflikte innerhalb der betreffenden Institutionen ermöglicht, ist die im Wesentlichen aus den regionalen Wirtschaftsarchiven stammende Überlieferung zu deutschen Unternehmen unter den Kartellgesetzen fragmentarischer und damit auch zwangsläufig ‚opportunistischer' punktuell nach der Quellenlage ausgewählt. Dadurch behandelt die Überlieferung auf der Ebene der Unternehmen nicht immer die gleichen Fälle, die auch in den zeitgenössischen Zeitschriften und in den Beständen der alliierten Behörden überliefert sind. Sie betreffen aber durchaus die gleichen Sachverhalte. Leider entfallen musste auf Grund der mehrjährigen internationalen Reisebeschränkungen im Zuge der Covid-19-Pandemie eine ursprünglich eingeplante Sichtung der Bestände im US-amerikanischen Nationalarchiv. Dieser Verlust konnte glücklicherweise aus drei Quellen weitestgehend substituiert werden. Einerseits ermöglicht die äußerst vollständige Überlieferung zur multilateralen BIDEC/DIDEG im britischen Nationalarchiv wichtige Einblicke auch in die amerikanischen Verfahren. So sind dort beispielsweise auch umfangreiche interne Quellen etwa zu den unilateralen amerikanischen Strafprozessen überliefert. Zudem hat das OMGUS-Archiv im Münchener Institut für Zeitgeschichte einen erheblichen Teil der amerikanischen Bestände zur Besatzung in Form von Mikrofichen vorliegen. Während der Schwerpunkte hier auf der Zeit der Militärregierung liegt, sind auch mehrere Quellen aus der frühen Phase der Hohen Kommission überliefert, so etwa grundsätzliche Programmatiken und Zielsetzungen der amerikanischen *Decartelization and Deconcentration Division* aus dem für die alliierten Verfahren zentralen Jahr 1950. Außerdem hat bereits Lisa Murach-Brand in ihrer Dissertation umfassend aus den einschlägigen Beständen der amerikanischen Kartellabteilung im US-Nationalarchiv zitiert.[44]

Die in den Wirtschafts- und Unternehmensarchiven mitunter nur lückenhaft überlieferte Perspektive der betroffenen Unternehmer und ihrer Anwälte kann in wichtigen, exemplarischen Fällen häufig auch durch die Korrespondenz mit dem BMWi sowie den alliierten Behörden erschlossen werden, da diese dort in den entsprechenden Beständen archiviert ist. Dies ist vor allem in den von der DIDEG und der amerikanischen Kartellabteilung verfolgten Fällen aufschlussreich, die meist offensichtliche per-se Verstöße mit sicherer Beweisfindung darstellen. Da die eigentlichen Tatbestände kaum zu leugnen waren, verlegten sich die Unternehmen bzw. Unternehmensverbände und ihre Rechtsanwälte zumeist auf andere Verteidigungsstrategien, die entweder die grundsätzliche Legitimität der Dekartellierungsgesetze angriffen oder die eigenen Wettbewerbspraktiken trotz der klar aus-

44 Murach-Brand, Antitrust auf Deutsch.

formulierten Verbote als ein gesund empfundenes Maß an Wettbewerb verteidigten. Auf diese Weise ergeben sich wertvolle Rückschlüsse auf das Wettbewerbsverständnis der beteiligten Akteure. Auf der Ebene der deutschen Gerichte muss sich die Analyse angesichts der Quellenlage auf die zumeist in zeitgenössischen Fachzeitschriften sowie den eigenen Publikationen des BGH veröffentlichten Urteile beschränken. Interne Gerichtsdokumente zu einzelnen Fällen sind bei dieser Thematik archivalisch so gut wie nicht überliefert oder verzeichnet. Eine etwa an individuellen Richterbiographien orientierte Einschätzung der wettbewerbspolitischen Einstellung kann angesichts der Quellensituation ebenfalls nicht erfolgen und wäre mit Blick auf die schiere Anzahl der involvierten Richter – für die Arbeit wurden über 150 publizierte Urteile untersucht, an denen jeweils mehrere Richter beteiligt waren – auch rein quantitativ zum Scheitern verurteilt. Lediglich im Fall der Bundesrichter kann, vor allem im Fall des am häufigsten in die Rechtsprechung der Kartellgesetze involvierten ersten Zivilsenats, zumindest mit einigen biographischen Eckdaten gearbeitet werden.

In den meisten Fällen wird die Perspektive der deutschen Richter jedoch primär durch den Rückgriff auf die publizierten Urteile der Gerichte und die in ihnen dargestellten Sachverhalte einbezogen. Gerichtsurteile wurden bisher als auch in der Geschichtswissenschaft nur vereinzelt als Quellen genutzt. Federführend ist in diesem Fall die NS-Geschichte, bei der die aufsehenerregenden großen Strafprozesse der Nachkriegszeit zur Aufklärung der nationalsozialistischen Verbrechen gegen die Menschlichkeit für reichhaltiges Quellenmaterial sorgten, welches angesichts der Verschleierungstaktiken der Täter zunehmend auch in der Geschichtswissenschaft zur empirischen Faktenfindung nutzbar gemacht werden konnte.[45]

Auch wenn diese Gerichtsakten angesichts der nicht ansatzweise vergleichbaren Tatbestände und Thematik trotz der zeitlichen Nähe eine deutlich andere Art der Quellenanalyse erfordern, lassen sich einige grundsätzliche Befunde bei der Nutzbarmachung justiziellen Quellenmaterials doch auf diese Untersuchung übertragen. So sind Gerichtsakten und -urteile keine Quellen erster Ordnung, sondern spiegeln unweigerlich die Interessen, Vorstellungen, Sichtweisen sowie den Erkenntnisstand ihrer Verfasser wider. Dem lässt sich aber durch das klassische Toolset des Historikers, der äußeren und inneren Quellenkritik, der kritischen Gegenüberstellung verschiedener Aussagen und der Konfrontation mit Quellen anderer Provenienz durchaus beikommen.[46] Die strikten Maßstäbe der justiziellen Wahrheitsfindung kommen dem Quellenwert dabei durchaus zugute und liefern im Fall des Kartellrechts häufig präzisere Erkenntnisse als die bisweilen fragmen-

45 Jürgen Finger u. a. (Hrsg.), Vom Recht zur Geschichte. Akten aus NS-Prozessen als Quellen der Zeitgeschichte, Göttingen 2009.

46 Ebd., S. 14.

tarische Überlieferungen in Unternehmens- und Wirtschaftsarchiven, wo die Quellenlage, vor allem in den Fällen, in denen die Akteure sich selbst bewusst waren, dass sie gesetzliche Grenzen überschritten oder zumindest ausreizten, oft dünn ist. Zudem eröffnet ein klassisches Verfahren mit Kläger, Beklagtem und Richter bereits per se drei voneinander unabhängige, widerstreitende Perspektiven.

Die kartellrechtlichen Urteile im Untersuchungszeitraum sind auch insofern in den meisten Fällen einfacher nutzbar als diese aus herkömmlichen Strafprozessen, etwa im Falle von Gewaltverbrechen, da es angesichts der auslegbaren Natur des Kartellrechts häufig nicht der eigentliche, oft schriftlich festgehaltene oder sogar vertraglich fixierte und damit kaum zu bestreitende Tatbestand war, der zwischen den Parteien umstritten war, sondern lediglich dessen kartellrechtliche Wertung. Angesichts der über einen langen Zeitraum bestehenden Legalität der Kartelle war in Bezug auf derartige Absprachen in weiten Teilen der Unternehmerschaft im Untersuchungszeitraum selten ein ausgeprägtes Unrechtsbewusstsein vorhanden und ihre Umsetzung daher deutlich weniger subtil und klandestin, als man dies aus heutiger Perspektive erwarten könnte. Somit hatte die gerichtliche Beweisfindung im Untersuchungszeitraum nicht ansatzweise die Komplexität heutiger Kartellprozesse, bei denen häufig unter Strafbefreiung für Kronzeugen auf Insiderinformationen zurückgegriffen werden muss. In den meisten Fällen ist für diese Untersuchung kein Urteil darüber notwendig, ob der eigentliche Tatbestand zutreffend dargestellt wurde, da er unter allen Parteien unbestritten feststand. Stattdessen können die entsprechenden wettbewerbsrechtlichen Rechtfertigungen sowie die Urteilsbegründung untersucht und eingeordnet werden, um das Wettbewerbsverständnis der beteiligten Akteure – Unternehmer wie Richter – kritisch zu reflektieren.

Die einzelnen, in den kartellrechtlichen Prozessen genau beschriebenen Wettbewerbspraktiken ermöglichen häufig auch Einblicke in die wirtschaftliche Struktur und Verfassung der betroffenen Branchen und Unternehmen, die über die rein wettbewerbsrechtliche Bewertung der zu beurteilenden Praktiken hinausgehen. So ließ sich das energische Bemühen der mittelständischen Seifenhersteller um ein Krisenkartell zur Verhinderung eines ruinösen Unterbietungswettbewerbs letztlich auf einen Verdrängungsprozess durch die vor allem von größeren Konzernen hergestellten chemischen Waschmittel zurückführen.[47] Die rechtliche Relevanz der Kopplung einer exklusiven Bierabnahmeverpflichtung gegen Kreditgewährung zwischen Brauereien und Gastwirten erklärte sich hingegen durch den

47 Siehe Kapitel 8.2; Raphael Hennecke, Ein Erziehungskartell zur „Heilung der Geister“? Ludwig Erhards Bundeswirtschaftsministerium und die gescheiterte Wettbewerbsordnung der Konsumseifenindustrie von 1954/55, in: Zeitschrift für Unternehmensgeschichte 64, Heft 2 (2019), S. 187–216.

erheblichen Kapitalbedarf zur Einrichtung oder Wiederrichtung von Gastwirtschaften in der Nachkriegszeit bei weitläufiger Kapitalknappheit. Dies führte letztlich dazu, dass der Konkurrenzkampf um Kunden seitens der Brauereien sich zunehmend von der eigentlich angebotenen Ware, dem Bier, auf die Möglichkeit zur großflächigen Kreditvergabe verlagerte, für die die Brauereien ihre eigenen finanziellen Ressourcen bisweilen bis an die Belastungsgrenze strapazierten. Für die derart gebundenen Gastwirte ermöglichte dies zwar einen günstigen, häufig zinslosen Kredit, der bei den Banken so nicht zu bekommen war, band sie aber häufig auch auf Jahrzehnte auf Wohl oder Übel an die kreditgebende Brauerei und ihre Produkte.[48] Im besten Fall ermöglicht die kasuistische Untersuchung der kartellrechtlichen Sachverhalte also durchaus auch unternehmens- und branchengeschichtliche Einblicke und Querverweise bis hinein in die Lebenswelt der involvierten Akteure, die in klassischen kartellrechtlichen Darstellungen keine Rolle spielen.

1.4 Rechtstransfer und Rechtsirritationen

Auch wenn die hier dargestellte, quellenkritische Methodik eine andere ist als in der meist eher dogmenbezogenen Rechtsgeschichte, so kann die Untersuchung dennoch von rechtstheoretischen Ideen profitieren. So wurde bereits in rechtswissenschaftlichen Arbeiten der Fakt reflektiert, dass nicht nur Gesetzgebung, sondern auch richterliche Auslegung das Potenzial hat, wirtschaftliche Handlungsräume zu beeinflussen. Dabei kann die Anpassung des Rechts an konkrete Fälle durchaus transformatorisch wirken und sich von etablierten Leitlinien lösen.[49] Besonders relevant sind im Fall der den deutschen Gerichten und Unternehmen ohne Zweifel aufoktroyierten alliierten Kartellgesetze vor allem unterschiedliche theoretische Vorarbeiten zum Rechtstransfer, die hier für die quellenbezogene Empirie nutzbar gemacht werden können. Die im Folgenden zitierten Autoren vermeiden den Begriff Rechtstransfer meist zugunsten des Begriffs der Rechtstransplantation bzw. *legal transplant*, da sie mit dem Transferbegriff ein simplifiziert mechanistisches Verständnis bei der Übernahme von Rechtsnormen wie beim Einbau eines Ersatzteils in eine Maschine verbinden.[50] Aus Sicht des Autors

48 Siehe Kapitel 7.1.2.

49 Lukas Herget / Louis Pahlow, Erwartungs(un)sicherheit durch Gerichte. Methoden und Chiffren der Justiz: Working Papers of the Priority Programme 1859 „Experience and Expectation. Historical Foundations of Economic Behaviour“ 28 (2020).

50 Gunther Teubner, Rechtsirritationen. Zur Koevolution von Rechtsnormen und Produktionsregimes, in: Günter Dux / Frank Welz (Hrsg.), Moral und Recht im Diskurs der Moderne. Zur Legi-

ist die kritisch reflektierte Verwendung des Transferbegriffs in der Geschichtswissenschaft jedoch frei von solchen Konnotationen, sodass hier von Rechtstransfer gesprochen wird, da die Metapher der *legal transplants*, wie auch bei Gunther Teubner im Folgenden erläutert, ihre eigenen, nicht unproblematischen Konnotationen mit sich bringt.

Den Anstoß zu einer systematischen Analyse von Rechtstransfers gab Alan Watson's Theorie der *legal transplants.*[51] Watson betonte dabei basierend auf seiner Erforschung des römischen Privatrechts und dessen Verbreitung in verschiedenen europäischen Rechtssystemen die grundsätzliche Mobilität von Rechtsgrundsätzen zwischen unterschiedlichen und nur scheinbar unvereinbaren Rechtssystemen. Dafür verantwortlich machte er die separate Stellung von Juristen als geschlossene wissenschaftliche Gemeinschaft, die zwar offiziell das Rechtsempfinden der Bevölkerung repräsentierte, de facto aber häufig eine eigene, internationale Community bildete, nach deren intellektuellen Trends sich die Rechtsentwicklung richte.[52] Zudem sei die Rechtsinterpretation dieser elitären Gruppe zumeist traditionsverhaftet und inhärent konservativ, sodass Neuerungen lediglich in Form von Anleihen bei bereits existierenden rechtlichen Autoritäten möglich sei, was durch die Transplantation von bereits bestehenden Rechtsgrundsätzen ermöglicht würde.[53] Watson sah diese „Rechtstransplantationen", die er vor allem an Beispielen aus dem römischen Recht demonstrierte, als „the most fertile source of development" in Rechtssystemen und betonte die geringen sozialen Nebenwirkungen der Rechtstransfers, da die konkrete Wirkung auf Individuen zumeist gering sei.[54]

Diese optimistische Deutung von Rechtstransfers blieb nicht ohne Gegenstimmen. So betonte etwa Pierre Legrand die fundamentalen Unterschiede verschiedener, über Jahrhunderte gewachsener und in die Gesellschaftsordnung eingebundener Rechtskulturen, die einen *legal transplant* de facto unmöglich machten. Stattdessen werde ein transferierter Rechtsgrundsatz bei der technischen Übertragung in einer anderen Rechtsordnung entsprechend der empfangenen Rechtskultur mit einem neuen Sinn aufgeladen, der seiner Rolle in der Rechtskultur, aus der er ent-

timation gesellschaftlicher Ordnung, Opladen 2001, S. 351–380, hier: S. 353; Otto Kahn-Freund, On Uses and Misuses of Comparative Law, in: Ders., Selected Writings, London 1978, S. 294–319, hier: S. 298 f.

51 Alan Watson, Legal Transplants. An Approach to Comparative Law, Edinburgh 1974. Eine Zusammenfassung und kritische Reflektion von Watsons Theorie aus Perspektive der komparativen Rechtswissenschaft findet sich bei: William Ewald, Comparative Jurisprudence II. The Logic of Legal Transplants, in: American Journal of Comparative Law 43 (1995), Heft 4, S. 489–510.

52 Watson, Legal Transplants, S. 86 f.

53 Ewald, Comparative Jurisprudence II, S. 499.

54 Watson, Legal Transplants, S. 95 f.

stammte, mitunter entgegenstehe.[55] Hinter dieser Sichtweise steht ein kulturalistisches Rechtsverständnis, welches nationale Rechtssysteme als organisches Resultat Jahrhunderte langer kultureller und historischer Erfahrungen interpretiert, die sich nicht gegeneinander austauschen ließen. Diese deutlichen Unterschiede nationaler Rechtskulturen beträfen nicht nur fundamental verschiedene Kulturkreise, sondern seien genauso bei den gesetzlichen Kodifizierungen der modernsten und wirtschaftlich am höchsten entwickelten westlich geprägten Gesellschaften festzustellen, etwa bei den Unterschieden zwischen den Rechtskulturen des *common law* und *civil law*.[56]

Diesen recht unversöhnlich gegenüberstehenden Ansichten setzt Gunther Teubner ein differenzierteres Modell entgegen, welches auch für diese Untersuchung fruchtbar gemacht werden kann. Die grundsätzliche Dichotomie zwischen Abstoßung und erfolgreicher Transplantation rechtlicher Grundsätze sei letztlich irreführend. Zwar sei die Metapher der Rechtstransplantation insofern sinnvoll, da sie Rechtsinstitutionen als empfindliches Gewebe darstelle, dessen Bestandteile nicht wie die Bauteile einer Maschine beliebig ausgetauscht werden könnten. Andererseits sei die Metapher einer Transplantation aber auch irreführend, da sie nahelege, dass das transplantierte Material sich nahtlos in den neuen Organismus einfüge und dort die gleiche Rolle weiterspielen würde. Dies sei aber unzutreffend, da eine fremde Norm, die in einer Rechtskultur eingefügt würde, zu einer Irritation führe, die wiederum eine lange Kette an Folgereaktionen auslöse und im neuen Rechtssystem neu konstituiert werde. Statt grundsätzlich nach Integration, Abstoßung oder Neuerfindung zu fragen, stellt Teubner beim Transfer von Rechtsgrundsätzen diese unterschiedlich stark ausgeprägten „Rechtsirritationen“ in den Vordergrund. Diese betreffen weniger das Rechtssystem an sich, sondern die Bindungsinstitutionen des Rechts, welche das Recht mit seiner gesellschaftlichen Umwelt verbinden. Die transferierte Norm ist dabei einem neuen Produktionsregime ausgesetzt, das die Dynamik der Rechtsrezeption maßgeblich beeinflusst.[57] Die Irritationen betreffen also weniger das aufnehmende Rechtssystem und die dahinterstehende Rechtskultur an sich, sondern im Fall des Wirtschaftsrechts die vor allem wirtschaftshistorisch definierten Produktionsregime u. a. aus Unterneh-

55 Pierre Legrand, The Impossibility of Legal Transplants, in: Maastricht Journal of European and Comparative Law 4 (1994), Heft 2, S. 111–124; Ders., Comparatists-at-Law and the Contrarian Challenge, Tilburg 1995 (Einführungsvorlesung), zitiert nach: Teubner, Rechtsirritationen, S. 356.
56 Gunther Teubner, Legal Irritants: Good Faith in British Law or How Unifying Law Ends up in New Divergences, in: The Modern Law Review 61 (1998), Heft 1, S. 11–32, hier: S. 14.
57 Teubner, Rechtsirritationen, S. 353 f.

mensverfassungen, Arbeitsbeziehungen, Wirtschaftsverbänden, Wettbewerb und Kooperation, sowie technischen und geschäftlichen Standardisierungen.[58]

Teubner betont, dass die Transfers vor allem diese ‚*binding arrangements*' des Rechts mit der Gesellschaft irritieren, was einen sozialen Diskurs provoziert, der wiederum zu einer neuen Dynamik der Rekonstruktion führt.[59] Fremde Normen erzeugen dabei einen ‚*outside noise*', der Turbulenzen im Zusammenspiel der Diskurse innerhalb der rechtlichen Bindungsinstitutionen auslöst, wodurch sowohl die eigenen Normen als auch die integrierte fremde Rechtsnorm schließlich von Grund auf neu konstruiert werden.[60] Dabei mag der bloße Text der transferierten Norm unverändert bleiben, de facto hat sich diese aber durch die Einpassung in das neue Netzwerk juristischer Distinktionen verändert.[61] Die Veränderung beschränkt sich dabei nicht zwangsläufig auf die transferierte Rechtsnorm, sondern kann auch das an die Rechtsnorm gebundene soziale System betreffen. Dieses ist zwar durch das *binding arrangement* an die Rechtsnorm gekoppelt, aber nicht mit dieser identisch, sondern unterliegt vielmehr einer permanenten Ko-Evolution. Dies bedeutet, Rechtsnorm und das gebundene soziale System entwickeln sich parallel in einer Weise, die Kompatibilität ermöglicht, aber nicht zwangsläufig gleichförmig oder gar identisch verläuft.[62] Im Falle der Transplantation einer Rechtsnorm wird diese Ko-Evolution empfindlich gestört. Die dezidiert wirtschaftshistorische Stoßrichtung der Theorie der Rechtsirritationen beim Transfer bzw. der Transplantation von Rechtsgrundsätzen wurde bereits in der Interpretation einer Reihe entsprechender historischer Fallbeispiele erfolgreich angewandt.[63]

Dieses Interpretationsschema lässt sich gewinnbringend auf den Transfer von Rechtsgrundsätzen aus dem amerikanischen Antitrust auf die deutsche Wirtschaft anwenden, wie er durch den Erlass und die Durchführung der alliierten Dekartellierungsgesetze de facto stattfand. Im konkreten Fallbeispiel ist es die unternehmerische Wettbewerbspraxis, die an die Dekartellierungsgesetze gekoppelt war, wobei beide Seiten wechselseitigen Irritationen ausgesetzt waren, aus denen sich

---

58 Ebd., S. 370–372; Gunther Teubner, Eigensinnige Produktionsregimes: Zur Ko-evolution von Wirtschaft und Recht in den varieties of capitalism, in: Soziale Systeme 5 (1999), Heft 1, S. 7–25. Zur wirtschaftshistorischen Perspektive auf Produktionsregime siehe: Werner Abelshauser, Umbruch und Persistenz: Das deutsche Produktionsregime in historischer Perspektive, in: Geschichte und Gesellschaft 27 (2001), Heft 4, S. 503–523.

59 Teubner, Rechtsirritationen, S. 376.

60 Ebd., S. 353.

61 Ebd., S. 362 f.

62 Ebd., S. 373 f.

63 Katharina Pistor / Daniel Berkowitz, Of Legal Transplants, Legal Irritants, and Economic Development, in: Peter K. Cornelius / Bruce Kogut (Hrsg.), Corporate Governance and Capital Flows in a Global Economy, New York u. a. 2003, S. 347–366.

potenziell Dynamiken zum Wandel beider Seiten ergaben: Einerseits eine Anpassung der Auslegung der transferierten Gesetze durch deutsche Richter und alliierte Kartellwächter an die etablierten Wettbewerbspraktiken der deutschen Unternehmer, andererseits eine Veränderung der unternehmerischen Wettbewerbspraktiken angesichts der neuen Gesetzeslage.

Die Dekartellierungsgesetze erschütterten weniger ein minutiös ausformuliertes, ordnungspolitisch fundiertes deutsches Kartellrecht, welches ohnehin so nicht in gesetzlich kodifizierter Form vorlag, sondern primär die gewerblichen Ordnungs- und Wettbewerbsvorstellungen der betroffenen Wirtschaftskreise und ihrer Wortführer, sowie die entsprechenden, häufig ähnlichen Vorstellungen der Richterschaft, die seit Ende des 19. Jahrhunderts eine kartellfreundliche Rechtsprechungstradition begründet hatten. Diese war nicht im luftleeren Raum entstanden, sondern stets in Rückkopplung auf ökonomische und politische Diskurse. Mit der neuen Gesetzeslage und damit auch mit neuen Grundsätzen und Ideen konfrontiert, rezipierten die deutschen Richter Doktrinen und Rechtsfiguren des amerikanischen Antitrusts auch jenseits des bloßen Gesetzestexts der Dekartellierungsgesetze, kamen bei der Auslegung dieser weit interpretierbaren Vorbilder aber häufig zu völlig anderen Ergebnissen als etwa die Kartellabteilung der amerikanischen Militärregierung bzw. Hohen Kommission als treibende Kraft hinter den Gesetzen. Auch hier blieb der eigentliche Gesetztext bei der Interpretation durch deutsche Juristen identisch, diese kamen aber in der Auslegung mitunter im Vergleich zur Anwendung im Ursprungsland zu gegensätzlichen Ergebnissen. Der Transfer der durch die US-amerikanische Antitrusttradition bestimmten Dekartellierungsgesetze fiel dazu mitten in die Debatte um die künftige Ausrichtung des deutschen Kartellrechts in Form des GWB, sodass die auf Basis der alliierten Gesetze gemachten Erfahrungen besonders intensive Rückkopplungen auf den Diskurs um Wettbewerbsrecht und Wettbewerbsverständnis auslösten.

Auch hier führte eine neue Gesetzeslage bei bestehenden und definitiv nachhaltig irritierten *binding arrangements* letztlich zu einer Neuaushandlung von Erlaubtem und Verbotenem. Das Resultat wich sowohl von den Vorstellungen der alliierten Gesetzgeber als auch vom bisherigen Rechtszustand ab, unterschied sich je nach betroffenem Sachverhalt erheblich und kann daher nur exemplarisch-kasuistisch bestimmt werden. Dies gilt umso mehr, da die alliierten Gesetze von vorneherein als Interimslösung gedacht waren und von den beteiligten Akteuren auch als solche wahrgenommen wurden. Daher war die Debatte über ihre Auslegung nicht nur von der überkommenen deutschen Kartelltradition und dem amerikanischen Antitrust beeinflusst, sondern stand auch stets im Schatten der von den politischen Akteuren als wichtiger empfundenen, parallelen Aushandlung des künftigen deutschen Gesetzes gegen Wettbewerbsbeschränkungen (GWB). Die Anwendung des konzeptionellen Leitbegriffs der „Rechtsirritationen" bei einem

Rechtstransfer hat nicht den Anspruch auf dem Niveau eines Theoretikers zu argumentieren oder selbst theoriebildend zu wirken. Stattdessen dient das Konzept lediglich als ordnende und strukturierende Argumentationshilfe bei der Einordnung und Verdichtung der in dem überlieferten Quellenmaterial enthaltenen Informationen.[64]

1.5 Zielsetzung und Einschränkungen

Diese Arbeit soll eine akteurszentrierte, kasuistische Untersuchung der Umsetzung der Dekartellierungsgesetze unter Verdichtung der überlieferten Quellen leisten. Dies schließt im Umkehrschluss auch einige bei dieser Art von Thematik verbreitete Zugriffsweisen aus. So soll dies keine begriffs- und ideengeschichtlich fokussierte klassische rechtsgeschichtliche Untersuchung sein, die das untersuchte Kartellrecht in einen langfristigen Bezug zu rechtlichen Metakategorien wie dem Privatrecht setzt.[65] Ebenfalls unterbleibt die vor allem in den Wirtschaftswissenschaften verbreitete, quantitativ-utilitaristische Fragestellung, deren Erkenntnisinteresse im Wesentlichen darin besteht, ob die untersuchten Kartelle volkswirtschaftlich ‚gut' oder ‚schlecht' zu bewerten sind. Abgesehen davon, dass die von den Kartellgesetzen erfassten Wettbewerbsbeschränkungen letztlich zu vielseitig waren, um sie summarisch zu beurteilen, ist auch weder die Quellenbasis noch die angewandte Methodik dazu geeignet oder angedacht, diese Frage zu beantworten. Wer sich also eine Positionierung in dem gelegentlich von Kartellhistorikern aufgeworfenen Streitgespräch erhofft, ob die schematisch negative, auf die Erzielung einer Monopolrente reduzierte Bewertung der Kartelle durch den Mainstream der Wirtschaftswissenschaft der Realität gerecht wird, wird enttäuscht werden.[66] Eine dementsprechende systematische Bewertung der untersuchten Kartelle und kartellähnlichen Absprachen kann und soll hier nicht erfolgen. Angesichts des kurzen Untersuchungszeitraums, der vorläufigen Natur der alliierten Gesetze und der begrenzten Anzahl an gefällten Urteilen können auch keine stichhaltigen Aussagen darüber getroffen werden, welche strukturellen Veränderun-

---

64 Roelevink, Organisierte Intransparenz, S. 30. Die Positionierung der Verfasserin bei einer vergleichbaren Thematik ist trotz anderer Fragestellung und umfassenderer theoretischer Fundierung gut auf diese Untersuchung übertragbar.

65 Bspw. Nörr, Leiden.

66 Vgl. etwa Harm G. Schröter, Kartellverbot und andere Ungereimtheiten. Neue Ansätze in der internationalen Kartellforschung, in: Margit Müller / Heinrich R. Schmidt / Laurent Tissot (Hrsg.), Regulierte Märkte: Zünfte und Kartelle, Zürich 2011, S. 119–211.; Ders., Quo vadis Kartelldiskurs?, in: Zeitschrift für Unternehmensgeschichte 62 (2017), Heft 2, S. 302–309; Holm Arno Leonhardt, Kartelltheorie und Internationale Beziehungen. Theoriegeschichtliche Studien, Hildesheim 2013.

gen in der Unternehmensorganisation ggf. durch die Durchsetzung des neuen Wettbewerbsrechts induziert wurden.[67]

Bezugnahmen auf die Praktiken des amerikanischen Antitrust ergeben sich angesichts des Ursprungs sowie der Auslegung der alliierten Dekartellierungsgesetze geradezu zwangsläufig, es soll aber kein gleichberechtigter systematischer Vergleich im Vordergrund stehen. Stattdessen soll das amerikanische Vorbild, welches auch zeitgenössisch zunehmend als Vergleichsmaßstab und Ideenquelle gleichermaßen fungierte, nur insoweit in die Untersuchung miteinbezogen werden, wie das für das Verständnis der neuen deutschen Situation vonnöten ist. Statt eines systematischen Vergleichs oder gar einer beidseitigen Verflechtung interessiert in diesem spezifischen Kontext also eher eine einseitige Transferbewegung. Eine ähnliche Prioritätensetzung gilt für die deutsche Wettbewerbspraxis und Kartellpolitik vor 1945. Wo diese angesichts der wirkmächtigen Kontinuitäten in Wirtschaft und Richterschaft für das Verständnis des Materials von Nöten ist, wird darauf Bezug genommen, ohne dabei aber den Anspruch zu erheben, eine umfassende deutsche Kartell- oder Wettbewerbsrechtsgeschichte bis zum GWB zu schreiben.

1.6 Gliederung

Im auf diese Einleitung folgenden Kapitel soll zunächst die Vorgeschichte der Kartellierung und ihre rechtliche und politische Behandlung im Deutschen Reich kurz skizziert werden. Gerade die zeitgenössischen Publikationen vor 1945 zu Kartellen sind in ihrem Umfang bereits kaum zu überblicken,[68] sodass hier keine erschöpfende Behandlung der Thematik erfolgen soll, sondern lediglich die für die spätere Dekartellierung und die mit ihr einhergehenden Rechtsirritationen relevanten Entwicklungslinien kurz skizziert werden. In noch deutlicherem Maße gilt das für die im selben Kapitel erfolgende Behandlung der amerikanischen Antitrust-Tradition. Da die historischen Antitrust-Gesetze und ihre gerichtliche Auslegung dort nach wie vor zentrale Rechtsquellen für das heutige Wettbewerbsrecht sind, ist die Literatur zur Thematik mehr als umfassend. Daher sollen dort neben den historischen Basisfakten vor allem die Erfahrungen der Antitruster im *New Deal* der 1930er Jahre und der folgenden Kriegs- und Nachkriegszeit im Vordergrund stehen, aus denen sich die amerikanischen Dekartellierungspläne für das besetzte Deutschland direkt entwickelten. Zudem werden grob die allgemeinen US-amerikanischen Bemühungen zur Globalisierung des Antitrust in der Nachkriegszeit

67 Bei Freyer, Antitrust and Gobal Capitalism, stellt dies eine der Kernfragen dar.
68 Jovovic, Deutschland und die Kartelle, S. 237

skizziert, deren Bestandteil die Kartellgesetze im besetzten Westdeutschland letztlich darstellten.

Im dritten Kapitel soll dann die frühe Phase der Dekartellierung und Entflechtung in Westdeutschland untersucht werden, die zeitlich in die Amtsperiode des amerikanischen Militärgouverneurs Lucius D. Clay (1947–1949) fiel. Diese Phase ist durch äußerst ambitionierte Zielsetzungen der amerikanischen Kartellabteilung gekennzeichnet, die allerdings wegen internen Konflikten sowohl innerhalb der amerikanischen Militärregierung als auch mit den anderen westlichen Besatzungsmächten kaum eine Umsetzung erfuhren. Das Scheitern dieser Pläne, die vor allem die Entflechtung einer langen Reihe deutscher Konzerne vorsahen, wurde im Gegensatz zu der später tatsächlich erfolgten Dekartellierung bereits teilweise in der Forschungsliteratur behandelt,[69] sodass die Frühphase der Dekartellierung und Entflechtung hier auch angesichts ihres weitgehenden Scheiterns unter Verweis auf die Vorarbeiten konziser beschrieben werden kann als die spätere Phase unter dem Hohen Kommissar John J. McCloy. Dabei kann sowohl auf die bereits bestehenden Vorarbeiten als auch auf bisher nicht rezipierte archivalische Quellen zurückgegriffen werden.

Nachdem die frühe Entwicklung der Dekartellierungskampagne und ihre historischen Wurzeln somit beschrieben sind, soll danach in einer Reihe von exemplarisch ausgewählten Fallbeispielen die unterschiedlichen Anwendungsgebiete der Dekartellierungsgesetze, zunächst seitens der alliierten Kartellbehörden, quellengesättigt untersucht werden. Dies beginnt in Kapitel 4 mit den beiden unilateralen amerikanischen Strafverfahren gegen die Schleifmittelindustrie und gegen die bayerischen Geflügelzüchter in den Jahren 1950 und 1951, bei denen die amerikanische Seite bewusst unilateral ein Exempel statuierte und sich dabei erheblichen politischen Konflikten sowohl mit den französischen und britischen Bündnispartnern als auch mit der Bundesregierung aussetzte. Die Verfahren beleuchten also sowohl die in Deutschland bis dahin unbekannte strafrechtliche Durchsetzung des Kartellverbots gegen eklatante Verstöße als auch das damit untrennbar verbundene politische Ringen um die künftige Wettbewerbspolitik Deutschlands und das Ausmaß der direkten Eingriffe in diese durch die Besatzungsmächte.

Unter ähnlichen Zeichen stehen die in Kapitel 5 behandelten Verwaltungsverfahren der DIDEG von 1950/51. Im Vergleich zu den von der französischen und britischen Seite als konfrontativ empfundenen unilateralen Strafverfahren werden hier allerdings die gemeinsame Anwendung der Dekartellierungsgesetze durch die trilaterale alliierte Kartellabteilung und die damit einhergehenden Kompro-

69 Taylor, Rise and Fall; Murach-Brand, Antitrust auf Deutsch; Maddox, The War Within World War II; Wells, Antitrust; Schwartz, Antitrust Legislation and Policy.

misse behandelt. Somit wird auch die Funktionsweise dieser trilateralen Institution innerhalb der AHK beleuchtet.

Das sechste Kapitel beschreibt kurz die Entflechtungsverfahren. Im Gegensatz zur Dekartellierung wurden vor allem die sondergesetzlichen Entflechtungsverfahren (IG-Farben, Kohle und Stahl, Großbanken, Filmwirtschaft) in der Forschungsliteratur bereits recht umfangreich behandelt, sodass dieses Kapitel eher der Kontextualisierung dient, da Entflechtung und Dekartellierung zwar sachlich unterschiedliche Prozesse sind, politisch aber de facto ähnlich wie die Debatte um das deutsche Wettbewerbsgesetz nicht immer sauber voneinander zu trennen sind. Besondere Aufmerksamkeit wird hier den Entflechtungsverfahren und Entflechtungsbestrebungen auf Basis der Dekartellierungsgesetze selbst gewidmet, welche, auch wegen der letztlich sehr begrenzten Resultate, im Gegensatz zu den sondergesetzlichen Entflechtungen bisher nur sehr vereinzelt ihren Weg in die Forschungsliteratur gefunden haben.

Im siebten Kapitel wechselt dann die Perspektive weg von den alliierten Kartellbehörden hin zu deutschen Gerichten. Wegen der erheblich höheren Anzahl an Verfahren bei gleichzeitig dünnerer Quellenüberlieferung werden hier statt einzelnen Prozessen mit der vertikalen Preis- und Absatzbindung für Markenartikeln sowie Ausschließlichkeits- und Kundenschutzklauseln in der Brauindustrie zwei exemplarische zivilrechtliche Sachverhalte auf Basis der Urteile und Urteilsbegründungen sowie ergänzender Quellen analysiert. Dabei steht neben den typischen zeitgenössischen wettbewerbsbeschränkenden Praktiken und denen sich darüber entzündeten rechtlichen Streitigkeiten zwischen einzelnen Unternehmen und Gewerbetreibenden vor allem die Auslegung der alliierten Gesetze durch die ordentlichen deutschen Gerichte auf Ebene der Amtsgerichte bis hinauf zum Bundesgerichtshof im Vordergrund. Diese zivilrechtliche Dimension wird im zweiten Teil des Kapitels noch durch die quantitativ weniger häufige, aber dennoch bedeutende strafrechtliche Umsetzung ebenfalls vor deutschen Gerichten bis hinauf zum BGH ergänzt.

Im achten Kapitel wird wiederum die quellenbasierte Perspektive gewechselt, nun weg von der juristischen Ebene hin zum Bundeswirtschaftsministerium, welches sich vor allem politisch zu den der Bundesrepublik durch die Besatzungsmächte aufoktroyierten Gesetzen zu positionieren hatte. Zunächst steht dabei die grundsätzliche politische Positionierung zu den Dekartellierungsgesetzen im Vordergrund, wie sie sich etwa in Besprechungen mit der DIDEG und der amerikanischen Kartellabteilung manifestierte. Abschluss des ersten Unterkapitels bildet dann ein kurzer Blick auf die verwaltungsrechtliche Anwendung der alliierten Dekartellierungsgesetze in deren Endphase durch das BMWi zwischen Verabschiedung und Inkrafttreten des GWB, welche zuvor aus politischen Gründen im Konflikt um das deutsche Wettbewerbsgesetz vermieden worden war. Ergänzend zu dieser grundsätzlichen Positionierung Ludwig Erhards und seiner Spitzenbeamten zu den Gesetzen befasst sich das nächste Unterkapitel mit dem Fallbeispiel des Seifenkartells von 1953–55, bei dem das BMWi die wesentlichen Entscheidungskompetenzen von der DIDEG de facto bereits übernommen hatte. Anhand dieses Beispiels lassen sich nicht nur die Handlungsspielräume des BMWi unter den alliierten Gesetzen untersuchen, sondern es lassen sich auch Erkenntnisse über interne Konflikte bei der Kartellpolitik innerhalb des Hauses sowie die stets mitgedachte politische Debatte um das künftige GWB gewinnen. Beim Seifenkartell richtete sich die DIDEG sich nach der Empfehlung von Erhards BMWi, welches sich aus politisch-taktischen Gründen für eine Genehmigung des Kartells einsetzte. Anders ist der Sachverhalt beim im nächsten Kapitel behandelten Mühlenkartell gelagert. In diesem Fall vertrat die deutsche Bundesregierung einheitlich und aus Überzeugung ein Kartell als Lösung für die Überkapazitätskrise dieses Wirtschaftszweiges, während sich die alliierte Seite einer Ausnahmegenehmigung bis zum Ende ihrer Zuständigkeit verweigerte, weswegen das Kartell erst 1955 zustande kam. Dann bewies es aber mit seiner offiziellen Lebensdauer bis 1971 weit über den Untersuchungszeitraum hinaus trotz erheblicher Durchsetzungsschwierigkeiten auch wegen dieser politischen Rückendeckung eine erhebliche Langlebigkeit.

Im neunten Kapitel soll dann die bis hierhin lediglich sekundär beleuchtete Perspektive der deutschen Unternehmer zu Kartellen und Dekartellierung auf Basis weiterer Primärquellen vertieft aufgearbeitet werden. Das Kapitel unterteilt sich in ein konkretes Fallbeispiel, die Linoleumindustrie, zu der besonders reichhaltige Quellen vorliegen, sowie einen allgemeinen Teil, in dem eher verstreut überlieferte Perspektiven aus unterschiedlichen Wirtschaftsbereichen verdichtend behandelt werden.

Im letzten Kapitel werden auf Basis der hier in der Einleitung aufgelisteten Leitfragen und theoretischen Überlegungen die Erkenntnisse der Arbeit zusammengefasst und synthetisiert, sodass im Hinblick auf die Kernfragen nach Wirksamkeit der Gesetze, politischen Kontinuitäten und Brüchen im Vergleich zur vorherigen und folgenden Kartellpolitik sowie politischen Positionierungen der unterschiedlichen Akteure und Institutionen klare Befunde geteilt werden können.

2 Kartelle und Antitrust vor 1945 in Deutschland und den USA

2.1 Kartelle und Kartellpolitik im Deutschen Reich

In der Forschungsliteratur ist Deutschland traditionell als „klassisches Land der Kartelle“ bezeichnet worden.[1] Auch wenn dies im europäischen Kontext eher im Sinne einer Vorreiterrolle, der andere Länder zeitlich in recht dichtem Abstand folgten, als im Sinne einer Sonderrolle zutraf,[2] hatte Deutschland zu Beginn der Dekartellierung eine lange und tiefgreifende Tradition der Kartellierung hinter sich. Nachdem Friedrich Kleinwächter 1883 die erste systematische, wissenschaftliche Analyse der Kartellbewegung verfasst hatte,[3] wuchs sich die Thematik in der Nationalökonomie und Rechtswissenschaft der ersten Hälfte des 20. Jahrhunderts zu einem Klassiker aus, sodass bereits die Anzahl der zeitgenössischen Schriften vor 1945 zu der Thematik kaum zu überblicken ist.[4] Während Kartelle in der juristischen und nationalökonomischen Rezeption vor 1945 trotz durchaus vorhandener kritischer Stimmen in Summe positiv und als einzige wirtschaftlich gangbare Alternative zur Monopolisierung und „Vertrustung“ bewertet wurden,[5] stand bei der rechts- und wirtschaftshistorischen Aufarbeitung ab den 1970er Jahren zumeist die Kontrastierung dieser wettbewerbspolitischen ‚Sünden‘ der Vergangenheit gegenüber der liberalen, kartellfeindlichen Wettbewerbskonzeption, wie sie inzwischen zur wirtschaftlichen Richtschnur der westlichen Welt geworden war, im Vordergrund.[6] Eine umfassende Würdigung sowohl des Ausmaßes der Kartellierung der deutschen Wirtschaft vor 1945 sowie ihrer juristischen, wirtschaftswissenschaftlichen und politischen Rezeption würde hier natürlich jeglichen Rahmen sprengen. Zum Verständnis der Rechtsirritationen der deutschen Unternehmer und Juristen angesichts der amerikanischen Dekartellierungskampagne ist aber zumindest ein konziser Abriss der deutschen Geschichte der Kartelle und ihrer wesentlichen gesetzlichen, gerichtlichen und politischen Meilensteile notwendig, der hier erfolgen soll.

---

1 Schröter, Kartellierung, S. 457.

2 Ebd., S. 476.

3 Kleinwächter, Kartelle.

4 Jovović, Deutschland und die Kartelle, S. 237; Leonhardt, Kartelltheorie befasst sich umfassend mit dem theoretischen Teil der zeitgenössischen Kartellliteratur.

5 Schröder, Entwicklung, S. 99.

6 Ambrosius, Entwicklung; Nörr, Leiden.

https://doi.org/10.1515/9783111517674-002

Auch wenn Regulierungen und Eindämmungen von Wettbewerb und Märkten sich bis in die Antike zurückverfolgen lassen, kann von Kartellen im modernen Sinn, also privaten Zusammenschlüssen von Unternehmen zur Eindämmung eines branchenweiten, meist nationalen, Wettbewerbs, erst unter den Bedingungen der Industrialisierung und Gewerbefreiheit, im deutschen Fall also in der zweiten Hälfte des 19. Jahrhunderts gesprochen werden. Die Kartelle erlebten ihren ersten Aufschwung vor allem in der Gründerkrise der 1870er Jahre. Ein Börsenkrach mit folgender Phase der Deflation und zurückgehender Nachfrage führte zu Überproduktion und vielerorts unzureichenden Preisen. Angesichts der instabilen und oft unzureichenden Preislage formierten sich vor allem in den Grundstoffindustrien erste Kartelle zur Stabilisierung der Preise auf einem seitens der Unternehmer als ausreichend erachteten Niveau. Für den Preisverfall machten die Industriellen neben der industrieweiten Überproduktion zunehmend auch die „schrankenlose Konkurrenz" verantwortlich.[7] Angesichts dieser Entstehungsgeschichte bezeichnete Friedrich Kleinwächter die Kartelle in seinem Pionierwerk als „Kinder der Not"[8] – eine apologetische Einschätzung, die auch noch dann lange fortwirkte, als sie inhaltlich in vielen Fällen längst zweifelhaft geworden war. Die frühen Kartelle waren meist rein freiwillige Zusammenschlüsse ohne feste Organisationsform, die sich auf die Preisfestsetzungen beschränkten. Aus diesem Grund erwiesen sie sich oftmals nicht als besonders beständig, sobald sich etwa die Konjunkturlage vorübergehend wieder stabilisiert hatte.[9] Daher entwickelten die reinen Preiskartelle mit der Zeit häufig eine engere Organisationsform. Der nächste Schritt war zumeist eine Quotierung der Produktionsleistung, wie sich etwa im Bereich der Kohleförderung zum Ende der 1870er Jahre durchgesetzt hatte.[10] Die am stärksten integrierte Kartellform war das Syndikat, bei der die beteiligten Unternehmen den gesamten Vertrieb nicht mehr selbst, sondern über eine gemeinsame Verkaufsstelle abwickelten. Diese Form wurde aber nur in manchen Industrien erreicht und losere sowie festere Kartellformen bestanden stets nebeneinander. Mitunter wurden auch stärker integrierte Kartellformen später wieder zugunsten loserer Zusammenschlüsse aufgegeben.

Politisch einher ging die fortschreitende Kartellierung mit einer Abwendung von freihändlerischen Prinzipien, wie sie Mitte des 19. Jahrhunderts noch dominant gewesen waren, hin zu einer protektionistischen Handelspolitik. Die Bedeutung der Schutzzölle für die Kartellierung der Industrie im Inland war schon zeitgenössisch ein energisch diskutiertes Thema. Zeitgenössische Kartellforscher und

---

7 Blaich, Kartell- und Monopolpolitik, S. 25 f.

8 Kleinwächter, Kartelle, S. 157.

9 Maschke, Grundzüge, S. 10.

10 Ebd., S. 18–20.

die heutige wirtschaftshistorische Forschung sind sich in der Mehrheit grundsätzlich einig, dass die Einführung des Schutzzolls 1879 die Kartellierung zumindest erleichterte.[11] Eine ordnungspolitisch fundierte Kartellpolitik indes gab es zu diesem Zeitpunkt weder auf Ebene des Reiches noch bei den Gliedstaaten. Mindestens eine interessante Randnotiz ist aber, dass es bei der ersten Kartellgründung im Kalibergbau 1879 vor allem die staatlichen Bergwerke im Besitz der Staaten Preußen und Anhalt waren, die die Kartellierung forcierten, während die zu diesem Zeitpunkt wirtschaftlich noch eher unbedeutenden privatwirtschaftlichen Bergwerke lediglich als Juniorpartner fungierten. Vor allem die preußische Regierung hatte die Kartellierung hier forciert. Die Gründe dafür waren allerdings nicht in etwaigen ordnungspolitischen Vorstellungen zu suchen, sondern lagen darin, durch die Gewinnmaximierung der Staatsunternehmen den größtmöglichen fiskalischen Nutzen zu erzielen.[12]

In Abwesenheit einer staatlichen, gesetzlichen Regelung fiel es den Gerichten zu, über die Legitimität der Kartelle zu urteilen, die nie eine spezifische Rechtsform besaßen, sondern sich einer Vielzahl von Rechtsformen, mitunter auch in Kombination bedienten. Eine erste wegweisende Entscheidung fällte das Reichsgericht dazu 1890 im Fall der Klage eines Buchhändlers gegen den Börsenverein der deutschen Buchhändler [Vorgänger des heutigen Börsenvereins des deutschen Buchhandels].[13] Der Verein versuchte damals, sowohl innerhalb seiner Mitgliedschaft als auch bei Außenseitern die gewährten Rabatte zu beschränken, wirkte also als Rabattkartell. Zwar hielt das Reichsgericht die wirtschaftlichen Kampfmaßnahmen des Kartells, die auf einen kompletten Boykott der unterbietenden Händler durch alle Mitglieder bei Drohung des Vereinsausschlusses hinausliefen, hier im Gegensatz zu den vorherigen Instanzen nicht aufrecht. Die Auffassung der Klägerin, dass der Zweck des Vereins, die Rabattbeschränkung, „schon an sich eine rechtswidrige Beeinflussung der freien Preisbildung, auf welche der Konsument ein Recht habe, sowie eine Beeinträchtigung der Gewerbefreiheit und somit eine Verletzung der öffentlichen Ordnung oder der guten Sitten" darstelle, lehnte das Gericht allerdings explizit ab. Dies möge zutreffen, wenn „es sich um eine Vereinigung von Personen handelte, welche wegen eines spekulativen Zwecks dieser Einzelnen die Beherrschung des Marktes für eine Ware" handeln würde. Von solchen Vereinigungen seien aber „Verbindungen von Gewerbsgenossen zu dem in gutem Glauben verfolgten Zwecke, einen Gewerbebetrieb durch Schutz gegen Ent-

11 Liefmann, Kartelle, S. 29; Jovović, Deutschland und die Kartelle, S. 252–254.

12 Eduard Girisch, Das deutsche Kalisyndikat und seine rechtliche Entwicklung, Heidelberg 1938, S. 20; Schröter, Kartellierung und Dekartellierung, S. 459.

13 Urteil des RG vom 25.6.1890, I 96/90, in: RGZ 28, S. 238–51.

wertung der Gewerbserzeugnisse [...] zu erhalten“ zu unterscheiden.[14] Somit waren Kartelle und ihre wirtschaftlichen Kampfmaßnahmen gegen Außenseiter grundsätzlich legitimiert, auch wenn letzteren gewisse Grenzen gesetzt wurden, als dass sie nicht die vollständige wirtschaftliche Vernichtung der Außenseiter zum Zweck haben sollten.[15]

Dieser Linie blieb das Reichsgericht auch beim wenige Jahre später gefällten, auf Grund späterer ordoliberaler Kritik deutlich bekannterem Urteil zum Sächsischen Holzstoff-Fabrikanten-Verband treu.[16] Im Königreich Sachsen hatte eine Gruppe von Holzstoffproduzenten sich zu einem Kartell mit gemeinsamer Verkaufsstelle, also einem Syndikat, zusammengeschlossen, um „in Zukunft einen verderblichen Wettbewerb untereinander zu verhindern und für ihr Fabrikat einen angemessenen Preis zu erzielen“. Als ein Mitglied seine Ware außerhalb der gemeinsamen Verkaufsstelle zu eigenen Preisen an Papierfabriken abgesetzt hatte, klagte das Syndikat auf die fällige Vertragsstrafe.[17] Unter Berufung auf nationalökonomisches Schrifttum definierte das Gericht Preisabsprachen wie die durch das Syndikat vorgenommenen als mitunter durchaus im Interesse der Gesamtheit liegend, da so Überproduktion und übermäßiger Preisverfall verhindert werden könnte. Verträge dieser Art könnten aus Sicht des durch die Gewerbefreiheit geschützten allgemeinen Interesses nur dann für schädlich erachtet werden, wenn sie „ersichtlich auf die Herbeiführung eines tatsächlichen Monopoles und die wucherische Ausbeutung der Konsumenten abgesehen“ seien.[18] Die Vertragsstrafe des Kartells erachtete das Reichsgericht als rechtens, eine vorzeitige Kündigung der Kartellmitgliedschaft des beklagten Unternehmens hingegen für ungültig, da angesichts der begrenzten Laufzeit des Kartells eine Lossagung zum beliebigen Zeitpunkt nicht möglich sei. Die Kartellierung wurde als „genossenschaftliche Selbsthilfe“ der Gewerbetreibenden zur Regelung des „freien Spiels der wirtschaftlichen Kräfte“ gewertet, von dessen übernommenen Verpflichtungen sich das Kartellmitglied nicht unter Berufung auf die Gewerbefreiheit und eine Einschränkung seiner wirtschaftlichen Bewegungsfreiheit beliebig freisprechen könne.[19] Damit waren nicht nur kartellierte Preisfestsetzungen offiziell legal, sondern auch zumindest den inneren Zwangsmaßnahmen des Kartells in Form von Vertragsstrafen gegen abtrünnige Mitglieder einklagbare Rechtssicherheit verliehen.

---

14 Ebd., S. 243 f.

15 Eine umfassendere Analyse dieses sowie des folgenden genannten Reichsgerichtsurteils findet sich bei Schröder, Entwicklung.

16 Urteil des RG vom 4.2.1897, VI 307/96, in: RGZ 38, S. 155–162.

17 Ebd., S. 155.

18 Ebd., S. 158.

19 Ebd., S. 162.

Diese positive Haltung gegenüber der Kartellierung war keine isolierte Einschätzung des Reichsgerichts, sondern folgte grundsätzlich der damaligen Mehrheitsmeinung der deutschen Nationalökonomie, welche wiederum auch auf die Rechtswissenschaft ausstrahlte. Die durch die historische Schule geprägte Lehrmeinung war zwar gegenüber den gängigen Kartellpraktiken nicht völlig unkritisch, stellte aber vor allem deren angebliche Verdienste, darunter verbesserte und verbilligte Produktion, Zentralisation der Leitung sowie Dämpfung von Konjunkturschwankungen in den Vordergrund.[20]

Auch wenn die Mehrheitsmeinung in Wirtschafts- und Rechtswissenschaft die kartellfreundliche Rechtsprechung der Gerichte deckte und in den Kartellen sowohl die einzig gangbare Alternative zu den „Trusts“ amerikanischer Prägung als auch das Heilmittel für verschwenderische Überproduktion sah, gab es durchaus auch prominente kritische Stimmen gegenüber der sich ausbreitenden Kartellierung. So positionierte sich im Reichstag etwa die nationalliberale Partei häufig gegen die Kartelle. Hintergrund war hier, dass diese vor allem der verarbeitenden und Konsumgüterindustrie nahestand, welche im Vergleich zur Schwer- und Grundstoffindustrie weniger straff kartelliert war und nicht selten unter den rücksichtslosen Geschäftspraktiken der Unternehmen der kartellierten Schwer- und Grundstoffindustrie zu leiden hatte.[21] Als Vertreter der Nationalliberalen übte u. a. der spätere Reichsaußenminister und -kanzler Gustav Stresemann im Reichstag heftige Kritik an den Kartellen und ihren Geschäftspraktiken, die er der monopolistischen Ausplünderung des deutschen Marktes beschuldigte.[22] Die kartellkritischen Fraktionen im Reichstag setzten u. a. eine Kartellenquete durch, die zwischen 1902 und 1905 den Einfluss der Kartelle untersuchte, veranlassten eine 1906 veröffentliche Kartelldenkschrift sowie die den Aufbau eines amtlichen Kartellregisters und konnten in einigen Fällen die konkrete Monopolisierung von staatswirtschaftlich geprägten Industrien durch die Regierung verhindern.[23]

Vor 1914 waren Kartelle zumeist rein privatwirtschaftliche Zusammenschlüsse und direkte Eingriffe des Staates in die Industriestruktur eher selten. Eine Ausnahme stellten Industrien dar, in denen der Staat durch eigene Unternehmen selbst fiskalische Interessen verfolgte. So wurde von Seiten des Reiches 1910 das Gesetz zum Absatz von Kalisalzen entlassen, welches ein Kontingentierungs- und

20 Blaich, Kartell- und Monopolpolitik, S. 27.

21 Ausführlich zu den Konflikten zwischen den Industriesparten, ihren Lobbygruppen und ihrem Verhältnis zu den Kartellen: Dirk Stegmann, Hugenberg contra Stresemann: Die Politik der Industrieverbände am Ende des Kaiserreichs, in: Vierteljahrshefte für Zeitgeschichte 24 (1976), Heft 4, S. 329–378.

22 Schröder, Entwicklung, S. 136.

23 Blaich, Kartell- und Monopolpolitik, S. 294 f.

Preiskartell gesetzlich de facto unabdingbar machte, nachdem die staatseigenen Betriebe Preußens und Anhalts bereits vorher treibende Kräfte hinter der Kartellierung waren.[24] Das Gesetz war eine Reaktion auf das Scheitern des vorherigen privatwirtschaftlichen Syndikats und den daraus folgenden Exportplänen einiger Unternehmen und sollte ursprünglich ein Zwangssyndikat gesetzlich festsetzen. Nachdem sich gegen dieses Vorhaben im Reichstag Widerstand gezeigt hatte, wurde das Gesetz insofern abgeändert, dass die Produktion unangetastet blieb, der Absatzweg aber strikt reguliert wurde, sodass eine erneute Syndizierung de facto unerlässlich war.[25]Als im Ersten Weltkrieg die staatliche Wirtschaftslenkung nach schweren Versorgungskrisen zunehmend ausgebaut wurde, erfolgten auch zunehmend weitere ähnliche Eingriffe in Kartellstrukturen. So wurde etwa die Auflösung des Rheinisch-Westfälischen Kohlensyndikats nach gescheiterten Verhandlungen innerhalb des Syndikats 1915 kurzerhand per Bundesratsverordnung verhindert und eine erneute Syndizierung staatlicherseits erzwungen.[26] Der Staat wollte sich hier vor allem die Distributionsstrukturen des Syndikats für die Kriegsbewirtschaftung mit dem Schlüsselrohstoff Kohle zu Nutze machen, für die es auf staatlicher Seite keine institutionelle Alternative mit vergleichbarer Leistungsfähigkeit gab. Während die staatlichen Eingriffe in dieser Industrie auch über den Krieg erhalten blieben und nach dem Krieg im Zuge der Sozialisierungstendenzen permanent institutionalisiert wurden, führte dies nur auf dem Papier zu einem Machtverlust der einflussreichen Unternehmer im Syndikat, da diese es verstanden, die relevanten Staatsvertreter durch geschickte Lobbyarbeit in ihrem eigenen Interesse zu instrumentalisieren.[27]

Die kartellkritischen Tendenzen, welche sich im bereits zu Beginn des 20. Jahrhunderts im Reichstag angedeutet hatten, erreichten in der Inflationsperiode nach dem Ersten Weltkrieg ihren Höhepunkt. Hintergrund war hier das Geschäftsgebaren der Kartelle, die über die allgemeinen Geschäftsbedingungen dazu neigten, sämtliche Inflationsrisiken auf Geschäftspartner und Konsumenten abzuwälzen.[28] Angesichts der zunehmenden Kritik an den Kartellen erließ die Reichsregierung unter der Kanzlerschaft des o. g. Gustav Stresemann mit der Kartellverordnung (KVO) 1923 erstmals eine gesetzliche Regelung des Kartellwesens. Das Gesetz reflektierte die zunehmende öffentliche und politische Kritik an den Kartellen und

24 Nörr, Leiden, S. 17 f.

25 Girisch, Das deutsche Kalisyndikat, S. 38 f; Blaich, Kartell- und Monopolpolitik, S. 159–175.

26 Roelevink, Organisierte Intransparenz, S. 42.

27 Eva-Maria Roelevink / Dieter Ziegler, The Syndicate in a Web of Intervention: the Rhenish-Westphalian Coal Syndicate and the State, 1893–1945, in: Ralf Banken / Ben Wubs (Hrsg.), The Rhine: A Transnational Economic History, Baden-Baden 2017, S. 115–143.

28 Nörr, Leiden, S. 62.

ihren Praktiken aber nur bedingt. So distanzierte sich die Kartellverordnung bereits in ihrer amtlichen Begründung davon, „das Kartellwesen zu zertrümmern“, da dies lediglich die kleinen und mittleren Unternehmen den Großkonzernen ausliefern würde.[29] Stattdessen beschränkte sich das Gesetz auf eine Missbrauchskontrolle der Kartelle und ihrer Geschäftspraktiken, sollte also die Ausnutzung von Marktmacht durch die Kartelle sowie marktbeherrschende Konzerne dort verhindern, wo diese als dem Gemeinwohl schädlich erachtet wurde. Die Verordnung gewährte dem Reichswirtschaftsminister gewisse Kompetenzen bei der Überwachung der Kartelle und richtete zudem ein Kartellgericht für Rechtsstreitigkeiten auf Basis der Verordnung ein. Die Verordnung setzte für Kartellverträge die Schriftform voraus und erklärte rein mündliche Verträge für ungültig. Zudem erlaubte sie in § 4 dem Reichswirtschaftsminister, Verträge bei einer Gefährdung des Gemeinwohls zur Nichtigerklärung an das Kartellgericht weiterzuleiten sowie Beteiligten die fristlose Kündigung zu ermöglichen. Eine Gefährdung des Gemeinwohls läge dann vor, „wenn in volkswirtschaftlich nicht gerechtfertigter Weise die Erzeugung oder der Absatz eingeschränkt, die Preise gesteigert oder hochgehalten werden […] oder wenn die wirtschaftliche Freiheit durch Sperren im Einkauf oder Verkauf oder durch Festsetzung unterschiedlicher Preise oder Bedingungen unbillig beschränkt wird.“[30] In § 8 wurde Kartellmitgliedern ein fristloses Kündigungsrecht eingeräumt, insofern der zu kündigende Vertrag „die wirtschaftliche Bewegungsfreiheit“ des betroffenen Kartellmitglieds ungebührlich einschränkte. Die endgültige Entscheidung lag dann auf Antrag eines der Beteiligten beim Kartellgericht.[31] § 9 schränkte die Zulässigkeit von Sperren durch Kartelle ein, während § 10, sofern Kartelle oder Konzerne unter Ausnutzung ihrer Marktmacht durch Geschäftsbedingungen oder Preisfestsetzungen die Gesamtwirtschaft oder das Gemeinwohl schädigten, auf Beschluss des Kartellgerichts den benachteiligten Vertragsparteien ein Rücktrittsrecht einräumte.[32]

Als die Verordnung erlassen wurde, waren Juristen und Kartellfachleute davon ausgegangen, dass die Paragraphen 4 und 10, welche Kartelle einer gewissen öffentlichen Missbrauchskontrolle durch den Reichswirtschaftsminister und das Kartellgericht unterzogen, die zentralen Aspekte in der Anwendung der Verordnung darstellen würden. Diese Erwartungen erfüllten sich allerdings nicht. So wurde Paragraph 4 zwischen dem Erlass der Verordnung und dem 1.1.1927 nur 22-mal angewendet, bei über 1700 Verfahren unter Verordnung insgesamt. In allen

---

29 Liefmann, Kartelle, S. 350 f.

30 § 4 der Verordnung gegen Mißbrauch wirtschaftlicher Machtstellungen vom 2.11.1923, RGBl. I, 1923, S. 1067–1070.

31 § 8, Ebd., S. 1068.

32 § 10, Ebd., S. 1069.

dieser Fälle beugten sich die Kartelle der Kritik des Ministers, bevor der Fall vor das Kartellgericht kam. Stattdessen ging die breite Mehrheit der Verfahren unter der Verordnung auf § 8 zurück, befasste sich also mit Streitigkeiten unter Kartellmitgliedern über ein ggf. legales Rücktrittsrecht vor Vertragsende. [33] Bei der Rechtsprechung zu § 9 hielt das Kartellgericht die alte Linie des Reichsgerichts aufrecht, welche die Anwendung wirtschaftlichen Drucks auf Außenseiter oder abspenstige Kartellmitglieder gestatte, sofern dadurch die unter Druck gesetzte Partei nicht in ihrer wirtschaftlichen Existenz gefährdet wurde.[34] Auch der Paragraph 10, welcher auf dem Papier einen scharfen Eingriff in die Marktmacht von Kartellen und Monopolisten darstellte, wurde in der Praxis kaum angewandt.[35]

So war zwar mit der offiziell „Verordnung gegen Mißbrauch wirtschaftlicher Machtstellungen“ genannten KVO ein erstes Kartellgesetz geschaffen. In seiner Reichweite und seiner tatsächlichen Anwendung war es aber kaum dazu geneigt, flächendeckend in die Marktpraktiken von Kartellen einzugreifen. Dort wo es zum Einsatz kam, im Wesentlichen bei Vertragsstreitigkeiten von kartellierten Unternehmen untereinander, stellte die Rechtsprechung des Kartellgerichts zudem keinen signifikanten Bruch im Vergleich mit den etablierten Leitlinien der Rechtsprechung durch das Reichsgericht dar. Dementsprechend führte die Kartellverordnung auch nicht zu einem Einbruch der Kartellierungen. Im Gegenteil gelten die 1920er Jahre als Blütezeit der Kartelle. Je nach Definition wurde die Zahl der Kartelle in Deutschland 1923 zwischen 1500 und 3000 geschätzt, der führende Kartellexperte Robert Liefmann hielt unter Einbeziehung der Konditionenkartelle die Zahl von 2500 für zutreffend.[36] Diese Schätzungen decken sich weitgehend mit denen der wirtschaftshistorischen Forschung, wo man von etwa 3000 Kartellen zum Ende der Weimarer Republik ausgeht.[37] Auch im nach wie vor durch die Historische Schule dominierten ökonomischen Diskurs blieb die Mehrheit der Forscher in den 1920er Jahren kartellfreundlich eingestellt. In der Debatte standen allerdings weniger die konkreten ökonomischen Funktionen der Kartelle im Vordergrund, sondern die institutionenverliebten Nationalökonomen der Historischen Schule idealisierten eher die Rolle der Kartelle als scheinbar fortschrittliche Institutionen bei der Weiterentwicklung der Wirtschaftsordnung.[38]

---

33 Rudolf K. Michels, Cartels, Combines and Trusts in Post-War Germany, New York 1928, S. 53.
34 Ebd., S. 56.
35 Ebd., S. 57 f.
36 Liefmann, Kartelle, S. 39 f.
37 Hesse, Abkehr, S. 31.
38 Köster, Kartell- und Monopoldebatte, S. 217.

Der nächste größere legislative Eingriff in der Kartellpolitik war die Kartellnotverordnung von 1930.[39] Hier wurden vor dem Hintergrund der Weltwirtschaftskrise und des ersten Präsidialkabinetts im Wesentlichen Befugnisse, die die KVO dem Kartellgericht vorbehalten hatte, auf den Reichswirtschaftsminister übertragen. Um zusätzlich Zugriff auf die Preissetzung zu bekommen, umfasste die Kartellnotverordnung im Gegensatz zur KVO auch die bisher unberührt gebliebenen vertikalen Preisbindungsverträge.[40] Ebenfalls preispolitisch motiviert war eine Notverordnung der Regierung Brüning am 8. Dezember 1931, nach der sämtliche Kartellpreise um 10 % zu reduzieren waren.[41] Diese ist vor allem vor dem Hintergrund der staatlichen Deflationspolitik unter der Regierung Brüning zu verstehen und übte dementsprechend Druck auf die Kartelle aus. Die Tendenz, Kartelle für die staatliche Wirtschaftspolitik zu instrumentalisieren setzte sich im Nationalsozialismus fort, der diese schließlich für seine Kriegswirtschaft autoritär überformen sollte.

Der wohl einschneidendste legislative Eingriff in das Kartellwesen, welcher bereits wenige Monate nach der nationalsozialistischen Machtergreifung vorgenommen wurde, war das Gesetz zur Errichtung von Zwangskartellen vom 15.7.1933. Das Gesetz gab dem Reichswirtschaftsminister die Autorität, Unternehmen zu „Syndikaten, Kartellen, Konventionen, oder ähnlichen Abmachungen zusammenzuschließen“ oder an solche bisherige bereits bestehende Zusammenschlüsse anzuschließen, wo es ihm gesamtwirtschaftlich geboten schien.[42] Flankiert wurde das Gesetz von einer Änderung an der Kartellverordnung, die dem Reichswirtschaftsminister die Gründung von Kartellen und Syndikaten ermöglichte, sowie direkten Eingriffen in die Preissetzung im Lebensmittelhandel, welches Kartellen und ähnlichen Zusammenschlüssen dort die Festsetzung von Preisen ohne die Zustimmung des Reichskommissars für Preisüberwachung untersagte, um das hohe Preisniveau bei Nahrungsmitteln zu senken.[43] Das Zwangskartellgesetz selbst wurde zwischen 1933 und 1939 mit 120 durch das RWM erzwungenen Kartellierungen vergleichsweise selten angewandt. Dies spricht allerdings nicht unbedingt für eine fehlende realwirtschaftliche Durchschlagskraft des Gesetzes, da das RWM die Zwangskartellierung häufig lediglich androhte, um etwa eine Einigung bestehender privatwirtschaftlicher Kartelle mit Außenseitern zu erzwingen. So wurden allein zwischen Juli 1933 und Dezember 1936 1.600 neue private Kartellvereinbarungen getroffen, viele davon unter Eindruck der neuen gesetzli-

39 Verhütung unwirtschaftlicher Preisbindungen, in: RGBl. 1930, I, S. 328.
40 Pöting, Kartellgesetzgebung, S. 24.
41 Spoerer, Konzentrationsprozeß, S. 99.
42 Gesetz über die Errichtung von Zwangskartellen vom 15.7.1933, in: RGBl. 1933, I, S. 488 f.
43 Murach-Brand, Antitrust auf Deutsch, S. 25; Pöting, Kartellgesetzgebung, S. 50.

chen Lage und nach entsprechender Kommunikation mit dem RWM.[44] Auch bei Anträgen auf Zwangskartellierung aus der Wirtschaft selbst wurde nur recht selten zu diesem Mittel gegriffen. So hatten im ersten Jahr des Gesetzes von 133 Anträgen auf Zwangszusammenschluss nur 23 Erfolg, bei 28 Anträgen auf Zwangskartellierung bisher komplett kartellfreier Branche nur 9.[45] Diese eher zurückhaltende Anwendung des Zwangskartellgesetzes lässt sich auch in dem hier noch behandelten Fallbeispiel der Linoleumindustrie demonstrieren, bei der der Vertreter des RWM nach der Anrufung seines Ministeriums durch das größte Unternehmen der Branche deutlich machte, dass ein Zwangskartell „nur ultima ratio" sei und ein freiwilliger Zusammenschluss eindeutig präferiert würde.[46]

Die einheitliche Kartellierung zuvor nicht oder nur teilweise kartellierter Branchen war vor allem eine Maßnahme für die bessere staatliche Lenkbarkeit der ansonsten nach wie vor weitgehend privaten Wirtschaft im Nationalsozialismus. Dass sich das Wettbewerbsrecht im Nationalsozialismus zunehmend den konkreten wirtschaftspolitischen Zielen des RWM unterordnen musste, lässt sich auch an der Rechtsprechung des Reichsgerichts zu den Kartellen demonstrieren. War diese zuvor anhand der bisher etablierten, weitgehend, aber nicht ausschließlich kartellfreundlichen Richtschnüre weitgehend konstant gewesen, so konstatiert Harald Freise bereits in der frühen NS-Zeit durch die zunehmende Verwaltungsakzessorietät der Rechtsprechung einen Riss in dieser. So habe das Reichsgericht autonome Marktregelungen in einigen Wirtschaftsbereichen gefördert, in anderen aber bekämpft, ohne dass dafür eine plausible ordnungspolitische Begründung vorgelegen hätte. Unter Berufung auf Gemeinwohl und Gesamtwirtschaft wurde sowohl der Anschluss von Außenseitern an Kartelle, als auch der Schutz des Außenseiters vor dem Organisationszwang von Kartellen begründet, je nachdem wie gut die konkreten Maßnahmen des Kartells mit den wirtschafts- und preispolitischen staatlichen Vorgaben übereinstimmten.[47]

Die Tendenz, dass die privatwirtschaftlichen Kartellvereinbarungen zunehmend staatlich-überformt wurden, setzte sich nach der Einrichtung der Reichswirtschaftskammer und der ihr unterstehenden Reichsgruppen unter dem „Gesetz zur Vorbereitung des organischen Aufbaus der deutschen Wirtschaft" fort. Diese ersetzten das bisherige freie und plurale Verbandswesen und machte die Verbän-

44 Kahn, Steuerung der Wirtschaft, S. 183–186.

45 Freise, Wettbewerb und Politik, S. 89 f.

46 Besprechung über Zwangskartell mit Staatsrat Dr. Völckers und RLB/DLW, 19.8.1937, in: RWWA, 58-240-4.

47 Freise, Wettbewerb und Politik, S. 167–189.

de zu „Transmissionsriemen der staatlichen Wirtschaftspolitik".[48] Folgerichtig wurden durch den Kartellerlass vom November 1936 auch in erheblichem Maße bisherige Kompetenzen der Kartelle zu den staatlich kontrollierten Wirtschaftsgruppen verschoben, wo sich etwa die Reichsgruppe Industrie zuvor mit „starken Empfehlungen" begnügt hatte.[49] Seine Fortsetzung fand der Machtverlust der ehemals autonomen Kartelle mit dem Beginn der Kriegswirtschaft, als seit 1939 durch den Reichswirtschaftsminister unter dem Zwangskartellgesetz eine Reihe von Dachkartellen gegründet worden, welche auch als Führungs- oder Lenkungskartelle bezeichnet wurden und die staatliche Wirtschaftslenkung weiter intensivierten.[50] Ihren Höhepunkt fand diese Entwicklung mit dem Kartellbereinigungserlass des Reichswirtschaftsministers vom 20.5.1943, mit der nach vorherigen Verhandlungen mit den Wirtschaftsgruppen infolge der staatlichen Lenkung überflüssig gewordene Kartelle aufgelöst wurden.[51] Mit diesem Erlass sollte laut Reichswirtschaftskammer das „Eigenleben" der „marktregelnden Zusammenschlüsse" bis auf wenige Ausnahmen endgültig beendet werden.[52] Die staatliche Kommandowirtschaft hatte somit ihren Höhepunkt erreicht und die ehemals marktkontrollierenden Kartelle waren nur noch als Durchführungsorgane der staatlichen Vorgaben vorgesehen, die ehemalige Entscheidungskompetenz auf eine Ratgeberfunktion reduziert. Auch der NS-Kartelljurist Heinz Müllensiefen konstatierte 1943 offen, „daß die Aufgaben der Kartelle heute anders sind als früher [...] Wesentlich ist, daß sie als Steuerungsorgan der staatlichen Wirtschaftslenkung diese Bewährungsprobe grundsätzlich bestanden haben."[53]

Die Entwicklung hin zu einer stark konzentrierten, staatlich gelenkten Wirtschaft wurde auch innerhalb des NS-Machtapparats nicht nur unkritisch gesehen. So arbeitete der später als Kriegsverbrecher hingerichtete SS-Gruppenführer Otto Ohlendorf unter Auftrag Heinrich Himmlers als stellvertretender Staatssekretär im RWM ab 1943 unter anderem an einer Erfassung des wirtschaftlichen Konzentrationsprozesses und an Vorarbeiten für ein zukünftiges Dekonzentrationsge-

48 Christopher Kopper, Das Ministerium Schacht und sein Einfluss, in: Albrecht Ritschl (Hrsg.), Das Reichswirtschaftsministerium in der NS-Zeit. Wirtschaftsordnung und Verbrechenskomplex (Wirtschaftspolitik in Deutschland 1917–1990, Bd. 2), Berlin 2016, S. 76–110, hier: S. 87.

49 Leonhardt, Kartelltheorie, S. 220.

50 Pöting, Kartellgesetzgebung, S. 128.

51 Ebd., S. 151.

52 Leonhardt, Kartelltheorie, S. 226 f.

53 Heinz Müllensiefen, Kartelle im Zeitenwandel, Deutsche Bergwerks-Zeitung Nr. 29, 4.2.1943, zitiert nach: Horst A. Wessel, Die Haltung der Unternehmer zur Zwangskartellierung, in: Pohl (Hrsg.), Kartelle und Kartellgesetzgebung, S. 188–201, hier: S. 200.

setz.[54] Dabei bekannte er sich in der Presse offen zu Plänen der Dekartellierung und Entflechtung: „Was wir wollen, ist eine freie Wirtschaft, frei auch von Monopolen, Kartellen und Syndikaten."[55] Diese Pläne stießen allerdings innerhalb der nationalsozialistischen Polykratie auf erheblichen Widerstand und wurden im Krieg nicht mehr realisiert. Der kartellfeindliche, wirtschaftsliberale Teil des RWM fand eine gewisse Kontinuität aber im Josten-Entwurf von 1949, mit dem der ehemalige RWM-Ministerialrat Paul Josten in der VfW die Diskussion über ein deutsches Kartellgesetz anstoßen sollte.

Die zunehmende staatlich-autoritäre Überformung der Kartelle im Nationalsozialismus war letztlich auch der Grund dafür, dass die alten Kartelle von vor 1945 nach der Enthauptung durch den Zusammenbruch des NS-Staates und spätestens ab dem weitgehenden Ende der Zwangsbewirtschaftung 1948 kaum noch eine Rolle spielten. Vielmehr hatten die alliierten, vor allem amerikanischen, Dekartellierungsbemühungen mit mehr oder weniger klandestinen Neu- und Nachfolgegründungen von Kartellen zu kämpfen, die eher wieder in der Tradition der autonomen Kartelle der 1920er und frühen 1930er Jahre standen.

2.2 Die amerikanische Antitrust-Tradition im New Deal

2.2.1 Vorgeschichte

Während es im Deutschen Reich den Gerichten überlassen blieb, über die Kartellfrage zu entscheiden, bestand in den USA mit dem *Sherman Act* bereits ab 1890 eine grundsätzliche Rechtsquelle zu Kartellvereinbarungen und Monopolen. In allgemeinen gehaltenen Generalklauseln erklärte dieses Gesetz jeglichen „contract, combination in the form of trust or other- wise, or conspiracy, in restraint of trade, or commerce" sowie jegliche Monopolisierung eines Gewerbes oder dessen Versuch für illegal.[56] Auch in der US-amerikanischen Politik bestanden zu diesem Zeitpunkt keine ausformulierten ordnungspolitischen Vorstellungen für die sich rasant industrialisierende Wirtschaft. Zum amerikanischen Gründungsmythos gehörte aber eine Vorstellung von Wettbewerbsfreiheit der „small dealers and worthy men" auf meist lokal oder regional beschränkten Marktplätzen, die stets

54 Ludolf Herbst, Der Totale Krieg und die Ordnung der Wirtschaft. Die Kriegswirtschaft im Spannungsfeld von Politik, Ideologie und Propaganda 1939–1945, Stuttgart 1982, S. 449–452.

55 Otto Ohlendorf, Der Sinn der Wirtschaft, Textil-Zeitung Nr. 74, 27.7.1944, zitiert nach: Herbst, Der Totale Krieg, S. 301.

56 Sherman Anti-Trust Act vom 2.7.1890, online unter: https://www.archives.gov/milestone-documents/sherman-anti-trust-act, zuletzt abgerufen am 7.6.2022.

als Teil des wirtschaftlichen sowie moralischen Fundaments der Nation verstanden worden war.[57] Durch das rasante Wachstum industrieller Großunternehmen und marktbeherrschender Trusts war diese romantisierte Vorstellung offenkundig bedroht, sodass sich die politische Klasse unter Handlungsdruck sah, die klassischen Wettbewerbsvorstellungen gesetzlich zu kodifizieren.

Die Umsetzung des neuen Gesetzes war in den ersten Jahren allerdings äußerst limitiert, da die Gerichte, insbesondere der Supreme Court, eine konservative Haltung gegenüber gesetzlichen Eingriffen in private Vertrags- und Vermögensverhältnisse an den Tag legten.[58] Hier etablierte sich mit der *„rule of reason“* eine Rechtsdoktrin, die die Generalklauseln des Sherman Acts insofern einschränkte, dass während manche Vergehen per se illegal seien, andere Wettbewerbsbeschränkungen auf ihre Angemessenheit und Vernünftigkeit hin untersucht werden müssen und unter Umständen rechtens sein können, etwa wenn die Beschränkung des Wettbewerbs nur geringfügig und als Nebeneffekt eines größeren Vertragswerks erfolgte. Auch die ursprünglich vorgesehene, sich selbst tragende Natur der Antitrustgesetzgebung – eine staatliche Behörde zur Überwachung und Verfolgung von Verstößen war zunächst nicht vorgesehen – durch private Schadensersatzklagen aus der Wirtschaft selbst auf Basis einer Klausel, die bei Verstößen der geschädigten Partei den dreifachen Schadensbetrag als Schadensersatz gewährte, zeigte angesichts der langwierigen, kostspieligen und im Ausgang unsicheren Prozesse nicht die gewünschte Wirkung. Auch wegen der von den Antitrust-Anhängern als unbefriedigend empfundenen bisherigen Durchsetzung des *Sherman Acts* wurde die Gesetzgebung mit dem *Clayton Act* von 1914, der u. a. Preisdiskriminierung, Exklusivklauseln sowie Unternehmenszusammenschlüsse betraf, verschärft und parallel zur bereits zuvor entstandenen *Antitrust Division* im Justizministerium mit der *Federal Trade Commission* (FTC) eine weitere Institution zur Wettbewerbskontrolle eingerichtet.[59] Im dritten Paragraph des *Clayton Acts* wurden Exklusivverträge, die Beziehern einer Ware oder Dienstleistung es verboten, gleiche oder ähnliche Waren oder Dienstleistungen von einem Konkurrenten zu beziehen, verboten, sofern sie dazu geeignet seien „to substantially lessen competition or tend to create a monopoly in any line of commerce.“[60] Während diese Ausschließlichkeitsklauseln zunächst nach der *rule of reason* im Sinne einer Berücksichtigung des Grads der Marktbeherrschung bewertet wurden, verschärfte

57 Rudolph J. R. Peritz, Competition Policy in America. History, Rhetoric, Law, 2. erw. Aufl, Oxford, New York u. a. 2000, S. 27.

58 Ebd., S. 12.

59 Ebd., S. 64 f.

60 Clayton Act vom 15.10.1914, Section 3, online unter: https://www.ruhr-uni-bochum.de/gna/Quellensammlung/06/06_claytonantitrust_1914.htm, zuletzt abgerufen am 13.06.2022.

der Supreme Court seine Auslegung zu diesem Sachverhalt im Verlauf der 1940er erheblich und neigte nun dazu, solche Abmachungen zwischen zwei Unternehmen in den meisten Fällen als *violation per se* zu bewerten.[61] Trotz der zu Beginn des 20. Jahrhunderts noch durch die *rule of reason* erheblich eingeschränkte Auslegung der Antitrustgesetze im Supreme Court, waren sich sowohl die Vertreter einer gemäßigten Auslegung mit denen der wörtlich-strikten Auslegung bereits vor dem *Clayton Act* einig über das Verbot der vertikalen Preisbindung, wie es in dem Fall *Dr. Miles Medical Co. v. John D. Park & Sons Co.* 1911 festgeschrieben wurde. Obwohl der Supreme Court zu diesem Zeitpunkt sonst dazu neigte, der Vertragsfreiheit im Zweifelsfall Vortritt vor Bedenken über Wettbewerbsbeschränkungen zu geben, waren es hier die umfassenden Ansprüche der vertikalen Preisbindungsverträge gegenüber Dritten – die festgelegten Preise mussten auch bei jeglichen Weiterverkäufen eingehalten werden –, die den Richtern nicht *„reasonable"* erschienen.[62]

Während die Jahre um den Erlass des *Clayton Acts*, der durch einzelstaatliche Gesetzesinitiativen ergänzt wurde, einen Aufschwung an staatlicher Durchsetzung des Antitrusts markierten, wurden staatliche Prozesse ab Mitte der 1920er Jahre kaum noch geführt und die zuständigen Behörden beschränkten sich meist darauf, Unternehmen durch kartellrechtliche Einschätzungen von Geschäftsplänen mit Wettbewerbsbeschränkungen zu beraten und Einschätzungen zur Legalität oder Illegalität dieser abzugeben.[63] Während diese *Laissez-faire*-Herangehensweise seit dem Beginn der Weltwirtschaftskrise politisch diskreditiert war und die Antitruster eine wichtige Fraktion in Franklin D. Roosevelts *New Deal* Koalition darstellten, waren die ersten Jahre des *New Deals* durch den *National Industry Recovery Act (NIRA)* und die durch diesen installierte *National Recovery Administration (NRA)* geprägt, welche im Wesentlichen korporatistische Strukturen installierten, bei denen sich Vertreter von Industrie, Gewerkschaften und Regierung gemeinsam über sogenannte *industry codes* abstimmten, die neben einer Reihe von Arbeitsbedingungen und Handelsbräuchen auch Preise festschrieben. Durch Sektion 5 des NIRA waren diese Codes von den Antitrustgesetzen explizit ausgenommen.[64] In der Praxis nahmen die Codes die Form von durch die Regierung abgeseg-

---

61 Edmund H. Schwenk, Der Wandel der Antitrust-Rechtsprechung in den Vereinigten Staaten, in: WuW 3 (1953), H. 9, S. 515–525, hier: S. 521; Kurt Biedenkopf, Vertragliche Wettbewerbsbeschränkung und Wirtschaftsverfassung. Die Ausschließlichkeitsklausel als Beispiel, Heidelberg 1958, S. 54–57.

62 Peritz, Competition Policy, S. 53 f.

63 Walton Hamilton / Irene Till, Antitrust in Action (TNEC-Monograph No. 16), Washington D. C. 1940, S. 30.

64 Ellis Wayne Hawley, The New Deal and the Problem of Monopoly. A Study in Economic Ambivalence, Princeton [NJ] 1966, S. 32.

neten Kartellen an und waren vor allem in Branchen verbreitet, die schon zuvor durch eine hohe Dichte von Marktabsprachen und monopolistischen Arrangements gekennzeichnet waren.[65]

Parallel dazu wurde auch das Verbot vertikaler Preisbindungen durch die sogenannten *fair trade laws* der Einzelstaaten unterlaufen. Das erste Gesetz dieser Art, welches vertikale Preisbindungen für den Handel innerhalb des Staates legalisierte, war 1931 in Kalifornien erlassen worden und erlaubte vertikale Preisabsprachen zwischen Herstellern von Markenartikeln und Händlern.[66] Während sich diese Praxis zunächst als ineffektiv erwies, da sie nicht auf nichtunterzeichnende Händler anwendbar war, änderte sich dies durch eine gesetzliche Änderung 1933, welche eine *nonsigner clause* zum Gesetz hinzufügte, wodurch die gebundenen Preise nun auch von Drittparteien einzuhalten waren, die die Ware nicht direkt vom Hersteller erworben hatten und somit nicht direkt vertraglich an diesen gebunden waren. Im Dezember 1936 wurden die *fair trade* Gesetze auch durch den *Supreme Court* für rechtens erklärt.[67] 1937 wurde zudem der *Miller-Tydings Act* erlassen, welcher die bisher nur für den innerstaatlichen Handel gültigen *fair trade laws* auch auf Bundesebene legalisierte. Dieses Gesetz war gegen den Willen des Präsidenten sowie unter erheblicher Kritik in Repräsentantenhaus und Senat als sogenannter *rider* an ein inhaltlich nicht damit zusammenhängendes Haushaltsgesetz angehängt worden und wurde von Roosevelt nur widerwillig unterschrieben.[68] Trotz der erheblichen zeitgenössischen Kritik an der durch die *fair trade laws* und den *Miller-Tydings-Act* legalisierte vertikale Preisbindung für Markenartikel hatten Ende der 1940er Jahre schließlich 45 von 48 amerikanischen Bundestaaten ein meist nach dem kalifornischen Gesetz modelliertes *fair trade law* erlassen.[69] Erst im Verlauf der 1950er Jahre wurde die vertikale Preisbindung in den USA durch eine Reihe gerichtlicher und politischer Entscheidungen sowie einer sich verändernden Marktlage im Einzelhandel nach und nach verdrängt.[70]

Noch deutlich kürzer indes sollte sich die Lebensspanne der *industry codes* unter dem NIRA erweisen. In der Praxis erwies sich die Umsetzung des Gesetzes schnell als chaotisch, de facto versuchten unterschiedliche Interessengruppen in-

65 Ebd., S. 479.

66 Zur Entstehungsgeschichte: Laura Phillips-Sawyer, California Fair Trade: Antitrust and the Politics of „Fairness“ in U. S. Competition Policy, in: Business History Review 90 (2016), S. 31–56.

67 Jonathan J. Bean, Beyond the Broker State. Federal Policies toward Small Business, 1936–1961, Chapel Hill 1996, S. 71.

68 Ebd., S. 75; Hawley, New Deal, S. 258.

69 Gustav Schwartz, Dürfen Markenartikelhersteller Wiederverkaufspreise festsetzen? Ein Überblick über die verwickelte Rechtslage, in: MA 12 (1950), S. 330–37, hier: S. 332.

70 Bean, Beyond the Broker State, S. 77–83; Rudolf Callmann, Fair Trade in the United States, in: WuW 1+2 (1951/52), Heft 2, S. 83–98.

nerhalb der Branchen, die Entscheidungsgewalt der NRA im Sinne ihrer eigenen Interessen auszunutzen, während diese angesichts der multiplen Konflikte daran scheiterte, konsistente und allgemeingültige Leitlinien in ihrer Politik zu etablieren.[71] Auch von Seiten der Konsumentenvertreter wurde die NRA und die *industry codes* wegen steigender Preise schon bald scharf kritisiert.[72] Angesichts der chaotischen Umsetzung und wenig überzeugenden wirtschaftlichen Resultate hatte der NIRA seine politische Popularität bereits größtenteils eingebüßt, als der *Supreme Court* das Gesetz 1935 im Fall *ALA Schechter Poultry Corp. v. United States* einstimmig als verfassungswidrig erklärte. Kernargument der Richter war hier, dass die Verfassung es dem Kongress nicht erlaube, seine legislative Funktion an den Präsidenten oder private Verbände abzugeben, und dass somit die unter dem Gesetz geschaffenen korporatistischen Organisationen nicht die Autorität zu ihren weitreichenden Regulierungsfunktionen hätten.[73]

2.2.2 Die Stunde der Trustbuster

Nachdem das erste Kernprojekt des *New Deals* somit politisch wie juristisch gescheitert war, setzte zudem ab Mitte des Jahres 1937 eine spürbare Rezession der amerikanischen Wirtschaft ein, welche die ohnehin nur zaghafte wirtschaftliche Erholung seit dem Beginn der Weltwirtschaftskrise erheblich erschütterte. In dieser Situation setzte sich innerhalb der Roosevelt-Regierung die These des Ökonomen und Wirtschaftsberaters des Präsidenten Gardiner C. Means durch. Dieser hatte die *„administered price thesis"* entwickelt, welche den fortwährenden wirtschaftlichen Abschwung auf inflexible Preise zurückführte, welche nicht mehr, wie in der klassischen Wirtschaftstheorie vorgesehen, im Wettbewerb gebildet würden. Stattdessen seien die Mehrheit der Preissetzungen letztlich Resultate bürokratischer Festsetzungen vor allem durch Großkonzerne mit Monopolmacht oder Kartelle und vergleichbarer Marktabsprachen. Diese *administered prices* würden dann wegen ihrer Inflexibilität während einer Rezession nicht marktgerecht fallen und daher stattdessen Verkäufe, Produktion und Beschäftigung überdurchschnittlich einbrechen.[74] Nachdem zuvor also die Vertreter einer korporatistischen Organisation der Wirtschaft den Kurs des *New Deal* geprägt hatten, war

---

71 Hawley, The New Deal, S. 34.

72 Ebd., S. 70.

73 Peritz, Competition Policy, S. 130.

74 Frederic S. Lee, G. C. Means's Doctrine of Administered Prices, in: Philip Arestis / Yiannis Kitromilides (Hrsg.), Theory and Policy in Political Economy. Essays in Pricing, Distribution and Growth, Aldershot u. a. 1990, S. 199–228; Hawley, The New Deal, S. 90 f.

mit dieser Interpretation der Wirtschaftskrise der Aufschwung der Antitruster innerhalb Roosevelts Regierung verbunden.[75] Während die verstärkte Aktivität der *Antitrust Division* bereits 1937 bereits unter dem Leiter Robert Jackson begann, personifizierte vor allem sein Nachfolger Thurman Arnold die neue Antitrust-Offensive. Dieser war zunächst ein eher unwahrscheinlicher Kandidat für die Position gewesen, hatte er während seiner Zeit als Professor an der Yale University mit *The Folklore of Capitalism* doch eine Satire verfasst, die die Umsetzung des Antitrust als rein folkloristisch-symbolisch Ersatzhandlung karikierte, die dem allgemeinen Unbehagen gegenüber großen Konzernen gerecht werde, ohne dabei aber wirklich in die Entwicklung der wirtschaftlichen Struktur einzugreifen.[76] Im Senat angesichts seiner Berufung auf diesen Widerspruch angesprochen verteidigte sich Arnold mit der Argumentation, seine Kritik sei lediglich gegen die bisherige Umsetzung des Antitrust gerichtet gewesen und nicht gegen den Grundgedanken selbst. Die existierenden Antitrust-Gesetze seien zwar nicht perfekt, aber es wäre falsch, sie als einziges zur Verfügung stehendes Instrument nicht in maximalem Maße zu nutzen.[77]

Diesen Worten ließ Arnold während seiner Amtszeit Taten folgen. Allein zwischen 1938 und 1941 leitete die *Antitrust Division* 180 Verfahren ein und als Arnold die Leitung der Behörde 1943 abgeben musste, waren in seiner Amtszeit beinahe die Hälfte aller Antitrustverfahren seit Bestehen des *Sherman Act* geführt worden.[78] Dies ermöglichte er dadurch, dass er das Budget der Behörde verfünffachte und die Anzahl der beschäftigten Juristen von 58 auf über 300 ausbaute. Der Grund für diese großzügigen Budgeterhöhungen war, dass die Behörde durch Bußgelder stets erheblich mehr Geld in die Staatskasse einbrachte als die Ausgaben durch die Prozessführung betrugen.[79] Zusätzlich zur reinen Anzahl der geführten Verfahren führte Arnold auch in der Prozessführung einige Innovationen ein, die eine effektivere Verfahrensführung als bisher ermöglichten. Einerseits führe er die Antitrustverfahren in der Regel branchenweit, als anstatt nur einzelne Unternehmen für letztlich weitverbreitete Geschäftspraktiken anzuklagen, unter dem Motto „hit hard, hit everyone and hit them all at once."[80] Zudem nutzte er

---

75 Mary O. Furner, From „State Interference" to the „Return of the Market": The Rhetoric of Economic Regulation from the Old Gilded Age to the New, in: Edward J. Balleisen / David A. Moss (Hrsg.), Government and Markets. Toward a new theory of regulation, New York 2009, S. 94–142, hier: S. 117.

76 Thurman W. Arnold, The Folklore of Capitalism, New Haven u. a. 1937, S. 207–211.

77 Alan Brinkley, The Antimonopoly Idea and the Liberal State: The Case of Thurman Arnold, in: The Journal of American History 80, Heft 2 (1993), S. 557–579, hier: S. 563 f.

78 Hawley, The New Deal, S. 440 f.

79 Brinkley, Antimonopoly Ideal, S. 565.

80 Zitiert nach: Hawley, The New Deal, S. 430.

eine Doppelstrategie aus zivilem sowie strafrechtlichen Antitrustverfahren, bei der das Strafverfahren die betroffenen Unternehmen unter Androhung hoher Strafen unter Druck setzte, sich im parallelen zivilrechtlichen Verfahren auf ein für die *Antitrust Division* günstiges *Consent Decree* einzulassen, welches dann die eigentliche Neuordnung des Wettbewerbs in der Branche vornahm.[81] Parallel zum juristischen Durchgriff durch die verstärkte Aktivität der *Antitrust Division* wurde durch den Kongress mit dem *Temporary National Economic Committee (TNEC)* ein Untersuchungsausschuss eingerichtet, der umfangreiche Untersuchungen zur Konzentration wirtschaftlicher Macht und wettbewerbsbeschränkenden Geschäftspraktiken durchführte. Das Komitee tagte über zwei Jahre, zwischen Dezember 1938 und März 1941 und die gesammelten Aussagen füllten 37 Bände mit 17.000 Seiten.[82] Im Abschlussreport empfahl das TNEC einige konkrete politische Maßnahmen zur Beschränkung der Konzentration wirtschaftlicher Macht, darunter u. a. die Abschaffung des *Miller-Tydings Acts*, das Verbot von *holding companies* sowie Verschärfungen im Patentrecht.[83] Die politischen Auswirkungen der umfangreichen Untersuchung waren allerdings äußerst begrenzt und die meisten Empfehlungen wurden nicht umgesetzt.

Auch die juristische Blütezeit des Antitrusts unter Arnolds Ägide erwies sich als kurzlebig. Mit dem Kriegseintritt der USA im Dezember 1941 änderte sich der Fokus der Regierung und angesichts des erheblichen materiellen Aufrüstungsbedarfs erschienen rhetorische und juristische Angriffe auf *big business*, wie sie für den Antitrustkreuzzug typisch gewesen waren, als nicht mehr opportun. Dementsprechend wurden die Aktivitäten der *Antitrust Division* erheblich eingedämmt und 1942 erhielten die Chefplaner der Kriegswirtschaft die Vollmacht, Antitrustverfahren gegen als kriegswichtig eingeschätzte Branchen und Unternehmen auszusetzen, wovon sie extensiv Gebrauch machten.[84] Im Januar 1943 endete dann auch die Amtszeit Arnolds, als Präsident Roosevelt in Folge seiner neuen kooperativen Strategie gegenüber den Wirtschaftsführern den streitlustigen und äußerst medienwirksamen Antitruster auf einen Richterposten am Berufungsgericht des *District of Columbia* berief.[85] Arnold und seine Mitstreiter waren allerdings nicht gewillt, kampflos aufzugeben und versuchten, für ihre Behörde eine Rolle in der Kriegswirtschaft zu finden.

---

81 Ebd., S. 429; Brinkley, Antimonopol Ideal, S. 565

82 David Lynch, The Concentration of Economic Power, New York u. a. 1946, S. 70.

83 N. N., Investigation of Concentration of Economic Power. Final Report and Recommendations of the Temporary National Economic Committee, Washington D. C. 1941, S. 33–40.

84 Wells, Antitrust, S. 80.

85 Ebd., S. 82.

2.2.3 Internationale Kartelle als Kriegswaffe?

Das Resultat dieser Neuerfindung war der Fokus auf deutsche Kartelle und Großkonzerne und ihre Rolle sowohl beim Aufstieg des Nationalsozialismus als auch in der Kriegsvorbereitung. Einerseits übernahmen die Antitruster dabei die Faschismustheorie marxistischer Denker wie Harold Laski, Robert Brady und Franz Neumann, die die strukturellen Gründe für den Aufstieg des Nationalsozialismus in der Situation des Monopolkapitals und seiner Reaktion auf die Arbeiterbewegung in der Weltwirtschaftskrise sahen. Trotz der unterschiedlichen politischen Ausrichtung fügten sich diese Theorien gut in die traditionelle Skepsis gegenüber *big business* seitens der amerikanischen Progressiven und Antitruster ein.[86] Darüber hinaus untersuchten die Juristen der *Antitrust Division* die Geschäftstätigkeiten deutscher Konzerne und kartellierter Unternehmen in den USA und sahen in den Marktabsprachen mit amerikanischen Unternehmen den Beweis, dass deutsche Konzerne in Absprache mit den Nationalsozialisten darauf hingearbeitet hätten, die Produktion an kriegswichtigen Gütern in den USA zu beschränken. So erklärte Arnold selbst in der Presse, unter Ausnutzung des Profitstrebens der amerikanischen Geschäftsleute, welches in Deutschland selbst unterdrückt sei, hätten die deutschen Konzerne ihre amerikanischen Geschäftspartner dazu verleitet, gerade die Produkte zu limitieren, die in der Kriegswirtschaft essenziell seien.[87] Ein Untersuchungsbericht des Senats, der auf dem durch die *Antitrust Division* gesammeltem Material beruhte, behauptete etwa:

> Almost immediately, as a consequence of this unholy alliance between Hitler and the cartelists, Germany's plans for economic warfare, aimed at ultimate world domination, were expanded. The German Government became a silent partner in the multitude of cartel agreements among German, American, British, French, and other concerns with which German industry had established cartel relations. Under cover of cartel agreements, Germany penetrated the economy of other nations, including the United States. Using their cartel affiliates or subsidiaries, German industrialists built up a network which impaired the production of other nations, obtained sources of foreign exchange for Germany, gathered economic intelligence and spread Nazi propaganda.[88]

Diesen Untersuchungsberichten wurde unter anderem in den Sitzungen des „*Subcommittee on War Mobilization*“ im Senat unter Vorsitz des Senators von West Virginia und überzeugten Antitrusters, Harley M. Kilgore, eine politische Bühne geboten.

86 Ebd., S. 55 f.

87 Freyer, Antitrust and Global Capitalism, S. 34.

88 N. N., Cartels and National Security. Report from the Subcommittee on War Mobilization to the Committee of Military Affairs – United States Senate, Washington D. C. 1944, S. 7.

Zusätzlich zur politischen Bühne suchten mehrere Mitglieder der *Antitrust Division* sowie ihnen nahestehende Journalisten auch publizistisch die Öffentlichkeit und elaborierten die Vorwürfe gegen deutsche Kartelle und Konzerne in mehreren Publikationen.[89] Vor allem das meistverkaufte dieser Bücher, Joseph Borkins und Charles A. Welshs *Germany's Master Plan* vermittelt dabei das Bild durchweg revanchistischer, nationalistischer deutscher Industrieller, die seit 1918 durchgängig auf einen erneuten Krieg hinarbeiteten und in den Nationalsozialisten den idealen Partner fanden, um den durch internationale Kartelle und Knebelverträge bereits wirtschaftlich vorbereiteten Krieg in die Tat umzusetzen. Zu diesem Zwecke hätten sie sich nicht nur auf dem heimischen Markt zu Kartellen und Trusts zusammengeschlossen, sondern auch internationale Kartell- und Patentvereinbarungen mit dem Ziel geschlossen, die Herstellung von kriegswichtigen Materialien in den feindlichen Staaten des vergangenen wie kommenden Weltkriegs zu behindern. Die wirtschaftliche Vormachtstellung, die durch internationale Kartelle gesichert werden sollte, sei dabei die vorbereitende Vorstufe für die militärische Aggression der Nationalsozialisten gewesen, mit denen die Unternehmer bereits früh eng zusammenarbeiteten. Während deutscher Unternehmen die internationalen Kartell- und Patentvereinbarungen lediglich zum eigenen Vorteil nutzten und für die Kriegsvorbereitung hinderliche Abmachungen auch brachen, hätten ihre amerikanischen Geschäftspartner in einer Mischung aus Gier und Naivität sich strikt an die Vereinbarungen gehalten und so die Wehrfähigkeit der heimischen Wirtschaft unwissentlich sabotiert. Dadurch sei die Produktion kriegswirtschaftlich relevanter Produkte wie Beryllium, optische Instrumente, Magnesium, pharmazeutische Produkte, Wolframcarbid oder künstliche Hormone auf Grund von Kartellvereinbarungen mit deutschen Herstellern künstlich verknappt worden.[90]

Die deutschen Großkonzerne und ihre Manager werden in dem von Thurman Arnold selbst mit einem Vorwort geadelten Werk unter Verwendung bildgewaltiger und melodramatischer Titel wie „Krupp – the Hammer of Thor", „Frozen Rage across the Rhine" [I. G. Farben, RH] oder „The Wizards of Jena" [Carl Zeiss, RH] monolithisch dämonisiert. Dabei wird stets die angeblich bellizistische Ausrichtung von internationalen Kartellvereinbarungen herausgehoben:

> The fact that cartel policies could frustrate the desire of the American government is the clue to their real nature. Cartels are private governments. To American concerns, cartels could grant stability and profits. To the Germans, cartels were protégés of the Reich – precursors of conquest.[91]

---

89 Berge, Cartels; Borkin / Welsh, Germany's Master Plan; Edwards, Economic and Political Aspects.

90 Borkin / Welsh, Germany's Master Plan, S. 28.

91 Ebd., S. 76.

Diese Kartellvereinbarungen mit deutschen Großunternehmen hätten nach Ansicht der Antitruster so als „wirtschaftliche fünfte Kolonne" fungiert.[92]

Harm G. Schröter hat darauf verwiesen, dass diese äußerst zugespitzte Interpretation bereits zeitgenössisch auf Kritik traf und sich in der historischen Forschung als nicht haltbar erwies.[93] So kam der Ökonom und Kartellexperte Edward Mason bereits unmittelbar nach Kriegsende in seiner Untersuchung zu dem Ergebnis, dass der Alarmismus der *congressional hearings* während der Kriegszeit die Machinationen deutscher Kartelle bei der Unterminierung der amerikanischen Kriegswirtschaft massiv übertrieben hätte. Zwar befürwortete er eine strikte internationale Antikartellpolitik, sah in den Kartellen aber eher eine Gefahr für den Außenhandel zu Friedenszeiten als eine Kriegswaffe.[94] Die Auswirkung von Kartellen auf kriegsbedingte Materialknappheiten sei nicht nachweisbar oder minimal gewesen. Die Knappheit sei vor allem durch den zu Kriegsbeginn sprunghaft angestiegenen Bedarf zu erklären gewesen, dem die auf Friedenszeiten ausgerichtete Produktionskapazitäten nicht gewachsen gewesen seien.[95] Der überhöhte Preis für Wolframcarbid sei hingegen auf die Preispolitik von General Electric zurückzuführen zu gewesen.[96] Auch lasse sich das Bild der sich in Absprachen mit ihren deutschen Geschäftspartnern naiv übervorteilen lassenden amerikanischen Unternehmer nicht halten. Wo der gegenseitige Patentaustausch sowie die Kartellverträge in der Tat für die amerikanische Seite ungünstig gewesen sei, sei dies nicht auf eine gezielte Kriegsstrategie der deutschen Konzerne zurückzuführen gewesen, sondern hätte lediglich das durch den technologischen Vorsprung der deutschen Unternehmen in diesem Bereich bedingte wirtschaftliche Machtungleichgewicht reflektiert. So hätten deutsche Unternehmen im Bereich der Chemie, der Pharmazie und der optischen Geräte einen wirtschaftlich-technologischen Vorsprung vor der amerikanischen Konkurrenz gehabt und dies in den Geschäftsbeziehungen aus rein wirtschaftlichen Gründen zu ihrem Vorteil ausgenutzt, während die Situation etwa im Bereich der Elektro- und Kommunikationstechnik, in der die amerikanischen Unternehmen überlegen waren, genau andersherum gepolt gewesen sei.[97] Industriespionage sei zwar häufig vorgekommen, dabei aber selten an Kartellvereinbarungen gebunden gewesen und viele der übermittelten Informationen habe aus öffentlich zugänglichen Quellen gestammt.[98]

92 Hawley, The New Deal, S. 441.
93 Schröter, Quo vadis, 307; Ders., Kartellverbot, S. 200.
94 Mason, Controlling World Trade, S. 96 (FN).
95 Ebd., S. 102.
96 Ebd., S. 104 f.
97 Ebd., S. 113.
98 Ebd., S. 117 f.

Auch Alice Teichova konnte einige Jahrzehnte später in ihrer umfassenden Studie deutscher Unternehmens- und Kartellstrategien in der Tschechoslowakei der 1930er zwar durchaus harte Geschäftspraktiken und eine rücksichtslose Ausnutzung der eigenen Marktmacht, allerdings keine konkreten Vorbereitungen für den späteren militärischen Einmarsch nachweisen.[99] So haben etwa deutsche Chemieunternehmen ihren tschechoslowakischen Geschäftspartnern mitunter Produktionslimits und -verbote auferlegt, die Errichtung neuer Betriebsstätten verhindert und den Export limitiert und somit die Entwicklung der tschechoslowakischen chemischen Industrie erheblich behindert. Diese Methoden habe sich allerdings nicht erheblich von denen unterschieden, die tschechoslowakische Unternehmen selbst in Südosteuropa anwandten, wo sie eine vergleichbar dominante Stellung innehatten, wie ihre deutschen Pendants in der Tschechoslowakei.[100]

In der modernen NS-Unternehmensgeschichte spielt die zeitgenössische amerikanische These von Kartellen als ökonomischer Waffe zur Kriegsvorbereitung dementsprechend auch keine Rolle mehr. Stattdessen wird dort vor allem die Rolle der Unternehmen beim Aufstieg der Nationalsozialisten, das politische Verhältnis zwischen Managern und dem Regime, die wirtschaftliche Positionierung zu Aufrüstung und Kriegswirtschaft, Bereicherung bei der ‚Arisierung', das Ausnutzen von ausländischen Zwangsarbeitern sowie eventuelle Verwicklungen in den Holocaust in den Vordergrund gestellt.[101] Auch wenn die amerikanische These von internationalen Kartellen als Waffe zur wirtschaftlichen Kriegsvorbereitung sich letztlich in den Quellen nicht nachweisen ließ und in der heutigen Unternehmensgeschichte des Nationalsozialismus weitgehend in Vergessenheit geraten ist, ist sie doch für das Verständnis des amerikanischen Dekartellierungsfeldzugs im besetzten Westdeutschland unerlässlich. So rekrutierte sich nicht nur das Personal der Kartellabteilung der amerikanischen Militärregierung und Hohen Kommission größtenteils aus den Abteilungen der *Antitrust Division*, die im Krieg umfangreiche Untersuchungen der deutschen Kartelle und Großkonzerne und ihrer wirtschaftlichen Tätigkeiten auf dem amerikanischen Markt durchgeführt hatten. Auch die später hier noch behandelte Präambel der anglo-amerikanischen Dekartellierungsgesetze, welche Konzentration wirtschaftlicher Macht und Beschränkungen des Wettbewerbs in direkten Zusammenhang mit der Fähigkeit Deutschlands, Krieg zu führen, setzten, ist ohne die zeitgenössische Interpretation von in-

99 Teichova, Economic Background.

100 Ebd., S. 326.

101 Summarisch: Christopher Kobrak / Andrea H. Schneider, Big Business and the Third Reich: An Appraisal of the Historical Arguments, in: Dan Stone (Hrsg.), The Historiography of the Holocaust, Basingstoke 2004, S. 141–172.

ternationalen Kartellen als Mittel der wirtschaftlichen Kriegsführung durch die amerikanischen Antitruster nicht zu erklären.

Da zeitgenössische deutsche Juristen und Politiker diese These in der Regel nicht kannten und sie ihrem eigenen Verständnis von Kartellen auch völlig fremd war, sorgte gerade die Präambel der Dekartellierungsgesetze häufig für Verwirrung und Rechtsirritationen. Die deutschen Juristen interpretierten den Verweis auf die wirtschaftliche Fähigkeit, Krieg zu führen – je nachdem in welchem Licht sie die Gesetze zeichnen wollten – entweder so, dass nur unmittelbar für die Rüstungswirtschaft relevante Wettbewerbsabsprachen betroffen seien oder so, dass eine komplette Deindustrialisierung Deutschlands zur Verhinderung einer möglichen Wiederaufrüstung vorgesehen gewesen sei, wie sie etwa der Morgenthau-Plan angedacht hatte. Beide Interpretationen gehen allerdings gleichermaßen fehl. Stattdessen verstanden die amerikanischen Antitruster Kartelle und marktbeherrschende Monopole als inhärente Merkmale einer starr vermachteten Wirtschaft, die letztlich nur über militärische Aggression nach außen dauerhaft überlebensfähig sei und dementsprechend auch langfristig auf eine solche ausgelegt. Das Rational war hier, dass die Wirtschaft durch Kartelle, Trusts und andere Wettbewerbsbeschränkungen letztlich so inflexibel würde, dass nur noch ein autoritärer Staat mit einem Führer überhaupt in der Lage sei, diese ordnungsgemäß am Laufen zu halten und somit der Weg zum Faschismus vorgezeichnet sei.[102] Dem befürchteten Wiedererstehen einer solchen Wirtschaftsform setzten die amerikanischen Antitruster deshalb ihr Programm der Dekartellierung und Entflechtung der deutschen Wirtschaft entgegen.

2.2.4 Antitrust global

Das Dekartellierungs- und Entflechtungsprogramm für das besetze Westdeutschland fand nicht in einem politischen Vakuum statt, sondern stand im Zusammenhang mit einem größeren, vor allem durch die USA vorangetriebenen Programm zur Neuordnung der internationalen Beziehungen durch eine Reihe supranationaler Institutionen nach Ende des Zweiten Weltkriegs. Die ideelle Grundlage für dieses Neuordnungsprogramm wurde bereits 1941 durch Winston Churchill und Franklin Roosevelt im Rahmen der *Atlantic Charter* verkündet.[103] Mit den Vereinten Nationen, der Weltbank, dem Internationalen Währungsfonds sowie dem GATT entstand ausgehend von der Konferenz in Bretton Woods 1944 in der Tat

102 Hawley, The New Deal, S. 425.

103 David Gerber, Global Competition. Law, Markets and Globalization, Oxford u. a. 2012, S. 42. Hier fehldatiert auf 1943.

eine Reihe solcher Institutionen. Die Regulierung des globalen wirtschaftlichen Wettbewerbs hingegen wurde bereits früh trotz der politisch verwandten Natur von diesem Entstehungsprozess abgekoppelt, da hier für die Beteiligten absehbar war, dass die US-amerikanischen Ideen sich international als deutlich kontroverser und schwieriger durchzusetzen erweisen würden, als dies bei den anderen supranationalen Institutionengründungen der Fall war.[104] 1945 legten die USA einen Vorschlagstext für das geplante internationale Wettbewerbsstatut vor, welches die wesentlichen Aspekte des internationalen Handels regulieren sollte. Dieser beinhaltete einen Verhaltenskodex, der neben privatwirtschaftlichen Kartellen auch eine Reihe staatlicher Eingriffe in den internationalen Handel und Wettbewerb regulierte bzw. verbot. Dieser Kodex basierte auf den amerikanischen Antitrustgesetzen und deren Rechtsprechung, war aber im Vergleich zu früheren Entwürfen bereits entschärft worden, um einfacher internationale Akzeptanz zu finden. Zudem wurden bereits die Grundsätze für eine supranationale Organisation festgelegt, welche diese Prinzipien durchsetzen sollte. Folgend auf diese amerikanische Initiative ernannte der Wirtschafts- und Sozialrat der neu gegründeten Vereinten Nationen schließlich ein aus den Vertretern von 17 Mitgliedsstaaten bestehendes Vorbereitungskomitee, welches die amerikanischen Vorschläge weiterentwickelte und an die Vorstellungen der anderen Staaten anpasste, wobei sich die Verhandlungen bereits als schwierig erwiesen und zu einigen Änderungen an den ursprünglichen Vorschlägen führten, die v. a. eine Reihe von Ausnahmen für wirtschaftlich unterentwickelte Länder vorsahen.[105] Obwohl das Komitee nach den Verhandlungen optimistisch war, dass die ITO basierend auf dem getroffenen Kompromiss gegründet werden könnte, erwiesen sich die Verhandlungen mit 57 Staaten in Havanna 1948 erneut als schwierig. Kritik wurde von verschiedenen Seiten geäußert, besonders die lateinamerikanischen Vertreter sahen weniger entwickelte Volkswirtschaften benachteiligt und pochten auf Ausnahmen, die der wirtschaftlichen Entwicklung dienen sollten. Erneut machten die USA eine Reihe von Zugeständnissen, woraufhin die Übereinkunft schließlich im März 1948 von 53 Nationen unterzeichnet wurde.[106]

Das Schicksal der ITO hing nun an der Ratifizierung der *Havana Charter* durch die USA, von der erwartet wurde, dass sie ausreichend politischen Druck auf die Mehrheit der anderen Staaten ausüben würde, ebenfalls die Charter zu ratifizieren und der ITO beizutreten. Die politische Stimmung in den USA hatte sich allerdings im Vergleich zur Endphase des Krieges und der unmittelbaren Nachkriegszeit erheblich verändert. Während 1945 in der dortigen politischen Land-

104 Ebd., S. 43.
105 Ebd., S. 43–45; S. 49–50.
106 Ebd., 45.

schaft noch ein politischer Optimismus vorherrschend war, ausgehend von der Anti-Hitler-Koalition der Kriegszeit eine werte- und regelgeleitete Neuordnung der globalen Beziehungen basierend auf supranationalen Institutionen vornehmen zu können, so hatte der Beginn des Kalten Krieges diesen Optimismus erschüttert. Da die Sowjetunion die ITO nun als kapitalistischen Plot denunzierte, sank die Bereitschaft in den USA erheblich, ihrerseits der eigenen politischen und wirtschaftlichen Gestaltungsmacht durch eine supranationale Organisation freiwillig Beschränkungen aufzuerlegen. Der Beginn des Koreakrieges verschärfte diese Entwicklung noch deutlich und führte zu einer Periode regelrecht hysterischer Angst vor ausländischem, vor allem kommunistischem Einfluss in der McCarthy-Ära. Hierbei geriet auch das amerikanische Außenministerium, welches der maßgebliche Träger des internationalistischen Programms der Nachkriegszeit war, als angebliches Nest kommunistischer Infiltration in Beschuss, wobei es nur begrenzte Rückendeckung des Präsidenten Truman für seine politische Agenda erhielt. Zudem wurde die politische Gegnerschaft zum ITO dadurch erleichtert, dass mit dem GATT inzwischen eine alternative, weniger weitreichende Regelung zur Regulierung des Welthandels bestand.[107] Im amerikanischen Kongress führten diese Entwicklungen dazu, dass eine „unheilige Allianz" zwischen Protektionisten, die eine solche Wettbewerbsordnung grundsätzlich ablehnten und Freihandelspuristen, welche Ausnahmen vom *laissez-faire* nicht zulassen wollten, erheblich an Aufwind gewonnen hatte. Hierzu trugen auch die vielen Kompromisse bei, die die USA bei der Aushandlung der Charter gegenüber einer Reihe anderer Staaten hatten machen müssen.[108] Diese Konzessionen führten auch bei den amerikanischen Antitrustern im besetzten Deutschland zu einer Ablehnung der *Havana Charter*. So äußerte etwa mit Richardson Bronson selbst der wohl moderateste Leiter der US-Kartellabteilung 1949 bei Verhandlungen mit der Bundesregierung, die *Havana Charter* sei ein fauler Kompromiss und könnte dementsprechend nicht als Vorbild für das deutsche Kartellgesetz dienen.[109] Der Ausbruch des Koreakrieges im Juni 1950 erwies sich schließlich als letzter Sargnagel für die ITO, da der Kongress nun noch weniger gewillt war, sich angesichts der militärischen Ausnahmesituation mit der ITO und der *Havana Charter* zu befassen. Im Dezember selbigen Jahres verkündete Trumans Regierung angesichts des mangelnden politischen Rückhalts,

107 Ebd., S. 47 f.

108 Richard Toye, The International Trade Organization, in: Amarita Narlikar / Martin Daunton / Robert M. Stern (Hrsg.), The Oxford Handbook on the World Trade Organization, Oxford 2014, S. 85–101, hier: S. 85–93.

109 Murach-Brand, Antitrust auf Deutsch, S. 144.

dass sie die *Havana Charter* dem Kongress nicht mehr zur Ratifikation vorlegen würde, wodurch das Projekt endgültig gescheitert war.[110]

Diese politische Fehlgeburt der ITO führte aber nicht dazu, dass die USA ihr politisches Anliegen, die eigene Antitrust-Doktrin international zu verankern, grundsätzlich aufgegeben hätten. Stattdessen verfolgte die US-Regierung dieses Ziel nun intensiver unilateral, wobei der Erlass und die Durchsetzung der Dekartellierungsgesetze in Westdeutschland sowie ein ähnliches Projekt im ebenfalls besetzten Japan zwar die direkteste, aber nicht die einzige Form einer unilateralen Internationalisierung des Antitrust darstellte. Ein zentraler Bestandteil dieser internationalen Anwendung von Antitrust ging nicht direkt auf eine politische Entscheidung zurück, sondern war auf einen Wendepunkt in der Rechtsprechung der US-amerikanischen Gerichte zurückzuführen. Während Gerichte traditionell nur auf dem Hoheitsgebiet des eigenen Staates ihre Jurisdiktion ausüben konnten, entstand in der Zwischenkriegszeit im internationalen Recht u. a. durch ein Urteil des Ständigen Internationalen Gerichtshofs eine neue Rechtsdoktrin. Diese besagt grundsätzlich, dass ein Gericht auch Jurisdiktion über Handlungen, die außerhalb des eigenen Staatsgebietes stattfinden, ausüben könne, sofern diese konkrete Schäden innerhalb des Staatsgebietes zur Folge hatten.[111] Während dieses Rechtskonzept in der Zwischenkriegszeit größtenteils theoretisch blieb und auch nicht auf das Wettbewerbsrecht angewandt wurde, griffen amerikanische Richter zum Ende des Zweiten Weltkrieges hin diese Gedanken auf, um die eigene Antitrustrechtsprechung auch jenseits der eigenen Staatsgrenzen anwenden zu können. Der Präzedenzfall war hier *United States v. Alcoa* (1945), bei dem der berühmte Richter Learned Hand in seiner Funktion als Vorsitzender des *U. S. Court of Appeals for the Second Circuit* in Vertretung des *Supreme Court* urteilte, „it is settled law […] that any state may impose liabilities, even upon persons not within its allegiance, for conduct outside its borders that has consequences within its borders which the state reprehends." In diesem Fall urteilte das Gericht einstimmig, der *Sherman Act* sei auf Handlungen im Ausland anwendbar, da diese „intended to affect imports [into the US] and did affect them."[112] Learned Hand revidierte dabei das Urteil der vorherigen Instanz und gab dem Justizministerium Recht, das dem amerikanischen Marktführer sowohl eine Monopolstellung auf dem heimischen

110 Toye, International Trade Organization, S. 98; Gerber, Global Competition, S. 48.

111 Gerber, Global Competition, S. 61.

112 Ebd., S. 64; United States v. Aluminum Co. of America (1945), online unter: https://law.justia.com/cases/federal/appellate-courts/F2/148/416/1503668/, zuletzt abgerufen am 27.2.2024.

Markt als auch die Beteiligung an internationalen Kartellabsprachen vorwarf, die Importe in die USA regulierten.[113]

Diese Entscheidung diente im US-Rechtssystem als Präzedenzfall und in den Jahren nach dem Urteil folgten eine Reihe ähnlicher Schuldsprüche in Antitrustverfahren. Im Fall *National Lead* (1947) wurden DuPont und eine Reihe weitere US-amerikanischer Firmen für Patentlizenzierungsabsprachen mit einer Reihe französischer und deutscher Unternehmen verurteilt, die den globalen Markt für Titanium aufgeteilt und damit gegen den *Sherman Act* verstoßen hätten. Zudem brachte ein Bundesgericht in New Jersey ein ähnliches Abkommen zwischen General Electric und Philips für Glühlampen zu Fall und ein Bundesgericht in New York beschränkte die Antitrustausnahmen im Rahmen des *Webb-Pomerene Acts* im Bereich der Alkaliexporte. In den frühen 1950er Jahren setzte sich diese Rechtsprechung fort, so wurde ein Kartell zur Marktabteilung zwischen DuPont, dem britischen Chemieunternehmen ICI und der Minnesota Mining & Manufacturing Company für den Export von Schleifmitteln verboten.[114] Mit den Bereichen Glühlampen und Schleifmitteln waren hier zwei Branchen betroffen, gegen die auch die amerikanischen Antitruster im besetzen Westdeutschland später Verfahren in Gang setzen [siehe Kapitel 4.1 und 5.2.1], die sich vermutlich an der Beweisfindung in den heimischen Verfahren orientierten, welche ja bereits internationale Marktabsprachen im Visier hatten. Im Bereich der Schleifmittel waren beim Verfahren in der Bundesrepublik dann auch mehrere Töchterunternehmen amerikanischer Konzerne betroffen. Passend dazu fällte der *Supreme Court* 1951 ein weiteres wichtiges Urteil im Fall *Timken Roller Bearing Co. v. United States*, welches die Antitrustjurisdiktion gegenüber den Tochterunternehmen multinationaler Konzerne erweiterte.[115]

Abseits dieser Gerichtsurteile, die vor allem internationale Tochterunternehmen und Marktabsprachen US-amerikanischer Konzerne ins Visier nahmen, war aber auch die amerikanische Regierung darum bemüht, ihre neu gewonnene politische und wirtschaftliche Machtstellung in der Nachkriegszeit dazu zu nutzen, Antitrust global in den Rechtssystemen anderer Länder zu verankern. Ein Kanal dafür war der Marshallplan, bei dem die Gewährung von Hilfen offiziell daran gebunden war, dass die Programme vor Ort nicht Monopolen oder Kartellen zugutekamen. De facto befolgten die verantwortlichen amerikanischen Beamten der *Economic Cooperation Administration* (ECA) diese Maßgabe aber häufig nur ober-

113 Freyer, Antitrust and Global Capitalism, S. 58; United States v. Aluminum Co. of America (1945).

114 Freyer, Antitrust and Global Capitalism, S. 126 f.

115 Ebd., S. 127; Timken Roller Bearing Co. v. United States (1951), online unter: https://supreme.justia.com/cases/federal/us/341/593/, zuletzt abgerufen am 27.2.2024.

flächlich, da sie der Ansicht waren, sie stehe im Gegensatz zur Wirtschaftskultur der europäischen Empfängernationen.[116] Auch bereits beim *Lend-Lease* Programm während des Krieges hatte die amerikanische Regierung die Förderung von Antitrust in die Verhandlungen mit den Verbündeten eingebracht.[117] Diese politische Einflussnahme auf diplomatischen Kanälen setzte sich nach dem Krieg fort, so nahm etwa der Rechtsberater des amerikanischen Hochkommissars, Robert Bowie erheblichen inoffiziellen Einfluss auf Walter Hallstein und Jean Monnet bei der Gründung der EGKS, die dem Antitrust entsprechende Bestimmungen in ihr Statut mitaufnahm [siehe Kapitel 6.1.1]. Die US-Regierung unterstützte zudem auch dem Antitrust wohlgesonnene Juristen, Politiker und Verwaltungsbeamte in verbündeten Ländern durch Fortbildungen in der Materie, die oft mit Reisen in die USA selbst verbunden waren.[118] Trotz der wohl singulären politischen und wirtschaftlichen Macht der USA in der Nachkriegszeit waren diese Bemühungen zur Popularisierung des Antitrust allerdings nicht immer erfolgreich und gerade die Gerichtsentscheidungen zur Durchsetzung des Antitrust im Ausland führten dazu, dass eine Reihe von meist europäischen Regierungen *blocking laws* gegen diese Art von Urteilen erließen und zudem diplomatisch gegen die Entscheidungen protestierten.[119] In diesem schwierigem internationalen Umfeld war das besetzte Westdeutschland neben Japan[120] eines von zwei Ländern, in dem amerikanische Politiker und im Antitrust geschulte Juristen einen direkten Zugriff auf die Gesetzgebung und ihre Durchsetzung hatten, sodass Westdeutschland unwillentlich zum Laboratorium für die Kampagne zur globalen Verbreitung des Antitrust wurde.

116 Freyer, Antitrust and Glocal Capitalism, S. 128.
117 Ebd., S. 396.
118 Gerber, Global Competition, S. 66.
119 Freyer, Antitrust and Glocal Capitalism, S. 128.
120 Das japanische Beispiel kann hier nicht behandelt werden, ein guter Überblick findet sich Ebd., S. 160–244.

3 Die erste Welle der Dekartellierung und Entflechtung, 1945–1949

3.1 Die ursprünglichen Pläne

Nachdem die amerikanischen Antitruster die politische Aufmerksamkeit der Regierung auf die deutschen Kartelle und Trusts und ihre angebliche Rolle bei der deutschen Kriegsvorbereitung gelenkt hatten, wurden Entflechtung und Dekartellierung auf amerikanische Initiative in das die Leitlinien für die quadrilaterale Besatzung Deutschlands festlegende Potsdamer Abkommen verankert:

> At the earliest practicable date, the German economy shall be decentralized for the purpose of eliminating the present excessive concentration of economic power as exemplified in particular by cartels, syndicates, trusts and other monopolistic arrangements.[1]

Die amerikanische Regierung hatte einige Monate zuvor bereits ähnliche Zielsetzungen in ihrer Direktive JCS 1067 für die eigene Militärregierung unilateral verankert:

> You will prohibit all cartels or other private business arrangements and cartel-like organizations, including those of a public or quasi-public character such as the Wirtschaftsgruppen providing for the regulation of marketing conditions, including production, prices, exclusive exchange of technical information and processes, and allocation of sales territories.[2]

Diese Direktive sah für die deutsche Wirtschaft eine im Großen und Ganzen punitive Behandlung vor. Angesichts der erheblichen Kriegszerstörungen, der zusammengebrochenen Infrastruktur und der damit einhergehenden Not der Bevölkerung wurde diese auf die Verhinderung des deutschen Wirtschaftspotenzials ausgelegte Direktive vom Militärgouverneur Lucius D. Clay und seinen Wirtschaftsberatern von Anfang für realitätsfern und in der Praxis wenig brauchbar wenig erachtet.[3] Die Direktive ließ allerdings insofern eine Hintertür zu einem konstruktiven Umgang mit der deutschen Wirtschaft offen, da eine Klausel den Besatzern gestatte,

---

1 Abschlussprotokoll des Potsdamer Abkommens, 1.8.1945, https://www.nato.int/ebookshop/video/declassified/doc_files/Potsdam%20Agreement.pdf, zuletzt abgerufen am 11.04.2022.

2 Directive JCS 1067, April 1945, https://usa.usembassy.de/etexts/ga3-450426.pdf, zuletzt abgerufen am 11.04.2022.

3 John Gimbel, Amerikanische Besatzungspolitik in Deutschland 1945–1949, übers. v. Hans Jürgen von Koskull, Frankfurt a. M. 1971, S. 16.

https://doi.org/10.1515/9783111517674-003

> [to] assure the production and maintenance of goods and services required to prevent starvation or such disease and unrest as would endanger these [occupying] forces.[4]

Unabhängig davon, dass Clay etwa im Vergleich zu den Plänen des Finanzministers Henry Morgenthau Jr., der eine komplette Deindustrialisierung Deutschlands verlangte, eine konstruktive Wirtschaftspolitik verfolgte, war er in dieser anfänglichen Phase durchaus Verfechter einer konsequenten Entflechtung und Dekartellierung Deutschlands und stellte sich in dieser Hinsicht mitunter auch gegen seine eigenen Wirtschaftsberater.[5] Zwar war Clay selbst kein überzeugter Antitruster, unterstützte zunächst aber eine strikte Linie vor allem bei der Entflechtung deutscher Konzerne, um ein Gegengewicht gegen die nach Kriegsende populären Forderungen nach einer Sozialisierung der Wirtschaft zur Hand zu haben.[6] Für die Durchsetzung dieser Politik hatte die amerikanische Militärregierung im September 1945 zunächst die *„Division of Investigation of Cartels and External Assets"* (DICEA) unter der Leitung Bernard Bernsteins unterhalb der Rechtsabteilung eingerichtet, welche neben dem Aufspüren von versteckten Vermögenswerten deutscher Unternehmen auch damit beauftragt war, Machtkonzentrationen in Form von Kartellen und marktbeherrschenden Konzernen ausfindig zu machen und vorbereitende Empfehlungen für deren spätere Auflösung zu machen.

In der Anfangsphase stand dann weniger der Kampf gegen Kartelle, sondern die Aufspürung von versteckten Vermögenswerten deutscher Unternehmen zur Verhinderung von Transfers ins Ausland sowie die Sequestrierung der Betriebe der IG-Farben im Vordergrund der Arbeit der DICEA unter Bernstein.[7] Auch wenn formal der Rechtsabteilung unterstellt, wurde die Behörde vor allem mit Personal des trotz seines Rücktritts im Juli 1945 noch von Morgenthau beeinflussten amerikanischen Finanzministeriums besetzt, welches zu den entschiedenen Verfechtern einer strikten Entflechtungs- und Dekartellierungspolitik gehörte.[8] Diese Zielsetzung kollidierte bereits zu diesem Zeitpunkt mit den Vorstellungen der Wirtschaftsabteilung unter dem Investmentbanker William Henry Draper Jr., der eine umfassende Entflechtung der deutschen Wirtschaft als schädlich betrachtete und sich stattdessen für eine möglichst schnelle wirtschaftliche Regeneration des besetzten Deutschlands unter Beibehaltung der wesentlichen Wirtschaftsstruktur einsetzte. Dieser Konflikt führte bereits im November 1945 zum Rücktritt des Leiters der DICEA, Bernhard Bernstein, infolgedessen die DICEA zum *„Decartelization*

---

4 Directive JCS 107, 5a.
5 Martin, All Honorable Men, S. 203.
6 Mierzejewski, America as a Model?, S. 215.
7 Taylor, Rise and Fall, S. 30.
8 Murach-Brand, Antitrust auf Deutsch, S. 44 f.

Branch" umgewandelt wurde, welcher nun direkt Drapers Wirtschaftsabteilung im OMGUS unterstand.[9] Zu diesem Zeitpunkt sollten Entflechtung und Dekartellierung vor allem der Verhinderung einer erneuten Kriegswirtschaft Deutschlands dienen, während der Export einer Wettbewerbswirtschaft nach amerikanischen Vorstellungen noch keine Rolle spielte.[10]

Die Dekartellierung und Entflechtung sollte zunächst quadrilateral im Rahmen des Alliierten Kontrollrats umgesetzt werden. Bei der dritten Sitzung dieses Gremiums schlug die amerikanische Militärregierung ein Gesetz vor, dass u. a. Absprachen über Handelsbeschränkungen für illegal erklärte und für Unternehmen mit über 3.000 Beschäftigten, 25 Millionen RM Umsatz oder 20 % Produktionskapazität einer bestehenden Industrie eine Entflechtung vorsah.[11] Bei diesen Verhandlungen im Jahr 1946 forderte die amerikanische Seite die Entflechtung von nicht weniger als 67 deutschen Unternehmen.[12] Von Seiten der Sowjetunion und Frankreichs erhielt dieser Vorschlag einige Unterstützung. Zwar waren pflegten beide Staaten deutlich andere wirtschaftspolitische Konzeptionen als die USA, jedoch waren sie zu diesem Zeitpunkt an einer möglichst durchgreifenden Schwächung der deutschen Wirtschaft interessiert, die eine erneute Aufrüstung verhindern sollte, sodass eine rigide Entflechtung deutscher Industriekonzerne begrüßt wurde. In den quadrilateralen Verhandlungen war es vor allem die britische Seite, die Widerstand gegen die Leitlinien des geplanten Gesetzes leistete. Vor allem die wenig flexiblen Entflechtungsvorschriften wurden von den Briten abgelehnt, stattdessen forderte die britische Militärregierung eine gemeinsame Verwaltungsstelle, die über zu entflechtende Unternehmen durch einstimmige Beschlüsse der vier Besatzungsmächte bestimmen sollte. Die quadrilateralen Verhandlungen scheiterten schließlich im Sommer 1946, danach spielte die Viermächteebene für die Dekartellierung und Entflechtung de facto keine Rolle mehr.[13]

---

9 Ebd., S. 46 f.

10 Ebd., S. 48.

11 Ebd., S. 50.

12 James F. J. Gillen, Deconcentration and Decartelization in West Germany 1945–1953, Bad Godesberg 1953, S. 23; Memo from C. C. Oxborrow to Economic Advisor, 10.10.1948, in: PRO FO 1030/142.

13 Murach-Brand, Antitrust auf Deutsch, S. 56 f.

3.2 Interne Konflikte im OMGUS und der Erlass der Dekartellierungsgesetze

Als beständiger hingegen sollten sich die Konflikte innerhalb der US-Militärregierung erweisen. James Stewart Martin, der die Kartellabteilung nach einer kurzen Interimsleitung durch Russell A. Nixon am 15.12.1945 vom zurückgetretenen Bernard Bernstein übernommen hatte, verfolgte ebenso wie sein Vorgänger eine rigorose Linie bei den Entflechtungen und legte nach dem Scheitern der quadrilateralen Verhandlungen im Alliierten Kontrollrat einen zunächst unilateralen Entwurf für ein Kartellgesetz vor, der sich an den Vorarbeiten im Kontrollrat orientierte und u. a. eine „mandatory clause" über eine bestimmte Unternehmensgröße enthielt, ab der diese verpflichtend entflochten werden sollten. Draper verweigerte dem Gesetz wegen dieser zwingenden Entflechtungsklausel seine Zustimmung. Clay stellte sich zu diesem Zeitpunkt noch auf die Seite des kartellpolitischen Hardliners Martin,[14] im Dezember 1946 traf aber eine Stellungnahme des stellvertretenden Außenministers aus Washington ein, die sich gegen das zwingende Entflechtungsgebot positionierte, wodurch der Streit zugunsten von Drapers Wirtschaftsabteilung entschieden war.[15] Draper, der in seiner Zeit als Investmentbanker bei Dillon, Read & Co in leitender Funktion mit dem Deutschlandgeschäft befasst gewesen war und auch selbst Aktien an deutschen Unternehmen hielt, befand die Leiter der Kartellabteilung für „impetuous, if not ruthless in their constant pressure for action to replace the old Nazi and Nazi-supporting managements and to reorganize the big companies" und befand, dass die deutschen Kartelle und Trusts wegen der Kriegsschäden, der zonalen Unterteilung und der Besatzung „flat on their backs" lägen und keiner derart rigiden Entflechtungspolitik bedürften.[16]

Parallel zu den internen Konflikten im OMGUS standen Ende 1946 trotz der final gescheiterten Verhandlungen im Alliierten Kontrollrat auch wieder Verhandlungen mit Verbündeten über die Formulierung des Kartellgesetzes an. Diese beschränkten sich dieses Mal auf die britische Militärregierung, obwohl es in den quadrilateralen Verhandlungen gerade die Briten gewesen waren, die gegenüber den amerikanischen Entflechtungsplänen den hartnäckigsten Widerstand geleistet hatten. Erklärbar ist dies vor dem Hintergrund der Einrichtung der Bizone (Vereinigtes Wirtschaftsgebiet) zum 1. Januar 1947. Diese war aus britischer Sicht deshalb unumgänglich geworden, da angesichts der eigenen wirtschaftlichen Schwäche und Devisenknappheit der Subventionsbedarf der zunehmend in eine Hun-

---

14 Martin, All Honorable Men, S. 201–204.

15 Murach-Brand, Antitrust auf Deutsch, S. 58–63.

16 Zitiert nach: Maddox, The War Within World War II, S. 117–119.

gersnot abdriftenden britischen Besatzungszone an Rhein und Ruhr finanziell nicht mehr zu stemmen war. Angesichts dieses wirtschaftlichen Abhängigkeitsverhältnisses konnte sich die britische Seite einem Kernpunkt der amerikanischen Besatzungspolitik, wie sie die Dekartellierung und Entflechtung darstellten, nicht völlig verweigern. Zum „bow before the Dollar pressure“ gab es keine Alternative.[17] Diese wirtschaftliche Integration der beiden Besatzungszonen machte auch eine Kartell- und Entflechtungspolitik auf gemeinsamer Basis notwendig.

Die Verhandlungen dafür begannen im November 1946. Da auch die amerikanische Seite nach der Anweisung aus dem eigenen Außenministerium nicht mehr auf einem zwingenden Entflechtungsgebot bestand, war immerhin dieses Hindernis aus dem Weg geräumt. Stattdessen einigte man sich darauf, Unternehmen mit einer Anzahl von mehr als 10.000 Beschäftigten „prima facie“ zu einer Konzentration wirtschaftlicher Macht zu erklären, die weiterer Untersuchungen bedürfe, um zu entscheiden, ob eine Entflechtung notwendig sei.[18] Bereits zu Beginn der Verhandlungen hatten sich beide Seiten geeinigt, die Gesetze separat, aber inhaltlich identisch für beide Zonen zu verabschieden. Dies geschah dann im Februar 1947 mit der Verabschiedung des amerikanischen Law No. 56[19] und der wortgleichen britischen Ordinance No. 78.[20] Die britische Seite schätzte das Resultat im Nachhinein als widerwilligen Kompromiss ein, bei dem es zwar gelungen sei, radikalere Vorstellungen der amerikanischen Seite zu verhindern, die zukünftige Zusammenarbeit auf dem Feld aber trotzdem erschwert gewesen sei:

> In negotiating common laws the British were able to moderate the extremist views of the Americans to a very considerable extent. The laws eventually agreed, however, were the product of a somewhat unwilling compromises on both sides and have never proved, therefore, to be satisfactory instruments to serve as a working basis.[21]

Entsprechend des Beschlusses im Potsdamer Abkommen wurde in der Präambel der beiden Gesetze die übergeordnete Zielsetzung genannt, Deutschland davon abzuhalten, erneut den internationalen Frieden zu gefährden, die wirtschaftliche Fähigkeit Deutschlands, Krieg zu führen, zu zerstören und „sicherzustellen, daß die für den Wiederaufbau Deutschlands ergriffenen Maßnahmen mit friedlichen und

17 Horstmann, Alliierte, S. 139.

18 Murach-Brand, Antitrust auf Deutsch, S. 65.

19 Law No. 56 [zweisprachig], in: Amtsblatt der Militärregierung, Deutschland, Amerikanisches Kontrollgebiet, Ausgabe C vom 1.4.1947, S. 2–6.

20 Ordinance No. 78 [zweisprachig], in: Amtsblatt der Militärregierung, Deutschland, Britisches Kontrollgebiet, 1947, Bd. 16, S. 412–418.

21 N. N., Background Note on the Decartelization Programme in Germany, undatiert, in: PRO FO 1036/176.

demokratischen Zielen in Einklang stehen“. Die direkte Verbindung von Gefährdung des Friedens und der wirtschaftlichen Fähigkeit, Krieg zu führen, mit dem Kartellverbot ging vor allem auf die Interpretation der amerikanischen Antitruster von Kartellen als Vehikel zur wirtschaftlichen Kriegsvorbereitung zurück [siehe Kapitel 2.2.3]. Auf deutscher Seite war diese Interpretation unbekannt und wurde weder geteilt noch verstanden, weswegen die als strafend und destruktiv aufgefasste Präambel, wie auch das allgemeine Kartellverbot, von den Vertretern des deutschen Länderrats, der an der Formulierung der Gesetze nicht beteiligt war, scharf kritisiert wurde. Die Fundamentalkritik der deutschen Seite konnte die Gesetze aber nicht nennenswert beeinflussen, als einziges Zugeständnis wurde die Präambel um die Passage erweitert, die Gesetze würden auch erlassen „um die Grundlage für den Aufbau einer gesunden und demokratischen deutschen Wirtschaft zu schaffen“.[22] Damit sollt nach Ansicht Drapers vor allem zum Ausdruck gebracht werden, dass die Gesetze „not solely punitive“ gedacht seien.[23]

Im ersten Artikel des Gesetzes wurden „übermäßige Konzentrationen der deutschen Wirtschaftskraft [...] ohne Rücksicht auf ihre Form und ihren Charakter“ pauschal verboten. Als solche wurden „Kartelle, Interessengemeinschaften, Syndikate, Trusts, Verbände und alle sonstigen Formen von Absprachen oder gemeinschaftlichen Unternehmungen von Personen“ definiert, „deren Zweck oder Wirkung in der Beschränkung des Binnen- oder Welthandels oder anderer wirtschaftlicher Tätigkeit, in der Förderung einer monopolistischen Kontrolle derselben oder in der Beschränkung des Zugangs zu Binnen- oder Weltmärkten besteht“. Dazu wurden die bei einer Entflechtung von Großunternehmen in Frage kommenden Kriterien gelistet [siehe Kapitel 6] und wie beschlossen Unternehmen mit über 10.000 Beschäftigten als zu überprüfende Verdachtsfälle definiert. Im zweiten Artikel wurde deutschen Unternehmen die Beteiligung an internationalen Kartellen verboten. Artikel III erlaubte der von der Militärregierung mit der Durchsetzung des Gesetzes beauftragten Stelle, auf Anfrage Befreiungen vom Gesetz zu gewähren, sollten die entsprechenden Abmachungen nicht mit dem Zweck des Gesetzes in Widerspruch stehen. Der vierte Artikel definierte die weitreichenden Befugnisse der das Gesetz durchführenden Institutionen, welche u. a. die Forderung zur Auslieferung bzw. Beschlagnahmung von Akten, Geschäftsbüchern, Verträgen usw. sowie die Beschlagnahmung von Vermögen beinhalteten. Artikel V beinhaltete bzgl. der in Artikel I genannten verbotenen Kartelle und sonstigen wettbewerbsbeschränkenden Absprachen eine Reihe von Definitionen verbotener Tätigkeiten, die u. a. die „Festsetzung von Preisen und Zahlungsbedingungen“, „den Ausschluss von Personen von Marktgebieten oder geschäftlichen Tätigkeitsbereichen“, „den

22 Gesetz Nr. 56, Präambel.

23 Murach-Brand, Antitrust auf Deutsch, S. 68–71.

Boykott oder die diskriminierende Behandlung von Herstellern, Grossisten, Verbrauchen oder anderen Personen“ sowie die unzulässige Ausweitung von Patenten auf Gegenstände, die im Patentschutz nicht erhalten sind, beinhaltete. Artikel VI hob alle früheren Bestimmungen deutschen Rechts auf, die mit dem neuen Kartellgesetz in Widerspruch standen, während in Artikel VII Geldstrafen bis zu 200.000 RM oder Gefängnisstrafen bis zu zehn Jahren als Strafmaß nach einer Verurteilung im Gerichtsverfahren festgelegt wurden.[24] Ausnahmen wurden in der gleichzeitig veröffentlichen ersten Ausführungsverordnung lediglich für die Reichsbahn, Reichspost und öffentlichen Versorgungsunternehmen (betraf vor allem die Energieversorger) sowie die den sondergesetzlichen Entflechtungen unterliegenden Unternehmen und Industrien festgelegt.[25]

Das Gesetz basierte wesentlich auf der amerikanischen Antitrusttradition. Es stellte eine konkretisierte Form nicht nur des *Sherman Acts* und des *Clayton Acts*, sondern auch der langjährigen Rechtsprechungstradition amerikanischer Gerichte in ihrer Auslegung dar. Gerade diese gerichtliche Auslegung war in der 60-jährigen Geschichte des *Sherman Acts* natürlich nicht immer geradlinig und frei von Auslegungsfragen gewesen. Die amerikanische Kartellabteilung wirkte hier darauf hin, bei Zweifelsfragen die striktere Auslegungsweise zu präferieren, mitunter auch gegen die aktuelle Rechtslage im Heimatland. So wurde etwa bewusst keine Ausnahme für die Preisbindung zweiter Hand bei Markenartikeln verankert, die in den USA zu diesem Punkt durch die *Fair Trade* Gesetze in den meisten Einzelstaaten noch legal und durch das *Miller-Tydings Amendment* auch bundesweit legalisiert war.[26] Kritiker der Dekartellierung und Entflechtung warfen der amerikanischen Seite daher vor, im Zuge ihrer Besatzungspolitik strengere Maßstäbe anzulegen als im eigenen Land. Die Formulierungen waren zudem eng an Artikel 46 der Havanna Charter angelehnt, über welche parallel als Basis für die zu schaffende Welthandelsorganisation verhandelt wurde.[27]

Während mit Gesetz Nr. 56 und der wortgleichen britischen Verordnung nun eine gesetzliche Basis für das Dekartellierungs- und Entflechtungsprogramm geschaffen war, blieb die konkrete Umsetzung aber auch innerhalb des OMGUS wei-

24 Gesetz Nr. 56.

25 Ausführungsverordnung Nr. 1 zu Gesetz Nr. 56 (zweisprachig), in: Amtsblatt der Militärregierung, Deutschland, Amerikanisches Kontrollgebiet, Ausgabe C vom 1.4.1947, S. 6–8.

26 Alfred Gleiss, Private Price Fixings, Übersetzung von Artikel aus der Wirtschaftszeitung, undatiert, in: IfZArch OMGUS 17/8250/18.

27 United Nations Conference on Trade and Employment, Final Act, Article 46, online unter: https://www.wto.org/english/docs_e/legal_e/havana_e.pdf, zuletzt abgerufen am 23.5.2022; Möschel, Entflechtungen, S. 6. Die geplante *International Trade Organisation* scheiterte letztlich im US-Kongress, Teile des Vertragswerks wurden aber in das *General Agreement on Tariffs and Trade (GATT)* übernommen.

terhin scharf umstritten. Neuen Rückenwind erhielten Draper und seine Wirtschaftsabteilung, die die Zweckdienlichkeit zumindest der Entflechtungen offen anzweifelten, durch die im Juli 1947 in Kraft getretene Besatzungsdirektive *JCS 1779*. Während die vorherige Direkte *JCS 1067* noch rein strafend ausgelegt war und einen wirtschaftlichen Wiederaufbau Deutschlands jenseits der absoluten Basisfunktionen verboten hatte, setzte die neue Direktive angesichts des beginnenden Kalten Krieges dezidiert andere Maßstäbe. In Bezug auf die deutsche Wirtschaft legte die Direktive fest:

> The economic objectives of the United States Government in Germany: [...] to encourage the German people to rebuild a self-supporting State devoted to peaceful purposes, integrated into the economy of Europe.[28]

Zwar war damit keine Abwendung von der bisherigen Kartellpolitik verbunden, die nochmal beinahe wortgleich in der neuen Direktive bestätigt wurde. Die Vertreter der Wirtschaftsabteilung, die nach der Ernennung Drapers zum Wirtschaftsberater des *Commanders in Chief* ab Februar 1946 von Lawrence Wilkinson geleitet wurde, brachten aber die nun offiziell angestrebte wirtschaftliche Wiederaufbaupolitik gegen die scharfen Entflechtungspläne der Kartellabteilung in Frontstellung. Dabei stellten sie den Vergleich an, OMGUS versuche, einem am Boden liegenden Mann aufzuhelfen, indem es ihn an seiner Hand nach oben ziehe, dabei aber übersehe, dass es nach wie vor einen Fuß auf seinem Nacken platziert habe.[29] Die andauernde Auseinandersetzung zwischen der Wirtschaftsabteilung und der ihr unterstellten Kartellabteilung führte im Juli 1947 zum Rücktritt James Stewart Martins als Leiter der Kartellabteilung.[30] Martin begründete seine Entscheidung durch die fehlende Reaktion der Regierung auf die Verzögerungstaktiken der Wirtschaftsabteilung und des Wirtschaftsberaters bei der Dekartellierung und den Entflechtungen:

> I knew that the policy was being reaffirmed on paper; but no official notice was being taken of the fact that its execution had been deliberately delayed. My resignation would make it impossible for those in charge to attribute their delaying tactics to alleged 'feuding' between the chief of the Decartelization Branch and the Economic Adviser to the Military Governor.[31]

Von seinem Nachfolger erhoffte er sich, dass durch bessere Verbindungen zur Wirtschaftsabteilung und zum wirtschaftlichen Berater das auf dem Papier nach wie vor bestehende Entflechtungsprogramm vorangetrieben werden könnte. Tat-

---

28 Zitiert nach: Murach-Brand, Antitrust auf Deutsch, S. 83.
29 Djelic, Exporting the American Model, S. 105.
30 N. N., Decartelization in the U. S. Zone of Germany, undatiert, in: IfZArch OMGUS 17/8254/9.
31 Martin, All Honorable Men, S. 234.

sächlich waren seine Nachfolger, zunächst sein vorheriger Stellvertreter Philips Hawkins sowie ab Oktober 1947 Richardson Bronson, im Gegensatz zu ihren Vorgängern keine Veteranen der heimischen *Antitrust Division* des Justizministeriums, sondern standen eher den Positionen der Wirtschaftsabteilung nahe. Dies führte allerdings vor allem zu einem äußerst angespannten Verhältnis zu ihren eigenen Mitarbeitern im *Decartelization Branch*, als sie trotz ihrer offiziellen Position keine Anstalten machten, das Entflechtungsprogramm ähnlich energisch voranzutreiben wie ihre Vorgänger. Im Fall von Hawkins wurde das Misstrauen der Antitruster sogar noch verstärkt, als dieser ausgerechnet die Tochter William Drapers heiratete.[32]

3.3 Kartellauflösung als Papiertiger?

Parallel zu den lähmenden politischen Konflikten über die Entflechtung war die Dekartellierung zumindest auf dem Papier erfolgreich angelaufen. Gleichzeitig mit der bilateralen Verkündung der Dekartellierungsgesetze hatten die amerikanische und britische Militärregierung die *Bipartite Decartelization Commission* (BIDEC) gegründet, in der die beiden nationalen Kartellabteilungen die Dekartellierung und Entflechtung koordinieren sollten. Ein Jahr später, am 2.6.1948 wurde die BIDEC dann auch in der zweiten Ausführungsverordnung zu Gesetz Nr. 56 und Verordnung Nr. 78 anstelle der nationalen Kartellabteilungen als ausführende Institution für die Umsetzung der Dekartellierungsgesetze benannt.[33] Am 13.6.1947 schuf die BIDEC zudem die *German Decartelization Agencies* (GEDAG), die vor allem die Kommunikation mit den deutschen Unternehmen übernahmen und die entsprechende Korrespondenz zwischen den alliierten Behörden und deutschen Unternehmen abwickelten. Zudem waren sie bei Entscheidungen der BIDEC (später DIDEG) durch Vorprüfung und gutachtliche Stellungnahmen involviert, führten Untersuchungen durch, prüften Berichte und Vorschläge, beschafften Unterlagen, führten Weisungen der BIDEC/DIDEG aus und leiteten Vollstreckungsverfahren ein.[34] Als die alliierten Institutionen später an Einfluss verloren, wurden die auf Deutsch als Dekartellierungsstellen oder Kartellauflösungsstellen bezeichneten Behörden allmählich in die Landeswirtschaftsministerien überführt. Ein führender Vertreter der britischen Kartellabteilung merkte über die deutschen Dekartellierungsstellen später an:

32 Wells, Antitrust, S. 160 f.

33 N. N., Decartelization in the U. S. Zone of Germany, undatiert, in: IfZArch OMGUS, 17/8254/9; Murach-Brand, Antitrust auf Deutsch, S. 87.

34 Ernst Rudolf Huber, Wirtschaftsverwaltungsrecht, 1. Band, 2. Aufl., Tübingen 1953, S. 379.

> This scheme went off at half-cock since we never succeeded in reaching either a firm Bipartite or Tripartite policy as regards implementation upon which we could brief the German agencies. As a result, these bodies have gradually been absorbed into the various Ministries of Economics and have consequently served two masters for some years, with an obvious inclination to put their own Ministries first. In the American zone, however, a tighter control has been kept upon them than in the British zone.[35]

In der Anfangsphase führten die GEDAGs ihre Kernaufgabe in der Kommunikation mit den betroffenen deutschen Unternehmen aber relativ reibungslos aus. In der ersten Durchführungsverordnung zu Gesetz Nr. 56 war allen von dem Gesetz betroffenen Unternehmen zunächst eine Meldepflicht auferlegt worden. Diese erfüllte aber nicht die Erwartungen, da das Kartellverbot in der Öffentlichkeit nicht ausreichend bekannt war.[36] So merkte etwa ein in der GEDAG Württemberg-Baden beschäftigter deutscher Jurist zu diesem Zeitpunkt an: „In einzelnen Fällen ist die völlige Unkenntnis über Gesetz Nr. 56 festgestellt worden."[37]

Daraufhin erließ die amerikanische Kartellabteilung im März 1948 eine Veränderung der ersten Ausführungsverordnung zu Gesetz Nr. 56. In diesen wurden nicht nur die genaue Verfahrensorder für Verwaltungsverfahren bei Kartellverstößen sowie Entflechtungsprozesse festgelegt, sondern allen Unternehmen in der amerikanischen Zone auch die Beantwortung eines umfassenden Fragebogens zu wirtschaftlichen Kennzahlen und Teilhabern sowie Beteiligungen an Kartellverträgen und anderen wettbewerbsbeschränkenden Vereinbarungen in der Vergangenheit auferlegt.[38] Die entsprechenden Verträge waren dann per Einstellungsanzeige sowohl an die beteiligten Vertragspartner als auch an die GEDAG bzw. die amerikanische Kartellabteilung einzustellen. Als Folge dieser Einstellungsanzeigen kam eine beträchtliche Anzahl offiziell eingestellter Kartellverträge zustande. So zählte ein offiziöser amerikanischer Bericht zur Dekartellierung nicht weniger als 1.100 eingestellte Kartellverträge. Zudem seien etliche Verträge neu verhandelt worden, um nicht gegen die Dekartellierungsgesetze zu verstoßen, so habe etwa allein die Robert Bosch GmbH 10.000 Lieferverträge mit Einzelhändlern abgeändert.[39]

In der Forschungsliteratur wurden diese rein quantitativ basierten Erfolgsmeldungen mitunter recht unkritisch übernommen und die Dekartellierung die-

35 Minute Sheet by RJB Williams to Economics Adviser, 27.5.1952, in: PRO FO 1036/178.

36 Murach-Brand, Antirust auf Deutsch, S. 88 f.

37 Dr. Büntig, Fortschrittsbericht 30.9.1947, in: LA BW, HSta Stgt, EA6/004, Bü 3.

38 Abänderung Nr. 2 zur Ausführungsverordnung Nr. 1 zu Gesetz Nr. 56 der Militärregierung, in: Amtsblatt der Militärregierung, Deutschland, Amerikanisches Kontrollgebiet, Ausgabe I vom 16.3.1948, S. 17–24.

39 Gillen, Deconcentration and Decartelization, S. 65.

ser Phase im Gegensatz zur gescheiterten Entflechtung als „erfolgreich“ charakterisiert.[40] Die Passage zu den zu meldenden und später einzustellenden Kartellvereinbarungen betraf aber „eine Aufstellung sämtlicher von Gesetz Nr. 56 verbotenen Kartelle, Vereinbarungen und Geschäftsgebaren, an denen das betroffene Unternehmen seit dem 1. Januar 1938 beteiligt gewesen ist“[41] – unabhängig von der wirtschaftlichen Relevanz dieser Verträge zum Zeitpunkt der Meldung. Dies führte angesichts der erheblichen Umbrüche durch Kriegswirtschaft und staatliche Bewirtschaftung, Bombenschäden, Lieferschwierigkeiten, Besatzung, Inflation, die bevorstehende Währungsreform usw. allerdings dazu, dass eine erhebliche Anzahl dieser Altverträge ihre realwirtschaftliche Bedeutung längst eingebüßt hatte. Es war für betroffene Unternehmen also relativ einfach, die Einstellung einer Reihe de facto ohnehin obsoleter oder unangenehm gewordener Verträge offiziell einzustellen und dies als Abkehr von Kartellstrategien darzustellen. So hieß es etwa in einer gesonderten Besprechung der Vertreter der AEG und des 1941 vollständig übernommenen Tochterunternehmens Telefunken über die Anwendung der Dekartellierungsgesetze:

> Es wurde hierzu von Tfk.[Telefunken, RH] betont, dass die Beendigung aller in Betracht kommenden Verträge uns geschäftlich nicht beeinträchtigen. Zu einem erheblichen Teil seien die Verträge ohnehin schon durch Zeitablauf erledigt. Zu einem anderen Teil sei eine Lösung Tfk. sogar erwünscht.[42]

Dazu passt auch, dass die Einstellung der angeblich über 1.000 Kartellvereinbarungen letztlich äußerst geräuscharm vonstattenging, während spätere Verwaltungsverfahren der DIDEG, die ja letztlich ebenfalls nur bestehende Kartellvereinbarungen ohne Geld- oder Gefängnisstrafe beendeten, erheblichen juristischen Widerstand hervorriefen und umfangreich in der Wirtschaftspresse behandelt wurden. Die häufigste Beschwerde in Bezug auf die Fragebogen- und Einstellungsaktion von 1948 hingegen wurde von kleineren Unternehmen ohne eigene Rechtsabteilung hervorgebracht, die den erheblichen Arbeitsaufwand bei der Beschaffung der notwendigen Informationen und Verträge verbunden mit recht kurzen Fristen beklagten. Wären durch die Einstellungsanzeigen wirklich 1.100 aktive, den Wettbewerb konkret reglementierende Kartelle ohne Umgehungsmöglichkeit zu Fall gebracht worden, wäre der Widerstand etwa durch die in Kartellfragen auch öf-

40 Murach-Brand, Antitrust auf Deutsch, S. 89.

41 Abänderung Nr. 2 zur Ausführungsverordnung Nr. 1 zu Gesetz Nr. 56 der Militärregierung, in: Amtsblatt der Militärregierung, Deutschland, Amerikanisches Kontrollgebiet, Ausgabe I vom 16.3.1948, S. 18.

42 Aktenvermerk, Besprechung am 28.4.1948 bei der AEG über die Handhabung des Dekartellisierungsgesetzes, 30.4.1948, S. 3, in: DTMB I.2.060 C.06219.

fentlich wenig zurückhaltenden, vielerorts bereits wieder gegründeten Wirtschafts- und Unternehmerverbände wohl deutlich ausgeprägter gewesen.

3.4 Ein Skandal und seine Folgen: Clays Abbruch der Entflechtungen

Während diese erste Phase der Dekartellierung trotz fragwürdiger realwirtschaftlicher Auswirkungen zumindest auf dem Papier reibungslos ablief, eskalierte der Konflikt innerhalb des OMGUS über die Entflechtungen im März 1948. General Clay, der zuvor noch das Entflechtungsprogramm auch gegen Draper und die Wirtschaftsabteilung verteidigt hatte, vollzog im März 1948 eine Kehrtwende und stelle sich auf die Seite der Entflechtungsgegner. Die Kartellabteilung hatte zur Vorbereitung der ersten Entflechtungen zunächst vier Teams gegründet, die die Entflechtung der Unternehmen Henschel & Sohn, Siemens & Halske, Robert Bosch und Gutehoffnungshütte (GHH) planen sollten.[43] Clay brach die Entflechtungen bei Henschel und der GHH ab, ließ die anderen beiden Entflechtungen versanden und kündigte zudem an, die Entflechtungen sollen sich in Zukunft ausschließlich auf die Konsumgüterindustrie beziehen und verkleinerte zudem den Mitarbeiterstab der Kartellabteilung.[44] Dieser Schritt brachte den Konflikt im *Decartelization Branch* endgültig zur Eskalation. Vorherige Untersuchungen hatten gezeigt, dass in der Konsumgüterindustrie ohnehin nur vier Unternehmen mit nennenswerter Marktmacht gab, die für eine Untersuchung in Frage kamen: Reemtsma, das Zündholzmonopol, die Süddeutsche-Zucker-AG sowie die Schultheiss Brauerei.[45] Eine umfassende Entflechtung der deutschen Wirtschaft war mit Clays Kehrtwende somit ausgeschlossen. James Martin, der gescheiterte ehemalige Vorsitzende des *Decartelization Branch* fasste die Auswirkungen der Kehrtwende Clays folgend zusammen:

> What had been announced as a law to bring about decentralization of the German economy, and to end the power of the heavy industry trusts and combines, was almost overnight transformed by verbal order into a law for limited policing of business practices, with no fundamental change in the business structure to be policed.[46]

General Clay hingegen hatte sich inzwischen der Sichtweise seines Wirtschaftsberaters und der Wirtschaftsabteilung im OMGUS angeschlossen, dass die Markt-

---

43 Murach-Brand, Antitrust auf Deutsch, S. 89 f.
44 Ebd., S. 90; Mierzejewski, America as Model?, S. 216.
45 Martin, All Honorable Men, S. 257.
46 Ebd., S. 263.

macht der einst formidablen deutschen Konzerne in Folge des Krieges und der Besatzungsherrschaft längst gebrochen sei:

> The seizing of external assets had removed the foreign-owned subsidiaries of German corporations. Bomb damage had reduced holdings in Germany. Reparations were to reduce them still further. Prohibitions and restrictions in German industry were not only to cut down assets but for many enterprises to fix maximum productive output. The splitting of Germany into east and west further restricted the size of the enterprises with plants in both east and west Germany. Hence it is obvious that the powerful German industrial combinations no longer exist to present the same formidable picture as at the height of German power [...].[47]

Die Kehrtwende rief scharfe Proteste aus dem *Decartelization Branch* hervor, wo die Entscheidung anfangs zunächst noch ausschließlich auf den unbeliebten Leiter der Abteilung, Bronson, sowie die Hintermänner in der Wirtschaftsabteilung und beim Wirtschaftsberater zurückgeführt wurde. Als Clay sich selbst verantwortlich zeigte, geißelte vor allem der ehemalige Leiter der Abteilung, James Stewart Martin, die Kehrtwende bei der Entflechtung nach seiner Rückkehr in die Staaten in der heimischen Presse als „a complete sell-out to the German heavy industrialists."[48]

Clay selbst rechtfertige sich später angesichts der Kritik, seine Kartellabteilung habe aus Extremisten bestanden, die in ihrer absoluten Entschlossenheit, die Entflechtungen unter allen Umständen durchzuführen, letztlich seine Führungsposition untergraben hätten:

> The decartelization group was composed of extremists, sincere but determined to break up German industry into small units regardless of their economic sufficiency. I did not consider their viewpoint unhealthy, since they were the prosecuting staff, but I found that some of the group wanted also to be judge and jury, and this I could not accept. I welcomed the difference in views between the very liberal Wallace supporter, James Martin, who headed the decartelization group, and the more conservative-minded Democrats and Republicans who composed the staff of my economic adviser. I expected, however, to make the major decisions when these views conflicted.[49]

Diese Kehrtwende bei den Entflechtungen sollte sich schließlich zu einem veritablen politischen Skandal mit Auswirkungen bis in den Washingtoner Politbetrieb auswachsen. Nachdem Clay der Kartellabteilung über deren Vorsitzenden Bron-

---

47 Lucius D. Clay, Decision in Germany, New York 1950, S. 328.

48 Zitiert nach: Wells, Antitrust, S. 162.

49 Clay, Decision, S. 331. „Wallace supporter" bezieht sich auf den ehemaligen Vizepräsidenten Franklin D. Roosevelts, Henry A. Wallace, der 1948 als progressiver Drittkandidat außerhalb der beiden großen Parteien zur Präsidentschaftswahl antrat und den Martin im Wahlkampf unterstützte.

son die drastische Kehrtwende mit den damit verbundenen Personaleinsparungen mitgeteilt hatte, verfassten die Mitglieder dieser ein Memorandum an den General, in der sie den weitgehenden Stopp der Entflechtungen als totale Umkehrung der bisher erklärten Politik kritisierten. Daraufhin kam es am 22. März 1948 zum persönlichen Gespräch. Die Antitruster der Kartellabteilung hielten zu diesem Zeitpunkt noch Hawkins, Wilkinson und Bronson für den Abbruch der Entflechtungen und die geplanten Personaleinsparungen verantwortlich und erhofften sich von Clay eine Klarstellung verbunden mit der Rückkehr zu den ursprünglichen Entflechtungsplänen.

Clay übernahm im Gespräch jedoch die volle Verantwortung für den Kurswechsel, begründete den Abbruch der Entflechtung sowohl bei Henschel & Sohn als auch bei den Vereinigten Kugellager-Fabriken, für die ebenfalls erste Entflechtungspläne verfasst worden waren, bezeichnete ähnliche Pläne für die Gutehoffnungshütte als verfrüht und sprach sich lediglich für eine äußerst begrenzte Entflechtung bei Bosch aus. Auf eine kritische Nachfrage seitens einem der Antitruster reagierte Clay barsch, schlug seine Hand auf den Tisch und erwiderte: „I did not come here to be lectured on decartelization." Zwar betonte Clay, er hoffe, dass die Mitarbeiter auch unter der neuen Politik die Zusammenarbeit fortsetzen könnten, in der Sache blieb er jedoch hart. Diese Entscheidung führte bereits zu einer Rücktrittswelle in der Kartellabteilung. Sieben Mitglieder, darunter der frühere Mitstreiter Martins und Protestführer Johnston Avery, traten sofort zurück, andere ließen sich innerhalb der Militärregierung versetzen. Insgesamt wurden zehn Stellen innerhalb der Kartellabteilung in der unmittelbaren Folgezeit eingespart, weitere folgten später.[50] Die Beamten der Militärregierung, die bei diesem Politikwechsel beteiligt waren, hatten die empörte Reaktion der Antitruster zwar vorausgesehen, waren aber der Meinung, diesen politisch überstehen zu können, da ähnliche Proteste zuvor ohne Erfolg geblieben waren. So rechnete man zwar mit einem „scream to the high heavens from the strong antitrust group, but there had been similar screams before" und diese „had come and gone and probably there would not be much more major interest to create a serious scream".[51]

Der Konflikt weitete sich dann aber zu einem politischen Skandal erster Güte aus, als das Memorandum an Clay und der Inhalt des folgenden Gesprächs auch an einen Reporter der New York Times, Delbert Clark, durchgesteckt wurde, der daraufhin negativ formulierte Artikel verfasste, die die Schuld vor allem bei Clay

50 Martin, All Honorable Men, S. 259–263; Taylor, Rise and Fall, S. 34.
51 Zitiert nach: Freyer, Antitrust and Global Capitalism, S. 260.

und der Wirtschaftsabteilung suchten.[52] Aus dem Memorandum an Clay wurde auch in einer Kongressdebatte im amerikanischen Repräsentantenhaus zitiert, als der demokratische Kongressabgeordnete aus Michigan, George G. Sadowski, neben allgemeiner Kritik am Marshall-Plan und am wirtschaftlichen Wiederaufbau Deutschlands auch die schwache Bilanz bei der Entflechtung sowie die fehlenden Konsequenzen der Denazifizierung bei den Spitzenvertretern der deutschen Wirtschaft anprangerte.[53] Nachdem Clay sich in der Sache unversöhnlich gezeigt hatte, verfassten die Mitarbeiter, die nicht direkt zurückgetreten waren oder sich hatten versetzen lassen einen weiteren Protestbrief direkt an Präsident Truman, der von 46 Personen, die meisten davon Mitarbeiter der Kartellabteilung, unterschrieben wurde. In dem Brief wurde sowohl der Verzicht auf Entflechtungen in der Produktionsindustrie, als auch der rasante Personalabbau in der Kartellabteilung scharf kritisiert:

> The new policy is based on the direct orders of Lt. Gen. Lucius Clay, AMG in Germany. It directly reverses our original stand on German cartels and provides the Germans with decisive power regarding the future status of German monopolies and trusts.[54]

Die Konsequenz aus dem politischen Skandal war die Einrichtung des Ferguson-Komitees zur Überprüfung der amerikanischen Kartellpolitik in Deutschland. Dieses wurde durch den Kriegsminister Kenneth C. Royall eingerichtet und erstatte diesem Bericht. Zwar waren das Kriegs- und das Außenministerium die Unterstützter der neuen, gemäßigteren Linie der amerikanischen Kartellpolitik gewesen, die den wirtschaftlichen Wiederaufbau Deutschlands über strafende oder strukturverändernde Eingriffe stellte, jedoch gelang es dem Justizministerium, das Komitee vor allem mit Anhängern der Antitrustpolitik zu besetzen, sodass zwei der drei Verfasser des Reports eindeutige Sympathien für die in Deutschland zunächst gescheiterten Antitruster hegten.[55] So charakterisierte etwa ein Bericht aus der deutschen Verwaltung für Wirtschaft den Vorsitzenden der Kommission, den ehemaligen Leiter der *Federal Trade Commission,* Garland S. Ferguson, als „leicht senile[n], aber fanatische[n] Anhänger der Anti-Trust Gesetzgebung".[56] Auf briti-

---

52 Delbert Clark, Clay Orders Halt in Decartelizing Germany's Trusts, in: New York Times (NYT), 13.3.1948; Ders., New Cartel Plan Called War Move, in: NYT, 16.3.1948; Murach-Brand, Antitrust auf Deutsch, S. 93.

53 Congressional Record – House, 25.3.1948, S. 3552–56, https://www.congress.gov/bound-congressional-record/1948/03/25/house-section, zuletzt abgerufen am 27.4.2022.

54 Schreiben von Mark van Doren an Harry S. Truman, 19.4.1948, zitiert nach: Murach-Brand, S. Antitrust auf Deutsch, S. 93.

55 Murach-Brand, Antitrust auf Deutsch, S. 94.

56 N. N., Der Bericht des Ferguson Comittees über Entflechtung, undatiert, in: BA B 102/17089.

scher Seite wurde die Ernennung des Komitees vor allem auf die überraschende Niederlage der Republikaner bei den Präsidentschaftswahlen 1948 zurückgeführt. Clay und seine Mitarbeiter in der Wirtschaftsabteilung sowie an der Spitze der Kartellabteilung hätten ihre Politik nach dem deutlichen Sieg der Republikaner bei den Kongresswahlen 1946 bereits schrittweise an die erwartete neue republikanische Administration angepasst, die der Antitrustpolitik allgemein zurückhaltender gegenüberstand. Die 1948 unter dem amtierenden Präsidenten Truman überraschend wiedergewählten Demokraten würden nun die beteiligten Abteilungen der Militärregierung in Deutschland als Revanche einer personellen Säuberungsaktion unterziehen.[57]

Die Mitarbeiter des Komitees reisten für einige Wochen nach Deutschland, wo sie sowohl die beteiligten Mitglieder in der Wirtschafts- und Kartellabteilung der amerikanischen Militärregierung als auch deutsche Politiker und Ministerialbeamte in der VfW (Ludwig Erhard, Eberhard Günther und Roland Risse) sowie deutsche Wirtschaftsführer (Otto Schniewind und Hermann Abs) interviewten. Der Bericht des Komitees stellte sich entsprechend der politischen und beruflichen Ausrichtung der Mehrheit seiner Verfasser vollends auf die Seite der zuvor unterlegenen Antitruster. Der Bericht empfahl die bedingungslose Fortsetzung der Entflechtungs- und Dekartellierungspolitik unter der alten sicherheitspolitischen Leitlinie, Marktmacht in Industrie und Finanzen in Deutschland komplett zu verhindern, um den erneuten Aufbau einer Kriegsmaschinerie zu unterbinden.[58] Zur bisherigen Umsetzung von Gesetz Nr. 56 äußerte sich der Bericht kritisch, nach der Verabschiedung habe das Gesetz kaum einen Effekt auf die konkreten Kartellbeziehungen gehabt, zudem sei das Gesetz kaum kommuniziert worden und viele Deutsche hätten über das Ausmaß des Gesetzes nicht Bescheid gewusst.[59] Auch bei der Nachverhandlung von Verträgen sei unklar geblieben, ob die Wettbewerbsbeschränkungen, die gegen Gesetz Nr. 56 verstießen, wirklich beseitigt worden seien.[60]

Der Report sprach sich auch explizit dagegen aus, die sich wandelnden gesamtpolitischen Umstände, sprich den Beginn des Kalten Krieges und die Abkehr von einer strafenden Besatzungspolitik zu Gunsten einer neuen Bündnispolitik ge-

57 N. N., Background Note on the Decartelization Programme in Germany, undatiert, S.1, in: PRO FO 1036/176.

58 Federal Trade Commission (Hrsg.), Report of the Committee Appointed to Revise the Decartelization Program in Germany (Ferguson-Report), Washington D. C. 1949, S. 6. Online unter: https://www.google.de/books/edition/Report_to_the_Honorable_Secretary_of_the/LKo8AAAAMAAJ?hl=de&gbpv=1&dq=inauthor:%22United+States.+Committee+to+Review+the+Decartelization+Program+in+Germany%22&printsec=frontcover, zuletzt abgerufen am 19.11.2021.

59 Ebd., S. 73.

60 Ebd., S. 75.

genüber Westdeutschland, als Grund für eine Abkehr von einer strikten Entflechtung und Dekartellierung der deutschen Wirtschaft gelten zu lassen.[61] Stattdessen wurden vor allem den Leitern der Wirtschaftsabteilung, Lawrence Wilkinson und Philips Hawkins mangelndes Interesse an der Umsetzung der Dekartellierung und Entflechtung vorgeworfen.[62] Das zweite Mitglied des Komitees, Samuel Isseks, ebenfalls ein Veteran der *Antitrust Division*, sprach sich sogar offen für die Entlassung von Wilkinson, Hawkins und Bronson von allen für das Dekartellierungs- und Entflechtungsprogramm relevanten Positionen aus.[63] Für die Zukunft empfahl das Komitee eine konsequente Durchführung der ursprünglich angedachten Politik, auch dort, wo diese mit der wirtschaftlichen Erholung Deutschlands in Konflikt stehen könnte.[64] Lediglich das dritte Mitglied des Komitees, der Geschäftsmann A. T. Kearney, der auf Vorschlag der *Economic Cooperation Administration* [für die Durchführung des Marshallplans gegründete Behörde, RH] berufen worden war, distanzierte sich in seinem eigenen Statement vorsichtig von der scharfen Kritik am für die Dekartellierung und Entflechtung verantwortlichen Personal.[65]

Tastsächlich hatte nach dem Abbruch der Entflechtungen eine Durchführung des Programms kaum noch stattgefunden. Zwar hatte die BIDEC in einen wenigen Fällen Verwaltungsverfahren eröffnet oder diskutiert (etwa gegen Brown Boveri oder das deutsche Zündholzmonopol), allerdings hatte der Konflikt innerhalb des OMGUS sowie die Auseinandersetzungen mit der britischen Seite so gut wie jedes Dekartellierungsverfahren entschieden behindert, während die Entflechtungen nach der Order Clays ebenfalls vollständig zum Erliegen gekommen waren. Das verheerende Urteil des Ferguson-Reports blieb nicht ohne Auswirkung. Sowohl der Leiter der Wirtschaftsabteilung, Lawrence Wilkinson, als auch sein Stellvertreter, Philips Hawkins, reichten ihren Rücktritt ebenso ein wie der Leiter des *Decartelization Branch*, Richardson Bronson.[66] William Draper, inzwischen wirtschaftlicher Berater Clays, war bereits vor der offiziellen Übergabe des Berichts an das Kriegsministerium auch wegen der scharfen Kritik zurückgetreten.[67] Auch wenn die personellen Konsequenzen des Berichts durchaus drastisch waren und John McCloy bei seinem Amtsantritt im Sommer 1949 als (ziviler) Nachfolger Clays eine komplett neue, dann als *Decartelization Division* firmierende Kartellabteilung auf-

61 Ebd., S. 92.
62 Ebd., S. 94.
63 Ebd., S. 121.
64 Ebd., S. 122 f.
65 Anhang zu Ebd.
66 Murach-Brand, Antitrust auf Deutsch, S. 96.
67 Maddox, The War Within World War II, S. 170.

baute, kam es nie zu einer derart strikten Durchführung v. a. der Entflechtung, wie sie der Ferguson-Report gefordert hatte. Der Vize-Verteidigungsminister, Tracy S. Vorhees, war bereits kurz nach der Veröffentlichung des Reports um Schadensbegrenzung bemüht und verfasste eine Zusammenfassung und Kritik des Reports, in der er sich gegen eine erneute Ausweitung der Entflechtungen aussprach und für die Fortsetzung der von Clay eingeschlagenen Linie argumentierte.[68]

3.5 Der Neustart unter McCloy

So wurde der Ferguson-Report und dessen Auswirkungen in der Literatur meist als letztes Manifest einer aufgegebenen Politik[69] oder als Rückzugsgefecht[70] charakterisiert. Tatsächlich kann vor allem im Bereich der Entflechtung die nur äußerst punktuelle Durchführung der Antitrustpolitik durch McCloy kaum als konsequente Durchführung der Empfehlungen des Ferguson-Reports angesehen werden. Trotzdem kam es sowohl personell als auch strukturell zu einem erheblichen Umbruch. Strukturell wurde die *Decartelization Division* im amerikanischen Hochkommissariat nicht mehr der Wirtschaftsabteilung, sondern dem Rechtsberater des Hohen Kommissars unterstellt. Dies entsprach sowohl dem Vorschlag des Ferguson-Reports als auch der leidvollen Erfahrung des letzten Leiters des *Decartelization Branch*, Richardson Bronson, der diese Änderung auf Nachfrage McCloys in einem Memorandum empfiehl.[71] Auch personell wurde die neue *Decartelization Division* neu aufgestellt. Leiter wurde Grant Kelleher, Absolvent der Montana Law School, der zuvor Rechtsanwalt im Justizministerium, persönlicher Referent des Justizministers sowie als Leiter der Bostoner Dienststelle der *Antitrust Division* Abteilung gewesen war und als Schwergewicht unter den Antitrustern galt. Sein Stellvertreter und späterer Nachfolger war Sidney Willner, Absolvent der Harvard Law School und ein Veteran der *Securities and Exchange Commission* (SEC). Auch die weiteren Mitarbeiter waren fast ausschließlich Absolventen der als Hochburg der Antitruster bekannten *Harvard Law School* sowie ehemalige Mitarbeiter der *Antitrust Division* und der ihr nahestehenden SEC.[72] Persönlicher Rechtsberater McCloys, dem die neue *Decartelization Division* unterstand, wurde der Harvard-Rechtsprofessor Robert R. Bowie, der ebenfalls als strikter Antitruster galt und

---

68 Taylor, Rise and Fall, S. 24; Maddox, The War within World War II, S. 175.

69 Wells, Antitrust, S. 165.

70 Murach-Brand, Antitrust auf Deutsch, S. 134.

71 Ebd., S. 124.

72 Schreiben Eberhard Günther an Roland Risse, 7.2.1950, in: BA B 102/17090; Murach-Brand, Antitrust auf Deutsch, S. 126.

auch bei den sondergesetzlichen Entflechtungen einen der zentralen und härtesten Verhandlungsführer auf der amerikanischen Seite darstellte, woraufhin ihm die britische Seite der Verhandler den wenig schmeichelhaften Beinamen „mad mullah of decartellisation“ verlieh.[73] Auch der gescheiterte Martin, der mit Clays Kehrtwende noch bitter abgerechnet hatte, zeigte sich mit dem neuen Personal McCloys nicht unzufrieden:

> In December 1949, the office of the United States High Commissioner, John J. McCloy, hired a group of lawyers to form a new Decartelization Branch. The new recruits included several with previous experience in antitrust law enforcement. They were not noticeably better or worse qualified than the staff which bore the brunt of the fight from 1945 to 1948.[74]

Politisches Framework für die erneuerte Dekartellierungs- und Entflechtungskampagne seitens der Regierung war die dritte Besatzungsdirektive aus dem November 1949. Grundsätzlich stand die Direktive in der Tradition der zweiten Direktive JCS 1779 und stellte den Wiederaufbau Westdeutschlands sowie die Einbindung in einen westeuropäischen Staatenverbund in den Vordergrund. Bezüglich der Dekartellierung und Entflechtung, nach wie vor alliiertes Vorbehaltsrecht, sah die Direktive grundsätzlich eine Fortsetzung des begonnenen Programms vor:

> With regard to decartelization and deconcentration, it is the policy of your Government that the German economy be liberated from undesirable restraints and restrictions in order to promote economic opportunity for its citizens and the establishment of a peaceful, free and democratic economy and society. This policy envisages the elimination and prohibition of all cartels and cartel-like organizations and arrangements, and of undesirable concentrations of power in German private industry, which represent an actual or potential restraint of trade [...][75]

Mit der Gründung der Alliierten Hohen Kommission[76] parallel zur Entstehung der Bundesrepublik gingen die Befugnisse der BIDEC nun auf die trilaterale Ebene über. Durch die *Charter of the Allied High Commission* wurde die *Decartelization and Industrial Deconcentration Group* (DIDEG) gegründet, welche innerhalb der

---

73 Witschke, Gefahr für den Wettbewerb, S. 101.

74 Martin, All Honorable Men, S. 278.

75 Policy Directive for the United States High Commissioner for Germany (McCloy), 17.11.1949, in: FRUS 1949 III, Dokument 138, Paragraph 37. Online unter: https://history.state.gov/historicaldocuments/frus1949v03, zuletzt abgerufen am 29.04.2022.

76 Zur AHK, allerdings mit eher regionalgeschichtlich-deskriptivem Schwerpunkt: Helmut Vogt, Wächter der Bonner Republik. Die Alliierten Hohen Kommissare 1949–1955, Paderborn 2004.

AHK dem *Economics Committee* unterstand.[77] Personell setzte sich die DIDEG, wie zuvor auch schon die BIDEC, aus dem führenden Personal der beteiligten nationalen alliierten Dekartellierungsabteilungen zusammen. Durch die Entscheidung Nr. 4 der AHK wurde die DIDEG als durchführende Organisation sowohl für die beiden anglo-amerikanischen Dekartellierungsgesetze, Gesetz Nr. 56 und Verordnung Nr. 78, als auch für die französische Verordnung Nr. 96 bestimmt.[78] Die französische Militärregierung hatte diese Verordnung im Juni 1947 äquivalent zu den anglo-amerikanischen Gesetzen erlassen, war bei gleichem Gesetzeszweck in der Formulierung aber abgewichen und hatte sie vor der Gründung der DIDEG de facto nicht durchgesetzt. Eine Harmonisierung der nationalen Gesetze zu einem einheitlichen Dekartellierungsgesetz der AHK war zwar eines der ersten Projekte der DIDEG gewesen, kam jedoch wegen der Differenzen zwischen den einzelnen Kartellabteilungen trotz langer Verhandlungen nie zu Stande.[79] Nachdem sich vor allem die britische Seite in den Verhandlungen den weitreichenden amerikanischen Konzeptionen zur Entflechtung und Dekartellierung widersetzt hatte, verlor auch die amerikanische Kartellabteilung nach einigen Monaten de facto das Interesse an einem harmonisierten Gesetz und beschloss intern, stattdessen mit den bestehenden Gesetzen weiterzuarbeiten.[80]

Grundsätzlich war auf längere Sicht eine Übergabe des Dekartellierungs- und Entflechtungsprogramms auf die deutsche Regierung vorgesehen, wie sie in der Tat bereits 1948 mit der Ausarbeitung des Josten-Entwurfs in der VfW ihren Anfang genommen hatte. Der Zeitpunkt der Übergabe war allerdings sehr flexibel und letztlich nach McCloys Ermessen festgelegt, und sollte „at the earliest time when, in your judgement it [the Federal Government, RH] can exercise such a responsibility“ stattfinden. Diese Bereitschaft der deutschen Regierung hinge vor allem am Verständnis und der Unterstützung der Dekartellierungs- und Entflechtungskampagne durch die deutsche Bevölkerung und Amtsträger, sodass hier auch eine erzieherische Kampagne erfolgen sollte.[81] Damit war grundsätzlich die Übergabe der Entflechtung und Dekartellierung an die deutsche Regierung vorgesehen. Da aber bekanntlich mit der Formulierung des deutschen GWB der für die

77 Charter of the Allied High Commission, 20.6.1949, Article 3, Paragraph 4, online unter: https://www.cvce.eu/en/obj/charter_of_the_allied_high_commission_for_germany_paris_20_june_1949-en-167b9841-e83a-46db-be6f-829c484f8e16.html, zuletzt abgerufen am 15.12.2022.

78 Guide to Decartelization, 31.7.1950, Part II, in: PRO FO 1036/176.

79 Minutes of the First Meeting of the DIDEG, 21.11.1949, in: PRO FO 1005/724; Harmonisation of Legislation, Memo to Economics Committee, 30.11.1949, DIDEG/Memo(49)37, in: PRO FO 1005/734.

80 Memo from McDowell to Kelleher and Marshall, 8.9.1950, in: IfZArch, OMGUS, 17/247-1/7; Murach-Brand, Antitrust auf Deutsch, S. 133.

81 Policy Directive for the United States High Commissioner for Germany (McCloy), 17.11.1949, Paragraph 38-39.

Übergabe zentrale Meilenstein sich fast zehn Jahre hinziehen sollte, verblieben diese Aufgaben de jure bis zum Ende des Besatzungsstatuts 1955 in alliierten Händen. Hindernisse für deren Ausführung ergaben sich reichlich in Form von politischem Widerstand sowohl von deutscher Seite als auch durch die Verbündeten in der bi- und bald trilateralen Kartellbehörde, vorerst nicht jedoch in Form einer juristischen Übergabe der Befugnisse. Diese fand bei der Dekartellierung erst mit dem Ende des Besatzungsstatuts 1955 statt, bei der Entflechtung abseits der bereits begonnenen Verfahren mit dessen Revision im März 1951.

Wie es u. a. die Kapitel zu den geplanten Entflechtungen sowie zu den Strafverfahren unter Gesetz Nr. 56 zeigen werden, war angesichts der zunehmenden politischen Souveränität der Bundesrepublik und der neuen Bündnispolitik im Kalten Krieg ein umfassendes Entflechtungs- und Dekartellierungsprogramm, wie es etwa der Ferguson-Report vorsah, auch unter dem in der Hinsicht vereinten Personal McCloys realpolitisch nicht mehr durchsetzbar. Trotzdem schaffte es McCloy im Gegensatz zu seinem Vorgänger, ein krachendes, öffentlichkeitswirksames Scheitern auf diesem äußerst schwierigen Politikfeld zu verhindern. Der Unterschied lag in erster Linie in der politischen Kommunikation. Wo der knorrige General Clay mit seiner barschen Absage an die Entflechtungen sowohl die eigenen Mitarbeiter in der Kartellabteilung als auch die politische Stimmung in der Heimat gegen sich aufgebracht hatte, verstand es McCloy als kluger politischer Moderator und Verhandler, einige kleine symbolische Siege in Washington als erfolgreiche Durchführung des Dekartellierungs- und Entflechtungsprogramms zu verkaufen. Seiner Kartellabteilung ließ er zumindest in vereinzelten Fällen freie Hand, bis der offene Widerstand der Deutschen und der anderen Alliierten die entsprechenden Vorhaben auf höherer Ebene endgültig unmöglich gemacht hatte oder lediglich ein minimales freiwilliges Entgegenkommen der betroffenen deutschen Unternehmen als letzter Ausweg aus festgefahrenen Verfahren übrig blieb. So unterblieb trotz im Endeffekt minimaler Resultate eine offene Rebellion der Antitruster sowie ein politisches Scherbengericht in der Heimat, wie es der ansonsten in seiner Deutschlandpolitik äußerst erfolgreiche Clay über sich hatte ergehen lassen müssen.

4 Das amerikanische Exempel – die unilateralen Strafprozesse

4.1 Der Stein des Anstoßes – das Verfahren gegen die Schleifmittelindustrie

4.1.1 Der amerikanische Alleingang

Am 7. März 1950 informierte das US-amerikanische Element der DIDEG die anderen Mitglieder des Gremiums, dass es Hinweise auf eine Kartellvereinbarung zwischen deutschen und französischen Gruppen in der Schleifmittelindustrie erhalten habe. Die beiden nationalen Gruppen hätten sich dem Anschein nach auf identische Preise sowohl für den jeweiligen heimischen Markt als auch für den Export geeinigt und zudem Exportquoten festgelegt. Da eine solche Vereinbarung ein gegen die Dekartellierungsgesetze verstoßendes Kartell darstellen würde, schlugen die Amerikaner die unmittelbare Einrichtung einer *working party* vor, welche sich mit den Vorwürfen gegen den deutschen „Fachverband Schleifmittel-Industrie" befassen sollte.[1] Bei ihrer nächsten turnusgemäßen Sitzung setzte die DIDEG diesen Vorschlag in die Tat um und bildete eine trilaterale *working party*, in der jede der drei Dekartellierungsabteilungen mit je einem Abgesandten vertreten war. Auftrag dieser Gruppe war zunächst, die den Amerikanern bereits vorliegenden Dokumente einzusehen und dann falls nötig weitere Recherche zu den Sachverhalten vorzunehmen.[2] Zunächst sprach bei diesem trilateralen Routinevorgang wenig dafür, dass sich das Verfahren gegen die deutsche Schleifmittelindustrie zu einem politischen Skandal ersten Grades ausweiten sollte. Jedoch nahm selbst Bundeskanzler Adenauer in einem späteren Schreiben an den amerikanischen Hohen Kommissar kritisch auf das Verfahren Bezug als er bemerkte:

> Die praktischen Erfahrungen in anderen Verfahren, nämlich in den Dekartellierungsverfahren gegen den Verband der Deutschen Schleifmittelindustrie wie auch in den Verfahren gegen den Verband landwirtschaftlicher Geflügelzüchter Bayern, haben indessen gezeigt, dass es nicht möglich ist, gewisse ausschlaggebende Einwände gegen Verfahren dieser Art bei den alliierten Gerichten geltend zu machen [...].[3]

---

1 International Agreement on Abrasives, Proposal by U. S. Member, DIDEG/P(50)13, 7.3.1950, in: PRO FO 1005/730.

2 Minutes of the Ninth Meeting of the DIDEG, 9.3.1950, in: PRO FO 1005/725.

3 Brief Konrad Adenauers an John J. McCloy angesichts des Entflechtungsverfahrens gegen Bosch (Kopie), 13.11.1951, in: PRO FO 1023/149, S. 1f.

https://doi.org/10.1515/9783111517674-004

Darüber hinaus erschütterte das für die Briten und Franzosen überraschende, plötzlich unilaterale Vorgehen der Amerikaner in diesem Fall die interalliierte Zusammenarbeit in der DIDEG und sorgte für erhebliche Empörung beim französischen wie britischen Hohen Kommissar. Dabei schien der Fall zunächst seinen in der DIDEG vorgezeichneten Weg zu gehen. Am 5. Mai legte die *working party* ihren ersten vorläufigen Report vor. Dieser berichtete, dass sowohl der Fachverband Schleifmittel-Industrie als auch der in der Mitgliederschaft weitgehend identische Verein Deutscher Schleifmittelwerke zusammen sowohl auf dem heimischen Markt als auch im Exportgeschäft verpflichtende Preislisten und einheitliche Rabatte für verschiedene Käufergruppen festgelegt und damit klar gegen die Dekartellierungsgesetze verstoßen hatten. Zudem bestehe eine internationale Kartellvereinbarung mit den französischen Schleifmittelherstellern, welche Preise festgelegt hätte, Exportquoten für beide Seiten ausgehandelt hätte, sowie den weiteren europäischen Exportmarkt in Interessensphären aufgeteilt hätte. Ein ähnliches internationales Kartell mit der italienischen Industrie sei zudem in Planung gewesen. Angesichts dieser Tatbestände sah die *working party* einen *prima facie* Verstoß gegen die Dekartellierungsgesetze gegeben und schlug der DIDEG einstimmig vor, durch die Versendung einer durch die *working party* bereits im Entwurf ausgearbeiteten *Order to Show Cause* ein trilaterales Verwaltungsverfahren gegen die untersuchten deutschen Verbände mit Kartellfunktion in Gang zu setzen.[4]

Die amerikanische Seite indes hatte zeitgleich eigene Pläne verfolgt. So hatte die amerikanische Kartellabteilung im Mai bereits konkret geprüft, ob ein unilaterales Verfahren vor einem amerikanischen Besatzungsgericht nach wie vor zulässig wäre. Da die entsprechenden Gesetze der AHK nicht festlegten, dass Strafverfahren nur trilateral durchgeführt werden könnten, zogen die Juristen in der amerikanischen Kartellabteilung daraus den Umkehrschluss, dass ein unilaterales Verfahren unter Gesetz Nr. 56 nach wie vor zulässig sei.[5] Ein solches unilaterales Verfahren diente den amerikanischen Antitrustern letztlich als doppeltes Exempel: Einerseits konnte die deutsche Bundesregierung und die bei der Aushandlung des GWB opponierenden Spitzenverbände der deutschen Wirtschaft, vor allem der BDI, unter Druck gesetzt werden. Die Verbindung zum schwerfälligen Gesetzgebungsprozess beim GWB und dem Strafverfahren im Schleifmittelfall wurde von der US-Dekartellierungsabteilung auch explizit so gezogen:

> The Germans have been authorized to legislate in the field of decartelization and we have concluded that it is essential that the Allies evidence determination to enforce their laws in

---

4 Joint Report of Working Party on International Agreement in Abrasives, DIDEG/P(50)15, 7.5.1950, S. 1f., in: PRO FO 1005/730.

5 Murach-Brand, Antitrust auf Deutsch, S. 133f.

> order to stimulate German legislation in this field. For that purpose we initiated and successfully concluded the abrasives case.[6]

Andererseits konnte durch das unilaterale Vorgehen auch den bei der Umsetzung der Dekartellierung wenig enthusiastischen Briten und Franzosen die Konsequenzen von mangelnder Zielstrebigkeit und Konsequenz bei der Durchsetzung der Dekartellierungsgesetze sowie bei der von den Amerikanern nach wie vor energisch verfolgten Entflechtung aufgezeigt werden.[7] So war die neue Führung der US-Dekartellierungsabteilung unter Kelleher bereits kurze Zeit nach ihrer Ankunft zu dem Ergebnis gekommen, dass von britischer und französischer keine Initiative in der Dekartellierung zu erwarten sei, sofern diese nicht eigene Sicherheitsinteressen betreffe. Daher begann die amerikanische Seite bereits im März, in Zusammenarbeit mit der eigenen Rechtsabteilung die juristischen Möglichkeiten für ein unilaterales Vorgehen abseits der DIDEG auszuloten.[8] Mit der Arbeitsweise dieser trilateralen Institution fremdelten die Amerikaner ebenfalls von Beginn an, so vermerkte Kelleher kurz nach seinem Dienstantritt, „From brief observation, DIDEG meetings appear to be conducted with a formality and rigidity which tend to hamper effective negotiations in the meetings."[9] Auf britischer Seite kam der Rechtsberater des Hohen Kommissars später zu dem Ergebnis, dass das unilaterale Verfahren weniger auf die rechtliche Natur der DIDEG oder die Formulierung der Dekartellierungsgesetze zurückzuführen sei, sondern politisch motiviert war.[10]

Dass das erste Strafverfahren ausgerechnet gegen den Schleifmittelverband geführt wurde, erklärt sich weniger mit der wirtschaftlichen Macht und Größe der im Verband organisierten Unternehmen, sondern eher durch schlechtes Timing und einer klaren Nachweisbarkeit von so genannten per se-Verstößen, also einem klaren Verstoß gegen die Bestimmungen der Dekartellierungsgesetze, der keiner Interpretierbarkeit nach der *rule of reason* unterlag. Auf deutscher Seite wurde zudem gemutmaßt, das Verfahren stünde in Verbindung mit einem gleichzeitigen Antitrustverfahren in den USA, welches u. a. die großen Hersteller Norton, Carborondum und Durex betraf, welche auch mit Tochterunternehmen auf dem deut-

---

6 Memo about Farben Law and Decartelization, McDowell to Kelleher and Marshall, 8.9.1950, S. 4, in: IfZArch, OMGUS, 17/247-1/7.

7 Zum gleichen Schluss kommt auch Murach-Brand: Antitrust auf Deutsch, S. 156.

8 Memo about Unilateral Decartelization Action, 1.3.1950, in: IfZArch, OMGUS, 11/4-3/5.

9 Grant Kelleher, Summary of Activities of DIDEG from February 6th to Date, 1.3.1950, S. 2, in: IfZArch, OMGUS, 11/4-3/5.

10 Note by M. F.P Herchenroder to the Office of the Economic Adviser, 22.5.1950, in: PRO FO 1060/363.

schen Markt vertreten waren.[11] Der Rechtsanwalt des Verbandes, Rudolf Mueller, bemühte sich, die geringe Marktmacht der einzelnen im Verband organisierten Firmen zu betonen. In seiner Verteidigungsschrift für den ebenfalls beklagten, mit dem Fachverband Schleifmittel-Industrie in der Mitgliedschaft weitgehend identischen Verein deutscher Schleifmittelwerke betonte er, dass sich unter den 60–70 Schleifmittelherstellern in Deutschland lediglich 12 größere Firmen befänden, von denen die größte mit 320 Beschäftigten nach amerikanischen Maßstäben allenfalls als mittelgroßer Betrieb gelten könne.[12] Auch eine unabhängige Dissertation mit etwas neueren Daten kam für das Jahr 1951 lediglich auf zwei Betriebe mit über 500 Beschäftigten und eine Gesamtzahl von 5.300 Beschäftigten in der gesamten Branche.[13]

Allerdings war es nicht die Marktmacht der Schleifmittelhersteller, sondern eher die Offensichtlichkeit des per se-Verstoßes in ihrem Fall, der die Amerikaner zu dem Strafverfahren bewog. Und in dieser Hinsicht standen die Schleifmittelhersteller und ihre Verbandsorganisationen tatsächlich äußerst schlecht dar. Traditionell hatte der Verein deutscher Schleifmittelwerke die gesamte Branche seit Jahrzehnten straff kartelliert. Eine erste Kartellierung erfolgte um die Jahrhundertwende in Form der „Konvention der Schleiftuch- und -papierfabrikanten“, diese zerfiel jedoch wegen zu diesem Zeitpunkt noch stark handwerklich und spezialisierter Fertigungsmethoden bereits relativ schnell wieder. Der im amerikanischen Verfahren angeklagte Verein deutscher Schleifmittelwerke wurde dann 1917 gegründet. Innerhalb dieses Vereins rief der mit der Schleifscheibenproduktion befasste Teil der Unternehmen kurz nach der Gründung die Schleifscheibenkonvention zur Festlegung der Preise für Schleifscheiben ins Leben. Die Preisfestsetzungen orientierten sich dabei an der wirtschaftlichen Leistungsfähigkeit der am wenigsten rentablen Kleinbetriebe, sodass größere und effizienter arbeitende Unternehmen auf Basis dieser Preise eine erhebliche Differentialrente erwirtschafteten. Ab 1929 erfolgten die Preisfestsetzungen bei den Schleifscheiben dann in Form der auch in diesem Kartellverfahren entscheidenden Grundpreisliste, wel-

---

11 N. N., Wenn Mr. Johnson anruft, in: Der Spiegel 22/1950 vom 31.5.1950, online unter: https://www.spiegel.de/wirtschaft/wenn-mr-johnson-anruft-a-32ff55ea-0002-0001-0000-000044448529?context=issue; Vgl. Urteil des District Courts of Massachusetts vom 13.9.1950, U. S. vs. Minnesota Mining and Manufacturing Company et al., online unter: https://www.justice.gov/atr/page/file/1091006/download, beide zuletzt abgerufen am 30.11.2022.

12 Answer to the Order to Show Cause by Attorney Rudolf Mueller, in the Matter of Verein Deutscher Schleifmittelwerke (VDS), Bad Harzburg, Respondent, Appendix A to DIDEG/P(50)61, 16.8.1950, S. 3–4, in: PRO FO 1005/730.

13 Ursula Gräfe, Die Schleifmittelindustrie: ihre technischen und betriebswirtschaftlichen Grundlagen und ihre Stellung in der deutschen Volkswirtschaft, Berlin 1953, zugl. Diss. Berlin 1953, S. 13 f.

che ursprünglich von der amerikanischen Schleifmittelindustrie übernommen worden war. Im Schleifpapierbereich kam die Grundpreisliste nicht zum Einsatz, allerdings gab es auch dort einheitlich festgelegte Basispreise und zentrale Preisfestsetzungen bis zum Bruttoverkaufspreis.[14] Die Kartellierung, welche auch ein zentrales Gesamtumsatzrabattsystem beinhaltete, war trotz Verzichts auf die Zuteilung von Produktionsquoten angesichts der unelastischen Nachfrage und recht hohen Kundentreue in der Industrie vergleichsweise stabil und nachhaltig. So heißt in der Untersuchung einer zeitgenössischen Wirtschaftswissenschaftlerin:

> Die Schleifmittelwerke Deutschlands waren vor dem Umbruch und bis 1951 in der Bundesrepublik durch ihren Zusammenschluss im „Verein Deutscher Schleifmittelwerke" (VDS) in preislicher Hinsicht straff organisiert. Dieser Verband bot ihnen in Bezug auf Haltung eines gleichmäßigen Preisniveaus, Durchsetzung einheitlicher Lieferbedingungen, zentrale Auswahl der zu beliefernden Händler, weitgehendsten Schutz vor Verlust, vor gegenseitigen Unterbietungen und vor unlauteren Wettbewerben.[15]

Infolgedessen hatte dann auch die amerikanische Kartellabteilung nicht nur minutiös geführte Preislisten requiriert,[16] sondern in den Verbandsakten auch Protokolle von Verbandssitzungen entdeckt, in denen das Führungspersonal des Verbands den Verstoß gegen die Gesetze – unter Duldung nicht genannter deutscher Behörden – klar eingestand. So heißt es in der Übersetzung des Dokuments:

> Herr Dr. Brauers said that the points on the agenda dealing with the above matters must be deleted, and that they might not be discussed now that the Military Government had made known that it held a different opinion of the reading of the law. Whilst up to the present, with the execution on the measures in question, it was possible to adopt the opinion held by the official German authority, that these actions did not contravene Law 56, we have no longer any right to take this opinion as a basis.[17]

Dass die entsprechenden Protokolle trotzdem nicht aus den Verbandsakten verschwanden, machte der amerikanischen Kartellabteilung die Verfolgung leicht und lieferte ein perfektes Exempel, nachdem sie sich gerade grundsätzlich für ein unilaterales Strafverfahren entschieden hatte. Der im amerikanischen Antitrust

14 Horst Wiethüchter, Produktionsbedingungen und Marktverhältnisse der Schleifmittelindustrie in der Bundesrepublik Deutschland, Bonn 1955, zugl. Diss Bonn 1956, S. 151–56.

15 Gräfe, Schleifmittelindustrie, S. 65.

16 Grundpreise fuer alle Arten von Schleifscheiben, Segmenten Formsteinen, issued by Verein Deutscher Schleifmittelwerke, January 1950, Exhibit 3 to DIDEG/P(50)61, in: PRO FO 1005/730.

17 Minutes of the meeting firms manufacturing abrasive paper and cloth, within the Special Branch Association for the Abrasives-Industry, held in the Hansa-Halle at Agidientor-Platz, Hannover, on the 14th March, 1950 at 9.30 a.m, (engl. Übersetzung), Exhibit 1 to DIDEG/P(50)49, in: PRO FO 1005/730.

geschulte Rechtsanwalt Rudolf Mueller, der auch die Schleifmittelhersteller in den Verfahren der amerikanischen Kartellabteilung und später der DIDEG verteidigte, merkte dazu in einer Publikation im gleichen Jahr trocken an:

> Bei der historischen und notorischen Marktordnungsleidenschaft der deutschen Wirtschaftsverbände war es für die amerikanische Behörde nun freilich das Einfachste, unter Ausnutzung ihrer außerordentlichen Befugnisse aus den reichlich vorhandenen und offenbar auch nach Erlaß der Militärgesetze peinlich vollständig geführten deutschen Verbandsakten ein paar offensichtliche per-se Verstöße herauszuziehen.[18]

Deutlich problematischer als die Beweisbeschaffung war für die Amerikaner allerdings die Reaktion der französischen und britischen Verbündeten in der DIDEG, als die amerikanische Kartellabteilung dem regulären Verwaltungsverfahren der DIDEG zuvorkam und den Beginn des unilateralen Prozesses u. a. in der deutschen Presse verkündete.[19] Nachdem die amerikanische Kartellabteilung Anfang Mai 1950 das unilaterale Verfahren eingeleitet hatte, entluden sich bei der nächsten DIDEG-Sitzung die Spannungen. Zunächst ergriff der französische Vertreter das Wort und rief die Umstände zurück in Erinnerung: Am 7.3. hatte die DIDEG die *working party* einberufen, die am 5.5. ihren vorläufigen Report abgegeben hatte, welcher einstimmig eine trilaterale *Order to Show Cause* vorschlug. Stattdessen ergriff das US-amerikanische Element unilaterale Maßnahmen, ohne die Verbündeten vorher zu informieren oder den Report in der DIDEG zu besprechen. Dabei lag der Vorsitz der DIDEG in diesem Monat bei den Amerikanern selbst und somit auch die Terminierung des nächsten Treffens der trilateralen Gruppe. Während die rechtliche Zulässigkeit der Maßnahme in einer Protestnote des Französischen Hohen Kommissars zum Thema gemacht wurde, kritisierte der französische Vertreter L. Favereau vor allem den Gesichtsverlust für die Verbündeten. Durch das unilaterale amerikanische Vorgehen werde in der Öffentlichkeit der Eindruck erweckt, die Amerikaner würden die Dekartellierungspolitik allein verfolgen, während de facto eine trilaterale *Order to Show Cause* bereits beschlossene Sache gewesen sei. Würde die DIDEG nun eine solche erlassen, erwecke dies zwangsläufig den Eindruck, dies geschehe lediglich unter dem Druck des amerikanischen unilateralen Vorgehens, was auch in den von amerikanischen Vertretern in der Presse lancierten Artikeln so suggeriert werde. Der französische Vertreter beendete sein Statement mit einer emotional aufgeladenen Verurteilung des amerikanischen Vorgehens:

---

18 Rudolf Mueller, Kartelle gegen „unlauteren" Wettbewerb?, in: Neue Juristische Wochenschrift (NJW) 3 (1950), Heft 21, S. 801–804, hier: S. 801.

19 Siehe bspw.: N. N., Wenn Mr. Johnson anruft, in: Der Spiegel 22/1950 vom 31.5.1950.

> I wish also to say that such bad practices between Allies are deplorable. They cannot be of any service to the aim which the Americans state they are pursuing, i. e. decartelization and deconcentration of German economy. They can only be of dis-service to their cause because they divide the Allies on an important point.[20]

Für den französischen Vertreter war das amerikanische Vorgehen nicht zuletzt deshalb pikant, weil die Kartellabsprachen der deutschen Schleifmittelindustrie auch eine Abmachung mit ihrem französischen Pendant beinhaltete, welche für den Import und Export feste Quoten und Preise festlegte. Indes unterschied sich auch die britische Reaktion in ihrer Empörung nicht wesentlich vom französischen Statement und beklagte die gleichen Missstände: Der britische DIDEG-Vertreter Claud Catton Oxborrow sprach von einem „obvious embarrassment which this U. S. action has created for the other two elements“, sah die grundlegenden protokollarischen Voraussetzungen für multilaterale Zusammenarbeit gefährdet und interpretierte die amerikanische Aktion und das lancierte Presseecho zudem als Versuch, Kredit für die eigenen Dekartellierungsbestrebungen einzuheimsen und dabei gleichzeitig die Verbündeten zu diskreditieren.[21] Tastsächlich schlug der Fall in seine Wellen bis auf die Ebene der Hohen Kommissare selbst. So richtete der scheidende britische Hochkommissar Brian Hubert Robertson[22] einen Brief an seinen amerikanischen Amtskollegen McCloy. In diesem erkannte er zwar an, dass die amerikanische Seite nach dem Ferguson-Report politisch unter Druck stand und die Fortschritte bei der Dekartellierung und Entflechtung in den USA als unbefriedigend wahrgenommen würden. Er rief ihm aber auch die Abmachung mit seinem Vorgänger Clay in Erinnerung, nach der die Dekartellierungspolitik gemeinsam getragen werden sollte. Zusätzlich zu den prozeduralen Differenzen rekurrierte das Schreiben aber auch auf grundsätzliche politische Differenzen zwischen den Besatzungsmächten, indem es die grundsätzliche britische Position betonte, dass tiefgreifende strafrechtliche oder entflechtende Durchgriffe auf die deutsche Industrie nicht mit der allgemeinen politischen Integration der Bundesrepublik in die westliche Staatengemeinschaft und die EGKS zu vereinbaren seien:

20 Statement Read by the French Delegate at the Start of the DIDEG Meeting, Minutes of the Fifteenth Meeting of the DIDEG, 25.5.1950, in: PRO FO 1005/725.

21 Statement made by the British Member of the DIDEG Group at the meeting, Minutes of the Fifteenth Meeting of the DIDEG, 25.5.1950, in: PRO FO 1005/725.

22 Der General Robertson kehrte am 24.6.1950 auf eine militärische Position zurück und wurde durch den Berufsdiplomaten Ivone Kirkpatrick als Hoher Kommissar ersetzt.

> I say this because I think that the imposition by the Allies of detailed measures of reorganisation in German industry is not compatible with the progressive integration of Germany as an independent country into the western community, nor incidentally, with the basic concept of the Schuman proposals.[23]

McCloy war zuvor in einem Schreiben an Robertsons Wirtschaftsberater Gordon Macready als auch in den Treffen der Hohen Kommissare zunächst darum bemüht gewesen, die Wogen nach dem Affront zu glätten, ohne dabei aber inhaltlich wesentliche Zugeständnisse zu machen. Zwar entschuldigte er sich für die bei den Verbündeten ausgelösten Emotionen, wich jedoch nicht von der grundsätzlichen Notwendigkeit unilateraler Maßnahmen ab. Vielmehr seien unilaterale und trilaterale Verfahren bei der Dekartellierung „concurrent and complementary and not mutually exclusive", allein schon deshalb, weil Strafverfahren nur vor ordentlichen Gerichten stattfinden können, die aber den einzelnen Hohen Kommissaren in ihren jeweiligen Zonen unterstanden. Die einzige konkrete Zusage, die McCloy machte, war, in Zukunft die DIDEG rechtzeitig vor dem Beginn unilateraler Strafverfolgung in Kenntnis zu setzen.[24]

Der stellvertretende Vorsitzende der britischen Dekartellierungsabteilung, RJB Williams, in Abwesenheit des erkrankten C. C. Oxborrow zu diesem Zeitpunkt der ranghöchste britische Vertreter in der DIDEG, sah diese Erklärungen als derart unzureichend an, dass er angesichts der nach wie vor völlig unterschiedlichen Strategien in der Dekartellierung und Entflechtung für eine grundsätzliche Auseinandersetzung auf höherer Ebene plädierte.[25] Sein direkter Vorgesetzter, der Wirtschaftsberater Gordon Macready lehnte ein solch konfrontatives Vorgehen allerdings ab und hielt lieber an der britischen Strategie der weitgehend passiven Kooperation fest.[26] Langfristig zahlte sich diese Strategie durchaus aus. Auch wenn die Amerikaner auf ihrem Recht zu unilateralen Strafverfahren beharrten, blieben diese doch die absolute Ausnahme und beschränkten sich auf die zwei Verfahren im Jahr 1950. Lisa Murach-Brand charakterisiert die amerikanischen Strafverfahren daher als „Rückzugsgefecht" seitens der Amerikaner, was in der Retrospektive eine durchaus passende Einschätzung sein mag, allerdings der In-

23 Letter to John J. McCloy from B. H. Robertson, 21.6.1950, S. 2, in: PRO FO 1036/176.

24 Letter from John J. McCloy to Gordon N. Macready [copy], 6.6.1950, in: PRO FO 1060/363.

25 Memo from RJB Williams to M. E. Bathurst, Deputy Legal Adviser about U. S. unilateral action in the Abrasives Industry, 21.6.1950; Note from RJB Williams to M. E. Bathurst, Deputy Legal Adviser, 11.7.1950, beide in: PRO FO 1060/363.

26 „I was anxious to have a show-down on this point when the Abrasives affair took place, but the Economic Adviser felt that it was better to refrain.", Note from RJB Williams to M. E. Bathurst, Deputy Legal Adviser, 11.7.1950, in: PRO FO 1060/363.

tention und dem Tatendrang der amerikanischen Kartellabteilung zu dieser Zeit nicht gerecht wird.[27]

So verfolgten nicht nur die amerikanische Kartellabteilung sowie der zuständige *District Attorney* William Johnson Verstöße gegen die bisher selten durchgesetzten Dekartellierungsgesetze im Schleifmittelfall äußerst rigoros, sondern auch der zuständige Richter vor dem *U. S. Zonal District Court* in Frankfurt a. M. trug deren Agenda in seinem Urteil mit, während die hier noch zu behandelnde Verteidigungsstrategie der deutschen Anwälte wenig erfolgreich war. In der Anklageschrift der amerikanischen Hochkommission wurden der Fachverband Schleifmittel-Industrie, der Verein Deutscher Schleifmittelwerke e.V., die beiden Vorsitzenden der jeweiligen Organisationen, Hans Brauers und Paul Nordmann, Fritz Brinkmann, ehemaliger Vorsitzender der Abteilung Schleifscheiben im Fachverband, Alfred Sutter, Vorsitzender der Abteilung Schleifpapier im Verband, sowie Ejner Christiansen aus der gleichen Abteilung wegen Verstößen gegen Gesetz Nr. 56 angeklagt. Die Angeklagten hätten in Zusammenarbeit mit den Schleifmittelherstellern wissentlich und illegal mit dem Zweck zusammengearbeitet, den inländischen sowie internationalen Handel zu beschränken. Eine solche Zusammenarbeit stelle ein Verstoß gegen Artikel 1, Paragraph 1 und 2 sowie Artikel VII, Paragraph 12 des Gesetzes Nr. 56 dar und sei deshalb als exzessive Konzentration wirtschaftlicher Macht zu bewerten.[28] Konkret wurde den beiden Organisationen und ihrem angeklagten Führungspersonal vorgeworfen, seit 1948 bis zum Zeitpunkt der Anklage durch „understanding, agreement and concerted action"

a) Den Wettbewerb in Herstellung, Vertrieb und Verkauf zwischen Herstellern von Schleifmitteln auf dem deutschen sowie auf dem Exportmarkt beseitigt zu haben
b) Feste Preise und Geschäftsbedingungen für Schleifmittel auf dem deutschen Markt festgelegt zu haben
c) Feste Preise und Geschäftsbedingungen für Schleifmittel auf dem deutschen Exportmarkt festgelegt zu haben
d) Feste, einheitliche und nicht im Wettbewerb gebildete Rabatte und andere Nachlässe für unterschiedliche Klassen von Käufern von Schleifmitteln festgelegt zu haben
e) Diese einheitliche Klassifizierung von Käufern durchgesetzt zu haben
f) Sowie die Einhaltung der o. g. genannten Vereinbarungen durch die Hersteller von Schleifmitteln überwacht und durchgesetzt zu haben.

---

27 Murach-Brand, Antitrust auf Deutsch, S. 134.

28 Charge Sheet, Office of the United States High Commisioner for Germany vs. Fachverband Schleifmittel-Industrie, Verein Deutscher Schleifmittelwerke, Hans Brauers, Paul Nordmann, Fritz Brinkmann, Alfred Sutter, Ejner Christiansen, S. 1–3, in: PRO FO 1005/730.

Praktisch umgesetzt worden seien die Maßnahmen durch die Verbände, indem sie

a) Treffen mit den Herstellern abgehalten hätten, bei denen Preise sowie die anderen genannten Vereinbarungen diskutiert und festgelegt wurden
b) die Hersteller zur Einhaltung der Vereinbarungen angehalten und gezwungen hätten
c) Hersteller dazu angehalten hätten, Beschwerden an den Verband oder den Verein zu richten, sofern Konkurrenten sich nicht an die Vereinbarungen hielten
d) die Einhaltung der Vereinbarungen überprüft und überwacht hätten.[29]

Juristisch zuständig erklärte sich das amerikanische Gericht für zuständig, da mindestens zwei der o. g. Treffen in der amerikanischen Zone stattfanden und der angeklagte Verband auch bis zum April 1950 seinen Sitz in der amerikanischen Zone, in Offenbach, hatte. Zudem wurden die o. g. genannten Vorwürfe ähnlich auch für das internationale Kartell mit den französischen Herstellern wiederholt sowie zusätzlich eine Quotierung von Exporten im Wert von maximal 75.000 $ von Deutschland nach Frankreich sowie von maximal 37.500 $ von Frankreich nach Deutschland für Ende 1949 sowie das Jahr 1950 festgelegt. Außerdem hätten die Angeklagten auch den europäischen Exportmarkt in Einflusszonen aufgeteilt, bei dem die deutschen Fabrikanten in Nord- und Osteuropa Privilegien zur Unterbietung genossen, während das gleiche für die französischen Hersteller im mediterranen Raum sowie in den in der Französischen Union zusammengefassten französischen Kolonialgebieten galt. Zudem betraf dieser Anklageteil auch den Verbandsvertreter Ejner Christiansen, der in den vorherigen Anklagepunkten nicht genannt worden war, da dieser zusammen mit dem Angeklagten Brinkmann im November 1949 das internationale Kartell auf deutscher Seite ausgehandelt hatte. [30] Die Kartellvereinbarung hätte den deutschen Herstellern erstmalig den französischen Markt eröffnet.[31]

Der amerikanische *District Attorney* informierte die Angeklagten telefonisch über die Vorwürfe und lud sie in Frankfurt zum Gerichtstermin vor. Im Falle einer Verweigerung hätte den Angeklagten Verhaftung gedroht. Dies hätte in diesem Fall für zusätzliche Brisanz gesorgt, da die Angeklagten ihren Wohnsitz in der britischen Zone hatten, die Verhaftung und anschließende Auslieferung also durch

29 Ebd., S. 3 f.
30 Ebd., S. 5 f.
31 Schröter, Kartellierung und Dekartellierung, S. 484 f.

die vom unilateralen Verfahren ohnehin schon überrumpelte britische Besatzungsmacht hätte durchgeführt werden müssen.[32]

Die politisch wie formaljuristisch unter den Besatzungsmächten umstrittene Berechtigung zu unilateralem Vorgehen sowie die daraus entstehenden Dissonanzen in der DIDEG bildeten dann auch einen Kernpunkt der Verteidigungsstrategie des deutschen Anwalts Rudolf Mueller, der die angeklagten Schleifmittelhersteller in diesem Fall vor dem amerikanischen Gericht vertrat. Mueller galt als ausgewiesener Fachmann für amerikanisches Antitrustrecht, hatte im Zuge seines Jurastudiums mehrere Jahre in den USA verbracht, war ab 1940 bis Kriegsende Geschäftsführer beim Darmstädter Chemieunternehmen Röhm & Haas sowie ab Oktober 1945 für ein Jahr hessischer Wirtschaftsminister unter dem ersten Ministerpräsident Karl Geiler gewesen.[33] Im März 1947 ließ er sich als Rechtsanwalt in Frankfurt a. M. nieder und etablierte sich schon bald als einer der nachgefragtesten Experten und Rechtsberater zur Thematik der Dekartellierungsgesetze.

In seiner ersten Petition an das amerikanische Besatzungsgericht im Schleifmittelfall bestritt er vor allem die Zuständigkeit des amerikanischen Gerichts, basierend darauf, dass die Angeklagten ihren Wohnsitz in der britischen Zone hatten und somit nicht dem amerikanischen Gesetz Nr. 56 unterständen und dass alle vorherigen Kartellverfahren Verwaltungsverfahren der BIDEC und DIDEG gewesen seien und somit auch hier die DIDEG zuständig sei. Direkt zu Beginn des Schreibens betonte Mueller, das Erscheinen seiner Mandanten seiner Mandanten solle nicht als Anerkennung der juristischen Zuständigkeit des Gerichts in dem Fall gedeutet werden und diene lediglich der Vermeidung einer seitens des *District Attorneys* angedrohten Haft. Gleichzeitig forderte er eine Anhörung ausschließlich zur Klärung der Frage der Zuständigkeit des Gerichts.[34] Der Rechtsanwalt argumentierte, die unilateralen Befugnisse unter den Dekartellierungsgesetzen seien mit der Gründung der Alliierten Hohen Kommission und der ihr unterstehenden DIDEG explizit auf diese übergegangen und alle bisherigen Verfahren seitdem auch von dieser durchgeführt worden. Er wies darauf hin, dass auch das Schleifmittelverfahren mit der Untersuchung durch die *working party* seinen Ursprung in dieser Institution genommen habe. Mueller versuchte zudem, sich die Zerwürfnisse in der DIDEG, über die er scheinbar mindestens im Groben informiert war,

---

32 N. N., U. S. Unilateral Action in the Abrasives Industry, 19.6.1950; Memo from RJB Williams to M. E. Bathurst, Office of the Legal Adviser about U. S. unilateral action in the Abrasives Industry, 21.6.1950, beide in: PRO FO 1060/363.

33 Manfred Schiedermair, Dr. Rudolf Mueller und Prof. Dr. Alfred Gleiss (Nachruf), in: NJW 50 (1997), Heft 28, S. 1835.

34 Statement and Petition by Dr. Rudolf Mueller on Behalf of the Defendants in the Abrasives Case, Appendix A to DIDEG/P(50)34, 30.5.1950, S. 1, in: PRO FO 1005/730.

zu Nutze zu machen, indem er forderte, bei der Anhörung über die Zuständigkeit des Gerichts die drei DIDEG-Vorsitzenden Grant W. Kelleher (US), C. C. Oxborrow (UK) und Lionel Favereau (FR) in den Zeugenstand zu berufen.[35] Dies hätte, wäre dem Antrag tatsächlich stattgegeben worden, zu der bizarren Situation geführt, dass der amerikanische Vertreter Kelleher einerseits in seiner Rolle als Vorsitzender der amerikanischen *Decartelization and Deconcentration Division* Ankläger, andererseits als amerikanische Vertreter in der DIDEG Zeuge gewesen wäre. Mueller wies zudem auf einen Befreiungsantrag hin, den er nach dem Beginn des Strafverfahrens an die DIDEG gerichtet hatte und forderte, dass ein zivilrechtliches Verfahren dem Strafverfahren vorangehen müsse, da bisher nie ein Strafverfahren unter den Kartellgesetzen durchgeführt worden sei.[36] Auch in seinem ersten mündlichen Plädoyer vor Gericht bestritt der deutsche Rechtsanwalt die Zuständigkeit *(jurisdiction)* des amerikanischen Gerichts, während die Anklage einen schriftlichen *brief* mit gegensätzlicher Argumentation einreichte, auf den Mueller mit einem zweiten *brief* seinerseits reagierte, auf den hier noch eingegangen wird.[37]

Im parallel an die DIDEG gerichteten Befreiungsantrag behauptet Mueller, seine Mandanten wären gewillt, jegliche illegale Wettbewerbspraxis einzustellen, beharrte aber darauf, dass die beanstandeten Praktiken einer genaueren Betrachtung bedürften, bevor über ihre Legalität entschieden werden könne.[38] In der an den Antrag angehängten Erklärung beantragte der Anwalt für die angeklagten Schleifmittelverbände eine Ausnahme bei der Frage von Preisen und Geschäftsbedingungen für internationale Abkommen wie das mit der französischen Schleifmittelindustrie. Dabei handele es sich nicht um Preisfestsetzungen, sondern lediglich Empfehlungen und Erklärungen bezüglich der Preise und Geschäftsbedingungen beim Verkauf. Auch die im Strafprozess als Beweismittel genutzte Broschüre über Grundpreise von Schleifscheiben sei lediglich Konsequenz eines über die Jahre standardisierten Kalkulationssystems gewesen, welches weder die Absicht noch den Effekt der Wettbewerbsbeschränkung habe, stattdessen sei der Wettbewerb in der Branche äußerst scharf. Das der Broschüre zu Grunde liegende Kalkulationssystem sei seit Jahren in der Industrie verbreitet und dessen Verbot würde des-

35 Ebd., S. 2–3.

36 Ebd., S. 3.

37 U. S. Unilateral Action in the Abrasives Industry, 19.6.1950, PRO FO 1060/363.

38 Request for Exemption on behalf of Verein Deutscher Schleifmittelwerke, Fachverband Schleifmittelindustrie and their Officers, DIDEG/P(50)34, 30.5.1950, S.1, in PRO FO 1005/730.

halb zu heilloser Verwirrung führen. Zudem habe kein Zwang zur Anwendung des Kalkulationssystems bestanden.[39]

Trotz des Ärgers über den amerikanischen Alleingang seitens der britischen und französischen DIDEG-Vertreter zeigte die DIDEG wenig Bereitschaft, sich von den angeklagten Kartellvertretern und ihrem Rechtsanwalt aus taktischen Gründen bei einem unter den Dekartellierungsgesetzen klaren Sachverhalt auseinanderdividieren zu lassen. Auf Vorschlag des französischen turnusgemäßen Vorsitzenden beschloss die DIDEG stattdessen, den Befreiungsantrag abzulehnen und stattdessen durch das Verschicken einer *Order to Show Cause* ein zusätzliches Verwaltungsverfahren gegen die Angeklagten in Gang zu setzen und somit die amerikanische Strafaktion quasi nachträglich trilateral zu legitimieren.[40] In der Antwort auf den Befreiungsantrag lehnte die DIDEG diesen ohne Angabe von Gründen mit Verweis auf die Entscheidung bei der DIDEG-Sitzung am 8.6.1950 ab.[41]

Auch vor dem amerikanischen *District Court* war Muellers juristischem Manöver, das die Zuständigkeit des Gerichts anzweifelte, wenig Erfolg beschieden. Die Ansicht, die amerikanische Besatzungsmacht habe sich durch die Schaffung der trilateralen DIDEG die Möglichkeit zu unilateralen Verfahren selbst genommen, lehnte der Richter ab. Stattdessen stände es nach Ansicht des Richters dem Hohen Kommissar frei, zwischen einem unilateralen Strafverfahren und einem trilateralen Verwaltungsverfahren zu wählen, und dieser habe seine Wahl deutlich gemacht. Es bestünden zudem in der U. S.-Zone keine anderen gerichtlichen Institutionen als die amerikanischen und deutschen Gerichte, die überhaupt dazu in der Lage wären, ein Strafverfahren durchzuführen und durch die Wahl des *District Courts* habe der Hohe Kommissar seine Wahl getroffen.[42] Zurecht verwies das Gericht darauf, dass der DIDEG als rein verwaltungsmäßige trilaterale Institution in Dekartellierungsverfahren anders als bei den Entflechtungen kein trilaterales Gericht gegenüberstand, das ein Strafverfahren ermöglicht hätte. Hatten vor allem die Briten daraus geschlossen, dass Verfahren unter den Dekartellierungsgesetzen nach Einrichtung der DIDEG nur die Form von Verwaltungsverfahren haben könnten,[43] zogen die Juristen der amerikanischen Kartellabteilung daraus einen anderen Schluss, dem sich das amerikanische Besatzungsgericht hier anschloss.

---

39 Implementation of the Request for Exemption of the Abrasives Industry, Appendix B to DIDEG/P(50)34, 30.5.1950, S. 1, in: PRO FO 1005/730.

40 Minutes of the Sixteenth Meeting of the DIDEG, 8.6.1950, S. 2 f., in: PRO FO 1005/725.

41 Answer to the Request for Exemption [...] by Verein Deutscher Schleifmittelwerke and Fachverband Schleifmittelindustrie and their Officers, 21(?).6.1950, DIDEG/Memo(50)15, in: PRO FO 1005/735.

42 Extract from the Opinion in the Abrasives Case, undatiert., S.1, in: PRO FO 1060/363.

43 Vgl. Memo from RJB Williams to the Deputy Economic Adviser about McCloy's letter, 10.6.1950, in: PRO FO 1060/363.

Stattdessen sah das Gericht Verwaltungs- und Strafverfahren als unabhängig voneinander an und eröffnete auch die Möglichkeit von zwei separaten Verfahren angesichts desselben Sachverhalts[44], zu denen es in der Tat im Schleifmittelfall kam.

Nachdem das Gericht Muellers ursprüngliche Einwände abgeschlagen hatte, erweiterte dieser seine Argumentation in einem zweiten *legal brief* an das Gericht. In diesem hielt er seine ursprüngliche Argumentation aus der ersten Eingabe aufrecht, brachte aber zusätzliche Argumente und neue Einwände gegen die Anklage vor. Zunächst zweifelte er erneut die Rechtmäßigkeit einer Verfolgung von Einwohnern der britischen Zone durch die amerikanischen Behörden an. Zwar könne im Falle von schweren Straftaten in solchen Fällen im internationalen Recht eine Auslieferung gefordert werden. Diese sei aber nicht zu erwarten, wenn die Straftat nach dem Recht des Staates, indem die Straftat geschah, keine Straftat darstelle. Dies sei gerade bei einem Verstoß gegen Kartellgesetze die Regel, da sich das Wettbewerbsrecht zwischen verschiedenen Staaten in der Regel erheblich unterscheide. Eine solche Verweigerung der Auslieferung bei unterschiedlichen Rechtssystemen sei im *ordre public* verankert und komme vor allem bei wirtschaftlichen Tatbeständen zur Anwendung, wie sie auch in diesem Fall vorlägen.[45] Eine solche unterschiedliche Rechtsauffassung sei auch bei den britischen Behörden nachweisbar, da diese, trotz des nominal identischen Texts der Verordnung Nr. 78, Tatbestände wie in diesem Fall in ihrer eigenen Zone de facto nicht verfolgten und auch Strafprozesse vor trilateralen Gerichten abgelehnt hätten. Angesichts dieser Differenzen im Wettbewerbsverständnis sei es beispielsweise undenkbar, dass Großbritannien einen britischen Staatsbürger wegen eines Verstoßes gegen den *Sherman Act* während eines Geschäftstreffens in New York an die USA ausliefere.

Eine solche Handhabung forderte er auch für die deutschen Kartellvertreter in diesem Fall ein, auch wenn seine Mandanten die Bereitwilligkeit zur Auslieferung seitens der Briten de facto nicht auf die Probe stellten und freiwillig vor Gericht erschienen, ohne dabei freilich die Zuständigkeit des Gerichts anzuerkennen. Das Erscheinen vor Gericht seiner Mandanten begründete Mueller mit der Ansicht, dass die Zonengrenzen seit Erlass des Besatzungsstatus und der Einrichtung der Hohen Kommission keine Rolle mehr spielen sollten, und lediglich eine trilaterale Jurisdiktion für wirtschaftliche Sachverhalte zuständig sein sollten, um Rechtssicherheit und wirtschaftliche Bewegungsfreiheit wenigstens in Westdeutschland zu garantieren.[46] Angesichts dessen, dass Mueller in seiner ersten Eingabe an das Gericht noch zugegeben hatte, seine Mandanten seien vor Gericht er-

---

44 Extract from the Opinion in the Abrasives Case, undatiert., S.1, in: PRO FO 1060/363.
45 Second Joint Brief of the Defendants by Dr. Rudolf Mueller, 28.(?)6.1950, S.2, in: PRO FO 1060/363.
46 Ebd., S. 3.

schienen, um eine seitens des *district attorney* angedrohte Verhaftung zu vermeiden, lässt sich diese Behauptung wohl als nachträgliche Rationalisierung identifizieren.

Mueller kritisierte zudem in seinem *legal brief* die unterschiedliche territoriale Jurisdiktion zwischen dem trizonalen Verwaltungsverfahren und dem sich ausschließlich auf die US-Zone beziehenden Strafverfahren beim gleichen Sachverhalt. Dies stelle ein völlig neues rechtliches Konzept dar, für das es in keinem Rechtssystem der Welt einen Präzedenzfall gäbe.[47] Das ganze Konzept der Dekartellierung sei zudem eine Umkehr des bisherigen deutschen und europäischen Wirtschaftsrechts und Modells von wirtschaftlichem Verhalten, die eine lange Phase der Umorientierung erfordere. Dieser werde ein plötzliches Strafverfahren gegen einen von vielen Rechtsübertretern, nachdem selbst Verwaltungsverfahren kaum durchgeführt worden waren, nicht gerecht und sei daher nicht sinnvoll. Demgegenüber sei der Sherman Act in den USA seit 60 Jahren gesetzlich verankert und gesellschaftlich akzeptiert, trotzdem bleibe die Materie auch dort komplex und werde gerade zu diesem Zeitpunkt neu interpretiert.[48] Aus der bereits erwähnten unterschiedlichen territorialen Jurisdiktion zwischen DIDEG und US-Kartellabteilung folgerte Mueller schließlich, dass Grant W. Kelleher, der als amerikanischer DIDEG-Vertreter und Chef der US-Kartellabteilung sowohl die Anklage im Strafverfahren als auch die *Order to Show Cause* im Verwaltungsverfahren der DIDEG unterschrieben hatte, dies im Strafverfahren zu Unrecht getan hätte, da der Sachverhalt ausschließlich der Jurisdiktion der DIDEG unterliege, welches die höhere weil trilaterale Autorität darstelle.

Aus diesem bisweilen recht ungeordnet präsentierten Potpourri an unterschiedlichen juristischen Argumenten schließend forderte der deutsche Rechtsanwalt schließlich von dem Gericht:

1. Die Anklageschrift wegen der unautorisierten Unterschrift des Anklägers [Kelleher, RH] für nichtig zu erklären
2. Das Verfahren wegen fehlender Zuständigkeit einzustellen
3. Falls das Gericht in der Sache der rechtlichen Zuständigkeit gegen die Angeklagten entscheide, die Anklageerhebung, das Plädoyer der Verteidigung und das Verfahren zu verschieben, bis die Angeklagten eine finale Entscheidung vor einem höheren Gericht in dieser Frage erreicht hätten

Angehängt an den *legal brief* war zudem eine Rechtsabhandlung des renommierten jüdischen Staats- und Völkerrechtlers und Münchener Professors Erich Kaufmann. Dieser musste, nachdem er bereits 1934 seine Professur an der Berliner Uni-

47 Ebd., S. 5.
48 Ebd., S. 6.

versität auf Betreiben Carl Schmitts verloren hatte, 1938 wegen seiner jüdischen Herkunft aus Deutschland fliehen. Nach dem Krieg kehrte er nach Deutschland zurück, beriet die Bundesregierung in Besatzungsfragen und setzte sich trotz seiner eigenen Verfolgungserfahrung unter anderem für die Amnestie von NS-Kriegsverbrechern in den alliierten Strafprozessen ein. Seine Motivation, sich trotz der eigenen Verfolgungserfahrung gegen die Verurteilung von Kriegsverbrechern durch die alliierte Justiz zu engagieren lag dabei in seiner ungebrochen konservativ-nationalistischen Einstellung sowie im Willen, sich erfolgreich in die deutsche Gesellschaft zu reintegrieren.[49] Eine ähnliche Motivation ist neben finanziellen Motiven auch in diesem Fall plausibel. In seiner Schrift zum Schleifmittelfall analysierte er das Besatzungsstatut und die Dekartellierungsgesetze unter staatsrechtlichen Aspekten und kam dabei im Sinne der Angeklagten zu dem Ergebnis, dass Kartellverfahren unter dem Besatzungsstatut auf allen Ebenen nur auf trilateraler Basis durchgeführt werden könnten.[50]

Der Rechtsberater des britischen Hochkommissars, M. F. P. Herchenroder zeigte sich von Muellers Argumentation vor dem U. S. Gericht durchaus beeindruckt.[51] Hier zeigte sich, dass die Briten, auch wenn sie eine offene Eskalation mit den Amerikanern über die Angelegenheit vermeiden wollten, durchaus mit den deutschen Argumenten bezüglich der juristischen Legitimation und politischen Angemessenheit unilateraler Strafverfahren in Kartellfragen sympathisierten. Auch der britische DIDEG-Vertreter R. J. B. Williams äußerte sich in dem Sachverhalt ähnlich: „As I understand the U. S. and British decartelization laws, they are essentially administrative in character."[52] Der eigentliche Adressat der Eingabe, das amerikanische Gericht, zeigte allerdings weniger Sympathien für das Anliegen in rechtlicher Vertretung der deutschen Kartellvorstände. In Bezug auf die Frage der rechtlichen Zuständigkeit blieb das amerikanische Gericht auch nach mehreren schriftlichen und mündlichen Eingaben Muellers bei seiner bereits erläuterten Argumentation, es stehe dem amerikanischen Hochkommissar frei, ein strafrechtliches oder verwaltungsrechtliches Verfahren in Gang zu setzen, und für strafrechtliche Verfahren in Kartellsachen seien die amerikanischen Gerichte die einzige Option auf alliierter Seite. Auch die weitergehenden Argumente verfingen bei

---

49 Philipp Glahé, The Heidelberg Circle of Jurists and its Struggle against Allied Jurisdiction: Amnesty-Lobbyism and Impunity-Demands for National Socialist War Criminals (1949–1955), in: Journal of the History of International Law 22 (2020), Heft 1, S. 1–44, hier v. a.: S. 25–30.

50 Attached Legal Opinion by Erich Kaufmann and translation, 24.6.1950, in: PRO FO 1060/363.

51 Minute by M. F. P. Herchenorder (Office of the Legal Adviser) to Mr. Bathurst, 14.7.1950, S. 2, in: PRO FO 1060/363.

52 Memo by R. J. B. Williams to the Deputy Economic Adviser about McCloy's letter, 10.6.1950, in: PRO FO 1060/363.

dem Gericht nicht, da die Richter grundsätzliche Kritik an den Dekartellierungsgesetzen und ihrer Umsetzung als politische, nicht juristische Sachverhalte ansahen, mit denen das Gericht sich nicht zu befassen habe:

> In his written and oral arguments, defense counsel has engaged in an interesting discourse pertaining to many issues which are not proper matters for judicial consideration. In dispensing the motion without expressing its views as to each of these extraneous matters, the Court does not wish to imply that it has failed to examine the arguments, or given them less considerations than they deserve. It simply desires to point out that arguments concerning such questions as 'Was the law wisely drafted?', 'Was it providently enacted?', 'Will there be serious economic consequences as a result of it?', are all political matters with which a Court has no concerns.

Auch Meinungsverschiedenheiten zwischen den Besatzungsmächten oder innerhalb der amerikanischen Kartellabteilung seien in dem Fall für das Gericht allenfalls von „akademischen Interesse“ und nicht brauchbar als Argument gegen die Jurisdiktion des Gerichts.[53] Dementsprechend lehnte das Gericht die Forderungen Muellers, die Anklageschrift für nichtig zu erklären und das Verfahren wegen fehlender Zuständigkeit einzustellen, ab. Auch zu einer Anrufung höherer Gerichte kam es nicht.

Nachdem Muellers Verteidigungsstrategie zwar einige der Widersprüchlichkeiten in der alliierten Kartellpolitik offengelegt hatte, in der eigentlichen Sache der Verteidigung seiner Mandanten allerdings wenig bewirkt hatte, sicherten sich die Angeklagten zusätzlich zu Mueller die Dienste eines New Yorker Fachanwalts hinzu. Der mit der amerikanischen Antitrustpraxis vertraute Advokat überzeugte die deutschen Industriellen, dass ihre Verteidigung materiell aussichtslos und ein Schuldspruch nicht zu vermeiden sei. Daraufhin nahm er, wie in amerikanischen Strafprozessen nicht unüblich, Verhandlungen mit der Staatsanwaltschaft auf, die ihrerseits erkennen ließ, im Falle eines Schuldbekenntnisses der Angeklagten keine Haftstrafen zu fordern. Daher bekannten sich sämtliche Angeklagten beim letzten Gerichtstermin am 26.7.1950 letztlich schuldig, was für den Richter als Beweis für einen Schuldspruch genügte.[54] Dessen Urteil entsprach dann mit insgesamt 140.000 DM Geldstrafe der Forderung der Anklage. Die Geldstrafe verteilte sich auf je 50.000 DM für die beiden angeklagten Verbände, 10.000 DM für drei der angeklagten Personen sowie 5.000 DM für zwei weitere Angeklagte. Angesichts der gesamtwirtschaftlichen Situation – der wirtschaftliche Aufschwung Westdeutschlands nach dem Zweiten Weltkrieg war noch in seiner embryonalen Phase –

---

53 Extract from the Opinion in the Abrasives Case, undatiert, S. 3, in: PRO FO 1060/363.
54 Alfred Gleiss, Das Verfahren gegen die Schleifmittelindustrie (Westzonen), in BB 5 (1950), Heft 22, S. 546 f.

schätzte Alfred Gleiss diese Geldstrafe für die Verbände als „sehr empfindlich" ein, zudem zu diesen noch die nicht geringen Verfahrenskosten kamen.[55]

Damit war das US-Strafverfahren zu einem für die verurteilten Wirtschaftsverbände und ihr leitendes Personal finanziell schmerzhaften Ende gekommen. Das von der DIDEG nachträglich durch das Versenden einer *Order to Show Cause* in Gang gesetzte Verwaltungsverfahren zum gleichen Tatbestand stand allerdings nach wie vor aus. Trotz des identischen Sachverhalts und der letztlich geringeren Konsequenzen für die Angeklagten lohnt sich ein Blick auf dieses Verfahren schon deshalb, weil die auch hier vor allem von Rudolf Mueller getragene Verteidigung ihre Strategie erheblich ändern musste, hatte sie doch im Strafverfahren explizit auf die ihrer Meinung nach exklusiven Befugnisse der DIDEG in dem Sachverhalt verwiesen. Zudem hält auch die weitere Beobachtung der Industrie durch die DIDEG einige Erkenntnisse bezüglich der Wirksamkeit des Kartellverbots bereit, auf die hier eingegangen werden soll.

4.1.2 Das nachträgliche Verfahren der DIDEG

Die *Order to Show Cause* warf den Angeklagten schließlich die gleichen Vergehen vor, wie zuvor das *Charge Sheet* der amerikanischen Ankläger. Beide Organisationen hätten sich in der Vergangenheit in einer Weise betätigt und würden sich immer noch in einer Weise betätigen, die dazu geeignet sei, den Wettbewerb zwischen Schleifmittelherstellern zu beseitigen. Die dazu angewandten Mittel seien die Durchsetzung einheitlicher und nicht im Wettbewerb gebildeter Preise und Geschäftsbedingungen sowohl auf dem heimischen wie auch im Exportmarkt. Zusätzlich seien auch Rabatte, Nachlässe und Zuteilungen einheitlich festgelegt worden und die Käufer zu diesem Zweck einheitlich klassifiziert worden. Beide Verbände hätten auch die Einhaltung dieser Absprachen durch Mitgliedsunternehmen durchgesetzt und sichergestellt. Zudem wurde den Angeklagten auch das internationale Kartell mit den französischen Herstellern sowie die Verhandlungen zum gleichen Zweck mit den italienischen Verbänden erneut zur Last gelegt.[56]

Die angeklagten Verbände sollten nun deutlich machen, warum sie nicht dazu angehalten werden sollten, alle entsprechenden Rundschreiben und Anweisungen an Mitgliedsunternehmen aufzuheben und internationale Kartellabsprachen außer Kraft zu setzen sowie entsprechende Handlungen auch in Zukunft zu unterlassen. Konkret als zu unterlassende Handlungen wurden Diskussionen, Verhandlun-

55 Ebd., S. 546.

56 Order to Show Cause in the Matter of Fachverband Schleifmittelindustrie and Verein Deutscher Schleifmittelwerke, 14.6.1950, S. 2–3, in: PRO FO 1005/730.

gen oder Abmachungen mit dem Zweck, einheitliche Preise festzulegen, das zuvor bestehende einheitliche Gesamtumsatzrabattsystem, sowie Verhandlungen zu Preisen und Exporten mit ausländischen Verbänden genannt.[57]

In den Antworten in Vertretung des Vereins und des Verbandes behielt sich Mueller zwar das Recht vor, die Rechtmäßigkeit der Dekartellierungsgesetze nach internationalem Recht sowie der Haager Landkriegsordnung grundsätzlich in Frage zu stellen, verzichtete aber angesichts der ablehnenden Haltung der DIDEG, sich auf solche grundsätzlichen Vorbehalte einzulassen, auf eine weiterführende Argumentation dieser Art. Stattdessen holte Mueller dieses Mal weiter aus, um die Tätigkeit der Wirtschaftsverbände in ihrer historischen Entwicklung darzustellen und somit eine gewisse Rechtfertigung zu erreichen. Die faktischen Anklagepunkte wurden in beiden Antwortschreiben insoweit abgestritten, dass die entsprechenden Praktiken inzwischen eingestellt seien und erst im Falle einer entsprechenden Erlaubnis durch die DIDEG wieder aufgenommen würden. Um diese zu erreichen, folgten dann jeweils ausführliche Rechtfertigungen für die monierten wettbewerbsbeschränkenden Absprachen.[58]

In der Antwort für den Fachverband wurde das Festlegen der Exportpreise als reiner Informationsservice für die am Weltmarkt unerfahrenen, oft kleinen Mitgliedsunternehmen gerechtfertigt. Eine solcher Informationsservice sei nicht nur hilfreich, sondern auch die durch die erste Verfügung der alliierten JEIA *(Joint Export Import Agency)* geboten, die das Dumping mit westdeutschen Waren unter Weltmarktpreisen verbot. Nach Argumentation Müllers müsse, wenn dieser Informationsservice als Kartell verboten sei auch das Dumpingverbot der JEIA als verbotene Kartellabsprache gelten, welches den Weltmarktpreis letztlich als Mindestpreis festlege.[59] Ähnlich rechtfertigte der Verband auch sein Richtpreisschreiben als „study of the particular technical, price and business elements of the trade" und inkludierte Preisabsprachen in eine Reihe mit international anerkannten technischen Standardisierungen und Normierungen von Gütern und Größeneinheiten, die der Verband ebenfalls durchsetzte. Auch hier wurden diese Abmachungen als Mittel dargestellt, die kleinen Firmen angesichts der scharfen Konkurrenz

57 Ebd., S. 3 f.

58 Answer to the Order to Show Cause by Attorney Rudolf Mueller, in the Matter of Verein Deutscher Schleifmittelwerke (VDS), Bad Harzburg, Respondent, Appendix A to DIDEG/P(50)61, 16.8.1950, S. 1–2, in: PRO FO 1005/730; Answer to the Order to Show Cause by Attorney Rudolf Mueller, in the Matter Fachverband Schleifmittelindustrie, Beuel, Respondent, Appendix A to DIDEG/P(50)49, 5.7.1950, S. 1–2, in: PRO FO 1005/730.

59 Answer Fachverband, 5.7.1950, S. 3, in: PRO FO 1005/730.

auf dem Markt das Überleben erleichtern sollten. Die entsprechenden Vorgaben seien zudem nicht verpflichtend gewesen.[60]

Vor dem Ersten Weltkrieg habe die deutsche Schleifmittelindustrie vor allem aus kleinen Handwerksbetrieben bestanden, die vereinzelte Aufträge allein durchführten. Erst danach habe sich die Branche allmählich industrialisiert. Die Preise zwischen industrialisierten Unternehmen und Handwerksbetrieben seien lange vergleichbar gewesen, hätten sich angesichts eines überbesetzten Marktes aber kontinuierlich nach unten entwickelt. Zudem seien die Preise durch qualitativ höherwertige Importe aus den USA unter Druck gesetzt worden, mit denen die Handwerksbetriebe nicht mithalten konnten. 1946, noch vor dem Ende der staatlichen Preisbindungen, habe der Verband dann versucht diesen zu helfen, indem das Problem den zuständigen Preisbildungsstellen erläutert wurde, die daraufhin die Preise für die entsprechenden Güter erheblich erhöhten und auch die Preise für die höherwertigen US-Güter festlegten.[61] Diese Preisfestsetzungen endeten nach der Währungsreform, gleichzeitig stiegen laut dem Verband aber die Preise für die ebenfalls freigegebenen Rohmaterialien. Der Verband habe daraufhin selbst auf Basis der ursprünglich von den Behörden festgelegten Preise diese selbst an die neue Kostenstruktur angepasst. Diese sollten auch als Modellpreise für Betriebe dienen, die selbst keine eigene professionelle Buchhaltung haben. De facto würden die meisten Mitgliedsfirmen aber nicht exakt die vorgeschlagenen Preise verwenden und seien dazu auch nicht gezwungen. Jegliche Gespräche und Diskussionen über Preise zu verbieten hingegen sei illusionär, da dies zum Tagesgeschäft eines jeden Geschäftsmanns gehöre. Die Macht des Verbandes über die Mitgliedsfirmen sei zudem äußerst moderat, sodass keine Konzentration wirtschaftlicher Macht, wie in der Präambel der Dekartellierungsgesetze genannt, vorläge. Zu den einzelnen Themenpunkten forderte Mueller im Namen des Fachverbands zudem weitere Anhörungen.[62]

Mueller stellte die Preisfestsetzungen des Verbandes in der Antwort auf die *Order to Show Cause* als Bestandteil von Standardisierungen und Normierungen im Zuge eines sich verschärfenden Konkurrenzkampfs dar, der auch durch die technische Überlegenheit und Preisführerschaft seitens der größeren amerikanischen Unternehmen befeuert worden sei. In Reaktion auf diese sei kleineren Unternehmen bei der Berechnung Hilfestellung gewährt worden, nachdem die staatliche Zwangsbewirtschaftung und Preisbindung diese nach 1948 nicht mehr leistete. Vor dem Hintergrund des klaren Verbots von Preisabsprachen in den Dekartellierungsgesetzen, die den führenden Verbandsvertretern auch bewusst

60 Ebd., S. 3 f.
61 Ebd., S. 5.
62 Ebd., S. 6 f.

war, war die Gleichsetzung von Preisabsprachen mit technischen Normierungen und Standardisierungen nicht haltbar. Differenzierter ist die Frage nach dem Maß an Zwang zu bewerten, mit dem Verband seine Absprachen durchsetzen konnte. Genau lässt sich dies angesichts des vorliegenden Materials nicht klären. Die Darstellung des Verbandes, es habe sich lediglich um unverbindliche Modellpreise und Kalkulationshilfen gehalten, ist aber auch angesichts der vorliegenden Dokumente und parallelen Überlieferungen aus anderen Branchen sowie der langen deutschen Kartelltradition unwahrscheinlich. Glaubwürdig ist hingegen, dass der Verband seine Preise angesichts der neuen Rechtslage trotz versuchter Zwangsmaßnahmen nicht immer gegenüber allen Mitgliedsfirmen durchsetzen konnte und geringe Abweichungen unter Umständen eventuell auch tolerierte. Durchaus stichhaltig ist auch der Verweis auf eine lange Tradition an Preisfestsetzungen nicht nur durch privatwirtschaftliche Kartelle, sondern auch durch staatliche Preisfestlegungen, die noch über das Kriegsende Bestand hatten und erst im Zuge der Währungsreform in den meisten, aber nicht allen Wirtschaftsbereichen, ihr Ende fanden. In anderen Kartellverfahren [siehe Folgekapitel 4b] waren deutsche Ministerialbeamte sogar noch nach Erlass der Dekartellierungsgesetze in Preisfestsetzungen von Wirtschaftsverbänden eingebunden und favorisierten eine äußerst milde Auslegung dieser Gesetze, die den Terminus der übermäßigen wirtschaftlichen Konzentration aus der Präambel letztlich auf einige wenige Groß- und Monopolunternehmen reduzierte. Es ist also nicht von der Hand zu weisen, dass weite Teile der Unternehmerschaft in der Tat an administrierte Preise gewöhnt waren und diese nicht als illegal ansahen, sondern sie häufig explizit einforderten und dabei auch in der deutschen Ministerialbürokratie durchaus noch Rückhalt genossen. Die Berechtigung dieser Argumente erkannte schließlich auch die DIDEG implizit an, indem sie den Unternehmen eine recht großzügige Übergangsfrist gewährte, in der die alten „Richtpreise" weiterhin verwendet werden durften, worauf noch einzugehen sein wird.

Das wenige Wochen später eingegangene Antwortschreiben im Namen des mitangeklagten Vereins, welches ebenfalls von Mueller verfasst worden war, argumentierte auf ähnlichen Linien, brachte aber noch einige zusätzliche Erklärungen und Details ein. So erläuterte er etwa die Rolle der US-amerikanischen Unternehmen in der Branche weiter. Diese seien nicht nur im Schnitt deutlich größer, da die Anzahl der Unternehmen in den USA trotz eines deutlich größeren Markts geringer sei, sondern würden durch ihre ausländischen Tochterunternehmen auch den Markt u. a. in Deutschland erheblich beeinflussen. Ab 1917 hätte zudem auch die amerikanische Schleifmittelindustrie eine einheitliche Preisliste genutzt, und die Tochterunternehmen der amerikanischen Unternehmen hätten führend dazu beigetragen, dieses System auch in Deutschland durchzusetzen. Ein ähnliches System mit Einheitspreisen sei zudem in anderen europäischen Ländern, darunter auch England und Frankreich, eingeführt worden.[63] Zudem verwies Mueller auf die erheblich gesunkene Auslastung der Produktionsmittel. Während die Produktionskapazität der Industrie 1937 lediglich bei 14.000 Tonnen lag, sei diese in Folge des Krieges bis 1943 auf 34.000 Tonnen gestiegen und damals voll ausgelastet gewesen. 1949 betrug die Kapazität immer noch 24.000 Tonnen, allerdings wurden in der Praxis lediglich 7.000 Tonnen produziert, sodass ein harter Preiskampf unweigerlich zu ruinösen Preisen führen müsse. Zudem wären es auch nicht zwangsläufig die Hersteller mit der besten Produktqualität, die erfolgreich aus dieser Art von Preiskampf hervorgehen würden.[64]

Das einheitliche Preissystem habe sich, ähnlich wie in den USA, gegen Ende des Ersten Weltkriegs etabliert, um die vorher individuell bearbeiteten Massenbestellungen auch unter den Bedingungen der Inflation handhaben zu können. Nachdem es in der Weltwirtschaftskrise wieder zu einer Periode scharfen Preiskampfes gekommen sei, habe das Reichswirtschaftsministerium im Oktober 1933 die Preise erneut festgelegt. Die staatlich verordneten Preise seien zunächst unzureichend gewesen, dann aber während der Aufrüstung gestiegen.[65] Wie bereits im anderen Schreiben erwähnt, setzte sich die behördliche Preisfestlegung in der Nachkriegszeit zunächst fort, nach dem Erlass der Kartellgesetze habe die deutsche Verwaltung für Wirtschaft den Verband unterrichtet, dass Zwang seitens des Verbands bei der Durchsetzung der Preise nun illegal sei, Preisempfehlungen aber nach wie vor als akzeptabel angesehen.[66] Die Festpreise, so die Argumentation des Vereins, seien also keine eigene Kreation, sondern das Resultat jahrzehntelanger Vorherrschaft amerikanischer Konzerne im Wettbewerb sowie staatlicher Eingriffe in die Preisstruktur. Die Vorgaben des Verbandes würden zudem lediglich fairen Handel und Wettbewerb ermöglichen und eine gesunde Industriestruktur erhalten, die durch kleinere und mittlere Unternehmen geprägt sei und keine „excessive economic power", wie in der Präambel zu Gesetz 56 definiert, aufweise. Zwang werde gegenüber den Mitgliedern nicht ausgeübt.[67] Auch das Gesamtumsatzrabattsystem, welches allen Käufern gleichmäßige Rabatte nach Bestellmenge gewährte, egal bei welchem Hersteller diese kauften, verteidigte der Verein. Dieses sei sowohl in Deutschland als auch in vielen anderen Ländern in einer Reihe von Industrien üblich und sei in einem Fall von 1949 auch von einer britischen Länderkartellabteilung erlaubt worden.[68]

---

63 Answer Verein, 16.8.1950, S. 2 f., in: PRO FO 1005/730.
64 Ebd., S. 4.
65 Ebd., S. 5.
66 Ebd., S. 6.
67 Ebd., S. 8.
68 Ebd., S. 9.

Grundsätzlich brachte das zweite Antwortschreiben keine Argumente, die die in der *Order to Show Cause* angemahnten Wettbewerbspraktiken unter den Dekartellierungsgesetzen wirklich rechtfertigen hätten können. Dass die angemahnten Praktiken teilweise aus den USA stammten und auch in England und Frankreich verbreitet waren, war zwar politisch pikant, änderte aber letztlich nichts an der rechtlichen Bewertung. Eine andere zeitgenössische Quelle berichtet ebenfalls, die Einheitspreislisten hätten 1920 in den USA ihren Ursprung genommen, wären dort inzwischen aber auch verboten bzw. ihre Nutzung den dortigen Unternehmen nur noch in einer Übergangsphase gestattet.[69] Zudem war die BIDEC bereits 1949 mit der *Order to Show Cause* gegen die Deutsche Vereinigte Schuhmaschinen GmbH (DVSG) demonstrativ gegen das deutsche Tochterunternehmen eines amerikanischen Marktführers (*United Shoe Machinery Corporation*) vorgegangen, der auch in den USA in mehreren Antitrustverfahren angeklagten worden war [siehe Kapitel 5.1]. Dass Teile der deutschen Kartellpraktiken auch unter Einfluss amerikanischer Firmen zustande gekommen waren, war für die Juristen in der amerikanischen Kartellabteilung also kein Grund, gegen diese nicht vorzugehen. Das entsprechende Vorgehen stellte in ihren Augen vielmehr die konsequente Fortsetzung ihrer Arbeit im Heimatland dar, wo sich die Schleifmittelhersteller zu diesem Zeitpunkt ebenfalls wegen Kartellverstößen vor Gericht verantworten mussten. Das Gesamtumsatzrabattsystem war in der Tat umstritten und wurde beispielsweise vom BMWi befürwortet, die DIDEG stellte sich hier zumeist aber auf eine harte Linie, wenn das System von Verbänden durchgeführt wurde und mit anderen Marktabsprachen in Verbindung stand.[70]

Auf die Antworten Muellers folgten zunächst noch einige mündliche Anhörungen mit der für den Fall zugeteilten und zur *Hearing Group* umfunktionierten *Working Party* der DIDEG.[71] Diese reichte im Dezember 1950 dann ihren Report ein, der eine *Cease and Desist Order* vorschlug und einen entsprechenden Entwurf vorlegte.[72] Die *Cease and Desist Order* wurde nach einigen geringfügigen Änderungen am Entwurf schließlich am 23. Februar 1951 an den Fachverband Schleifmittel-Industrie und den Verein Deutscher Schleifmittelwerke versandt.[73] In der Un-

69 Gräfe, Schleifmittelindustrie, S. 50 u. 68.

70 Vgl. Volume Rebate System, Paper by the British Member, 21.5.1951, DIDEG/P(51)26, in: PRO FO 1005/731.

71 Designation of Tripartite Abrasives Hearing Group, Minutes of the Twenty-First Meeting of the DIDEG, 24.8.1950, in: PRO FO 1005/725; Designation of Tripartite Abrasives Hearing Group, Proposal by U. S. Member, Juli 1950, DIDEG/P(50)52, in: PRO FO 1005/730.

72 Minutes of the Twenty-Ninth Meeting of the DIDEG; 14.12.1950, in: PRO FO 1005/725.

73 Draft Cease & Desist Order, Appendix A to Report of the Working Party on Abrasives Industry, 13.2.1951, DIDEG/P(51)11, in: PRO FO 1005/731; Übersetzung der Cease and Desist Order der DIDEG an die Schleifmittel-Industrie, 23.2.1951, in: BA B 102/192476.

terlassungsanordnung wurden zunächst die bereits im amerikanischen Strafverfahren und der Order to Show Cause gemachten Anklagepunkte wiederholt. Explizit beinhaltete das Schreiben die folgenden Punkte:

a) Das Verbot für beide Verbände und ihre Vertreter, Preise und Geschäftsbedingungen festzulegen
b) Das Verbot für beide Verbände und ihre Vertreter, Preisangaben der Hersteller zu sammeln und zu verbreiten
c) Das Verbot für beide Verbände und ihre Vertreter ab 28.2.1951 neue Preislisten für Schleifmittel zu verteilen
d) Die Mitglieder des Fachverbands sollen Schleifpapiere ab 28.2.1951 zu eigenen, individuell festgelegten Preisen anbieten
e) Die Mitglieder beider Verbände sollen Produkte, welche zu den Schleifpapieren zählen, innerhalb von 2 Monaten zu eigenen, individuell festgelegten Preisen verkaufen, sowie das gleiche bei anderen Schleifmitteln spätestens innerhalb von 36 Monaten vornehmen.
f) Das Verbot für beide Verbände und ihre Vertreter, ihre Mitglieder zu Einhaltung bestimmter Preise, Rabatte oder Nachlässe zu empfehlen, anzuleiten oder zu ermutigen
g) Das Verbot für beide Verbände und ihre Vertreter, Rabatte festzulegen oder zu gewähren, die auf den Einkäufen eines Kunden bei zwei oder mehr Herstellern basierten [Gesamtumsatzrabattverfahren]
h) Beide Verbände sind dazu angehalten, eine Kopie der *Cease and Desist Order* innerhalb von 10 Tagen an ihre Mitglieder zu versenden und sie darüber zu informieren, dass alle dieser *Order* entgegenlautenden Anweisungen, Abmachungen und Praktiken nicht mehr gültig seien und nicht mehr befolgt werden dürften.[74]

Die *Cease and Desist Order* verbot im Wesentlichen alle Tätigkeiten, die bereits in der *Order to Show Cause* als Anklagepunkte gesammelt waren und auch schon Anlass für das amerikanischen Strafverfahren gewesen waren. Ein Zugeständnis an die Verbände in Form einer Übergangsfrist wurde lediglich bei den Herstellern von Schleifscheiben gemacht, wohl in Anerkennung des von der Verteidigung genannten Fakts, dass viele Hersteller Handwerks- oder Kleinbetriebe ohne eigene professionelle Buchhaltung seien, die ihre Preise bisher selbst nie festgelegt hatten.

Könnte man erwarten, dass die doppelte Ahndung der Preisabsprachen durch ein für die Verbände finanziell schmerzhaftes Strafverfahren sowie ein das zukünftige Verbot ausbuchstabierendes Verwaltungsverfahren durch die DIDEG

74 Draft Cease & Desist Order, Appendix A to Report of the Working Party on Abrasives Industry, 13.2.1951, DIDEG/P(51)11, S. 3 f., in: PRO FO 1005/731.

dazu führte, das Wettbewerbsverhalten in der Schleifmittelbranche nachhaltig zu verändern, so zeichnen die Befunde der DIDEG nur wenige Jahre nach den Verfahren ein gänzlich anderes Bild. So berichtete die zuständige *working party* in einem Bericht aus dem Mai 1953, die *Cease and Desist Order* werde nicht befolgt. So habe eine Abteilung des Verbandes bereits im November 1951 ein Treffen abgehalten, bei dem eine Preiserhöhung um 15 % beschlossen wurde. Eine Nachforschung bei einer Reihe von Mitgliedsfirmen habe ergeben, dass diese die Preise in der Tat im Dezember desselben Jahres geschlossen um den entsprechenden Prozentsatz erhöht hätten. Zwar waren die Firmen betroffen, die nach der *Cease and Desist Order* die alten Preislisten für 36 Monate weiterverwenden durften, neue Preislisten mit erhöhten Preisen waren allerdings auf keinen Fall erlaubt, weshalb ein klarer Verstoß gegen die Unterlassungsanordnung vorläge.[75]

Auch eine betriebswirtschaftliche Dissertation aus dem Jahr 1955 konstatiert, dass die Grundpreisliste seit 1950 unverändert gelte und die Teuerungszuschläge für höherwertige Materialien sogar noch 1952 angepasst worden seien. Zudem bedienten sich zum Zeitpunkt der Verfassung der Dissertation „viele der führenden Mittelbetriebe dieses Industriezweigs […] bei ihrer Kalkulation noch der aus der Kartellzeit stammenden Richtsätze für Verschnitt, Ausschuss und Fertigungszeiten, und treten auf dem Markt oft mit annähernd gleichen Preisen auf“. Ob der Grund dafür, wie der branchenfreundliche Betriebswirt urteilte, lediglich in der gleichmäßig vorangeschrittenen Rationalisierung der Werke und ihrer gesammelten Erfahrungen beruhe und „nicht als Beweis für eine zwischen ihnen eventuell vorgenommene Preisabsprachen gewertet werden“ könne und dadurch zu rechtfertigen sei, dass eine „betriebsindividuelle Kalkulation all dieser unzähligen Preise verwaltungstechnisch kaum möglich, niemals aber ökonomisch sein kann“[76], darf angesichts der Befunde der DIDEG und der langen Tradition von Kartellpreisen in der Schleifmittelindustrie begründet bezweifelt werden. Wahrscheinlicher ist, dass die beiden alliierten Verfahren trotz ihres zumindest im Fall des amerikanischen Strafprozesses schmerzhaften Urteils nicht in der Lage waren, die kartellmäßigen Wettbewerbspraktiken des Verbandes zu brechen, da die Aktivitäten der DIDEG und der amerikanischen Kartellabteilung bereits kurze Zeit später de facto zum Erliegen kamen und die Unternehmer so kaum weitere Sanktionen zu befürchten hatten.

So kam auch die *Working Party* zu dem Schluss, dass die DIDEG unter den bestehenden Gesetzen de facto keine Möglichkeit habe, ihre eigene Anordnung rechtlich durchzusetzen, da dies – wie zuvor auch die Strafprozesse – nur entweder vor

75 Working Party Report on Abrasives Industry, 27.5.1953, DIDEG/P(53)3, S.1, in PRO FO 1005/733.
76 Wiethüchter, Produktionsbedingungen, S. 160–172.

einem deutschen oder unilateralem allliierten Besatzungsgericht möglich sei.[77] Nach der Unterzeichnung des Deutschlandvertrags und des EVG-Vertrags 1952 bestand das Besatzungsstatut und damit auch die der Alliierten Hohen Kommission unterstellte DIDEG allerdings nur noch Abruf, sodass eine Durchsetzung durch alliierte Behörden oder vor einem alliierten Gericht nicht mehr den übergeordneten politischen Realitäten entsprach, die trotz einiger Rückschläge auf eine gleichberechtige Einbindung Westdeutschlands in einen westeuropäischen Staatenbund hinausliefen. Die DIDEG entschied sich dann am Ende auch, auf weitere eigene Maßnahmen zu verzichten und lediglich das deutsche Bundeswirtschaftsministerium über die „flagrant violation of its Order" seitens der Schleifmittelindustrie zu informieren und erklärte sich bereit, ihre Dokumente im Falle einer Verfolgung durch einen deutschen Staatsanwalt weiterzureichen.[78]

Ein weiteres Verfahren gegen die Schleifmittelindustrie im Untersuchungszeitraum wegen ihrer fortgesetzten Verstöße gegen die Dekartellierungsgesetze etwa vor einem deutschen Gericht ist allerdings nicht überliefert. Da der vorherige amerikanische Strafprozess ein äußerst umfangreiches Presseecho nach sich gezogen hatte und größere Strafverfahren unter den Dekartellierungsgesetzen meist ihren Weg in juristische Fachzeitschriften fanden, kann ausgeschlossen werden, dass der Verein Deutscher Schleifmittelwerke oder der Fachverband Schleifmittel-Industrie unter den alliierten Gesetzen erneut vor Gericht belangt wurden. Allgemein war Erhards Bundeswirtschaftsministerium beim eigenen Umgang mit den alliierten Dekartellierungsgesetze äußerst vorsichtig, da Eberhard Günther und der Minister befürchteten, durch eine rigorose Anwendung des unbeliebten Oktrois das ohnehin zähe Ringen um das eigene GWB weiter zu gefährden. So gab Erhard zwar selbst der DIDEG beim Einleiten von Verwaltungsverfahren gegen Kartellsünder mehrmals grünes Licht, sperrte sich aber gegen die Übernahme der DIDEG-Befugnisse durch sein Ministerium bis zum Ende der AHK 1955.[79] Erst nach dem Erlass des GWB im Juli 1957 fing sein Ministerium kurz vor der Ablösung der alliierten Gesetze am 1.1.1958 an, von dem ja eigentlich milden Mittel der Verwaltungsverfahren Gebrauch zu machen [siehe Kapitel 8]. So lässt sich auch im Fall der Schleifmittelindustrie zumindest begründet vermuten, dass Erhards Wirtschaftsministerium es aus politischer Sorge um das GWB unterließ, noch auf besatzungsrechtlicher Grundlage gegen die offensichtlichen Wiederholungstäter aus

77 Working Party Report on Abrasives Industry, 27.5.1953, DIDEG/P(53)3, S.1, in PRO FO 1005/733, S. 2.

78 Draft Letter to Ludwig Erhard about the Abrasives Industry, AGSEC(53) ECON/FIN, undatiert, in: PRO FO 1005/738.

79 Vgl. Vermerk über eine Besprechung mit dem amerikanischen Hochkommissar Prof. Conant am 1.10.1953 in Mehlem, in: BA B 102/17090.

der Schleifmittelindustrie vorzugehen, nachdem bereits das harte amerikanische Strafverfahren so viel Staub aufgewirbelt hatte.

Das rabiate und dezidiert öffentliche Vorgehen der Amerikaner im Schleifmittelfall war nämlich im Bundeswirtschaftsministerium durchaus kritisch beäugt worden. So vermerkte Eberhard Günther, Leiter des Kartellreferats im BMWi und als überzeugter Ordoliberaler der Sympathie mit den Kartellpraktiken der Industrie nicht verdächtig, über eine Diskussion mit dem amerikanischen Vertreter Kelleher bei einer Besprechung mit der DIDEG kurz nach dem Urteil im Strafverfahren über die öffentliche Wirkung solcher Gerichtsprozesse:

> Die Amerikaner seien darüber hinaus der Meinung, dass man im Hinblick auf die immer häufiger anzutreffende kartellfreundliche Haltung in Deutschland die bestehenden Gesetze 56, 78 und 96 nicht länger ruhen lassen dürfe und dass noch weitere Verfahren – ähnlich wie das Schleifmittelverfahren – stattfinden müssten, um die Überzeugung von der Wirksamkeit der Gesetze in Deutschland zu stärken. Ich antworte Dr. Kelleher, dass angesichts der Bereitwilligkeit der Alliierten Hohen Kommission, die Gesetzgebung auf diesem Gebiet auf die Deutschen zu übertragen, die weitere Fortsetzung von Verfahren – ähnlich wie das Schleifmittelverfahren – der Popularisierung der in den Dekartellierungsgesetzen enthaltenen gesunden wirtschaftlichen Idee nicht förderlich sein könne. Mr. Kelleher erwiderte, dass er und seine Herren im Gegenteil der Meinung seien, dass auch Gerichtsurteile nur zur Popularisierung des Gedankens beitragen könnten.[80]

Kelleher hatte hier die Situation in den USA vor den Augen, wo Antitrust als einer der Säulen der progressiven Bewegung seit der Jahrhundertwende erhebliche politische Popularität genoss. Eine äquivalente politische Tradition gab es in Deutschland allerdings nicht, sodass Eberhard Günther wie auch sein Vorgesetzter Ludwig Erhard die entsprechende politische Wirksamkeit der amerikanischen Strafverfahren anzweifelte.

Letztlich war es dann auch die politische Entwicklung hin zur gleichberechtigen Einbindung der Bundesrepublik in den westeuropäischen Staatenverbund, die, wie bereits von den Briten und Franzosen beim Schleifmittelverfahren bemängelt, Strafprozesse der Besatzungsmächte schnell inopportun machte. Auf das Exempel in der Schleifmittelindustrie folgte nur noch ein weiteres amerikanisches Strafverfahren gegen die bayerischen Geflügelzüchter im Oktober des gleichen Jahres (siehe Kapitel 4.2). Die DIDEG intensivierte in der Tat nach dem Schleifmittelverfahren zumindest kurzfristig ihre Tätigkeit und führte einige Verwaltungsverfahren durch, sodass man hier eine gewisse Wirkung des amerikanischen Drucks auf die Verbündeten konstatieren kann.[81] Den deutschen Gesetzgebungsprozess zum GWB konnte das statuierte Exempel indessen bekanntermaßen nicht

80 Turnusbesprechung bei der DIDEG (Dr. Günther), 18.8.1950, in: BA B102/17089.

81 Vgl. auch. Murach-Brand, Antitrust auf Deutsch, S. 135 f.

beschleunigen. Ob die Gerichtsverfahren wie von den Amerikanern intendiert zu einer Popularisierung des Wettbewerbsgedankens in Deutschland führten, lässt sich umfassend kaum beantworten, es bestehen angesichts des mehrheitlich negativen Presseechos aber erhebliche Zweifel. Im konkreten Fall der Schleifmittelindustrie indessen hatte die beiden Verfahren ihre erzieherische Wirkung zumindest bei den Angeklagten augenscheinlich verfehlt.

Der Schleifmittelfall und insbesondere das US-Strafverfahren zeigen letztlich deutlich die durch den Transfer amerikanischer Antitrustpraxis ausgelösten Rechtsirritationen. Während die amerikanische Kartellabteilung angesichts der fortgesetzten Preisabsprachen in der deutschen Industrie durch ein scharfes strafrechtliches Vorgehen bewusst ein Exempel statuieren wollte und dies für die Etablierung einer neuen Wettbewerbspolitik auch als notwendig ansah, löste dieses Vorgehen auf deutscher Seite erhebliche Irritationen aus. Dies betraf zunächst einmal die Angeklagten, die sich plötzlich wegen Praktiken, die kurze Zeit zuvor noch von den deutschen Behörden mitgetragen worden waren, in einem Strafverfahren verantworten mussten. Die Angeklagten und ihr deutscher Anwalt bestritten die rechtliche Zuständigkeit des US-Gerichts und die Zulässigkeit eines unilateralen Strafverfahrens natürlich primär aus Eigeninteresse, um einer Strafe zu entgehen. Jedoch ist auffällig, wie hartnäckig mit Rudolf Mueller ein Rechtsanwalt, der eigentlich als Fachmann für US-Antitrust galt, mit dem Anzweifeln der rechtlichen Zuständigkeit des Gerichts an einer Verteidigungsstrategie festhielt, die bei dem amerikanischen Richter am Ende jegliche Wirkung verfehlte. Dass erst durch das Hinzuziehen eines New Yorker Rechtsanwalts das Verfahren zu Ende geführt werden konnte, spricht dafür, wie sehr selbst als Experten für die Materie geltende deutsche Juristen mit der US-Praxis fremdelten.

Dass die grundsätzlichen politischen und juristischen Vorbehalte gegen die US-Strafverfahren nicht nur opportunistische Verteidigungsstrategie waren zeigt nicht zuletzt die Reaktion Konrad Adenauers, der ebenfalls gegenüber John McCloy seine Missbilligung darüber ausdrückte, mit welcher Kaltschnäuzigkeit die amerikanischen Gerichte grundsätzliche politische und völkerrechtliche Bedenken außerhalb des eigentlichen Sachverhalts in den Straf- und Entflechtungsverfahren beiseite wischten. Mit Eberhard Günther meldete zudem ein wichtiger deutscher Ministerialbeamter Bedenken gegenüber dem amerikanischen Vorgehen an, der dem Kartellverbot an sich ausdrücklich positiv gegenüberstand. Dessen Haltung manifestierte sich nach dem Erlass des GWB auch in der Praxis des Bundeskartellamts, dem er als erster Präsident vorstand. Dieses verzichtete im ersten Jahrzehnt seines Bestehens beinahe vollständig auf empfindliche Geldstrafen für Kartelle, und beschränkte sich stattdessen darauf, durch seine Genehmigungspraxis zu einer langsamen und eher sanften ‚Umerziehung' der kartellfreundlichen Unternehmer und Verbandsfunktionäre beizutragen.[82] Diese Praxis stand trotz der geteilten Zielsetzung im Widerspruch zum amerikanischen Vorgehen. Dezidiert irritiert gegenüber dem unilateralen Strafverfahren zeigten sich auch die britischen und französischen DIDEG-Vertreter, die in dem Vorgehen nicht nur ein Verstoß gegen die multilaterale Etikette der Institution sahen, sondern ein so rigides Vorgehen auch angesichts des deutschen Widerstands politisch bereits 1950 für inopportun hielten.

4.2 Keine Ausnahme für Kleinbetriebe und Staatsbeamte – das Verfahren gegen die bayerischen Geflügelzüchter

Trotz der erheblichen Widerstände und Konflikte sowohl mit der deutschen Seite als auch innerhalb der DIDEG, die das Strafverfahren gegen die Schleifmittelhersteller für die Amerikaner mit sich gebracht hatte, waren das amerikanischen Hochkommissariat und seine Kartellabteilung doch nicht bereit, unmittelbar auf dieses Instrument zu verzichten. Während die Forderung nach strafrechtlichen Verfahren etwa im Fall des ZVEI (siehe Kapitel 5.2) schließlich nach britischem und französischem Widerstand und zwei relativ reibungslos verlaufenen Verwaltungsverfahren fallen gelassen worden war, stellte sich die Lage im Fall der bayerischen Geflügelzüchter anders dar. Ein erheblicher Faktor war dabei, dass die betroffenen Verbände ihren Sitz in der amerikanischen Zone hatten und die verbotenen Marktpraktiken ausschließlich dort stattgefunden hatten, sodass eine trilaterale Kooperation hier nicht zwingend notwendig war. Das in der deutschen Presse mitunter als „Kükenfall" bezeichnete Verfahren war neben dem Schleifmittelfall das einzige Strafverfahren unter den Dekartellierungsgesetzen, welches vor einem Besatzungsgericht verhandelt wurde. Ein genauerer Blick auf das Verfahren lohnt sich aber nicht nur wegen des Mangels vergleichbarer Fallbeispiele, sondern auch, weil der Fall einen direkten Kontrast zum deutschen Rechtszustand nicht nur vor 1945 sondern auch nach dem GWB markiert.

Die Landwirtschaft war nicht nur zuvor im Nationalsozialismus durch den Reichsnährstand den Marktkräften weitgehend entzogen worden, sondern auch unter dem GWB ab 1958 als eine der zentralen „Bereichsausnahmen" vom Kartellverbot weitgehend ausgenommen. Bereits vor dem Ersten Weltkrieg wurden auf den Druck großagrarischer Interessen hin erste Marktregelungen im Deutschen Reich beschlossen, die aber zunächst vor allem der Abschottung ausländischer Importe und weniger der Ausschaltung marktwirtschaftlicher Prinzipien auf dem

82 Teupe, Verhandelte Grenzüberschreitungen.

heimischen Markt dienten.[83] Im Zuge der Weltwirtschaftskrise und des Preisverfalls landwirtschaftlicher Produkte in der Zwischenkriegszeit wurden diese staatlichen Eingriffe in den Markt für Agrarprodukte ab 1930 erheblich verschärft. Die bereits vor der nationalsozialistischen Machtergreifung teilweise vorgezeichnete Pfad hin zu einer staatlich gelenkten und verwalteten Ernährungswirtschaft wurde von den Nationalsozialisten weiterverfolgt und die entsprechenden Kompetenzen bei reichsweiten Institutionen zentralisiert. So galten für zentrale Produkte wie Eier, Milch oder Futtermittel bald ein System staatlich administrierter Festpreise und weitreichende Steuerungen des Absatzweges, u. a. einen Abgabe- und Abnahmezwang, Verbote von Direktverkäufen durch Landwirte außer an Selbstverbraucher sowie regional monopolisierte Abgabestellen.[84] Auch wenn das staatlich administrierte Preissystem durchaus noch Preisabstufungen und unterschiedliche Arten von Preisvorgaben (Festpreise, Mindestpreise, Höchstpreise sowie regionale, zeitliche und qualitative Preisabstufungen) kannte, wurden durch die Zentralisierung weitere Markteingriffe nötig, etwa Frachtausgleiche für die Belieferung abgelegener Märkte bei Massenprodukten mit reichsweit einheitlichen Preisen wie Brot, Kartoffeln, Milch und Eiern sowie staatliche Stützungskäufe in diesen „toten Winkeln“, wo dies nicht ausreichte.[85] Die zuvor im Reichsnährstand gebündelten Kompetenzen bei der Preissteuerung gingen zu Beginn des zweiten Vierjahresplans 1936 dann auf den Reichskommissar zur Preisbildung über, ohne dass sich dadurch das grundsätzliche System staatlicher Preisvorgaben und über regionale Monopole gelenkter Handelswege geändert hätte.[86]

Wie stark diese Kontinuität staatlicher Markteingriffe in der Nachkriegszeit noch fortwirkte, zeigt sich in diesem Fallbeispiel der bayerischen Geflügelzüchter auch dadurch, dass die zwei angeklagten Geschäftsführer des betroffenen Verbandes gleichzeitig Beamte des bayerischen Landwirtschaftsministeriums waren, die ihre leitende Stellung in den angeklagten Verbänden lediglich ehrenamtlich wahrnahmen. Der Fall sorgte auf deutscher Seite zudem nicht zuletzt deshalb für erhebliche Rechtsirritationen, weil mit den Geflügelzüchtern zumeist in äußerst bescheidenem Rahmen arbeitende Kleinbetriebe betroffen waren, die für sich genommen kaum den im ersten Artikel der Dekartellierungsgesetze definierten Tatbestand der „übermäßige Konzentration deutscher Wirtschaftskraft“ erfüllten. Die Amerikaner hingegen sahen im Sachverhalt in erster Linie einen klaren per se Verstoß, der keine Auslegung etwa der Marktsituation erforderte. Zudem betonte

---

83 Gustavo Corni / Horst Gies, Brot – Butter – Kanonen. Die Ernährungswirtschaft in Deutschland unter der Diktatur Hitlers, Berlin 1997, S. 48.

84 Ebd., S. 326–328.

85 Ebd., S. 336–349.

86 Ebd., S. 344.

die amerikanische Kartellabteilung analog zur der Rechtsauslegung im Heimatland die Sicht der Konsumenten, für die ein wichtiges Nahrungsmittel des täglichen Bedarfs zumindest regional flächendeckend verteuert war. So teilte mit Stanley E. Disney der spätere Leiter der amerikanischen Kartellabteilung in einem anderen Zusammenhang Vertretern des deutschen BMWi mit, dass die amerikanischen Autoritäten Kartellregelungen „auf den Gebieten der Ernährung, der Bekleidung und des Wohnungsbaus in ihrem eigenen Lande außerordentlich ablehnend gegenüberstünden, und daß eine Regelung auf diesen Gebieten, die mit einer Festlegung von Preisen verbunden sei, keine Aussicht auf Erfolge [bei der Erlangung einer Ausnahmegenehmigung, RH] habe".[87] Angesichts der starken Kontinuität von staatlich tolerierten bzw. gestützten Kartell- und Monopolstrukturen war es den Amerikanern gerade im Bereich der Landwirtschaft daran gelegen, ein Exempel zu statuieren.

Über die Preisfestsetzungen durch den „Verband der landwirtschaftlichen Geflügelzüchter Bayern" und die ihm untergeordneten regionalen Geflügelherdbücher war die amerikanische Kartellabteilung durch Beschwerden aufmerksam geworden. Die auf diese Beschwerden folgenden Untersuchungen hatten ergeben, dass der Verband sowie seine Unterabteilungen die Preise für Geflügel in Bayern festlege und die Einhaltung dieser Preise überwache. Solche Preisabsprachen für Geflügel kamen nach Ansicht der amerikanischen Kartellabteilung nur in Bayern vor, so habe der Preis für ein fünf Tage altes Küken in der britischen Zone im Schnitt bei etwa 60 Pfennig gelegen, in Bayern hingegen bei 80 Pfennig. [88] In den Handlungen des Geflügelzüchterverbands sahen die Amerikaner eine „clear and flagrant disregard" der Dekartellierungsgesetze, die eine strafrechtliche Verfolgung nötig mache. Die Preisabsprachen bei einem wichtigen Artikel des täglichen Bedarfs sei zudem eine ernsthafte Schädigung deutscher Konsumenten, da der Preis für ein wichtiges Nahrungsmittel so künstlich in die Höhe getrieben werde. Diese Argumentation hatte durchaus ihre Grundlage. So waren Eier in den frühen 1950er Jahren sowohl in Ost- als auch Westdeutschland Mangelware und stellten ein beliebtes Gut auf dem Westberliner Schwarzmarkt dar.[89] Auch als solche Mangellagen bei wichtigen Lebensmitteln im Zuge des steigenden Wohlstands im westdeutschen Wirtschaftswunder behoben wurden, war dies im Fall von Eiern angesichts der nach wie vor kleinbetrieblich und wenig wirtschaftlich organisierten

---

87 Vermerk über eine Besprechung bei der Kartell-Abteilung der AHK, 25.11.1953, in: BA B102/17090.

88 Criminal Prosecution of Bavarian Poultry Breeders' Association, Proposal by U. S. Member, Juni 1951, DIDEG/P(51)30, S. 1, in: PRO FO 1005/731.

89 Veronika Settele, Revolution im Stall. Landwirtschaftliche Tierhaltung in Deutschland 1945–1990, Göttingen 2020, S. 147.

Hühnerhaltung in Deutschland nur durch Importe möglich, welche von 1951 bis 1957 um 150 % stiegen und zu diesem Zeitpunkt 39 % des Eierverbrauchs in Westdeutschland ausmachen.[90] Neben den grundsätzlichen juristischen und wirtschaftlichen Argumenten machte der amerikanische Vertreter gegenüber der DIDEG aber auch die politische Dimension öffentlichkeitswirksamer Strafprozesse transparent. So sollte durch dieses Verfahren wie bereits zuvor im Schleifmittelfall Druck auf die Bundesregierung beim langwierigen Gesetzgebungsprozess zum GWB ausgeübt werden:

> Furthermore, the U. S. Member believes that such a criminal prosecution would promote Allied policy as it would serve to prod the German Government in enacting a satisfactory decartelization law and might help to overcome the dilatory tactics with regard to this long discussed legislation.[91]

Die DIDEG stimmte dem amerikanischen Strafverfahren bei ihrem Treffen am 14.6.1951 zu. Da die Verstöße durch den Geflügelzüchterverband auf die amerikanische Zone beschränkt waren, war sich die DIDEG in diesem Fall einig, dass die amerikanische Seite ihr Strafverfahren unabhängig von der DIDEG durchführen könne. Nachdem das erste Strafverfahren gegen die Schleifmittelhersteller noch hohe Wellen geschlagen hatte, erfuhren die Amerikaner in diesem Fall keinen nennenswerten Widerstand innerhalb der DIDEG mehr. Teilweise war dies dadurch bedingt war, dass die Amerikaner die DIDEG hier vorzeitig über ihre Absichten informierten und der Fall ausschließlich die amerikanische Zone betraf. Nachdem allerdings die britische und französische Kartellabteilung zuvor im Schleifmittelfall die Berechtigung zu unilateralen Verfahren abseits der DIDEG noch grundsätzlich bestritten hatten, hatte die amerikanische Seite hier mit ihrem Bestehen auf einer zumindest punktuell strikten und strafrechtlichen Anwendung der Dekartellierungsgesetze doch ihre Linie durchgesetzt. Die DIDEG diskutierte lediglich noch, ob ein trilaterales Verwaltungsverfahren zusätzlich zum Strafverfahren in Gang gesetzt werden sollte, und ob, falls ja, dies zeitgleich oder erst nach Ende des Strafverfahrens der Fall sein sollte.[92] Diese Frage leitete die DIDEG zunächst an das vorgesetzte *Law Comittee* weiter, in der Praxis versandete die Diskussion aber und es kam in diesem Sachverhalt nicht mehr zu einem zusätzlichen trilateralen Verwaltungsverfahren.

Den jährlichen Umsatz der Geflügelproduktion zu Nahrungszwecken in Bayern schätzte die amerikanische Kartellabteilung jährlich auf etwa 25 Millionen DM.

90 Ebd., S. 157 f.

91 Criminal Prosecution of Bavarian Poultry Breeders' Association, Proposal by U. S. Member, Juni 1951, DIDEG/P(51)30, S. 2, in: PRO FO 1005/731.

92 Minutes of the Thirty-Sixth Meeting of the DIDEG, 14.6.1951, in: PRO FO 1005/726.

Zur Aufrechterhaltung des Bedarfs wurden jährlich etwa 6 Millionen Küken im Wert von 4,5 Millionen DM von den hier betroffenen Zuchtbetrieben verkauft. Diese wurden von etwa 2000 Zuchtbetrieben bereitgestellt, von den alle bis auf etwa 150 wiederum in vier regionalen Geflügelherdbüchern organisiert waren, die zusammen den Verband landwirtschaftlicher Geflügelzüchter Bayern bildeten. Geschäftsführer des Verbands sowie Vorsitzender des Herdbuchs Oberbayern war B. Haneberg, der gleichzeitig auch Regierungsamtsmann im bayerischen Landwirtschaftsministerium und dort Leiter der Abteilung für Kleintierzucht war.[93] Diese Doppelfunktion erklärte sich dadurch, dass der Verband angesichts nur geringer Mitgliedsbeiträge seitens der Züchter von 2 bis 4 DM jährlich keine hauptamtlichen Mitarbeiter leisten konnte, sodass die Geschäftsführung von zwei Beamten des bayerischen Landwirtschaftsministeriums ehrenamtlich wahrgenommen wurde. Die niedrigen Mitgliedsbeiträge des Verbands erklärten sich durch die wirtschaftliche und soziale Situation der meist sehr kleinen Zuchtbetriebe, ein zeitgenössischer Wirtschaftsjournalist charakterisierte die bayerischen Geflügelzüchter als „fast durchweg kleine Leute, vielfach Invaliden und Flüchtlinge auf dem Lande, die sich mit geringsten Mitteln eine bescheidene Existenz aufgebaut haben“.[94] Diese zeitgenössische Einschätzung der Geflügelzucht der frühen 1950er Jahre als kleinbetrieblich und wirtschaftlich eher prekär deckt sich mit dem aktuellen einschlägigen Forschungsbestand, der den Beginn der heute bekannten ökonomisierten und industrialisierten Geflügelwirtschaft in Westdeutschland erst am Ende der 1950er Jahre verortet.[95] In seiner Funktion als Geschäftsführer des Verbands setzte sich Haneberg für Preisabsprachen der Mitgliedsbetriebe der jeweiligen Herdbücher ein und setzte solche Preisabsprachen in Form von Minimalpreisen für Bruteier, Küken, Junghennen und andere Produkte auch in seinem eigenen Herdbuch Oberbayern durch. Die Preise selbst waren im Fall des oberbayrischen Herdbuchs in einem Treffen im Januar 1951 mit über 200 anwesenden Mitgliedern beschlossen worden. Auch das fränkische Geflügelherdbuch beschloss bei einer Reihe von Mitgliederversammlung im Februar 1951, die Preise für Küken auf 80 Pfennig festzusetzen.[96]

---

93 Criminal Prosecution of Bavarian Poultry Breeders' Association, Memorandum, Juni 1951, DI-DEG/P(51)30, S. 1, in: PRO FO 1005/731.

94 Dö.[Wolfram Dörinkel], Der Münchener „Kükenfall“, in: WuW 1+2 (1951/52), Heft 1, S. 70 f.

95 Karl Christian Führer, Das Fleisch der Republik. Ein Lebensmittel und die Entstehung der modernen Landwirtschaft in Westdeutschland 1950–1990, Berlin 2022, S. 243–315; Settele, Revolution im Stall, S. 143–224.

96 Criminal Prosecution of Bavarian Poultry Breeders' Association, Memorandum, Juni 1951, DI-DEG/P(51)30, S. 4, in: PRO FO 1005/731.

Haneberg und die anderen leitenden Vertreter der Herdbücher und des Verbands überwachten die Einhaltung der Preise und setzten diese aktiv durch. So wurde etwa der Züchter Ludwig Robl aus Teisendorf, der im „Landwirtschaftlichen Wochenblatt" seine Küken für 60 Pfennig pro Stück angeboten hatte, auf persönliche Intervention von Haneberg sowie der Vorsitzenden des Verbands und des Herdbuchs Oberbayern dazu gedrängt, die entsprechende Anzeige zurückzunehmen.[97] Auch die Publikation wurde dazu gedrängt, keine Anzeigen mehr zu veröffentlichen, bei der durch die Herdbücher festgelegte Minimalpreis unterboten wurde. Im Einzugsbereich des fränkischen Herdbuchs kam es zu einem ähnlichen Fall, bei der ein Züchter seinen Kükenverkauf für 60 Pfennig pro Stück bewarb und daraufhin vom Geschäftsführer des fränkischen Herdbuchs persönlich auf den Minimalpreis von 80 Pfennig hingewiesen wurde. Der Verband und die Herdbücher rechtfertigten den Minimalpreis auch dadurch, dass bei einem niedrigeren Preis ansonsten die Einhaltung der minimalen Qualitätsstandards angeblich nicht mehr möglich sei.[98] Abgesehen von Abweichlern wie Robl trug die Mehrheit der Züchter die Praktiken des Verbands und der Herdbücher wohl mit. Das strikte amerikanische Vorgehen hatte aber auch deutsche Unterstützer. So unterstützte ein Hersteller von Inkubatoren und ähnlichem Material für die Hühneraufzucht aus Illesheim, Bayern, namens Friedrich Frenke das amerikanische Verfahren mit technischem Rat und half den Anklägern in dem Fall, technische Argumente der Verteidigung zurückzuweisen, die als Ausreden für die Marktabsprachen vorgebracht wurden. Ein Vertreter der US-Kartellabteilung suchte Frenke persönlich in seinem Geschäft auf und hatte eine „favorable impression of him as far as his political and intellectual background as well as his attitude toward a competitive economy are concerned." Die US-Kartellabteilung setzte sich später dafür ein, Frenke eine Studienreise in die USA zum Studium moderner Technologien in seiner Branche zu ermöglichen.[99]

Kern der Anklage im Prozess war, dass die Angeklagten in den Jahren 1949, 1950 und 1951 den Binnenhandel von Geflügel einschränkten, indem sie durch die Festsetzung und Überwachung von Mindestpreisen für Bruteier, Küken und junge Zuchthennen den Wettbewerb zwischen gewerblichen Brütereien und Geflügelzüchtereien ausschalteten.[100] Bei der ersten Anhörung zu dieser Anklage vor dem *District Court* der Amerikanischen Hohen Kommission in München unter Vorsitz des Richters Leo M. Goodman am 16. August 1951 erklärten sich die Angeklagten

97 Ebd., S. 5.

98 Ebd., S. 6.

99 Letter from Joseph McDowell (Decartelization & Deconcentration Division) to L. J. Ganse (Legal Affairs Division, Bavaria), 17.10.1951, in: IfZArch OMGUS, 17/8249/3.

100 N. N., Preisabreden und Dekartellierung, in: WuW 1+2 (1951/52), Heft 2, S. 122–128, hier: S. 122.

zunächst für nicht schuldig, woraufhin die Verhandlung für den 15. Oktober 1951 anberaumt wurde. Wohl als Folge zusätzlicher Rechtsberatung und Absprachen mit den Anklägern erschienen die Beklagten zusammen mit der Staatsanwaltschaft aber am 29. August erneut vor Gericht und änderten ihre vorherige Erklärung durch ein Schuldbekenntnis ab.[101] In seiner Urteilsbegründung lehnte das Gericht, auch hier auf entsprechende Einwände der Verteidigung, es ab, sich grundsätzlich auf Diskussionen über die Angemessenheit von Gesetz Nr. 56 einzulassen. Das Gericht sei lediglich dazu da, das Gesetz auszulegen, während grundsätzliche Fragen über dessen wirtschaftliche Richtigkeit oder Notwendigkeit den gesetzgebenden Körperschaften vorbehalten seien.[102]

Trotz der Weigerung, auf grundsätzliche Kritik an Gesetz Nr. 56 einzugehen, beleuchtete das Gericht in der Urteilsbegründung die Ursprünge des Kartellrechts und seiner Auslegung. Dabei lehnte das Gericht die Anwendung der Doktrin der *rule of reason* auf Preisabsprachen ab, da diese auch bei „vernünftiger" Preissetzung eine „potentielle Bedrohung des zentralen Nervensystems der Wirtschaft" seien. Der Preis, der heute noch vernünftig sei, könne morgen unvernünftig werden, wenn der Wettbewerb dauerhaft erstarrt sei. Dabei berief sich der Richter direkt auf ein Urteil des amerikanischen Supreme Court aus dem Fall *US vs. Socony Vacuum Oil Company of New York* von 1940, bei der das Gericht eine Anwendung der *rule of reason* auf Preisabsprachen mit dieser Argumentation explizit abgelehnt hatte.

Das Gericht erkannte allerdings auch mildernde Umstände in dem Fall: So sei die grundsätzliche Zielsetzung des Verbandes, die Geflügelzüchter zu fördern und die Einhaltung von Qualitätsstandards sicherzustellen, lobenswert. Auch sei den Angeklagten zugute zu halten, dass sie sich nicht bewusst waren, gegen ein Gesetz zu verstoßen und im Glauben handelten, dass ihre Aktivitäten nicht unter das Gesetz fielen. Diese Unkenntnis sei verständlich im Angesicht der Wirtschafts- und Staatstheorien, unter denen die Angeklagten aufgewachsen waren. Diese Theorien sähen den Weg zur Vermeidung wirtschaftlicher Labilität in Beschränkung der Freiheit des Unternehmens und Kontrolle des Wettbewerbs. Trotzdem sei der Weg, welchen die Angeklagten gegangen seien, falsch. Sofern es Argumente dafür gebe, dass die Kartellgesetze auf die Geflügelzucht in Bayern wirtschaftlich nicht anwendbar seien, hätten die Angeklagten stattdessen eine Ausnahmegenehmigung beantragen müssen.[103]

Angesichts der aus den konfiszierten Rundschreiben klar hervorgehenden Preisabsprachen sowie ihrer Überwachung und der bereits im Schleifmittelfall

101 Ebd., S. 124.
102 Ebd., S. 125.
103 Ebd., S. 126 f.

herausgestellten Unwilligkeit der amerikanischen Richter, sich auf grundsätzliche völkerrechtliche Debatten über die Besatzung und Gesetz Nr. 56 einzulassen, war dann auch der Ausgang dieses Verfahrens absehbar. Wie bereits im Schleifmittelverfahren bekannten sich die Angeklagten auch hier schließlich schuldig, da eine materielle Verteidigung aussichtslos war und erreichten so eine Absprache zwischen den verteidigenden Anwälten und der amerikanischen Staatsanwaltschaft. Als Resultat wurde der „Verband der landwirtschaftlichen Geflügelzüchter Bayern" zu einer Geldstrafe von 10.000 DM verurteilt, allerdings mit zweijähriger Bewährungsfrist für die Hälfte der Strafe. Ebenfalls mit zweijähriger Bewährung, hier für die volle Strafe, wurden verurteilt: Das Geflügelherdbuch Oberbayern zu 4.000 DM, das Geflügelherdbuch Franken zu 3.000 DM und die beiden Geschäftsführer der Herdbücher – beide hauptberuflich im bayerischen Landwirtschaftsministerium tätig – zu 2.500 und 1.500 DM Geldstrafe.[104] Sowohl die mildernden Umstände als auch die bescheidenen wirtschaftlichen Verhältnisse der Geflügelzüchter und des Verbandes ließ der zuständige Richter Leo M. Goodman erkennbar in das Strafmaß einfließen. Die verhängten Geldstrafen waren nicht nur deutlich niedriger als etwa im Schleifmittelfall, sondern wurden zum Großteil auch zur Bewährung ausgesetzt.

Die amerikanische Kartellabteilung war auch bei diesem Urteil um die maximale Öffentlichkeitswirkung bemüht. Neben den grundsätzlichen Zielen, die deutsche Öffentlichkeit vom Antitrust zu überzeugen und die Bundesregierung bei der eigenen Gesetzgebung unter Druck zu setzen, war hier zudem auch das Ziel, sowohl deutschen Ministerialbeamten als auch den Verantwortlichen in der Landwirtschaft klarzumachen, dass auch sie durch die Dekartellierungsgesetze betroffen waren:

> It is desired that this decision be given the widest possible publicity, emphasizing that this decision makes clear that Law No. 56 applies also in the agricultural field and to government officials in the exercise of their duties. It is desired that you submit to this office a list of German individuals, institutions or newspaper men, who you feel would be interested in receiving a copy of the decision.[105]

Das GWB ließ sich auf diese Weise allerdings nicht kurzfristig erzwingen und wurde erst nach der endgültigen Auflösung der AHK verabschiedet, Antitrust blieb in Deutschland eher eine Domäne ordoliberaler Experten denn eine politische Massenbewegung und auch die Landwirtschaft bekam letztlich ihre Bereichsausnahme vom Kartellverbot. Zumindest während des Interregnums der alliierten Kar-

---

104 Dö.[Wolfram Dörinkel], Der Münchener „Kükenfall", in: WuW 1+2 (1951/52), Heft 1, S. 70 f.
105 Letter from Anthony H. Bergson, Decartelization & Deconcentration Division to Albin Lengler, Office of the Land Commissioner for Hesse, 17.10.1951, in: IfZArch OMGUS, 17/8249/3.

tellgesetze wurden Preisabsprachen und ähnliche Wettbewerbsbehinderungen in der Landwirtschaft aber durchaus auch vor deutschen Gerichten verfolgt und die entsprechenden Verurteilungen auch vom BGH aufrechterhalten (siehe Kapitel 7b). Diese kurze Zeitspanne, in der ein Preiswettbewerb bei landwirtschaftlichen Gütern zumindest vereinzelt strikt gerichtlich forciert wurde führte aber letztlich nicht dazu, dass die über lange Zeit explizit staatlich geförderten und aufgebauten Kartellstrukturen beseitigt worden wären. In § 100 GWB wurde die Bereichsausnahme vom Kartellverbot u. a. für die „Erzeugung und den Absatz landwirtschaftlicher Erzeugnisse" verankert.[106] Dass im Fall der bayerischen Geflügelzüchter auch Ministerialbeamte des bayerischen Landwirtschaftsministeriums wegen Verstößen gegen Gesetz Nr. 56 schuldig gesprochen wurden, zeigt, wie rigide eine konsequente Anwendung der Dekartellierungsgesetze mit der deutschen Tradition in diesem Wirtschaftszweig brach. Diese war über Jahrzehnte durch ein Zusammenwirken kartellierter landwirtschaftlicher Wirtschaftskörperschaften und staatlicher Wirtschaftslenkung bestimmt worden und wurde durch das Kartellverbot erheblichen Rechtsirritationen ausgesetzt.

106 § 100 GWB, BGBl. vom 27.7.1957, Nr. 41, S. 1099 f.

5 Die trilaterale Minimallösung: Die Verwaltungsverfahren der DIDEG

5.1 Ein Kartellverfahren ‚made in America?' – Der ‚importierte' Prozess gegen die DVSG

Auch wenn die Zusammenarbeit in der DIDEG auf Grund der grundsätzlichen Differenzen zwischen den Parteien schwierig blieb, war in den administrativen Verwaltungsverfahren doch ein kleinster gemeinsamer Nenner gefunden, unter dem eine konstruktive Zusammenarbeit zur Verhinderung restriktiver Wettbewerbspraktiken deutscher Unternehmen möglich war. Von diesen Verwaltungsverfahren verdient besonders der Prozess gegen die Deutsche Vereinigte Schuhmaschinen GmbH (DVSG) aus zweierlei Gründen besondere Beachtung. Erstens handelte es sich bei den in diesem Verfahren angemahnten Sachverhalten nicht um die klassischen Preisabsprachen unter der Schirmherrschaft von offiziell als Verbänden fungierenden Kartellen, die die meisten der anderen DIDEG-Verfahren gegen per se-Verstöße zum Inhalt hatten, sondern um die restriktiven Geschäftspraktiken eines einzelnen Unternehmens, das wegen des hohen Marktanteils im Verdacht stand, den Wettbewerb erheblich zu beeinträchtigen. Zweitens war die in Frankfurt a. M. beheimatete DVSG eine hundertprozentige Tochter der United Shoe Machinery Corporation (USMC) und damit ein US-amerikanisches Unternehmen.

Die von der DIDEG angemahnten Geschäftspraktiken waren keine deutsche Erfindung, sondern Teil zentraler Vorgaben und Musterverträge aus der Firmenzentrale in Beverly, Massachusetts. Die USMC selbst sowie ihre Geschäftspraktiken hatten bereits seit ihrer Gründung per Fusion aus den drei größten amerikanischen Schuhmaschinenherstellern im Jahr 1899 im Fokus der *Antitrust Division* des amerikanischen Justizministeriums gestanden. Das Unternehmen musste sich seit seiner Gründung in drei großen Antitrustverfahren vor amerikanischen Gerichten verantworten, die allesamt final vor dem *Supreme Court* entschieden wurden. Die wesentlichen Impulse des DIDEG-Verfahrens gegen die DVSG gingen von diesen amerikanischen Antitrustprozessen aus. Indem das amerikanische Vorbild in diesem Fall konzise beleuchtet wird, kann also gezeigt werden, wie direkt in diesem Verfahren die Doktrinen des US-Antitrust auf die Wirtschaft der jungen Bundesrepublik angewandt wurden. Zudem soll im Kontrast zur amerikanischen Antitrustpraxis gegenüber dem Vertragssystem der USMC/DVSG auch der deutsche Rechtszustand vor 1945 beleuchtet werden, der sich ebenfalls in einer langen Rei-

https://doi.org/10.1515/9783111517674-005

he von Urteilen über das Vertragssystem der DVSG bis hinauf zum Reichsgericht manifestiert hatte.

Zum Verständnis des Verfahrens gegen die DVSG ist daher ein kurzer Blick auf das Mutterunternehmen und seine Konfliktpunkte mit dem Antitrustrecht unabdingbar. Die United Shoe Machinery Corporation wurde 1899 durch Fusion der drei wichtigsten Schuhmaschinenhersteller, Goodyear Shoe Machinery Company, Consolidated McKay Lasting Machine Company und McKay Shoe Machinery Company gegründet. Durch die Fusion schafften die beteiligten Unternehmen zunächst Patentstreite aus der Welt und vereinten sich ergänzende Patente zu unterschiedlichen Arbeitsschritten bei der Schuhherstellung unter einem Dach. Das Unternehmen setzte von Anfang an größtenteils auf Verleih ihrer Maschinen, statt diese zu verkaufen. 1910 hatte das Unternehmen nach einigen Jahren rasanten Wachstums einen Marktanteil von 80 % auf dem heimischen Markt erreicht sowie Filialunternehmen in mehreren Ländern gegründet oder übernommen.[1]

1911 verklagte die *Antitrust Division* die USMC zum ersten Mal in einem zivilrechtlichen Verfahren. Auch ein Strafverfahren wurde erwogen, Präsident William Howard Taft sprach sich aber vehement gegen ein solches aus, bevor nicht von allen zivilrechtlichen Maßnahmen Gebrauch gemacht waren.[2] Anklagepunkte waren Verstöße gegen den *Sherman Act* durch Monopolisierung des Marktes und Beschränkung des Wettbewerbs.[3] Konkret wurde dem Schuhmaschinenhersteller vorgeworfen, bereits durch die Fusion ein Monopol errichtet und dieses durch das Mietsystem, auf das noch einzugehen sein wird und welches auch im Zentrum des Verfahrens gegen die DVSG stand, ausgebaut zu haben. Der zuständige *District Court of Massachusetts* lehnte die Klage allerdings einstimmig ab. Der Vorwurf der Monopolisierung durch die Fusion wurde vor allem deswegen abgelehnt, da die drei Gründerfirmen nicht in direkter Konkurrenz gestanden hatten, sondern vielmehr durch die Zusammenführung sich ergänzender Patente für unterschiedliche Maschinen, die verschiedene Prozessschritte der Schuhherstellung abdeckten, eine effizientere Produktion ermöglicht hätten. Das Mietsystem mit seinen Verkettungsklauseln sah das Gericht als valide Ausübung der Patentrechte des Unternehmens an. Die Regierung legte gegen das Urteil Berufung ein, der *Supreme Court* bestätigte das Urteil aber mit sieben Stimmen bei zwei abweichenden Meinungen unter den Richtern. Die zwei abweichenden Richter sahen das Mietsystem mit seinen Klauseln als klaren Versuch zur Errichtung eines Monopols an, das

---

1 Bestandsbeschreibung USMC beim National Museum of American History, https://sova.si.edu//record/NMAH.AC.0277, zuletzt abgerufen am 28.01.2021.

2 Hamilton / Till, Antitrust in Action, S. 29.

3 Carl Kaysen, United States v. United Shoe Machinery Corporation. An Economic Analysis of an Anti-Trust Case, Cambridge [MA] 1956, S. 3.

auch erreicht werde. Die Mehrheit der Richter folgte aber damals noch einem sehr engen Monopolbegriff, der quasi absolute Marktbeherrschung verlangte, was später von Antitrustern kritisiert wurde.[4]

1915 erfolgte dann die zweite Klage durch die *Antitrust Division*, die vor allem durch die kurz vorher erfolgte Verabschiedung des *Clayton Act* ermöglicht worden war, welcher die Antitrust-Regelungen ausgeweitet und verschärft hatte. Diese Klage richtete sich ausschließlich und explizit gegen das umfassende Mietsystem des Unternehmens. Dieses basierte auf zwei unterschiedlichen Mietverträgen, den standardmäßigen *restricted leases*, die dem Mieter eine Reihe von Einschränkungen auferlegten, sowie den *independent leases*, die gegen eine höhere Mietzahlung auf diese Einschränkungen verzichteten. De facto waren die *independent leases* jedoch aufgrund ihrer Kosten so unattraktiv, dass sie in der Praxis kaum eine Rolle spielten. Die *restricted leases* hingegen standen im Mittelpunkt der Antitrustklage. Konkret wurden die folgenden Klauseln bemängelt:

1. *Prohibitive clause:* Limitierte die Nutzung von Maschinen auf Schuhe, bei denen eine lange Liste vorangegangener Arbeitsschritte ausschließlich mit Maschinen der USMC durchgeführt wurde.
2. *Exclusive-use clause:* Setzte die ausschließliche Nutzung von Maschinen der USMC für bestimmte Arbeitsschritte voraus.
3. *Supplies clause:* Verlangte, dass Zubehör für die Maschinen ausschließlich von der USMC bezogen wurde.
4. *Additional-machinery clause:* Verlangte, dass der Bedarf nach zusätzlichen Maschinen ausschließlich bei USMC gedeckt wurde.
5. *Cancellation-of-all-leases clause:* Verstoß gegen eine Klausel in einem Mietvertrag gab der USMC das Recht, alle Mietverträge zu kündigen.
6. *Factory-output clause:* Mietgebühren mussten auf alle Maschinennutzungen in der Fabrik des Mieters gezahlt werden, egal ob diese auf den Maschinen der USMC oder anderen Maschinen durchgeführt werden.
7. *Patent-insole-restriction clause:* Die von der USMC patentierte Einlegesohle durfte nur auf Maschinen der USMC befestigt werden, Schuhe die, diese Sohle nutzten, mussten auch auf Maschinen der USMC genäht werden.
8. *Discriminatory-royalty clause:* Bei manchen Maschinen mussten höhere Mietgebühren bezahlt werden, wenn andere Arbeitsschritte auf den Maschinen von Konkurrenten durchgeführt wurden.
9. *Full-capacity clause:* Verlangte, dass alle Maschinen von United zur maximal möglichen Kapazität genutzt wurden, sobald Arbeit verfügbar war, für die sie genutzt werden konnten.

4 Ebd., S. 10–13.

10. *Part-repairs-and-attachments clause:* Verlangte, dass Ersatzteile exklusiv von der USMC bezogen wurden und Reparatur und Instandsetzung ausschließlich von der USMC durchgeführt wurde.
11. *Removal-of-unnecessary-machinery clause:* Erlaubte es der USMC, wegen niedriger Produktion nicht genutzte Maschinen vom Mieter zurückzufordern.[5]

Der zuständige *District Court* urteilte im Wesentlichen im Sinne der Anklage und verbot die Klauseln 1–8 als Verstoß gegen den *Clayton Act.* Die letzten drei Klauseln hingegen wurden als erlaubte Schutzmaßnahmen im Sinne des Geschäftsmodells der USMC angesehen,[6] da sich die Mietzahlungen an die USMC neben einer Grundmiete nach der in Zeigerumdrehungen gemessenen Nutzungsdauer der Maschinen richtete. Die USMC legte beim *Supreme Court* Berufung gegen das Urteil ein, dieser erhielt das Urteil der vorherigen Instanz aber aufrecht. Daraufhin verhandelte die USMC mit der *National Shoe Manufacturers Association* (NSMA) 1922 neue Verträge, die eine geringere Vertragslaufzeit hatten als die vorherigen 17-jährigen Verträge und auf die vom Gericht verbotenen Klauseln verzichteten. Durch die neuen Verträge wurde die Bindung der Maschinen aneinander aufgehoben, sodass die Typen von Schuhmaschinen nun auch einzeln beziehbar waren und nicht durch die restriktiven Klauseln an die Nutzung anderer Maschinentypen gebunden waren.[7] So war das durch die Kombination der Klauseln erreichte de-facto Verbot, neben Maschinen der USMC auch Konkurrenzmaschinen zu verwenden, gebrochen. Die unverändert erdrückende Marktmacht des Unternehmens indessen konnte das Urteil nicht erschüttern. Als die amerikanische Regierung 1947 eine neuerliche Antitrustklage gegen das Unternehmen richtete lag der Marktanteil bei den für die Schuhproduktion wesentlichen Maschinen bei 91 %. Auch bei den kleineren Maschinen für weniger wesentliche Arbeitsschritte betrug der Marktanteil der USMC noch 74 %, sodass sich insgesamt ein Anteil von 86 % ergab.[8]

Teilweise erklärte sich die Marktposition des Übernehmens auch durch Übernahmen von Konkurrenten. Der spätere Nationale Sicherheitsberater Carl Kaysen, der für einen der zuständigen Richter am *District Court* als *law clerk* eine Analyse der Wettbewerbsbeherrschung durch das Unternehmen vorlegte, sah in den Übernahmen aber nicht den Hauptgrund für die Marktmacht der USMC.[9] Stattdessen

5 Ebd., S. 14.
6 Ebd., S. 16.
7 Ebd., S. 15 f.
8 Ebd., S. 50.
9 Ebd., S. 63.

habe die seit der ursprünglichen Fusion bereits erhebliche Marktmacht einen Schneeballeffekt ausgelöst, d. h. sich über die Zeit selbst verstärkt.[10] Auch im Bereich des Patentwesens ging das Unternehmen aggressiv gegen Konkurrenten vor. Das Unternehmen hielt selbst eine erhebliche Zahl an Patenten, schreckte aber auch bei geringen Erfolgsaussichten vor Patentklagen gegen Konkurrenten nicht zurück, da die teuren Prozesse für kleinere Unternehmen ein erhebliches finanzielles Risiko darstellten und daher abschreckend wirkten, während die USMC finanziell gut für entsprechende Prozesse gerüstet war.[11]

Trotz des weitgehend erfolgreichen zweiten Antitrustprozesses nach dem *Clayton Act* war die ungebrochene Marktmacht des Unternehmens den Antitrustern weiterhin ein Dorn im Auge. Thurman Arnold sah die Marktposition der USMC in seiner Amtszeit als *Assistant Attorney General* und Leiter der *Antitrust Division* explizit als Monopol an.[12] Dementsprechend war die Branche auch schon 1938 Ziel von Untersuchungen durch Arnolds Behörde.[13] Zu einem dritten Antitrustprozess kam es dann, wohl auch weil die USMC im Zweiten Weltkrieg als einer der wichtigsten Rüstungsproduzenten äußerst kriegswichtig war, erst 1947 nach der Amtszeit Arnolds. In der dann erfolgten Anklage wurde dem Unternehmen erneut vorgeworfen, den Schuhmaschinenmarkt in den USA bei den wesentlichen Maschinenarten monopolisiert zu haben, sowie bei einigen anderen Maschinenarten den entsprechenden Versuch unternommen zu haben. Zudem wurde die USMC beschuldigt, auch den Markt mit Ersatzteilen, Zubehör und Gerbereimaschinen monopolisiert zu haben.[14] Im Fokus der Anklage stand dabei dieses Mal vor allem die Übernahmepraxis des Unternehmens. So ging etwa fast die gesamte Herstellung von Schuhmaschinenzubehör der USMC auf Tochterunternehmen zurück, die von der UMSC übernommen worden waren. Am Hauptstandort des Unternehmens in Beverly, Massachussetts betrug der Anteil des hergestellten Zubehörs gemessen in der Wertschöpfung in Dollar nur 5 %, während 74 % in Nebenstandorten produziert wurde, die fast ausschließlich als bereits bestehende Unternehmen aufgekauft worden waren.[15]

Zudem wurde der USMC auch eine Marktaufteilung mit dem Nähmaschinenhersteller Singer vorgeworfen, der ebenfalls einige Maschinen zur Schuhherstellung produzierte. Dabei sollen die beiden Unternehmen sich abgesprochen haben,

10 Ebd., S. 83.
11 Ebd., S. 112 u. 237.
12 Arnold, Bottlenecks of Business, S. 183.
13 Hawley, The New Deal and the Problem of Monopoly, S. 438.
14 Complaint in USA v. USMC, in: Kaysen, United States v. United Shoe Machinery Corporation, S. 352.
15 Ebd., S. 232.

wer welche Maschinen produziert, um so einige gegenseitige Konkurrenz auszuschließen.[16] Auch die meist 5 oder 10 Jahre betragende Mindestmietdauer, die Mindestmenge an zu bearbeitenden Schuhen sowie die im vorherigen Antitrustprozess aufrechterhaltene *full-capacity clause* wurden dem Unternehmen zur Last gelegt.[17] Die Antitruster warfen der USMC auch vor, ihre 900 mobilen Monteure dazu zu nutzen, Schuhfabriken systematisch auszuspähen und dabei die nach wie vor unerwünschten Konkurrenzmaschinen dem Unternehmen zu melden.[18] Abschließend beanstandete die Anklage noch die massenhafte Ansammlung von Patenten, die der USMC vor allem dazu diene, die Konkurrenz vom technischen Fortschritt bei der Schuhmaschinenherstellung auszuschließen. So habe die USMC und ihre Töchterunternehmen seit 1930 4.172 Patente erworben, davon aber nur 208 zur Nutzung durch andere Unternehmen lizenziert.[19]

Aus Sicht des später begonnen, dann aber parallel laufenden Verfahrens gegen die deutsche DVSG ist zudem von Interesse, dass als erster Unterzeichner der Anklage als *Special Assistant to the Attorney General* Grant W. Kelleher genannt ist, der später auch Leiter der US-Dekartellierungsabteilung in Deutschland und amerikanischer Vertreter in der DIDEG war.[20] Der Jurist Kelleher arbeitete nach seinem Abschluss an der Law School der University of Montana seit 1934 für die *Antitrust Division* des US-Justizministeriums. Nach einer kurzen Unterbrechung für den aktiven Militärdienst in der Navy während des Krieges war er zuletzt Vorsitzender der Bostoner Zweigstelle der *Antitrust Division*, was auch seine Zuständigkeit für den Fall der in Massachusetts beheimateten USMC erklärt. 1948 trat er von diesem Posten zurück, um als unabhängiger Rechtsanwalt zu arbeiten, trat 1950 kurz nach dem Amtsantritt McCloys dann aber seinen Posten als Leiter der *Decartelization Division* des amerikanischen Hochkommissariats an.[21] Die amerikanische Besatzungsmacht transferierte in diesem Fall also nicht nur das Verfah-

16 Ebd., S. 361.
17 Ebd., S. 365.
18 Ebd., S. 368.
19 Ebd., S. 369.
20 Ebd., S. 381. In dem bei Kaysen, US v. USMC abgedruckten Dokument wird dieser wohl irrtümlich als „Frank W. Kelleher" bezeichnet, in einem anderen digitalisierten Gerichtsdokument ist er unter der gleichen Funktion *Special Assistant to the Attorney General* aber korrekt als Grant W. Kelleher genannt. Dies deckt sich auch mit der Überlieferung zur DIDEG in mehreren Archiven. https://www.courtlistener.com/opinion/2304249/united-states-v-united-shoe-machinery-corporation/, zuletzt abgerufen am 5.2.2021.
21 Telegram to the Economic Adviser from Washington, about Grant W. Kelleher and Sidney Willner, 7.3.1950, in: PRO FO 1030/227. Vgl. auch Schreiben Eberhard Günther and Roland Risse über neues Personal in der amerikanischen Rechts- und Dekartellisierungsabteilung, 7.2.1950, in: BA B102/17090. Die Informationen in beiden Schreiben decken sich bis auf den Fakt, dass Günthers Schreiben den Wechsel Kellehers zur Privatpraxis auf 1946 datiert. Angesichts seiner Invol-

ren gegen die USMC auf dessen deutsches Tochterunternehmen, sondern auch das die Anklage verfassende Personal war in diesem Fall an der Spitze identisch.

Der *District Court* befand die USMC schließlich für schuldig, durch die Monopolisierung des Schuhmaschinenmarkts und die Monopolisierung des Marktes für entsprechendes Zubehör gegen den *Sherman Act* verstoßen zu haben. Abgelehnt hingegen wurde hingegen der Anklagepunkt zur Monopolisierung des Marktes für Gerbereimaschinen. Das Gericht befand, dass zwar die einzelnen Praktiken und Methoden der USMC für sich gesehen nicht expansionistisch oder unmoralisch seien, in Summe aber als Eintrittsbarrieren für Wettbewerber gewirkt hätten. Die Marktmacht sei des Unternehmens sei auch durch den Erwerb von Patenten verstärkt worden.[22] Die USMC legte auch gegen dieses Urteil Berufung ein, der *Supreme Court* hielt das Urteil aber *per curiam,* also anonym und ohne Sondervotum sowie ohne eigene Begründung aufrecht. Im Detail umfasste das Urteil mehrere Punkte:

1. Die USMC musste für jede verliehene Maschine dem Mieter auch eine Kaufoption gewähren, die den Kunden im Vergleich zur Mietoption nicht benachteiligte
2. Neue Mietverträge durften nun maximal eine Länge von 5 Jahren haben und nach einem Jahr durch den Mieter kündbar sein
3. Bestehende Mietverträge mussten mit der *National Shoe Manufacutrers Association* entsprechend den Vorgaben neu ausgehandelt werden
4. Innerhalb von 9 Monaten musste die USMC ein Plan zur Veräußerung ihrer Tochterunternehmen zur Herstellung von Schuhmaschinenzubehör vorlegen
5. Neuerwerbungen von Betrieben über einem Wert von $ 10.000 wurden dem Unternehmen verboten, ebenso der Erwerb von gebrauchten Schuhmaschinen im Gesamtwert von über $ 25.000
6. Die gehaltenen Patente mussten Wettbewerbern über eine Lizenzierung zur Verfügung gestellt werden
7. Jegliches Rabattsystem durfte nicht gegen den *Robinson-Patman Act* verstoßen[23]

Dem Urteil folgten diverse Verhandlungen mit dem genannten Verband der Schuhhersteller. Dabei versuchte die USMC zunächst, ein einseitig an den eigenen Interessen ausgerichtetes Abkommen durchzusetzen, scheiterte aber am Wider-

vierung in den 1947 begonnen Prozess gegen die USMC dürfte die britische Angabe die korrekte sein.

22 Kaysen, United States v. United Shoe Machinery Corporation, S. 301 f.

23 Ebd., S. 306–308. Vgl. auch Final Decree US v. USMC, 18.2.1953, https://www.justice.gov/atr/page/file/1090661/download, zuletzt abgerufen am 5.2.2021.

stand der Schuhhersteller und des Gerichts. Das endgültige Abkommen vom 16.5.1955 war dann deutlich näher an den Vorschlägen der NSMA als an denen der USMC und wurde von Kaysen als in Summe fair und eher im Interesse der Schuhhersteller gewertet.[24] Vor einem absoluten Verbot der Mietverträge schreckte das Gericht indessen zurück, da der Kauf von Schuhmaschinen für viele Fabriken finanziell nicht zu bewältigen gewesen wäre und ein entsprechendes Verbot nicht für die Konkurrenten der USMC gegolten hätte, was die USMC dann ungebührlich im Wettbewerb benachteiligt hätte.[25]

Auch in Deutschland waren die Verträge der USMC, die so auch vom 1900 unmittelbar nach der Fusion gegründeten deutschen Tochterunternehmen Deutsche Vereinigte Schuhmaschinen-Gesellschaft (DVSG) verwendet wurden, bereits früh umstritten. Die DVSG verwendete in ihren Standardverträgen weitestgehend dieselben Klauseln wie das amerikanische Mutterunternehmen. So enthielt etwa ein Vertrag über die Vermietung einer Holzabsatz-Anpass-Maschine in § 8a und b die oben erläuterte *full-capacity-claus* und *prohibitive clause* sowie in § 8c eine Raumklausel, die es dem Mieter verbot, im gleichen Raum wie die gemietete Maschine Konkurrenzmaschinen (hier konkret: Überhol- und Zwickmaschinen) aufzustellen. In § 3 sicherte die DVSG ihren Vertretern und Monteuren jederzeit Zugriff auf die vermieteten Maschinen, sodass die Einhaltung der entsprechenden Klauseln auch überwacht werden konnte. Die Vertragsdauer betrug 20 Jahre. In § 5 wurde der Bezug von für Ersatzteilen und Zubehör exklusiv auf die DVSG selbst beschränkt, während § 7 dem Mieter jegliche Steuern, Abgaben und Gebühren aufbürdete, „auch soweit sie gesetzlich die Vermieterin treffen."[26] Diese Klauseln waren in den Regulärverträgen für alle wesentlichen ‚Hauptmaschinen‘, die im Unterschied zu Zusatzmaschinen für unwesentliche Arbeitsschritte nur vermietet und nicht verkauft wurden und oftmals patentiert waren, verankert.[27] Zwar bestand wie auch bei der USMC auf dem Papier die Möglichkeit, statt den beschränkten Regulärverträgen sogenannte Alternativverträge abzuschließen, die auf die beschränkenden Klauseln verzichteten und eine kürzere Laufzeit hatten, jedoch waren diese auch hier durch deutlich höhere Mietkosten de facto finanziell so unattraktiv, dass sie kaum genutzt wurden. So hatte die DVSG seit ihrer Gründung bis 1938 etwa 30.000 Regulärverträge abgeschlossen, aber nur 740 Alternativverträge.[28]

---

24 Kaysen, United States v. United Shoe Machinery Corporation, S. 317–321.

25 Ebd., S. 342.

26 Mietvertrag regulär Serie „N", 28.11.1938, in: HWA, Abt. 135, Nr. 220.

27 Vgl. mehrere Mietverträge aus den 1920er Jahren, in: HWA, Abt. 135, Nr. 221.

28 Urteil des Reichsgerichts vom 29.7.1940, V 199/39, S. 5, in: HWA, Abt. 135, Nr. 196. Vgl. auch RGZ 165, S. 4 f.

Vor allem die bereits bestehenden Schuhmaschinenfabriken griffen das Mietsystem der DVSG bisweilen äußerst polemisch an. Doch selbst im wissenschaftlichen Diskurs war angesichts der Verkettungsklauseln und der Verpflichtungen zum Bezug von Zubehör und Ersatzteilen mitunter von der „Vergewaltigung der deutschen Schuhindustrie" oder der „Knechtung des gesamten deutschen Schuhmarktes" die Rede.[29] Das Vertragssystem der DVSG war auch im Deutschen Reich bereits früh Gegenstand von Gerichtsprozessen. Zwar gab es hier keine mit der *Antitrust-Division* vergleichbare staatliche Behörde, die dem Wettbewerb verpflichtet gewesen wäre, allerdings erfolgten auf Basis des Gesetzes gegen den unlauteren Wettbewerb (UWG) und seines Vorläufers sowie des § 138 BGB „Sittenwidriges Rechtsgeschäft" mehrere Klagen von Schuhfabriken, die die langen Vertragslaufzeiten und die Verkettungsklauseln als „Knebelungsverträge" empfanden und sich durch diese auf „unlautere" und „sittenwidrige" Weise in ihrer wirtschaftlichen Freiheit eingeschränkt sahen. Zwischen 1907 und 1920 war die DVSG in nicht weniger als 11 derartige Rechtsstreitigkeiten verwickelt. Die Urteile in diesen Prozessen hielten das Vertragssystem der DVSG allerdings sowohl in seinen einzelnen Bestimmungen als auch in seiner Gesamtheit aufrecht.[30] Auch die umfangreiche Patentsammlung der USMC/DVSG war mitunter Bestandteil von deutschen Rechtsstreitigkeiten und auch von den Prozessen über die Verträge nicht immer trennscharf abzugrenzen. Hier war die Bilanz des Frankfurter Schuhmaschinenherstellers durchwachsener, so wies das Reichsgericht etwa 1914 eine Klage der DVSG gegen die konkurrierende Moenus AG ab, was die Gegner des amerikanischen Unternehmens als wichtigen Sieg im Kampf gegen ‚amerikanischen Trust' feierten.[31]

Die Angriffe gegen das als amerikanisch identifizierte Unternehmen nahmen während des Nationalsozialismus vor allem in der parteinahen und Parteipresse eine neue Qualität an. Während etwa „Der deutsche Volkswirt" das Mietsystem unter Anwendung rechtlicher Argumente verteidigte, polemisierten die Autoren in der SS-Zeitschrift „Das schwarze Korps" gegen das „plutokratische Beispiel" des Mietsystems der DVSG, das als wucherische, anstrengungsfreie Erzielung von Gewinn durch Knebelverträge dargestellt wurde.[32] Ein ähnlicher Artikel findet sich auch in der DAF-Zeitung „Der Angriff". Hier wurde ebenfalls gegen die lange Ver-

---

29 Zitiert nach: Fritz Blaich, Amerikanische Firmen in Deutschland 1890–1918. US-Direktinvestitionen im deutschen Maschinenbau, Wiesbaden 1984, S. 61.

30 Klageerwiderung der DVSG durch RA Ph. Hertz an das LG Frankfurt a. M., 5.9.1930, S. 4, in: HWA, Abt. 135, Nr. 199.

31 Blaich, Amerikanische Firmen in Deutschland, S. 65.

32 Verschiedene Artikel aus: Das Schwarze Korps: *„Ein plutokratisches Beispiel"*, 11.7.1940; *„Alte Bekannte"* 9.10.1940; *„Sie triumphieren"* 3.12.1940, in: HWA, Abt. 135, Nr. 194.

tragsdauer und das „Knebelsystem" durch die Verkettungsklauseln polemisiert und dies mit antiamerikanischen Stereotypen garniert.[33] Auch in der offiziellen Parteizeitung „Völkischer Beobachter" wurde die Verträge der DVSG thematisiert. Der etwas sachlichere Artikel schloss mit der Schlussfolgerung:

> Jetzt hilft nur noch eine entsprechende Änderung des Kartellgesetzes, die einfach zu bewältigen ist. Das erfordert schon die Notwendigkeit eines gesunden Wettbewerbs für die heimischen Hersteller von Schuhmaschinen. Diese Ergänzung wurde bereits von der zuständigen Parteistelle beantragt.[34]

Angesichts dessen, dass es ein solches Kartellgesetz im Deutschen Reich nicht gab, sondern nur die wenig wirkungsvolle Kartellverordnung, und auch Planungen für ein Gesetz gegen wirtschaftliche Machtkonzentration im RWM selbst in der Endphase des Krieges nicht über das Entwurfsstadium hinauskamen, war dies eine erstaunliche Bemerkung, die auch in der DVSG für Verwirrung sorgte und eine beunruhigte Nachfrage an das RWM zur Folge hatte.[35]

Die Polemiken in der NS-Presse selbst führten die Verantwortlichen der DVSG auf die politischen Kontakte von Konkurrenten zurück, die auf dem rechtlichen Wege gegen den Marktführer gescheitert waren.[36] An der Rechtsprechung der deutschen Gerichte hatte die Machtergreifung der Nationalsozialisten im Fall der DVSG-Verträge nämlich trotz der Geißelung in der Parteipresse wenig geändert. So urteilte etwa das Frankfurter Landgericht 1934 im Zivilprozess des Schuhfabrikanten Johann Naab gegen die DVSG im Sinne des hier klagenden Schuhmaschinenherstellers. Sachverhalt war, dass der Beklagte eine Schuhfabrik betrieb und 37 Maschinen der DVSG gemietet hatte. Die entsprechenden Verträge waren zu diesem Zeitpunkt des Rechtstreits noch gültig und nicht abgelaufen. Als die Schuhfabrik damit begann, für den Militärbedarf neuere Marschstiefel mit längeren Schäften herzustellen, war dabei die alte Absatzaufnagel-Maschine der DVSG dafür nicht mehr nutzbar, woraufhin ein Vertreter des Maschinenherstellers anbot, eine neuere Maschine zu verleihen und dabei auch den Alternativvertrag mit 10 Jahren Vertragsdauer (statt den regulären 20 Jahren) und ohne die Verkettungsklauseln anbot. Die neue Maschine war der Schuhfabrik allerdings zu teuer, sodass sie stattdessen ein Konkurrenzprodukt der Firma Sandt-Raab erwarb und damit gegen die

---

33 *„Kaufmaschinen für Schuhmacher"*, „Der Angriff", 26.2.1936, in: HWA, Abt. 135, Nr. 36.

34 *„Zur Vermietung von Schuhmaschinen"*, Völkischer Beobachter, 22.12.1940, S. 15, in: HWA, Abt. 135, Nr. 25.

35 Schreiben des Direktoriums der DVSG an das RWM, 4.1.1941, in: HWA, Abt. 135, Nr. 25; Vgl. Herbst, Der Totale Krieg, S. 449–451.

36 Notizen zu den Angriffen auf die DVSG in der Partei-Presse usw., August 1940, S.1, in: HWA, Abt. 135, Nr.

Vertragsklauseln der bestehenden DVSG-Verträge verstieß, woraufhin die DVSG eine einstweilige Verfügung auf Unterlassung und Schadensersatz erließ.[37] Die Beklagte argumentierte dabei u. a., die Geschäftsgrundlage sei weggefallen, da die DVSG beim Abschluss der ersten Mietverträge 1909 infolge ihrer Lizenzen eine Monopolstellung besessen hätte und Bedingungen hätte diktieren können. Inzwischen wären die Patente aber erloschen und die Konkurrenz böte vergleichbare Maschinen zu niedrigeren Preisen an. Die DVSG indessen bestritt, jemals in Deutschland eine Monopolstellung besessen zu haben.[38] Die Vertreter des Schuhherstellers bezeichneten das gesamte Mietvertragssystem der DVSG zudem als Knebelvertrag und wucherisch, weswegen er zur Nutzung der Konkurrenzmaschine berechtigt sei.[39]

Die Richter indes befanden, „bei der Fülle der Rechtsprechung und der Gutachten, die von der Klägerin zu diesem Punkt überreicht worden sind, vermag das Gericht klärender nicht viel Neues zu sagen." So habe das Reichsgericht die Vertragsdauer von 20 Jahren bereits in seinem Urteil vom 27.5.1907 gebilligt.[40] Auch die anderen Klauseln, etwa die zur exklusiven Beschaffung von Ersatzteilen und Zubehör, die Haftung des Mieters für die Beschädigung und Zerstörung der Maschinen, die Verpflichtung zur Mietung weiterer Maschinen, sollte die bestehende für den Bedarf nicht ausreichen sowie die weiteren Gebrauchsbeschränkungen und Benutzungsklauseln erkannte das Gericht an. Diese seien explizit nicht sittenwidrig und keine Knebelverträge [41] Die Verpflichtungen, die gemieteten Schuh-Absatz-Aufnagel-Maschinen für alle Arbeiten zu verwenden und das Verbot, diese für Schuhe zu verwenden, auf denen andere Arbeitsschritte mit Konkurrenzmaschinen durchgeführt wurden, sowie die Maschinen nicht im gleichen Raum aufzustellen wie Konkurrenzmaschinen, die der Mutterfirma USMC im Antitrustprozess explizit verboten worden waren, sah das Gericht ebenfalls als rechtens an. So sei es im Interesse der Klägerin, dass es bei mangelhaften Schuhen keinen Streit gäbe, auf wessen Maschinen die Mängel zurückzuführen seien. Zudem habe sich der Beklagte den Klauseln freiwillig unterworfen, da ihm die Kaufmaschinen zu teuer gewesen seien. Das Einräumen einer ausschließlichen Bezugsverpflichtung sei grundsätzlich nicht sittenwidrig.[42] Auch die Argumentation des Wegfalls der Geschäftsgrundlage wegen der zuvor bestandenen Monopolstellung lehnte das Gericht unter Berufung auf das Reichsgerichtsurteil ab. Die DVSG habe weder 1909

37 Urteil des LG Frankfurt vom 17.4.1934, 3/2 O 14/34, Tatbestand, S. 2–7, in: HWA, Abt. 135, Nr. 17.
38 Ebd., S. 10.
39 Ebd., S. 11.
40 Ebd., S. 13.
41 Ebd., S. 14 f.
42 Ebd., S. 18.

noch 1922 eine Monopolstellung innegehabt, sondern lediglich wertvolle Patente besessen, deren Auslaufen auch kein Wegfall der Geschäftsgrundlage darstelle.[43] Im Ergebnis verurteilte das Gericht den Schuhfabrikanten dazu, die Benutzung der neuen Konkurrenzmaschine zu unterlassen und weiterhin die Maschinen der DVSG zu verwenden, der DVSG den Schaden durch die entgangene Benutzungsmiete zu ersetzen, und die Kosten des Verfahrens zu tragen.[44]

Trotz der langen Reihe an Gerichtsentscheidungen über das Vertragssystem der DVSG ging ein weiterer ähnlicher Rechtsstreit seinen Weg bis zu einer Entscheidung des Reichsgerichts am 29.7.1940. Auslöser war ein Rechtsstreit der DVSG mit der noch heute als global produzierendes Markenunternehmen fortbestehenden KG Rieker & Co. Schuhfabrik aus Tuttlingen in Württemberg gewesen. Diese war, nachdem sie über mehrere Jahrzehnte Mieterin von Schuhmaschinen der DVSG gewesen war, schließlich zu dem Entschluss gekommen, dass andere Schuhmaschinenfabriken inzwischen gleichwertige oder gar bessere Maschinen herstellten und zudem ein Betrieb mit Kaufmaschinen auf Dauer rentabler sei als ein Mietmaschinenbetrieb.[45] Nachdem eine Ablösung der Mietverträge per Verhandlung gescheitert war, erhob der württembergische Schuhhersteller Klage gegen die Mietverträge. Dabei beantragte das Unternehmen, die Benutzungspflicht, die Verkettungsklausel sowie die Raumklausel für ungültig zu erklären. Die Benutzungspflicht entsprach dabei der *full capacity-clause* der USMC. Die Verkettungsklausel verlangte, dass die Maschinen nur für Schuhe benutzt werden durften, bei denen auch die anderen Arbeitsschritte auf den Maschinen der DVSG durchgeführt wurden und entsprach der *prohibitive Clause.* Die Raumklausel verbot die Aufstellung von Konkurrenzmaschinen im gleichen Raum neben den Mietmaschinen der DVSG. Zudem sollte alle Verträge mit über 20jähriger Dauer für ungültig erklärt werden.[46] Die Klägerin argumentierte, die 20jährige Laufzeit der Verträge zusammen mit den genannten Klauseln wirke bei einer aufstrebenden Schuhfabrik, die regelmäßig zusätzliche oder neuere Maschinen benötige, für die dann wieder neue Verträge geschlossen werden mussten, de facto wie eine ewige Bindung des Mieters an die DVSG, weswegen das Vertragssystem als Ganzes sittenwidrig sei und zudem der DVSG eine Monopolstellung verschaffe.[47] Zudem stünden die Mietzahlungen im Missverhältnis zur erbrachten Leistung.

Das zuständige Landgericht hatte geurteilt, der Klägerin stehe nach 30 Jahren Vertragsdauer ein Sonderkündigungsrecht zu, bei der keine Ablösesumme zu zah-

43 Ebd., S. 21 f.
44 Urteil des LG Frankfurt vom 17.4.1934, 3/2 O 14/34, S. 2, in: HWA, Abt. 135, Nr. 17.
45 Urteil des OLG Frankfurt vom 30.9.1938, 4 U 44/38, S. 9, in: HWA, Abt. 135, Nr. 196.
46 Ebd., S. 10.
47 Ebd., S. 13–15.

len sei und die Verkettungsklauseln zumindest insoweit unwirksam seien, wie sie die Klägerin daran hinderten, an Stelle von gekündigten Maschinen Alternativprodukte von anderen Herstellern zu beziehen. Dabei berief sich das Gericht auf § 567 BGB, welcher die Kündigung von Mietverträgen nach 30 Jahren ermöglichte. Beide Parteien legten gegen dieses Urteil Berufung ein. Die DVSG beantragte nach wie vor Klageabweisung, während die Klägerin die umstrittenen Vertragspassagen als Ganzes zu Fall bringen wollte, während das LG sie trotz des Sonderkündigungsrechts grundsätzlich aufrechterhalten hatte.[48]

Das OLG Frankfurt entschied allerdings vollständig im Sinne der DVSG und wies die Klage der Schuhfabrik Rieker gänzlich ab. Das Gericht betrachtete dabei weniger die wirtschaftlichen Auswirkungen der Verträge als Ganzes, sondern arbeitete sich in erschöpfender juristischer Kleinarbeit an den einzelnen Vertragspassagen ab und entschied letztlich basierend auf dieser individuellen Einschätzung für deren Gültigkeit. Auch die Argumentation, die Mietzahlungen ständen im Missverhältnis zur Leistung, da Kaufmaschinen auf Dauer deutlich billiger wären, erkannte das Gericht nicht an, da der DVSG durch die Instandhaltung und den Verschleiß der Maschinen erhebliche Kosten entstünden.[49] Die durch das Vertragssystem erreichte lange Bindung der Kunden an die DVSG sah das Gericht nicht als sittenwidrig oder dem „gesunden Volksempfinden" widersprechend an, vielmehr sei es das berechtigte Streben jeden Kaufmanns, sich feste Kundschaft zu erwerben und diese möglichst lange zu erhalten.[50] Auch die Behauptung, die DVSG habe ein Monopol oder habe zuvor eines besessen, wies das Gericht „im Rechtssinne" zurück. Daher verstieße die DVSG mit der langfristigen Bindung ihrer Kunden durch das Vertragssystem auch nicht gegen die Grundsätze des lauteren Wettbewerbs nach § 1 UWG.[51] Die Anwendbarkeit von § 567 BGB bestritt das Gericht, da die Kündigung der Verträge trotz der Einschränkungen der Klägerin immer möglich gewesen sei.[52]

Die klagende Schuhfabrik ging daraufhin in Revision, sodass nun auch dieses Verfahren final vor dem Reichsgericht entschieden wurde. Der 5. Zivilsenat lehnte die Revision der Klägerin allerdings am 29. Juli 1940 ab und hielt das Urteil des OLG Frankfurt aufrecht.[53] Die Rechtsvertretung der Schuhfabrik sah die vom OLG

48 Ebd., S. 21 f.
49 Ebd., S. 34–42.
50 Ebd., S. 46.
51 Ebd., S. 65 f.
52 Ebd., S. 78.
53 Urteil des Reichsgerichts vom 29.7.1940, V 199/39, in: HWA, Abt. 135, Nr. 196. Eine anonymisierte Fassung des Urteils ist zudem publiziert in: RGZ 165, S. 1–22. Zur besseren Nachverfolgung werden in der Folge die Seitenzahlen dieser Publikation verwendet.

vorgenommene Überprüfung der Mietverträge als grundsätzlich verfehlt an, da die tatsächliche Bindung durch das wirtschaftliche Zusammenwirken der Klauseln nicht berücksichtigt worden sei. Das RG konnte aber keine Rechtsfehler der Vorinstanz erkennen, so habe das OLG auch beachtet, dass ein tatsächlicher Zwang zum Mieten, auch wenn dieser nicht explizit rechtlich festgeschrieben sei, eine sittenwidrige Knebelung ergeben könne. Dies sei aber nicht der Fall.[54] Das Berufungsgericht habe zudem zurecht erkannt, dass durch die Verkettungsklausel in Kombination mit den langen Laufzeiten bei gewissen wirtschaftlichen Verhältnissen – Verschleiß und Alter der Maschinen, Vergrößerung oder Umstellung des Betriebes – sich de facto ein Zwang ergeben könnte, weitere Verträge mit der DVSG abzuschließen. Dadurch sei die wirtschaftliche Freiheit der Klägerin beschränkt. Allerdings sei nicht jede Beschränkung der wirtschaftlichen Freiheit per se sittenwidrig, vielmehr seien die Umstände zu würdigen. Und hier sahen OLG sowie RG jeweils gute Gründe für die umstrittenen Vertragspassagen, namentlich die Raumklausel, die Benutzungspflicht und die Verkettungsklausel. So rechtfertige sich die Raum- und Verkettungsklausel dadurch, dass die Maschinen aufeinander abgestimmt seien und Herstellungsfehler vermieden werden sollten. Aber auch wenn die Klauseln dem Zweck dienen sollten, sich einen festen Abnehmerkreis auf lange Zeit zu sichern, sei dies nach Ansicht der Richter nicht an sich verwerflich. [55] Sowohl die Möglichkeit, Alternativverträge abzuschließen, die die entsprechenden Bindungen nicht beinhalten, auch wenn diese teurer seien, als auch die Möglichkeit, die Verträge unter Zahlung einer Ablösungssumme für die entgangene Vertragslaufzeit zu kündigen, werteten beide Gerichte als Beweis dafür, dass das Vertragssystem keine sittenwidrige Knebelung durch de facto endlose Bindung der Mieterin darstelle.[56] Gewisse wirtschaftliche Schwierigkeiten bei der Kündigung der Verträge müsse die Klägerin in Kauf nehmen, nachdem sie mehr als 30 Jahre erfolgreich unter dem Mietsystem der DVSG gearbeitet habe.[57] In keiner der Feststellungen des OLG konnten die Reichsgerichtsräte Rechtsfehler erkennen, dessen Urteil sei daher korrekt und die Bindung der Klägerin and die geschlossenen Verträge bleibe bestehen.[58]

Die deutschen Richter waren damit bei weitgehend identischem Sachverhalt zu einer fundamental anderen Einschätzung gekommen als zwanzig Jahre zuvor ihre amerikanischen Kollegen sowie später die Vertreter der DIDEG. Während auf Basis des *Sherman Acts* und des *Clayton Acts* schon damals die Beschränkung des

54 Ebd., S. 11.
55 Ebd., S. 15 f.
56 Ebd., S. 18.
57 Ebd., S. 19.
58 Ebd., S. 22.

Wettbewerbs der Kernpunkt der Vertragsinhalte war, auf dessen Basis diese für illegal erklärt wurden, konnte dies im deutschen Recht nur geschehen, wenn die Vertragspassagen für sich genommen ein Verstoß gegen die „guten Sitten" oder den „lauteren Wettbewerb" darstellten. Dass die Verträge de facto eine äußerst langfristige, starre Bindung des Mieters an die DVSG darstellten, die nur unter hohen Verlusten gelöst werden konnte und so die DVSG vor Wettbewerb schützte, reichte für die Feststellung einer Sittenwidrigkeit oder Unlauterkeit nicht aus, sofern die einzelnen Vertragspassagen für sich genommen diese Bedingungen nicht erfüllten. Eine Ausschaltung des Wettbewerbs durch langfristige Bindung von Kunden auch gegen deren Willen war nicht für sich genommen sittenwidrig. Diese Denkweise mag aus einem heutigen, liberal-marktwirtschaftlichen Verständnis von Wettbewerb fremd erscheinen, allerdings stand das Reichsgericht mit seiner Auffassung im zeitgenössischen europäischen Kontext durchaus nicht allein. So hatten auch britische Gerichte das Vertragssystem der USMC und ihrer Tochterunternehmen zu Beginn des 20. Jahrhunderts mehrmals aufrechterhalten.[59] Ironischerweise waren in diesem Fall auch die Kritiker des Unternehmens in der nationalsozialistischen Parteipresse näher am Rechtsverständnis der amerikanischen Richter positioniert als an dem des Reichsgerichts. So hieß es im „Schwarzen Korps":

> Es wäre gewiss nicht schwer, gegen ein Urteil zu polemisieren, das Vertragsbestimmungen anerkennt, die selbst im Mutterland jener Firma, in Amerika, gesetzlich außer Kraft gesetzt wurden, weil sie unanständig sind.[60]

Diese Übereinstimmung ist insofern ironisch, als dass die selbe Publikation sonst auch im Zusammenhang mit der DVSG keine Gelegenheit ausließ, gegen die „amerikanischen Plutokraten" und ihre Monopolpraktiken zu hetzen, während amerikanische Antitruster ihrerseits die Nationalsozialisten für die Kartellierung der deutschen Wirtschaft sowie das aggressive Geschäftsgebaren der deutschen Kartelle auf dem Weltmarkt der Vorkriegszeit verantwortlich machten und die deutschen Kartelle und Trusts als festen Bestandteil der wirtschaftlichen Kriegsführung der Nazis ansahen.

Die alliierten Dekartellierungsbehörden hatten die DVSG und ihre Vertragspraxis bereits früh im Visier. So begann das Verfahren bereits 1948, noch unter den Auspizien der bilateralen, anglo-amerikanischen *Bipartite Decartelization Commission* (BIDEC). Ab August 1948 hatte die BIDEC mehrere Verantwortliche

---

59 William R. Cornish, Legal Control over Cartels and Monopolization 1880–1914. A Comparison, in: Horn / Kocka (Hrsg.), Recht und Entwicklung von Großunternehmen, S. 280–305, hier: S. 298.
60 *„Sie triumphieren"*, in: Das Schwarze Korps, 5.9.1940, in: HWA, Abt. 135, Nr. 194.

des Unternehmens, beginnend mit dem Vorstandsvorsitzenden Theodor Zinn, verhört. Dabei war mit dem Rechtsanwalt Lawrence Joel Eckstrom auch ein ranghohes Mitglied des amerikanischen Mutterunternehmens vernommen worden. Dieser war als Patentanwalt für die DVSG tätig, gleichzeitig aber auch stellvertretender Finanzleiter der USMC.[61] Nach diesen Voruntersuchungen und Anhörungen von Führungskräften des Unternehmens, die sich gegenüber verhörenden Beamten äußerst kooperativ zeigten, verschickte die BIDEC am 7.1.1949 eine *Order to Show Cause* an das Unternehmen. In der Order legte die BIDEC dem Unternehmen zu Last, durch die Kombination aus ihrer Marktmacht, den von der USMC gehaltenen, exklusiv an die deutsche Tochter lizenzierten Patenten, der Vermietung statt Verkauf der Maschinen sowie den rigiden Vertragsklauseln eine monopolistische Position auf dem Schuhmaschinenmarkt erlangt zu haben. Das Unternehmen solle darlegen, warum es nicht dazu verpflichtet werden sollte, seine Patente der Öffentlichkeit zugänglich zu machen, die bisher vermieteten Maschinen zum Verkauf anzubieten und alle restriktiven Verträge, die Schuhhersteller in ihrem Zugang zum Schuhmaschinenmarkt einschränkten, zu kündigen.[62]

Das Unternehmen brachte zunächst eine Reihe von Gründen gegen eine Verurteilung vor. Erstens sei die DVSG ein hundertprozentiges Tochterunternehmen der USMC, welche unter den Gesetzen des Staates New Jersey inkorporiert war, und seinen Hauptsitz in Massachusetts habe. Damit unterlege es nicht der Jurisdiktion der BIDEC, sofern diese nicht die gesetzliche Kontrolle über den Besitz von US-Bürgern in Deutschland hätten. Zudem bestritt das Unternehmen, gegen die Dekartellierungsgesetze überhaupt verstoßen zu haben und bestritt, jemals in Deutschland eine monopolistische Position auf dem Schuhmaschinenmarkt oder anderswo angestrebt oder innegehabt zu haben. Das Unternehmen bestritt auch die Faktizität der Beschuldigungen bezüglich der Natur und Auswirkungen der Patente sowie des Vertragssystems. Am interessantesten aber ist sicherlich das ebenfalls von der DVSG in der Antwort vorgebrachte Argument, Gesetz Nr. 56, seine Bestimmungen sowie die *Order to Show Cause* verstießen gegen die Verfassung der Vereinigten Staaten.[63] Diese Argumentationslinie verdeutlicht erneut, wie sehr sich das Verfahren am amerikanischen Vorbild orientierte.

Der weitere Verlauf des Verfahrens stellt sich in den Quellen nicht völlig eindeutig dar. In der späteren *Cease and Desist Order* der DIDEG heißt es, das Verfahren sei nach der Antwort der DVSG auf die *Show Cause Order* im März 1949 zu-

61 Memorandum from Clifford A. Russell, Attorney-Investigator, to Richardson Bronson about Oral Hearings, 23.5.1949, S. 3–4, in: IfZArch, OMGUS, 17/248-3/14.

62 Draft Cease and Desist Order in the matter of DVSG, 9.101950, DIDEG/P(50)81, S. 1 f., in: PRO FO 1005/730.

63 Final Order der BIDEC (Kopie), 31.5.1949, S. 1–2, in: HWA, Abt. 135, Nr. 175.

nächst auf Eis gelegt worden, um sicherzustellen, dass das parallel in den USA laufende Antitrustverfahren gegen die USMC keine neuen Erkenntnisse für das hiesige Verfahren bringe.[64] Auch ein internes Dokument aus der Frühphase der DIDEG erwähnt, dass das Verfahren gegen die DVSG zur Zeit auf Eis läge, da die DVSG sich vollständig im Besitz der USMC befinde und deswegen die amerikanische Regierung in Washington über das Verfahren informiert worden sei, von dort aber noch keine Antwort eingetroffen sei.[65] Das Verfahren wurde auch definitiv im Laufe des Jahres 1950 von der DIDEG wieder aufgenommen und erst im November 1950 per *Cease and Desist Order* abgeschlossen.

Allerdings liegt in den Beständen der DVSG selbst auch die Kopie einer leider kaum durch weitere Dokumente kontextualisierten *Final Order* der BIDEC aus dem Mai 1949 vor. In dieser lässt die BIDEC einige der zuvor in der *Order to Show Cause* erhobenen Vorwürfe fallen. So gäbe es keine Beweise für eine Monopolstellung der DVSG, keine Beweise, dass die gehaltenen Patente gegen die Dekartellierungsgesetze verstießen, keine Beweise, dass die Mietverträge an sich monopolistisch wirken würden, sowie keine Beweise, dass die Verträge zwischen DVSG und USMC auf ein Monopol hinausliefen. Aufrechterhalten wurden indessen die Vorwürfe bezüglich der restriktiven Vertragsklauseln. So seien unter den Statuten der Vereinigten Staaten sowie nach den Entscheidungen des *Supreme Courts* (!) einige zuvor unter deutschem Recht legale Klauseln als Beschränkung des Wettbewerbs anzusehen. Die beanstandeten Klauseln waren dabei im Wesentlichen identisch mit den Vertragspassagen, die auch schon der USMC in ihrem zweiten Antitrustverfahren verboten wurden. Konkret genannt wurden die *restricted use clause*, welche inhaltlich identisch mit der *prohibitive clause* aus dem USMC-Verfahren ist, sowie die bereits erläuterten *exclusive use clause, supplies clause, patent insole clause, additional machinery clause, factory output clause* als auch die *discriminatory royalty clause*.[66]

Die Formulierung dieser Order ist etwas gemäßigter als die spätere *Cease and Desist Order* der DIDEG, auf die hier noch einzugehen sein wird. So wurde etwa der Monopolvorwurf vollständig fallengelassen, während die DIDEG später den angemahnten Klauseln dezidiert monopolisierende Zielsetzungen und Auswirkungen zuschrieb. Inhaltlich nahm die Entscheidung aber bereits die wesentlichen Teile der späteren Entscheidung der DIDEG vorweg. Interessant ist, dass die später von der DIDEG angemahnte Raumklausel, die schon Bestandteil der deutschen Gerichtsverfahren war, im Verfahren gegen die USMC aber nicht vorkam, womöglich

64 Draft Cease and Desist Order, S. 3, in: PRO FO 1005/730.

65 Report on Outstanding Items as at 21. September 1949 of the Bipartite Decartelisation Comission, 14.11.1949, DIDEG/P(49)1, in: PRO FO 1005/729.

66 Final Order der BIDEC, S. 3–5, in: HWA, Abt. 135, Nr. 175.

weil sie in den USA schon zuvor nicht mehr angewendet wurde, in der älteren BIDEC-Anordnung ebenfalls nicht genannt wurde. Der Verdacht liegt nahe, dass hier lediglich die Verbote aus dem amerikanischen Prozess nach dem *Clayton Act* übernommen wurden, ohne die Verträge des deutschen Tochterunternehmens genau zu überprüfen und stattdessen in der Anklage im Wesentlichen von Generalklauseln Gebrauch zu machen. Die Anordnung der BIDEC wurden dann auch entweder nicht vollstreckt, oder erwies sich zumindest im Gegensatz zu ihrer Titelbezeichnung nicht als final, da das Verfahren später von der DIDEG erneut aufgegriffen wurde.

Diese setzte das gestoppte Verfahren gegen die DVSG im März 1950 wieder auf die Agenda und richtete eine dreiköpfige *working party* ein, um den Sachverhalt genauer zu untersuchen, wobei auch das französische Element über den noch in der bilateralen BIDEC erreichten Ermittlungsstand in Kenntnis gesetzt wurde.[67] Der höchstrangige amerikanische Vertreter in der DIDEG in dieser sowie den folgenden Sitzungen war dabei derselbe Grant W. Kelleher, der auch in dem in den USA parallel laufenden Verfahren gegen das Mutterunternehmen schon als *Special Assistant to the Attorney General* als Vertreter der Anklage fungiert hatte. Die beauftragte *working party* schloss ihre Untersuchungen im Juni desselben Jahres ab und legte einen vorläufigen Report vor. Dieser bewegte sich in ähnlichen Bahnen wie die nicht umgesetzte BIDEC-Entscheidung. Verboten werden sollten die Vertragsklauseln, die die Mieter de facto daran hinderten, Konkurrenzmaschinen zu nutzen, die Verpflichtung, Ersatzteile und Zubehör ausschließlich von der DVSG zu beziehen, sowie die Klausel, die die DVSG berechtigte bei der Kündigung eines Mietvertrages durch den Mieter ihrerseits alle anderen Mietverträge zu kündigen. Die Frage der Patente sowie einer eventuell forcierten Verkaufsoption für die verliehenen Maschinen sollte sich die DIDEG für die Zukunft vorbehalten, der amerikanische Vertreter hielt einen Zwangsverkauf allerdings grundsätzlich eher für nicht gerechtfertigt.[68] Die Vorschläge fanden dann auch die Zustimmung der DIDEG, die die *working party* im Juni 1950 anwies, einen Entwurf für eine entsprechende *Cease and Desist Order* zu formulieren. Auch dieser Entwurf fand im Großen und Ganzen die Zustimmung der DIDEG. Interessanterweise war es hier der französische Vertreter, der sich eine punktuelle Verschärfung wünschte, während der britische und der amerikanische Vertreter zunächst die gegenteilige Position einnahmen. Dies betraf hier das Recht der DVSG, die Bücher der Mieter zu überprüfen.[69] Die beiden anglo-amerikanischen Vertreter hielten diesen Passus für

---

67 Minutes of the Ninth Meeting of the DIDEG, 9.3.1950, in: PRO FO 1005/725.

68 Report of Working Party Concerning DVSG Case, 12.6.1950, DIDEG/P(50)39, in: PRO FO 1005/730.

69 Report of Working Party on Deutsche Vereinigte Schuhmaschinen GmbH, August 1950, DIDEG/P(50)66, in: PRO FO 1005/730.

durchaus angemessen, das französische Element setzte sich aber letztlich durch, sodass dieses Überprüfungsrecht so limitiert wurde, dass es sich explizit nur auf Akten zur Nutzung der gemieteten Maschinen reduzierte.[70]

Die finale *Cease and Desist Order* stellte schließlich fest, die zuvor angemahnten Vertragsklauseln, die Mietern die parallele Nutzung von Konkurrenzmaschinen erschwerten oder unmöglich machten, hätten sowohl den Zweck als auch den Effekt, Konkurrenten des Unternehmens den Zugang zum Markt zu verschließen. Die Unterlassungsanordnung erklärte auch, im Gegensatz zur Formulierung in der nicht in Kraft getretenen BIDEC-Order, dieser Marktabschluss von Konkurrenten „fosters monopolistic control of the shoe machinery market by DVSG".[71] Der in der *Order to Show Cause* ursprünglich angedrohte Zwangsverkauf von Maschinen sowie die Aufgabe der Patente verlangte die Anordnung nicht, behielt sich entsprechende rechtliche Schritte aber für die Zukunft vor. Konkret verboten wurden indes alle Vertragsklauseln, die,

1. Die Nutzung bestimmter Maschinen nur in Verbindung mit weiteren Maschinen der DVSG gestattete
2. Den Mieter verpflichteten, die Maschinen und Ersatzteile der DVSG für alle Arbeiten zu verwenden, die damit möglicherweise ausgeführt werden könnten
3. Dem Mieter die Aufstellung von Konkurrenzmaschinen im gleichen Raum wie DVSG-Maschinen verboten
4. Den Mieter dazu zwangen, Informationen über die Nutzung der Maschine jenseits von dem, was unbedingt notwendig ist, um die Produktionsleistung zu prüfen, herauszugeben
5. Es dem Mieter untersagten, die Berechtigung von Patenten der DVSG rechtlich anzugreifen
6. Dem Mieter die Kündigung der Maschinen nur dann gestattete, wenn alle Maschinen der DVSG gleichzeitig gekündigt werden und für die verbleibende Vertragsdauer jeweils entsprechende Abschlusszahlungen gezahlt werden[72]

Zudem verbot die Anordnung der DVSG auch, in Fällen der parallelen Nutzung von Konkurrenzmaschinen durch den Mieter für die Maschinen der DVSG höhere Mietzahlungen zu verlangen.[73] Die DIDEG genehmigte die *Cease and Desist Order* dann im November 1950 final und versandt sie im selben Monat zusammen mit

70 French Proposal, Appendix C to Report of Working Party on Deutsche Vereinigte Schuhmaschinen GmbH, August 1950, DIDEG/P(50)66, in: PRO FO 1005/730.

71 Draft Cease and Desist Order, S. 6, in: PRO FO 1005/730.

72 Ebd., S. 8 f.

73 Ebd., S. 10.

einer Presseerklärung.[74] Die DVSG protestierte daraufhin noch gegen den Umfang des Verbots in Bezug auf die Klausel, die den Mieter zur Nutzung der Maschinen bei allen darauf möglicherweise auszuführen Arbeiten verpflichtete *(full-capacity clause).* Ein Vertreter der amerikanischen Dekartellierungsabteilung lehnte den entsprechenden Protest aber unter Zustimmung und im Namen der DIDEG ab.[75] Von der vorläufigen Order der BIDEC, welche noch zur Amtszeit des gemäßigteren amerikanischen Vertreters Richardson Bronson zu Stande gekommen war, unterschied sich die von der DIDEG verhängte *Cease and Desist Order* eher in der rhetorischen Schärfe als im Inhalt. So wurde der Vorwurf der bezweckten Monopolisierung hier explizit aufrechterhalten, während die BIDEC diesen fallengelassen hatte. Inhaltlich orientierte sich aber letztendlich beide Anweisungen an den Ergebnissen des zweiten Antitrustverfahren von 1914 gegen die USMC, die sie auf die DVSG übertrugen. Zudem ging die Order der DIDEG allerdings insofern über die vorläufige Order der BIDEC sowie das Resultat des zweiten USMC-Antitrustverfahrens hinaus, als dass auch die Klauseln zum Bezug von Ersatzteilen *(part-repairs-and-attachments clause)* sowie zur maximal möglichen Nutzung *(full-capacity clause)* verboten wurden, die im USMC-Verfahren von 1914 zwar Teil der Anklage gewesen waren, vom Gericht aber aufrechterhalten wurden. Die zusätzlichen Verbote und Forderungen des parallel in den USA laufenden dritten Verfahrens hingegen wurden nicht übernommen. Hauptgrund dafür war wohl, dass dieses Verfahren seine Rechtfertigung aus der fast vollständigen Marktbeherrschung der USMC durch einen Marktanteil zwischen 85–90 % sowie zahlreiche Übernahmen bezog, während die deutsche Filiale mit einem Marktanteil von etwa 40 % zwar ebenfalls Marktführer war, aber nicht die erdrückende Dominanz des amerikanischen Mutterunternehmens erreichte.[76]

Im Vergleich zum Schleifmittelfall, bei dem die verurteilten Verbände das Urteil bereits kurze Zeit später ignorierten, scheint das Vorgehen gegen die DVSG durchaus längerfristig Wirkung gezeigt zu haben. So wunderte sich noch 1960 der Rechtsanwalt des Unternehmens über die in seinen Augen „zu ängstliche" Formulierung in den neuen Mietverträgen der DVSG betreffend des Bezugs von Ersatzteilen und schlug seinerseits vor, den Mieter zum Ersatzteilbezug bei der DVSG zu verpflichten, es sei denn er könne nachweisen, gleichwertige Ersatzteile, die die Maschine nicht beeinträchtigen oder beschädigen, von Dritten günstiger beziehen

74 Minutes of the Twenty-Sixth Meeting of the DIDEG, 9.11.1950, in: PRO FO 1005/725.

75 Minutes of the Thirtieth Meeting of the DIDEG, 11.1.1951, in: PRO FO 1005/726.

76 Vgl. Draft Cease and Desist Order, S. 7, in: PRO FO 1005/730; Eidesstaatliche Erklärung von Hermann Jesse, 2.3.1936, in: HWA, Abt. 135, Nr. 21; Alfred Gleiss, Dekartellierungsverfahren gegen die Deutsche Vereinigte Schuhmaschinen-Gesellschaft (Westzonen), in: BB 6 (1951), Heft 1, S. 8 f.

zu können.[77] Die Direktion antwortete daraufhin, leider könne die entsprechende Formulierung nicht angewendet werden, „da uns auf Grund des Urteils der Dekartellisierungsbehörde vom 27.11.1950 die Aufnahme einer Ersatzteil-Bezugsverpflichtung für den Mieter in unseren Verträgen verboten ist“.[78] Der Rechtsanwalt musste daraufhin die Manager erst darauf hinweisen, dass das Unternehmen seit dem Inkrafttreten des GWB nicht mehr an den Rechtszustand unter den alliierten Dekartellierungsgesetzen gebunden war.[79]

Der Fall demonstriert in seiner Gesamtheit den wohl direktesten Transfer von amerikanischem Antitrust auf die deutsche Wirtschaft, da hier der Inhalt eines US-Antitrustverfahrens, welches in den 1920er Jahren vor dem *Supreme Court* endete, auf das deutsche Tochterunternehmen des dort angeklagten amerikanischen Monopolisten angewandt wurde. Waren die Dekartellierungsgesetze zwar im Ergebnis ein Kondensat aus amerikanische Gesetzeslage und Rechtspraxis, so wurde doch in den meisten Fällen nicht direkt auf das amerikanische Vorbild Bezug genommen. In diesem Fall hingegen wurde im Ergebnis quasi ein kompletter amerikanischer Prozess unter dem *Sherman Act* und *Clayton Act* nach Deutschland transferiert. Auch der zuständige amerikanische DIDEG-Vertreter war bereits in den USA mit einer späteren Anklage gegen die USMC betraut gewesen. Auf diese Weise konnte auch die deutsche, nationalistische Deutung der Dekartellierungsgesetze als einseitige Bestrafung der deutschen Wirtschaft aus Konkurrenzneid widerlegt werden. Dies mag eine Zusatzmotivation für das amerikanische Element gewesen sein, welches auch stets eine erzieherische Komponente im Dekartellierungsprogramm auf deutschem Boden betonte. Im weiteren Prozessverlauf innerhalb der DIDEG spielte dieses Argument allerdings keine Rolle mehr und der Prozess wurde vor allem unter mitunter den bisweilen sehr kleinteiligen fachlichen Aspekten diskutiert. Die in den erhaltenen Quellen nur grob skizzierte Verteidigungsstrategie der DVSG war letztlich der anderer deutscher Unternehmen und Verbände insofern nicht unähnlich, als das grundsätzlich die Legitimation der Dekartellierungsgesetze und der sich die durchsetzenden Institutionen angezweifelt wurde. Allerdings zeigten sich auch hier spezifisch amerikanische Faktoren, die in den deutschen Prozess hineinwirkten, wenn etwa das Unternehmen sich wegen seiner US-Herkunft als von den Dekartellierungsgesetzen nicht betroffen ansah und sich sogar auf die amerikanische Verfassung berief. Der Fall zeigt zudem auch, dass im Rahmen des ‚kleinsten gemeinsamen Nenners‘ trilaterales Verwaltungsverfahren eine sachliche Zusammenarbeit der Alliierten in der DIDEG durch-

77 Stellungnahme RA Dr. Hans Wilhelmi zum neuen Entwurf der Mietvertragsserie A, 20.1.1960, in: HWA, Abt. 135, Nr. 226.

78 Schreiben DVSG (Direktion) an RA Dr. Hans Wilhelmi, 3.2.1960, in: HWA, Abt. 135, Nr. 226.

79 Schreiben RA Dr. Hans Wilhelmi an DVSG, 6.2.1960, in: HWA, Abt. 135, Nr. 226.

aus möglich war, auch wenn sich bei den Entflechtungen und Strafverfahren grundsätzlich unterschiedliche Haltungen darüber gezeigt hatten, wie strikt und umfangreich die Dekartellierungsgesetze anzuwenden seien. In diesem Fall war zudem mit weniger politischen Implikationen zu rechnen, da gegen ein US-amerikanisches Unternehmen auf dem westdeutschen Markt vorgegangen wurde, weswegen kein prinzipieller Widerstand aus der deutschen Politik zu erwarten war. Zudem waren die Verwaltungsverfahren ohne potenzielle Geld- oder Gefängnisstrafen generell politisch konfliktärmer als die Strafverfahren. Sie waren zudem näher an der vor allem ab den 1930er Jahren häufigen, politisch-administrativen deutschen Handhabung von wettbewerbs- und kartellrechtlichen Thematiken und sorgten auch daher für weniger Rechtsirritationen.

5.2 Durchgriff gegen klassische Kartellstrukturen – die Verfahren gegen den ZVEI

Zu Beginn des Jahres 1950 hatte die amerikanische *Decartelization Division* angesichts der Fehlschläge der umfassenden ursprünglichen Entflechtungs- und Dekartellierungspläne im OMGUS grundsätzlich entschieden, eine im Umfang limitierte, aber in der Sache durchaus strikte Umsetzung der Dekartellierungsgesetze anzustreben, die ein Exempel statuieren und dabei auch erzieherische Effekte haben sollte:

> An analysis of the trade practices and monopoly problem made by the Decartelization Division of the Office of the U. S. High Commissioner early in 1950 resulted in the conclusion that a vigorous but selective enforcement program should be undertaken for the purpose of demonstrating the injurious consequences of trade restraints to the German public and thereby stimulating support for freedom of trade policies.[80]

Während das zuvor beschriebene Vorgehen gegen die DVSG eine sehr spezifische Form der Wettbewerbsbeschränkung ahndete, verfolgten die meisten anderen durchgeführten Verfahren klassische per se-Verstöße, vor allem branchenweite Preis- und Rabattabsprachen. Zwei dieser Verfahren betrafen den Zentralverband der elektrotechnischen Industrie (ZVEI). Diese sind aus mehreren Perspektiven interessant. Erstens betrafen sie trotz äußert ähnlicher Sachverhalte, vergleichbarer Produkte und dem gleichen Dachverband mit den Abteilungen Installationsmaterial und Elektrische Lampen zwei durchaus unterschiedlich strukturierte Indus-

80 Office of the U. S. High Commissioner for Germany, Report on Germany. September 21, 1949 – July 31, 1952, Bonn-Mehlem 1952, S. 118.

triezweige. Während die Glühlampenindustrie in Westdeutschland eine dezidiert oligopolistische Struktur aufwies und durch den Marktführer Osram dominiert wurde, neben dem lediglich zwei weitere größere Unternehmen sowie eine Reihe unbedeutender Kleinbetriebe bestanden, wies die Abteilung für Installationsmaterial eine von kleineren und mittleren Unternehmen bestimmte Marktstruktur auf, bei der sich kaum dominante Unternehmen ausmachen lassen. Diese heterogene Struktur mit überwiegend mittelständischen Spezialfirmen einerseits und den vor dem Zweiten Weltkrieg vor allem in Berlin konzentrierten Großkonzernen andererseits hatte den ZVEI bereits seit der Gründung 1918 geprägt sowie einen früheren Zusammenschluss der aufstrebenden Branche verhindert.[81] Auch zu Kartellierung und Preisabsprachen hatte es bereits während der Blütezeit der Kartelle zwischen den Weltkriegen innerhalb des Verbandes durchaus unterschiedliche Auffassungen gegeben. Die Spitze des Verbandes stand hier aber traditionell auf der Linie, entsprechende Abmachungen den einzelnen Mitgliedern und Fachgruppen zu überlassen und sich selbst nicht grundsätzlich zu Wettbewerbsfragen zu positionieren.[82]

Im Falle der Glühlampenhersteller lässt sich zudem eine deutlich divergierende Umsetzung der Kartellgesetze in der Branche durch die DIDEG und die Amerikaner zu Beginn der 1950er auf der einen Seite und durch das mit der Abzeichnung der westdeutschen Souveränität ab 1952/53 zunehmend federführende BMWi auf der anderen Seite demonstrieren. Die Motivation des BMWi, bei dieser Branche von einer strikten Umsetzung kartellfreier Wettbewerbskonzeptionen abzusehen war ironischerweise die Sorge um die wenigen Klein- und Mittelbetriebe der Branche, deren Schicksal der Verband und die dominanten Großunternehmen geschickt instrumentalisierten, um verschiedene Kartellabsprachen und Preisbindungen zu erhalten. Die Ziele der von Ludwig Erhard und Eberhard Günther ansonsten durchaus ernsthaft betriebenen Wettbewerbspolitik kollidierten hier mit der Mittelstandspolitik des eigenen Ministeriums und damit einer anderen ‚heiligen Kuh' des Ordoliberalismus.[83] Während im Fall der Glühlampenhersteller der Vergleich in der Handhabung der wettbewerbsfeindlichen Industriepraktiken zwischen der alliierten DIDEG und Erhards Bundeswirtschaftsministeriums im Vordergrund stehen soll, sollen im Fall Installationsmaterial die Wettbewerbskonzep-

---

81 Johannes Bähr, Verbandspolitik in Demokratie und Diktatur. Der Spitzenverband der elektrotechnischen Industrie 1918–1950, Frankfurt a. M. 2019, S. 13.

82 Ebd., S. 31.

83 Vgl. Ursula Beyenburg-Weidenfeld, Wettbewerbstheorie, Wirtschaftspolitik und Mittelstandsförderung 1948–1963. Die Mittelstandspolitik im Spannungsfeld zwischen wettbewerbstheoretischem Anspruch und wirtschaftspolitischem Pragmatismus, Stuttgart 1992.

tionen und -praktiken der Industrie selbst sowie ihre Rechtfertigungen im DIDEG-Verfahren genauer analysiert werden.

5.2.1 Die Fachabteilung Elektrische Lampen und die Oligopolisten der Glühlampenindustrie

Die nach wie vor in weiten Teilen an kartellierte Wettbewerbsstrukturen gewöhnte deutsche Unternehmerschaft machte es der DIDEG und den nationalen Kartellbehörden der Besatzungsmächte häufig nicht schwer, per se-Verstöße aufzudecken, an denen die mit zahlenmäßig limitiertem Personal arbeitende Organisationen ihre Exempel statuieren konnten. So brachten sich auch die Mitgliedsunternehmen der Glühlampensparte des ZVEI selbst in Schwierigkeiten. Die beschuldigten Unternehmen hatten sich nämlich selbst verdächtig gemacht, als auf mehrere Ausschreibungen des in Westdeutschland stationierten US-Militärs für unterschiedliche Typen und Mengen an Glühbirnen stets identische Angebote eingegangen waren, woraufhin der zuständige Kommandeur der Streitkräfte den Hochkommissar über die verdächtigen Umstände informierte. Dieser wiederum leitete durch die *Decartelization Division* eine Untersuchung ein, die weiteres Beweismaterial für umfangreiche Marktabsprachen durch den Verband und seine Mitglieder lieferte.[84]

Die Glühlampenindustrie blickte zu diesem Zeitpunkt auf eine jahrzehntelange Kartelltradition zurück, die sich nicht auf Deutschland beschränkte, sondern den globalen Markt geprägt hatte. Dominantes Unternehmen auf dem deutschen Markt war die nach dem Ersten Weltkrieg gegründete Osram GmbH. Diese war selbst als Fusion der größten Hersteller auf dem deutschen Markt entstanden, als diese nach dem Ersten Weltkrieg mit dem Verlust ihrer ausländischen Patente und damit erheblicher Teile ihrer globalen Marktanteile ihre Kräfte bündelten. Die Deutsche Glasglühlicht AG hatte bereits im November 1918 ihr Glühlampengeschäft in die Osram-Werke GmbH KG ausgelagert, während die beiden anderen großen Hersteller Siemens und AEG 1920 folgten.[85] Nachdem Siemens und die AEG bereits zu Beginn des 20. Jahrhunderts Versuche zu einer europäischen Kartellierung des Glühlampenmarkts unternommen hatten, welche die führenden Hersteller aus Deutschland, Österreich-Ungarn, Italien, den Niederlanden und der Schweiz umfassten, übernahm mit Osram nun das Gemeinschaftsunternehmen der deutschen Hersteller die führende Rolle auf dem europäischen Markt. Die 1921

84 Proceedings in the Electrical Industry, November 1950, DIDEG/P(50)94, S.1, in: PRO FO 1005/730.
85 Feldenkirchen, Siemens, S. 224.

zur Preisstabilisierung gegründete Internationale Glühlampen-Preisvereinigung vereinte zwar erneut die wichtigsten europäischen Hersteller, brach aber 1924 zusammen, da sich die reine Preissetzung als unzureichende Maßnahme erwiesen hatte, um den Wettbewerb zu regulieren.[86]

Das als Nachfolgeprojekt nach schweizerischem Recht gegründete Phoebus-Kartell galt bald als eines der am besten organisierten, diszipliniertesten und aggressivsten Kartelle der Welt. Das Quotensystem des Kartells sicherte den größeren Mitgliedern einen Löwenanteil ihres nationalen Marktes sowie eine jeweils festgelegte Quote auf den ausländischen Märkten zu. Die auf den jeweiligen Heimatmärkten dominanten Mitgliedsunternehmen konnten die Preise ihrer nationalen Kartelle in Eigenregie festlegen, hatten dabei aber die Unterstützung des Verkaufskomitees von Phoebus. Patente wurden ohne Einschränkungen zwischen allen Kartellmitgliedern geteilt.[87] Die Mitgliedsunternehmen des Kartells erhielten Aktienanteile am als Konzern organisierten Kartell, die sich nach ihrem Anteil am Gesamtverkauf an Glühlampen richtete. Für interne Streitigkeiten besaß das Kartell eine Schiedsstelle, welche durch einen Schweizer Rechtsprofessor, einen Schweizer Bundesrichter, sowie einen technischen Experten über internationale Kartelle besetzt war.[88] Auf diese Weise setzte das Kartell nicht nur global sehr hohe Preise durch, sondern limitierte auch die Lebensdauer von Glühlampen, um einen nachhaltigen Bedarf zu sichern.[89] Solche wettbewerbsfeindlichen Praktiken beschränkten sich nicht auf Europa. Auch in den USA waren die führenden Glühlampenhersteller, darunter General Electric, Westinghouse Electric & Manufacturing, Corning Glass Works sowie die National Electric Lamp Company bereits 1911 wegen Verstößen gegen den Sherman Act durch ein Bundesgericht schuldig gesprochen worden.[90] Vor allem der Weltmarktführer General Electric sicherte sich durch signifikante Aktienbeteiligungen an Osram, Philips und weiteren wichtigen europäischen Herstellern erheblichen Einfluss auf das Phoebus-Kartell und seine Marktpraktiken, ohne selbst Mitglied zu sein.[91]

Wegen des erheblichen Maßes an globaler Marktkontrolle, die nur vereinzelt durch Außenseiter etwa aus Japan oder unter den skandinavischen Konsumgenossenschaften gestört wurde, sowie der durchgängig hohen Preise galt das Glühlampenkartell als einer der aggressivsten Vertreter der Kartelle, welches keineswegs die Kriterien eines „Kindes der Not“ nach Kleinwächter erfüllte, sondern einer be-

86 Stocking / Watkins, Cartels in Action, S. 306–316.
87 Ebd., S. 336–339.
88 Ebd., S. 333.
89 Ebd., S. 343 u. 353.
90 Ebd., S. 306.
91 Ebd., S. 341.

reits profitablen Branche noch höhere Gewinne sicherte. Das Phoebus-Kartell zerbrach erst 1940 im Weltkrieg, auf dem deutschen Markt folgte daraufhin 1942 die in die NS-Kriegswirtschaft eingebundene Gemeinschaft elektrischer Lampen, welche von Osram dominiert wurde.[92] Das Kartell legte die Preise in Zusammenarbeit mit den staatlichen Stellen für jedes Einzelprodukt in einer ausdifferenzierten Produktpalette klar fest und band zudem auch die ggf. durch die Hersteller dem Handel zu gewährenden Rabatte.[93] Auch in der unmittelbaren Nachkriegszeit bestanden die Strukturen der Kriegswirtschaft zunächst fort. Angesichts sehr niedriger Produktivität bei gleichzeitig angesichts der Bombenschäden hohem Bedarf griffen die Alliierten zunächst nicht nennenswert in das kartellierte System ein und „encouraged cooperation between light bulb manufacturers, and did not oppose the continuation of fixed and uniform prices“. Auch die deutsche Wirtschaftsverwaltung setzte diese Praxis zunächst fort, bis im Mai 1949 alle Preisvorschriften und Produktionseinschränkungen aufgehoben wurden.[94] Die Marktanteile der dominierenden Unternehmen wurden durch die Umbrüche der Nachkriegszeit wenig beeinflusst. So war Osram mit einem Marktanteil von 62,7 % an der Produktionsleistung noch 1954 das mit Abstand führende Unternehmen auf dem westdeutschen Markt, gefolgt vom mit den Hamburger Valvowerken in Deutschland vertretenen niederländischen Konzern Philips mit 14,5 % sowie dem Wipperfürther Unternehmen Radium mit 11,2 %, an dem Osram zudem beteiligt war, während alle weiteren Unternehmen unter einem Marktanteil von 2 % lagen.[95] Auch mit der von den Amerikanern forcierten, kartellfeindlichen Wettbewerbskonzeption tat sich die Branche schwer. So äußerte sich der Geschäftsführer des ZVEI, Karl Neuenhofer, bei einer Mitgliederversammlung des Verbandes im März 1951: „Der Kampf gegen Kartelle, die Antitrustbewegung, kommt aus Amerika. Ich glaube nicht, daß das amerikanische Antitrustgesetz in unsere Verhältnisse hineinpaßt.“[96]

Zu diesem Zeitpunkt hatte der Verband bereits erfahren müssen, dass seine Wettbewerbspraktiken jedenfalls nicht in die neue Gesetzeslage hineinpassten. Die amerikanische Dekartellierungsabteilung hatte den Anfangsverdacht gegen die Glühbirnenhersteller erhärten können und war dabei auf die Fachabteilung „Elektrische Lampen“ innerhalb des ZVEI gestoßen. Innerhalb dieser waren insge-

---

92 Feldenkirchen, Siemens, S. 226.

93 Marktordnung der Gemeinschaft Elektrische Lampen für Allgebrauchslampen vom 1.1.1942, in: BA B102/5273.

94 Report of the Working Party on the Electric Light Bulb Industry, 6.3.1951, Appendix A to DIDEG/P(51)18, in: PRO FO 1005/731.

95 Geschätzte Marktanteilauflistung nach Produktion, Ref. IV A 4, 4.3.1954, in: BA B 102/5274.

96 Zitiert nach: Reindl, Wachstum und Wettbewerb, S. 121.

samt 44 deutsche Hersteller von Glühbirnen organisiert, darunter auch die drei führenden Unternehmen Osram, Philips und Radium. In den requirierten Protokollen von mehreren Verbandssitzungen Ende 1949 bis Anfang hatten die Mitglieder der Fachabteilung für mehrere Produkte einheitliche Preise festgelegt sowie einheitliche Rabatte für festgelegte Kundenkategorien eingeteilt.[97] Zudem sprachen sich die Hersteller auch darüber ab, welche Typen und Arten von Glühbirnen produziert werden sollen und zu welchem Zeitpunkt neue Modelle angeboten wurden. Die Preisfestsetzungen des Verbandes waren unmittelbar nach dem Ende der staatlichen Preiskontrolle erfolgt. Bereits im Juni 1948 hatte Erhards Verwaltung für Wirtschaft einen ersten Anlauf zur Beendigung der Preiskontrollen bei Glühlampen unternommen. Die Hersteller hatten sich daraufhin aber die bestehende Knappheit zunutze gemacht und die Preise deutlich erhöht. Daraufhin führe die VfW im Dezember 1948 einen Maximalpreis ein. Dieser wurde im Juni 1949 wieder aufgehoben, allerdings unter der Bedingung, dass die einzelnen Hersteller dem Ministerium selbstständig und individuell festgelegte Preislisten zukommen ließen, deren Preise dann im Nachhinein nicht übertroffen werden sollten. Die Hersteller trafen sich dann aber de facto unter dem Dach der Arbeitsgemeinschaft Glühlampen und der Fachabteilung Elektrische Lampen des ZVEI und stimmten sich eng bei der Preissetzung sowie Geschäftsbedingungen und Rabatten ab.[98]

Der amerikanische DIDEG-Vertreter plädierte in dem Fall dafür, ein Strafverfahren einzuleiten, da eine „clear and flagrant violation of the decartelization laws“ vorliege. Zudem läge der Preis für die in Deutschland dringend benötigten Glühbirnen erheblich über dem Preis für vergleichbare importierte Produkte. Die abgesprochenen Angebote an die U. S.-Armee stellten zudem eine Schädigung der Interessen einer Besatzungsmacht dar. Um einen Konflikt wie bei dem Schleifmittelfall zu vermeiden, sahen die Amerikaner aber davon ab, dieses unilateral ohne Zustimmung der Briten und Franzosen einzuleiten und stellten diese Frage in der DIDEG zur Abstimmung, auch wenn das Verfahren selbst vor einem US-Besatzungsgericht stattfinden müsse, da die Verbandstreffen in der amerikanischen Zone abgehalten wurden.[99] Die Frage nach der Einleitung eines Strafverfahrens blieb dann in der DIDEG auch umstritten und unentschieden. Die Mitglieder einigten sich schließlich darauf, eine Anfrage an das vorgesetzte, ebenfalls trilaterale

97 Proceedings in the Electrical Industry, November 1950, DIDEG/P(50)94, S.1, in: PRO FO 1005/730.

98 Cease and Desist Order in the Matter of ZVEI, Fachabteilung Eleketrische Lampen, 15.8.1951, Appendix 5 in: Gillen, Deconcentration and Decartelization, S. 114–119, hier: S. 116.

99 Proceedings in the Electrical Industry, November 1950, DIDEG/P(50)94, S. 2 f., in: PRO FO 1005/730.

Economics Comittee der AHK zu richten, ob ein Strafverfahren unter den Dekartellierungsgesetzen zu diesem Zeitpunkt Ende 1950 politisch angebracht sei, ob es möglich sei, dieses ohne Zustimmung der DIDEG in Gang zu setzen, und ob dieses ggf. erst nach einem Verwaltungsverfahren oder nach Abschluss eines bestimmten Teils des Verwaltungsverfahrens in Gang gesetzt werden sollte. Einigkeit wurde hingegen darüber erzielt, ein Verwaltungsverfahren durch eine *Order to Show Cause* in Gang zu setzen.[100] Die *Order to Show Cause* wurde dann am 15.1.1951 an die angeklagten Verbände und Unternehmen verschickt.

Das Verfahren erregte auch die positive Aufmerksamkeit von Außenseitern, die sich nicht am ZVEI und den Kartellpraktiken seiner Fachabteilung beteiligt hatten. So richtete die Ratron Elektrizitätsgesellschaft, nach eigener Aussage die einzige Glühlampenfabrik in Westdeutschland, die nicht den entsprechenden Branchenverbänden angehörte, ein Schreiben an die DIDEG, nachdem das Management des Unternehmens in der Presse auf das Verfahren aufmerksam geworden war. In diesem beschuldigte einer der Inhaber vor allem die drei großen Konzerne Osram, Philips und Radium, ein Monopol auf dem deutschen Markt anzustreben und die kleineren Fabriken vom Markt drängen zu wollen. Der Schreiber hängte zudem potenzielles Beweismaterial für den Prozess an den Brief an mit der Bitte, dieses zu nutzen. Dieses dürfte sich aber wegen der recht wenig konkreten Natur der Vorwürfe als wenig sachdienlich erwiesen haben und spielte im weiteren Prozessverlauf auch keine weitere ersichtliche Rolle.[101]

In der *Order to Show Cause* der DIDEG wurden sowohl der ZVEI, dessen Fachabteilung Elektrische Lampen, sowie die drei dominanten Unternehmen Osram, Radium und Philips als Angeklagte benannt. Die Benennung des Dachverbands war in der DIDEG durchaus strittig gewesen und wurde später in der Verteidigungsschrift des Verbands im parallelen Installationsmaterialfall auch kritisiert, da dieser in die Aktivitäten der Fachabteilung nicht eingebunden gewesen sei. Innerhalb der DIDEG hatte sich der französische Vertreter dafür ausgesprochen, lediglich die Fachabteilung zu nennen, während die beiden anglo-amerikanischen Vertreter unter Berufung auf ihre Rechtsberater der Ansicht waren, aus rechtlichen Gründen müsse der Zentralverband mitgenannt werden. Die DIDEG einigte sich schließlich darauf, den ZVEI in der *Order to Show Cause* mitzubenennen und ihn gegebenenfalls später aus dem Verfahren zu entlassen, wenn dies wünschenswert erscheine.[102] Im Schreiben selbst wurde die Benennung des Dachverbandes dadurch begründet, dass dieser Macht und Kontrolle über die Fachabteilungen

---

100 Minutes of the Twenty-Ninth Meeting of the DIDEG, 14.12.1950, S.1f., in: PRO FO 1005/725.

101 Schreiben der Ratron Elektrizitäts-Gesellschaft, Gebrüder Richnow K. G. an die DIDEG (engl. Übersetzung), 17.1.1951, in: PRO FO 1005/731.

102 Minutes of the Twenty-Eigth Meeting of the DIDEG, 30.11.1950, S. 3, in: PRO FO 1005/725.

ausübe, zu deren Versammlungen Repräsentanten schicken könne und Kopien aller Sitzungsprotokolle erhalte. Die Fachabteilung fungiere daher als „Organ" des Zentralverbands.[103] Kern der Vorwürfe waren dann die bereits oben beschriebenen Sachverhalte: Seit Ende 1949 Festsetzung von Preisen und Rabatten, einheitliche Klassifikation von Kunden zu Gruppen zwecks Rabattgewährung (Großhändler, Einzelhändler usw.), Festlegung von Zeitpunkten für die Einführung neuer Produktarten sowie die bewusste Limitierung von Produktionsmengen. Diese Aktivitäten seien von den Angeklagten beschlossen und überwacht worden. Dazu habe sowohl die angeklagte Fachabteilung gedient, sowie ein vor der ZVEI-Gründung eingerichtetes Arbeitskomitee unter dem Namen „Arbeitsgemeinschaft Glühlampen", das aber seit der Gründung des ZVEI de facto eng mit der Fachabteilung verbunden gewesen sei.[104] Die Angeklagten hatten nach der Order darzulegen, warum ihnen die oben genannten Praktiken nicht verboten werden sollten. Dabei wurde dem Verband auch angedroht, in der folgenden *Cease and Desist Order* dazu gezwungen zu werden, die Fachabteilung Elektrische Lampen sowie die Arbeitsgemeinschaft Glühlampen komplett und final aufzulösen, sofern keine stichhaltigen Argumente dagegen vorgebracht werden konnten.[105]

Auch wenn der Verband einige grundsätzliche Vorbehalte gegen die DIDEG-Verfahren geltend machte, auf die im Installationsmaterialfall einzugehen sein wird, kam es auf der Sachebene doch vergleichsweise unproblematisch zu einer Einigung zwischen der DIDEG und den Anwälten des ZVEI. So entschärfte die DIDEG die geplante *Cease and Desist Order* im Verlauf der Verhandlungen, um die Zustimmung der Angeklagten zum Verfahrensergebnis und damit einem *Consent Decree* zu erhalten.[106] Die letztendlich versandte *Order* zählte zwar die vergangenen Preisabsprachen auf und verbot entsprechende Praktiken für die Zukunft, verzichtete aber auf eine Verurteilung mit Feststellung von subjektiver Schuld.[107] Zudem ordnete die DIDEG zwar die finale Auflösung der ohnehin nur informell bestehenden „Arbeitsgemeinschaft" an, verzichtete aber im Vergleich zur Androhung in der *Order to Show Cause* auf eine Auflösung der Fachabteilung „Elektrische Lampen" unter der Voraussetzung, dass diese ein Verbot von Preis- und Rabattabsprachen explizit in ihren Statuten verankerte.[108] Im Gegenzug dazu erklär-

---

103 Draft Order to Show Cause in the Matter of ZVEI, December 1950, DIDEG P(50)98, S. 2, in: PRO FO 1005/730.

104 Ebd., S. 2 f.

105 Ebd., S. 4.

106 Minutes of the Thirty-Ninth Meeting of the DIDEG, 26.7.1951, in: PRO FO 1005/726.

107 A. E. Rüdell, Abschluß der Dekartellierungsverfahren in der Elektroindustrie durch Consent Decree, in: WuW 1+2 (1951/52), Heft 1, S. 65 f.

108 Articles of Association of Fachabteilung 16 „Elektrische Lampen", 13.7.1951, Appendix A to DIDEG/P(51)35, S. 1 f.

ten sich die Angeklagten über ihre Anwälte dazu bereit, der *Cease and Desist Order* zuzustimmen. Die amerikanische *Decartelization Division* beschloss zudem nun in Übereinstimmung mit dem Rest der DIDEG, als weiteres Zugeständnis für die Kooperationsbereitschaft des Verbandes im Verwaltungsverfahren, auf ein zusätzliches unilaterales Strafverfahren wie im Fall des Schleifmittelverbandes zu verzichten.[109]

Auch wenn die Glühlampenhersteller sich auf dem Papier verpflichteten, auf Preis- und Rabattabsprachen zu verzichten, so wurde die Preisstruktur auf dem Glühlampenmarkt doch nicht kompetitiver. So vermerkte ein Schreiben des Bundeswirtschaftsministeriums im März 1954, die von den Glühlampenherstellern festgesetzten Verbraucherpreise seien schon lange nicht mehr angemessen und dienten nur noch dazu, dem Handel weit höhere Handelsspannen einzuräumen, als dies vor dem Krieg der Fall gewesen sei. So habe der Großhandel früher 30–35 % Rabatt auf den Verbraucherpreis erhalten, von dem er 20–25 % an den Einzelhandel weitergab, während der Rabatt heute bei 48–55 % läge, von dem 40–45 % an den Einzelhandel gingen. Es stelle sich daher die Frage, ob die von den Glühlampenherstellern festgesetzten Verbraucherpreise noch als angemessen bezeichnet werden könnten.[110] In der Tat reagierten die Hersteller auf die zunehmend exzessiv gewordenen Rabatte für den Handel. Die gezeigte Reaktion lag aber nicht darin, die starren und inzwischen überhöhten Verbraucherpreise signifikant zu senken, sondern mit Hilfe der in diesem Zeitraum nicht geahndeten und de facto wieder etablierten Preisbindung der zweiten Hand die Rabatte für die Händler zu senken. So erstattete ein niedersächsischer Elektrohändler nur wenige Monate nach der Feststellung des BMWi Anzeige bei der Staatsanwaltschaft Peine, da „die maßgebenden Deutschen Glühlampenfabrikanten gegenseitig kartellmäßige Verpflichtungen eingegangen sind und das Preisniveau ihrer Erzeugnisse wesentlich erhöht haben“. So habe die Firma Osram ihm den bisher gewährten Gesamtrabatt von 41,44 % auf insgesamt 26 % gekürzt und verlange die Zustimmung dazu durch die Unterzeichnung eines Verpflichtungsscheins. Die Verbraucherpreise hingegen seien nur geringfügig gesenkt worden. Durch die Änderungen habe Osram seine Preisstruktur an die anderen Unternehmen der Branche angeglichen, weswegen er eine Zusammenarbeit vermute. [111]

In der Tat bekannten sich auch die Hersteller gegenüber dem BMWi im Wesentlichen zu den abgesprochenen, nicht im Wettbewerb gebildeten Rabatten. So äußerte sich ein Vertreter des ZVEI bei einer Sitzung mit dem BMWI-Vertreter Ro-

109 Minutes of the Forty-Second Meeting of the DIDEG, 22.10.1951, in: PRO FO 1005/726.
110 Auszug aus: Der Bundminister für Wirtschaft – I B 6 456/54 (2), 27.3.1954, in: BA B102/5274.
111 Schreiben Dipl. Ing. Hans Diederichs an Staatsanwaltschaft Peine (Kopie), 17.7.1954, in: BA B102/5273.

land Risse, welche laut Protokoll einen „durchaus friedlichen und harmonischen Verlauf" genommen habe, einheitliche Bruttopreise, also Verbraucherpreise, seien im Glühlampenhandel seit 50 Jahren traditionell. Auch dass die drei großen Firmen Osram, Philips und Radium einheitliche Rabatte gewährten, bestritt er nicht. Die Industrievertreter waren sich mit Risse und den anderen vertretenen Ministerialbeamten einig, dass bei einem „hemmungslosen Wettbewerb" nur die beiden Großunternehmen Osram und Philips übrigbleiben würden.[112] In der Tat hatten kleinere Unternehmen gegenüber dem BMWi die Sorge geäußert, angesichts der Produktionskapazität und Kapitalkraft von Osram, Philips und Radium weiterhin permanent an Boden zu verlieren.[113] Die drei großen Hersteller hatten sich daraufhin gegenüber dem BMWi dazu bereiterklärt, ihren Anteil am Gesamtumsatz nicht weiter auf Kosten der Klein- und Mittelbetriebe zu vergrößern. Dazu sollte beim ZVEI eine Zählstelle eingerichtet werden, an der die Unternehmen regelmäßig ihre Umsätze weitergaben und diese sollte verhindern, dass die kleinen und mittleren Unternehmen weiter an Marktanteil einbüßen.[114] Auch wenn der Zählstelle selbst laut ihrer Satzung die Festsetzung von Rabatten und Preisen untersagt war, nutzten die Hersteller doch die prekäre Situation der kleineren Unternehmen als Vorwand, um die weithin gleichförmige Preis- und Rabattstruktur der Branche zu erhalten.

Eine ähnliche Wettbewerbsstrategie hat Tino Jacobs in seiner Studie des Tabakunternehmens Reemtsma als „Branchenpaternalismus" definiert. Um eine für das dominierende Unternehmen vorteilhafte Branchenstruktur zu erhalten, setzte sich dieses für die Belange der kleineren- und mittleren Betriebe derselben Branche ein, statt etwa durch einen scharfen Wettbewerb eine Monopolstellung zu erzwingen. Im Gegenzug dazu akzeptieren die kleineren Unternehmen den Führungsanspruch der dominanten Unternehmen und traten etwa gegenüber der Politik gemeinsam unter dessen Führung auf. Die Strategie bedingte sich im Fall von Reemtsma auch aus Angst, dass im Falle des völligen Endes der traditionellen Mitbewerber stattdessen branchenfremdes Kapital in den Industriezweig eindringen und die Stellung des Unternehmens angreifen könnte.[115] Philip Reemtsma selbst fasste diese Strategie folgend zusammen:

---

112 Aktennotiz über die Besprechung bei Herrn Min. Dgt. Risse am 24.8.1954, IV A 4, in: BA B 102/5274.

113 Niederschrift über eine Versammlung der Fachunterabteilung Allgebrauchslampen der Fachabteilung „Elektrische Lampen" am 11.6.1954 in Frankfurt, in: BA B 102/5273.

114 Arbeitsanweisung für die Zählstelle Elektrische Lampen, Bonn und Berlin, 27.11.1954, BA B 102/5273.

115 Tino Jacobs, Rauch und Macht. Das Unternehmen Reemtsma 1920 bis 1961, Göttingen 2008, S. 172.

> Es gehört zum eisernen Gesetz unseres Hauses, daß wir die Klein- und Mittelindustrie unter einen gewissen Schutz nahmen und dafür sorgten, daß sie zu ihrem Recht kam. Dieser Tatsache verdanken wir, daß sich die Klein- und Mittelindustrie auch unbedenklich durch den größten Hersteller führen ließ. Nicht nur die Entwicklung in Deutschland rechtfertigte diese unsere wirtschaftspolitische Linie, sondern auch die der anderen europäischen Länder, in denen der Spannungsgegensatz zwischen Groß- und Kleinindustrie niemals überbrückt wurde, und in denen durchgehend die Industrieführung durch einen Mittelfabrikanten gegen die Großindustrie gesteuert wird.[116]

Es liegt nahe, dass die drei dominanten Oligopolisten auf dem Glühlampenmarkt hier mit einer ähnlichen Strategie operierten. Mit dieser Herangehensweise hatten sie beim BMWi, welches zu diesem Zeitpunkt das Szepter der Kartellpolitik de facto von den Alliierten bereits übernommen hatte, durchaus Erfolg. Zwar hatten die zahlreichen Beschwerden vor allem von Großverbrauchern, die im BMWi angesichts der Preispolitik der Glühlampenhersteller eingingen, durchaus Diskussionen mit den Industrievertretern zu Folge. Dort stellte sich aber beispielsweise der oben genannte Roland Risse auf den Standpunkt der Glühlampenhersteller, die antikompetitive Preis- und Rabattgestaltung in der Branche sei notwendig, um kleine und mittlere Unternehmen zu erhalten. So äußerte Risse

> es handle sich hier um geradezu ein Musterbeispiel, welches auch den neoliberalistischen Professoren, wie Herrn Prof. Böhm zu denken geben müsse. [...] Es sei doch kein Zweifel, daß nach Fortsetzung des bisherigen Zustandes innerhalb weniger Jahre zwei resp. drei Großfirmen übrigbleiben würden und ein Wettbewerb damit praktisch überhaupt aufhöre. Das Ministerium hat sich die Frage vorzulegen, ob es besser sei, eine mittelständische Industrie zu schützen oder diese um eines Prinzips willen zu opfern.[117]

Diese Position war im Bundeswirtschaftsministerium keine Minderheitenmeinung des einflussreichen Juristen und Ministerialbeamten Risse, sondern setzte sich als Konsens durch. So vertrat auch Ludwig Erhard persönlich in einem Schreiben gegenüber an den Bundestagsabgeordneten Joseph Illerhaus, der mit dem Textileinzelhandel einem der Beschwerdeführer nahestand, die Auffassung, eine Erhöhung der Werkserlöse sei erforderlich, wenn nicht noch die wenigen verbliebenen mittelständischen Hersteller vom Markt verdrängt werden sollen. Dass die Hersteller die kürzlich wieder eingeführte vertikale Preisbindung dafür gleichförmig und damit de facto horizontal anwandten, akzeptierte der Minister. Zwar hatte die Fachabteilung Elektrische Lampen des ZVEI betont, sie enthalte sich der Preispolitik ihrer Mitglieder seit dem alliierten Verfahren, am Ergebnis in der Preissetzung än-

---

116 Zitiert nach: Ebd., S. 171.
117 Aktennotiz über die Unterhaltung im BWM am 24.8.1954, S. 2, in: BA B 102/5274.

derte dies aber nichts.[118] Entsprechende Preisabsprachen wurden nach dem alliierten Verfahren mutmaßlich diskreter und informeller organisiert, ein eigentlicher Preiswettbewerb fand aber weiter nicht statt. Erhards Bundeswirtschaftsministerium trug diese Wettbewerbspolitik de facto über einen erheblichen Zeitraum mit. In einer anderen Besprechung mit Industrievertretern 1956 über die Gewährung einer Marktordnung machte mit Eberhard Günther der Hauptverantwortliche für Kartell- und Wettbewerbspolitik des Ministeriums gegenüber einem Osram-Vertreter zunächst deutlich, das BMWi würde marktordnende Maßnahmen in Form von Rabattregelungen zulassen, um die mittelständische Industrie zu erhalten. Eine Bindung der Endverbraucherpreise in irgendeiner Form halte er aber für unzulässig. Als der Osram-Vertreter daraufhin einwandte, die Praxis habe gezeigt, dass Rabattregelungen ohne Bindung der Endverbraucherpreise de facto nicht wirksam seien, da sich der Wettbewerb dann vom Rabatt auf den Endverbraucherpreis verlagere, knickte Günther ein und erklärte, zum Schutz der mittelständischen Industrie wäre das Ministerium bereit, auf den Ausschluss der Bindung von Endverbraucherpreisen durch die Marktordnung zu verzichten. Einzige Bedingung war, dass dies in Form der Preisbindung der zweiten Hand und damit zumindest auf dem Papier „autonom“ durch die Einzelhersteller und nicht kollektiv geschähe.[119]

An der starren Preis- und Wettbewerbsstruktur auf dem Glühlampenmarkt änderten solche juristischen Spitzfindigkeiten freilich nichts. Die alliierten Behörden hatten genau wegen dieses Zusammenhangs zwischen starren Preisen und Rabattabsprachen etwa einen abgesprochenen Höchstrabatt abgelehnt. Eine solche Festlegung sahen DIDEG und *Economics Committee* der Hohen Kommission als gleichwertig zu Preisabsprachen und damit als per-se Verstoß gegen die Dekartellierungsgesetze an:

> “In reaching its decision the Economics Committee has noted that in the case of many products, particularly those of a standardized character, the stated selling price of the individual concerns tends to become uniform and the only price competition which occurs arises through the allowance of rebates. To permit the fixing of maximum rebates would in these situations mean the elimination of all price competition.”[120]

Eine ähnlich starre Preis- und Rabattstruktur konnte dann auch Günthers eigenes Bundeskartellamt noch 1960 und damit nach dem Erlass des GWB beobachten und vermerkte im Jahresbericht über die Glühlampenindustrie:

---

118 Schreiben Ludwig Erhards an MdB Josef Illerhaus, 31.3.1955, S. 2 f., in: BA B102/5274.

119 Niederschrift einer Besprechung im Bundeswirtschaftsministerium vom 5.10.1956, S. 2, in: BA B102/5274.

120 Schreiben J. E. Slater (Economics Committee) an Ludwig Erhard, 23.8.1951, in: BA B102/192476.

> Da die vorhandenen Qualitätsunterschiede nur gering sind, ist es zweifelhaft, ob sie einen Einfluß auf den Wettbewerb haben. Die Konditionen der Hersteller sind gleich. In den letzten beiden Jahren blieben Preise, Rabatte und Konditionen unverändert.
> Bei dem starken Teiloligopol auf diesem Markt erscheint ein Preiswettbewerb fraglich. Die geringfügig höheren Rabatte der kleinen Hersteller führen zwar bei gleichen Bruttopreisen zu einer gewissen Differenzierung der Herstellerabgabepreise, sie bleiben aber in den Grenzen, die das Gruppeninteresse des Teiloligopols der drei großen Unternehmen erlaubt.[121]

Während die DIDEG auf dem Papier strikt gegen Preisabsprachen vorgegangen war, verlor diese alliierte Institution im Fall der Glühlampenhersteller bereits kurz nach dem Verfahren wieder ihren Einfluss, sodass eine dauerhafte Wirkung auf die Wettbewerbsstruktur der Branche ausblieb. Durch eine vergleichsweise kooperative Haltung gegenüber der DIDEG sowie die parallel auch angesichts inneralliierten Widerstands langsam abflauende amerikanischen Dekartellierungskampagne konnten der ZVEI und seine Abteilung für Glühlampen zudem ein potenziell kostspieliges Strafverfahren vermeiden. Gegenüber dem BMWi schafften die drei dominanten Hersteller es geschickt, das Schicksal der wirtschaftlich ohnehin eher unbedeutenden kleinen und mittelständischen Firmen so zu instrumentalisieren, dass die Preis- und Rabattstruktur gestützt durch de facto kollektiv angewandte, vertikale Preisbindung und nur unerhebliche Differenzen bei der Rabattgewährung über Jahre starr im Sinne der Hersteller blieb. Im Fall des BMWi triumphierte die durch die Hersteller geschickt bediente Mittelstandspolitik des Hauses mit ihrer sozialromantischen Präferenz für kleine und mittlere Unternehmen sowie ein noch durch klassische *perfect competition* geprägtes, oligopolfeindliches Wettbewerbsverständnis über die eigentlich vertretenen wettbewerbspolitischen Grundsätze.

5.2.2 Die Fachabteilung Installationsmaterial und ihre mittelständischen Hersteller

Neben der Fachabteilung Glühlampen geriet parallel und unabhängig von diesem Verfahren noch eine andere Fachabteilung des ZVEI ins Visier der DIDEG. Dabei handelte sich um die Fachabteilung Installationsmaterial, unter dessen Dach sich etwa 200 Hersteller von Steckdosen, elektrischen Schaltern, Fassungen, Sicherungen, Isolatoren, elektrischen Verteilern und vergleichbarem elektrotechnischen Installations- und Einrichtungsmaterial zusammengeschlossen hatten. Trotz der relativ hohen Anzahl der Betriebe war die gesamtwirtschaftliche Bedeutung der Mit-

121 Bericht des Bundeskartellamtes über seine Tätigkeit im Jahre 1960 sowie über Lage und Entwicklung auf seinem Aufgabengebiet, Bundesdrucksache 3/2734, S. 80.

gliedsfirmen der Fachabteilung eher gering: Die Gesamtzahl der Beschäftigten des Wirtschaftszweiges betrug 12.139, der Umsatz knapp 143 Millionen DM. Lediglich zwei der in der Fachabteilung vertretenen Unternehmen galten nach der damaligen Definition als Großunternehmen, hatten aber nicht ansatzweise die wirtschaftliche Bedeutung wie Osram oder Philips in der Glühlampenbranche.[122] Die aggressive, kartellierte Preispolitik dieser Branche zu diesem Zeitpunkt war auch der Bundesregierung nicht entgangen. So monierte etwa der Bundesminister für Wohnungsbau, Eberhard Wildermuth (FDP) im Oktober 1950 gegenüber seinem Kabinettskollegen Erhard die Preispolitik der Hersteller von elektrischen Schaltern. Diese würden durchweg einheitliche und dazu überhöhte Preise für die gängigsten Schalter führen, von der man auf eine kartellrechtswidrige Zusammenarbeit auf technischem und preislichem Gebiet schließen könne. Zudem habe das Preisniveau 1949 105 bis 130 % über den Preisen von 1939 gelegen und damit eine Preiserhöhung stattgefunden, welche auch im Vergleich zu anderen elektrotechnischen Branchen „geradezu absurd" erscheine.[123]

Auslöser der Ermittlungen der DIDEG war aber nicht der Ärger des Wohnungsbauministeriums oder Immobilienbranche über überhöhte Preise für Installationsmaterial, sondern eine Beschwerde des britischen *Board of Trade*. Über dieses hatten sich britische Hersteller von elektrotechnischem Installationsmaterial bei der DIDEG beschwert, da ihnen der Zugang zum niederländischen Markt aufgrund von Kartellvereinbarungen dortiger Großhändler mit deutschen Herstellern verweigert bliebe.[124] Auf britischen Vorschlag erfolgte amerikanische Voruntersuchungen konnten den Verdacht auf Kartellabsprachen im In- und Ausland dann erhärten. Die amerikanische Seite hatte nach den Beschwerden und der britischen Zustimmung bereits im Juli 1950 Beweismittel gegen die Fachabteilung requiriert und erste Befragungen durchgeführt.

Da die Fachabteilung ihren Sitz aber in der britischen Zone hatte, war für weitere Untersuchungen eine *working party* der DIDEG nötig.[125] Die DIDEG setzte eine solche daraufhin ein.[126] Diese untersuchte daraufhin die bereits konfiszierten Sitzungsprotokolle und Korrespondenz der Fachabteilung und verhörte zusätzlich einige führende Funktionäre der Fachabteilung direkt. Im Ergebnis konnte die

122 Äußerung der Beklagten (Entwurf) in Sachen ZVEI und Fachabteilung Installationsmaterial, 12.1.1950, S. 17, in: BA B 102/192425.

123 Vertrauliches Schreiben des Bundesministers für den Wohnungsbau an Ludwig Erhard, 10.10.1950, in: BA B 102/192425.

124 Minute Sheet from RJB Williams to Economic Adviser, 27.5.1952, in: PRO FO 1036/178.

125 International Agreement for Electrical Fittings, Paper by U. S. Member, Juli 1950, DIDEG/P(50) 44, in: PRO FO 1005/730.

126 Minutes of the Eighteenth Meeting of the DIDEG, 7.7.1950, in: PRO FO 1005/725.

working party die bisherigen Ergebnisse bestätigen und präzisieren. Sie kam zu dem Ergebnis, die Fachabteilung habe durch eine Reihe von Aktivitäten auf die Durchsetzung und Aufrechterhaltung von einheitlichen, nicht im Wettbewerb gebildeten Preisen, Rabatten und Geschäftsbedingungen sowohl auf dem heimischen als auch auf dem Exportmarkt hingearbeitet. Außerdem habe die Fachabteilung Verhandlungen mit Verbänden von ausländischen Großhändlern und Herstellern aufgenommen, um Vereinbarungen über die exklusive Kontrolle verschiedener Märkte in Drittländern abzuschließen.[127]

Für diese Aktivitäten konnte die DIDEG reichliche Belege verweisen. So fiel den Ermittlern u. a. die Kopie eines Schreibens aus dem Management in die Hand, in der ein spezielles Treffen im März 1950 mit dem Zweck der Preisabsprachen für ein abwesendes Mitglied zusammengefasst wurde. Aus den Briefen ging auch hervor, dass die Absprachen durchaus Früchte getragen hatten. Zudem erhielten konfiszierte Briefe auch Verweise auf Absprachen zur Einrichtung eines Gesamtumsatzrabattsystems des Verbands, die bereits im Juli 1949 getroffen wurden. Die Fachabteilung hatte zudem Preislisten mit Mindestpreisen für den Export versandt, die die Mitgliedsunternehmen nicht unterbieten durften. Zudem gab es Belege, dass führende Mitglieder der Fachabteilung in der zweiten Hälfte von 1949 Verhandlungen mit niederländischen Kunden und belgischen Herstellern begonnen hatten, die die Bildung eines internationalen Kartells beabsichtigten.[128] Aus den Übersetzungen der konfiszierten Rundschreiben der Fachabteilung gingen die Preisabsprachen sowohl bei den Grundpreisen als auch bei den Rabatten deutlich hervor. In einem dieser Schreiben vom März 1950 betonte der Geschäftsführer des Verbandes, Herr Blass, zudem selbst, etwaige Beschwerden von Mitgliedern der Fachabteilung, die abgesprochenen Preise würden nicht eingehalten, seien in den meisten Fällen unzutreffend. Lediglich in zwei Fällen hätten kleinere Firmen bei vereinzelten Produkten ihre Preise denen von unterbietenden Außenseitern angepasst. Generell würden die Preisvorgaben des Verbandes aber geachtet und eingehalten.[129]

Die Befragung eben jenes Geschäftsführers, welche trotz ihrer auf dem Papier informellen Natur (Blass wurde nicht offiziell als Angeklagter verhört) in Begleitung seines Rechtsanwalts, Alexander E. Rüdell[130] stattfand, drehte sich dann vor

127 Report of the Tripartite Working Party on the Alleged Restrictive Practices in the Electrical Fittings Industry, undatiert, S.1, in: PRO FO 1005/730.

128 Ebd., S. 2–4.

129 Circular by Management of Fachgruppe Installationsmaterial about Conference in Bamberg, 29.3.1950, Appendix A to Report of Working Party, in: PRO FO 1005/730.

130 Alexander E. Rüdell gehörte neben Rudolf Mueller und (etwas später) Alfred Gleiss zu den prominentesten deutschen Rechtsanwälten in Fragen der alliierten Kartellgesetze. Er vertrat u. a.

allem um das internationale Kartell. Der Geschäftsführer brachte zur Verteidigung des Verbandes vor, dass die Verhandlungen auf Initiative der Niederländer zu Stande gekommen wären, welche ein ähnliches Abkommen aus der Vorkriegszeit fortsetzen wollten. Zudem sei das Abkommen nie in Kraft getreten und die Zustimmung der niederländischen Großhändler habe noch gefehlt, die jeweiligen Unterschriften der Beteiligten seien lediglich eine Absichtserklärung gewesen, eine ähnliche Abmachung zu einem späteren Zeitpunkt abzuschließen. Das Abkommen wäre zudem nicht in Kraft getreten, bis eine offizielle Ausnahmegenehmigung von den Dekartellierungsgesetzen vorgelegen hätte. Da eine solche Ausnahmegenehmigung kaum zu erwarten war und dies wohl auch den Verbandsvertretern bewusst war, ist die Glaubwürdigkeit zumindest dieser Aussage fragwürdig. Blass gab in der Befragung auch immerhin zu, dass die deutsche Seite sich durch die Verhandlungen in rechtlich gefährliches Territorium vorgewagt hatte („were entering fields on which they were not permitted to tread“).[131]

Die Working Party kam zu dem Ergebnis, das internationale Kartell habe in der Praxis bereits beträchtlichen Fortschritt bei seiner Umsetzung gemacht, da in einem anderen Brief an die Fachabteilung sich ein deutscher Abgesandter nach einem Aufenthalt in den Niederlanden darüber beschwerte, dass sich einige Hersteller nicht an das Abkommen hielten. Blass hingegen wurde von der *working party* als widerwilliger Zeuge eingeschätzt, der nur zögerlich und ausweichend Antworten gab.[132] Im Ergebnis empfahl die *working party* einstimmig eine *Order to Show Cause*. Unstimmigkeit bestand hingegen darüber, ob der Fachabteilung Installationsmaterial in deren Folge auch die Auflösung angedroht werden sollte, wofür sich der französische und amerikanische Vertreter aussprachen.[133] Aus den Übersetzungen der konfiszierten Rundschreiben der Fachabteilung gingen die Preisabsprachen sowohl bei den Grundpreisen als auch bei den Rabatten hervor. Die DIDEG folgte der Empfehlung der *working party* und versandte im Dezember 1950 eine *Order to Show Cause* an den ZVEI und seine Fachabteilung Installationsmaterial. Kern der Vorwürfe waren die im Bericht der *working party* festgestellten Absprachen über Preise, Lieferungs- und Zahlungsbedingungen, Rabatte, Diskonte und Nachlässe sowie die Aufteilung ausländischer Märkte im Zuge der internatio-

auch die bereits behandelte Glühlampenabteilung des ZVEI und das Superphosphat-Syndikat. Vgl. Schreiben des RA Dr. A. E. Rüdell an den Bundesminister für Wirtschaft, 14.1.1957, in: BA B 102/5273; Gemeinsame und Einzel-Schriftsätze der Beklagten in Sachen Superphosphat-Düngemittel Aufforderung zur Äußerung, 14.11.1949, in: IfZArch, OMGUS, 17/243-1/1.

131 Report of the Tripartite Working Party on the Alleged Restrictive Practices in the Electrical Fittings Industry, undatiert, S.5, in: PRO FO 1005/730.

132 Ebd., S. 6.

133 Ebd., S. 7.

nalen Kartellverhandlungen mit den belgischen Fabrikanten und niederländischen Großhändlern. Die Beklagten hatten nun darzustellen, warum Sie nicht dazu aufgefordert werden sollten, alle entsprechenden Anweisungen, Verfügungen und Rundschreiben sowie die internationalen Vereinbarungen zu widerrufen, vergleichbare Tätigkeiten in der Zukunft zu unterlassen sowie die Fachabteilung Installationsmaterial vollständig aufzulösen.[134] Im Vergleich zum ursprünglichen Entwurf der Order hatten sich der amerikanische und französische Vertreter also gegen den britischen Teil der *working party* durchgesetzt, der auf diesen Teil der Anklage verzichten wollte.[135]

Der beklagte Verband und seine Fachabteilung, hier erneut vertreten vom Düsseldorfer Rechtsanwalt Alexander E. Rüdell, antwortete mit einem äußerst ausführlichen Schriftsatz auf diese Aufforderung zur Äußerung. Wie auch bereits im Fall des Schleifmittelverbands machten die Beklagten zu Beginn ihrer Äußerung grundsätzliche Einwände gegen die DIDEG und die Durchführung ihrer Verfahren geltend. An erster Stelle verlangten die Beklagten die Übertragung des Verfahrens auf die deutsche Bundesregierung. Begründet wurde dies dadurch, dass der Paragraph des Besatzungsstatuts, der nach alliierter Interpretation die Dekartellierung als Vorbehaltsrecht reserviert hatte, wörtlich von „controls in regard to [...] decartelization“ gesprochen habe. Kontrolle setze aber eine deutsche Regierungstätigkeit voraus, weswegen die diese für den Fall zuständig sei.[136] Diese Interpretation des Textes war eine eher eigenwillige, der entsprechende Paragraph im englischen Originaltext, der einige der Vorbehaltsrechte der Alliierten Hohen Kommission aufzählt, lautet: „controls in regard to the Ruhr, restitution, reparations, decartelisation, deconcentration, non-discrimination in trade matters, foreign interests in Germany and claims against Germany“.[137] Wahrscheinlicher ist dabei, dass sich „controls“ lediglich auf „in regard to the Ruhr“ bezieht, nicht jedoch auf die folgende Aufzählung der Vorbehaltsrechte. Dies legt auch der Inhalt der folgenden Aufzählung nahe, da die Interpretation, es handle sich um Bereiche, die grundsätzlich im Machtbereich der Bundesrepublik lägen, und bei der die Besatzungsmächte nur eine überwachende Kontrollfunktion ausüben etwa bei den

---

134 Übersetzung der Order to Show Cause in Sachen des ZVEI und der Fachabteilung Installationsmaterial, 14.12.1950, in: BA B 102/192425.

135 Vgl. Draft Order to Show Cause in the Matter of ZVEI and Fachabteilung Installationsmaterial, October 1950; Report of the Tripartite Working Party on the Alleged Restrictive Practices in the Electrical Fittings Industry, undatiert, S.7, beide in: PRO FO 1005/730.

136 Äußerung der Beklagten (Entwurf) in Sachen ZVEI und Fachabteilung Installationsmaterial, 12.1.1950, S.1, in: BA B 102/192425.

137 The Occupation Statute, 12.5.1949, Amtsblatt der AHK vom 23.09.1949, S. 13–15, online unter: https://www.cvce.eu/content/publication/2003/10/21/6750efd3-4b34-4fec-9a4a-df0ff125d302/publishable_en.pdf, zuletzt abgerufen am 29.04.2021.

Punkten „foreign interests in Germany" oder „claims against Germany" wenig Sinn ergibt.

An zweiter Stelle forderten die Beklagten auch für die Verwaltungsverfahren eine Berufungsmöglichkeit vor Gericht, da Ankläger und Richter in diesen Verfahren identisch seien, was sie als Verstoß gegen das Prinzip der Gewaltenteilung ansahen, wie sie auch im Grundgesetz festgelegt sei.[138] Während die Amerikaner die Verwaltungsverfahren bewusst rein administrativ organisieren wollten, äußerten Vertreter der britischen Dekartellierungsabteilung und der anderen Abteilungen des britischen Hochkommissariats mitunter durchaus Verständnis für dieses häufig von deutscher Seite vorgebrachte Argument. Auch wenn die Besatzungsmächte juristisch nicht an das deutsche Grundgesetz gebunden waren, äußerte sich etwa der britische DIDEG-Vertreter in einem Dokument:

> The present U. S. and British Decartelization Laws have in the past been criticized both by our own legal authorities and by German lawyers defending their clients, on the grounds that the implementing agency appeared to include in one body the functions of: Legislator, Prosecutor, and Judge. There seems to be justification for this accusation.[139]

Auch in der der Kartellabteilung vorgesetzten Wirtschaftsabteilung des britischen Hochkommissariats wurde diese Ansicht durchaus geteilt:

> I entirely agree with you that we must get DIDEG out of the position of being legislator, prosecutor and judge. I also agree with the theory that all proceedings as regards concentration (or decartelization) should be of a legal nature before a properly constituted court.[140]

Auch wenn die britische Seite intern dem Argument durchaus zustimmend gegenüberstand, so war doch nicht zu erwarten, dass es die Verwaltungsverfahren der DIDEG als kleinsten gemeinsamen Nenner zu Fall zu bringen konnte, solange keine Einigkeit über ein neues, trilaterales Dekartellierungsgesetz erzielt war. Zwar behagte die rein administrative Natur der DIDEG-Verfahren ohne Berufungsmöglichkeit der britischen Seite nicht, aber nach dem Konflikt um die unilateralen amerikanischen Strafverfahren waren die Briten geneigt, diese Verfahrensart als Kompromiss zu akzeptieren. Die Amerikaner verzichteten ihrerseits letztendlich in den beiden ZVEI-Verfahren auf einen eigenen Strafprozess zu Gunsten des DIDEG-Verfahrens, auch wenn sie sich in der DIDEG zunächst erneut für eine dop-

138 Äußerung der Beklagten (Entwurf) in Sachen ZVEI und Fachabteilung Installationsmaterial, 12.1.1950, S. 1, in: BA B 102/192425.

139 Deconcentration Law, Procedure for Enforcement, Proposal by British Member, DIDEG/P(50) 57, January 1950, S. 1, in: PRO FO 1005/730.

140 Answer from Gordon N. Macready, Economic Adviser, to RJB Willimans about Harmonisation of Legislation, 11.7.1950, in: PRO FO 1036/178.

pelte Verfolgung eingesetzt hatten. Von daher waren die DIDEG-Verfahren aus britischer Perspektive das kleinere Übel, welches im Vergleich zu Strafprozessen mit hohen Geld- oder sogar Gefängnisstrafen weniger Störsignale auf die höherstufigen politischen Prozesse (die Westintegration der Bundesrepublik als gleichberechtigtes Mitglied der westeuropäischen Staatengemeinschaft) ausstrahlte.

Neben den bisherigen Einwänden beklagte Rüdell in seinem Brief für die Installationsmaterialhersteller auch die fehlende Einsicht seitens der Verteidigung in die der DIDEG vorliegenden Beweismittel, auf denen die *Order to Show Cause* basierte, was einen Verstoß gegen deutsches Recht darstelle.[141] Zudem beantragten die Beklagten in ihrer Äußerung eine mündliche Verhandlung. Während die zuvor geäußerten grundsätzlichen Einwände keine wirklichen Erfolgschancen hatten, wurden mündliche Anhörungen sowohl in den amerikanischen Strafverfahren als auch in den Verwaltungsverfahren der DIDEG regelmäßig gewährt und führten auch in diesem Prozess letztlich zu einer Einigung. Weiterhin rechtfertigte sich der ZVEI damit, dass der ZVEI als Dachverband nicht von den Vorwürfen betroffen sei, da das konkrete Tagesgeschäft den einzelnen Fachabteilungen unterliege, über deren Tätigkeit der ZVEI nicht im Einzelfall genau informiert sei, während der Dachverband selbst lediglich allgemeine politische, beratende und repräsentative Aufgaben wahrnehme. Zudem habe der ZVEI alle Fachabteilungen über die Dekartellierungsgesetze informiert. Über die konkreten Vorgänge, die zur *Order to Show Cause* führten, seien Vorstand und Geschäftsführung des ZVEI gar nicht informiert gewesen, weswegen eine Entlassung des ZVEI aus dem Verfahren beantragt wurde.[142] Auch in der DIDEG war die Frage, ob der Dachverband mit als Beklagter genannt werden müsse, oder ob eine Nennung der Fachabteilung ausreiche, umstritten gewesen. In diesem Fall hatten sich der britische und amerikanische Vertreter, Claude Catton Oxborrow[143] und Grant W. Kelleher, die unter Berufung auf ihre jeweiligen Rechtsberater der Hohen Kommissare der Meinung waren, der ZVEI als Dachverband sollte mitgenannt werden, gegen den französischen DIDEG-Vertreter Lionel Favereau durchgesetzt.[144] Der Protest des Verbandes hatte in diesem Sachverhalt dann ebenfalls keinen Erfolg, der ZVEI als Dachverband war auch in der finalen *Cease and Desist Order* noch als Angeklagter mitbenannt.

---

141 Äußerung der Beklagten (Entwurf) in Sachen ZVEI und Fachabteilung Installationsmaterial, 12.1.1950, S. 2, in: BA B 102/192425.

142 Ebd., S. 3 f.

143 Sowohl die Schreibweise Claude als auch Claud findet sich in mehreren publizierten Quellen, die offiziellen Dokumente der DIDEG und der britischen Kartellabteilung führen ihn stets nur als C. C. Oxborrow.

144 Vgl. Minutes of the Twenty-Eigth Meeting of the DIDEG, 30.11.1950, in: PRO FO 1005/725.

Abseits der formalen Proteste legte der Verband auch Widerspruch gegen die Darstellung der Fachabteilung als aufzulösendes Kartell ein. Die Fachabteilung sei nicht als Kartell, sondern als *trade association* gegründet worden. Während ein nicht genehmigtes Kartell nach den Dekartellierungsgesetzen nichtig zu erklären und aufzulösen sei, könne bei Feststellung von Kartellhandlungen einer *trade association* wegen der in der Verfassung gewährten Koalitionsfreiheit zwar die entsprechenden Kartellhandlungen verboten werden, nicht jedoch die *trade association* aufgelöst werden.[145] Dieses Argument schien in den weiteren Verhandlungen durchaus verfangen zu haben, da die später zum *Consent Decree* gewordene *Cease and Desist Order* auf die noch in der *Order to Show Cause* angedrohte Auflösung der Fachabteilung verzichtete. Abseits der grundsätzlichen Vorbehalte gegen das Verfahren verteidigte sich der beklagte Verband und seine Fachabteilung auch gegen die konkreten Vorwürfe. Mit Hinblick auf den Kernvorwurf, die Festsetzung von Preisen, verwies die Verteidigungsschrift ähnlich wie auch schon der Schleifmittelverband auf die lange Geschichte staatlicher Preiseingriffe und -festsetzungen. So bestritt der Verband zwar nicht, „dass in der Vergangenheit von der Fachabteilung Preisinformationen herausgegeben worden sind." Allerdings sei das Bestreben, im Inland möglichst einheitliche Preise zu haben, nicht nur auf die frühere Kartellbewegung zurückzuführen, sondern habe seit dem Preisstopp von 1936 vor allem in staatlicher Hand gelegen. So hätten bei gestiegenen Kosten einzelne Firmen ihre Fachverbände beauftragt, sich an den Preiskommissar zu wenden, der dann nach eigenen Untersuchungen ggf. entsprechende Zuschläge gewährt habe. Dieses Verfahren sei nach 1945 von den deutschen Preisbildungsstellen zunächst fortgesetzt worden und zuletzt 1948 einheitlich angewendet worden.[146]

Zudem verwies der Verband zur Rechtfertigung der eigenen Preisfestsetzungen auf die in den letzten zwei Jahren aufgekommen „unlautere ostzonale Konkurrenz" die „unter Ausnutzung des Währungsgefälles" Angebote bis zu einem Drittel unter den westdeutschen Preisen mache. Dieses Preisdumping beruhe nicht auf billigerer Produktion, sondern auf Währungsmanipulation und sei weder von den deutschen Behörden noch von den alliierten Dienststellen beseitigt worden, sodass die westdeutschen Hersteller zu „Selbstschutzmaßnahmen" gezwungen gewesen seien. Die eigenen Besprechungen seien „nur von dem Wunsche geleitet [...] aufbauend auf der einheitlichen staatlichen Preisfestsetzung gegen die unlautere Konkurrenz eines Ostsyndikats anzukämpfen."[147] In Bezug auf die Rabatte vertei-

145 Äußerung der Beklagten (Entwurf) in Sachen ZVEI und Fachabteilung Installationsmaterial, 12.1.1950, S. 6, in: BA B 102/192425.

146 Ebd., S. 7.

147 Ebd., S. 8.

digten sich die Beklagten, einheitliche Rabatte für Großhändler und Installateure von jeweils 50 % und 33,3 % seien in der Elektroindustrie seit Jahrzehnten handelsüblich, sodass die Fachabteilung als Ursache dieser Zustände nicht in Frage käme. Vielmehr hätten sich diese Spannen „aus dem Wechselspiel der Marktinteressen von Erzeuger und Abnehmer eingespielt", ähnliches gelte zudem für die Barzahlungsdiskonte. Auch bestritt die Fachabteilung, jemals Zwang bei der Durchsetzung ihrer Beschlüsse angewendet zu haben, es seien niemals Konventionalstrafen oder andere kartellübliche Kontrollmaßnahmen beschlossen oder versucht worden.[148] Auch bei den Exportpreisen habe die Fachabteilung im Einklang mit Empfehlungen sowohl der alliierten JEIA als auch der Bundesregierung lediglich unverbindliche Preisempfehlungen für kleinere Hersteller angeboten, die ihren Kontakt mit dem Weltmarkt während des Krieges verloren hätten und nun nicht die notwendige Kenntnis über die entsprechenden Weltmarktpreise gehabt hätten.[149]

In Bezug auf die Absprachen mit den belgischen Herstellern und niederländischen Großhändlern sah sich der Verband als nicht betroffen an, da diese Verhandlungen lediglich von einigen am Hollandgeschäft interessierten Einzelfirmen geführt worden seien.[150] Die Fachabteilung beteuerte zudem, alle in der *Order to Show Cause* angemahnten Praktiken, sofern sie jemals stattgefunden hatten, eingestellt zu haben und die Abteilung für Gegenwart und Zukunft dementsprechend neuorientiert zu haben.[151] Dies gelte allerdings nicht für die Gesamtumsatzrabatte, da sich einige Mitgliedsfirmen gegenüber den Kunden der Gewährung entsprechender Boni ohne zeitliche Begrenzung verpflichtet hatten und daher bei Streichung des Bonus juristische Konsequenzen zu befürchten hätten. Die Werke seien aber auch der Anlass, dass die Einräumung eines *volume rebate* keinen Verstoß gegen die Dekartellierungsgesetze darstelle, da keine Bindung des Endpreises erfolge. Gesamtumsatzrabatte seien auf dem deutschen Markt weder dazu geeignet noch dazu bestimmt, den Wettbewerb zu beschränken, sondern dienten in der Regel lediglich der Erhaltung der Wettbewerbsfähigkeit kleiner und mittlerer Unternehmen.[152] Die DIDEG hatte die Passage zu den Gesamtumsatzrabatten bewusst in der Show Cause Order belassen, dabei aber beschlossen, über deren Legalität oder Illegalität basierend auf den im Verfahren zu Tage gebrachten Fakten zu entscheiden.[153] Abseits des Vorbehalts bei dem Gesamtumsatzrabatt deutete aber bereits

148 Ebd., S. 9.
149 Ebd., S. 10.
150 Ebd., S. 13.
151 Ebd., S. 11.
152 Ebd., S. 14.
153 Minutes of the Twenty-Sixth Meeting of the DIDEG, 9.11.1950, in: PRO FO 1005/725.

die schriftliche Antwort der Fachabteilung trotz der grundsätzlichen Kritik zu Beginn erhebliche Kooperationsbereitschaft an. So schlug die Fachabteilung Maßnahmen als Sicherung dafür vor, dass die Gesetze in Zukunft eingehalten werden sollte. Diese sollten u. a. einen Beratungsvertrag mit der DIDEG umfassen, im Zuge dessen der Verband regelmäßig bei der DIDEG Rat über die Dekartellierungsgesetze und Verbandsrichtlinien einholen würde.[154]

Diese hier bereits angedeutete Kooperationsbereitschaft der Fachabteilung setzte sich dann auch in den mündlichen Verhandlungen fort. Auf die schriftliche Antwort des Verbandes erfolgte im Laufe des Frühjahrs 1951 eine Reihe mündlicher Verhandlungen der Rechtsvertreter des ZVEI und seiner Fachabteilung mit den Vertretern der DIDEG über den Inhalt der finalen *Cease and Desist Order*. Die Rechtsvertreter der elektrotechnischen Industrie versuchten dabei, im Vergleich zur *Order to Show Cause* umfangreiche Streichungen durchzusetzen, welche nicht nur die zu befolgenden Verbote entschärften, sondern vor allem auch Verweise auf die vergangenen Verstöße tilgen sollten, die zu dem Verfahren geführt hatten.[155] Dies gelang auch in Teilen, etwa wurde der Teil zu dem internationalen Kartell und der Aufteilung der Exportmärkte zumindest gekürzt.[156] Das Verbot für die Fachabteilung, die Käufe von Kunden bei allen Herstellern zusammenzurechnen und darauf basierend einen für alle Mitglieder verpflichtenden Gesamtumsatzrabatt zu berechnen, blieb allerdings bestehen.[157] Allerdings kam die DIDEG den Herstellern insofern entgegen, dass das System des *volume rebate* nicht vollständig verboten wurde, sofern die Hersteller es unabhängig von der Fachabteilung durchführten. Zudem wurde den Herstellern 30 Monate Zeit gewährt, eigene Preislisten aufzustellen, sofern sofort nach der Zustellung der Order eine Überprüfung der bisherigen Preise stattfand. [158] Dies war ein weiteres, in den Verhandlungen gewährtes Zugeständnis der DIDEG an die Fachabteilung, die kleineren Mitgliedsfirmen ohne ausreichendes eigenes Rechnungswesen eine Übergangsfrist gewähren wollte.[159] Die ursprünglich in der *Order to Show Cause* angedrohte Auflösung

154 Äußerung der Beklagten (Entwurf) in Sachen ZVEI und Fachabteilung Installationsmaterial, 12.1.1950, S. 16, in: BA B 102/192425.

155 Entwurf für Cease and Desist Order in Sachen ZVEI und Fachabteilung Installationsmaterial mit Streichungen der Beklagten, in: BA B 102/192425.

156 Vgl. Entwurf für Cease and Desist Order in Sachen ZVEI und Fachabteilung Installationsmaterial mit Streichungen der Beklagten, S. 4 f., in: BA B 102/192425; Cease and Desist Order in the Matter of ZVEI and Fachabteilung Installationsmaterial, S. 2, in: PRO FO 1005/731.

157 Cease and Desist Order in the Matter of ZVEI and Fachabteilung Installationsmaterial, S. 3, in: PRO FO 1005/731

158 Ebd., S. 4.

159 Entwurf für Cease and Desist Order in Sachen ZVEI und Fachabteilung Installationsmaterial mit Streichungen der Beklagten, S. 9, in: BA B 102/192425.

der Fachabteilung war durch die DIDEG schon vor den mündlichen Verhandlungen aus den Entwürfen für die *Cease and Desist Order* entfernt worden. Bedingung dafür war, dass die Fachabteilung eine neue Satzung erließ, die die in der *Cease and Desist Order* verbotenen Tätigkeiten explizit ausschloss.[160] Detailliertere Vorgaben für die zukünftige Satzung der Fachabteilung seitens der DIDEG wurden indes aus der *Cease and Desist Order* nach Verhandlungen mit den Anwälten der Fachabteilung entfernt, um die Zustimmung der Beklagten zu erreichen.[161]

Die finale *Cease and Desist Order* wurde schließlich am 15.8.1951 erlassen und trat am 15. Oktober als *Consent Decree* in Kraft.[162] In der Erklärung erkannte die DIDEG an, dass die Beklagten für die Zukunft gesetzestreues Verhalten versprachen, machte aber auch deutlich, dass dies nicht das vorherige Fehlverhalten mildere und diese Kurskorrektur erst durch den Druck des Verfahrens und damit nicht freiwillig erfolgt sei. Das konkrete Urteil verbot im Wesentlichen die bereits in der *Order to Show Cause* angemahnten Praktiken. Dem ZVEI und seiner Fachabteilung Installationsmaterial wurden verboten, in Zukunft Preise, Geschäftsbedingungen, Rabatte oder sonstige Nachlässe festzulegen, ein Gesamtumsatzrabattsystem durchzuführen, ihre Mitgliedsunternehmen zu Preisabsprachen zu ermutigen oder zu drängen, internationale Kartellvereinbarungen abzuschließen oder Absatzgebiete aufzuteilen.[163] Als Ergebnis der Verhandlungen wurden die o. g. Zugeständnisse an die Beklagten eingearbeitet, dafür akzeptierte der ZVEI und die Fachabteilung das Urteil, und zeichneten die *Cease and Desist Order* gegen, wodurch diese offiziell zum *Consent Decree* wurde.

Trotz der auch hier in den Verteidigungsschriften geäußerten grundsätzlichen Vorbehalte gegen die Dekartellierungsgesetze und die fortgesetzte alliierte Hoheit auf diesem Rechtsgebiet gelang in der Praxis doch eine recht reibungslose Zusammenarbeit, die einen gewissen Interessenausgleich zwischen der DIDEG und den Beklagten ermöglichte. Sowohl durch diese Kooperationsbereitschaft als auch durch die grundsätzliche Zurückhaltung bei der Anwendung der Dekartellierungsgesetze seitens der Briten und Franzosen blieb dem ZVEI gleich in zwei Fällen ein kostspieliges Strafverfahren erspart. Auch der Anwalt des Verbands, Alexander E. Rüdell resümierte später öffentlich über den Ausgang der beiden Verfahren:

> Das Gesamtergebnis beruht nicht nur auf einer rechtlichen Auseinandersetzung über den gegebenen gesetzlichen Rahmen, sondern vor allem auf der Abstimmung dieser theoreti-

160 A. E. Rüdell, Abschluß der Dekartellierungsverfahren in der Elektroindustrie durch Consent Decree, in: WuW 1+2 (1950/51), Heft 1, S. 65 f.

161 Minutes of the Thirty-Ninth Meeting of the DIDEG, 26.7.1951, in: PRO FO 1005/726.

162 N. N., Cease and Desist-Order im Installationsmaterial-Fall, in: WuW 1+2 (1950/51), Heft 3, S. 216–218.

163 Ebd., S. 217.

schen Forderungen mit den praktischen Gegebenheiten und Bedürfnissen der Wirtschaftszweige.

Gerade die Flexibilität in der Handhabung des Verfahrens, etwa bei der Gewährung der 30-monatigen Übergangsfrist für die Kleinbetriebe fasste der deutsche Anwalt dabei als Vorzug der amerikanischen Art der Verfahrensführung auf:

> Dies ist nicht nur als ein Entgegenkommen der alliierten Behörden, sondern auch als ein gegenüber dem deutschen Recht gegebener Vorzug des amerikanischen Rechts anzusehen, das bei der Durchsetzung der Gesetze vom Opportunitätsprinzip ausgeht und nicht jeden Gesetzesverstoß wie das deutsche Legalitätsprinzip um seiner selbst willen sofort und endgültig nach den Buchstaben des Gesetzes erledigen will.[164]

Wie nachhaltig der Erfolg der alliierten Order im Falle der Fachabteilung Installationsmaterial beim Verbot wettbewerbsbeschränkender Marktpraktiken letztlich war, lässt sich anhand der vorliegenden Quellen nicht vollends präzisieren. Eine nur wenige Jahre später vorgelegte ‚Wettbewerbsordnung' der Branche legt indes nahe, dass sich zwar eventuell die konkreten Maßnahmen, nicht aber das grundsätzliche Wettbewerbsverständnis der Hersteller und ihres Verbands geändert hatte. So verboten die Wettbewerbsregeln unter anderem einen nicht näher definierten „spekulativen Wettbewerb" sowie „Preisschleuderei".[165] Die Wettbewerbsregeln waren verbindlich und verpflichteten den Unterzeichner im Falle eines durch einen zu wählenden Ausschuss festgestellten Verstoßes zum Schadensersatz gegenüber allen anderen Unterzeichnenden. Solche Wettbewerbsregeln, die in den 1950er Jahren in vielen Wirtschaftszweigen gebräuchlich waren, waren zwar meist allgemein genug formuliert, um nicht vom Wortlaut her gegen das Kartellverbot zu verstoßen, hatten bei entsprechender Auslegung aber durchaus das Potenzial, die in den Dekartellierungsgesetzen enthaltenen Verbote zu unterlaufen.[166] Es ist also wahrscheinlich, dass auch die Fachabteilung Installationsmaterial ähnlich wie bereits die Glühlampenhersteller letztlich nach Wegen suchte, den Wettbewerb einzuhegen, ohne dabei wie zuvor durch den offensichtlichen Bruch des Kartellverbots den offenen Konflikt mit der DIDEG oder dem Bundeswirtschaftsministerium zu riskieren. Auch in anderen Bereichen der elektrotechnischen Industrie scheinen die beiden DIDEG-Verfahren gegen den ZVEI nicht unbedingt flächendeckend den gewünschten abschreckenden und erzieherischen Ef-

164 A. E. Rüdell, Abschluß der Dekartellierungsverfahren in der Elektroindustrie durch Consent Decree, in: WuW 1+2 (1950/51), Heft 1, S. 65 f.

165 Regeln für den lauteren Wettbewerb in der Installationsmaterial-Industrie, 1.4.1954, S. 4, in: BA B 102/5273.

166 Vgl. zeitgenössisch zu der Thematik: Ernst Jürgen W. Breuel, Wettbewerbsregeln und Kartellverbot, Hamburg 1958.

fekt gehabt zu haben. So erkundigte sich der Elektronikhersteller Eugen Sasse noch 1955 in einem Schreiben an das BMWi offen in Bezug auf eine vorherige Unterredung:

> „In den Jahren 1941–1945 hatten wir unter deutscher Führung ein europäisches Kartell für schwachstromtechnische [in heutiger Diktion etwa: kommunikationstechnische, RH] Bauelemente, das sich ausgezeichnet bewährte. Es erhebt sich die Frage, ob Möglichkeiten bestünden, ein ähnliches Kartell wieder zu errichten."[167]

167 Schreiben Eugen Sasse an MR Paul Krebs, 5.10.1955, in: BA B 102/5273.

6 Durchgriff auf die deutsche Industriestruktur: Die Entflechtungen

6.1 Die Entflechtungen unter den Sondergesetzen

6.1.1 Kohle und Stahl

Die Entflechtung der westdeutschen Kohle-, Eisen-, und Stahlindustrie war eines der zentralen wirtschaftlichen Neuordnungsprojekte der Alliierten. Diese Dekonzentration war nicht nur der zeitgenössisch wohl am aufmerksamsten in der Wirtschaftspublizistik und Tagespresse verfolgte Fall, sondern ist auch heute neben der Entflechtung der ehemaligen IG-Farben das wahrscheinlich am nachhaltigsten in der historischen Erinnerung verankerte alliierte Reformprojekt in der westdeutschen Wirtschaft der Nachkriegszeit. Diese zentrale Rolle bedingt sich zwar auch durch die damals noch äußerst bedeutende wirtschaftliche Position dieser Branche, erschöpft sich aber nicht in dieser. Die Produktion von Eisen und Stahl war im Weltkrieg und der ihm vorangegangenen Aufrüstung im Nationalsozialismus in höchstem Maße kriegswichtig gewesen. Zudem stand die vor allem an Rhein und Ruhr beheimatete deutsche Schwerindustrie der Zwischenkriegszeit mit ihrem System aus Trusts, Syndikaten und Kartellen wie kaum eine andere Branche für eben jene marktfeindliche Konzentration deutscher Wirtschaftskraft, deren Bekämpfung sich vor allem die amerikanischen Besatzer auf die Fahnen geschrieben hatten. Angesichts ihrer Rolle als eine der „main sinews of Hitler's war machine",[1] die für britische und französische Sicherheitsinteressen eine zentrale Rolle spielte, bestand im Fall dieses Industriezweigs im Gegensatz zu einigen anderen amerikanischen Entflechtungsplänen grundsätzliche Einigkeit unter den drei Westmächten, dass das äußerst hohe Maß an wirtschaftlicher Konzentration durch rigorose Entflechtungen aufgebrochen werden sollte.

Durch den Schuman-Plan und die drauf folgende Entstehung der Europäischen Gemeinschaft für Kohle und Stahl (EGKS) nahm die Entwicklung der deutschen Kohle- und Stahlindustrie zudem bereits während der Zeit des Besatzungsstatuts und parallel zur Entflechtung eine explizit europäisch-supranationale Entwicklung. Bereits zeitgenössische Befürworter des Entflechtungsprogramms argumentierten, dass dieses Frühstadium der europäischen Einigung ohne die parallel verordneten Entflechtungen dieser Industrie so nicht zu erreichen gewesen

1 Letter to the High Commisioner from the Economic Adviser (UK), 12.7.1950, S.1, in: PRO FO 1030/227.

https://doi.org/10.1515/9783111517674-006

wäre.[2] Anders als die Handhabung der allgemeinen Dekartellierungsgesetze ist die Geschichte der deutschen Kohle- und Stahlindustrie allgemein, sowie die Geschichte ihrer Entflechtung in der Nachkriegszeit und die damit verbundene Entstehung der EGKS gut erforscht, weswegen die Thematik hier lediglich konzise mit Blick auf die Forschungsliteratur erläutert wird.[3] Ein kurzer Überblick über die Thematik ist wegen ihrer engen Verbindung zur allgemeinen Dekartellierung vor allem in den politischen Verhandlungen zwischen Alliierten und deutscher Regierung allerdings unverzichtbar.

Die deutsche Schwerindustrie stand im Zentrum des noch während der Kriegszeit entwickelten Entflechtungs- und Dekartellierungsprogramms der Amerikaner. Die Konzerne der Bergbau-, Eisen- und Stahlindustrie galten mit ihrer zentralistischen, autoritären Ausrichtung, der Einbindung in Kartell- und Syndikatsstrukturen sowie ihrer Ablehnung einer marktbasierten Ökonomie gewissermaßen als Antithese einer von den Amerikanern präferierten liberalen Marktordnung.[4] Neben ihrer Schlüsselrolle für die Aufrüstung der nationalsozialistischen Kriegsmaschinerie machten die amerikanischen Antitruster die deutsche Schwerindustrie und ihre dominante Position im Wirtschaftsgefüge auch für weitere wirtschaftliche Missstände verantwortlich. So diagnostizierte etwa einer der frühen Leiter der Kartellabteilung des OMGUS, die Industriekombinate und Banken hätten die deutsche Wirtschaft aus der Balance geworfen, indem sie das Wirtschaftssystem mit Produktionsgütern der Schwerindustrie überschwemmt, die Konsumgüterindustrie gleichzeitig vernachlässigt und zudem die hergestellten Produkte in Relation zum Volkseinkommen zu überteuerten Preisen auf den Markt gebracht hätten, sodass diese für Bevölkerung weitgehend unerschwinglich gewesen seien.[5] Die Entflechtung der Kohle- und Stahlindustrie fiel nicht unter die allgemeinen Dekartellierungsgesetze (Gesetz Nr. 56 (US), Verordnung Nr. 78 (UK), Verordnung Nr. 96 (FR)), sondern unter separat erlassene Sondergesetze. Diese wurden im Oktober 1948 zunächst parallel und wie schon die allgemeinen Dekartellierungsgesetze in identischer Formulierung von der britischen und amerikanischen Militärregierung als Military Government Law No. 75 erlassen. Die Gesetze selbst machten wenige konkrete Vorgaben für die Kriterien oder die Art der Durchführung der

2 Stellungnahme Sidney H. Willners zu Heinrich K. Bock / Hans Korsch, Kartellauflösung und Konzernentflechtung in der westdeutschen Wirtschaft seit 1945, in WuW 7 (1957), Heft 7/8, S. 411–447, hier: S. 442.

3 Roelevink, Organisierte Intransparenz; Böse, Kartellpolitik; Reckendrees, Stahltrust; Witschke, Gefahr für den Wettbewerb; Bernett, Entflechtung; Müller, Strukturwandel; Plumpe, Desintegration; Welskopp, Arbeit und Macht.

4 Zum Widerhall dieser Einschätzung in der Forschung vgl. Reckendrees, Stahltrust, S. 25 f.

5 Martin, All Honorable Men, S. 298 f.

Entflechtung, sondern fungierten lediglich als Rahmengesetze für den folgenden Aushandlungsprozess. Die Gesetze legten im Wesentlichen fest, welche Unternehmen von den Entflechtungen betroffen sein sollten, beschlagnahmte diese für die jeweilige Militärregierung, liquidierte sie und unterstellte sie entweder der *Coal Control Group* oder der *Steel Group*.[6] Die Liquidation hatte dabei in der Realität aber kaum Auswirkungen, der bisherige Geschäftsbetrieb konnte weiterlaufen und die bestehende Geschäftsleitung wurde zu Liquidatoren ernannt, die eigene Entflechtungspläne ausarbeiten konnten.[7] Darüber hinaus begründeten die beiden Gesetze zusätzlich zu den alliierten Kontrollgruppen noch eine deutsche Stahltreuhändervereinigung *(Steel Trustee Association)*, welche in den kommenden Verhandlungen die Interessen der bisherigen deutschen Besitzer der zu entflechtenden Unternehmen vertreten sollte. Die eigentliche materielle Ausgestaltung der Entflechtungen blieb dabei den Verhandlungen zwischen den durch das Gesetz begründeten deutschen und alliierten Interessenvertretungen vorbehalten. Nach der Formierung der AHK wurden die beiden angloamerikanischen Militärregierungsgesetze im Mai 1950 durch Gesetz Nr. 27 der Alliierten Hohen Kommission abgelöst, das die französische Seite miteinbezog und auch formell ein einheitliches Gesetz für die drei Besatzungszonen schuf. Inhaltlich folgte das Gesetz allerdings weitgehend seinen bilateralen Vorgängern und blieb somit ein im Wesentlichen die institutionellen Grundlagen des Aushandlungsprozesses fixierendes Rahmengesetz.[8]

Im Bereich der Kohlenwirtschaft war der deutsche Markt seit 1893 im größten Förderrevier Ruhrgebiet durch das Rheinisch-Westfälische Kohlensyndikat (RWKS) geprägt gewesen. Während vorherige Kartellabsprachen meist nur regional beschränkt wirkten oder von kurzer Dauer waren, gelang es dem RWKS mit einem Marktanteil von 86 % bei Hochofenkoks zum Gründungszeitpunkt für recht konstante Preisstabilität zu sorgen.[9] Als Syndikat, einem sogenannten „Kartell höher Ordnung" war das RWKS zentral für die Regulierung von Produktion, Preis sowie der Organisation des Absatzes für die Syndikatsmitglieder zuständig. Diese Internalisierung von Marktfunktionen kann dabei keinesfalls mit einer Ausschaltung des Wettbewerbs gleichgesetzt werden, vielmehr verlagerte sich dieser inner-

6 Reorganization of German Coal and Iron and Steel Industries: U. S. Military Government Law No. 75, in: US Department of State (Hg.), Germany 1947–1949. The Story in Documents, Washington D. C. 1950, S. 348–353.

7 Witschke, Gefahr für den Wettbewerb, S. 120.

8 Law No. 27 of the AHC on the reorganisation of the German coal and steel industries, 16.5.1950, online unter: https://www.cvce.eu/obj/law_no_27_on_the_reorganisation_of_the_german_coal_and_steel_industries_16_may_1950-en-6148d81c-88f9-4afd-9f95-d2b626b9ed0b.html, zuletzt eingesehen am 20.07.2021.

9 Reckendrees, Stahltrust, S. 64–67.

halb des Syndikats und wurde dort in einem geheimdiplomatischen Ränkespiel ausgefochten, bei der die einflussreichsten Akteure innerhalb des Syndikats sich ihren Informationsvorsprung zu Nutze machten. Die innerhalb des RWKS ausgetragenen Machtkämpfe wurden dabei in einer syndikatseigenen Zuständigkeitsstruktur und Rhetorik ausgetragen, die Eva-Maria Roelevink in ihrer Studie über den niederländischen Absatzmarkt des RWKS als „semantische Klaviatur" charakterisiert.[10] Für die Langlebigkeit des Syndikats entscheidend war zudem eine erhebliche staatliche Stützung. Als das RWKS während des Ersten Weltkriegs 1915 wegen interner Zielkonflikte vor dem Zusammenbruch stand, wurde die Auflösung des Syndikats 1915 durch eine Bundesratsverordnung kurzerhand blockiert und die beteiligten Unternehmen zu einer Erneuerung des Syndikats verpflichtet.[11] Der staatliche Einfluss auf das Kartell wurde im Zuge der Kriegswirtschaft und nach dem Krieg durch das Kohlenwirtschaftsgesetz und darauffolgende Ausführungsverordnungen ab März 1919 noch intensiviert.[12] Auch in den anderen Förderrevieren wurden durch dieses Gesetz vergleichbare Strukturen wie die des RWKS endgültig verpflichtend. Trotz dieser staatlichen Eingriffe etwa in die Preisbildung blieben die Strukturen des Syndikats aber erhalten.[13] Das Syndikat verlor im Verlauf der 1920er durch die Erlaubnis für Mitglieder, auf den Vertrieb ihrer Kohle durch das Syndikat zu verzichten zwar an interner Durchschlagskraft gegenüber den Mitgliedsunternehmen,[14] blieb aber als zentrale Organisation der Kohlenwirtschaft an Rhein und Ruhr bis zum Ende des Zweiten Weltkriegs erhalten.

Zur Zeit des Nationalsozialismus war der Kohlenbergbau als dezidiert kriegswichtiger Industriezweig mehr und mehr in die Aufrüstung eingebunden. Die unternehmerische Autonomie der Syndikate wurde dadurch zunehmend eingeschränkt. Trotz der erheblich eingeschränkten Entscheidungsgewalt konnten sich die Unternehmer innerhalb der im wirtschaftlichen Bereich oft politisch alles andere als vereint agierenden NS-Polykratie selbst im Krieg aber durchaus noch Einfluss bewahren und die unternehmerischen Selbstverwaltungsorganisationen erhalten. Dies wurde bspw. deutlich, als der damalige Reichskohlenkommissar und DAF-Funktionär Paul Walter 1941 angesichts unzureichender Fördermengen den offenen Konflikt mit den Kohlensyndikaten suchte und deren Funktionären u. a. mit einer Verstaatlichung der gesamten Kohlenindustrie drohte. Die Unternehmer schlossen daraufhin ihre Reihen hinter dem Vorstandsvorsitzenden der Reichswerke Hermann Göring, Paul Pleiger, der seinerseits seinen Einfluss bei Göring im

10 Roelevink, Organisierte Intransparenz, S. 55–57.
11 Ebd., S. 42.
12 Jovovic, Unendliche Geschichte, S. 259.
13 Böse, Kartellpolitik, S. 288 f.
14 Roelevink, Organisierte Intransparenz, S. 146.

Sinne der Industrie geltend machte. Die daraufhin als zentrale Lenkungsorganisation der Montanwirtschaft gegründete „Reichsvereinigung Kohle“ unterstand zwar direkt dem Reichswirtschaftsministerium, blieb aber eine Selbstverwaltungskörperschaft der Industrie, die den privatwirtschaftlichen Charakter der Kohlenindustrie auch in der Kommandowirtschaft des Krieges erhielt.[15]

Parallel zur Syndikalisierung im Kohlensektor hatten sich auch in der Eisen- und Stahlindustrie in den 1890er Jahren Kartellstrukturen durchgesetzt. So wurde auch dort seit der Gründung des Roheisensyndikats 1896 sowie des Halbzeugverbands 1895 durch ein marktregulierendes System aus Kartellabsprachen, Zöllen und Exportregelungen bis Ende des Ersten Weltkriegs eine relative Preisstabilität erreicht.[16] In der für die Stahlunternehmen äußerst schwierigen Inflationszeit nach dem Ersten Weltkrieg brachen die zuvor dominanten Kartelle zusammen, in den Jahren 1924 und 1925 wurden aber sowohl die Deutsche Rohstahlgemeinschaft als auch der Roheisenverband erfolgreich wiederbelebt. In der Rohstahlgemeinschaft waren etwa 90 % der deutschen Rohstahlerzeugung vertreten, sodass auch der Umfang der Kartellierung in diesem Wirtschaftszweig wieder das Niveau der Vorkriegszeit erreicht hatte.[17] Parallel zur nationalen Kartellierung auf dem Stahlmarkt wurde 1926 auch die Internationale Rohstahlgemeinschaft ins Leben gerufen, in der sich die relevanten europäischen Stahlhersteller zusammenfanden. Dieses internationale Kartell legte aber lediglich Marktanteile fest und überließ die Preisbildung den nationalen Kartellen. Es erwies sich zudem schon bald als wenig beständig und zerfiel angesichts der angespannten Wirtschaftslage wieder. 1929 erklärten die deutschen Produzenten auch formal ihren Ausstieg.[18] Das internationale Kartell wurde 1933 wiederbelebt und erwies sich als stabiler, es bestand bis zum Beginn des Zweiten Weltkriegs. Auch wenn die amerikanischen Antitruster im Zweiten Weltkrieg den Vorwurf erhoben, das nationalsozialistische Deutschland habe internationale Kartelle zur bewussten Schwächung der ausländischen Konkurrenz im Zuge der Kriegsvorbereitung genutzt, ließ sich im Falle der Internationalen Rohstahlgemeinschaft nach Hitlers Machtergreifung keine nennenswerte Verhaltensänderung der deutschen Hersteller gegenüber ihren europäischen Geschäftspartnern erkennen.[19]

Neben den horizontalen Kartellen und Syndikaten war die deutsche Kohle- und Stahlindustrie vor allem durch die Verbundwirtschaft geprägt, bei der die Konzerne integrierte Hüttenwerke betrieben, die verschiedene Produktionsschrit-

15 Riedel, Eisen und Kohle, S. 273–284.
16 Reckendrees, Stahltrust, S. 64.
17 Pierenkemper, Von Krise zu Krise, S. 198 f.
18 Gillingham, Coal, Steel and the Rebirth, S. 25–28.
19 Ebd., S. 28–35.

te der Stahlherstellung vereinten, d. h. etwa eigene Kohlenförderung und Verarbeitung betrieben. Dieser Faktor war noch in den 1950er für den Schuman-Plan relevant, da vor allem die französische Stahlindustrie darauf pochte, gleichermaßen an der deutschen Kohlenversorgung beteiligt zu werden. Erst als die Weltmarktpreise für Kohle gegen Ende der 1950er drastisch fielen und deutsche Kohle preislich mit Importkohle nicht mehr konkurrieren konnte, wurde dieses System obsolet. Angesichts der trotz der nationalen wie europäischen Kartellierung nach wie vor nicht gebannten Krise in der Stahlindustrie, die mit erheblichen Überkapazitäten und Modernisierungsdefiziten zu kämpfen hatten, setzte sich Mitte der 1920er Jahre unter den Managern der Stahlindustrie auch die Entscheidung zur horizontalen Konzentration unter einem Konzerndach durch. Ideen zur Bildung eines „Stahltrust" nach amerikanischem Vorbild waren bereits seit Beginn des 20. Jahrhunderts in der Branche populär gewesen, die tatsächlichen Fusionen vor dem 1. Weltkrieg waren aber stets deutlich hinter diesen Zielen zurückgeblieben und standen auch nicht alle unter dem Zeichen der horizontalen Konzentration.[20] 1926 erfolgte dann aber die Gründung der Vereinigten Stahlwerke (VSt) aus den vier Großkonzernen Rheinelbe-Union, Rheinische Stahlwerke, der Phoenix-Gruppe und sowie der Thyssen-Gruppe. Bei der Gründung des Trusts auf eigenen Wusch außen vor blieben hingegen u. a. Krupp, Hoesch sowie die Gutehoffnungshütte, die stattdessen ihrerseits innerhalb der nach wie vor kartellierten Strukturen die Zusammenarbeit untereinander intensivierten, um eine gewisse Gegenmacht zu den VSt zu bilden, ohne dabei selbst den Schritt zum Zusammenschluss in einem Konzern zu gehen.[21] Trotz der Konkurrenzrolle legten es die VSt sowie die außen vor gebliebenen Stahlkonzerne allerdings nicht auf massive Auseinandersetzungen auf dem Markt an, sondern erhielten die Kooperation im Rahmen der Kartellvereinbarungen aufrecht und verteidigten so ihren Markteinfluss gegen potenzielle Neugründungen.[22]

Auch die Stahlindustrie wurde im Nationalsozialismus zunehmend in die Aufrüstung einbezogen. Während in den ersten Jahren zunächst noch eine indirekte Marktlenkung durch die Rohstoffverteilung und Finanzierungsinstrumente am stark beschränkten Kreditmarkt im Vordergrund stand, ging die staatliche Kontrolle bereits vor Ausbruch des Krieges während des Vierjahresplans zunehmend in eine direkte Marktlenkung über. Mit Kriegsausbruch wurden die entsprechenden Fabriken dann direkt dem Oberkommando der Wehrmacht unterstellt.[23] Auch als die unternehmerische Freiheit bei den Investitionen und Produktionsentschei-

20 Reckendrees, Stahltrust, S. 76.

21 Pierenkemper, Von Krise zu Krise, 216 f.

22 Reckendrees, Stahltrust, S. 358.

23 Abelshauser, Rüstungsschmiede, S. 335 f.

dungen weitgehend erloschen war, bemühte sich etwa der Kruppkonzern aber auch angesichts der Krisenerfahrungen nach dem Ersten Weltkrieg, die zivile Produktion neben der Rüstungsproduktion weitgehend aufrechtzuerhalten und war dabei durchaus erfolgreich.[24] Der Aufrüstung entziehen konnten die Kohle- und Stahlunternehmen hingegen nicht – und wollten dies auch nie –, sodass sie nach 1945 aus zweierlei Perspektiven im Zentrum der alliierten Entflechtungspläne standen: Einerseits als Musterbeispiele für die typisch deutsche Kartellwirtschaft, andererseits als Rückgrat der NS-Kriegsmaschinerie mit erheblichen sicherheitspolitischen Implikationen für die europäischen Nachbarstaaten.

Die Entflechtung der deutschen Kohle und Stahlindustrie wurde zuerst im November 1948 von der britischen und amerikanischen Militärregierung parallel jeweils in Gesetz Nr. 75 kodifiziert. Diese bilateralen Gesetze hatten jedoch zunächst noch keine materielle Entflechtung zur Folge. Diese fand erst ab 1950 unter dem trilateralen Gesetz Nr. 27 der Alliierten Hohen Kommission und ihren Ausführungsverordnungen statt. Zu diesem Zeitpunkt war die Zukunft der europäischen Kohle- und Stahlindustrie bereits durch den Schuman-Plan bestimmt, der – bei in den politischen Verhandlungen zu klärenden Details – grundsätzlich eine europäische Integration dieses Industriezweigs unter Aufsicht einer supranationalen Behörde vorsah. Auf dem Papier waren das alliierte Entflechtungsprogramm und der Schuman-Plan verschiedener Natur. Während die alliierte Entflechtung ursprünglich ein alliiertes Besatzungsprojekt zum Aufbruch wirtschaftlicher Konzentration und zur Verhinderung von Aufrüstungspotenzial gegenüber dem besiegten Deutschland war, war der schließlich in der EGKS mündende Schuman-Plan ein wirtschaftspolitisches Projekt unter gleichberechtigten europäischen nationalstaatlichen Partnern, welches die zukünftige europäische Friedenssicherung mit den Interessen nationaler Industriepolitik kombinierte. Da aber sowohl Frankreich einerseits für die Entflechtung mitverantwortliche Besatzungsmacht sowie andererseits Hauptpartner der Bundesrepublik in der zu gründenden Behörde war und die zukünftige Struktur der deutschen Kohle- und Stahlindustrie zudem im Zentrum beider zeitgleich ablaufender Projekte stand, waren Entflechtung und Schuman-Plan de facto eng verbunden.

In beiden Aushandlungsprozessen waren auch unterschiedliche nationale Interessen zu vereinen. So war der französischen Seite bei der Entflechtung vor allem an der Auflösung der deutschen Verbundwirtschaft gelegen, die den deutschen Stahlkonzernen eine Kohlenversorgung oftmals im eigenen Konzern gewährte. Der französischen Stahlindustrie war an gleichberechtigtem Zugang zu diesen Kohlenzechen gelegen.[25] Die deutsche Stahlindustrie hingegen machte ge-

24 Ebd., S. 330.
25 Witschke, Gefahr für den Wettbewerb, S. 92 f.

genüber Adenauer in den Verhandlungen geltend, dass sie die Verbundwirtschaft als essenziell ansah.[26] Die amerikanische Seite vertrat in dieser Sachfrage keinen strengen Standpunkt. Während ihre wettbewerbspolitischen Vorstellungen eine Aufspaltung der Großkonzerne sowie ein Verbot der noch existierenden Kartellstrukturen etwa auf dem deutschen Kohlenmarkt vorsahen, stellte die vertikale Integration der Stahlunternehmen in den Augen der amerikanischen Vertreter der AHK kein zwingendes wettbewerbspolitisches Problem dar. Letztlich wurde in dieser Frage ein Kompromiss ausgehandelt, der die Verbundwirtschaft auf 75 % des Eigenverbrauches der deutschen Stahlhersteller beschränkte.[27] Die Amerikaner hingegen setzten die Auflösung der Deutschen Kohlen Verkauf (DKV) durch, die bis dahin als klassisches Kartell den Kohlenvertrieb auf dem westdeutschen Markt der Nachkriegszeit weiterhin dominiert hatte.[28]

Auch bei der eigentlichen Entflechtung der Montankonzerne schien die *Combined Steel Group* (CSG) der AHK auf dem Papier eine konsequente Linie durchgesetzt zu haben. So wurden die Vereinigten Stahlwerke, der Trust der deutschen Stahlindustrie und ohne Zweifel die größte Konzentration wirtschaftlicher Macht in diesem Industriezweig, in achtzehn Nachfolgegesellschaften aufgeteilt, von denen dreizehn eisen- und stahlerzeugende Unternehmen waren. Auch die nicht im Trust aufgegangenen Hoesch Werke, die Klöckner und die Mannesmannröhren Werke AG wurden aufgelöst und je drei Nachfolgegesellschaften gegründet. Die Firma Fried. Krupp blieb bestehen, allerdings wurden fünf Gesellschaften des Bergbaus und der Eisen- und Stahlindustrie aus dem Unternehmen ausgegliedert. Ähnlich erging es der Gutehoffnungshütte, aus der drei neue Gesellschaften ausgegliedert wurden. Dieses Ergebnis stellte bereits eine erhebliche Abschwächung der ursprünglichen alliierten Pläne und ein Verhandlungserfolg der Bundesregierung und der deutschen Industrievertreter dar.[29]

Für die zukünftige Struktur der Industrie entscheidender als die bloße Anzahl und Größe der Nachfolgeunternehmen war aber der Fakt, dass die Aktien der neuen Unternehmen an die Alteigentümer ausgegeben wurden. So entstand um die Großaktionäre der neuen Unternehmen neue (und gleichzeitig alte) Machtzentren, die den weiteren Verlauf der Entflechtung erheblich in ihrem Sinne beeinflussen konnten.[30] Durch diese Großaktionäre waren die Nachfolgeunternehmen der entflochtenen Konzerne trotz formaljuristischer Entflechtung nach wie vor eng verbunden und die Saat für eine zukünftige Rekonzentration letztlich schon gelegt.

26 Ebd., S. 96.
27 Ebd., S. 99–104.
28 Ebd., S. 70.
29 Ebd., S. 113 f.
30 Ebd., S. 118–120.

Diese zukünftige Rekonzentration der Montanunternehmen war durch die Entflechtung auch nicht explizit ausgeschlossen, sondern unterlag lediglich der Fusionskontrolle der zu schaffenden Hohen Behörde der EGKS, die sich in der Praxis aber als wenig strikt erweisen sollte. Die Grundsatzentscheidung, die Aktien der ausgegründeten Unternehmen proportionell an die Altaktionäre zu verteilen, erwies sich schließlich als Wasserscheide im Verhandlungsprozess. Ab diesem Zeitpunkt verschob sich das Verhandlungsklima zu Gunsten der deutschen Seite, also der Bundesregierung, die im Zuge der Verhandlungen über den Schuman-Plan auch in die Entflechtung miteinbezogen wurde, sowie der Stahltreuhänder und der Altaktionäre.[31]

So musste sich die Mannesmann AG etwa im Bereich des Bergbaus von der Consolidation Bergbau AG und im Bereich der Stahlverarbeitung von der STAMAG AG trennen, jedoch umfasste die neue Mannesmann AG als größte der drei Nachfolgegesellschaften mehr Unternehmen als der alte Mannesmann-Konzern im Jahre 1935 vor einigen durch die „Arisierung" bedingten Übernahmen. Zurückzuführen war dies hier darauf, dass der alte Konzernvorsitzende Wilhelm Zangen im Neuordnungsprozess erhebliche informelle Macht ausgeübt hatte. Diese machte er auch bei der personellen Besetzung von Vorstand und Aufsichtsrat des 1952 entflochtenen Unternehmens geltend.[32] Auch im Falle der Hoesch Werke AG und der Kloeckner Werke AG blieb trotz einiger Ausgliederungen in der größten Nachfolgegesellschaft grundsätzlich die vertikale Gliederung vom Bergbau bis hin zur Stahlverarbeitung erhalten.[33] Lediglich im Fall der Gutehoffnungshütte (GHH) blieb das Nachfolgeunternehmen Hüttenwerk Oberhausen AG ein reiner Eisen- und Stahlproduzent ohne angeschlossenes Bergwerk. Diese Ausnahmestellung war aber darauf zurückzuführen, dass die GHH in Person von Hermann Reusch eine von McCloy angebotene Verbindung des Hüttenwerks Oberhausen mit der Zeche Osterfeld ablehnte. Diese Haltung war u. a. auf persönliche Konflikte Reuschs, einem entschiedenen Gegner der Montanmitbestimmung, mit dem teilweise aus der Arbeitnehmerschaft rekrutiertem Führungspersonal des ausgegliederten Unternehmens, hier v. a. dem Arbeitsdirektor Karl Strohmenger zurückzuführen.[34]

Im Fall der Firma Fried. Krupp blieb mit den Hütten- und Bergwerken Rheinhausen AG ebenfalls ein vertikal integriertes Unternehmen bestehen, allerdings ohne die Stufe der Stahlverarbeitung. In diesem Fall wurde das Altunternehmen nicht liquidiert, musste aber alle Bergbaubetriebe sowie die Eisen- und Stahlerzeugung ausgliedern. Auch die Rückgabe von Besitz an Alfried Krupp von Bohlen und

31 Ebd., S. 120.

32 Bernett, Entflechtung, S. 252 f.; Witschke, Gefahr für den Wettbewerb, S. 136–38.

33 Witschke, Gefahr für den Wettbewerb, S. 138 f.

34 Ebd., S. 139 f.; Müller, Strukturwandel, S. 84–86.

Halbach war wegen dessen Verurteilung im Krupp-Prozess vertraglich an den Verkauf von Unternehmen gebunden. Einige der ausgegliederten Unternehmen wurden allerdings an andere Angehörige der Familie Krupp übertragen.[35] Einer gründlichen Zerschlagung am nächsten kam die Entflechtung der Vereinigten Stahlwerke. Als explizit zur Marktregulierung gegründeter Trust und größter Konzern der Branche waren die VSt das Hauptziel der Entflechtungen. Auch hier wurde aber durchaus erhebliche Rücksicht auf die Struktur und Marktfähigkeit der Folgeunternehmen genommen: So wurden alle großen Weiterverarbeitungsunternehmen auf den Gebieten des Maschinen-, Stahl, Fahrzeug- und Schiffbaus in der Rheinstahl-Union Maschinenbau AG ausgegliedert. Bei der Vielzahl der Nachfolgegesellschaften auf dem Gebiet der Eisen- und Stahlerzeugung wurden zwischen größeren, integrierten Hüttenwerken sowie einer Reihe von spezialisierten Werken unterschieden. Im Bereich der Kohleverarbeitung und des Kohlenhandels bestand durch gemeinsame Handelsgesellschaften zudem bereits ein institutioneller Rahmen für eine zukünftige Zusammenarbeit der eigentlich ausgegliederten Nachfolgegesellschaften. Ähnliches galt für den Ankauf von Rohstoffen.[36]

Insgesamt konnten die Stahltreuhänder und die Bundesregierung die ursprünglichen Entflechtungspläne der *Combined Steel Group* erheblich abschwächen. Viele der alten, vertikal integrierten Stahlunternehmen bestanden fort und mussten sich nur vereinzelt von Besitzungen trennen. Auch dort, wo wie etwa bei den VSt das Altunternehmen gründlich entflochten wurde, waren die Folgeunternehmen zumeist entweder weiterhin vertikal integrierte Konzerne oder durch spezialisierte Produktionspaletten marktfähig. Noch relevanter war indes, dass sowohl durch die Ausgabe der Aktien an die Alteigentümer, die eine Dekonzentration auf der Eigentümerebene verhinderte, als auch teilweise durch bereits institutionalisierte Zusammenarbeit der Nachfolgeunternehmen die Saat für eine zukünftige Rekonzentration bereits gelegt war. Diese war durch das Entflechtungsprogramm und den Schuman-Plan auch nicht explizit verboten. Sie stand aber unter Vorbehalt einer supranationalen Fusionskontrolle der Hohen Behörde. Auf Druck der Amerikaner hin enthielt der im Juli 1952 verabschiedete Vertrag über die Gründung der EGKS in den Artikeln 65 und 66 sowohl ein grundsätzliches Kartellverbot als auch einen Mechanismus zur Fusionskontrolle. Nach diesem musste die Hohe Behörde den Zusammenschluss von Unternehmen verweigern, sofern das Fusionsunternehmen nach der Genehmigung in der Lage war,

– auf einem bedeutenden Teil des Marktes dieser Erzeugnisse die Preise zu bestimmen, die Produktion oder die Verteilung zu kontrollieren oder zu beschränken oder einen wirklichen Wettbewerb zu verhindern.

35 Witschke, Gefahr für den Wettbewerb, S. 140.
36 Ebd., S. 141–143.

- oder den aus der Anwendung dieses Vertrages [EGKS-Vertrag, RH] sich ergebenden Wettbewerbsregeln zu entgehen, insbesondere durch Schaffung einer künstlichen Vorzugsstellung, die einen wesentlichen Vorteil im Zugang zu den Versorgungsquellen und zu den Absatzmärkten mit sich bringt.[37]

Damit bestand für die europäische Kohle-, Eisen- und Stahlindustrie auf dem Papier ein Kartellverbot sowie eine Fusionskontrolle, die noch im einige Jahre später verabschiedeten GWB anders als in den ursprünglichen Entwürfen explizit ausgespart wurde.[38] Die entsprechenden Regelungen im EGKS-Vertrag wurden daher auch u. a. von Jean Monnet, dem geistigen Vater und ersten Präsidenten der Hohen Behörde der EGKS, selbst als „erstes Antitrustgesetz Europas" bezeichnet.[39]

In der Praxis erwies sich die Fusionskontrolle in den 1950er Jahren allerdings als äußerst zahnlos. So untersuchte die Hohe Behörde bis zum Frühjahr 1958 104 Fälle – allein davon 46 aus Deutschland – und verweigerte den angestrebten Zusammenschluss in keinem einzigen Fall.[40] Dies war gerade für die von den Alliierten entflochtenen deutschen Stahlkonzerne relevant, deren Rekonzentration in der Aktionärsstruktur bereits embryonal angelegt war. Auch das Kartellverbot wurde in der Praxis nicht eingehalten, viel mehr übten in der Praxis die nationalen Regierungen eine gewisse Kontrollfunktion über die Kartellpreise aus.[41] Die nachlässige Handhabung der Fusionskontrolle ging letztlich auf politische Kompromisse innerhalb der Hohen Behörde zurück, die nicht gewillt war, durch die strikte Anwendung wettbewerbspolitische Prämissen politische Widerstände seitens der Industrie gegen den europäischen Einigungsprozess zu stärken.[42] Ein erster Rückschlag für eine effektive Fusionskontrolle war bereits der Fakt, dass die Ausarbeitung und Verabschiedung der Durchführungsverordnungen für den betroffenen Artikel 66 bis zum Sommer 1954 dauerte und eine erhebliche Anzahl der Fusionen bis dahin bereits stattgefunden hatten. Die Hohe Behörde hatte zwar theoretisch die Möglichkeit, diese Fusionen nachträglich wieder zu lösen, in der Praxis passierte dies aber nicht.[43]

Der erste entflochtene Konzern, der unter der Kontrolle der Hohen Behörde die Entflechtung durch die Übernahme ausgegliederter Unternehmen wieder rückgängig machte, war die Mannesmann AG. Über informelle Kanäle zwischen

---

37 Artikel 66 des EGKS-Vertrags, S. 71, https://eur-lex.europa.eu/legal-content/DE/TXT/PDF/?uri=CELEX:11951K/TXT&from=EN, zuletzt abgerufen am 10.8.2021.

38 Möschel, Entflechtungen, S. 26.

39 Witschke, Gefahr für den Wettbewerb, S. 12.

40 Ebd., S. 13.

41 Ebd., S. 324.

42 Ebd., S. 178.

43 Ebd., S. 179–181.

dem Anwalt des Unternehmens und dem Leiter der Kartellabteilung der Hohen Behörde ließ diese mitteilen, dass die wegen der nach wie vor bestehenden Verbindungen zwischen der Mannesmann AG und zwei ausgegliederter Bergwerke diese als effektiv nicht entflochten betrachte. Zudem seien die negativen Kriterien des Artikels 66 nicht erfüllt, da die Steinkohleförderung der beiden Bergwerksunternehmen nur 5,2 % des Ruhrbergbaus bzw. 2,5 % der Förderung im Gesamtgebiet der EGKS betrage.[44] Auch die Übernahme des dritten ausgegliederten Unternehmens, der im Maschinenbau tätigen STAMAG AG wurde durch die Hohe Behörde genehmigt.[45] Somit war die Entflechtung der Mannesmann AG bereits 1955 effektiv revidiert. Ähnlich lief die Rekonzentration bei der Hoesch AG ab. Diese stellte 1955 den Antrag, die Aktienmehrheit der zuvor ausgegliederten Altenessener Bergwerks AG sowie der Industriewerte AG in Dortmund zu übernehmen, den Aktionären wurden dafür Aktien der Hoesch Werke AG im Tausch angeboten. Das Unternehmen wies auch hier darauf hin, dass trotz der Neuordnung die drei Nachfolgegesellschaften im Besitz der gleichen Eigentümer lägen. Innerhalb der Hohen Behörde gab es lediglich Diskussionen, ob eine Genehmigung angesichts dessen überhaupt erforderlich sei. Dies wurde dahingehend entschieden, dass die Genehmigung notwendig sei, diese wurde aber gewährt.[46] Im Fall der Kloeckner AG wurden die Zusammenschlüsse, die die Entflechtung letztlich rückgängig machten, bereits vor der Verabschiedung der Durchführungsverordnungen zu Artikel 66 vollzogen. Die Hohe Behörde befasste sich erst im Oktober 1956 mit der Entscheidung und genehmigte den Zusammenschluss nachträglich.[47] Im Fall der Gutehoffnungshütte blieb das herausgelöste stahlverarbeitende Unternehmen von den Montanunternehmen getrennt, da kein wirtschaftliches Interesse an einer erneuten Verbindung bestand. Ohne Probleme genehmigt hingegen wurde der Wiederzusammenschluss der Bergbaugesellschaft und des eisen- und stahlerzeugenden Unternehmens.[48]

Auch bei den Nachfolgeunternehmen der Vereinigten Stahlwerke kam es bereits wenige Jahre nach der Entflechtung zu einer erheblichen Rekonzentration durch mehrere Zusammenschlüsse. Der erste Zusammenschluss aus diesem Komplex war die Fusion der Rheinischen Röhrenwerke mit den Hüttenwerken Phoenix. Die Fusion dieser zwei durch Lieferbeziehungen eng verbundenen Unternehmen wurde von den alten Granden der VSt bereits vorbereitet, bevor die eigentliche Entflechtung abgeschlossen war und von der Hohen Behörde im Februar 1955

44 Ebd., S. 186–189.
45 Ebd., S. 189–192.
46 Ebd., S. 194–196.
47 Ebd., S. 197–199.
48 Ebd., S. 199 f.

genehmigt. Ironischerweise ging die größte Gefahr für diesen Zusammenschluss nicht von der Hohen Behörde aus, sondern von dem Aktionär und Holzfabrikanten Hermann Krages, der als Spekulant und Outsider in der unsicheren Anfangsphase der Entflechtung und Demontage ein erhebliches Aktienpaket der VSt zum Schnäppchenpreis in der später weitgehend entwerteten Altwährung RM erworben hatte und nun seine erheblichen Anteile an den beiden Unternehmen für den Versuch nutzte, die Fusion zu verhindern.[49] Zusätzlich zu dieser für sich genommen eher unbedeutenden Fusion bestand bereits vor der eigentlichen Rekonzentration das Problem der Handelsunion AG, die auf Druck der Aktionäre im Entflechtungsprozess gegründet worden war und in der sich zunehmend Beteiligungen der Nachfolgeunternehmen der VSt sammelten. Da dieses Unternehmen mehrere Handelsunternehmen der ehemaligen VSt umfasste und zunehmend von den Nachfolgern der VSt gemeinsam kontrolliert wurde, zeigte sich selbst Ludwig Erhard 1956 gegenüber Kanzler Adenauer besorgt, dass über die gemeinsame Kontrolle der Handelsunion „praktisch die Vereinigten Stahlwerke" wieder entstehen würden.[50] Die eigentliche Rekonzentration lief dann aber über Übernahmen durch die August Thyssen Hütte AG ab. Während eine Übernahme der Phoenix Rheinrohr AG 1958 im ersten Anlauf zunächst noch an den Auflagen der Hohen Behörde scheiterte,[51] gelang es der der Thyssen-Gruppe bis 1964, die meisten Nachfolgegesellschaften der Vereinigten Stahlwerke unter ihrem Dach zu vereinen. Nach Übernahme der Rheinstahlgruppe 1973 übertraf die Stellung der Thyssen-Gruppe sogar die der früheren VSt – allerdings zu diesem Zeitpunkt unter inzwischen völlig anderen, dezidiert krisenhaften wirtschaftlichen Bedingungen in der Branche.[52] Die in den Entflechtungsverhandlungen noch heiß diskutierte Verbundwirtschaft der deutschen Kohle- und Stahlindustrie hingegen verlor Ende der 1950er Jahre ohne ordnungspolitische Wende aus wirtschaftlichen Gründen an Bedeutung. Der europäische Kohlenmarkt wandelte sich zunehmend vom Verkäufer- zum Käufermarkt und die Ruhrkohle konnte preislich nicht mehr mit Importkohle aus Übersee konkurrieren, sodass der Besitz von eigener Kohleförderung erheblich an wirtschaftsstrategischer Relevanz verlor.[53]

In Summe waren die Entflechtungen nicht in der Lage, die Struktur der Kohle-, Eisen- und Stahlindustrie langfristig zu ändern. Viele der ursprünglich ausgegliederten Unternehmen wurden nur wenige Jahre nach der Entflechtung wieder von ihren Mutterunternehmen übernommen. Dort, wo nicht unmittelbar direkte Fu-

49 Ebd., S. 222–227.

50 Zitiert nach: Ebd., S. 246.

51 Ebd., S. 257–88.

52 Möschel, Entflechtungen, S. 14.

53 Abelshauser, Der Ruhrkohlenbergbau, S. 87–100.

sionen zu Stande kamen, sicherten die gemeinsame Kontrolle der auf dem Papier entflochtenen Unternehmen durch die Altaktionäre sowie gemeinsam kontrollierte Vertriebsunternehmen vorübergehend die Kooperation und Marktkontrolle. Die vor allem für die französische Seite bei der Entflechtung zentralen Sicherheitsinteressen wurden durch die Europäisierung der Montanindustrie gesichert, sodass der Entflechtung in dieser Hinsicht keine zentrale Bedeutung mehr zukam. Auf diese Weise wurde in Form eines Kompromisses auch der Zugang der französischen Stahlindustrie zu deutscher Ruhrkohle geregelt, bevor die Thematik ab Ende der 1950er aus wirtschaftlichen Gründen dramatisch an Bedeutung verlor. Der vor allem von den Amerikanern forcierte wettbewerbspolitische Aspekt der Entflechtung hingegen war in der Praxis ein Misserfolg. Auf dem Papier konnte McCloy gegenüber Politik und Presse in den USA durchaus Erfolge vermelden. Formaljuristisch gesehen war die Entflechtung konsequent verlaufen. Auch einer Rekonzentration waren mit dem Kartellverbot und der Fusionskontrolle im EGKS-Vertrag scheinbar Schranken gesetzt. In der Praxis hatten die Altaktionäre und ihre Interessenvertreter in den Verhandlungen allerdings die Überhand gewonnen und konnten die Besitzverhältnisse an den neuen Unternehmen so organisieren, dass die Saat für die geplante Rekonzentration bereits gelegt war.

Auch das Kartellverbot und die Fusionskontrolle erwiesen sich in den 1950er Jahren als Papiertiger, die der politisch höher gewichteten europäischen Einigung dann geopfert wurden, wenn das politische Spitzenpersonal der Hohen Behörde befürchten musste, durch eine wettbewerbspolitisch konsequente Linie die deutsche Industrie gegen sich aufzubringen. Tobias Witschke vermutet, dass die materiellen Aspekte der europäischen Wettbewerbspolitik aus amerikanischer Sicht letztlich zweitranging waren, solange man gegenüber der eigenen Öffentlichkeit die Entflechtung und der Durchsetzung der Wettbewerbsartikel im EGKS-Vertrag als wettbewerbspolitischen Durchbruch verkaufen konnte.[54] Diese Interpretation ist insofern plausibel, als dass das Muster symbolpolitischer Siege bei weitgehendem Scheitern auf der materiellen Ebene erhebliche Parallelen zur zeitgleichen straf- und verwaltungsrechtlichen Durchsetzung der allgemeinen Dekartellierungsgesetze aufwies, bei der vereinzelt statuierte Exempel und symbolpolitische Siege einem zunehmendem Rückzug in der Fläche gegenüberstanden. Auch der zeitliche Verlauf ist hier weitgehend parallel, mit einer zunächst konsequenten wettbewerbspolitischen Offensive kurz nach Beginn von McCloys Amtszeit ab dem Frühjahr 1950, bis zum zunehmend deutlicheren Rückzug ab 1952, als die politischen Prioritäten sich verschoben und die Amerikanisierung des deutschen Wettbewerbsrechts in den Hintergrund geriet.

---

54 Witschke, Gefahr für den Wettbewerb, S.71.

6.1.2 Die I. G. Farbenindustrie AG

Das zweite der vier alliierten Entflechtungsprojekte unter den Sondergesetzen betraf mit der I. G. Farbenindustrie AG eines der größten deutschen Industrieunternehmen und einen wie kaum ein vergleichbarer Konzern global operierendes Chemieunternehmen. Neben der Verwicklung in die NS-Kriegsverbrechen waren es vor allem die internationalen Handelspraktiken des Unternehmens gewesen, die die I. G. Farben in den Fokus der amerikanischen Antitruster brachten. Die Anschuldigungen, die amerikanische Juristen und Journalisten gegen das Chemieunternehmen in mehreren auch kommerziell durchaus erfolgreichen Publikationen erhoben, waren eine der politischen Triebfedern für das gesamte Dekartellierungs- und Entflechtungsprogramm der Amerikaner im besetzten Deutschland gewesen. So schrieb Präsident Franklin D. Roosevelt im September 1944 an seinen Außenminister Cordell Hull:

> The history of the use of the I. G. Farben trust by the Nazis reads like a detective story. Defeat of the Nazi armies will have to be followed by the eradication of these weapons of economic warfare. But more than the elimination of political activities of German cartels will be required. Cartel practices which restrict the free flow of goods in foreign commerce will have to be curbed. With international trade involved, this end can only be achieved through collaborative action by the United Nations.[55]

Mehrere Autoren mit engen Verbindungen zur *Antitrust Division* des US-Justizministeriums hatten deutschen Unternehmen eine enge und bereits frühzeitige strategische Verzahnung mit den Kriegsplänen der Nationalsozialisten vorgeworfen.[56] Dabei seien in Absprache mit der nationalsozialistischen Regierung internationale Kartell- und Patentverträge mit den Unternehmen der zukünftigen Kriegsgegner explizit genutzt worden, um die Produktion an kriegswichtigen Rohstoffen und Produkten in diesen Ländern zu hemmen [siehe Kapitel 2.2.3]. Die I. G. Farben, die in der Tat vor dem Kriegsausbruch enge Geschäftsbeziehungen mit einer Reihe amerikanischer Unternehmen unterhielt, stand im Zentrum dieser Vorwürfe. So habe diese etwa Kartellvereinbarungen mit Standard Oil of New Jersey unterhalten, die die Entwicklung von synthetischem Öl in den USA behindert hätten und u. a. eine Auftragsvergabe der Air Force [zeitgenössisch vor dem Zweiten Welt-

---

55 Roosevelt an Hull, 6.9.1944, zitiert nach: Gillen, Decartelization, S. 10; Murach-Brand, Antitrust auf Deutsch, S. 44; N. N., A Program for German Economic and Industrial Disarmament. A Study Submitted by the Foreign Economic Administration (Enemy Branch) to the Subcomittee on War Mobilization of the Committee on Military Affairs – United States Senate, Washington D. C. 1946, S. 405.

56 Berge, Cartels; Borkin / Welsh, Germany's Master Plan; Kritisch dazu: Schröter, Quo vadis Kartelldiskurs?, S. 302–309.

krieg: Army Air Corps] an das Unternehmen erfolgreich verhindert.[57] Auch im pharmazeutischen Bereich hätten entsprechend knebelnde Kartellverträge mit amerikanischen Unternehmen bestanden. Bereits 1919 sei eine Kartellvereinbarung mit dem wichtigsten amerikanischen Konkurrenzunternehmen DuPont geschlossen worden.[58] Besonders der gegenseitige Patentaustausch sowie die Kartellverträge zwischen Standard Oil of New Jersey und der I. G. Farben, die sich wegen des technologischen Vorsprungs des deutschen Unternehmens in der Tat mitunter für die amerikanische Wirtschaft ungünstig auswirkten, stand im Vordergrund der Vorwürfe der *congressional hearings* und der Untersuchungen der Antitruster.

Im zeitgenössischen I. G. Farben-Prozess, den die amerikanische Besatzungsmacht unabhängig von der Entflechtung des Unternehmens gegen die leitenden Manager des Konzerns in Nürnberg führte, folgten die zuständigen Richter der Argumentation der vergleichbaren Argumentation der Anklage nicht. So wurden alle 23 Angeklagten in den Anklagepunkten 1 und 5, Planung, Vorbereitung, Beginn und Führung von Angriffskriegen sowie gemeinsamer Plan und Verschwörung, freigesprochen, da die Richter keine Beweise dafür sahen, dass die Manager in die Kriegspläne des NS-Regimes involviert gewesen seien. Die 13 Verurteilungen im Prozess erfolgten dann nur auf Grund der Anklagepunkte 2 und 3, die den Managern zurecht Plünderung und Raub in den besetzten Ländern sowie ihre Teilnahme am Zwangsarbeiterprogramm und die Verwicklung in den Massenmord des Holocaust vorwarfen.[59]

Die wirtschaftshistorische Forschung ist im Fall der I. G. Farben zu dem Befund gekommen, dass der Vorwurf, das Unternehmen sei treibende Kraft bei den Kriegsplänen gewesen und hätte bereits vor 1939 gezielt auf einen Krieg hingearbeitet, nicht haltbar ist. Von den konkreten Kriegsplänen wurde der Vorstand der I. G. Farben erst im Juni 1939 informiert.[60] Vor dem Krieg hatte kein Kriegszielkatalog der chemischen Industrie oder I. G. Farben bestanden, dieser entstand erst in Folge der militärischen Expansion.[61] Kennzeichnend für das Verhalten der Führungsetage des Konzerns war viel mehr Opportunismus. Die deutsche militärische Expansion und die nationalsozialistischen Pläne für einen von Deutschland dominierten europäischen Großwirtschaftsraum standen durchaus in Einklang mit den Interessen des Konzerns und dessen Vertreter verschwendeten keine Zeit dabei, die sich nach den militärischen Siegen bietenden Gelegenheit zur räuberischen Expansion zu Nutze zu machen. So übte der Vorstand der I. G. Farben etwa im be-

57 Berge, Cartels, S. 22 f.; Borkin / Welsh, Germany's Master Plan, S. 28 u. 86–88.
58 Berge, Cartels, S. 54 f.; Borkin / Welsh, Germany's Master Plan, S. 48.
59 Plumpe, Die I. G. Farbenindustrie, S. 746–53.
60 Jeffreys, Weltkonzern und Kriegskartell, S. 373.
61 Plumpe, I. G. Farbenindustrie, S. 585.

setzten Polen und Frankreich erheblichen Druck auf die Inhaber der dortigen Chemieunternehmen aus, um alle Betriebsanlagen und Vermögenswerte letztlich direkt oder indirekt unter die eigene Kontrolle zu bringen.[62] Die Interessen des Unternehmens waren aber für die Expansion nicht ursächlich und die I. G. Farben ergriff eher spontan die sich bietenden Möglichkeiten, als dass sie vor 1939 langfristig auf eine militärisch fundierte europäische Expansion hingearbeitet hätte.[63]

Im Fall der Tschechoslowakei nutzte das Unternehmen seine Marktmacht in Kartell und Patentlizenzierungsverträgen mit dortigen Konkurrenten vor 1939 rücksichtslos aus, um etwa Kapazitätsbeschränkungen und Produktionsverbote für einzelne Produkte durchzusetzen. Diese Methoden unterschieden sich aber nicht elementar vom Marktverhalten der tschechoslowakischen Unternehmen auf dem südosteuropäischen Markt, auf dem diese wiederum selbst eine dominante Position innehatten. Aus der rücksichtslosen Ausnutzungen von Marktmacht bei Kartellabsprachen kann also nicht unbedingt auf langfristige Kriegspläne geschlossen werden.[64]

Auch beim politischen Aufstieg des Nationalsozialismus war das Verhalten der I. G. Farben-Manager vor allem durch Opportunismus gekennzeichnet. Während die Nationalsozialisten vom Vorstand und Aufsichtsrat des Unternehmens vor 1933 eher kritisch gesehen wurden, suchte man nach der Machtübernahme bewusst den Kontakt zu den neuen Machthabern.[65] Vor allem die nationalsozialistische Autarkiepolitik, die im Bereich der Kautschuk- und Mineralölsynthese erheblich auf I. G. Farben-Technologie basierte, eröffnete dem Unternehmen ungeahnte Investitions- und Expansionsmöglichkeiten.[66]

Auch wenn die Verstrickung der I. G. Farben in die nationalsozialistische Kriegs- und Vernichtungswirtschaft sicherlich einen erheblichen Teil dazu beitrug, sie als Primärziel der amerikanischen Entflechtungsbemühungen zu etablieren, waren sie für den Entflechtungsprozess selbst kein entscheidender Faktor. Dieser wurde vor allem nach wirtschaftlichen Gesichtspunkten geführt, nachdem die Kriegsschuldfrage bereits im I. G.-Prozess gegen die führenden Manager des Unternehmens behandelt worden war. In der älteren deutschen Literatur zu den Entflechtungen wurden die Entflechtungsverfahren u. a. gegen die I. G. Farben auch

---

62 Jeffreys, Weltkonzern und Kriegskartell, S. 378–393.

63 Plumpe, I. G. Farbenindustrie, S. 591.

64 Teichova, Economic Background, S. 320–326.

65 Eingehend zur politischen Orientierung der Führungsriege der I. G. Farben im NS: Hayes, Industry and Ideology.

66 Plumpe, I. G. Farbenindustrie, S. 255–296 u. 339–396.

durch angeblichen Konkurrenzneid der amerikanischen chemischen Industrie erklärt, die die alliierte Entflechtungspolitik beeinflusst hätte.[67]

Zuzustimmen ist hier aber Gottfried Plumpe, der für diese Ansicht in den Quellen keinerlei Belege fand und zudem darauf verwies, dass zeitgleich auch in den USA ein Antitrustverfahren u. a. gegen den heimischen Marktführer DuPont sowie den amerikanischen Ableger der britischen Imperial Chemical Industries geführt wurde.[68] Die amerikanische Initiative ist auch hier wie bei der allgemeinen Dekartellierung eher als konsequentere Anwendung des heimischen Antitrustgedankens zu sehen. Während diese im Fall der allgemeinen Dekartellierung innerhalb der Alliierten Hohen Kommission durchaus umstritten waren, bestand im Fall der I. G. Farben grundsätzliche Einigkeit zwischen den drei westlichen Besatzungsmächten, dass der durch den Konzern repräsentierte Zusammenschluss der deutschen Chemie- und Pharmaunternehmen in der Tat eine entflechtungswürdige Konzentration wirtschaftlicher Macht darstellte, die nicht nur ihre Marktmacht auf dem Weltmarkt rücksichtslos ausgenutzt, sondern auch ein Kernstück der deutschen militärischen Aufrüstung dargestellt hatte.[69]

Die Tendenz zu Konzentration und Marktabsprachen reichte in der deutschen chemischen Industrie bis in die 1880er Jahre zurück. Die Erklärung Friedrich Kleinwächters, der Kartelle als „Kinder der Not“ bezeichnet hatte, traf auf diesen Industriezweig im späten 19. Jahrhundert eindeutig nicht zu. Die chemische Industrie war eine expandierende Branche mit hohen Gewinnmargen. Trotz dieser positiven Marktlage hatte die häufige wechselseitige technische Abhängigkeit zwischen den Unternehmen bereits früh zu Marktabsprachen geführt, da die gegenseitigen Lizenzierungen oft mit weiteren, nicht technischen Übereinkommen verbunden waren. Das beherrschende Motiv hinter den Kartellierungen war dabei, nach den Erfahrungen mit der allgemein volatilen Wirtschaftslage in den 1870er und 1880er Jahren, Kapazitäten, Preise und Erträge stetiger und kalkulierbarer zu machen.[70]

Zu ersten Zusammenschlüssen der Unternehmen kam es 1905, als der Interessengemeinschaftsvertrag zwischen den Unternehmen BASF, Bayer und Agfa den auch als „kleine I. G.“ bezeichneten Dreierbund gründete. Basis der Kooperation war ein Gewinnausgleich zwischen den Unternehmen. Parallel zur kleinen I. G. schlossen sich auch Höchst und Cassella zum Zweibund zusammen, der wenige

---

67 So etwa Wernhard Möschel, Entflechtungen im Recht der Wettbewerbsbeschränkungen. Eine vergleichende rechtspolitische Studie, Tübingen 1979, S. 6.

68 Plumpe, I. G. Farbenindustrie, S. 756 f.

69 Letter to the High Commisioner from the Economic Adviser (UK), 12.7.1950, S.1, in: PRO FO 1030/227.

70 Plumpe, I. G. Farbenindustrie, S. 44.

Jahre später durch Kalle zu einem weiteren Dreierverband ergänzt wurde.[71] Auch wenn Pläne zu einer vollständigen Unternehmensfusion etwa von Carl Duisberg schon zu Beginn des 20. Jahrhunderts in die Diskussion eingebracht wurden, blieb auch der 1916 Zusammenschluss der beiden Dreierbünde zum Sechsbund zunächst im bisherigen Rahmen. Die einzelnen Unternehmen blieben in ihrer Geschäftspolitik unabhängig und wurden lediglich durch einen Gewinnpool miteinander verbunden.

Trotz dieser Zusammenarbeit gelang es den Unternehmen aber nicht, ihre Weltmarktpolitik zu koordinieren oder eine durchgreifende Rationalisierung des Produktions- und Vertriebsapparates zu verwirkliche, weswegen 1925 die Fusion zur Interessengemeinschaft Farbenindustrie AG erfolgte.[72] Duisberg, der schon in seiner Denkschrift von 1904 für eine Fusion argumentiert hatte, gehörte in den 1920ern dann ironischerweise zu den Gegnern der Fusion und befürwortete die bisherige Form der Zusammenarbeit.[73] Übergreifendes Ziel der Fusion war, die im 1. Weltkrieg verloren gegangenen Exportmärkte zurückzuerobern. Dies erwies sich allerdings auch nach der Fusion als schwierig, da die heimische Chemieindustrie in vielen Exportmärkten angesichts des Zusammenbruchs des Welthandels im Weltkrieg massiv expandiert hatte und nun zudem häufig durch Schutzzölle protegiert wurde.[74]

Die nach der Fusion entstandene Struktur der neuen I. G. Farben, welche sich um vier regional konzentrierte Betriebsgemeinschaften gruppierte, sollte dabei auch die Struktur der deutschen Chemieindustrie nach der Entflechtung weiterhin prägen, da die größten ausgegründeten Unternehmen sich an diesen Betriebsgemeinschaften und ihren Kernwerken orientierten.[75] Parallel zur Fusion und über die zusammengeschlossenen Unternehmen hinaus beschlossen die deutschen Hersteller chemischer Produkte 1926 auch eine neue Preiskonvention auf dem heimischen Markt, welche sich allerdings wegen Preisunterbietungen durch Importe als weitgehend wirkungslos erwies.[76] Auf der europäischen Ebene war die I. G. Farben zudem die dominante Kraft im europäischen Farbenkartell, sowie an mehreren weiteren internationalen Kartellen etwa zu Stickstoff, synthetischen Fasern, Leichtmetallen und Sprengstoff beteiligt.[77]

71 Ebd., S. 47.
72 Ebd., S. 98 f.
73 Ebd., S. 136.
74 Ebd., S. 129.
75 Ebd., S. 142.
76 Ebd., S. 309.
77 Hayes, Industry and Ideology, S. 33–35.

Im Zuge des Vierjahresplans und der nationalsozialistischen Autarkiepolitik, die etwa in den Bereichen Treibstoff- und Gummisynthese wesentlich auf den Forschungsergebnissen der I. G. Farben beruhte, intensivierten sich die Verbindungen zwischen dem Unternehmen und dem nationalsozialistischen Staat. Personifikation dieser engen Verbindung war der I. G. Farben-Vorstand Carl Krauch, der innerhalb der Bürokratie des Vierjahresplans mehrere Führungspositionen besetzte und eine Schlüsselfigur bei der Verbindung zwischen NS-Bürokratie und deutscher Wirtschaft darstellte.[78] Auch in den Holocaust und die nationalsozialistische „Vernichtung durch Arbeit" war das Unternehmen u. a. durch die Beteiligung am Zwangsarbeiterprogramm sowie dem Betrieb einer Bunafabrik in der Nähe des KZ Auschwitz tief verwickelt.

Nach der deutschen Niederlage wurden die Betriebe der I. G. Farben in allen vier Besatzungszonen beschlagnahmt. In der amerikanischen Zone erfolgte die Konfiskation durch die Ausführungsverordnung Nr. 2 zum Gesetz Nr. 52 im Juli 1945, in den folgenden Monaten ergriffen die anderen Besatzungsmächte vergleichbare Maßnahmen. Im November 1945 wurde die Kontrolle über die Betriebe durch das Gesetz Nr. 9 des Alliierten Kontrollrats auf quadrilaterale Basis gestellt. Die eigentliche Entflechtung kam dann, wie die die allgemeinen Dekartellierungspläne, zunächst zum Erliegen und wurde erst 1948 und nur in den westlichen Besatzungszonen wieder aufgegriffen, nachdem die Produktionsstätten in der sowjetischen Zone bereits entweder als Reparation demontiert oder auf dem Wege zur Verstaatlichung waren. Da allerdings auch in den Westzonen so gut wie keine überzonale Zusammenarbeit der beschlagnahmten Betriebe stattfand und auch die Koordination der Betriebe innerhalb der einzelnen Zonen nur langsam vorankam und keinem zentralen Kontrollorgan unterstand, hatte eine gewisse vorläufige de-facto Entflechtung bereits stattgefunden, als die beschlagnahmten Betriebe langsam ihre Produktion wiederaufnahmen.[79]

Die eigentliche Entflechtung begann im Herbst 1948 mit der Einrichtung des *Bipartite I. G. Farben Control Office* (BIFCO), welches später durch Beitritt der Franzosen *zum Tripartite I. G. Farben Control Office* (TRIFCO) erweitert wurde. Dazu wurde als deutsches Gegenstück für die Verhandlungen das *I. G. Farben Dispersal Panel* (FARDIP) geschaffen. Dieses setzte sich vor allem aus ehemaligen leitenden Angestellten der I. G. Farben sowie anderen, dem Unternehmen grundsätzlich wohlgesonnenen Wirtschaftsfunktionären zusammen.[80] Auch im Bundeswirt-

78 Dietmar Petzina, Autarkiepolitik im Dritten Reich. Der nationalsozialistische Vierjahresplan, Stuttgart 1968; Hayes, Industry and Ideology, S. 163–211; Plumpe, I. G. Farbenindustrie, S. 255–296 u. S. 356–396.

79 Stokes, Recovery, S. 184.

80 Ebd., S. 237.

schaftsministerium war der Leiter der Abteilung Chemie und zuständige Ministerialbeamte für die Entflechtung der I. G. Farben mit Felix Prentzel ein Industriejurist mit I. G. Farben-Vergangenheit. Bei den Verhandlungen erwies es sich als Vorteil, dass auf der deutschen Seite zwischen FARDIP, den Managern der Nachfolgegesellschaften, den Ministerialbeamten im BMWi bis hin zu den Arbeitnehmervertretern und Gewerkschaften kaum Interessensdifferenzen bestanden. Alle Beteiligten auf deutscher Seite hatten kein Interesse an einer radikalen Entflechtung und arbeiteten daraufhin, möglichst leistungs- und forschungsstarke sowie weltmarktfähige Nachfolgeunternehmen zu schaffen. Auf alliierter Seite hingegen standen radikale Antitruster, die eine Aufsplittung in ausschließlich kleinere und mittlere Unternehmen anstrebten, wirtschaftsfreundlicheren Beamten entgegen, die ähnlich wie deutsche Seite trotz der Entflechtung des Konzerns die bestehende Unternehmensstruktur mit ihren regional konzentrierten Betriebsgemeinschaften grundsätzlich für die Nachfolgeunternehmen erhalten wollten. Diese sich widersprechenden Positionen trafen nicht nur in der trilateralen Kooperation der Alliierten aufeinander, sondern bestanden auch innerhalb der amerikanischen Militärregierung und ihr nachfolgenden Hohen Kommission.[81]

Trotz dieser Konflikte einigte sich die BIFCO bzw. TRIFCO zunächst auf eine Zielgröße von etwa 50 Nachfolgeunternehmen.[82] Die deutsche FARDIP hingegen plädierte zunächst für 22 unabhängige Nachfolger, unter Beibehaltung der alten Kerngesellschaften.[83] Vor allem der Maingau-Komplex mit den Werken Hoechst, Griesheim, Cassella Mainkur, Offenbach sowie Knapsack sollte ebenso erhalten blieben wie die vor allem auf Bayer zurückgehende Betriebsverflechtung aus den Werken Elberfeld, Uerdingen und Dormagen, während die FARDIP zunächst davon ausging, den Komplex der BASF in Ludwigshafen und Oppau nicht zusammenhängend beibehalten zu können.[84] Die AHK schrieb die Entflechtung der I. G. Farben im August 1950 dann auch juristisch durch Gesetz Nr. 35 fest. Darin charakterisierte sie die Gesamtheit der zuvor zur I. G. Farben gehörenden Betriebe als „excessive concentration of economic power." Sie bekannte sich aber auch dazu, dass die durch die Entflechtung entstehenden Folgeunternehmen „economically sound and independent" sein sollten und dazu geeignet sein sollten „competition in the German chemical and related industries" zu fördern.[85] Als daraufhin FARDIP und Bundesregierung in ihren Gutachten in der zweiten Jahreshälfte 1950 bei weitgehend identischer Argumentation unter Vorbringung angeblicher produkti-

---

81 Ebd., S. 271.

82 Kreikamp, Entflechtung, S. 225 f.

83 Stokes, Recovery, S. 268.

84 Kreikamp, Entflechtung, S. 225.

85 Amtsblatt der AHK vom 26.8.1950, S. 534–545, hier: S. 535.

ons- und betriebstechnischer Sachzwänge für die Bildung starker Kerngesellschaften argumentierten, kam die TRIFCO den Argumenten der deutschen Seite erstmals nennenswert entgegen und legte einen Kompromissvorschlag zwischen Entflechtung und Erhaltung der Kerngesellschaften vor.[86]

Nachdem die Rolle der FARDIP in den Verhandlungen auf die BMWi-Vertreter Felix Prentzel und Heinrich von Rospatt übergegangen war, ohne dass diese von dessen konzernfreundlicher Konzeption abgewichen wären, gelang es diesen in den Verhandlungen mit den alliierten Vertretern im Januar 1951 die britischen und französischen Vertreter etwa im Fall Bayer von der deutschen Position zu überzeugen.[87] In der Frage zwischen der Trennung oder der weiteren Zusammengehörigkeit von Cassella und Höchst setzte sich die alliierten Position ironischerweise deshalb durch, da der Vertreter der Firma Cassella in den Verhandlungen die Position der Bundesregierung, welche für die Zusammengehörigkeit argumentierte hatte, scharf angriff und somit die bisher als einheitliche Phalanx auftretende deutsche Konzeption desavouierte.[88] Zusätzlich zum BMWi leisteten auch deutsche Aktionärsvertreter des alten I. G. Farben-Konzerns bei der britischen und amerikanischen Regierung ab 1951 Lobbyarbeit gegen eine scharfe Entflechtung.[89] Die Verhandlungen zogen sich noch weiter hin, die amerikanische Seite war aber angesichts der auch politisch inzwischen veränderten Lage immer weniger in der Lage, ihre Positionen durchzusetzen und musste sich mit einigen rein optischen Scheinsiegen zufriedengeben. Am 19. Dezember 1951 wurden die Farbfabriken Bayer A. G. unter Bewahrung ihrer Struktur ausgegliedert, im Verlauf der nächsten Jahre ihr noch weitere Betriebe als Tochterunternehmen angegliedert. Die zweite zentrale Ausgliederung, die auf Basis der ehemaligen Oberrhein-Gruppe der I. G. Farben beruhte, war die Neugründung der BASF am 30. Januar 1952. Die Neugründung der Farbwerke Hoechst erfolgte am 7. Dezember 1951, am 6. Mai 1952 die der Cassella Farbwerke Mainkur A. G.[90]

Somit waren die Kernfragen der Entflechtung zum Jahreswechsel 1951/52 sämtlich beantwortet, als durch die Ausgründung der drei dominanten Nachfolgeunternehmen Bayer, BASF und Hoechst die regionale Clusterstruktur der alten I. G. Farben weitgehend bewahrt wurde und somit auch global überaus wettbewerbsfähige Großkonzerne der Chemie (wieder)entstanden.[91] Der Abschluss der Entflechtung und die Ausgliederung der weiteren, kleineren Unternehmen zog

86 Kreikamp, Entflechtung, S. 227–29.
87 Ebd., S. 235–37.
88 Ebd., S. 240 f.
89 Ebd., S. 242 f.
90 Ebd., S. 245–47.
91 Stokes, Recovery, S. 270 f.

sich wegen komplizierter vermögens- und aktienrechtlicher Fragen noch bis zum Januar 1955.[92] Die wesentlichen Weichenstellungen waren allerdings bereits bis Anfang 1952 erfolgt, als sich mit der Ausgründung der drei großen Nachfolgekonzerne die Vorstellungen von FARDIP und Bundeswirtschaftsministerium mit Ausnahme der Eigenständigkeit Cassellas durchgesetzt hatten.

Am Ende entstanden durch die Entflechtung der I. G. Farben insgesamt zwölf Nachfolgeunternehmen:

1. Agfa-Camerawerk, München
2. BASF, Ludwigshafen
3. Cassella Farbwerke AG, Mainkur
4. Chemische Werke Hüls GmbH, Marl,
5. Farbenfabriken Bayer AG, Leverkusen
6. Farbwerke Hoechst AG, vorm. Meister Lucius & Brüning, Frankfurt
7. Titangesellschaft mbH, Leverkusen
8. Duisburger Kupferhütte, Duisburg
9. Dr. Alexander Wacker, Gesellschaft für Elektrotechnische Industrie mbH, München
10. Dynamit AG; Troisdorf
11. WASAG-Chemie AG, Sythen
12. Kalle & Co AG, Biebrich[93]

Obwohl die von der Bundesregierung mit den AHK ausgehandelte Vereinbarung eine Rückverflechtung nur bis zu einer Frist von drei Jahren nach Ablauf des Gesetzes Nr. 35, spätestens aber vor dem 31.12.1955 verbot, erwies sich die Struktur in der chemischen Industrie im Vergleich etwa zur Eisen- und Stahlindustrie stabiler. Die AGFA-Werke waren bereits kurz nach der der Entflechtung wieder als Tochterunternehmen an die Bayer AG angegliedert worden. Die Aktien der chemischen Fabrik Kalle wurden bereits in den 1950er Jahren von der Hoechst AG übernommen. Diese erwarb schließlich 1970 auch die Aktienmehrheit an Cassella, als Bayer und die BASF ihre Anteile am Unternehmen verkauften. Eine weitere Rückverflechtung fand aber nicht statt, die I. G. Farben blieb ein Relikt der Vergangenheit und bestand als I. G. Farben in Abwicklung lediglich rechtlich auf dem Papier weiter, bis sie 2012 endgültig aus dem Handelsregister gelöscht wurde.

Die grundsätzliche aus der Entflechtung hervorgegangene Struktur mit den drei Oligopolisten Bayer, BASF und Hoechst sowie einer Reihe kleinerer, spezialisierter Unternehmen erwies sich als stabil. Ein wesentlicher Grund dafür war auch die wirtschaftliche Entwicklung der Branche. Während die deutsche Kohle-

92 Kreikamp, Entflechtung, S. 248.
93 Plumpe, I. G. Farbenindustrie, S. 758 f.

und Stahlindustrie bereits ab Ende der 1950er Jahre in eine erhebliche Krise gerieten, nahm die traditionell forschungsstarke und weltmarktorientierte chemische Industrie eine in den Jahrzehnten nach der Entflechtung in Summe positive Entwicklung.[94] Auch waren angesichts der nur punktuellen Anwendung der allgemeinen alliierten Dekartellierungsgesetze sowie der vorsichtigen Handhabung des GWB ab 1958 trotz der Entflechtung andere Formen der Zusammenarbeit nicht ausgeschlossen. So urteilte der führende Kartellfachmann im BMWi, Eberhard Günther, 1955 über die chemische Industrie:

> Es erscheint ausgeschlossen, dass zwischen den chemischen Grosswerken Leverkusen, BASF und Höchst keine – möglicherweise nur lose – Abreden bestehen.[95]

6.1.3 Die Großbanken

Auch die drei deutschen Großbanken Deutsche Bank, Dresdner Bank und Commerzbank wurden von den drei westlichen Besatzungsmächten einer sondergesetzlichen Entflechtung außerhalb der allgemeinen Dekartellierungsgesetze unterzogen. Die Initiative zur Entflechtung ging auch hier so gut wie ausschließlich von der amerikanischen Besatzungsmacht aus und speiste sich aus zwei Quellen: Einer grundsätzlichen Kritik am deutschen Bankensystem sowie der Verwicklung der Großbanken in die Verbrechen des Nationalsozialismus. Kritikwürdig erschien den Amerikanern vor allem das deutsche Universalbankensystem, d. h. der Fakt, dass die deutschen Großbanken sowohl Kredit- und Einlagengeschäft betrieben, im Wertpapierhandel aktiv waren als auch erhebliche Beteiligungen an Unternehmen auch außerhalb des Bankensektors hielten. In Kombination mit dem Depotstimmrecht der Banken als bevollmächtigte Vertreter von Aktionären sowie der Entsendung von Bankvertretern in die Aufsichtsräte von Unternehmen ergab sich so ein erheblicher wirtschaftlicher Einfluss, der wiederum in den USA durch das Trennbankensystem unterbunden war. Dieses System zwingt Banken, sich entweder auf das Einlagen- und Kreditgeschäft *(commercial banking)* oder den Wertpapierhandel *(investment banking)* zu beschränken. Zudem unterhielten die deutschen Großbanken ein landesweites Filialnetz, was in den USA ebenfalls verboten war und dort zu einem deutlich geringeren Konzentrationsgrad der Bankenlandschaft führte. In diesen Strukturmerkmalen und dem damit verbundenen wirt-

---

94 Werner Abelshauser, Die BASF seit der Neugründung 1952, in: Ders. (Hrsg.), Die BASF. Eine Unternehmensgeschichte, 2. Aufl., München 2003, S. 359–640.

95 Dr. Günther, Kurze Stellungnahme IB5 zu den Berichten der Referate der Abteilung IV, 11.5.1955, in: BA B102/17106.

schaftlichen Einfluss weniger Großbanken sahen die amerikanischen Finanzpolitiker der Besatzungsregierung eine Gefährdung sowohl für die freie Konkurrenzwirtschaft als auch für den allgemeinen Demokratisierungsprozess.[96] Dementsprechend galten die Großbanken den amerikanischen Trustbustern auch als mindestens mitschuldig an den wahrgenommenen Problemen der deutschen Wirtschaft, namentlich der allgegenwärtigen Kartellierung sowie der Dominanz der Schwer- und Produktionsgüterindustrie.[97]

Zudem warfen die Amerikaner den Großbanken ähnlich wie auch der I. G. Farben vor, die Nationalsozialisten bei ihrem Aufstieg unterstützt und sich die militärischen Überfälle NS-Deutschlands auf europäische Nachbarstaaten für die eigene wirtschaftliche Expansionsbestrebungen in Europa zu Nutze gemacht zu haben. Besonders stark in das NS-Unrecht verwickelt war dabei die Dresdner Bank, die unter ihrem nationalsozialistischen Vorstandssprecher Karl Rasche zur Hausbank der SS avanciert war und sich bei ihrer europäischen Expansion eng an die Fersen der Wehrmacht geheftet hatte.[98] Im Gegensatz zum Fall der I. G. Farben kam es aber bei den Großbanken nicht zu einem Gerichtsprozess gegen die gesamte Führungsriege, der die Verstrickung in die nationalsozialistischen Verbrechen zum Thema gemacht hätte. Lediglich der bereits erwähnte Karl Rasche wurde im Wilhelmstraßen-Prozess wegen seiner Beteiligung an Raub und Plünderung in den besetzten Gebieten sowie der Mitgliedschaft in der SS zu sieben Jahren Haft verurteilt, aber bereits im August 1950 aus dem Gefängnis entlassen.

Die Entflechtung der Großbanken hingegen trieb die amerikanische Militärregierung durchaus energisch voran. In der unmittelbaren Nachkriegszeit war diese zunächst im quadrilateralen Rahmen unter sowjetischer Beteiligung geplant, die entsprechende Initiative scheiterte im Alliierten Kontrollrat aber an der sowjetischen Maximalposition der vollständigen Liquidierung der Großbanken.[99] Im Mai 1947 erließ OMGUS das Gesetz Nr. 57, welches für die drei Großbanken jeweils in den einzelnen Ländern der Besatzungszone einen unabhängigen Verwalter berief, dessen Amtshandlungen nicht durch die Aktionäre oder den Vorstand der Altbank beeinflusst werden durften. Zudem durfte die nun nur landesweit operierenden ‚Filialgruppen' in ihrem Namen keinerlei Bezug auf den Namen der entflochtenen Altbank nehmen.[100] Damit war gesetzlich fixiert, dass eine Entflechtung der Großbanken stattfand. Welche Form diese Entflechtung schließlich annehmen würde,

96 Horstmann, Die Alliierten, S. 4–7.

97 Martin, All Honorable Men, S. 298 f.

98 Die Geschichte der Dresdner Bank im Nationalsozialismus ist umfassend erforscht in: Henke, Die Dresdner Bank im Dritten Reich.

99 Plumpe u. a., Deutsche Bank, S. 171 f.

100 Volltext des Gesetzes zitiert in: Holtfrerich, Die Deutsche Bank, S. 475 f.

ließ das Gesetz, welche explizit als Provisorium fungierte, aber offen. So entstanden durch die Dezentralisierung in Filialgruppen juristisch keine neuen Institutionen. Die Altbanken hatten zwar keinen eigenen Geschäftsbetrieb mehr und keine Kontrolle über das Tagesgeschäft der entflochtenen Filialgruppen, eigentumsrechtlich und steuerrechtlich blieben diese aber Teil der Vermögensmasse der Altbanken.[101]

Die französische Militärregierung schloss sich den Amerikanern bereits wenige Monate später an und erließ im Oktober 1947 ein gleichlautendes Gesetz für die eigene Besatzungszone. Die britische Seite sah die Dezentralisierung der Großbanken eigentlich skeptisch, konnte sich aber dem amerikanischen Druck schließlich nicht mehr erwehren, da die Aufrechterhaltung der Wirtschaft sowie die Ernährung der deutschen Bevölkerung in der dicht besiedelten britischen Zone angesichts der notwendigen Subventionen eine erhebliche Belastung für den eigenen Staatshaushalt darstellten und die Amerikaner die Beteiligung an der Bankenentflechtung zur Bedingung für die Übernahme des Großteils der Kosten der Bizone machten.[102] Auch wenn die britische Militärregierung die wirtschaftliche Analyse der Amerikaner nicht teilte und zudem wegen der hohen ausstehenden Kreditforderungen englischer Banken an ihre deutschen Gegenstücke im Zuge des Stillhalteabkommens auf dem Höhepunkt der Weltwirtschaftskrise 1931 vor allem an einer schnellen wirtschaftlichen Erholung der deutschen Großbanken interessiert war, gab es angesichts der horrenden Besatzungskosten keine Alternative als sich dem *Dollar pressure* zu beugen.[103] Infolgedessen erließ die britische Militärregierung im April 1948 parallel ein ähnliches Gesetz wie die Amerikaner und löste zudem die Reichsbankleitstelle in Hamburg auf, um wie die Amerikaner äquivalent zu den neuen Filialgruppen auch Landeszentralbanken zu schaffen.[104]

Die Großbanken selbst versuchten bereits 1947, die Entflechtung abzuwenden. Dabei argumentierten sie vor allem, dass der Ausgang des Krieges und der Verlust der Filialen in Berlin und der sowjetischen Besatzungszone die wirtschaftliche Machtstellung der Großbanken bereits erheblich geschwächt hätten. Zudem hätten sie bereits in den 1930er Jahren und im Krieg Marktanteile etwa an die Regionalbanken verloren.[105] Die Rückverflechtung blieb auch in dieser Phase das erklärte Ziel der Großbanken. Auch wenn die Zusammenarbeit im Tagesgeschäft durch die Entflechtungsgesetze stark eingeschränkt und eine zentrale Koordination der Geschäftspolitik verboten war, riss die Kommunikation zwischen den Filialgrup-

101 Ebd., S. 477.
102 Ebd., S. 173.
103 Horstmann, Die Alliierten, S. 139.
104 Plumpe u.a, Globale Hausbank, S. 173.
105 Holtfrerich, Die Deutsche Bank, S. 480.

pen nicht ab. So unterhielten etwa alle zehn aus der Deutschen Bank hervorgegangenen Filialgruppen untereinander direkten Zahlungsverkehr und arbeiteten bei großen Aufträgen in Konsortien zusammen. Dabei kam es den Banken zugute, dass die eingesetzten Treuhänder de facto keine sonderlich rigide Kontrolle ausübten und das operative Tagesgeschäft kaum beeinflussten.[106] Im Fall der Filialgruppen der Commerzbank griff etwa der wirtschaftlich bereits nach kurzer Zeit wieder erfolgreiche und finanzstarke Bankverein Westdeutschland in Düsseldorf seinem Hamburger Pendant, der Hansa-Bank, finanziell unter die Arme, als diese zu großzügige Kredite vergeben hatte und dann wegen drohender Kreditausfälle in finanzielle Schwierigkeiten geraten war. Rechtlich war dies angesichts der Dezentralisierung nicht unproblematisch, sodass die entsprechenden Transfers äußerst diskret abgewickelt wurden.[107] Auch die Sitzungen des alten Vorstands der Deutschen Bank fanden weiterhin regelmäßig statt.[108]

Angesichts der nach wie vor provisorischen Natur der Entflechtung waren Pläne zur Rückverflechtung durchaus nicht unberechtigt. Zum Vorteil der Großbanken wirkte sich zudem der Amtsantritt John McCloys und die Umwandlung der amerikanischen Militärregierung zum Hochkommissariat 1949 aus. Mit dieser Umstrukturierung verlor die sich aus dem Finanzministerium rekrutierende Finanzabteilung der Militärregierung ihren Status als eigenständige Abteilung, wodurch auch die harte Linie bei der Bankenentflechtung innerhalb der OMGUS/HICOG an Einfluss verlor.[109]

In diesem Jahr reiste auch der wichtigste Interessenvertreter der Großbanken in den bevorstehenden Verhandlungen mit den Alliierten, Hermann Josef Abs, in die USA und konnte sich dort ein Bild von der politischen Stimmungslage auf der amerikanischen Seite machen. Während die drei Großbanken in einer gemeinsamen Denkschrift bereits für die Rückkehr zum Großbankensystem argumentierten, schätzte Abs diese Totalrevision der Entflechtung angesichts der zu erwartenden amerikanischen Widerstände als unrealistisch ein und warb stattdessen zunächst für eine Zusammenfassung der Filialgruppen in jeweils drei größere Institute. Abs argumentierte dabei, dass die bestehenden Institute, die keine eigene Rechtspersönlichkeit sowie keinen Aufsichtsrat hatten und keine Bilanzen oder Gewinn- und Verlustrechnungen publizierten könnten und dabei füreinander hafteten, ohne sich gegenseitig kontrollieren zu können, im internationalen Geschäftsverkehr völlig disqualifiziert seien. Der Abs-Plan wurde auch auf deutscher Seite von Ludwig Erhard, dem Präsidenten der Bank deutscher Länder, Wilhelm

106 Plumpe u. a., Globale Hausbank, S. 388.
107 Sattler, Die Commerzbank, S. 239.
108 Holtfrerich, Die Deutsche Bank, S. 481.
109 Ebd., S. 498.

Vocke, sowie den Interessenverbänden der gewerblichen Wirtschaft unterstützt und avancierte somit zur gemeinsamen deutschen Position in den Verhandlungen.[110]

Diese begannen im Februar und März 1950 zunächst zwischen dem Bundesfinanzminister Fritz Schäffer und den Finanzberatern der Alliierten.[111] Die Initiative bei der Gesetzgebung ging dabei – für diese durchaus überraschend – grundsätzlich an die Bundesregierung über, während die Alliierten sich auf ihr Vetorecht beschränkten und Korrekturen an den deutschen Entwürfen forderten, um die Ergebnisse der Großbankenentflechtung auf längere Zeit zu sichern. Grundsätzlich bestand Einigung darüber, dass die Entflechtung der Großbanken beibehalten werden sollte, die Nachfolgeinstitute aber zu größeren, leistungsfähigeren Gruppen mit eigener Rechtspersönlichkeit zusammengeschlossen werden sollten. Die Bundesregierung bezog zudem die Vertreter der Großbanken selbst unmittelbar in den Neuordnungsprozess ein, welche sich im Mai 1950 untereinander koordinierten und ein gemeinsames Positionspapier der drei Vorstandssprecher Hermann J. Abs, Carl Goetz und Paul Marx vorlegten.[112] In diesem positionierten sich die Bankiers grundsätzlich für eine Wiedereinrichtung der Großbanken, akzeptierten aber auch, dass diese zu diesem Zeitpunkt nicht umsetzbar war und forderten daher eine begrenzte Rückverflechtung auf jeweils drei für das Auslandsgeschäft vollständig qualifizierte Nachfolgebanken. Nach einigen innerdeutschen Diskussionen, bei dem vor allem die süddeutschen Länder und die Landeszentralbanken Widerstand gegen die zu erwartende Schwächung ihrer neu errungenen föderalistischen Kompetenzen leisteten, einigte sich die deutsche Seite schließlich auf einen Entwurf für das „Gesetz über den Niederlassungsbereich von Kreditinstituten", dessen Kernbestandteil die „Dreierlösung" war und welcher im Herbst 1950 vom Bundeskabinett gebilligt und zur Prüfung an die AHK weitergeleitet wurde.[113] Die Finanzexperten der alliiertem Hohe Kommission forderten zunächst deutliche Nachbesserungen am Gesetzesentwurf, die vor allem auf eine Präzision der im Entwurf recht offen gehaltenen drei Bankbezirke abzielten.[114] In den Diskussionen um das Gesetz gewann die deutsche Seite aber dann die Oberhand, sodass das Gesetz im Oktober 1951, als die Alliierten ihre Zustimmung gaben, sich nur unwesentlich vom ursprünglichen deutschen Entwurf unterschied.[115] Das Ge-

110 Plumpe u. a., Globale Hausbank, S. 389 f.
111 Horstmann, Die Alliierten, S. 215.
112 Ebd., S. 236.
113 Ebd., S. 259.
114 Ebd., S. 264–66.
115 Ebd., S. 278 f.

setz über den Niederlassungsbereich von Kreditinstituten trat dann im März 1952 in Kraft, die entsprechenden alliierten Gesetze wurden aufgehoben.[116]

Die Filialgruppen der Großbanken schlossen sich daraufhin zu jeweils drei größeren Nachfolgern zusammen: Die Nachfolger der Deutschen Bank bildeten nun die Norddeutsche Bank AG mit Sitz in Hamburg, die Rheinisch-Westfälische Bank AG in Düsseldorf sowie die Süddeutsche Bank in München. In der Tradition der Dresdner Bank standen die Hamburger Kreditbank AG, die Rhein-Ruhr-Bank AG in Düsseldorf sowie die Rhein-Main-Bank AG in Frankfurt a. M. Diese drei Niederlassungen wählten auch die drei Nachfolgebanken der Commerzbank, namentlich die Commerz- und Discontbank AG, der Bankverein Westdeutschland AG, sowie die Commerz- und Creditbank AG.[117] Zum Zeitpunkt als diese partielle Rückverflechtung umgesetzt wurde, war bereits absehbar, dass der direkte amerikanische Einfluss auf die deutsche Bankenpolitik sich seinem Ende nahte und somit der vollständigen Wiederherstellung der Großbanken, die deren Führungspersonal stets als ultimatives Ziel angegeben hatte, auf Dauer nichts mehr im Wege stehen würde. Entsprechende vorbereitende Arbeiten begannen bei den Nachfolgern der Dresdner Bank bereits Anfang 1952, durch die Unterzeichnung der Pariser Verträge gewannen die entsprechenden Bestrebungen in den Großbanken weiteren Auftrieb.[118] Auch bei der Commerzbank gab es bereits ab Dezember 1952 regelmäßige Treffen der Vertreter der drei Nachfolgeinstitute mit dem Ziel die Zusammenarbeit bis zur endgültigen Rückverflechtung aufrechtzuerhalten.[119] In dieser Zwischenzeit sorgte das Management der Großbanken dafür, die Zusammengehörigkeit der Nachfolgebanken trotz der vorläufigen Entflechtung aufrecht zu erhalten. So verpflichteten sich die Aufsichtsratsvorsitzenden der Nachfolgeinstitute der Dresdner Bank schriftlich, „auch nach Gründung der Nachfolgebanken alles in ihrer Kraft Stehende zu tun, um eine Koordinierung dieser Banken in allen wichtigen geschäftlichen, personellen und organisatorischen Fragen auf lange Sicht sicherzustellen.“[120]

Eine vollständige Fusion der Nachfolgebanken war indes auch nach dem Ende des Besatzungsstatuts und der AHK 1955 noch nicht umsetzbar, da die Bundesregierung den Alliierten in den Verhandlungen über das vorangegangene Großban-

116 Ebd., S. 282–284.

117 Auflistung bei Manfred Pohl, Zerschlagung und Wiederaufbau der deutschen Großbanken, 1945–1957, in: Deutsche Bank (Hrsg.), Beiträge zu Wirtschafts- und Währungsfragen und zur Bankgeschichte 13 (1974), S. 21–32, hier: S. 30. Die vollständige Liste aller 30 ursprünglich entflochtenen Nachfolgebanken findet sich Ebd., S. 24.

118 Ahrens u. a., Dresdner Bank 1945–1957, S. 241 u. 248.

119 Sattler, Commerzbank 1945–1989, S. 242 f.

120 Zitiert nach Ahrens, Dresdner Bank 1945–1957, S. 243.

kengesetz eine Ende 1953 beginnende dreijährige Frist zugesichert hatten, in der die bestehende Gesetzeslage beibehalten werden sollte. Die Vertreter der Großbanken waren über dieses Zugeständnis auch selbst informiert worden.[121] Die Kooperation der Nachfolgebanken wurde durchgängig informell durch die Kontinuität im Führungspersonal sichergestellt. So rekrutierte sich das Führungspersonal der nach ersten Entflechtung 1947/48 gegründeten Filialgruppen quasi ausschließlich aus ehemaligen Vorstandsmitgliedern und Filialleitern der Altbanken.[122] Darüber hinaus suchten die Banken nach dem Ende des Besatzungsstatuts nach einer Möglichkeit, die Zusammenarbeit bereits vor dem Ablauf der Dreijahresfrist zu intensivieren, ohne dabei direkt gegen die Vorgabe zu verstoßen. Eine Lösung für dieses Problem wurde schließlich in der Einrichtung eines Gewinnpools zwischen den jeweiligen drei Nachfolgebanken gefunden, wie er im September und Oktober 1955 von den Nachfolgern der Deutschen Bank und Dresdner Bank vollzogen wurde.[123] Im Falle der Commerzbank verzichtete man auf diese Lösung, da die Befürchtung bestand, dass der Pool mit den schwächeren beiden Regionalbanken die herausragende Position des Bankvereins Westdeutschland in Düsseldorf auch im Wettbewerb mit den westdeutschen Nachfolgern der anderen beiden Großbanken schwächen könnte.[124]

Die endgültige Rückverflechtung wurde schließlich durch das im Dezember 1956 verabschiedete „Gesetz zur Aufhebung der Beschränkung des Niederlassungsbereichs von Kreditinstituten" ermöglicht. Ernsthaften politischen Widerstand gegen die Wiedervereinigung der Großbanken gab es zu diesem Zeitpunkt nicht mehr. Die Sozialdemokraten im Bundestag störten sich lediglich an den exklusiv den Großbanken gewährten Steuervergünstigungen bei dem eigentlich kostspieligen Fusionsprozess. Darin sahen sie eine Benachteiligung der gemeinwirtschaftlichen Banken, die sich mit Rücksicht auf die Entflechtungsgesetze bereits in regionalisierter Form neu gegründet hatten. Als die Bundesregierung daraufhin die Steuererleichterungen auf diese ausweitete, beendete die SPD-Fraktion ihren Widerstand und stimmte dem Gesetz im November 1956 im Bundestag zu.[125]

In der Gesetzesbegründung argumentierte die Bundesregierung gegen die zuvor als Begründung für die Entflechtung von den Amerikanern geäußerte Kritik, dass die Großbanken eine übermäßige wirtschaftliche Machtstellung innehätten. So würde durch deren Wiedervereinigung eine solche wirtschaftliche Machtstellung nicht begründet, da die Großbanken sowohl untereinander in scharfer Kon-

121 Holtfrerich, Die Deutsche Bank, S. 322.
122 Ahrens, Dresdner Bank 1945–1957, S. 195.
123 Ebd., S. 250.
124 Sattler, Commerzbank 1945–1989, S. 258 f.
125 Ahrens, Dresdner Bank 1945–1957, S. 254.

kurrenz stünden als auch mit den großen Regionalbanken und einer Reihe anderer Kreditinstitute konkurrierten.[126] Die Deutsche Bank und Dresdner Bank nutzten die durch das Gesetz wiederhergestellten Freiräume bereits 1957 zügig rückwirkend zum 1. Januar 1957 zu ihrer Wiedervereinigung. Bei der Commerzbank verzögerte sich der Prozess noch bis zum Herbst 1958, rückwirkend zum 1. Juli 1958. Hintergrund war hier, dass der wirtschaftliche dominante Bankverein Westdeutschland unter seinem Vorstand Fritz Höfermann zunächst eine Übernahme der kleineren nord- und süddeutschen Institute statt einer Vollfusion angestrebt hatte, dabei aber auf Widerstand bei diesen beiden Regionalinstituten traf. Die Fusion wurde nach dem überraschenden Tode Höfermanns im Februar 1958 dann schließlich doch als Vollfusion betrieben.[127] Im Falle der Deutschen Bank fusionierten dabei die zwei anderen Nachfolgebanken mit der Süddeutschen Bank, welche dann in Deutsche Bank AG umbenannt wurde.[128]

Während im Fall der I. G. Farben die Entflechtung von der deutschen Seite zwar deutlich abgeschwächt wurde, die grundsätzlichen Ergebnisse dieser dann aber durchaus lange bestehen blieben, wurde im Fall der Großbanken die Entflechtung also bereits nach kurzer Zeit komplett revidiert. Während die Wiederentstehung explizit zur Monopolerringung gegründeter Trusts wie der I. G. Farben oder den Vereinigten Stahlwerken auch nicht im Interesse der Bundesregierung war und die deutsche Seite sich dort mit einer begrenzten Entflechtung, die weltmarktfähige Nachfolgekonzerne hinterließ, zufriedengab, hatte die alliierte Bankenentflechtung so gut wie keine Unterstützer auf deutscher Seite. Die sich aus der heimischen Bankenpolitik speisende Kritik der Amerikaner an den historisch gewachsenen deutschen Großbanken und ihrer wirtschaftlichen Position wurde weder von den deutschen Wirtschaftsverbänden noch der Bundesregierung geteilt, sodass es im Falle der Bankenreform zu einer nahezu totalen Niederlage der amerikanischen Reforminitiative kam.[129] Als langfristige Auswirkung der Entflechtung kann allenfalls eine gewisse Stärkung der Autonomie der Filialen gegenüber der Zentrale innerhalb der Unternehmensstruktur der Großbanken gewertet werden. Dies war aber weniger eine Zäsur, sondern lediglich die Beschleunigung eines bereits längerfristig bestehenden Trends, der bereits mit dem Ausbau des Filialnetzes in der Zwischenkriegszeit begonnen hatte.[130]

---

126 Holtfrerich, Die Deutsche Bank, S. 535.
127 Sattler, Commerzbank 1945–1989, S. 258–263.
128 Holtfrerich, Die Deutsche Bank, S. 526.
129 Horstmann, Die Alliierten, S. 307.
130 Plumpe u. a., Globale Hausbank, S. 392 f.

6.1.4 Die Filmwirtschaft

Die Entflechtung der Filmwirtschaft stellt unter den sondergesetzlichen Entflechtungen unter zwei Aspekten einen Spezialfall dar. Erstens war die Filmindustrie kein privatwirtschaftliche Machtkonzentration, sondern im Nationalsozialismus zum Zwecke der staatlichen Propagandazentralisierung nach und nach verstaatlicht worden. Dabei kam es den Nationalsozialisten entgegen, dass die Filmbranche nicht nur bereits in privatwirtschaftlicher Hand einen erheblichen Konzentrationsprozess durchgemacht hatte, sondern im Zuge der Weltwirtschaftskrise auch in erhebliche wirtschaftliche Schwierigkeiten geraten war.[131] Während die Entflechtung rein staatlicher Monopole auch für die amerikanischen Antitrustbewegung eine eher ungewöhnliche Maßnahme war (so waren etwa Reichsbahn und Reichspost bereits 1947 vom Entflechtungsbestandteil der allgemeinen alliierten Kartellgesetze ausgenommen worden), erklärt sich die Entflechtungsinitiative gegenüber der deutschen Filmindustrie vor allem durch die zentrale Rolle dieser in der Propagandamaschinerie des nationalsozialistischen Machtapparats. Eine zentralisierte Filmindustrie wurde vor allem von Seiten der amerikanischen Besatzer bei potenziellem politischem Missbrauch als Gefahr für die Demokratie gesehen. Die zweite Besonderheit war, dass die Grundsätze für die Entflechtung der Filmwirtschaft zunächst in der ersten Anordnung zu den allgemeinen Kartellgesetzen von 1947 (Gesetz Nr. 56 / Verordnung Nr. 78) festgelegt wurden, also anfangs streng genommen keine sondergesetzliche Entflechtung darstellten. Die Entflechtung wurde aber 1949 in zonale Sondergesetze der Besatzungsmächte überführt und diese dann im Juli 1950 durch das trilaterale Gesetz Nr. 32 der AHK abgelöst. Endgültig durchgeführt wurde die Entflechtung dann schließlich erst unter dem 1953 von der Bundesregierung verabschiedeten „Gesetz zur Abwicklung und Entflechtung des ehemaligen reichseigenen Filmvermögens“.

Im Nationalsozialismus war die deutsche Filmwirtschaft nach und nach so gut wie vollständig verstaatlicht und zentralisiert worden. Die 1942 als Dachorganisation für die staatliche Filmwirtschaft gegründete UFA-Film GmbH (UFI) umfasste bei Kriegsende nahezu den gesamten Wirtschaftszweig.[132] Nach Kriegsende wurde das Vermögen der UFI von den Besatzungsmächten beschlagnahmt und der Kontrolle der jeweiligen zonalen Militärregierung unterstellt. Die wirtschaftliche Bedeutung der von den Westalliierten kontrollierten Filmwirtschaft war vor allem durch die geographische Aufteilung dieser Industrie bereits stark eingeschränkt. So entfiel 70 % der Kapitalmasse auf die sowjetische Zone, von den Filmateliers

131 Hauser, Neuaufbau, S. 304–312.

132 Ebd., S. 312.

der UFI lagen sogar 80 % in dieser.[133] In den Westzonen wurde das Filmvermögen und damit auch die in der Filmproduktion und -distribution beteiligten Unternehmen im Tagesgeschäft de facto von durch die Militärregierung ausgesuchten deutschen Treuhändern verwaltet.

Die Alliierten schränkten die Tätigkeit der Filmwirtschaft zwar durch eine Vielzahl von Vorschriften ein, welche vor allem eine Rückverflechtung perspektivisch verhindern sollten, die eigentliche Entflechtung des UFI-Komplexes kam aber zunächst kaum voran.[134] So erlegte auch die von der amerikanischen Militärregierung im März 1948 erlassene Anordnung Nr. 1 [engl. Order No. 1, nicht zu verwechseln mit Regulation No. 1 bzw. Durchführungsverordnung Nr.1][135] zu Gesetz 56 der deutschen Filmwirtschaft zwar mehrere Beschränkungen auf, enthielt aber nichts zur konkreten Entflechtung des beschlagnahmten Filmvermögens.[136] Die Order No. 1 verbot an erster Stelle eine vertikale Integration der Filmwirtschaft. So durfte keine Person in Form von Besitz, Anstellung oder anderen wirtschaftlichen Betätigungsweisen in mehr als einem der drei Wirtschaftsfelder Filmproduktion, Filmverleih oder Filmaufführung engagiert sein. Dieses Verbot von vertikaler Konzentration in der Filmindustrie spiegelte eine nahezu zeitgleiche Entscheidung des amerikanischen Supreme Courts im Fall *United States v. Paramount Pictures, Inc* wider.[137] Zudem verbot die Order auch regionale Monopole, indem sie die maximale Anzahl der Kinos eines Unternehmens pro Land- oder Stadtkreis entsprechend der Einwohnerzahl beschränkte (ein Kino bei Kreisen bis zu 100.000 Einwohner, zwei Kinos bei Kreisen zwischen 100.000 und 200.000 Einwohnern usw.). Zudem wurde auch die maximale Anzahl der Sitze in den Kinos entsprechend reguliert und die Anzahl der Kinos pro Unternehmen generell auf 10 reduziert.

Damit waren der westdeutschen Filmwirtschaft erhebliche Einschränkungen auferlegt, die eine zukünftige Konzentration in der Branche verhindern sollten. Das Schicksal der zuvor in der UFI zentralisierten Vermögensmasse war aber nach wie vor ungeklärt. Ein erster Versuch zu deren Entflechtung unternahmen die beiden Militärregierungen der Bizone mit dem parallel erlassene Gesetz Nr. 24 zur „Disposition of Reich-Owned Motion Picture Property".[138] Zuvor hatte der amerikanische Militärgouverneur und zukünftige Hochkommissar John J. McCloy zusam-

---

133 Ebd., S. 313 f.

134 Ebd., S. 314 f.

135 Hauser unterlag dieser Verwechslung in: Ebd., S. 299.

136 OMGUS (Hrsg.), Military Government Gazette Germany. United States Area of Control, Issue I, 16.3.1948, S. 16 f.

137 United States v. Paramount Pictures Inc. (1948), online unter: https://supreme.justia.com/cases/federal/us/334/131/, zuletzt abgerufen am 29.10.2021.

138 OMGUS (Hrsg.), Military Government Gazette Germany. United States Area of Control, Issue O, 21.9.1949, S. 11–17.

men mit seinem britischen Kollegen Robertson bereits angeboten, das UFI-Vermögen an die westdeutschen Länderregierungen zu übertragen, die dieses dann binnen Jahresfrist hätten privatisieren müssen. Während die bayerische Staatsregierung dem Plan positiv gegenüberstand, lehnte der deutsche Wirtschaftsrat für die Bizone den Plan ab, da mit der Aufteilung des Vermögens auf die einzelnen Länder eine zu weitgehende Zersplitterung des Vermögens befürchtet wurde.[139] Das daraufhin von den beiden angloamerikanischen Militärregierungen parallel erlassene Gesetz Nr. 24 richtete aus den bisherigen deutschen Treuhändern der UFI-Unternehmen einen Liquidationsausschuss ein, dessen Aufgabe es sein sollte, das UFI-Vermögen innerhalb der nächsten 18 Monate an zu versteigern. Dabei galten die strikten Beschränkungen der Order No. 1 unter Gesetz 56, welche sowohl der vertikalen als auch der horizontalen Konzentration äußerst enge Grenzen gesetzt hatten, weitgehend fort. So durften u. a. nicht mehr als ein Filmstudio oder drei Lichtspieltheater an dieselbe natürliche oder juristische Person verkauft werden. Ehemalige Vorstände, Aufsichtsräte und Prokuristen der zuvor dem Reich gehörenden Lichtspielunternehmen war die Ersteigerung der Unternehmen ebenfalls nicht gestattet. Für den Fall, dass Teile des UFI-Vermögens nicht innerhalb von 18 Monaten versteigert würden, behielten sich die Besatzungsbehörden eine Beschlagnahmung zum Zwecke der eigenmächtigen Veräußerung vor.[140]

Sowohl die Verbandsorganisation der deutschen Filmwirtschaft als auch die Bundesregierung übten erhebliche Kritik an dem Vorgehen. So forderten diese, das UFI-Vermögen solle der neuen deutschen Filmwirtschaft unmittelbar zugänglich gemacht werden und bezweifelten zudem den wirtschaftlichen Sinn einer strikten vertikalen Trennung der Industrie in Filmproduktion, -verleih und -aufführung.[141] Das bizonale Gesetz Nr. 24 sowie sein französisches Pendant, die Verordnung Nr. 236, hatten dann auch nur kurzfristig Bestand. Sein trizonaler Nachfolger, das AHK-Gesetz Nr. 32 kam der deutschen Kritik aber ebenfalls nur in wenigen Aspekten entgegen.[142] Der mit den Treuhändern besetzte Liquidationsausschuss wurde durch einen Dezentralisierungsausschuss ersetzt, dessen Mitglieder durch die AHK zu bestimmen waren.[143] Die Deadline für die Entflechtung durch den Ausschuss wurde auf den 1. Januar 1952 festgelegt. Die scharfen Beschränkungen bei der vertikalen sowie horizontalen Konzentration aus dem Vor-

---

139 Hauser, Neuaufbau, S. 315.

140 OMGUS (Hrsg.), Military Government Gazette Germany. United States Area of Control, Issue O, 21.9.1949, S. 12 f.

141 Hauser, Neuaufbau, S. 318 f.

142 Ebd., S. 321.

143 Allied High Commission (Hrsg.), Official Gazette of the Allied High Commission for Germany, 1.8.1950, S. 498–505, hier: S. 498.

gängergesetz wurden beibehalten. Lediglich das pauschale Erwerbsverbot für Führungskräfte der alten reichseigenen Filmunternehmen entfiel.

Diese harten Beschränkungen, die wesentlich nach wie vor auf die Anordnung Nr. 1 zu Gesetz 56 sowie die entsprechenden britischen und französischen Parallelgesetze zurückgingen, waren auch innerhalb der für die allgemeine Dekartellierung zuständigen DIDEG nicht unumstritten. So hieß es in einem Papier zur Harmonisierung der entsprechenden Anordnungen, es sei „unanimously recognized“, dass diese „too strict“ seien. Allerdings sei eine völlige Rücknahme der Bestimmungen ebenfalls nicht angebracht, da dies effektiv vor allem jene Kinobesitzer benachteilige, die auf Grund der entsprechenden Bestimmungen bereits Kinos verkauft hätten.[144] Parallel zur Umsetzung des neuen AHK-Gesetzes zeigten sich die Hohe Kommission allerdings auch zunehmend bereit, grundsätzlich stattdessen ein deutsches Gesetz zur Entflechtung zu akzeptieren. Einen ersten Gesetzesentwurf der Bundesregierung im November 1950 hierzu lehnte die AHK allerdings ab, da ihr durch den Entwurf eine „monopolistische Entwicklung in der deutschen Filmwirtschaft nicht ausgeschlossen“ schien.[145]

Aufgrund dieser Unzufriedenheit mit dem deutschen Entwurf initiierte die AHK dann noch im selben Monat eine eigene Versteigerung eines Teils des UFI-Vermögens auf Basis von Gesetz Nr. 32 und ohne Beteiligung der deutschen Stellen. Dabei wurden am 15.11.1950 neun Spielfilme auf einer Auktion in Wiesbaden zum Verkauf angeboten. Diese Auktion geriet allerdings zum Fiasko. Nachdem sich zwei Tage vor der Auktion noch zahlreiche Verleiher in den Wiesbadener Ateliers eingefunden hatte, erschienen zur eigentlichen Auktion nur noch drei Personen, von denen eine diese bereits vor Ende wieder verließ. Von den neun Filmen wurden schließlich nur zwei versteigert, beide zum Mindestgebot von 5.000 DM. Der Auktionator selbst bezeichnete den Vorgang als „unwürdige Tragikomödie“.[146] Der Grund für den plötzlichen Fehlschlag der Auktion war ein Vorgehen der Bundesregierung hart an der Grenze zur offenen Sabotage. Diese hatte wenige Tage vor der Auktion öffentlich verkündet, dass sie die Rechtmäßigkeit der Auktion bezweifle und den möglichen Käufern indirekt gedroht, dass etwaige Rechtsansprüche Dritter gegen Käufer juristisch für die Zukunft nicht auszuschließen seien.[147]

Die Bundesregierung war inzwischen fest entschlossen, die Entflechtung des ehemals reichseigenen Filmvermögens selbst durchzuführen und demonstrierte durch die offene Demontage der alliierten Versteigerung gegenüber der AHK, dass

---

144 Appendix A to Harmonization of U. S./U. K. Order No. 1 and of the French Decree 134, DIDEG/P50(80), Oktober 1950, in: PRO FO 1005/730.

145 Hauser, Neuaufbau, S. 321 f.

146 „Unwürdige Tragikomödie“, in: Der Spiegel 47/1950, 21.11.1950.

147 Schöning, Butterbrot, S. 198.

sie hier am längeren Hebel saß, während die alliierten Rechtssetzungen letztlich ein für alle Beteiligten offensichtliches, wenn auch noch nicht genau determiniertes, Verfallsdatum hatten. Die obstruktive Haltung der Bundesregierung verfehlte auch in der Folgezeit ihre Wirkung nicht. Die AHK traf neben der gescheiterten Filmauktion auch Vorbereitungen, die wirtschaftlich erheblich bedeutendere Bavaria Filmkunst AG zu versteigern. Diese wurde zwei Treuhändern übergeben, die das Unternehmen zu einem Mindestpreis von 8 Millionen DM verkaufen sollten. Obwohl es durchaus deutsche Interessenten gab, kam kein Verkauf zu Stande, da der Kaufpreis für die meisten Filmunternehmer nicht zu stemmen war, die deutschen Banken es aber wegen des politischen Widerstands der Bundesregierung wiederum ablehnten, für ein Konsortium zur Finanzierung die Federführung zu übernehmen. Zudem übte die deutsche Filmwirtschaft auch deshalb Zurückhaltung, da man inzwischen davon ausging, bei einer zukünftigen Entflechtung unter deutschem Recht ein günstigeres Ergebnis erzielen zu können.[148]

Die Entflechtung wurde dann am Ende nach diesem längeren Tauziehen zwischen AHK und Bundesregierung tatsächlich durch ein Bundesgesetz abgewickelt. Nach einigen Verhandlungen in der zweiten Jahreshälfte 1951 akzeptierte die AHK im Dezember 1951 den zuvor bereits im Bundesrat leicht modifizierten Gesetzesentwurf der Bundesregierung.[149] Die Position der Bundesregierung und der westdeutschen Filmwirtschaft, nur eine begrenzte Entflechtung vorzunehmen und grundsätzlich größere, wirtschaftliche starke und durchaus vertikal integrierte Nachfolgeunternehmen zu erhalten, hatte sich gegen die schärferen Entflechtungspläne der alliierten Seite durchgesetzt. So verkündete das ursprünglich zur Durchführung des AHK-Gesetzes Nr. 32 gegründete *German Film Reorganisation Advisory Comittee* bei den Überleitungsverhandlungen, dass im Zuge der Entflechtung „die Bildung gesunder Produktionszentren durch Schaffung weniger großer, voll ausgestatteter, vertikal durchorganisierte Kerngesellschaften“ das Ziel sein sollte.[150]

Die endgültige Verabschiedung des deutschen Gesetzes verzögerte sich dann noch bis zum 7. Juni 1953. Grund dafür war allerdings kein Widerstand der AHK mehr, sondern vielmehr föderale Zuständigkeitskonflikte, bei denen die Bundesländer im Bundesrat für ein stärkeres Mitbestimmungsrecht beim Entflechtungsprozess stritten und sich damit weitgehend durchsetzen. Die entsprechenden alliierten Gesetze wurden zeitgleich aufgehoben und das deutsche ‚Gesetz zur Abwicklung und Entflechtung des ehemals reichseigenen Filmvermögens‘ trat in

148 Hauser, Neuaufbau, S. 324–26.
149 Ebd., S. 327.
150 Zitiert nach: Ebd., S. 328.

Kraft.[151] Das Gesetz zollte im ersten Paragraph den alliierten Leitlinien der Entflechtung zumindest auf dem Papier Tribut, indem es die Absicht äußerte, „eine übermäßige Zusammenballung wirtschaftlicher Macht in der Filmwirtschaft zu vermeiden und eine gesunde, vom Staate unabhängige und auf demokratischen Grundsätzen beruhende Filmwirtschaft in der Bundesrepublik zu schaffen".[152] Die vorherigen Vermögensübertragungen an den Liquidationsausschuss durch die alliierten Gesetze wurde aufgehoben und stattdessen ein neuer Abwicklungsausschuss gegründet, zu dessen Vorsitzendem der CDU-Bundestagsabgeordnete Rudolf Vogel berufen wurde.[153] Die Erwerbsverbote für Bund, Länder und sonstige Gebietskörperschaften sowie politische Parteien wurde aus den alliierten Gesetzen auch in die deutsche ‚Lex-UFI' übernommen. Die Auflösung der alten Gesellschaften wurde nur für die Cautio-Treuhandgesellschaft sowie die Dachorganisation UFI übernommen, die übrigen Kerngesellschaften sollten zwar grundsätzlich aufgelöst werden, dem Abwicklungsausschuss stand es aber hierbei frei, die Auflösung zu unterlassen, wo es ihm sinnvoll erschien. Durch ein ähnliches Ausnahmerecht wurde auch die Beschränkung auf maximal ein Filmatelier oder drei Lichtspieltheater aufgeweicht.[154]

Die Bavaria Filmkunst GmbH, die den größten Teil der Vermögensmasse der UFI darstellte, wurde vom Liquidationsausschuss als AG neu gegründet und durch den Verkauf von Aktien an ein Konsortium aus zwei Nachfolgebanken der Deutschen Bank und der Commerzbank [siehe Kapitel 6.1.3], der Bayerischen Staatsbank sowie der Agfa und zwei Filmgesellschaften verkauft. Die Aktien wurden bei einem Gesamtbetrag von 8 Millionen DM 15 % unter Nominalwert veräußert.[155] Aus der Vermögensmasse der UFI wurde zudem auch die UFA-Theater AG gegründet, welche über insgesamt 48 Filmtheater umfasste, womit die Beschränkung auf drei Theater eindeutig nur noch auf dem Papier bestand. Die UFA-Anlagen in Berlin wurden als neue Universum-Film AG neu gegründet und zusammen mit der UFA-Theater AG an ein weiteres Konsortium bestehend aus drei Nachfolgegesellschaften der Deutschen Bank, zweien der Dresdner Bank, sowie drei Privatbanken, drei Zuliefererunternehmen sowie vier neuen Filmunternehmen verkauft. Dieses Konsortium erhielt den Zuschlag, obwohl ein anderes Konsortium aus mehreren Filmunternehmen ein um 1,5 Millionen DM höheres Angebot vorgelegt hatte. Das letzte größere Objekt der UFI, die aus Wiesbadener Produktionsanlagen bestehende Film-Anlagen AG wurde 1958 für 0,4 Millionen DM (bei einem vorgese-

---

151 Ebd., S. 328 f.

152 BGBl. 1951, Teil I, Nr. 25 vom 6.6.1953, S. 276–279, hier: S. 276.

153 Hauser, Neuaufbau, S. 331.

154 BGBl. 1951, Teil I, Nr. 25 vom 6.6.1953, S. 276 f.

155 Hauser, Neuaufbau, S. 332 f.

hen Grundkapital von 2 Millionen DM) an die Wiesbadener Taunus-Film GmbH veräußert.[156]

Der deutsche Liquidationsausschuss gründete also nicht nur durchaus konzentrierte Kerngesellschaften, sondern sah auch davon ab, die zentralen ehemaligen Kernunternehmen der UFI zu liquidieren und zu entflechten, sondern gründete diese in vergleichbarer Rechtsform neu und veräußerte sie meist als Ganzes. Die niedrigen Kaufpreise, welche nicht dem tatsächlichen Wert dieser Unternehmen entsprachen, wurden sowohl zeitgenössisch als auch in späterer filmwissenschaftlicher Literatur zur UFA/UFI häufig kritisiert, der Ausschuss habe das UFI-Vermögen aus politischen Gründen verschleudert.[157] Die Bundesregierung priorisierte hier augenscheinlich die Veräußerung möglichst großer und auf dem globalen Markt durchsetzungsfähiger Nachfolgeunternehmen an kapitalkräftige Konsortien, während die Einnahmen durch die Veräußerung von sekundärer Bedeutung waren.

6.2 Modellverfahren und Niederlage – Der Fall Bosch

Obwohl die Dekartellierungsgesetze Nr. 56 und 78 der amerikanischen und britischen Militärregierungen grundsätzlich alle Unternehmen mit über 10.000 Beschäftigten prima facie als Verdachtsfall einer „excessive concentration of economic power" behandelten und eine entsprechende Untersuchung vorsahen, war die Robert Bosch GmbH in der Praxis das einzige Unternehmen, gegen das je ein offizielles Entflechtungsverfahren unter den allgemeinen Dekartellierungsgesetzen bis zum Ende vor Gericht durchgeführt wurde. Während die amerikanische Kartellabteilung weitere Entflechtungen unter Gesetz Nr. 56 plante, wurde diese Vorhaben letztlich durch den Widerstand der Bundesregierung und die allgemeine politische Entwicklung unterlaufen, als die Alliierten auf höherer Ebene schließlich mit der Revision des Besatzungsstatus im März 1951 entschieden, keine weiteren Entflechtungen mehr vorzunehmen und lediglich die bereits begonnen Prozesse zu Ende zu führen.[158] Ansonsten fanden nur noch vereinzelt freiwillige Ent-

---

156 Ebd., S. 331–337.

157 Kreimeier, Ufa Story, S. 380; Schöning, Butterbrot.

158 Arnulf Baring, Außenpolitik in Adenauers Kanzlerdemokratie. Bonns Beitrag zur Europäischen Verteidigungsgemeinschaft, München und Wien 1969, S. 125; Harald Guldin, Die Bundesrepublik Deutschland auf dem Weg zur souveränen Gleichberechtigung: Die politisch-ökonomische Westintegration als Verhandlungsgegenstand zwischen der Alliierten Hohen Kommission und der Bundesregierung in den Jahren 1949 bis 1952. Fallstudie zu einem spezifisch strukturierten Entscheidungssystem in den Sachenbereichen Außen-, Außenwirtschafts- und Sicherheitspolitik, Frankfurt a. M. u. a. 1990, S. 294.

flechtungen in Eigenregie statt, die zumeist nicht tief in gewachsene Konzernstrukturen eingriffen. So veräußerte etwa das Tabakunternehmen Reemtsma auf Druck der britischen Militärregierung/Hohen Kommission im März 1950 in Eigenregie den 1935 übernommenen Konkurrenten Haus Neuerburg, nachdem die Briten den entsprechenden Selbstentflechtungsplan im August 1949 genehmigt hatten.[159]

Der Entflechtungsprozess gegen die Robert Bosch GmbH gestaltete sich jedoch wesentlich komplizierter, auch weil die vom Unternehmen selbst vorgeschlagenen und für den Konzern wenig schmerzhaften Entflechtungsschritte von der amerikanischen Kartellabteilung mehrmals als unzureichend zur Auflösung der wirtschaftlichen Machtposition bewertet wurden. Das in der Zündtechnik seinerzeit weltweit führende Unternehmen war bereits während des Krieges ins Visier amerikanischer Behörden geraten. Nachdem die in den USA gelegenen Besitzungen des Unternehmens bereits im Ersten Weltkrieg als Feindvermögen konfisziert worden waren, war Bosch angesichts des sich abzeichnenden amerikanischen Kriegseintritts darum bemüht, seine Auslandsbeteiligungen de jure an Banken in neutralen Staaten zu verkaufen. Dabei handelte es sich aber um Tarnverkäufe, da dem Unternehmen insgeheim ein Rückkaufsrecht eingeräumt wurde.[160] So wurden die Aktien der *American Bosch Corporation* im Zuge einer solchen Transaktion an die schwedische *Stockholms Enskilda Bank* veräußert. Die amerikanischen Behörden durchschauten den Tarnverkauf allerdings und übten zunehmend Druck auf die schwedische Bank aus, bis die *American Bosch Corporation* schließlich im Mai 1942 als Feindvermögen beschlagnahmt und dem *Office of Alien Property Custodian* unterstellt wurde.[161] Zuvor hatte Bosch das amerikanische Tochterunternehmen sowie andere internationale Filialen unter anderem dazu genutzt, trotz entsprechender Verbote kriegswichtige Materialien noch nach Kriegsausbruch aus den USA nach Deutschland zu importieren.[162] Außerdem war Bosch in den USA bereits vor Ausbruch des Krieges wegen Industriespionage angeklagt worden.[163]

Auch wenn diese Geschäftspraktiken vor und während des Krieges keine offiziellen Kriterien des Entflechtungsprozesses darstellten, hatten sie doch erhebli-

---

159 Jacobs, Rauch und Macht, S. 169.

160 Bähr / Erker, Bosch, S. 202.

161 Ebd., S. 205; Siehe allgemein zur als „Cloaking" bezeichneten Verschleierung von Vermögenswerten deutscher Unternehmen in Feindstaaten des Zweiten Weltkriegs: Christopher Kobrak / Jana Wüstenhagen, International Investment and Nazi Politics: The Cloaking of German Assets Abroad, 1936–1945, in: Business History 48, Heft 3, (2006), S. 399–427.

162 Maddox, The War Within World War II, S. 19.

163 Ferguson-Report, S. 11.

chen Anteil daran, dass ausgerechnet an Bosch das erste Exempel bei der Entflechtung unter Gesetz Nr. 56 statuiert wurde.[164] So konstatierte auch die amerikanische Kartellabteilung, dass andere westdeutsche Konzerne, die für eine spätere Entflechtung vorgesehen waren, nach den im Bosch-Prozess etablierten Kriterien eine größere wirtschaftliche Machtkonzentration darstellten als Bosch selbst.[165]

Nach der Kapitulation der deutschen Streitkräfte hatten sich amerikanische technische Experten der *Field Investigation Agency, Technical* durch Beschlagnahme von Akten und Patentunterlagen, sowie durch Besichtigungen und Befragungen bereits ein recht umfangreiches Bild vom Unternehmen gemacht.[166] Es zeichnete sich dann auch bereits im Verlauf des Jahres 1947, als die Umsetzung der Dekartellierungsgesetze ansonsten noch kaum in Gang gekommen war, ab, dass für Bosch weitreichende Entflechtungsmaßnahmen vorgesehen waren, die u. a. die Trennung der beiden Stuttgarter Werke des Unternehmens beinhalteten. Daraufhin unterbreitete Bosch selbst im August 1947 einen weniger tiefgreifenden Vorschlag zur Entflechtung in Eigenregie, der u. a. die Abtrennung der Noris Zünd-Licht AG in Nürnberg sowie den Verkauf der Beteiligung an der Adler AG in Frankfurt beinhaltete. Zudem sollten einige erworbene Firmen juristisch liquidiert und teilweise als Bosch-Werke weitergeführt werden. Der Vorschlag wurde vor allem von der amerikanischen Kartellabteilung aber als unzureichend eingeschätzt.[167]

Seinen offiziellen Beginn fand das Entflechtungsverfahren dann mit der Zustellung einer „Vorläufigen Entscheidung und Anordnung“ der BIDEC[168] an den Aufsichtsratsvorsitzenden des Unternehmens sowie den innerhalb der Unternehmensstruktur äußerst einflussreichen Vertreter der Testamentsvollstrecker des verstorbenen Firmengründers am 25.3.1948. Die Vorwürfe an das Unternehmen beinhalteten u. a., durch Bestimmungen in Verträgen mit anderen Firmen Handel und Wirtschaft durch Preisfestsetzungen, territoriale Marktaufteilungen, Produktionsquotenzuteilungen, Unterdrückung von Technologien und restriktive Patent- und Lizenzpraxis beschränkt und behindert zu haben. Daher stelle das Unterneh-

---

164 Vgl. N. N., Decartelization in the U. S. Zone of Germany, undatiert, S. 5, in: IfZ OMGUS 17/8254/9.

165 Deconcentration of Siemens & Halske AG, The Henkel-Degussa-Metallgesellschaft Combine, and Vereinigte Glanzstoff-Fabriken AG, Proposal by U. S. Member, DIDEG/P(50)75, 25.9.1950, in: PRO FO 1005/730.

166 Bähr / Erker, Bosch, S. 264 f.

167 Ebd., S. 266 f.

168 Die BIDEC wurde offiziell erst im Mai 1948 eingerichtet und im Oktober desselben Jahres rückwirkend ab 1.6. für die Ausführung von Gesetz Nr. 56 / Verordnung Nr. 78 zuständig erklärt. De facto kooperierten die britische und amerikanische Kartellabteilung bei der Bosch-Anordnung aber bereits bilateral, weswegen hier der Einfachheit halber die BIDEC als ausführendes Organ genannt ist.

men eine übermäßige Konzentration von Wirtschaftskraft im Sinne von Gesetz Nr. 56 dar.[169] Obwohl es sich um ein Entflechtungs- und nicht um ein Kartellverfahren handelte, wurden dem Unternehmen also auch seine kartellartigen Marktpraktiken – in der Auswirkung verschärft durch seine dominante Marktposition – zum Vorwurf gemacht. Die Amerikaner störten sich vor allem an der weltweit führenden Stellung des Unternehmens auf den Feldern der Magnetzünder und Treibstoffeinspritztechnik. Auf diesem Feld nutze Bosch eine weltweite Monopolposition durch die o. g. Geschäftspraktiken aus. Diese Vorwürfe hatten im Dezember 1942 auch bereits den Anlass zu einem Antitrustverfahren gegen die (beschlagnahmte) *American Bosch Corporation* gegeben, welches in einem *consent decree* resultiert hatte, infolgedessen die amerikanische Zweigfirma ihre Verträge mit der deutschen Robert Bosch GmbH kündigen und ihre Patente gebührenfrei lizenzieren musste.[170] Die Anordnung der BIDEC umfasste u. a. die Abtrennung der Tochtergesellschaften in Hildesheim (Trillke/Blaupunkt), Taufkirchen (Fernseh GmbH), Stuttgart-Untertürkheim (Eugen Bauer GmbH) sowie der Beteiligungen in Nürnberg (Noris) und Frankfurt (Adler), dazu weitreichende Auflagen für den Gebrauch und die Lizenzerteilung bei Schutzrechten und Patenten. Die angedrohten Maßnahmen bedeuteten einen Schock für das Bosch-Management übertrafen dessen schlimmste Erwartungen.[171]

Als Rechtsvertretung hatte sich das Unternehmen mit Rudolf Mueller denselben Rechtsanwalt gesichert, der später auch in den Strafverfahren unter den Kartellgesetzen u. a. die Schleifmittelhersteller vertrat [siehe Kapitel 4.1]. Ergänzt wurde dieser im Zuge des Verfahrens durch ein ganzes Team amerikanischer, englischer und französischer Anwälte.[172] Zusammen legten die Anwälte für Bosch auf über 100 Seiten schriftlich Widerspruch gegen die Anordnung der BIDEC ein. Wie auch später im Fall der Strafverfahren stellte das Team um Mueller dabei die grundsätzliche völker- und staatsrechtliche Gültigkeit der angloamerikanischen Dekartellierungsgesetze in Frage. Zudem versuchten die Verteidigung von Bosch auch, die einzelnen kartellrechtlichen Vorwürfe zu entkräften und reichte zahlreiche Protesterklärungen von Betriebsräten, Gewerkschaftern ein, sowie Gutachten die belegen sollten, dass die alliierten Dekartellierungsgesetze selbst strenger waren als die Praxis im amerikanischen Antitrust-Recht selbst.[173] Im Februar 1949 kam es zu einer ersten mündlichen Anhörung in der Sache. Die Verteidigungsstrategie von Bosch beinhaltete dabei von Anfang auch taktische Verzögerung. Indem

169 Ebd., S. 267.
170 N. N., Decartelization in the U. S. Zone of Germany, undatiert, S. 5, in: IfZ OMGUS 17/8254/9.
171 Bähr / Erker, Bosch, S. 267.
172 Ebd., S. 266 f.
173 Ebd., S. 267 f.

die Rechtsvertretung des Unternehmens den Prozess durch die Einsprüche und Anhörungen in die Länge zog, setzte sie auch auf eine grundsätzliche Wende in der alliierten Entflechtungspolitik, in der Hoffnung, dass die zunehmende Westintegration der Bundesrepublik alliierte Verfahren wie dieses letztlich politisch überholen würde.[174]

Die komplizierte Verfahrensordnung der Dekonzentrationsprozesse unter den beiden Kartellgesetzen mit mehreren Einspruch- und Berufungsmöglichkeiten der betroffenen Unternehmen vor verschiedenen Instanzen und Gerichten bot dazu reichliche Möglichkeiten. Dieses potenziell langwierige Prozedere wurde auch vom Ferguson-Committee, welches das amerikanische Dekartellierungs- und Entflechtungsprogramm in Westdeutschland 1949 einer kritischen Bewertung unterzog, scharf kritisiert:

> There is evidence that the procedure evolved for the conduct of the program was so complicated and time-consuming that it would be virtually impossible to carry out the program effectively, even with an adequate staff, vigorous prosecution and full support from those in authority.[175]

Johnston Avery, ehemaliges Mitglied der amerikanischen Kartellabteilung und überzeugter Antitruster, bezeichnete die Verfahrensordnung in einer Kongressanhörung als „masterpiece of confusion“, welches sowohl von den Gegnern der Entflechtung im OMGUS selbst als auch der britischen Seite bewusst so kompliziert und zeitraubend gestaltet worden sei, um eine effektive und umfangreiche Durchsetzung der Entflechtung unter den Dekartellierungsgesetzen zu verhindern.[176] Dass diese Deutung durchaus nicht fehlging, zeigt u. a. die parallele britische Überlieferung:

> We recognize, of course, that this court procedure would act as a useful brake on the activities of the new American influx – that is the principal reason why we are anxious to see it come about, although we are taking care to avoid arousing any American suspicions by exhibiting undue enthusiasm.[177]

---

174 Ebd., S. 268.

175 Federal Trade Commission (Hrsg.), Ferguson-Report, S. 111.

176 Zitiert nach: Supplemental Report of Samuel S. Isseks, Anhang zu Ebd., S. 4.

177 N. N., Secret Telegram from Frankfurt to Economic Adviser, 20.2.1950. Die Passage „anxious to see it come about“ bezog sich auf laufende Verhandlungen zu einer nie realisierten trilateralen Reform der Kartellgesetze inkl. des Teils zur Entflechtung. Das „court procedure“ ist dabei gleichzusetzen mit der bereits bestehenden Verfahrensordnung zur Entflechtung unter Gesetz Nr. 56 / Verordnung Nr. 78.

Materiell hatte die mündliche Anhörung der Bosch-Rechtsvertreter kaum einen Effekt. Die dem Unternehmen im Juni 1949 zugestellte „Endgültige Entscheidung und Anordnung" unterschied sich nur geringfügig von der „Vorläufigen Anordnung". Das Unternehmen legte daher gegen diese „Endgültige Entscheidung" Berufung ein, was die zuvor erläuterte Prozessordnung vor einem speziellen Gericht ermöglichte. Die entsprechende Berufungsschrift reichte Bosch aber erst im Januar 1951 ein.[178]

Die Verhandlungen zwischen Boch und der BIDEC/DIDEG gingen in der Zwischenzeit allerdings weiter. So legte Bosch im Juni 1950 einen weiteren Vorschlag für eine selbstverwaltete Entflechtung für außergerichtliche Einigung vor. Die amerikanische Seite hatte bereits bei der ursprünglichen Entflechtungsanordnung 1948 in Verhandlungen mit dem Unternehmen und dem württembergisch-badischen Wirtschaftsministerium deutlich gemacht, dass sie ein solches *consent decree* einer gerichtlich angeordneten Zwangslösung vorziehen würde.[179] Im Juni 1950 hatte dann auch die DIDEG beschlossen, einen weiteren Vorschlag zur Selbstentflechtung des Unternehmens anzufordern.[180] In dem Vorschlag zur Entflechtung erweiterte das Unternehmen seinen ursprünglich 1948 Selbstentflechtungsplan. So bot Bosch an, neben den ursprünglich angebotenen Abtrennungen sich sowohl von den Ideal-Werken in Berlin, Junkers & Co in Dessau sowie der Fernseh GmbH in Taufkirchen zu trennen. Zudem fügte das Unternehmen 14 kleinere und verteilte Betriebsstätten, sowie einige Betriebe in Göppingen zur Liste der angebotenen Veräußerungen hinzu.[181]

Die amerikanische Kartellabteilung bewertete den Schritt aber als unzureichende, lediglich minimale Erweiterung des ursprünglichen Vorschlags von 1948. So lagen sowohl die Ideal-Werke also auch Junkers & Co auf dem Gebiet der DDR und waren de facto bereits enteignet und in volkseigene Betriebe umgewandelt worden und somit dem Zugriff von Bosch auf unabsehbare Zeit entzogen. Die Fernseh GmbH hingegen sei Bestandteil eines Restitutionsprozesses und der Verlust des Betriebs für Bosch daher absehbar.[182] Die 14 kleineren Betriebe hingegen seien größtenteils lediglich Lagerhäuser und kleinere Werkstätten, die bereits aufgelöst, dabei aber nicht von Bosch abgetrennt, sondern mit größeren Betrieben des Konzerns vereinigt worden seien. Ein ähnliches Vorgehen sei bei dem erweiterten Vorschlag auch für die Göppinger Betriebe vorgesehen. Zudem beinhaltete

178 Bähr / Erker, Bosch, S. 268.

179 Ebd., S. 266.

180 Deconcentration of Robert Bosch GmbH, Paper by U. S. Member, Juni 1950, DIDEG/P(50)38, S. 1, in: PRO FO 1005/730.

181 Ebd., S. 2.

182 Diese Vorhersage erwies sich als falsch.

der Vorschlag einige Bedingungen, etwa den Verkauf lediglich zum tatsächlichen Wert der Betriebe, die, wenn auch grundsätzlich nachvollziehbar, das Verfahren nach Ansicht der amerikanischen Kartellabteilung wohl auf unabsehbare Zeit verzögern würden.[183] Das amerikanische Mitglied der DIDEG lehnte den Vorschlag von Bosch dementsprechend ab. Die britische Seite hingegen, an oktroyierten Entflechtungsverfahren abseits der Sondergesetze grundsätzlich aus politischen Gründen uninteressiert, war dafür, dem Vorschlag grundsätzlich zuzustimmen und das Thema somit aus der Welt zu schaffen. Der französische Vertreter schloss sich allerdings der amerikanischen Interpretation an, sodass die DIDEG den Vorschlag ablehnte und somit den regulären Berufungsprozess fortsetzte.[184]

Während der Vorschlag zur Selbstentflechtung an die DIDEG erfolglos blieb, gelang es Bosch, durch beharrliches Lobbying sowohl im Bundeswirtschaftsministerium als auch direkt im Bundeskanzleramt politische Unterstützung einzuwerben. Nach einem von Bosch vorformulierten Schreiben Erhards an Adenauer überreichte die Bundesregierung im Dezember 1950 der AHK ein Memorandum, indem sie forderte, die Entflechtung bis zum Erlass des deutschen Kartellgesetzes auszusetzen. Vor allem die amerikanische Seite war aber nicht willens, das Verfahren gegen die Robert Bosch GmbH auszusetzen.[185] Die Hohe Kommission antworte auf das Schreiben, sie betrachte es als wenig ratsam, in das laufende Berufungsverfahren einzugreifen, solang es keine deutsche Gesetzgebung zur Dekonzentration gäbe. Sobald ein entsprechendes deutsches Gesetz bestünde, könne das Bosch-Verfahren, sofern dann noch nicht abgeschlossen, ggf. unter deutschem Recht fortgeführt werden.[186] Da das deutsche Kartellgesetz zu diesem Zeitpunkt noch weit von einer Verabschiedung entfernt war und zudem bei seiner Verabschiedung auch keine Entflechtungen oder Fusionskontrolle vorsah, war nach dieser Maßgabe also keine Aussetzung oder Übertragung des Entflechtungsprozesses abzusehen. Dies änderte sich auch mit der Revision des Besatzungsstatus im März 1951 nicht, da die Alliierten sich hier zwar bereiterklärten, auf die Eröffnung weiterer Entflechtungsverfahren zu verzichten, sich die Fortsetzung der bereits laufenden Entflechtungsverfahren allerdings vorbehielten.

Trotz dieses Vorbehalts war die durch die aufwändige Verfahrensordnung ermöglichte Verzögerungsstrategie Boschs allerdings insofern aufgegangen, dass das nun unter Gesetz 56 / Verordnung 78 völlig alleinstehende Entflechtungsverfahren gegen den Automobilzulieferer politisch inzwischen aus der Zeit gefallen war und zudem angesichts des Mangels an vergleichbaren Verfahren auch willkürlich

183 Ebd., S. 2–4.
184 Minutes of the Seventeenth Meeting of the DIDEG, 23.6.1950, S. 2, in: PRO FO 1005/725.
185 Bähr / Erker, Bosch, S. 269.
186 Draft Letter from the AHC to Ludwig Erhard, February 1951, in: PRO FO 1005/736.

wirkte. So hatte auch die amerikanische Kartellabteilung noch im September 1950 intern innerhalb der DIDEG gewarnt, dass die Entflechtungsaktion gegen Bosch „capricious and arbitrary“ wirken könnte, sofern andere Konzerne mit einem vergleichbaren oder sogar höheren Grad an Größe und Marktbeherrschung nicht vergleichbaren Verfahren unterzogen würden.[187]

Zudem ließ auch der politische Widerstand der Bundesregierung gegen das Verfahren nicht nach. So richtete etwa das Bundeskanzleramt ein von Konrad Adenauer selbst unterschriebenes Schreiben an John McCloy, in dem einige Argumente aus der Perspektive der Bundesregierung gegen das Verfahren deutlich gemacht wurden. Zwar läge es dem Kanzler fern, in ein laufendes gerichtliches Verfahren einzugreifen, jedoch hätten die Strafverfahren unter den Dekartellierungsgesetzen gezeigt, dass es bei den Verfahren selbst nicht möglich sei, gewisse (politische) ausschlaggebende Einwände gegen die Verfahren geltend zu machen, da die alliierten Gerichte sich lediglich zu einer rein juristischen Würdigung des Sachverhalts berufen sähen. An erster Stelle argumentierte der Bundeskanzler in dem Schreiben, da die Vorarbeiten für das deutsche Gesetz gegen Wettbewerbsbeschränkungen bereits weit fortgeschritten seien, würden andere deutsche Unternehmen bald nur noch dessen Bestimmungen unterstehen, was dann eine ungleichmäßige Behandlung der Firma Bosch darstelle, die noch nach alliiertem Recht entflochten würde. Zudem habe sich seit der Einführung des Marshallplans in wirtschaftlichen Fragen zunehmend eine europäische statte eine nationale Perspektive durchgesetzt, die in den zuvor erlassenen Dekartellierungsgesetzen noch nicht berücksichtigt worden sei. Außerdem sei die Frage der Entflechtungen nach wie vor Gegenstand der schwebenden Verhandlungen zur Ablösung des Besatzungsstatuts, eine entsprechende Entscheidung eines alliierten Gerichts könnte deren Ergebnissen daher möglicherweise vorgreifen. Daher bat die Bundesregierung darum, den ursprünglich beim Berufungsgericht vorgesehen Termin (20.11.1951) zu vertagen.[188]

Das amerikanische DIDEG-Mitglied sprach sich auch angesichts dieses erneuten politischen Drucks gegen weitere Verzögerungen des Berufungsverfahrens aus. Die französische und britische Seite hingegen waren dafür, das Verfahren temporär zu suspendieren. Letztlich verwies die DIDEG die Entscheidung an die

187 Deconcentration of Siemens & Halske A. G., The Henkel-Degussa-Metallgesellschaft Combine, and Vereinigte Glanzstoff-Fabriken AG, Proposal by U. S. Member, DIDEG/P(50)75, 25.9.1950, S. 2, in: PRO FO 1005/730.

188 Schreiben Konrad Adenauers an John J. McCloy (Geschäftsführender Vorsitzender AHK), 13.11.1951, in: PRO FO 1023/149.

höheren Instanzen innerhalb der AHK.[189] Ergebnis des Entscheidungsprozesses waren dann direkte Verhandlungen zwischen der DIDEG und den Anwälten von Bosch im Januar und Februar 1952 auf dem Petersberg, die schließlich zu einer Einigung führten.

Die daraus resultierende *Final Determination and Order*, welche durch Unterschrift der Bosch-Anwälte zum *Consent Decree* wurde, kann materiell angesichts des Verfahrensverlaufs nur als Niederlage der amerikanischen Seite interpretiert werden. So fielen die konkreten Betriebsabtrennungen sogar noch hinter das ursprüngliche Angebot zur Selbstentflechtung des Unternehmens von 1947 zurück. Bosch trennte sich von der Noris Zünd-Licht AG, den Adlerwerken sowie einigen ohnehin verlorenen Betrieben auf dem Gebiet der DDR. Dazu wurden dem Unternehmen einige Auflagen zur Lizenzierung von Patenten gemacht.[190] Die finale Entscheidung listete zunächst basierend auf den von Bosch selbst eingereichten, auf dem Jahr 1938 basierenden Zahlen die Marktanteile basierend auf den Gesamtverkäufen auf dem deutschen Markt des Unternehmens auf, die von 75 % bei Generatoren, Anlassern und Zündgeräten bis zu 5 % bei Kondensatoren für Radios reichten. Basierend auf diesen Marktanteilen sei der Großteil der Produktion von Dieselmotoren, Verbrennungsmotoren und Automobilen allgemein vom „Kombinat“ Bosch abhängig.[191]

Das Dokument listete zudem die Beschäftigtenzahlen an den verschiedenen Betriebsstätten sowie weitere technische Details zum Unternehmen. Die im Vergleich zu früheren Entscheidungen weitgehenden unveränderten Vorwürfe an Bosch lauteten, durch gezielte Übernahmen von Konkurrenzunternehmen und technisch verwandter Betriebe die eigene wirtschaftliche Machtstellung ausgebaut und somit auf dem deutschen Markt beinahe jegliche Konkurrenz in den Kerngeschäftsfeldern beseitigt zu haben. Zudem habe das Unternehmen durch kontinuierliche Beteiligung an Absprachen mit anderen Unternehmen sowohl den heimischen als auch den internationalen Handel sowie andere wirtschaftliche Tätigkeiten beschränkt. Diese Absprachen beinhalteten dabei Preisabsprachen, den Ausschluss von Konkurrenten aus räumlich festgelegten Märkten, die Zuteilung von Produktionsquoten, Betätigungsverbote in spezifischen Produktionsfeldern sowie die Beschränkung der Patentnutzung durch restriktive Lizenzvorgaben.[192]

189 Memorandum of the Federal Government on the Deconcentration of the Bosch Firm, DIDEG/Memo(51)33, 23.12.1951, in: PRO FO 1005/736.

190 Bähr / Erker, Bosch, S. 270.

191 Final Determination and Order in the Matter of Bosch, Tripartite Deconcentration Action No. 1, 5.2.1952, S. 2, Attachment to DIDEG/Memo(52)1, 8.2.1952, in: PRO FO 1005/737.

192 Ebd., S. 4.

Die konkreten Vorgaben der Order fielen dann aber im Vergleich zu den schwerwiegenden Vorwürfen wenig strikt aus. Zudem erwiesen sich auch die im Vergleich zur ursprünglichen Order der BIDEC wenigen übrig gebliebenen Vorgaben als wenig nachhaltig. Die Bedeutung der unter Zwang lizenzierten Patente war de facto gering, da diese bereits schnell technisch überholt waren. Die Noris Zünd-Licht AG wurde zudem bereits 1957 von Bosch zurückerworben und in die Robert Bosch GmbH integriert.[193] Während das Unternehmen unmittelbar nach dem Zweiten Weltkrieg nicht nur wegen der Kriegsschäden und des Entflechtungsverfahren, sondern auch auf Grund von internen Organisations- und Machtkonflikten einen schwierigen Start hatte, verlief das Umsatzwachstum schon in den frühen 1950er Jahren wieder äußerst dynamisch.[194] Die letztlich geringen materiellen Auswirkungen des Entflechtungsverfahrens behinderten diese Dynamik hin zu alter und neuer Marktmacht nicht. Belastend für das Unternehmen war allerdings die mit der Verfahrensdauer einhergehende jahrelange Unsicherheit, die in das Verfahren investierte Arbeitszeit der Geschäftsleitung sowie die nicht unerheblichen Kosten des Verfahrens: Allein bis Juni 1951 investierte das Unternehmen 450.000 DM in seine Verteidigung.[195]

Die Inhalte der von Bosch vorgebrachten Verteidigungsschriften, welche sowohl die einzelnen Vorwürfe bestritt als auch die grundsätzliche völkerrechtliche Legitimation der Kartellgesetze in Frage stellte, hatte vor allem auf die unbeirrte amerikanische Kartellabteilung kaum einen Effekt. Äußerst erfolgreich hingegen war die Strategie des Unternehmens, das Verfahren durch langwierige Einwände, Berufungen, Anhörungen und eigene Entflechtungsangebote in die Länge zu ziehen und parallel politische Unterstützung bei der Bundesregierung zu mobilisieren. Während die Verbote von Kartellen und anderen vertragsförmigen Wettbewerbsbeschränkungen aus Gesetz Nr. 56 und Verordnung Nr. 78 noch bis zum Inkrafttreten des GWB 1958 bestand hatten und sogar die AHK überlebten, war der Entflechtungsbestandteil der beiden Gesetze spätestens mit der Revision des Besatzungsstatuts im März 1951 de facto tot, da nun klar war, dass das gegen Bosch eröffnete Verfahren das einzige seiner Art bleiben würde und sich somit die Frage nach der Gleichbehandlung und Verhältnismäßigkeit stellte. Das Verfahren zog sich danach noch fast ein Jahr hin, da die amerikanische Hochkommission unter McCloy darauf bedacht war, in den Fragen der Dekartellierung und Entflechtung auch bei materieller Niederlage politisch geschickter zu agieren als sein Vorgänger Clay, dem seine abrupte Kehrtwende auf diesem Feld letztlich das Amt gekostet hatte. Durch den stattgefundenen Vergleich konnte McCloy das Bosch-Verfahren

193 Möschel, Entflechtungen, S. 12.
194 Bähr / Erker, Bosch, S. 271–275.
195 Ebd., S. 269.

gegenüber der mit den Details des Prozesses nicht vertrauten medialen und politischen Öffentlichkeit in der Heimat immerhin als Teilerfolg verkaufen und somit einen politischen Fallout wie er seinen Vorgänger mit dem Ferguson-Report ereilt hatte, verhindern.[196]

6.3 Die weiteren Entflechtungsverfahren

Nachdem die erste Welle der Entflechtungen unter Gesetz Nr. 56 unter Militärgouverneur Clay 1948 de facto gestoppt worden war, war die Fortsetzung der Entflechtungen durch die im Wesentlichen neu besetzten amerikanische Kartellabteilung in John McCloys Hohen Kommissariat durchaus offen. Der kollektive Rücktritt der Kartellabteilung unter Clay hatte einen veritablen politischen Skandal ausgelöst. Das daraufhin eingesetzte *Ferguson Committee* war, auch wenn es formal dem der Dekartellierung und Entflechtung eher kritisch gegenüber eingestellten *Secretary of the Army* Bericht erstatte, unter Einfluss des Justizministeriums vor allem mit Veteranen *Federal Trade Commission* und *Antitrust Division* besetzt worden. Dementsprechend argumentierte der Report dann auch u. a. für die nahtlose Fortsetzung des ursprünglichen Entflechtungsprogramms.[197]

Die Bedingungen hatten sich allerdings zu diesem Zeitpunkt im Vergleich zur unmittelbaren Nachkriegszeit, als die amerikanische Seite anfing, Vorbereitungen für die Entflechtungen zu treffen, erheblich verändert. Die Dekartellierungsgesetze und damit auch die unter ihnen durchgeführten Entflechtungen fielen inzwischen in den Aufgabenbereich der trilateralen DIDEG. Und dieser stand im Falle der Entflechtungen eine zunehmend selbstbewusster argumentierende Bundesregierung entgegen, die, wie bereits bei der Bosch-Entflechtung gezeigt, wenig Sympathie für die Entflechtungen hatte und sich voll auf die Seite der betroffenen Unternehmen stellte. Hatten im Oktober 1946 die amerikanischen, französischen und sowjetischen Mitglieder einer damals noch quadrilateralen *working party* 67 deutsche Unternehmen für eine Entflechtung gelistet, war ein so tiefer Eingriff 1950 weder politisch durchsetzbar, noch personell zu stemmen. Die amerikanische *Decartelization and Deconcentration Division* war aber nicht geneigt, sich in diesem Feld kampflos geschlagen zu geben und beharrte grundsätzlich weiterhin auf der Notwendigkeit von weiteren Unternehmensentflechtungen.

Trotz seiner äußerst langwierigen Natur sah die amerikanische Kartellabteilung dabei den Entflechtungsprozess gegen Bosch als Modell an, nach dessen Vorbild weitere Verfahren in Gang gesetzt werden sollten. Weitere Konzerne sollten

196 Vgl. Office of the U. S. High Commissioner, Report on Germany, S. 117.
197 Federal Trade Commission, Ferguson-Report.

grundsätzlich nach den gleichen Kriterien bewertet werden, an denen bereits Bosch gemessen worden war. Diese waren bereits in Verordnung Nr. 78 und Gesetz Nr. 56 festgeschrieben:

a) Der Prozentsatz an der nationalen Gesamtproduktion, den das Unternehmen bei den hergestellten Gütern ausmacht
b) Der jährliche Gesamtumsatz sowie der Substanzwert des Unternehmens
c) Die Zahl der Beschäftigten
d) Die Art der Produktion und der wirtschaftlichen Aktivitäten des Unternehmens
e) Die Art und der Umfang der Beteiligung des Unternehmens an wettbewerbsbeschränkenden oder monopolistischen Marktpraktiken
f) Beteiligungen oder Tochterunternehmen in ähnlichen oder anderen Wirtschaftszweigen[198]

Im Fall von Bosch hatte die amerikanische Kartellabteilung als treibende Kraft hinter der Entflechtung angesichts dieser Faktoren, v. a. dem Grad der Marktbeherrschung im Bereich der Zünd- und Treibstoffeinspritztechnik sowie der Nutzung wettbewerbsbeschränkender Verträge im Geschäftsverkehr mit anderen Unternehmen, dem Konzern eine signifikante Entflechtung verordnet. Die Antitruster argumentierte nun, dass diese Kriterien auch konsequent auf weitere deutsche Großunternehmen angewendet werden müssten, da ansonsten keine einheitliche Entflechtungspolitik vorliege und das Verfahren gegen Bosch willkürlich erscheine.

Daher schlug die US-Kartellabteilung im September 1950 drei weitere Verfahren gegen Unternehmen vor, die die Marktmacht von Bosch in ihrem Bereich sogar noch überstiegen. Das erste und als am wichtigsten eingeschätzte Verfahren betraf Siemens & Halske. Das Unternehmen war nach der Analyse des amerikanischen DIDEG-Repräsentanten im Vergleich zu Bosch mit der fünffachen Anzahl an Beschäftigten, einem viereinhalb Mal größerem Jahresumsatz und signifikant höherem Betriebsvermögen das deutlich größere Unternehmen. Auch der nationale Marktanteil bei vielen elektrotechnischen Produkten läge bei über 75 %. Das Unternehmen habe zudem in seiner Geschichte stets aktiv Kartellverträge mit Konkurrenten angestrebt, um sowohl auf dem nationalen als auch auf dem internationalen Markt ein Maximum an Kontrolle zu erreichen. Diese Kartellverträge hätten u. a. territoriale Marktaufteilungen, Quotierungen, Preisabsprachen, Patentaustausch, Standardisierungen, Absprachen bei öffentlich ausgeschriebenen Aufträ-

198 Gesetz Nr. 56, Artikel 1.

gen (Submissionskartell), sowie die Allokation von Rohmaterial beinhaltet.[199] Der Konzern umfasse 34 Werke sowie 130 Beteiligungen über 25 % an anderen Unternehmen, von denen 26 aktiv in der Produktion tätig seien.[200] Im Vergleich zum Vorkriegsstand, als das Unternehmen etwa 40 % der gesamten elektrotechnischen Produktion kontrollierte sei hier eine erhebliche Steigerung zu erwarten, da mit der AEG der Hauptkonkurrent durch den Krieg und die Enteignungen in der sowjetischen Zone den Großteil seiner Produktionsstätten verloren habe. Deutsche Konsumenten seien bei essenziellen Gütern wie Glühlampen und Elektrogeräten vom Konzern abhängig, noch schwerer zu bewerten sei allerdings die Abhängigkeit der weiteren Industrie von Siemens, u. a. bei Generatoren, Transformatoren sowie elektrischer Transmissionstechnik.

Daher seien Entflechtungsmaßnahmen notwendig, um die exzessive Dominanz des Konzerns zu brechen und einen effektiven Wettbewerb zu ermöglichen. Dies sei nur durch eine Aufspaltung des Konzerns in mehrere unabhängige Unternehmen zu erreichen, wobei ein signifikanter Schritt in diese Richtung die Abtrennung der Siemens-Schuckertwerke sowie der Siemens-Reiniger-Werke sei. [201] Ähnlich wie im Fall von Bosch sah die amerikanische Kartellabteilung also auch hier noch 1950 eine erhebliche Aufspaltung des Unternehmens als notwendig an, die tief in die Unternehmensstruktur eingreifen sollte und die Abtrennung von Kernbestandteilen des Konzerns vorsah.

Zudem zur Entflechtung vorgeschlagen wurde das Unternehmen Henkel. Hier sahen die Amerikaner das Problem weniger in der Größe und Marktmacht von Henkel selbst, sondern in der Kontrolle, die das Unternehmen über Beteiligungen an den Zulieferunternehmen Degussa und Metallgesellschaft hielt. Durch Beteiligungen und ineinandergreifende Vorstandsmandate, d. h. die Entsendung von Vorstandsmitgliedern Henkels in den Vorstand der anderen Unternehmen und umgekehrt habe sich Henkel sowohl im Fall von Degussa als auch bei der Metallgesellschaft einen privilegierten Zugriff auf die zur Waschmittelproduktion benötigten Grundstoffe gesichert und zudem eine Abgrenzung der Produktfelder erwirkt.[202] Aufgrund dieser engen Verbindungen bewertete die US-Kartellabteilung die drei Unternehmen als einen zusammenhängenden Konzern. Die Absprachen zwischen den drei Unternehmen wurde als Grund für die Monopolstellung in den

---

199 Appendix B zu Deconcentration of Siemens & Halske A. G., The Henkel-Degussa-Metallgesellschaft Combine, And Vereinigte Glanzstoff-Fabriken AG, Proposal by U. S. Member, DIDEG/P(50)75, 25.9.1950, S. 2, in: PRO FO 1005/730.

200 Ebd., S. 6.

201 Ebd., S. 8 f.

202 Deconcentration of Siemens & Halske A. G., The Henkel-Degussa-Metallgesellschaft Combine, And Vereinigte Glanzstoff-Fabriken AG, S. 3.

jeweiligen Produktionsbereichen angesehen.[203] Die Marktaufteilung zwischen der Metallgesellschaft und Degussa ging bereits auf deren Gründungsgeschichte zurück, da bei beiden Unternehmen das Handelshaus Ph. Abr. Cohen beteiligt war. Die Verbindung wurde sowohl durch Kartellvereinbarungen als auch dem gegenseitigen Erwerb von 13 % der Anteile sowie der Entsendung von jeweils zwei Vorstandsmitgliedern in den Aufsichtsrat des anderen Unternehmens abgesichert. Ab 1934 wurde die Degussa dann schrittweise von Henkel übernommen, welches zum Zeitpunkt der Untersuchung nach dem Zweiten Weltkrieg 43 % der Anteile hielt und damit das Unternehmen nach Ansicht der Amerikaner de facto kontrollierte. Dazu hielt Henkel auch knapp 12 % der Anteile an der Metallgesellschaft und konnte zudem deren 13 % der Anteile der Degussa nutzen. Die durch Henkel kontrollierte Koordination der Unternehmensaktivitäten bewertete die US-Kartellabteilung als de facto zusammenhängendes *„combine“* aus den drei Unternehmen.[204]

Degussa hielt unter anderem de facto ein nationales Monopol auf die Produktion von Natriumperoxid, welches zentraler Bestandteil für die zeitgenössische Herstellung von Waschmitteln war, sodass sich Henkel als exklusiver Bezieher des Produkts von Degussa eine entsprechend dominante Marktstellung sichern konnte. Auch bei einigen anderen chemischen Produkten halte die Degussa eine absolute oder nahezu absolute Monopolstellung. Die Metallgesellschaft hielt für sich genommen keine Monopolstellungen, war aber bei den Buntmetallen der größte Produzent auf dem deutschen Markt. Henkel wiederum kontrollierte mindestens 80 % der deutschen Produktion an Waschpulvern und chemischen Reinigungsmitteln, was die US-Kartellabteilung nicht zuletzt auf die Kontrolle des Unternehmens über Degussa als wichtigsten Zulieferer zurückführte.[205] Degussa und der Metallgesellschaft wurden zudem die Beteiligung in einer Reihe von Kartellverträgen vorgeworfen.[206] Für das Aufbrechen der dominanten Marktpositionen der drei Unternehmen schlug die amerikanische Analyse die Trennung der untereinander bestehenden vertraglichen und finanziellen Bindungen vor. Zudem sollten sich Degussa und die Metallgesellschaft auch von gemeinsam gegründeten und kontrollierten Tochterunternehmen trennen, sofern diese dem Zweck der gemeinsamen Marktkontrolle in ihrem jeweiligen Produktionsfeld dienten. Die Durchführbarkeit dieser Maßnahmen sei auch dadurch bestätigt, dass führende Vertreter der Degussa und Metallgesellschaft sich zu einem Großteil dieser Maßnahmen freiwil-

203 Appendix C zu Deconcentration of Siemens & Halske A. G., The Henkel-Degussa-Metallgesellschaft Combine, And Vereinigte Glanzstoff-Fabriken AG, Proposal by U. S. Member, DIDEG/P(50)75, 25.9.1950, S. 1, in: PRO FO 1005/730.

204 Ebd., S. 2.

205 Ebd., S. 3 f.

206 Ebd., S. 7.

lig ohne ein formales Verfahren bereiterklärt hätten.[207] Eine grundsätzliche Bereitschaft, die Bindungen zu Henkel zu trennen, hatten die Manager der beiden Unternehmen bereits im März 1950 gegenüber der US-Kartellabteilung angedeutet.[208]

Die Vereinigte Glanzstoff-Fabriken AG, die als drittes Unternehmen zur Entflechtung vorgeschlagen wurde, hielt auf dem deutschen Markt eine dominante Position bei der Herstellung von Kunstseide und -fasern. Das Unternehmen und seine Tochtergesellschaften stellten 90 % des Viskosebedarfs für die Reifenproduktion und 52 % dessen für die Textilproduktion auf dem deutschen Markt her. In den 1950er Jahren war – angesichts des Konflikts mit den amerikanischen Antitrustern ironischerweise – für den wirtschaftlichen Erfolg des Unternehmens vor allem die enge Ausrichtung an amerikanischen Produktinnovationen, Managementmethoden und Marketingstrategien verantwortlich.[209] Nach den in der Nachkriegszeit üblichen Schwierigkeiten mit Produktionsgenehmigungen und Kapazitätsauslastungen hatte sich das Unternehmen bereits 1949 weitgehend erholt, konnte seine Kapazitäten fast vollständig auslasten und sogar 25 % seiner Textilfaserproduktion in die USA exportieren.[210] Vor dem Krieg hatte es zudem über Auslandsbeteiligungen den Markt in einer Reihe anderer europäischer Staaten dominiert. Bereits 1914 hatten sich die Vereinigten Glanzstoff-Fabriken als einer der weltweit führenden Produzenten von Kunstfasern etabliert.[211] Zudem bestanden sowohl mit nationalen als auch internationalen Konkurrenten Kartellverträge über Marktaufteilung, die Verhinderung von Wettbewerb sowie Verkaufsquoten und ähnlichen Marktabsprachen. Die bedeutendsten europäischen Hersteller, mit denen entsprechende Absprachen bestanden, waren die niederländische AKU *(Algemeene Kunstzijde Unie)* sowie die britische Cortaulds Ltd. Vor allem diese Kartellbeziehungen, die durch gemeinsame Holdingunternehmen und den gegenseitigen Austausch von Beteiligungen abgesichert waren und daher über ein rein vertragliche Kartellbeziehungen hinausgingen, sollten durch die Entflechtungsmaßnahmen beendet werden.[212]

Die Entflechtungspläne für die drei Unternehmen waren zur Zeit ihrer Vorstellung gegenüber der DIDEG nicht mehr neu, sondern stellten die Fortsetzung bereits geplanter oder begonnener Bemühungen der US-Kartellabteilung aus der

---

207 Ebd., S. 10.

208 Memorandum from William Blitz to Grant Kelleher about negotiations with Degussa and Metallgesellschaft, 11.3.1950, S. 3, in: IfZ OMGUS 17/247-1/7.

209 Kleinschmidt, An Americanised Company.

210 Ebd., S. 176 f.

211 Ebd., S. 173.

212 Deconcentration of Siemens & Halske A. G., The Henkel-Degussa-Metallgesellschaft Combine, And Vereinigte Glanzstoff-Fabriken AG, S. 3–4; DIDEG, Statement of the British Member about Vereinigte Glanzstoff-Fabriken AG, 12.12.1949, DIDEG/P(49)23, in: PRO FO 1005/729.

Zeit vor der trilateralen Zusammenarbeit dar. So wurden der ursprüngliche Forderungskatalog im Falle der Entflechtung von Henkel, Degussa und der Metallgesellschaft letzterer bereits am 12. September 1949 zugestellt. Dieser beinhaltete im Fall der Metallgesellschaft neben der Trennung der Verbindung zu Henkel und Degussa auch den Verkauf dreier Tochterunternehmen des Unternehmens.[213] Die Unternehmensleitung entschied sich dort zeitnah, den meisten Forderungen nachzukommen. So wurde der Rückzug der Degussa-Vertreter Ernst Bernau und Ernst Baerwind aus dem Aufsichtsrat der Metallgesellschaft sowie der Rückzug der Metallgesellschaft-Vertreter Rudolf Euler und Alfred Petersen aus dem Degussa-Aufsichtsrat bereits im September 1949 vollzogen. Vorstand und Aufsichtsrat der Metallgesellschaft waren sich aber einig, dass sie die Zustimmung zur Veräußerung im Falle von zwei Tochterunternehmen, der Sachtleben AG sowie der Karl Schmidt GmbH verweigerten und dafür auch ein Gerichtsverfahren in Kauf nähmen.[214]

Im Papier der US-Kartellabteilung an die DIDEG kam die Trennung der Metallgesellschaft von diesen Tochterunternehmen dann auch nicht mehr vor, der Widerspruch der Unternehmensleitung war in diesem Fall also durchaus erfolgreich und auch das befürchtete offizielle Verfahren blieb aus. Auch im Falle der Degussa war ursprünglich eine deutlich schärfere Form der Entflechtung vorgesehen. Nach den ursprünglichen Plänen der amerikanischen Kartellabteilung sollte das Unternehmen in drei Teile aufgespalten werden. Dieser Plan war allerdings schon früh wieder fallengelassen, als sich herausstellte, dass die amerikanischen Antitruster die Größe und Marktmacht des Unternehmens überschätzt hatten.[215] Als die BIDEC im Oktober 1948 eine Liste aller Verdachtsfälle deutscher Konzerne, die eine „prima facie excessive concentrations of economic power“ darstellten, anfertigte, war die Degussa im Gegensatz zu Henkel und der Metallgesellschaft nicht mehr als separates Unternehmen gelistet.[216]

Auch die Entflechtung von Siemens & Halske war bereits ab April 1947 als eine der ersten Entflechtungen unter Gesetz Nr. 56 geplant worden, im Konflikt zwischen der damaligen Kartell- und der ihr vorgesetzten Wirtschaftsabteilung allerdings weitgehend versandet, nachdem dem Plan eine niedrigere Priorität zugeschrieben wurde, da ein Großteil der Betriebe des Konzerns außerhalb der amerikanischen Zone lag.[217] Während die amerikanische Kartellabteilung ihre ursprüng-

---

213 Reichel, Vom Verbund zum Konzern, S. 88 f.

214 Ebd., S. 90.

215 Degussa (Hrsg.), Aller Anfang ist schwer. Bilder zur hundertjährigen Geschichte der Degussa, Frankfurt a. M. 1973, S. 121.

216 Letter BIDEC to Economic Adviser (UK), 15.10.1948, in: PRO FO 1030/142.

217 Taylor, Rise and Fall, S. 33 f.

lichen Pläne für Henkel, Degussa und die Metallgesellschaft wesentlich entschärft hatte, waren die vorgesehenen Maßnahmen wegen der Größe und erheblichen wirtschaftlichen Machtstellung von Siemens auch in der Neuauflage der Entflechtungspläne noch äußerst rigide. Im Falle der Vereinigten Glanzstoff-Fabriken waren ebenfalls bereits in der BIDEC-Phase Untersuchungen angestellt worden, diese waren aber zum Zeitpunkt der Kompetenzübergabe von der BIDEC and die DIDEG im November 1949 noch nicht final abgeschlossen.[218]

Bereits innerhalb der DIDEG trafen die immer noch durchaus weitreichenden Entflechtungspläne der amerikanischen Seite allerdings auf Widerstand. Sowohl der britische als auch der französische Vertreter in der DIDEG waren grundsätzlich der Ansicht, dass abseits der bereits laufenden Verfahren keine weiteren Entflechtungen mehr vorgenommen werden sollten.[219] Bei der ersten Sitzung der DIDEG, nachdem die Amerikaner die entsprechenden Vorschläge eingereicht hatten, machte der Vorsitzende der britischen Kartellabteilung, C. C. Oxborrow, dementsprechend grundsätzliche Bedenken geltend. Zwar sah er sich nicht in der Lage, sich angesichts der bereitgestellten Informationen in dem amerikanischen Papier detailliert zu den einzelnen Fällen zu äußern, wollte die amerikanischen Vorschläge aber grundsätzlich unter zwei Aspekten bewerten. Dies sei einerseits die grundsätzliche politische Erwünschtheit weiterer Entflechtungen sowie andererseits die konkreten Fakten der drei von der amerikanischen Seite eingebrachten Fälle. Erstere Entscheidung betrachtete Oxborrow als Angelegenheit für eine höhere Autorität innerhalb der AHK. Zweitere Frage hingegen erfordere eine weitere Studie, um u. a. die von den betroffenen Konzernen selbst bereitgestellten zusätzlichen Informationen miteinzubeziehen. Auch das französische Mitglied stimmte grundsätzlich damit überein, dass eine Autorisierung durch eine höhere Ebene innerhalb der AHK notwendig sei, allein schon, um zu bestimmen, ob ähnlich wie bei den Entflechtungen in der Kohle- und Stahlindustrie oder bei der IG-Farben auch hier weitere Sondergesetze von Nöten sein würden.[220]

Intern war die britische Seite aber bereits von der Kartellabteilung bis aufwärts zum Hohen Kommissar selbst zu dem Entschluss gekommen, dass eine weitere Entflechtung jenseits der bereits laufenden sondergesetzlichen Projekte nicht der politischen Maßgabe der Besatzung entsprach und allenfalls unter enger Einbindung der Deutschen selbst, idealerweise unter einem deutschen Gesetz durchgeführt werden könnte. Die britische Seite interpretierte sowohl das Potsdamer Abkommen, als auch die Präambel der anglo-amerikanischen Dekartellierungsge-

218 Report on Outstanding Items as at 21.9.1949 of the BIDEC, DIDEG, Statement by U. K. and U. S. Members, 14.11.1949, DIDEG/P(49)1, in: PRO FO 1005/729.
219 Guide for British Decartelization Staff, 31.7.1950, in: PRO FO 1036/176.
220 Minutes of the Twenty-Fourth Meeting of the DIDEG, 6.10.1950, S. 1–3, in: PRO FO 1005/725.

setze so, dass nur Konzerne mit erheblicher sicherheitspolitischer Bedeutung einer Entflechtung unterzogen werden sollten, was mit den bestehenden sondergesetzlichen Entflechtungen abgedeckt worden sei.[221] Weitere Entflechtungen hingegen bargen die aus Sicht der Briten unnötige Gefahr weiterer politischer Konflikte mit der deutschen Bundesregierung.[222] Da sich auf der höheren politischen Ebene, etwa bei der New Yorker Außenministerkonferenz im September 1950 weitere Zugeständnisse an die Bundesregierung andeuteten, lag eine gewisse Verzögerung bei den Entflechtungen durchaus im britischen Interesse und war auch ein bewusst gewähltes Mittel. Der amerikanische DIDEG-Vertreter betonte dementsprechend auch in der Diskussion über die drei vorgeschlagenen Verfahren, dass DIDEG weitere Entflechtungen auf jeden Fall schnell durchführen müsse.[223] Da sich mit dem britischen und französischen Vertreter allerdings eine Mehrheit für die Anrufung der höheren Ebene ausgesprochen hatte, wurde die Thematik an das *Economics Comittee* der AHK verwiesen. In dem Schreiben an die der DIDEG vorgesetzte Instanz erklärte die trilaterale Kartellabteilung, sie sei uneinig bei der Frage, inwiefern die Beschlüsse der New Yorker Außenministerkonferenz aus dem September 1950 mit den weiteren vom amerikanischen DIDEG-Mitglied vorgeschlagenen Entflechtungsbestrebungen vereinbar seien.[224]

In der Tat hatten die Verlautbarungen der Außenminister der drei westlichen Alliierten der Bundesregierung zwar eine höheres Maß an Selbstständigkeit eingeräumt und auch im wirtschaftlichen Bereich die Rücknahme von Kontrollen und Eingriffsrechten der AHK angekündigt, dabei die Entflechtung und Dekartellierung aber nicht explizit erwähnt.[225] Dementsprechend leitete die DIDEG die Frage an das *Economics Committee* weiter, inwiefern weitere Entflechtungen politisch angebracht und wünschenswert seien, und ob diese, falls ja, unter der den bisherigen Dekartellierungsgesetzen, neuen Sondergesetzen oder einem harmonisierten trilateralen Entflechtungsgesetz stattfinden sollten.[226]

221 Vgl. u. a. Decartelization and Deconcentration, Summary by C. C. Oxborrow, 1.11.1950; N. N., Deconcentration and Decartelization, 4.9.1950, beide in: PRO FO 1036/176.

222 Memo to the Economic Adviser by High Commissioner Robertson about American Decartelization Activities, February 1950, in: PRO FO 1030/227.

223 Minutes of the Twenty-Fourth Meeting of the DIDEG, 6.10.1950, S. 3, in: PRO FO 1005/725.

224 Memo to Economics Comittee about Deconcentration of Siemens & Halske A. G., the Henkel-Degussa-Metallgesellschaft Combine, and Vereinigte Glanzstoff-Fabriken A. G., 10.10.1950, DIDEG/Memo(50)42, in PRO FO 1005/735.

225 Communiqé by the Western Foreign Ministers Outlining Steps for Liberalization of Relations With the Federal Republic of Germany, 19.9.1950, online unter: http://www.cvce.eu/obj/communique_on_germany_new_york_19_september_1950-en-b99fc411-cb50-48b6-b0b9-74597a363cb7.html, hochgeladen am 14.5.2013, zuletzt abgerufen am 26.1.2022.

226 Memo to Economics Committee, 10.10.1950, DIDEG/Memo(50)42, in: PRO FO 1005/735.

Die Befürchtung der französischen und britischen Vertreter, dass seitens der Bundesregierung erheblicher politischer Widerstand gegen weitere Entflechtungen zu erwarten war, traf definitiv zu. So kritisierte etwa Ludwig Erhard in einer öffentlichen Rede bei der feierlichen Eröffnung einer neuen Betriebsstätte der Vereinigten Glanzstoff-Fabriken im November 1950 die alliierten Entflechtungspläne für das Unternehmen.[227] Auch die Bosch-Entflechtung unter Gesetz Nr. 56, welche die amerikanischen Kartellabteilung als Blaupause für weitere Vorgehen betrachtete, sollte, wie bereits beschrieben, noch für erheblichen Widerstand bis hinauf in Adenauers Bundeskanzleramt sorgen. Während sich das Bosch-Verfahren über Jahre festgefahren hatte und schließlich als einziges Entflechtungsverfahrungen unter den allgemeinen Dekartellierungsgesetzen zumindest pro forma vor einem alliierten Gericht entschieden wurde, nahmen die weiteren Entflechtungspläne erst gar nicht mehr dieselbe Dynamik auf. Bevor die schwerfällige Bürokratie der AHK in höheren Instanzen, die wohl ohnehin weitgehend die Ansichten der unterstellten Kartellabteilungen gespiegelt hätten, über die Grundsatzfrage weiterer Entflechtungen entscheiden konnten, fiel auf Ebene der Regierungen die grundsätzliche Entscheidung, auf die Eröffnung weiterer Entflechtungsverfahren zu verzichten. Diese Entscheidung wurde schließlich im März 1951 mit der ersten Urkunde zur Revision des Besatzungsstatuts umgesetzt. In dieser bekannte sich die AHK dazu, neben den laufenden sondergesetzlichen Entflechtungen nur noch jene Entflechtungsprozesse zu beenden, die bereits bis zum 31.12.1950 unter den Dekartellisierungsgesetzen in Gang gesetzt worden waren.[228]

Weitere offizielle Entflechtungsverfahren vor einem Besatzungsgericht gegen die Interessen der beteiligten Unternehmen und der Bundesregierung, wie es im Fall von Bosch zeitgleich noch lief, waren somit nicht mehr möglich. Die drei vorgeschlagenen Verfahren wurden aber nicht restlos beendet, sondern stattdessen im Zuge außergerichtlicher Einigungen in Zusammenarbeit mit den betroffenen Unternehmen und der Bundesregierung zu einem für die amerikanische Seite gesichtswahrenden Abschluss gebracht. Am unproblematischsten erwies sich das im Fall der Verflechtung von Henkel, Degussa und der Metallgesellschaft. Führende Vertreter der letzteren beiden Unternehmen hatten bereits im März 1950 gegenüber den amerikanischen Antitrustern signalisiert, dass sie einer Lösung der Verbindungen zwischen den Unternehmen nicht abgeneigt seien.

Und auch bei Henkel hatte die Geschäftsleitung bereits im Mai 1947 für den Fall geplant, dass sie mit den im selben Jahr erlassenen Dekartellisierungs- und Entflechtungsgesetzen konfrontiert werden könnte. Für diesen Fall hatte die Konzernleitung provisorisch fünf verschiedene Arten der möglichen Unternehmens-

227 Kleinschmidt, Americanised Company, S. 172.

228 Amtsblatt der AHK, Nr. 49 (1951), S. 794.

entflechtung vorbereitet, die sich in ihrem Umfang unterschieden. Neben dem Abstoßen der reinen Kapitalbeteiligungen war sie auch auf eine Kapitalreduktion, die Aufteilung der gesamten Unternehmensgruppe unter den Familienmitgliedern oder fachfremden Personen bis zu Szenarien für den Verkauf verzichtbarer Werke eingestellt.[229] Das Unternehmen war also, anders als etwa Bosch, auf die amerikanischen Entflechtungspläne vorbereitet. Zudem war die Trennung von finanziellen Beteiligungen und der Verzicht auf überschneidende Vorstands- und Aufsichtsratsmandate im Vergleich etwa zu der geforderten Abtrennung von zentralen Produktionsstätten bei Bosch oder Siemens weniger invasiv. Da die Konzernleitung intern für den Fall der Fälle auch deutlich drastischere Entflechtungspläne ausgearbeitet hatte, erschien die für das Unternehmen vorgesehen moderate Form der Entflechtung wohl als akzeptabler Deal. Die Beteiligungen an Degussa und Metallgesellschaft sicherten traditionell hauptsächlich gegenseitige Geschäfts- und Lieferbeziehungen ab, die grundsätzlich aber auch ohne personelle und finanzielle Verflechtungen aufrechterhalten werden konnten.

Dementsprechend signalisierte auch das Bundeswirtschaftsministerium bereits im Dezember 1950 dem nun federführenden *Economics Committee*, dass die Entflechtung der gegenseitigen Kapitalbeteiligungen wohl mit Zustimmung der Unternehmen möglich war.[230] Auch die DIDEG war mit einer freiwilligen Entflechtung der Unternehmen grundsätzlich einverstanden.[231] Die Entflechtung wurde dann im Wesentlichen vom Bundeswirtschaftsministerium in enger Zusammenarbeit mit den Unternehmen durchgeführt, während die alliierten Behörden lediglich Informationen zum Verfahrensstand einforderten. Auch als das BMWi im Mai 1951 von Verzögerungen im Verfahren berichtete, da der Verkauf von Anteilen zu marktgerechten Preisen mangels Angeboten nicht immer zu realisieren war, zeigte das darüber informierte *Economics Committee* kein Bestreben, sich wieder direkt in die Verhandlungen einzumischen, sondern empfahl lediglich alternative Methoden, die Verflechtungen zu lösen, so etwa die Umwandlung der gegenseitigen Beteiligungen in nicht stimmberechtigte Anteile.[232] Trotz dieser Verzögerungen kam es in diesem Verfahren noch am ehesten zu einem für alle Seiten befriedigenden Ausgang. So verkaufte die Degussa ihre 11 % Anteile von an der Metallgesellschaft und zog ihre Mitglieder aus dem Aufsichtsrat des Unternehmens ab. Mit dem Erlös aus dem Aktienverkauf konnte das Unternehmen den Wiederaufbau

229 Hilger, Zwischen Demontage und Wiederaufbau.

230 Draft Answer Economics Comittee to Ludwig Erhard, undatiert (ca. März 1951), in: PRO FO 1005/736.

231 Minutes of the Thirtieth Meeting of the DIDEG, 11.1.1951, in: PRO FO 1005/726.

232 Draft Answer Economics Committee to Ludwig Erhard, undatiert. (ca. Juni 1951), in: PRO FO 1005/736.

beschädigter Werke beschleunigen sowie das Chemiewerk Homburg von der aufgelösten I. G. Farben übernehmen.[233] Der entsprechende Verkauf der Anteile im Wert von knapp 10 Millionen DM an die Rhein-Main Bank [Nachfolgeinstitut der Dresdner Bank, siehe Kapitel 6.1.3] fand zum 1. Januar 1952 statt.[234]

Die Metallgesellschaft ihrerseits hatte bereits 1949 ihre Vertreter aus den Gremien der Degussa zurückgezogen und auch dem entsprechenden Aktienverkauf zugestimmt.[235] Auch Henkel hatte seine restlichen Aktien an der Degussa im Wert von knapp 5 Millionen DM im Januar 1952 auf einen rechtlich unabhängigen Rentenversicherungsfond transferiert, sodass das Düsseldorfer Unternehmen zu diesem Zeitpunkt keine Anteile mehr an der Degussa oder der Metallgesellschaft hielt und Ludwig Erhard den Entflechtungsprozess gegenüber dem *Economics Committee* als abgeschlossen erklären konnte.[236] Zumindest im Fall von Henkel erwies sich die Wirkung der Entflechtung allerdings als wenig beständig. So erwarb das Unternehmen bereits 1955, unmittelbar nach dem Ende der AHK, wieder 11 % der Aktien an der Metallgesellschaft.[237] Final trennte sich das Unternehmen von den Anteilen an der Metallgesellschaft erst 1974, von denen an der Degussa erst 1997.[238]

Noch komplizierter erwies sich der Fall der Vereinigten Glanzstoff-Fabriken (VGF). Hintergrund war, dass 1929 vermittelt durch die Deutsche Bank eine Fusion mit der niederländischen *Nederlandsche Kunstzijde* (Enka) angedacht gewesen war. Allerdings ließ sich diese nicht als formelle Fusion realisieren, da die beiden Unternehmen Aktiengesellschaften verschiedenen Rechts waren. Daher wurde eine gemeinsam kontrollierte Holding gegründet. Aufgrund der hohen steuerlichen Belastung in Deutschland wurde diese als *Algemeene Kunstzijde Unie N.V.* (AKU) nach niederländischem Recht geschaffen.[239] Der Aufsichtsrat des Unternehmens wurde dabei paritätisch besetzt[240] und die Aktien an dem neuen Unternehmen zwischen der niederländischen und deutschen Seite aufgeteilt. In Folge des verlorenen Krieges hatte die deutsche Seite ihre Prioritätsaktien an der AKU durch

---

233 Degussa (Hrsg.), Aller Anfang, S. 121

234 Letter from Ludwig Erhard to the Chairman of the Economics Committee, 29.1.1952, S.1, in: PRO FO 1023/149.

235 Reichel, Verbund, S. 90.

236 Letter from Ludwig Erhard to the Chairman of the Economics Committee, 29.1.1952, S. 1, in: PRO FO 1023/149.

237 Susanne Hilger / Wilfried Feldenkirchen, Menschen und Marken. 125 Jahre Henkel, Düsseldorf 2001, S. 128 (Fn. 43).

238 Ebd., S. 152.

239 Notiz Schmekel, 11.1.1949, in: Vaubel, Zusammenbruch und Wiederaufbau, S. 255.

240 Harold James, Nazi Dictatorship and the Deutsche Bank, Cambridge u. a. 2004, S. 104.

Beschlagnahme der niederländischen Regierung allerdings verloren, während die Holding nach wie vor 99 % der Anteile an der VGF hielt.[241]

Angesichts dieser Konstellation musste eine strikte Trennung zwischen AKU und VGF, wie sie sich die amerikanische Kartellabteilung wünschte, unweigerlich auch den niederländischen Interessen erheblich zuwiderlaufen. Verkompliziert wurde die Lage zusätzlich noch dadurch, dass das niederländische Management der AKU die Machtverschiebung durch den Kriegsausgang zunächst nutzen wollte, um eine direktere Kontrolle der VGF zu erreichen, während die einzelnen Unternehmen unter dem Schirm der AKU zuvor in ihrer Geschäftspolitik weitgehend selbstständig und unabhängig geblieben waren. Für den Fall, dass die alliierte Entflechtung die VGF als solche zerschlagen hätte, plante das niederländische Management der AKU, die VGF aufzulösen und die einzelnen Werke direkt in die AKU einzugliedern.[242] Diese Pläne stießen allerdings auf erbitterten Widerstand des deutschen Managements der VGF, welches für die tägliche Geschäftspolitik des Unternehmens trotz der nun ungünstigen Besitzverhältnisse nach wie vor alleinverantwortlich war. Dass die amerikanische Seite nun, statt den deutschen Konzern zu zerschlagen, stattdessen dessen internationale Eigentumsverflechtungen kappen wollte, begriff das deutsche Management trotz seiner nach wie vor bestehenden Sorge über den Bestand des Unternehmens in der Entflechtung auch als „nützliches Gegengewicht gegen die Überlegungen der Holländer, die Dekartellisierung zur Zerschlagung der VGF-Einheit zu benutzen und die einzelnen Werke von Holland aus dann ungehindert zu beherrschen“.[243]

Die amerikanischen Pläne zur Entflechtung berührten in diesem Fall also nicht nur die Interessen eines Konzerns und seiner nationalen Regierung, sondern zweier, von denen zumindest die niederländische Seite wenig Anlass hatte, sich einem alliierten Besatzungsgesetz für das besiegte Deutschland zu unterziehen. Auf dementsprechend wenig Gegenliebe stieß dann auch der entsprechende Vorstoß des deutschen Bundeswirtschaftsministeriums, nachdem dieses den Fall von den Alliierten übernommen hatte. Das BMWi trat im Juni 1951 an die VGF mit der Bitte heran, „baldmöglichst in Unterhandlungen mit der AKU einzutreten mit dem Ziel eine solche Trennung vorzunehmen“. Das erst fast vier Monate später versandte Antwortschreiben über die Ergebnisse der ersten Kontaktaufnahme war eine klare Absage:

---

241 Schreiben VGF (Schmekel & Vaubel) an den Hessischen Minister für Wirtschaft und Verkehr, Rudolf Mueller über Konzernentflechtung, 23.1.1946, in: Vaubel, Zusammenbruch, S. 257–60, hier: S. 260.

242 Notiz Vits, 29.6.1945, in: Ebd., S. 262.

243 Eintrag 19.5.1948, in: Ebd., S. 165.

> Wir konnten auch jetzt erst mit der Direktion der Algemeene Kunstsijde Unie N. V. (AKU) in dieser Sache in Fühlung treten. Dabei hat die AKU zum Ausdruck gebracht, daß sie als niederländisches Unternehmen nicht bereit sei, unter einem Druck der Alliierten Hohen Kommission oder des Bundesministers für Wirtschaft über Maßnahmen für eine Trennung der beiden Unternehmen zu verhandeln. Nach Lage der Umstände empfinden auch Aufsichtsrat und Vorstand unserer Gesellschaft diesen Ausgangspunkt für die Führung dieser Verhandlungen als ungeeignet. Wir bedauern daher feststellen zu müssen, daß Verhandlungen nach Maßgabe Ihres Schreibens vom 29.6.1951 nicht möglich sind.[244]

Die ruppige Antwort wurde der Unternehmensleitung wohl auch dadurch erleichtert, dass sie sich wohl bewusst war, dass Erhards BMWi wenig Eigeninteresse an einer Entflechtung hatte. So schilderte ein Vertreter des Kartellreferats gegenüber einem Manager der VGF, dass sein Ministerium in der Sache von der amerikanischen Seite der AHK unter Druck gesetzt würde. So plane diese, aus einer erfolgreichen Entflechtung unter deutscher Führung politisch Kapital in der Heimat zu schlagen, drohte jedoch im Falle eines Scheiterns damit, dem Bundeswirtschaftsministerium Unfähigkeit vorzuwerfen und sich wieder stärker in die Dekartellierung einzuschalten.[245] Allerdings spielte auch hier die Zeit entschieden gegen die amerikanische Seite. Im Fall der Entflechtung Henkels hatte das *Economics Committee* bereits Mitte 1951 trotz Verzögerungen von einer direkten Einmischung explizit abgesehen. Im Januar/Februar 1952 wurde dann mit dem Prozess gegen Bosch auch das einzige Entflechtungsverfahren unter Gesetz Nr. 56 beendet, dass tatsächlich bis zu einem Gerichtsprozess geführt hatte. Zudem war die Lage hier nicht zuletzt durch die ablehnende Haltung der niederländischen Seite für die Amerikaner als treibende Kraft in der AHK kaum zu lösen.

Das Problem, dass beim Vorgehen gegen deutsche Unternehmen mitunter auch Interessen aus Drittstaaten betroffen, die sich vehement gegen ein entsprechendes Vorgehen wehrten, hatte die amerikanische Kartellabteilung bereits gemacht, als sie zu Zeiten der BIDEC gegen einen Vertrag zwischen der schweizerischen Brown, Boveri & Cie. und ihrer deutschen Tochter vorgegangen war. Das Schweizer Unternehmen protestierte damals heftig gegen das Vorgehen und die britische Seite der BIDEC weigerte sich letztlich, das Verfahren durchzuführen, da sie eine Klage der Schweizer Regierung vor dem Internationalen Gerichtshof in Den Haag befürchtete.[246] Das vom BMWi übernommene Entflechtungsprojekt ge-

244 Schreiben BMWi (Dr. Graf) an VGF, 29.6.1951; Schreiben VGF (Vits & Schmekel) an BMWi, 11.10.1951, beide in: Ebd., S. 266.

245 Ebd., S. 233 f. (Fn. 237)

246 Vgl. Opinion by W. E. Beckett, Legal Adviser Foreign Office, 4.3.1949; Oxborrow and Bronson to BICO, Joint Secretariat about Brown Boveri & Cie, AG., 11.5.1949, beide in: PRO FO 371/76901; Memo C. C. Oxborrow to the Economic Advisor, 10.10.1948, in: PRO FO 1030/142.

gen die VGF wurde dann schließlich 1952 abgeschlossen, ohne, dass sich grundsätzlich etwas an der engen Verbindung zwischen VGF und AKU sowie gemeinsam kontrollierten internationalen Tochterunternehmen geändert hätte. Stattdessen einigte der deutsche Konzern sich 1953 mit der niederländischen Holding auf eine weitere Zusammenarbeit, bei der wie zuvor die deutsche Seite in der Geschäftspolitik weitgehend unabhängig blieb, allerdings nun ohne direkte personelle Mitwirkung der deutschen Seite in der niederländischen Holding.[247]

Auch im Fall von Siemens & Halske entsprach das Ergebnis der vom BMWi koordinierten, freiwilligen Entflechtung des Unternehmens am Ende nicht den Vorstellungen der amerikanischen Kartellabteilung. Im Januar 1951 hatte sich die Bundesregierung bereiterklärt, selbst eine Untersuchung zur Konzentration wirtschaftlicher Macht bei dem Unternehmen anzustellen und die DIDEG dem entsprechenden Vorgehen zugestimmt.[248] Im Juli selbigen Jahres konnte das BMWi erste Erfolge vermelden. So habe Siemens etwa seinen Anteil von 26,5 % am Fränkischen Überlandwerk in Nürnberg an die AG für Licht- und Kraftversorgung in München veräußert. Auch vom 51 % Kapitalanteil der Bergischen Elektrizitätsversorgung-GmbH in Wuppertal habe sich das Unternehmen getrennt. Auch habe das Unternehmen einige Arbeitsgebiete an andere Firmen abgetreten. Zudem seien weitere Entflechtungsschritte in Vorbereitung, allerdings erwiese sich dies angesichts des Mangels an kapitalkräftigen Interessenten als schwierig.[249] In der direkten Antwort zeigten sich die Vertreter der AHK zwar erfreut darüber, dass die Entflechtung nun in Gang gekommen war, bemängelte aber auch, dass es sich bei den veräußerten Anteilen und Produktionsbereichen um weitgehend unbedeutende Unternehmensteile und Betriebe handele, deren Verkauf die wirtschaftliche Machtposition des Konzerns kaum beeinflusst hätten. Stattdessen regte die AHK – wie in den ursprünglichen amerikanischen Entflechtungsplänen vorgesehen – eine Trennung zwischen den Kernbetrieben Siemens & Halske, Siemens Schuckertwerke, Siemens Reinigerwerke und Osram an.[250]

Zu einer derartig tiefgreifenden Zerschlagung des Unternehmens war aber weder Siemens selbst noch die Bundesregierung bereit, sodass es bei einer Reihe kleinerer Verkäufe von Beteiligungen und Unternehmenssparten blieb. In Antwort auf das o. g. Schreiben äußerte der Bundeswirtschaftsminister sich schließlich im

---

247 Vaubel, Zusammenbruch, S. 203.
248 Minutes of the Thirtieth Meeting of the DIDEG, 11.1.1951, in: PRO FO 1005/726.
249 Schreiben BMWi (Dr. Graf) an Vorsitzenden des Wirtschaftsausschusses (Economics Committee) der AHK, 18.7.1951, in: PRO FO 1023/149.
250 Draft Letter to the Federal Minister of Economics, Appendix A to DIDEG/Memo(51)33, undatiert, in: PRO FO 1005/736.

November 1951, dass die Bundesregierung der Ansicht sei, entflechtungsmäßig sei seitens des Unternehmens alles Nötige erfolgt.[251]

Die weiteren Entflechtungen unter Gesetz Nr. 56 / Verordnung Nr. 78 erzielten also insgesamt nur äußerst limitierte Resultate. Durch den Widerstand in der DIDEG und die politische Entwicklung auf Regierungsebene ausgebremst, waren nach der Revision des Besatzungsstatuts im März 1951 die Entflechtungen nur noch unter Zustimmung der Bundesregierung und letztlich der betroffenen Unternehmen selbst möglich. Zu diesem Zeitpunkt war aber wegen der langwierigen Natur des Verfahrens sowie der vorangegangenen internen Konflikte in der amerikanischen Militärregierung noch keine gerichtlichen Entflechtungsverfahren unter den allgemeinen Dekartellierungsgesetzen abgeschlossen. Wo die Entflechtungen entweder von vorneherein nur einen begrenzten Umfang hatten oder im Vergleich zu älteren Plänen entschärft wurden, ließen sich die Unternehmen mitunter auch nach dem Stichdatum zur Konfliktvermeidung auf die Entflechtung in Eigenregie ein. Wo aber, wie im Fall von Siemens, Kernbestandteile des Unternehmens betroffen waren oder ausländische Interessen tangiert wurden, konnten die amerikanische Kartellabteilung und ihre vorgesetzten Abteilungen innerhalb der amerikanischen Hohen Kommission angesichts unwilliger Verbündeter in AHK und Bundesregierung sowie der Unmöglichkeit weiterer Gerichtsverfahren schließlich nicht mehr genug Druck aufbauen, um ihre Pläne gegen die angesprochenen Widerstände durchzusetzen.

251 Feldenkirchen, Siemens, S. 262.

7 Die alliierten Gesetze vor deutschen Gerichten

7.1 Zivilrechtliche Streitpunkte der Dekartellierungsgesetze

7.1.1 Die vertikale Preis- und Absatzbindung für Markenartikel

Am 17.2.1954 urteilte das Landgericht Berlin im Rechtsstreit zwischen dem Hersteller des Parfüms ‚4711', der Firma Mülhens, und einem Berliner Drogisten im Sinne der antragsstellenden Herstellerfirma.[1] Streitpunkt im Verfahren war das Vertriebssystem der Kosmetikfirma, das sowohl eine Absatzbindung, d. h. eine Kontrolle des Vertriebsweges durch Auswahl der die Firmenprodukte führenden Einzelhändler als auch eine Bindung des Wiederverkaufspreises per vom Einzelhändler zu unterschreibenden Verpflichtungsschein umfasste. Der Drogist und Inhaber hatte sein Geschäft, die ‚Blaue Drogerie', kurz zuvor übernommen und gehörte ebenso wie sein als ‚D.' bezeichneter Vorgänger nicht zu den vom Hersteller ausgewählten und belieferten Einzelhändlern. Sowohl ‚D.' als auch sein Nachfolger bezogen ‚4711' jedoch ‚auf dem Schleichweg' von anderen Einzelhändlern, machten die zur Nachverfolgung des Absatzweges notwendigen Kontrollnummern unkenntlich und verkauften das Parfüm zudem unter dem vom Hersteller festgesetzten Einzelhandelspreis. Die ‚Blaue Drogerie' sei durch diese Machenschaften im ganzen Stadtteil als Schleuderquelle bekannt geworden und habe zahlreiche Beschwerden von autorisierten Einzelhändlern an den Hersteller ausgelöst. Nachdem sich der Inhaber weigerte, einen Verpflichtungsschein der Herstellerfirma zu unterschreiben, in dem er erklären sollte, die Produkte der Firma nicht mehr von vertraglich gebundenen Einzelhändlern für den Wiederverkauf zu beziehen, verteidigte das Unternehmen sein Absatzsystem per Zivilklage vor Gericht.

Das Gericht entschied in diesem Fall im Sinne des Herstellers. Ein vom Hersteller nicht belieferter Händler handle nach §§1, 25 UWG wettbewerbswidrig, wenn er unter Ausnutzung fremden Vertragsbruchs andere Einzelhändler dazu veranlasse, ihm vertriebsgebundene Markenware abzugeben. Derartige Vertriebsnormen verstießen auch nicht gegen die alliierten Dekartellierungsgesetze.[2] Aus dem im Gesetz verwendeten Überschriften „Verbot der übermäßigen Konzentration deutscher Wirtschaftskraft" und „Verbot von beschränkenden und monopolistischen Wirtschaftsunternehmen" gehe hervor, dass nur echte Einschränkungen des Wettbewerbs verboten werden sollen. Nach der Auslegung des BGH seien vertikal wirkende Absprachen nur dann unzulässig, wenn sie den Wettbewerb unge-

1 Urteil des LG Berlin vom 17.2.1954, 16 Q 4/54, in: GRUR 1954, S. 349–351.
2 Ebd., S. 349.

https://doi.org/10.1515/9783111517674-007

bührlich beschränken, während branchenübliche Absprachen, die keine übermäßige Konzentration von Wirtschaftskraft bedingen, auch dann zulässig seien, wenn sie für Dritte eine gewisse Beschränkung der Wettbewerbsmöglichkeiten bewirken. Von einer übermäßigen Konzentration der Wirtschaftskraft könne aber angesichts des Vorhandenseins zahlreicher Konkurrenzunternehmen mit vergleichbaren Produkten keine Rede sein.[3]

Das Berliner Landgericht setzte im Ergebnis und abzüglich der spezifisch auf die Dekartellierungsgesetze gemünzten Argumente auch in der Begründung des Urteils letztlich die etablierte deutsche Rechtsprechung zur vertikalen Preisbindung von Markenartikeln von vor 1945 fort. Vertikale Preisbindungen für Markenartikel waren erstmals vereinzelt in den 1870er Jahren aufgetreten und verbreiteten sich ab den 1890er Jahren im deutschen Wirtschaftsleben.[4] Juristisch wurden diese erstmals 1903 durch das LG Düsseldorf gegen Preisbrecher geschützt. Klagende Partei waren hier andere Händler, die ein Warenhaus für das Unterbieten des gebundenen Preises bei Thompsons Waschpulver auf Schadensersatz verklagten. Das Gericht bewertete es als Verstoß gegen die guten Sitten nach § 826 BGB, dass das Warenhaus sich die die Waren heimlich durch Vermittlung dritter Personen auf Schleichwegen beschafft hatte und diesen Vertragsbruch mittels mindestens einer Mittelspersonen ausnutzte, um sich einen wirtschaftlichen Vorteil gegen die vertragstreuen Händler zu verschaffen und verurteilte das beklagten Warenhaus dementsprechend zu Schadensersatz für die zuvor unterbotenen Kläger.[5] Ab 1909 fielen die entsprechenden Sachverhalte unter das Gesetz gegen den unlauteren Wettbewerb (UWG), ohne dass sich die Rechtsprechung in der Sache damit wesentlich geändert hätte.[6] Mehrere Instanzgerichte werteten das „Schleudern" auch durch einen selbst nicht vertraglich gebundenen Händler als Verstoß, sofern sich dieser die Ware „auf Schleichwegen", also unter Ausnutzung fremden Vertragsbruchs oder durch arglistige Täuschung des Herstellers verschaffte, um die vertragstreue Konkurrenz zu unterbieten.

Diese Rechtsprechung wurde durch den zweiten Zivilsenat des Reichsgerichts am 11. Januar 1916 im Falle des Zigarettenherstellers Salem Gold final bestätigt. Hatte das Hamburger OLG in dem Fall noch geurteilt, ein Gewerbetreibender, der sowie sein Lieferant nicht in einem Vertragsverhältnis zum Hersteller stehe, handle nicht unlauter, wenn er die Ware zu einem niedrigeren Preis erwirbt, obwohl er von der Preisbindung wisse, so hielt das Reichsgericht die Preisbindung explizit

3 Ebd., S. 350.

4 Matthias Epple, Die Wurzeln der vertikalen Preisbindung in Deutschland. Eine rechtshistorische Analyse, Baden-Baden 2014, S. 29.

5 Ebd., S. 45 f.

6 Ebd., S. 52.

auch über mehrere Handelsstufen aufrecht. Wenn der Händler wisse, dass der mit Preisangabe versehene Markenartikel unter Vertragsbruch erworben wurde, mache er sich am Vertragsbruch mitschuldig. [7] Auch eine Bindung über mehrere Handelsstufen sei dabei nicht als exzessiv einzuschätzen, da lediglich der unlautere Handel unterbunden werde. Eine Überteuerung des Artikels durch den Hersteller sei ebenfalls nicht zu erwarten, da dieser sonst seine Kundschaft verlieren würde. In diesem konkreten Fall scheiterte die Klage des Herstellers nur, da der beklagte Händler glaubhaft deutlich machen konnte, die Ware in gutem Glauben von einem Zwischenhändler erworben zu haben, der behauptete, die Zigaretten ohne den preisbindenden Revers verkaufen zu dürfen und der beklagte Händler keinen Grund hatte, an dieser Behauptung seines Lieferanten zu zweifeln. Vor allem der Fakt, dass der Beklagte die Identität seines Lieferanten nie verheimlicht hatte, wurde zu seinen Gunsten ausgelegt, da so von einem Erwerb „auf Schleichwegen“ nicht gesprochen werden konnte.[8] Grundsätzlich bedeutete das Urteil und seine Begründung aber, auch wenn die Klage hier im konkreten Einzelfall abgewiesen wurde, einen Durchbruch für den Markenverband und eine rechtliche Stärkung der vertikalen Preisbindung für Markenartikel.[9]

Die 1923 in Kraft getretene Kartellverordnung (KVO) änderte an der Rechtslage wenig, da die sogenannten autonomen Preisbindungen für Markenartikel nicht unter den Kartellbegriff der Verordnung fielen. Einzige Folge der KVO war, dass der Markenverband seine bisher satzungsgemäße Praxis der kollektiven Liefersperre für Preisunterbieter zu Gunsten individueller Rechtsberatung betroffener Mitglieder aufgeben musste, um nicht als Kartell gewertet zu werden.[10] Auch als die Kartellnotverordnung (KNVO) 1930 den Zugriff des Reichswirtschaftsministeriums auf autonome Preisbindungen erweiterte, lehnte das Reichsgericht eine Interpretation dieser Verordnung als Erweiterung des Kartellbegriffs der Kartellverordnung auf autonome Preisbindungen ab, obwohl eine entsprechende Auslegung durchaus von einigen führenden Wettbewerbsjuristen gefordert worden war.[11] Es folgten durch Heinrich Brünings Präsidialkabinett in den frühen 1930er Jahren noch mehrere staatliche Durchgriffe auf autonome Preisbindungen in Form von Verordnungen, deren Inhalt sich aber darauf beschränkte, die entsprechend gebundenen Preise im Sinne der Deflationspolitik durch staatliche Anordnung zu senken. Diese wurden 1940 in der Preisbindungsverordnung zusammengefasst und in die nun durch den Reichskommissar für die Preisbildung vollends staatlich

7 Urteil des Reichsgerichts vom 11.1.1916, Rep. II 287/15, in: RGZ 88, 1917, S. 9–14, hier: S. 11.
8 Ebd., S. 12 f.
9 Epple, Die Wurzeln der vertikalen Preisbindung, S. 56.
10 Ebd., S. 65 f.
11 Urteil des Reichsgerichts vom 6.10.1931, II 76/31, in: RGZ 133, 1931, S. 331–341, hier: S. 333.

administrierte Preispolitik eingebunden.[12] Für den wettbewerbsrechtlichen Stand der vertikalen Preisbindung hatten diese Durchgriffe keine Implikationen, das Reichsgericht verteidigte das Instrument grundsätzlich gegen Unterbietung auch durch ungebundene Außenseiter, legte dabei aber recht strikte Maßstäbe bei der Bewertung der „Lückenlosigkeit" der Preisbindung an, welche bei nur teilweise oder auf ungeeignetem Wege durchgeführten Preisbindungen zum Verlust der rechtlichen Ansprüche gegen „Schleuderer" führen konnten.[13] Hatten die Reichsgerichtsräte des zweiten Zivilsenats einen preissteigernden Effekt der vertikalen Preisbindung 1916 mit Verweis auf den Wettbewerb zwischen einzelnen Markenwaren noch bestritten, so vermieden sie in der Weltwirtschaftskrise angesichts der staatlichen Bemühungen um Preissenkungen gerade bei preisgebundenen Waren eine explizit wettbewerbspolitische Stellungnahme zu den wirtschaftlichen Auswirkungen dieser Bindungen:

> Ob gegen die Preisbindung der zweiten Hand als solcher wirtschaftspolitisch, sei es überhaupt oder zur Zeit, etwa wegen der unverkennbaren Starrheit der gebundenen Preise oder wegen der Gefahr der Überteuerung, z. B. durch Einkalkulierung übermäßiger Reklamekosten oder zu hohen Händlernutzens, besondere Bedenken zu erheben sind, ist hier nicht zu entscheiden.[14]

Unter den alliierten Kartellgesetzen hingegen wurden die wirtschaftlichen Auswirkungen der vertikalen Preisbindung für Markenartikel auf Grund des explizit auf den Schutz des Wettbewerbs ausgerichteten Gesetzestexts auch durch die Gerichte deutlich kontroverser diskutiert. Auch wenn zumindest die Einschätzung zur Vertriebsbindung der Auslegung der Dekartellierungsgesetze durch die alliierten Behörden widersprach, worauf noch einzugehen sein wird, war das oben genannte Urteil des LG Berlin von 1954 zum Drogeriefall nicht ungewöhnlich und in der Argumentation durchaus auf der Linie des Bundesgerichtshofs, wie sich einige Jahre später in diesem Sachverhalt bestätigen sollte. Einen guten Einstieg in die Problematik der vertikalen Preis- und Absatzbindung für Markenartikel und die den Rechtstreitigkeiten zu Grunde liegenden wirtschaftlichen Konflikte ermöglicht das Fallbeispiel aber trotzdem durch eine Parallelüberlieferung. Denn der als D. bezeichnete Vorbesitzer der Blauen Drogerie, Werner Domnik, der durch den Schleichbezug und die Preisunterbietung von ‚4711' den Rechtsstreit erst heraufbeschworen hatte, schickte wenige Monate zuvor eine Tonbandaufnahme an den Bundeswirtschaftsminister Ludwig Erhard, in der er die vertikale Preisbindung

---

12 Vgl. Epple, Die Wurzeln der vertikalen Preisbindung, S. 84–88.

13 So etwa in: Urteil des Reichsgerichts vom 6.10.1931, II 76/31, in: RGZ 133, 1931, S. 331–341; Urteil des Reichsgerichts vom 5.4.1933, II 192/31, in: RGZ 136, 1932, S. 65–74.

14 Urteil des Reichsgerichts vom 6.10.1931, II 76/31, in: RGZ 133, 1931, S. 336.

für Markenartikel scharf kritisierte und sich insbesondere über das Geschäftsgebaren der ‚Firma 4711' echauffierte.[15] In der transkribierten Aufnahme betonte er zunächst, es mit einem bescheidenen Startkapital und einem ambulanten Stand zu einem Unternehmen mit zwei Geschäften, acht Angestellten und etwa 40.000 bis 45.000 DM Betriebswert gebracht zu haben. Dies sei ihm nicht zuletzt auch durch freie Preisbildung ermöglicht worden, von der er ein „eifriger Verfechter" sei.[16] Die Preisbindung für Markenartikel sei „auf alle Fälle preisverteuernd" und führe auch de facto zu einer horizontalen Preisbindung, da Absprachen zwischen den Markenartikelherstellern vorlägen. Als Beispiel für die preisverteuernde Wirkung der vertikalen Preisbindung führte er die Seife der Marke Palmolive, die er zuvor für 0,50 DM verkaufte, was einen Verdienst von etwa 0,12 DM pro Stück entsprach. Durch einen Revers sei er aber nun dazu gezwungen, 0,65 DM pro Stück zu nehmen, obwohl der vorherige Gewinn durchaus ausreichend gewesen sei.[17] Neben der allgemeinen Preispolitik der Markenartikler war es im Fall von 4711 jedoch vor allem das Geschäftsgebaren des Herstellers, dass dem Drogisten missfiel. Die ‚Firma 4711' habe

> nicht das Interesse zu liefern, sondern bei 4711 sieht's so aus, daß der Kunde höflichst um den Besuch des Vertreters bitten muss, und der dann so gnädigst ist und den Laden besichtigt und beurteilt, ob das Geschäft fähig ist, diese hochwertigen 4711 Artikel [zu führen, RH].[18]

Zudem verbinde der Markenartikler den Verkauf an verschiedene Bedingungen etwa bei der Liefermenge oder der Verpackungsart. Da die Kundschaft aber die Führung von 4711 erwarte, sei der Händler de facto so unter Druck gesetzt, die Bedingungen des Herstellers zu akzeptieren, die den eigentlichen Händler eher wie einen Angestellten behandle.[19]

Neben dem hohen, gebundenen Einzelhandelspreis war es also vor allem die als überheblich wahrgenommene Geschäftspolitik des Markenartiklers, die Werner Domnik in Konflikt mit dem Unternehmen brachte und ihn dazu bewog, dessen Artikel auf inoffiziellem Wege zu beziehe. Der Kosmetikhersteller war dabei darum bemüht, für seine Marke eine gewisse mit Luxus assoziierte Exklusivität zu bewahren. So gehörte zur Vertriebspolitik laut Domnik nicht nur der gebundene, relativ hohe Festpreis, sondern auch eine ausschließlich direkte Belieferung an

---

15 Transkription der Tonbandaufnahme von Werner Domnik an den Bundeswirtschaftsminister, 14.7.1953, in: BA B102/192415.

16 Ebd., S. 1.

17 Ebd., S. 2.

18 Ebd., S. 1.

19 Ebd., S. 5.

ausgewählte Einzelhändler (und nicht etwa an den Großhandel), die mit einem Schild mit der Aufschrift „autorisierte Verkaufsstelle der Firma 4711" ausgestattet wurden.[20] Die Drogerie eines sozialen Aufsteigers, welche sich durch Kampfpreise aus einem ambulanten Stand entwickelt hatte und „im ganzen Stadtteil als Schleuderquelle bekannt geworden"[21] war, konnte den Ansprüchen des Markenartikelherstellers nicht gerecht werden. Domnik indes kommentierte diese Bemühungen um ein nobles Produktimage sarkastisch

> [...] diese hochwertigen 4711 Artikel, die ja heute leider nur noch von kleinen armen Leuten gekauft werden nicht mal von den Leuten, die Kapital besitzen und die nur hochwertige Geschäfte besuchen. Denn die kaufen heute französische und ausländische Parfümerien und französische Eau de Cologne, weil die in der Qualität ja bedeutend besser sind.[22]

Ob diese beobachtete Kundenverschiebung der Realität entsprach oder eher auf die Kränkung des Autors durch Firmenvertreter zurückgeht, kann hier nicht geklärt werden und spielt auch keine Rolle.

Interessant ist aber, dass in diesem Fall auch die Absatzbindung, die eine gewisse an sozialen Status gebundene Exklusivität bei den Vertriebspartnern sichern sollte, für erhebliches Konfliktpotential sorgte. Aus ökonomischer Sicht wurde nach der Legalisierung der vertikalen Preisbindung für Markenartikel vor allem die großflächige Erstarrung nicht im Wettbewerb gebildeter, häufig überhöhter Handelsspannen kritisiert.[23] Für die Konflikte zwischen den Wirtschaftsakteuren selbst war dies aber nicht immer der einzig ausschlaggebende Punkt. Oft schützten Preis- und Absatzbindung auch etablierte Vertriebsstrukturen, bei denen die Markenartikler den Vertrieb auf in ihren Augen sozial angemessene Händler beschränken wollten. Solche Bemühungen, auch die soziale Struktur des Handels zu erhalten, waren nicht nur im Fall der vertikalen Preis- und Absatzbindung ein Teil der durch die Kartellgesetze gefährdeten Wettbewerbspraktiken. Für Außenseiter, die aus den etablierten Vertriebswegen ausgeschlossen waren oder sich durch den Ausbruch aus diesen wirtschaftliche Vorteile versprachen, boten die alliierten Kartellgesetze, die vielen bisherigen Wettbewerbspraktiken die gesetzliche Rückendeckung entzogen, eine Chance. Dies war auch bei der vertikalen Preisbindung von Markenartikeln der Fall.

---

20 Ebd., S. 5.

21 Urteil des LG Berlin vom 17.2.1954, 16 Q 4/54, in: GRUR 1954, S. 349.

22 Transkription der Tonbandaufnahme von Werner Domnik an den Bundeswirtschaftsminister, 14.7.1953, S.1, in: BA B102/192415.

23 Siehe Bericht des Wissenschaftlichen Beirats beim Bundesministerium für Wirtschaft über Änderungen des Gesetzes gegen Wettbewerbsbeschränkungen, 1962, Bundesdrucksache 4/617, S. 21–55.

Als Gesetz Nr. 56 und Verordnung Nr. 78 der amerikanischen bzw. britischen Militärregierung erlassen wurden, sahen die meisten deutschen Experten die vertikale Preisbindung von Markenartikeln zunächst als nicht durch die neuen Kartellgesetze betroffen an. Diese Einschätzung war auch von den deutschen Landeswirtschaftsministerien geteilt und war Ende 1947 sogar von der amerikanischen Militärregierung Württemberg-Badens bestätigt worden, die auf Anfrage antwortete, es könne zunächst davon abgesehen werden, die Festsetzung von Wiederverkaufspreisen für Markenartikel als kartellähnliche Bindung im Sinne des Gesetzes 56 zu betrachten.[24] Vor allem der Fakt, dass vertikale Preisbindungen für Markenartikel auch in den USA durch die *fair trade laws* in 45 von 48 Bundesstaaten sowie auf Bundesebene seit 1937 durch den *Miller-Tydings Act* legalisiert waren, veranlasste deutsche Juristen zunächst zu der Annahme, dass autonome Preisbindungen, zu denen die vertikale Preisbindung für Markenartikel gerechnet wurde, durch die alliierten Kartellgesetze nicht betroffen seien.[25] Für deutsche Markenartikler und Juristen gleichermaßen überraschend stellte der Leiter der amerikanischen Dekartellierungsbehörde, Richardson Bronson, in einem als Bronson-Memorandum bekannt gewordenen Schreiben am 21.6.1948 allerdings klar, dass auch vertikale Preisbindungen durch das generelle Verbot von Preisfestsetzungen in den Dekartellierungsgesetzen betroffen waren.[26] In deutscher Übersetzung verkündete dieses Schreiben:

> 1. Einige Verwirrung ist hinsichtlich der Gültigkeit oder Ungültigkeit von Abreden entstanden, in denen Wiederverkaufspreise von Markenartikel gebunden werden. Das Binden von Preisen (Price fixing) ist in § 9c des Gesetzes Nr. 56 ausdrücklich als eines der Mittel erwähnt worden, durch das der Handel beschränkt wird; das Gesetz macht keine Ausnahme im Hinblick auf Markenartikel. Daher sind alle Vereinbarungen, die Wiederverkaufspreise festsetzen, nach dem Gesetz verboten. Die Auslegung steht in Übereinstimmung mit den Entscheidungen des Obersten Gerichtshofs der US, die den Sherman Antitrust Act erläutern.[27]

Trotz der zu diesem Zeitpunkt anderen Rechtslage in den USA bezog das *U. S. Decartelization Element* sich hier direkt auf die Rechtsprechung des Supreme Courts. Dieser hatte den *Sherman Act* hatte vor dem Erlass der *fair trade laws* und des *Miller-Tydings Act* in den USA so interpretiert, dass sowohl vertikale als auch horizon-

24 Gustav Schwartz, Dürfen Markenartikelhersteller Wiederverkaufspreise festsetzen? Ein Überblick über die verwickelte Rechtslage, in: MA 12 (1950), S. 330–337, hier: S. 331.

25 J. H. v. Brunn, Das heutige Recht der Markenartikel, in: GRUR 1948, S. 275–280, hier: S. 279.

26 Gleiss, Alfred/Deringer, Arved, Die Bindung der Wiederverkaufspreise bei Markenartikeln und Verlagserzeugnissen, in: Juristenzeitung 9, Heft 21 (1954), S. 659–663, hier: S. 659.

27 Bronson-Memorandum vom 21.6.1948, zitiert nach: Gustav Schwartz, Dürfen Markenartikelhersteller Wiederverkaufspreise festsetzen? Ein Überblick über die verwickelte Rechtslage, in: MA 12 (1950), S. 332.

tale Preisfestsetzungen als verbotene ‚restraint of trade' galten und dabei nicht zwischen Markenartikeln und ungekennzeichneter Ware differenziert. Im Fall *„Dr. Miles Medical Co. v. John D. Park & Sons Co"* von 1911 war das Preisbindungssystem eines Markenartiklers explizit als Verstoß gegen den *Sherman Act* definiert worden.[28] In den alliierten Dekartellierungsgesetzen für Deutschland war absichtlich keine Ausnahme für vertikale Preisbindungen aufgenommen worden,[29] sodass in Westdeutschland an die striktere Rechtsprechung aus der Zeit vor den *fair trade laws* angeknüpft wurde. Diese Entscheidung spiegelte auch die Auffassung der Antitrust Division in den USA, die sich unter Thurman Arnold ebenfalls klar gegen den *Miller-Tydings Act* und die dort als *resale price maintenance* (RPM) bezeichnete vertikale Preisbindung positioniert hatte.[30] Die *fair trade laws* der Einzelstaaten, welche RPM legalisiert hatten, waren ausgehend von Kalifornien auf Druck von Graswurzelorganisationen der Einzelhändler im Zuge der Weltwirtschaftskrise etabliert worden.[31] Der *Miller-Tydings Act* selbst war als sogenannter *rider* an einen anderes, nicht mit dem Gesetzesinhalt in Zusammenhang stehendes, Gesetzesvorhaben angehängt worden und von Präsident Roosevelt nur widerwillig unter Protest in der Hoffnung unterzeichnet worden, die Auswirkungen auf den Wettbewerb würden sich als nicht so durchschlagend erweisen wie befürchtet.[32] Die Entscheidung Bronsons, das Preisfestsetzungsverbot von Gesetz 56 auch auf die vertikale Preisbindung für Markenartikel anzuwenden, spiegelte also die Position der Antitruster in den USA in der gleichen Debatte wider – bei gegenteiligem Rechtszustand.

Auch vielen Markenartiklern selbst war bereits früh bewusst geworden, dass die Dekartellierungsgesetze das Potenzial hatten, ihre Absatzpolitik erheblich zu gefährden. So stellte der Schuhhersteller Salamander, der für seine Produkte sowohl die Einzelhandelspreise band als auch den Absatzweg auf bestimmte Händler beschränkte, über die zuständige GEDAG bereits am 27.8.1947, also vor dem Bronson-Memorandum, einen Befreiungsantrag nach Gesetz 56.[33] Das schwäbische Unternehmen hatte sich dabei bereits zu Beginn erhebliche politische Rückendeckung für sein Gesuch gesichert. So verfassten die Beamten der GEDAG Württemberg-Baden eine mehrseitige Stellungnahme zum Bericht und Befreiungsantrags

28 Peritz, Competition Policy, S. 54; Dr. Miles Medical Co. v. John D. Park & Sons Co., 220 U. S. 373 (1911), https://supreme.justia.com/cases/federal/us/220/373/, zuletzt abgerufen am 13.08.2020.

29 Dr. Büntig, Die Behandlung vertikaler Preisbindungen nach geltendem Recht, NJW 1956, S. 575–577, hier: S. 576.

30 Lynch, The Concentration of Economic Power, S. 327.

31 Phillips Sawyer, California Fair Trade.

32 Bean, Beyond the Broker State, S. 75.

33 Vorbemerkung der Dekartellisierungsstelle Württemberg-Baden zur Salamander AG, 13.3.1950, in: LA BW, HSta Stuttgart, EA6/004, Bü 239.

Salamanders. Diese verteidigte das Vertriebssystem des Schuhherstellers, welches in Orten ohne eigene Verkaufsstelle jeweils einem Händler pro Ort einen Alleinverkaufs-Vertrag unter Bindung der Preise gewährte. Zwar bedeute die Preisbindung „formal gesehen ohne Zweifel einen Verstoß gegen die Bestimmungen des Gesetzes Nr. 56“, allerdings sei eine „beträchtliche wettbewerbsbeschränkende Monopolstellung in der deutschen Schuhindustrie [...] zu verneinen“. Die Preisbindungen hätten „ihre Notwendigkeiten und ihre praktische Bewährung in der Wirtschaftsgeschichte Deutschlands und bilden die Grundlage eines gesunden Leistungswettbewerbs.“ Durch die Preisbindung verlagere sich der Wettbewerb lediglich vom Preis auf die Ebene der Qualität und führe so zu verbesserter Qualität und technischen Fortschritten und erfülle so einen „wertvollen volkswirtschaftlichen Zweck“. [34]

Der Markenartikler nahm die potenziellen Auswirkungen der Dekartellierungsgesetze bereits vor einem tatsächlichen Durchgriff durchaus ernst. Dem über die GEDAG an die amerikanische Dekartellierungsabteilung gerichteten Befreiungsantrag lagen auch mehrere Schreiben ehemaliger, oft jüdischer, in die USA ausgewanderter Mitarbeiter und Geschäftspartner bei, die sich lobend über das Vertriebssystem und die Preispolitik Salamanders äußerten. Dabei bescheinigten sie dem Unternehmen nicht nur vorbildliches Geschäftsgebaren, sondern der Leitungsebene häufig auch eine antinazistische Gesinnung.[35] Form und Inhalt dieser Schreiben erinnern stark die in den Entnazifizierungsverfahren später berüchtigt gewordenen ‚Persilscheine‘. Dass die Firma unter anderem in die menschenverachtenden, für die Häftlinge oft tödlich endenden Abnutzungsversuche auf der ‚Schuhprüfstrecke‘ im KZ Sachsenhausen verwickelt war, bereits 1933 seine jüdischen Aufsichtsräte absetze, sich bis 1937 von allen 500 seiner jüdischen Alleinverkäufern trennte und umfangreich auf Zwangsarbeiter zurückgegriffen hatte, wurde hingegen nicht erwähnt.[36] Vor allem die Menschenversuche auf der im KZ Sachsenhausen als Strafkommando genutzten ‚Schuhprüfstrecke‘ stellen ein besonders düsteres Kapitel bei der Verwicklung deutscher Unternehmen in die NS-Verbrechen dar. Unter den menschenverachtenden Bedingungen und den Schikanen der SS starben täglich wohl Dutzende Häftlinge, nur wenige überlebten die Märsche über mehrere Wochen, bei denen vor Erschöpfung kollabierende Häftlinge meist direkt von der SS erschossen wurden.[37] Mehrere Unternehmen der Schuhindus-

---

34 Stellungnahme der GEDAG Württemberg Baden zu dem Bericht der Salamander AG., Kornwestheim, gemäß Gesetz Nr. 56, o. D., in: LA BW, HSta Stuttgart, EA6/004, Bü 239, S. 3.

35 Mehrere Dokumente in: LA BW, HSta Stuttgart, EA6/004, Bü 239.

36 Vgl. Anne Sudrow, Der Schuh im Nationalsozialismus, Göttingen 2010, S. 438, 479, 502 (FN 176), 763; Vera Friedländer, Ich war Zwangsarbeiterin bei Salamander, Berlin 2016.

37 Sudrow, Der Schuh im Nationalsozialismus, S. 518.

trie, darunter Salamander, waren bei der Errichtung der Strecke federführend und Firmenvertreter besichtigten regelmäßig die Einrichtungen vor Ort.[38] Ab 1943 leiteten die Manager der führenden Unternehmen, Freudenberg und Salamander, die Schuhprüfstrecke in ihren Funktionen in den zuständigen Fachabteilungen und -gruppen der Wirtschaftsgruppe Lederindustrie quasi in Eigenregie, ohne dass dies zu Veränderungen bei den Versuchen geführt hätte.[39]

Der amerikanische *Decartelization Branch* äußerte sich über die dem Befreiungsantrag beigelegten Musterverträge Salamanders angesichts der Bindungen für Einzelhändler weniger begeistert als die deutschen Fürsprecher des Unternehmens. Im Antwortschreiben hieß es lediglich zum beigelegten exemplarischen Vertragsformular für Alleinverkäufer, „es erscheint, dass es einige Züge aufweist, welche als im Gegensatz zu dem Geiste des Gesetzes der Militärregierung Nr. 56 stehend angesehen werden können."[40] Die zwar kritische, aber zurückhaltende Reaktion der amerikanischen Kartellbehörde zog allerdings keine weiteren Untersuchungen oder Verfahren nach sich. Auch wenn die meisten vertraglich gebundenen Einzelhändler die Bindungen wohl befürworteten oder zumindest als im Zuge des Alleinverkaufsrechts akzeptierten, war es bereits vor den Dekartellierungsgesetzen vereinzelt zu Rechtsstreitigkeiten auf Grund der Verträge gekommen. So hatte 1930 ein Schuhwarenhändler aus Westfalen geklagt, die Vertragsbestimmungen erhielten eine „vollständige wirtschaftliche Knebelung" und verstießen daher gegen die guten Sitten. Konkret kritisierte er neben der Preisbindung selbst die Verpflichtung, in bestimmten Preislagen nur Salamanderschuhe zu führen sowie die Mindestabnahmeverpflichtungen für schwer verkäufliche, teure Schuhe. Das LG Stuttgart allerdings hatte eindeutig im Sinne Salamanders geurteilt, die Verpflichtungen seien „ohne Weiteres verständlich" und stellten „keineswegs [eine] nicht zu rechtfertigende Bindung" dar, durch die mit dreimonatiger Frist halbjährlich möglichen Kündigung sei keine wirtschaftliche Knebelung gegeben.[41] Auch in einem anderen zivilrechtlichen Verfahren einige Jahre später wurde das Vertragssystem der Salamander AG vor dem Amtsgericht Stuttgart aufrecht erhalten.[42] Zu einem ähnlichen Verfahren unter den alliierten Kartellgesetzen scheint es – soweit aus den Quellen ersichtlich – zumindest im Fall Salamanders nicht gekommen zu sein, sodass ein direkter Vergleich von Urteilen vor und nach den Kartell-

38 Ebd., S. 511.

39 Ebd., S. 529 f.

40 Schreiben Walter Browns, Chief des Decartelization Branch, an die Salamander AG, 14.5.1948, in: WA BW, B 150, Bü 1911.

41 Beschluss des LG Stuttgart, 6. Zivilkammer im Fall Herman ten Bokum gegen Salamander AG, 10.12.1931, in: WA BW B150, Bü 365.

42 Schreiben der Salamander AG vom 16.7.1936, in: WA BW B150, Bü 365.

gesetzen hier unterbleiben muss. Der Fall liefert aber ein gutes Beispiel dafür, wie die Markenartikler sich bereits früh mit Nachdruck für ihr Absatzmodell einsetzten und in diesem Unterfangen auch erhebliche Unterstützungen von den deutschen Behörden erhielten. Die politische Lobby war dann auch bei der weiteren Entwicklung der Rechtslage zur vertikalen Preisbindung für Markenartikel entscheidend.

Zum Zeitpunkt des Bronson-Memorandums hatte die bilaterale Koordination der Dekartellierungspolitik durch Amerikaner und Briten in der BIDEC gerade erst begonnen. Da das Memorandum lediglich die amerikanische Sichtweise wiedergab, blieb die Rechtslage auch nach der scheinbaren Klarstellung kompliziert. Die britische Dekartellisierungsabteilung äußerte sich nicht öffentlich zur Sachlage, in Verhandlungen erklärte ihr Leiter aber, dass Preisbindungen einzelner Hersteller für Abnehmer ihrer Produkte von britischer Seite nicht als Verstoß gegen die Dekartellierungsgesetze angesehen würden.[43] Intern wurde der Konflikt hingegen von beiden Seiten klar ausformuliert. So stellte sich mit Richardson Bronson der damalige Leiter der US-Dekartellierungsabteilung und Autor des genannten Memorandums auf den Standpunkt, bei der Formulierung der Dekartellierungsgesetze habe man bewusst auf Sprachregelungen wie im *Miller-Tydings Act* verzichtet, die eine vertikale Preisbindung durch Markenartikelhersteller für ihre Produkte vom allgemeinen Verbot der Preisbindung ausnehmen würde, daher stelle diese ein Verstoß gegen das generelle Verbot von *„price fixing"* dar.[44] Sein britischer Konterpart C. C. Oxborrow hingegen argumentierte, zwar könnte man bei einer wörtlichen Interpretation des betreffenden Paragraphen zu dem Schluss kommen, das Verbot der Preisfestsetzung betreffe auch die Festlegung des Preises durch einen Hersteller für den Handel, jedoch sei dies eine „improper interpretation." Von britischer Seite seien bei der Formulierung des Paragraphs lediglich horizontale Preisabsprachen zwischen Herstellern gleicher oder ähnlicher Produkte gemeint gewesen, nicht jedoch die vertragliche Absprache eines einzelnen Herstellers mit seinen Händlern. Die britische Kartellabteilung habe daher keinesfalls die Absicht, eine Praxis, die nicht nur in Deutschland vor 1945 legal war, sondern

---

43 Gustav Schwartz, Dürfen Markenartikelhersteller Wiederverkaufspreise festsetzen? Ein Überblick über die verwickelte Rechtslage, in: MA 12 (1950), S. 332; Gleiss, Alfred/Deringer, Arved, Die Bindung der Wiederverkaufspreise bei Markenartikeln und Verlagserzeugnissen, in: Juristenzeitung 9, Heft 21 (1954), S. 659; Vgl. Urteil des Amtsgerichts Schwabach, in WuW 1+2 (1951/52), Heft 12, S. 809.

44 Memorandum about Interpretation of Paragraph 9(c)(1) of Law 56 and Ordinance 78, U. S. Decartelization Branch (Bronson) to BICO Legal Group, 29.11.1948, S. 1, in: IfZArch, OMGUS, 17/8247/1.

auch in Großbritannien sowie den meisten Staaten der USA erlaubt und gebräuchlich sei, nun in ihrer Zone zu verbieten.[45]

Auch in der französischen Zone, in der ein abweichendes Dekartellierungsgesetz galt, welches in der Theorie für jede Wettbewerbsbeschränkung eine Prüfung durch den Commandant en Chef vorsah, galt die vertikale Preisbindung de facto weiter. Auch neue Preisbindungen wurden dabei von den deutschen Behörden unter Berufung aus die Preisbindungsverordnung von 1940 genehmigt.[46] Der Konflikt in der BIDEC wurde schließlich durch die ebenfalls bilaterale Rechtsabteilung der BICO scheinbar gelöst. In einem relativ ziellos durch einen Rechtsvergleich zwischen der Behandlung der vertikalen Preisbindung in den Vereinigten Staaten und dem Vereinigten Königreich mäandernden Memorandum kamen die Juristen der Rechtsabteilung schließlich zu dem Schluss, die vertikale Preisbindung stelle nicht grundsätzlich per se eine durch die Dekartellierungsgesetze verbotene Beschränkung des Wettbewerbs dar. Stattdessen sei im Einzelfall zu würdigen, ob durch die vertikale Preisbindung ein Fall von exzessiver Konzentration wirtschaftlicher Macht ausgelöst würde, wie sie in den Dekartellierungsgesetzen verboten sei. Dies könne bspw. der Fall sein, wenn die Preisbindung auch für Dritte gelte, die die Ware von dem vertraglich direkt gebundenen Händler erstehen.[47] Die amerikanische Seite gab sich mit dieser Auslegung letztlich nicht zufrieden. Nachdem die Dekartellierungspolitik mit dem Rücktritt Clays und der Übernahme McCloys an der Spitze des OMGUS/HICOG wieder verschärft wurde, nahm die amerikanische Seite unter Zustimmung des amerikanischen Vertreters in der Rechtsabteilung die Entscheidung dieser bilateralen Institution schlicht zurück:

> As a result of conferences with Mr. Hannaman and Mr. Kearney, we have reached agreement that the opinion of the BICO Legal Group to the effect that retail price fixing contracts are not in violation of Law No. 56 need no longer be followed. It was our joint opinion that the U. S. interpretation of the Law will be that such agreements are prohibited by the Law.

Bei offenem Widerstand durch die britische oder französische Kartellabteilung wäre die Frage dann erneut von der nun trilateralen Rechtsabteilung in der Hohen Kommission entschieden worden.[48] Trotz aller Entschlüsse und Verkündun-

45 Memorandum about Interpretation of Paragraph 9(c)(1) of Law 56 and Ordinance 78, UK Decartelization Division (Oxborrow) to BICO Legal Group, 2.12.1948, in: IfZArch, OMGUS, 17/8247/1.

46 Gleiss, Alfred/Deringer, Arved, Die Bindung der Wiederverkaufspreise bei Markenartikeln und Verlagserzeugnissen, in: Juristenzeitung 9 (1954), Heft 21, S. 660.

47 Memorandum about Interpretation of Paragraph 9(c1) of Law 56 and Ordinance 78, BICO Legal Group to BIDEC, 12.4.1949, S. 7 u. 10, in: IfZArch, OMGUS, 17/8247/1.

48 Memorandum about Price Fixing, N. N., to Mr. Barron and Mr. Heymann, 8.11.1949, in: IfZArch, OMGUS, 17/8250/18.

gen fand eine Verfolgung von Preisbindungen der zweiten Hand durch Straf- oder Verwaltungsverfahren in der Praxis allerdings auch durch amerikanische Besatzungsbehörden nie statt, weswegen dieser Konflikt zumindest zwischen den Besatzungsmächten nicht wiederaufflammte, bis mit dem Willner-Brief eine Lösung gefunden wurde, hinter der alle drei Kartellabteilungen und damit die DIDEG als Ganzes standen. Die Straf- und Verwaltungsverfahren, die tatsächlich durchgeführt wurden, konzentrierten sich auf offensichtlichere Verstöße, meist klassische, horizontale Preisabsprachen durch Kartelle und kartellartige Vereinbarungen.

Äußerst relevant war die Auslegung der Kartellgesetze bei der vertikalen Preisbindung aber in zivilrechtlichen Auseinandersetzungen vor deutschen Gerichten. Die meisten Entscheidungen richteten sich hier zunächst nach der amerikanischen Linie. Dabei wurde die Auslegung des Bronson-Memorandums auch in der britischen Zone von der Mehrheit der deutschen Gerichte zunächst übernommen.[49] Lediglich vereinzelte Urteile niedriger Instanzen wichen von dieser Linie ab und sahen die vertikale Preisbindung weiterhin als legal und einklagbar an.[50] Die Lage änderte sich aber Ende 1952 mit dem sogenannten Willner-Brief erheblich. Hintergrund war, dass der Entwurf für das deutsche Gesetz gegen Wettbewerbsbeschränkungen, welches die alliierten Kartellgesetze ablösen sollte, bereits in einem frühen Stadium eine Ausnahme vom generellen Preisfestsetzungsverbot für die vertikale Preisbindung von Markenartikeln vorsah. Ludwig Erhard unterhielt zu diesem Zeitpunkt gute Beziehungen zum Markenverband, der in Bezug auf die Preisbindung der Markenwaren erhebliche Lobbyarbeit leistete. Auch die 1952 aktuelle Entwurfsfassung sah in § 11 eine Ausnahme vom allgemeinen Preisbindungsverbot für Markenartikel und Verlagserzeugnisse vor.[51] Markenartikel, für die es auch vor 1945 keine allgemeingültige, unumstrittene Definition gegeben hatte, wurden in dem Entwurf definiert als

> Erzeugnisse, die 1. selbst oder 2. deren für die Abgabe an den Verbraucher bestimmte Umhüllung oder Ausstattung oder 3. deren Behältnisse, aus denen sie verkauft werden, mit einem ihre Herkunft kennzeichnenden Merkmal (Firmen-, Wort- oder Bildzeichen) versehen sind, um die Versorgung der Verbraucher mit Waren gleichbleibender Güte zu gewährleisten.[52]

49 Bspw. Urteil des OLG Hamburg vom 5.6.1951, 4 U 315/50, in: GRUR 54 (1952), S. 46 f.

50 Vgl. Urteil des Amtsgerichts Schabwach, o. D. [nach Gleiss/Deringer: 24.7.1952], Ds 56/52, WuW 1+2 (1951/52), Heft 12, S. 809.

51 Entwurf eines Gesetzes gegen Wettbewerbsbeschränkungen vom 13.6.1952, Bundesdrucksache 1/3462.

52 Ebd., S. 3.

Angesichts der zu diesem Zeitpunkt erwarteten baldigen Verabschiedung des Gesetzes und der nach wie vor uneinheitlichen, auf die Zonenunterteilung Deutschlands zurückgehenden Rechtslage, wandte sich das Bundeswirtschaftsministerium am 5.11.1952 – wieder auf Druck des Markenverbandes – an den Leiter der amerikanischen Dekartellierungsbehörde mit der Bitte, den Markenartiklern den Umstieg auf den Rechtszustand nach der Verabschiedung des GWB bereits durch eine Befreiung von den Dekartellierungsgesetzen zu erleichtern.[53] Dieser Bitte sah sich Sidney Willner, Leiter der US-Dekartellierungsbehörde und amerikanischer Vertreter in der DIDEG, nicht in der Lage vollständig zu entsprechen. Im als Willner-Brief bekannt gewordenem Antwortschreiben hieß es:

> Nach unserer Ansicht sind Vereinbarungen zwischen dem Verkäufer und dem Käufer einer Ware, die den Preis festsetzen, unter dem der Käufer die Ware weiterverkaufen darf, ohne Rücksicht darauf, ob es sich um Markenartikel handelt oder nicht, Preisfestsetzungsverträge, die gegen die entsprechenden Vorschriften des Gesetzes Nr. 56 der US-Militärregierung verstoßen.

Willner betonte, eine generelle Befreiung mit der Reichweite von § 11 des GWB-Entwurfs könne nicht erteilt werden, solang das Bundeskartellamt nicht errichtet worden sei, welches Missbräuche gemäß § 12 und 13 des Entwurfs kontrollieren sollte. Allerdings bezeichnete er den Wunsch der Markenartikler, ihre geschäftlichen Maßnahmen der neuen Lage anzupassen als „verständlich“ und erklärte sich daher dazu bereit, dass seine Behörde keine Verfahren gegen Hersteller oder Käufer von Markenartikeln würde, die Wiederverkaufspreise festsetzen, sofern diese Vereinbarungen nach dem GWB-Entwurf erlaubt wären.[54] Die neue Linie war mit dem britischen DIDEG-Vertreter abgesprochen[55], sodass nun Einheitlichkeit zwischen den Besatzungszonen bestand, da die vertikale Preisbindung in der französischen Zone ohnehin weiter angewendet worden war.

War der Brief Willners zunächst wohl in Erwartung einer baldigen Verabschiedung des GWB als ein temporäres Zugeständnis an Erhards Wirtschaftsministerium gedacht, so lieferte er tatsächlich in den nächsten fünf Jahren erheblichen Zündstoff bei der Diskussion über die zivilrechtliche Gültigkeit der vertikalen Preisbindung für Markenartikel. Problematisch war dabei zunächst, dass in dem Schreiben zwar davon gesprochen wurde, keine Verwaltungs- und Strafverfahren gegen die vertikale Preisbindung für Markenartikel in Gang zu setzen (was de fac-

---

53 N. N., Bindung des Wiederverkaufspreises für Markenartikel zulässig. Neues Schreiben der US-Dekartellierungsbehörde, BB 7 (1952), Heft 34, S. 960.

54 N. N., Wiederzulassung des Markenpreisschutzes. Wortlaut des Schreibens der US-Dekartellierungsbehörde vom 18. November 1952, in WuW 1+2 (1951/52), Heft 14, S. 923.

55 Ebd., S. 924.

to auch vorher nicht geschehen war), sich Willner aber nicht explizit zur zivilrechtlichen Gültigkeit äußerte. Anfänglich wurde der Brief aber von deutschen Fachjuristen quasi unisono so ausgelegt, dass eine zivilrechtliche Gültigkeit der vertikalen Preisbindung impliziert sei, da Willner beabsichtigte, den Abschluss von entsprechenden Verträgen zu ermöglichen und dazu eine zivilrechtliche Gültigkeit vor deutschen Gerichten durchsetzbar sein müsse.[56]

Die deutschen Gerichte schlossen sich dieser Argumentation in dieser Phase in der überwiegenden Mehrheit an. So urteilte das LG Berlin am 6.6.1953 im Fall des Kosmetikherstellers Beiersdorf[57] gegen eine Spandauer Seifenhandlung. Der Kosmetikhersteller hatte im Dezember 1952, kurz nach der Veröffentlichung des Willner-Briefes, die Preisbindung für ihre Markenartikel wieder eingeführt und alle belieferten Großhändler per Revers verpflichtet, diese einzuhalten. Er berief sich dabei auch explizit darauf, dass die britische und amerikanischen Besatzungsstellen entgegenstehende Auffassungen aufgegeben hätten. Die Seifenhandlung verkaufte aber Nivea-Creme unter den festgesetzten Preisen und weigerte sich, ihre Lieferanten zu benennen.[58] Dies wertete das Gericht entweder als Anleitung zum Vertragsbruch oder Ausnutzung fremden Vertragsbruchs (je nachdem ob die Seifenhandlung ihre Lieferanten bedrängte, zu liefern oder diese von sich aus Ware unter den festgesetzten Preisen verkauften) und somit als Verstoß gegen § 1 UWG.[59] Die Rechtsprechung war im Resultat letztlich die gleiche wie vor 1945, bezog aber explizit mit ein, dass die vertikale Preisbindung im Willner-Brief von der britischen und amerikanischen Dekartellierungsabteilung nicht mehr beanstandet worden war und legte sie daher auch als zivilrechtlich wieder gültig aus.[60]

Gleichzeitig wurden aber erste Zweifel an der zivilrechtlichen Aussagekraft des Willner-Briefes laut. So argumentierte der Münchener Rechtsanwalt Karl Heintz als Erster, dass die alliierten Gesetze noch beständen und durch den Willner-Brief nicht aufgehoben seien, auch nicht in Bezug auf die vertikale Preisbindung für Markenartikel, die nach wie vor ein Verstoß gegen die Dekartellierungsgesetze darstelle. Zudem seien bei zivilgerichtlichen Verfahren ausschließlich

---

56 Siehe bspw. Alfred Gleiss, Bindung der Wiederverkaufspreise für Markenartikel. Zum Schreiben der US-Dekartellierungsbehörde vom 18.11.1952, in: BB 7 (1952), Heft 35/36, S. 998–999, hier: S. 999.

57 Alfred Reckendrees erwähnt die vertikalen Preisbindung der Markenartikel in seiner Geschichte dieses Unternehmens am Rande, geht aber nicht weiter auf die Bedeutung dieses Instruments für den Vertrieb oder die daraus entstehenden Rechtsstreitigkeiten ein. Alfred Reckendrees, Beiersdorf. Die Geschichte des Unternehmens hinter den Marken NIVEA, tesa, Hansaplast & Co, München 2018, S. 46 u. 146.

58 Urteil des LG Berlin vom 6.6.1953, 16 Q 42/53, in: WuW 3 (1953), Heft 10, S. 633–636.

59 Ebd., S. 636.

60 Ebd., S. 634.

deutsche Gerichte zuständig, für die der Willner-Brief keinerlei bindende Wirkung habe, und wie diese urteilen würden, sei völlig offen, da die praktische Vorwegnahme eines noch nicht geltenden Gesetzes keine in Deutschland etablierte Rechtspraxis sei.[61]

Alfred Gleiss, der schon nach der Veröffentlichung des Willner-Briefes für eine zivilrechtliche Gültigkeit der vertikalen Preisbindung argumentiert hatte, unternahm daraufhin einen kreativen Rettungsversuch. Der Willner-Brief sei als sogenannte *railroad-clause* nach amerikanischem Rechtsverständnis zu interpretieren. Durch dieses, der amerikanischen Antitrustpraxis entnommene Methode sei es den Kartellbehörden möglich, eine Praxis de facto zu legalisieren, die eigentlich nach wie vor einen Verstoß gegen die Kartellgesetze darstelle. Zwar sei im Willner-Brief keine ‚authentische Interpretation' der Dekartellierungsgesetze zu sehen, da ihm kein gesetzlicher oder verwaltungsrechtlicher Charakter zukäme, jedoch sei die zivilrechtliche Gültigkeit der vertikalen Preisbindung erklärter Wille des Briefes, weswegen nach einer Parallele im amerikanischen Antitrustrecht gesucht werden müsse, die mit der *railroad-clause* gefunden sei.[62] Zudem sei es laut Gleiss für einen deutschen Richter nicht sinnvoll, das Recht einer Besatzungsmacht strikter anzuwenden als diese selbst.[63] Der Begriff *railroad-clause* scheint dabei zu einem gewissen Grad eine Eigenkonstruktion von Gleiss gewesen zu sein. Zwar hatte von ihm zitierte deutsche Literatur über amerikanische Wettbewerbsrechtpraxis, die durch die alliierten Dekartellierungsgesetze einen erheblichen Aufschwung erfuhr, tatsächlich über einen *railroad release* als neuen Fachausdruck berichtet.[64] Dieser terminus technicus war aber im zeitgenössischen amerikanischen Antitrust nicht ansatzweise so verbreitet, wie Gleiss' Darstellung vermuten ließ. Er bezeichnete dort eine Praxis im Zusammenhang mit den *consent decrees*, bei der Antitrustverfahren ohne einen Schuldspruch im Rahmen eines Deals zwischen der klagenden *Antitrust Division* und dem betroffenen Unternehmen eingestellt wurden. Der *railroad release* erweiterte diese Praxis insofern, dass die entsprechenden Gegenleistungen möglichst branchenweit und rechtlich bindend alle Unternehmen der betroffenen Branche dazu verpflichten sollten, ihre Wettbewerbspraktiken gemäß den Vorgaben der *Antitrust Division* anzupassen. Da es im Fall der vertikalen Preisbindung in Deutschland aber überhaupt nie zu einem Verfahren durch die

61 Karl Heintz/Alfred Gleiss, Zweifel an der zivilrechtlichen Gültigkeit der Freigabe der Markenartikel?, in: BB 8 (1953), Heft 21, S. 607–609, hier: S. 607.

62 Ebd., S. 608.

63 Ebd., S. 609.

64 Fritz Engelmann, Der Kampf gegen die Monopole in den USA. Die rechtliche Behandlung der wirtschaftlichen Konzentrationsbewegung in den Vereinigten Staaten von Amerika, Berlin u. Tübingen 1951, S. 170 f.

alliierten Kartellbehörden gekommen war, war diese Auslegung von Gleiss, wie auch das gesamte Konstrukt der *railroad-clause* mindestens fragwürdig, wie auch die weitere Entwicklung im Fall des Willner-Briefes bestätigen wird.

Gleiss' Argumente verfingen zunächst durchaus bei deutschen Gerichten. So hatte der o. g. Rechtsstreit des Berliner Seifenhändlers mit Beiersdorf inzwischen seinen Weg zum Kammergericht Berlin gefunden, nachdem der Händler gegen die beim LG bewirkte einstweilige Verfügung Widerspruch eingelegt hatte. Das KG Berlin hielt mit seinem Urteil vom 17.11.1953 die Entscheidungen des LG aufrecht, interessant sind aber Teile der umfangreichen Begründung.[65] So bezog sich das Urteil u. a. direkt auf Gleiss und seine Interpretation des Willner-Briefes als *railroad-clause* und bezeichnete diese als zutreffend.[66] Ein bloßer Verzicht auf verwaltungsrechtliche und strafrechtliche Verfahren durch die alliierten Dekartellierungsbehörden ohne Aussage über zivilrechtliche Auswirkungen hingegen, „würde dem Sinn und Zweck des Schreibens nicht gerecht werden", da es explizit von Willner gewollt sei, Markenartiklern die vertikale Preisbindung wieder in der Praxis zu ermöglichen und dies ohne zivilrechtliche Gültigkeit nicht möglich sei.[67] Im Ergebnis stellte sich das Gericht damit wieder auf den etablierten Rechtsstandpunkt aus der Zeit vor 1945, das das Preisunterbieten von Markenartikeln, bei denen ein lückenloses Preisbindungssystem vorliege, nur entweder durch die Missachtung eigener Rechtspflichten nach Unterzeichnung von entsprechenden Verträgen oder die Ausnutzung fremden Rechtsbruchs möglich sei und damit unlauter und sittenwidrig im Sinne von § 1 des Gesetzes gegen den unlauteren Wettbewerb sei.[68] Auch andere Gerichten bejahten die zivilrechtliche Gültigkeit der vertikalen Preisbindung in dieser Phase mit Verweis auf den Willner-Brief.[69] So argumentierte das OLG München, der Willner-Brief sei zwar keine Gesetzesänderung oder authentische Interpretation nach deutschem Recht, erlaube aber die Einführung der vertikalen Preisbindung unter Vorbehalt, diese im Einzelfall zu entziehen. Im Willner-Brief nur ein Verzicht auf Strafverfolgung zu sehen, sei hingegen verfehlt.[70] Auch das LG Wiesbaden urteilte, ebenfalls unter Verweis auf Gleiss, „Gegen die Gültigkeit einer Preisfestsetzung durch die Herstellerfirma, die sogenannte vertikale Preisbindung, bestehen seit dem sogenannten Willner-Brief vom 18.11.1952 trotz des Gesetzes Nr. 56 der Militärregierung keine Bedenken mehr."[71]

---

65 Urteil des KG Berlin vom 17.11.1953, 5 U 1840/53, in: WuW 4 (1954), Heft 3, S. 182–194.
66 Ebd., S. 188.
67 Ebd., S. 187.
68 Ebd., S. 182.
69 Urteil des LG Hamburg vom 07.04.1954, 15 O 57/54, in: GRUR 1954, S. 466 f.
70 Urteil des OLG München vom 15.07.1954, 6 U 812/54, in: GRUR 1955, S. 302–304.
71 Urteil des LG Wiesbaden vom 31.1.1955, 6 Q 1/55, in: MA 1955, S. 117–120, hier: S. 120.

1955 geriet die Rechtssicherheit der vertikalen Preisbindung allerdings durch zwei Entwicklungen wieder ins Wanken. Zunächst erlitt die von Alfred Gleiss vertretene Theorie, beim Willner-Brief handle es sich um eine *railroad-clause*, die die zivilrechtliche Gültigkeit impliziere, einen empfindlichen Schlag. Zwar war Sidney Willner, der Autor des Briefes, inzwischen auf Grund von erheblichen Personalreduzierungen in der Amerikanischen Hohen Kommission in die USA zurückgekehrt, jedoch stellte das amerikanische Außenministerium am 21.2.1955 an seiner statt klar, dass es sich beim Willner-Brief lediglich um ein *policy statement* seitens der amerikanischen (und implizit der britischen) Dekartellierungsabteilung handelte. Auf Anfrage des BMWi stellten die Amerikaner klar: „As the terms of the letter (‚This office will not institute proceedings…') show, it contains merely what we call a policy statement, in other words, a statement of intention."[72] Auch das Bundeswirtschaftsministerium stellte daraufhin noch einmal klar, dass der Willner-Brief über die zivilrechtliche Rechtsgültigkeit der vertikalen Preisbindung unter den Dekartellierungsgesetzen nichts enthalte.[73]

Eine weitere Schwächung erhielt die Aussagekraft des Briefes dadurch, dass mit dem Ende des Besatzungsstatuts im Mai 1955 die Alliierte Hohe Kommission und damit auch die nationalen Dekartellierungsabteilungen der Besatzungsmächte sowie die trilaterale DIDEG ihr Ende fanden. Die deutsche Regierung hatte den Alliierten bei den Verhandlungen über die Pariser Verträge und das Ende des Besatzungsstatuts zugesichert, dass die Dekartellierungsgesetze bis zum Inkrafttreten des GWB in Kraft bleiben sollten. Dadurch wurden diese Gesetze am 5. Mai 1955 um 12 Uhr offiziell Bundesrecht.[74] Die Befugnisse der alliierten Behörden bei der Handhabung der Dekartellierungsgesetze gingen damit auf das Bundeswirtschaftsministerium über. Dadurch blieben die Gesetze selbst zwar in Kraft, der Status des Willner-Briefes war aber fragwürdiger denn je, da dieser nie eine veröffentlichte Besatzungsnorm gewesen war und dementsprechend auch nicht – anders als die Dekartellierungsgesetze und ihre Ausführungsverordnungen selbst – auf das BMWi übergegangen war.[75] Einige Wettbewerbsjuristen schlossen daraus, dass die vertikale Preisbindung damit wieder als von den Dekartellierungsgesetzen verbotenes *fixing of prices* anzusehen sei.[76]

---

72 Brief des amerikanischen Außenministeriums, 21.2.1955, zitiert in: RA Dr. Bramslöw, Amtliche Äußerungen zur Preisbindung bei Markenartikeln, in BB 11 (1956), Heft 9, S. 286 f.

73 Ebd., S. 287.

74 Alfred Gleiss / Wolfgang Fikentscher, Weitergeltung des Dekartellierungsrechts, in WuW 5 (1955), Heft 9, S. 525–533.

75 Dr. Sp., Vertikale Preis-, Geschäfts-, und Vertriebsbindungen bei Markenwaren, in: WuW 6 (1956), Heft 1, S. 70–72, hier: S. 72.

76 Karl Heintz, Vertikale Preisbindung bei Markenartikeln zulässig?, in: BB 10 (1955), Heft 16, S. 494.

Alfred Gleiss hingegen, in seiner ursprünglichen Argumentation der *railroad-clause* geschlagen, verteidigte die vertikale Preisbindung für Markenartikel nun mit der Begründung, es sei ein Gebot von Treu und Glauben seitens des Bundeswirtschaftsministeriums, über die Grenzen des Willner-Briefes nicht hinauszugehen, machte aber nicht klar, inwieweit dies bindend für deutsche Gerichte sein sollte.[77] Tatsächlich äußerte sich auch das Bundeswirtschaftsministerium zunächst nicht zu der Sachlage und vermied später auch auf konkrete Nachfrage Aussagen, die für die zivilrechtliche Gültigkeit der vertikalen Preisbindung unter der den alliierten Gesetzen als präjudizierend angesehen werden könnten. Dahinter stand eine zunehmend kritischere Sichtweise auf die wirtschaftlichen Auswirkungen der vertikalen Preisbindung im Bundeswirtschaftsministerium sowie Unzufriedenheit Erhards über mangelnde Unterstützung seiner Preispolitik durch die Markenartikler, worauf noch einzugehen sein wird.

Die nun widersprüchlichen Meinungen der deutschen Wettbewerbsjuristen zur zivilrechtlichen Gültigkeit der vertikalen Preisbindung nach dem Ende des Besatzungsstatuts und der amerikanischen Klarstellung zur rechtlichen Natur des Willner-Brief indes schlugen sich in einer ebenfalls gespaltenen Rechtsprechung bis hinauf zu den Oberlandesgerichten nieder. Einige Gerichte hielten dabei mit unterschiedlicher Argumentation auch weiter an der vertikalen Preisbindung fest. So war es erneut der Kosmetikhersteller Beiersdorf, der den gebundenen Festpreis für seine Nivea-Creme im September 1955 vor dem OLG Hamburg gegen einen seiner 43.000 direkt belieferten Groß- und Einzelhändlern verteidigte. Das Gericht argumentierte in seinem Urteil, dass die vertikale Preisbindung durch die mehrjährige Gültigkeit in Folge des Willner-Briefes sowie wegen ihrer Gültigkeit vor 1945 zum Gewohnheitsrecht geworden sei. Dementsprechend sei sie auch im zukünftigen deutschen Recht wieder aufgenommen worden und entspreche auch der Rechtslage in anderen Ländern.[78] Auch das Münchener OLG hielt trotz der Schwächung des Willner-Briefes an der Rechtsgültigkeit der vertikalen Preisbindung fest, argumentierte aber explizit anders als sein Hamburger Pendant. So äußerte das Gericht „gewisse Bedenken" zu der Rechtsansicht, dass auf Grund des Willner-Briefes und der Gültigkeit der vertikalen Preisbindung der Markenartikel vor 1945 bereits ein Gewohnheitsrecht erwachsen sei. Dazu sei nicht nur die seitdem vergangene Zeitdauer zu kurz, sondern es fehle auch „an der Festigung des allgemeinen Rechtsgeltungswillens der Gemeinschaft" abseits der Markenhersteller und weiter Teile ihrer Großabnehmer selbst. Stattdessen stellte sich das Gericht auf den Standpunkt von Gleiss, es sei ein Gebot von Treu und Glauben seitens des Bun-

77 Dr. Sp., Vertikale Preis-, Geschäfts-, und Vertriebsbindungen bei Markenwaren, in: WuW 6 (1956) Heft 1, S. 71.

78 Urteil des OLG Hamburg vom 1.9.1955, 3 U 168/55, in: WuW 6 (1956), Heft 1, S. 75–77, hier: S. 76.

deswirtschaftsministeriums, über die Grenzen des Willner-Briefs nicht hinauszugehen. Aus dieser Zulassung seitens des Wirtschaftsministeriums als nun zuständiger Dekartellierungsbehörde sei wegen der Einheitlichkeit des Rechtssystems dann zu schließen, dass die vertikale Preisbindung nicht gesetzeswidrig sein könne.[79] Auch das LG Münster schloss sich im Ergebnis den Entscheidungen der OLG München und Hamburg an und befand die vertikale Preisbindung für Markenartikel für zulässig und einklagbar.[80]

Eine Reihe anderer Landgerichte und Oberlandesgerichte kam aber zu einer völlig anderen Rechtsauffassung. Das am meisten diskutierte Urteil, welches schließlich auch seinen Weg bis zum Bundesgerichtshof finden sollte, wurde vom OLG Stuttgart im Rechtsstreit des Schokoladenherstellers Waldbaur mit einem Süßwarenhändler gefällt. Auch in diesem Fall war die vertikale Preisbindung mit einer Absatzbindung verbunden, die u. a. den Weiterverkauf an Straßenhändler ausschloss, was in vorherigen Fällen, bspw. im Fall des zu Kapitelbeginn behandelten Parfüms ‚4711' aber nicht als Argument gegen die Legalität der vertikalen Preisbindung gewertet worden war. Das OLG Stuttgart sah diese Verbindung von Preis- und Absatzbindung, bei der der Verkauf auf wenige Fachhändler beschränkt wurde, allerdings als Verstoß gegen Gesetz 56, der durch den Willner-Brief nie legalisiert worden sei. Zudem habe der betroffene Süßwarenhändler glaubhaft deutlich gemacht, dass er durch die in der Branche flächendeckend angewandten Preis- und Absatzbindungen der Schokoladenhersteller Schwierigkeiten habe, vergleichbare Ware zu beziehen. Dadurch komme der vertikalen Preis- und Absatzbindung hier eine monopolisierende Wirkung zu, die klar gegen Gesetz 56 verstoße.[81] Den Willner-Brief interpretierte das Gericht lediglich als Verwaltungsanweisung und wies in direktem Widerspruch zu Gleiss darauf hin:

> Nach „Treu und Glauben" aus einer Verwaltungsanweisung zur Einstellung von Strafverfolgungen seitens der Besatzungsmacht ein wohlerworbenes Recht zu machen, geht nicht an.[82]

Auch einer Interpretation der vertikalen Preisbindung als Gewohnheitsrecht erteilten die Richter wortgewaltig eine Absage:

---

79 Urteil des OLG München vom 30.8.1955, 7 Q 45/55, in: Ebd., S. 77 f., hier: S. 78.

80 Urteil des LG Münster vom 7.3.1956, 7 Q 4/56, in: BB 11 (1956), Heft 15, S. 483.

81 Urteil des OLG Stuttgart vom 17.11.1955, 5 U 169/54, in: WuW 6 (1956), Heft 4, S. 275–289, hier S. 278.

82 Ebd., S. 286.

> Zur Entstehung eines Gewohnheitsrechts gegen das gesetzte Recht genügt nicht, daß eine Interessentengruppe ihren Machtanspruch mit Überzeugung durchzusetzen versucht, während die Gemeinschaft zeitweise dies duldet.[83]

Stattdessen befand das Gericht, es könne sich „angeblich herrschenden Rechtsprechung der OLGs und der Mehrheit der einschlägigen Schriftsteller nicht anschließen".[84] Der entscheidende Senat ging zwar nicht soweit, die vertikale Preisbindung per se als illegal zu charakterisieren, band die Rechtsgültigkeit der vertikalen Preisbindung aber an die Marktumstände, vor allem die Frage, inwieweit es für den Abnehmer möglich sei auf andere Waren gleicher Art auszuweichen und ob die Handelsspannen für preisgebundene Waren als überhöht zu betrachten seien.[85] Da das Gericht in diesem Fall zu diesen Fragen zu einem negativen Befund kam, lehnte es eine Rechtsgültigkeit der vertikalen Preis- und Absatzbindung in diesem Fall ab.

Bei seiner Behandlung der Absatzbindung konnte sich das Gericht durchaus auf Aussagen der zuständigen Besatzungsbehörden beziehen. So hatte die amerikanische *Decartelization Division* 1953 klargestellt, das Schreiben Sidney Willners decke „keinesfalls Lieferbedingungen, nach denen der Wiederverkauf von einem Grosshändler zum anderen, oder eines Kleinhändlers an den anderen verboten ist." Eine Absatzbindung sahen die amerikanischen Antitrustexperten nur dann als berechtigt an, wenn seitens des Herstellers ein berechtigtes Interesse an einem fachkundigen Händler bestehe, da der Kunde auf technische Beratung des Händlers angewiesen sei. Als Beispiele dafür wurden etwa Röntgenapparate oder chirurgische Geräte genannt, während bei Artikeln des täglichen Gebrauchs wie Parfüm oder Seife eine Absatzbindung nicht zulässig sei.[86] Diese Auffassung hatte die trilaterale DIDEG auch einer Markenartikelfirma sowie dem Markenverband direkt mitgeteilt. Im sogenannten „Maddocks-Memorandum" hatte DIDEG-Vertreter A:F. Maddocks auf die Anfrage eines Markenartiklers in Bezug auf eine Absatzbindung, die den Weiterverkauf von Großhändler an andere Großhändler sowie von Einzelhändlern an Zwischenhändler verbot, konkret geantwortet:

> Nach Ansicht der DIDEG stehen diese Beschränkungen bei der Verteilung Ihrer Erzeugnisse im Widerspruch zu den alliierten Dekartellierungsgesetzen und sie fallen auch nicht unter den Wortlaut des Briefes vom 18.11.1952, den die Decartelization and Deconcentration Division der Vereinigten Staaten (im Einvernehmen mit der britischen Oberkommission) an den

83 Ebd., S. 287.

84 Ebd., S. 288.

85 Ebd., S. 275.

86 Stellungnahme der Decartelization Division, Dr. William Blitz, zum Problem der Vertriebsbindung, 1.7.1953, in: BA B 102/5273.

> Bundesminister für Wirtschaft in Bezug auf die Bindung der Wiederverkaufspreise geschrieben hat [gemeint ist der Willner-Brief, RH].[87]

Indem das Stuttgarter Gericht eine Absatzbindung für Tafelschokolade versagte, bewegte es sich also durchaus auf den Linien der kurz zuvor abgelösten amerikanischen Besatzungsmacht. Bereits am 20.5.1954 hatte das LG Hamburg eine Vertriebsbindung [identisch zur Absatzbindung, RH] eines Kosmetikherstellers für ungültig erklärt, ohne dabei aber die vertikale Preisbindung selbst rechtlich anzuzweifeln.[88] Die nächsthöhere Instanz, das OLG Hamburg, bezeichnete die Vertriebsbindung in diesem Fall immerhin als „zweifelhaft“ und bezog sich dabei auch auf die o. g. Äußerung der *Decartelization Division*.[89] Das Verhalten des Antragsgegners in diesem Fall, der die Vertriebsbindung umgangen hatte, indem er die Ware von einem anderen Händler bezog, beurteilte das Gericht angesichts der Rechtsunsicherheit als nicht sittenwidrig.[90] Das LG Köln hingegen sah keinen Anlass dazu, an einer Vertriebsbindung ebenfalls in der Kosmetikbranche zu zweifeln. Eine derartige Verpflichtung, – wieder durch das Unternehmen Mülhens bei seinem Parfüm 4711 gerichtlich durchgesetzt – beurteilte das Gericht als rechtswirksam und gab der entsprechen Klage statt. Bei der Absatzbindung handle es sich nicht um eine Absprache, „die – mit der Wirkung einer übermäßigen Konzentration der Wirtschaftskraft – den Binnenhandel oder andere Wirtschaftstätigkeit beschränkt oder eine monopolistische Kontrolle hierüber fördert“. Der Hersteller habe leidglich für seine eigenen Produkte ein Vertriebssystem eingeführt, um den Ruf seines anerkannten Markenartikels durch gleichbleibenden Preis und Güte zu schützen, was kein Verstoß gegen die Dekartellierungsgesetze darstelle.[91] Das OLG Frankfurt hingegen urteilte bei zahnärztlichen Bedarfsgegenständen gegen die Notwendigkeit einer Vertriebsbindung. Diese sei weder durch den Willner-Brief gerechtfertigt noch gewohnheitsrechtlich zulässig. Außerdem verwehre sie den Zugang zum Markt und könne bei Markenartiklern auch ohne Monopolstellung die Marktlage erheblich beeinflussen, weswegen ein Verstoß gegen Gesetz 56 vorliege.[92]

Verlor die Absatz bzw. Vertriebsbindung auch vor deutschen Gerichten also zunehmend an Raum, so waren der Markenartikelindustrie nahestehende Juristen

---

87 N. N., Weiterverkaufsbindungen einer Markenartikelfirma als unzulässige Wettbewerbsbeschränkung untersagt, in: BB 9 (1954), Heft 4, S. 115.

88 Urteil des LG Hamburg vom 20.5.1954, 27 O 134/53, in: WuW 6 (1956), Heft 2, S. 158 f.

89 Urteil des OLG Hamburg vom 29.6.1955, 5 U 58/54 u. 12/55, in: WuW 6 (1956), Heft 1, S. 79 f., hier: S. 79.

90 Ebd., S. 80.

91 Urteil des LG Köln vom 21.4.1955, 24 O 69/53, in: WuW 6 (1956), Heft 1, S. 80 f., hier: S. 80.

92 Urteil des OLG Frankfurt vom 6.10.1955, 6 U 41/55, in: WuW 6 (1956), Heft 3, S. 242–246.

nach dem wegweisenden Urteil des OLG Stuttgart darum bemüht, zumindest die vertikale Preisbindung vor deutschen Gerichten gegen die striktere Auslegung der Dekartellierungsgesetze aufrechtzuerhalten. So argumentierte Klaus Meyer in der Zeitschrift des Markenartikelverbandes gegen Meinungen, die im Urteil des OLG Stuttgart eine generell Unzulässigkeit der vertikalen Preisbindung erkannten, „in der Begründung des Urteils steht in Wirklichkeit nichts, was zu jenen allgemeinen Schlußfolgerungen berechtigen könnte."[93] Stattdessen wurde betont, dass das Gericht gerade nicht Absatzbindungen und Preisbindungen an sich für unvereinbar mit Gesetz 56 erklärte, sondern nur in dem konkreten Fall die Bindungen als marktbeeinflussend und damit nicht ‚*reasonable*' ansah.[94] Die Kriterien, an denen das Gericht die Ungültigkeit der Absatz- und Preisbindung in diesem Fall festmachte, vor allem die hohe Gewinnspanne und das gleichförmige Vorgehen der Markenartikelhersteller, wurden hingegen von Meyer erheblich kritisiert, [95] wohl auch weil die Umstände des Falles keinesfalls außergewöhnlich für Markenartikler in den verschiedensten Branchen waren.

Und in der Tat blieb das Urteil des Stuttgarter OLGs in dieser Phase kein Einzelfall. So argumentierte auch das LG Essen in einem anderen Urteil ähnlich wie die Stuttgarter Richter. Der Willner-Brief sage nichts über zivilrechtliche Gültigkeit, ein Gewohnheitsrecht sei nicht entstanden und die Preisbindung der zweiten Hand sei jedenfalls dann ungültig

> [...] wenn die Hersteller der betreffenden Branche durch gleichmäßiges Vorgehen eine marktbeherrschende Stellung oder einen bedeutsamen Einfluß auf die Marktlage erlangt haben, welche die Möglichkeit eines Preiswettbewerbes ausschließen.[96]

Dies sah das Gericht bei den Markenartiklern in der Schokoladenindustrie, deren Preis- und Absatzbindungen hier erneut vor Gericht standen, als gegeben an. Zwar sah das Gericht horizontale Absprachen nicht als bewiesen an und wies darauf hin, dass die gleichförmige Preisgestaltung der Schokoladenhersteller auf unterschiedlichen Wegen zu Stande kommen könne, jedoch läge eindeutig kein Preiswettbewerb vor.[97] Zudem gab das Gericht zu bedenken, dass eine kontrollierende Instanz, wie sie im GWB-Entwurf durch das Bundeskartellamt vorgesehen sei,

93 Klaus Meyer, Vertikale Preis- und Absatzbindungen unzulässig? Das mißverstandene Urteil des OLG Stuttgart, in: MA 18 (1956), S. 203–220, hier: S. 203.

94 Ebd., S. 204.

95 Ebd., S. 204–207; S. 219 f.

96 Urteil des LG Essen vom 8.5.1956, 16 HO 31/56, in: WuW 6 (1956), Heft 10, S. 686–688, hier: S. 686. Das Zitat ist den von der WuW-Redaktion formulierten Leitsätzen entnommen, die das Urteil kurz zusammenfassen.

97 Ebd., S. 687.

noch nicht existiere, sodass die Markenartikler in der Handhabung der Preisbindung völlig frei und unkontrolliert, die Verbraucher hingegen schutzlos wären, was so nicht einmal vor 1945 der Fall gewesen sei, sodass der Willner-Brief eine zivilrechtliche Gültigkeit der vertikalen Preisbindung allein deshalb nicht präjudizieren könne. Diese Rechtsprechung blieb nicht auf nur auf die Schokoladenhersteller beschränkt. So urteilte das OLG Bamberg im Falle eines Spirituosenherstellers, dessen einstweilige Verfügung wegen der Unterschreitung der gebundenen Preise seitens eines Händlers bereits vor dem LG Bayreuth gescheitert war, dass die Preisbindung gegen Gesetz 56 verstoße. Eine Ausnahme für vertikale Preisbindung der Markenartikel sei in diesem Gesetz nicht vorgesehen gewesen, was auch aus der Rechtsprechung des Supreme Court zum *Sherman Act* hervorgehe und von der amerikanischen Dekartellierungsabteilung klargestellt worden sei. Nach dem erklärten Willen der Verfasser sei für die Auslegung von Gesetz Nr. 56 lediglich die Rechtsprechung des *Supreme Court* unter dem *Sherman Act* heranzuziehen, nicht jedoch die *fair trade laws* und der *Miller-Tydings Act*.[98]

Auch das OLG Hamm fällte im Fall einer weiteren Branche ein ähnliches Urteil. So versuchte ein Hersteller von Rundfunkgeräten, vor allem Radiogeräten, einem Einzelhändler, der mit ihm in keinem direkten Vertragsverhältnis stand und das Gerät von einem anderen Händler bezog, den Verkauf von Geräten des Herstellers unter dem gebundenen Einzelhandelspreis zu versagen. Während die vorherige Instanz, ein Landesgericht, die Verfügung erließ, gab das Hammer OLG der Berufung gegen dieses Urteil statt.[99] Das Gericht befand, dass das vom Hersteller entworfene und durchgeführte Preisbindungssystem durch die Einbeziehung fast aller in Betracht kommender Groß- und Einzelhändler sowie durch die verhängten Vertragsstrafen den Wettbewerb so wesentlich behindere, dass ein Verstoß nicht nur gegen den Wortlaut, sondern auch gegen den Zweck von Verordnung Nr. 78 vorliege.[100] Was die Natur des Willner-Briefs anging, schloss ich der Senat der Argumentation des OLG den o. g. ähnlichen Urteilen an. Was die Auswirkung des Willner-Briefes für die zivilrechtliche Gültigkeit der vertikalen Preisbindung anging, revidierte der entscheidende Senat explizit auch frühere eigene Urteile. Er befand dabei, es könne

> dahingestellt bleiben, ob die den Willner-Briefen damals zuteil gewordene Auslegung wirklich ihrem Sinn und ihren Absichten entsprach [...]. Jedenfalls besitzen diese Briefe *heute*

98 Urteil des OLG Bamberg vom 23.4.1956,1 W 57/56, in: WuW 6 (1956), Heft 11, S. 740–742, hier: S. 741.

99 Urteil des OLG Hamm vom 13.9.1956, 4 U 245/56, in: WuW 6 (1956), Heft 12, S. 796–800; Vgl. auch Urteil des OLG Hamm vom 18.10.1956, 4 U 127/55 u. 101/56, in: WuW 7 (1957), Heft 4, S. 267 f.

100 Urteil des OLG Hamm vom 13.9.1956, 4 U 245/56, in: WuW 6 (1956), Heft 12, S. 797.

keine Bedeutung mehr, da sie von den Besatzungsbehörden amtlich nicht veröffentlich worden sind und deshalb nach Aufhebung der Besatzungsstatute nicht mehr zu beachten sind.

Die deutschen Dienststellen, auf die die Befugnisse der DIDEG übergangen seien, hätten die Befugnisse des Willner-Briefes hingegen nicht aufrechterhalten und wie die vertikale Preisbindung unter dem GWB geregelt würde, sei noch nicht absehbar, weshalb vom aktuellen Rechtszustand ausgegangen werden müsse, nach dem die vertikale Preisbindung unzulässig sei.[101]

Diese gehäuften Urteile gegen die vertikale Preisbindung für Markenartikel blieben nicht ohne realwirtschaftliche Auswirkungen. Dies wird beispielsweise in einem späteren Urteil des OLG Hamburg deutlich, welches diese Preisbindung noch im September 1955, also nach dem Ende des Besatzungsstatus, unter Verweis auf ein erwachsenes Gewohnheitsrecht juristisch aufrechterhalten hatte (s. o.). Im Fall der Klage eines Herstellers von Kaffeefiltern gegen einen preisbrechenden Einzelhändler hatte bereits die Vorinstanz die Klage des Herstellers abgewiesen. Das Hamburger OLG schloss sich diesem Urteil an, da die Lückenlosigkeit der vertikalen Preisbindung Voraussetzung für deren rechtliche Wirksamkeit sei. Für diese Lückenlosigkeit habe die Herstellerin zwar alles ihr Mögliche getan, jedoch sei diese wegen der divergierenden Rechtsprechung zwischen den Oberlandesgerichtsbezirken nicht durchsetzbar. Zudem sei es nicht möglich, dem unterbietenden Händler die für die Verurteilung nach § 1 UWG notwendige Sittenwidrigkeit daraus zu konstruieren, dass er die für ihn günstigere von zwei konkurrierenden Rechtsansichten vertrete.[102]

Zu einem ähnlichen Urteil kam auch das OLG Düsseldorf, welches ebenfalls kurz zuvor die Rechtmäßigkeit der vertikalen Preisbindung noch aufrechterhalten hatte. Wieder im Falle eines Schokoladenherstellers, der gegen einen preisbrechenden Händler vorging, hatte das Gericht die vertikale Preisbindung verteidigt und das Unterbieten als Verstoß gegen gute kaufmännische Sitte im Sinne des UWG beurteilt. Dabei hatten die Richter sogar verlauten lassen, „Die kartellrechtlichen Bedenken, die gelegentlich gegen die Preisbindung der zweiten Hand erhoben worden sind, werden von dem Senat nicht geteilt."[103] Nur wenige Monate später hatten aber auch hier die gegenläufigen Urteile der anderen Oberlandesgerichte die Sachlage in einem fast identischen Fall verändert. Auch hier war die

101 Ebd., S. 797 f.

102 Urteil des OLG Hamburg vom 13.12.1956, 3 U 116/56, in: WuW 7 (1957), Heft 3, S. 173 f., hier: S. 174.

103 Urteil des OLG Düsseldorf vom 9.10.1956, 2 U 110/56, in: WuW 6 (1956), Heft 12, S. 800 f., hier: S. 801.

einstweilige Verfügung des Schokoladenherstellers Sarotti gegen einen preisbrechenden Händler von der Vorinstanz aufrechterhalten worden.

Der Senat des OLG gab der Berufung des Händlers allerdings hier statt.[104] Grundsätzlich hielten die Richter dabei an ihrer alten Auffassung fest: Unter Abwägung aller Faktoren sei die vertikale Preisbindung nach Auslegung unter den Dekartellierungsgesetzen als *reasonable* zu beurteilen und es sei sinnvoll, die jahrzehntelang durchgeführte vertikale Preisbindung bis zur Regelung durch das GWB aufrechtzuerhalten.[105] Allerdings sei das Verbot für den Händler, der selbst keinen Revers der Herstellerin unterschrieben hatte, Ware anderweitig zu beziehen, trotzdem nicht zu rechtfertigen, da mehrere Oberlandesgerichte, darunter das OLG Hamm, dessen Bezirk direkt an den Wohnort des Händlers grenze, die Rechtmäßigkeit der vertikalen Preis- und Absatzbindung verneinten. Da der BGH noch nicht entschieden habe und die OLG bei einstweiligen Verfügungen letzte Instanz seien, könne dem Händler, wenn er Ware im Hammer Gerichtsbezirk beziehe, nicht die Ausnutzung fremden Vertragsbruchs zur Last gelegt werden. Zudem sei gerichtsbekannt, dass speziell die ambulanten Einzelhändler über die ihnen derzeitig günstige Rechtsprechung einzelner Oberlandesgerichte genau informiert seien. Da Mitbewerber des preisbrechenden Einzelhändlers im Hammer Bezirk nicht belangt werden könnten, könne man auch in diesem Fall dem Händler nicht zumuten, die vertikale Preisbindung ohne eigene vertragliche Bindung einhalten zu müssen.[106]

In der Praxis hatten die Urteile gegen die vertikale Preisbindung diese also zumindest temporär zu Fall gebracht, ohne dass ein Konsens zwischen den OLG bestanden hätte und bevor der Bundesgerichtshof als finale Instanz über die Materie entschieden hatte. Entscheidend war dabei häufig, wie u. a. die Kehrtwende des Hammer OLGs zeigt, weniger die persönlichen Wettbewerbsvorstellungen der Richter, sondern eher die Eigendynamik der juristischen Fachdebatte bei der Auslegung und Einbettung des in Teilen unklar formulierten Willner-Briefs in das deutsche Rechtssystem und die daraus entstehenden Rechtsirritationen.

Auch wenn ein direkter Einfluss auf richterliche Entscheidungen selten nachweisbar ist, so nahm auch die ökonomische Kritik an der vertikalen Preisbindung für Markenartikel, die sich seit dem Bekanntwerden des Willner-Briefes rasant auf dem westdeutschen Markt ausgebreitet hatte, doch erheblich zu und bildete gewissermaßen den nicht selten den in denselben Medien widerhallenden volkswirtschaftlichen Hintergrundsound zur juristischen Debatte. So wurde kritisiert, es sei bereits wenige Monate nach der Veröffentlichung des Willner-Briefes zu ei-

104 Urteil des OLG Düsseldorf vom 12.4.1957, 2 U 25/57, in WuW 7 (1956), Heft 6, S. 393–398.

105 Ebd., S. 395.

106 Ebd., S. 397 f.

ner schlagartigen Verbreitung von vertikalen Preisbindungen gekommen, obwohl bei den dem Brief vorangehenden Verhandlungen zwischen BMWi und amerikanischer Kartellabteilung sich beide Seiten einig gewesen seien, dass gerade ein solche „Lawine an Preisbindungen" nicht das erwünschte Ergebnis sei.[107] Mangels einer exakten Definition von Markenartikeln auch im GWB seien dabei auch viele Erzeugnisse als Markenartikel mit gebundenen Preisen versehen worden, die vorher lediglich als „unechte" Markenartikel galten oder gar zuvor überhaupt nicht durch Firmenzeichen gekennzeichnet waren.[108] Kritiker monierten, in Folge seien in vielen Branchen bei konkurrierenden Erzeugnissen, die außer ihrer Kennzeichnung keine oder nur geringe Unterschiede aufwiesen, auch die Preisbindungssysteme, also sowohl Preise als auch Geschäftsbedingungen und Reverse, identisch, sodass über den Umweg der vertikalen Preisbindung die Wirkung eines eigentlich verbotenen Preiskartells aller Hersteller einer Branche erreicht worden sei.[109]

Eine Tendenz zur Ausweitung der vertikalen Preisbindung als Ersatz für verbotene Kartellbindungen wurde auch in der Wirtschaft selbst bemerkt. So richtete sich die Fachvereinigung Draht, deren Mitgliedsunternehmen zu den Abnehmern von Schweißelektroden gehörten, an das Bundeswirtschaftsministerium, als die Hersteller dieser Werkzeuge die Einführung der vertikalen Preisbindung für ihre Produkte beschlossen. In dem kurz nach der Veröffentlichung des Willner-Briefes versandten Schreiben, welches sich nach Möglichkeiten, die Preisbindung in diesem Fall ggf. rechtlich zu verhindern, erkundigte, heißt es:

> Bei Geräten und Material für den gewerblichen Ge- und Verbrauch [...] ist die Preisbindung der 2. Hand bisher, wenn überhaupt, nur vereinzelt vorgenommen worden. Es ist deutlich ein Streben der Wirtschaft danach zu erkennen, auf dem Wege über die Preisbindung der 2. Hand wenigstens näherungsweise eine ‚Ordnung' zu erreichen, die angesichts des Verbotes von Zusammenschlüssen durch die alliierten Dekartellierungsvorschriften auf dem Wege über Kartelle nicht hergestellt kann und nach dem Entwurf des Gesetzes gegen Wettbewerbsbeschränkungen auch späterhin in der Regel nicht hergestellt werden können.[110]

Noch explizit kritischer äußerte sich der Textilhändler Otto Klischan in seinem Schreiben an den Bundeswirtschaftsminister zur Entwicklung nach der Veröffentlichung des Willner-Briefs. Bereits Anfang des Jahres 1953 habe schlagartig die Aktion der Fabrikanten zur Bindung der Einzelhandelspreise durch Verpflichtungsscheine begonnen. Durch die Entscheidung,

107 Heinz Büntig, Kartellersatz durch vertikale Preisbindung, in: WuW 7 (1957), Heft 3, S. 143–165, hier: S. 147.

108 Ebd., S. 148.

109 Ebd., S. 150.

110 Preisbindung der zweiten Hand bei Schweißelektroden, IB5 an IV A, 23.7.1953, in: BA B102/192415.

> die der Leiter der Dekartellisierungsabteilung des US-Hochkommissars im Dezember in Einvernehmen mit seinem britischen Kollegen getroffen hat [...] ist der Weg freigeworden, die freie Marktwirtschaft zumindest auf dem Textilsektor zu vernichten.[111]

Da die Tendenz zu Markenartikeln bei allen Fabrikanten bestehe, Klein- und Kleinsthandel Festpreise fordern würden und der GWB-Entwurf den Begriff Markenartikel äußerst weit definiere, wäre der zuvor noch kalkulierende Kaufmann durch die flächendeckende Einführung der vertikalen Preisbindung zum bloßen Verteiler herabgewürdigt und „einem Kollektivismus Tür und Tor geöffnet“ und „die von Ihnen verfochtene freie Marktwirtschaft wäre dahin“. Die gebundenen Preise bedeuteten in seinem Fall eine Handelsspanne von 38–51 %, während er zuvor mit 25 % ausgekommen sei. Neben „der Vernichtung einer echten Kaufmannschaft“ würde die flächendeckende vertikale Preisbindung also auch „eine erhebliche Preisverteuerung“ mit sich bringen, welche „u. U. das gesamte volkswirtschaftliche Preisgefüge umwälzen kann.“[112]

Auch durch solche Berichte wandelte sich in Erhards Bundeswirtschaftsministerium die Sicht auf die vertikale Preisbindung und die Auswirkungen der vertikalen Preisbindungen wurden in der zweiten Hälfte der 1950er Jahre dort zunehmend kritischer gesehen. Im BMWi wurde u. a. moniert, dass die Markenartikelhersteller oft weniger um die Gunst der Verbraucher als um die der Händler konkurrierten, deren Verbände bei der Lobbyarbeit für die vertikale Preisbindung maßgeblich waren, was häufig zu überhöhten Handelsspannen führe. [113] Das zunehmend abkühlende Verhältnis zwischen Erhard und den Markenartiklern hatte auch preispolitische Ursachen. So war das Entgegenkommen durch das Bundeswirtschaftsministerium und die DIDEG beim Willner-Brief von Anfang an mit der Idee verbunden gewesen, als Gegenleistung später Preissenkungen bei den Markenartiklern einzufordern, um einen Anstieg des gesamtwirtschaftlichen Preisniveaus zu verhindern.[114] Als das Bundeswirtschaftsministerium angesichts steigender Preise und damit verbundener öffentlicher Kritik[115] entsprechende Maßnahmen allerdings in Form der Gewährung von bisher ausgeschlossenem Barzahlungsrabatt einforderte, hatte dies auch wegen Widerstand des Handels

111 Schreiben des Textilhändlers Otto Klischan an den Bundeswirtschaftsminister, 5.2.1953 (?), S.1, in BA B102/192415.

112 Ebd., S. 2.

113 Abdolreza Scheybani, Handwerk und Kleinhandel in der Bundesrepublik Deutschland. Sozialökonomischer Wandel und Mittelstandspolitik 1949–1961, München 1996, S. 381 f.

114 Vermerk über eine Besprechung mit Mitgliedern der Amerikanischen Hohen Kommission am 25.11.1952, S. 1 f., in: BA B 102/17090.

115 Vgl. Irmgard Zündorf, Der Preis der Marktwirtschaft. Staatliche Preispolitik und Lebensstandard in Westdeutschland 1948 bis 1963, Stuttgart 2006, S. 164.

nicht den gewünschten Erfolg.[116] Daraufhin verweigerte seinerseits das Bundeswirtschaftsministerium, auf das die Befugnisse der DIDEG und der nationalen alliierten Dekartellierungsabteilungen ja übergegangen waren, den Markenartiklern im Rechtstreit um die zivilrechtliche Gültigkeit der vertikalen Preisbindung ebenfalls die Unterstützung. Dies manifestierte sich vor allem in einer Antwort Erhards auf eine Kleine Anfrage der SPD-Fraktion im Bundestag wegen der widersprüchlichen Rechtslage:

> der Umstand, daß sich in letzter Zeit die Gerichtsentscheidungen mehren, welche Preisbindungsverträge als verboten und zivilrechtlich nichtig bezeichnen [...], gibt der Bundesregierung keinen Anlaß, die Schaffung einer neuen Rechtsgrundlage für die Preisbindung zweiter Hand noch auf Grundlage der alliierten Dekartellierungsgesetze zu erwägen.

Als Begründung nannte der Bundeswirtschaftsminister, der Sachverhalt werde im Entwurf zum GWB erschöpfend geregelt und zudem sei es zweifelhaft, ob das BMWi nach geltender Rechtslage über dazu befugt sei, der vertikalen Preisbindung durch eine allgemeine Genehmigung zu einer umfassenden Rechtswirksamkeit zu verhelfen.[117] Zumindest letzteres Argument ist eher als Ausrede zu werten, hatte Eberhard Günther eine vom Markenverband gewünschte Erklärung seitens des BMWi, die den Willner-Brief als allgemein rechtsgültige Befreiung für die vertikale Preisbindung anerkennt, gegen entsprechende Gegenleistungen bei der Rabattierung zur Senkung des Preisniveaus wenige Monate zuvor intern eindeutig in Betracht gezogen, ohne an der Legalität eines solchen Vorhabens zu zweifeln.[118] Die Zurückhaltung des Bundeswirtschaftsministeriums, bei dem ungeklärten Rechtsstreit über die zivilrechtliche Gültigkeit der vertikalen Preisbindung für Klarheit im Sinne der Markenartikler zu sorgen, ließ sich also auch auf die mangelnde Unterstützung des Markenverbandes für die Preispolitik des Ministeriums zurückführen.

Da das Bundeswirtschaftsministerium die von den Alliierten übernommenen administrativen Befugnisse also nicht nutzte und die Oberlandesgerichte zu keinem gemeinsamen Rechtsstandpunkt kamen, lag es schließlich am Bundesgerichtshof, die Frage der zivilrechtlichen Gültigkeit der vertikalen Preisbindung für

116 Schreiben Eberhard Günthers an Ludwig Erhard betr. Barzahlungsrabatt beim Verkauf von Markenwaren, 3.11.1955, S. 4; Entwurf für Schreiben des BMWi an den Markenverband e. V. betr. Barzahlungsrabatt beim Verkauf von Markenwaren, 31.10.1955, S.1, beide in: BA B 102/192399.

117 Antwort Ludwig Erhards auf die Kleine Anfrage 300 der SPD-Fraktion, 29.1.1957, Bundesdrucksache 2/2872; N. N., BWM zur Rechtslage der Preisbindung der zweiten Hand, in: WuW 7 (1957), Heft 3, S. 196 f.

118 Schreiben Eberhard Günthers an Ludwig Erhard betr. Barzahlungsrabatt beim Verkauf von Markenwaren, 3.11.1955, in: BA B 102/192399.

Markenartikel final zu klären. Praktisch hatte dieses Urteil freilich nur noch geringe Auswirkungen, da der zuständige erste Zivilsenat es wegen Überlastung erst im Dezember 1957 fällte, also kurz bevor die vertikale Preisbindung unter dem GWB unter gewissen Einschränkungen ohnehin Rechtsgültigkeit erlangte. Praktisch relevant war das Urteil also höchstens für bereits vergangene Auseinandersetzungen. Die Deutlichkeit, mit der die Bundesrichter das Urteil des Stuttgarter OLGs revidierten und sich dabei über zuvor zunehmend unstrittiger gewordene Rechtsauffassungen hinwegsetzten, ist trotzdem bemerkenswert.

So urteilte das höchste ordentliche deutsche Gericht, Preisbindungsverträge zweiter Hand für Markenartikel seien seit dem Willner-Brief gerechtfertigt gewesen und auch die Absatzbindung des Schokoladenherstellers, welche ambulante und Straßenhändler von der Belieferung ausschloss, stelle keinen Verstoß gegen die alliierten Kartellgesetze dar.[119] Der Senat zeigte nur wenig Verständnis für die seit dem Ende des Besatzungsstatuts aufgekommene Diskussion über die rechtliche Natur des Willner-Briefs. Ob vertikale Preisbindungsverträge nach den Dekartellierungsgesetzen per-se Verstöße darstellen, oder jeweils im Einzelfall einer Prüfung durch Anwendung der *rule of reason* unterliegen, könne nach Ansicht des Gerichts dahingestellt bleiben. Durch den Willner-Brief seien nämlich vertikale Preisbindungen, die im Rahmen des GWB-Entwurfs bleiben, rechtsgültig, da der Willner-Brief entweder eine „Befreiung" gewähre oder klarstelle, dass solche Preisabsprachen einer „Befreiung" im Einzelfall nicht bedürfen.[120] Der konkret behandelte Fall lag hier ohnehin vor dem Stichdatum des 4. Mai 1955, sodass hier die Auslegung durch die DIDEG maßgeblich sei, welche sich im Willner-Brief geäußert habe. Auch die formalen Bedenken, ob der Willner-Brief tatsächlich eine „Befreiung" darstelle, griffen laut des Gerichts nicht durch, da sich eine solche Befreiung nicht auf ein bestimmtes Unternehmen oder einen konkreten Einzeltatbestand beziehen müsse. Solche dem deutschen Rechtsdenken entsprechenden Erwägungen träfen auf Maßnahmen der Dekartellierungsbehörde nicht zu.[121] Stattdessen bestand das Gericht darauf, dass der im Willner-Brief genannte Zweck des Schreibens, den Rechtszustand nach dem GWB-Entwurf vorwegzunehmen, notwendigerweise auch die zivilrechtliche Seite des Verbots betreffen müsse. Auch verwehrte sich der Zivilsenat des BGH sogar dagegen, Willner selbst habe konkret keine Befreiung erteilt, da im Willner-Brief lediglich eine „generelle Befreiung" abgelehnt worden sei, was der BGH so erklärt, dass damit Preisbindungen von der Befreiung

119 Urteil des BGH, 10.12.1957, I ZR 175/56, in: WuW 8 (1958), Heft 3, S. 181–192; online unter: https://research.wolterskluwer-online.de/document/db8f91b6-776f-4b5c-92f6-276f6b0c5117, zuletzt abgerufen am 07.12.2020.

120 Ebd., S. 183.

121 Ebd., S. 184.

ausgenommen werden sollten, die auch nach dem GWB-Entwurf rechtswidrig blieben, etwa solche für Nichtmarkenartikel.[122] Selbst wenn man der Auffassung, es handle es sich beim Willner-Brief um eine nicht an Formvorschriften gebundene Befreiung, nicht folgen wolle, ergebe sich aus der Verwaltungspraxis der DIDEG, dass eine solche Befreiung im Einzelfall nicht mehr als erforderlich angesehen werde.[123]

Auch in der Absatzbindung, die Straßenhändler vom Verkauf komplett ausschloss, sah der BGH keinen Verstoß gegen die Dekartellierungsgesetze. So sei hier eine Interessensabwägung nötig, die in diesem Fall für den Hersteller ausfalle, da dieser angesichts der verderblichen Natur der Schokolade ein berechtigtes Interesse daran habe, dass die Markenware nur unversehrt und in gutem Zustand an den Kunden gelange, was bei Straßenhändlern wegen des Einflusses durch die Wärme der Sonne nicht immer zu gewährleisten sei.[124] Auch in den gleichförmigen Preisbindungssystemen der Markenschokoladehersteller vermochte der BGH keinen Verstoß erkennen. Zwar könne die Übereinstimmung von gleichlautenden Bindungsverträgen ein Indiz für horizontale Absprachen sein, jedoch sei es in diesem Fall auch möglich, dass sich die Preise für die nach Gewicht und Qualitätsstufen gleichen oder ähnlichen Produkte auch ohne Absprachen angeglichen hätten. Ein etwaiger Nachweis kartellwidrigen [sic!] Verhaltens wäre jedenfalls von der Gegenpartei konkret zu erbringen.[125]

Das Urteil des 1. Zivilsenats, dessen regulärer Vorsitzender der Präsident des Bundegerichtshofs Hermann Weinkauff selbst war[126], nahm sich außerordentliche richterliche Freiheiten bei der Auslegung der Dekartellierungsgesetze. So hatte die amerikanische Kartellabteilung – auch öffentlich – eindeutig klargestellt, dass sie mit dem Willner-Brief nicht beabsichtige, deutsche Staatsanwälte von der Aufnahme von Strafverfahren bezüglich der vertikalen Preisbindung abzuhalten.[127] Unter diesen Umständen war die Annahme, sie hätte eine zivilrechtliche Gültigkeit impliziert, abenteuerlich, zumal der Willner-Brief wie bereits erwähnt im Nachhinein eindeutig als *policy statement* der britischen und amerikanischen Dekartellie-

---

122 Ebd., S. 186.
123 Ebd., S. 187.
124 Ebd., S. 190 f.
125 Ebd., S. 187 f.
126 Weinkauff selbst wirkte an dem Urteil nicht mit, es ist aber anzunehmen, dass ihm die Rechtsprechung seines Senats bekannt und genehm war.
127 Vermerk über eine Besprechung von Vertretern des Bundeswirtschaftsministeriums mit dem Leiter der amerikanischen Kartellabteilung bei HICOG über Fragen der Preisbindung der zweiten Hand am 5.3.1953 in Mehlem, in: BA B 102/17090

rungsabteilung charakterisiert worden war.[128] Dies trifft auch auf die juristische Wortakrobatik bei der Unterscheidung zwischen „Befreiung" und „genereller Befreiung" zu, die von Willner so sicherlich nicht intendiert war. Auch die Auslegung der Absatzbindung durch den BGH lief der durch die Amerikaner zuwider, die eine Rechtfertigung von Absatzbindungen für Güter des täglichen Bedarfs ohne Notwendigkeit eines technisch-fachmännischen Service explizit ausgeschlossen hatten.[129]

Weinkauff selbst hatte sich bei einer Studienreise in den USA explizit mit dem dortigen Antitrustrecht beschäftigt[130] und auch der inzwischen in den Ruhestand getretene Fritz Lindenmaier, der Weinkauff zuvor im Ersten Zivilsenat oft als Vorsitzenden vertreten hatte, hatte durchaus sachkundig über den Zusammenhang zwischen den Dekartellierungsgesetzen und amerikanischem Antitrust publiziert.[131] Nutzten die deutschen Richter den auch im amerikanischen Antitrust traditionell sehr weiten Interpretationsspielraum trotzdem, um zu diametral anderen Einschätzungen als die inzwischen abgelöste amerikanische Dekartellierungsabteilung zu kommen, kann dafür kaum Unwissenheit über die Intention der Verfasser der Dekartellierungsgesetze verantwortlich gemacht werden. So dürfte es dem ehemaligen Reichsgerichtsrat Weinkauff, der sich bei der personellen Besetzung des BGH für die Berufung ehemaliger Reichsgerichtsräte einsetzte[132], eher daran gelegen gewesen sein, im Ergebnis die deutsche Rechtslage vor 1945 soweit wie möglich zu bewahren. Dass auch das zum Zeitpunkt des Urteils inzwischen verabschiedete GWB in der Frage der vertikalen Preisbindung diesen Schritt zurück weitestgehend mitvollzog, erleichterte die Entscheidung, das kartellrechtliche Interregnum im Nachhinein mit dem alten und neuen deutschen Rechtszustand zu harmonisieren hier noch zusätzlich, da auch die Bundesregierung durch die gesetzliche Regelung signalisiert hatte, für die Markenartikler grundsätzlich zu einer Ausnahme vom generellen Preisfestsetzungsverbot bereit zu sein.

Diesen Bestrebungen zum Trotz hatten die alliierten Kartellgesetze auch bei der vertikalen Preisbindung für Markenartikel eine Front eröffnet, die sich auch

128 Vgl. Brief des amerikanischen Außenministeriums, 21.2.1955, zitiert in: RA Dr. Bramslöw, Amtliche Äußerungen zur Preisbindung bei Markenartikeln, in BB 11 (1956), Heft 9, S. 286 f.

129 Vgl. Stellungnahme der Decartelization Division, Dr. William Blitz, zum Problem der Vertriebsbindung, 1.7.1953, in: BA B 102/5273.

130 Hermann Weinkauff, Bericht über meine Amerikareise, Bamberg 1950, S. 2; Daniel Herbe, Hermann Weinkauff (1894–1981). Der erste Präsident des Bundesgerichtshofs, Tübingen 2008, S. 84.

131 Fritz Lindenmaier, Die Rechtsprechung des Bundesgerichtshofes zum Wettbewerb unter besonderer Berücksichtigung der Dekartellierungsvorschriften, in: WuW 3 (1953), Heft 5, S. 259–263; Ders., Wettbewerbsverbote und Dekartellierungsrecht, in: BB 5 (1950), Heft 34, S. 877–879.

132 Herbe, Hermann Weinkauff, S. 90.

unter dem GWB nicht mehr befrieden ließ. So beurteilte das neu errichtete Bundeskartellamt dieses Instrument und seine wirtschaftlichen Auswirkungen in den nächsten Jahren immer kritischer.[133] Die unter Gesetz Nr. 56 und Verordnung Nr. 78 zum exemplarischen Schlachtfeld gewordene Preisbindung für Tafelschokolade fiel rechtlich schließlich im August 1964, nachdem die aufkommenden Discounter diese bereits auf dem Markt unter Druck gesetzt hatten. Daraufhin sah das Bundeskartellamt die nötige Lückenlosigkeit der Preisbindung bei den Firmen Sarotti, Sprengel, Suchard, Stollwerck, Mauxion, Waldbaur und Eszet nicht mehr als gegeben an und erklärte deren Preisbindungen für ungültig.[134]

Hatten sich die Bundesrichter des ersten Zivilsenats in ihrem finalen Urteil von der vorangegangenen Diskussion in Schrifttum und vorherigen gerichtlichen Instanzen eindeutig im Sinne einer restaurativen und konservativen Auslegung abgekoppelt, so fällt eine klare wettbewerbspolitische Einschätzung der vorherigen Urteile der Landes- und Oberlandesgerichte deutlich schwerer. Auch wenn Einschätzungen seitens der Richter, inwiefern entsprechende Preisbindungssysteme der Markenartikler eine wesentliche oder unwesentliche Einschränkung des Wettbewerbs darstellten und ob diese als *reasonable* zu bewerten seien oder nicht, sicherlich nicht ohne eigene wettbewerbspolitische Einschätzungen getroffen wurden, wäre es wohl eine Fehleinschätzung, hier eine grundsätzliche Trennlinie zwischen „progressiven" und „konservativen" Gerichten zu ziehen. Dies wird nicht zuletzt von den Senaten demonstriert, die ihre Einschätzung zur vertikalen Preisbindung angesichts einer gewandelten Interpretation der rechtlichen Natur des Willner-Briefs innerhalb kurzer Zeit revidierten. Die juristische Fachdiskussion bei der Interpretation des Willner-Briefs und der Dekartellierungsgesetze im Rahmen des deutschen Rechtssystems nahm auch eine innerjuristische Eigendynamik an, die durchaus für wesentliche Kehrtwenden verantwortlich war und welche sich nicht immer mit den eigenen wettbewerbsrechtlichen Auffassungen der Richter deckte. So konnte die Einschätzung, ob es sich beim Willner-Brief um eine Verwaltungsanweisung, eine Befreiung oder eine *railroad-clause* handelte, zeitweise zu radikal unterschiedlich Ergebnissen bei der Einschätzung der Rechtsgültigkeit der vertikalen Preisbindung führen. Relevant war zudem, wie eng sich die Richter bei der Auslegung des formulierten Gesetzes und der traditionell für richterliche Interpretation sehr offenen US-Antitrusttradition an die Richtlinien der US-Dekartellierungsbehörde hielten oder inwieweit sie eigene Einschätzungen einfließen ließen. Vor allem die Richter des Bundesgerichtshofs nahmen sich hier erhebliche

133 Vgl. Bericht über Änderungen des Gesetzes gegen Wettbewerbsbeschränkungen, 22.8.1962, Bundesdrucksache 4/617, S. 21–55.

134 Kristina Huttenlocher, Sprengel. Die Geschichte einer Schokoladenfabrik, Springe 2016, S. 259–262.

Freiheiten und kamen mitunter zu Auslegungen, die im diametralen Gegensatz zu früheren Einschätzungen der in diesem Sachverhalt maßgeblichen amerikanischen Besatzungsbehörde standen. Im Falle der vertikalen Preis- und Absatzbindung verteidigten die Richter nicht nur eine etablierte unternehmerische Wettbewerbspraxis, sondern häufig auch überkommene Sozialstrukturen im Handel, was vor allem den konservativen Bundesrichtern ein weiterer Antrieb gewesen sein dürfte, die Bindungen zivilrechtlich aufrechtzuerhalten. Die Bundesrichter setzten der Irritation überkommener Wettbewerbspraktiken und Marktstrukturen durch das Preisbindungsverbot der Dekartellierungsgesetze hier eine dezidiert restaurative Rechtsprechung entgegen, die sich in diesem Fall auch mit der zukünftigen Regelung des Sachverhalts im GWB deckte.

7.1.2 Ausschließlichkeitsbindungen und Kundenschutzklauseln am Beispiel der Brauindustrie

Ein weiteres Feld, bei dem die alliierten Dekartellierungsgesetze zu wesentlichen zivilrechtlichen Auseinandersetzungen vor deutschen Gerichten führten, waren die Ausschließlichkeitsbindungen. Durch einen Ausschließlichkeitsvertrag verpflichteten sich ein oder mehrere gebundene Unternehmer, Geschäfte bestimmter Art nur mit einem oder mehreren bindenden Vertragspartnern abzuschließen oder nur deren Erzeugnisse zu verwenden. Diese Bindung kann prinzipiell sowohl einseitig als auch gegenseitig sein.[135] Ein wichtiges Anwendungsfeld des Ausschließlichkeitsvertrages im Untersuchungszeitraum war der Bierlieferungsvertrag, bei dem sich ein Gastwirt meist gegen einen Kredit der Brauerei für die Einrichtung seiner Gaststätte zum exklusiven Bierbezug bei dieser Brauerei bis zur Rückzahlung des Kredits verpflichtete, häufig verbunden mit einer Mindestbezugsmenge. Der Bierlieferungsvertrag war nicht nur die älteste und wohl etablierteste Form des Ausschließlichkeitsvertrages im deutschen Wirtschaftsleben, sondern war unter den Dekartellierungsgesetzen auch der erste derartige Vertrag, über den der BGH entschied und damit die Beurteilungskriterien für vergleichbare Verträge präjudizierte. Daher soll der Rechtsweg des Bierlieferungsvertrages hier als exemplarisches Fallbeispiel behandelt werden.

---

135 Fritz Blaich, Ausschließlichkeitsbindungen als Wege zur industriellen Konzentration in der deutschen Wirtschaft bis 1914, in: Norbert Horn / Jürgen Kocka (Hrsg.), Recht und Entwicklung der Großunternehmen im 19. und frühen 20. Jahrhundert. Wirtschafts-, sozial- und rechtshistorische Untersuchung zur Industrialisierung in Deutschland, Frankreich, England und den USA, Göttingen 1979, S. 317–342, hier: S. 319.

Ausschließlichkeitsklauseln hatten sich zu Beginn des 20. Jahrhunderts auch in der weiteren Industrie ausgebreitet und waren dort seitens echter Kartelle und Syndikate, die einen erheblichen Marktanteil vereinten oder sogar ein Monopol innehatten, beliebte Instrumente, um die eigene Marktmacht auch auf die Handelsstufe auszudehnen.[136] Hielten sich Vertragspartner nicht an die entsprechenden Verträge, so wurde oftmals zu Boykottmaßnahmen gegriffen. Daher hatte die Rechtsprechung der deutschen Gerichte zu den Bierlieferungsverträgen als exemplarische Ausschließlichkeitsbindungen potenzielle Auswirkungen weit über die Brauindustrie und Gastronomie hinaus.

Die Bierlieferungsverträge wurden zudem häufig durch sogenannte Kundenschutzverträge der Brauereien untereinander ergänzt, die die Abwerbung von Bestandskunden verboten und somit eine Form der Marktaufteilung darstellten, die ebenfalls unter die Dekartellierungsgesetze fiel. Die präjudizierenden juristischen Entscheidungen über diese Vertragsart wurden ebenfalls zu Fällen aus dem Braugewerbe gefällt, weswegen auch diese hier kurz beleuchtet werden sollen.

Verträge, die Gastwirte exklusiv an eine Lieferbrauerei banden, waren in der deutschen Wirtschaft bereits zu präindustriellen Zeiten verbreitet. So waren derartige Bindungen im Braugewerbe bereits zu Beginn des 19. Jahrhunderts an die Stelle der durch die Gewerbefreiheit abgelösten Zunftbindungen getreten.[137] Zunächst wurden sie von den Brauereien mit der Notwendigkeit eines langfristig planbaren Absatzes angesichts der produktionstechnischen Besonderheiten des Brauprozesses gerechtfertigt, vor allem durch den lediglich einmal im Jahr in den Erntemonaten stattfindenden Rohstoffbezug, dem relativ langwierigen Herstellungsprozess sowie der begrenzten Haltbarkeit des Bieres. Nachdem diese Limitationen im Zuge des technischen Fortschritts während der fortschreitenden Industrialisierung weniger relevant wurden, traten hingegen Gegenleistungen für Gastwirte, vor allem in Form der Gewährung von Darlehen und der zunehmende Wettbewerb der Brauereien um diese Nebenleistungen stärker in den Vordergrund.[138]

Die Vergabe von Krediten durch Brauereien an Gastwirte – meist unter Bedingung des exklusiven Bierbezugs – war bereits im frühen 20. Jahrhundert in Deutschland weit verbreitet. So betrug die Summe der durch deutsche Brauereien herausgegebenen Darlehen und Hypotheken bereits im Jahr 1911 617 Millionen Mark.[139] Deutsche Gerichte stellten die rechtliche Zulässigkeit solcher Verträge vor

136 Blaich, Ausschließlichkeitsbindungen, S. 325–340.

137 Ebd., S. 317.

138 Bodden, Business as usual?, S. 85.

139 Erich Borkenhagen, 100 Jahre Deutscher Brauer-Bund e. V. Zur Geschichte des Bieres im 19. Und 20. Jahrhundert, hrsg. Vom Deutschen Brauer-Bund e. V., Bonn 1971, S. 66.

1945 zumeist nicht in Frage, lediglich die inhaltliche Ausgestaltung, v. a. die Länge der Laufzeit war häufiger Gegenstand von Rechtsstreitigkeiten.[140] Grundsätzlich verstanden deutsche Gerichte entsprechende Klauseln aber nicht als Teil des Wettbewerbsrechts und behandelten sie im Wesentlichen identisch zu anderen privatrechtlichen Schuldverträgen.[141] Daher war das Ausmaß der Beschränkung des Wettbewerbs bei solchen Verträgen für die Gerichte keine Richtschnur und die Richter erklärten Ausschließlichkeitsklauseln nur in seltenen Fällen für ungültig. Dies war meist nur dann der Fall, wenn die Richter die exzessive Bindung des einzelnen Vertragspartners im Sinne des UWG als Verstoß gegen „die guten Sitten" bewerteten, etwa wegen überzogener Vertragsstrafen, drückender Rückzahlungsbedingungen, schwerer Folgen im Falle des Zahlungsverzugs oder überlanger Vertragsdauer.[142]

Während die Gerichte die Bierlieferungsverträge nur bei extremer Bindung der Gastwirte ablehnten, waren die Brauereien indes selbst bereits zu Beginn des 20. Jahrhunderts bemüht, die finanziellen Folgen des sich durch die Verträge auf Nebenleistungen verlagernden Wettbewerbs einzuschränken. Dazu gründeten die regionalen Brauereiverbände zunehmend Konditionenkartelle, die Bestimmungen für die den Gastwirten gewährten Kredite festlegten, etwa zur Höhe, zum Mindestzinssatz, oder zu sonstigen einschränkenden Bedingungen. Die ebenfalls mit dem Konditionenkartell verbundenen Kundenschutzvereinbarungen, die eine Abwerbung von Gastwirten verhindern sollten, wurden jedoch nach dem Ersten Weltkrieg bald gelockert, da sie dem Expansionsstreben der größeren Brauereien hinderlich waren.[143]

Das Braugewerbe in Deutschland war vor 1945 noch recht wenig konzentriert, sodass die Exklusivverträge zwar die Gastwirte in ihrer wirtschaftlichen Bewegungsfreiheit einschränkten und zu einer gewissen Erstarrung des Marktes führten, aber in dieser Branche eher keine monopolisierende Wirkung hatten. Das Reichsgericht hatte die aus diesen Maßnahmen hervorgehenden Missstände für vertraglich Gebundene einerseits und Außenseiter andererseits mehrmals beurteilt, dabei aber meistens für die Rechtmäßigkeit der Bindungen entschieden, sofern den Gebundenen ihr Geschäftsbetrieb dadurch nicht vollständig ruiniert wurde.[144]

140 Blaich, Ausschließlichkeitsbindungen, S. 318.

141 Kurt Biedenkopf, Vertragliche Wettbewerbsbeschränkung und Wirtschaftsverfassung. Die Ausschließlichkeitsklausel als Beispiel, Heidelberg 1958, S. 35 f.

142 Ebd., S. 59; Vgl. u. a. Urteil des Reichsgerichts vom 11.05.1906, II 459/05, in: RGZ 63, S. 297.

143 Bodden, Business as usual?, S. 87 f.

144 Liefmann, Kartelle, Konzerne und Trusts, S. 369–378.

Die Dekartellierungsgesetze änderten die Rechtslage aber entscheidend. Artikel V, Absatz 9c von Gesetz Nr. 56 und Verordnung Nr. 78 nannten „the exclusion of any person from any territorial market or field of business activity, the allocation of customers, or the fixing of sales or purchase quotas“ explizit als verbotene Tätigkeiten, die eine Wettbewerbsbeschränkung darstellten.[145] Das Verbot dieser Praktiken basierte auf der amerikanischen Gesetzeslage und Rechtsprechung zum Antitrust. Konkret ist hier der *Clayton Act* von 1914 zu nennen, dessen Artikel 3 Exklusivverträge untersagte, die dem Vertragspartner den Bezug von Konkurrenzprodukten verboten oder die Rabatte oder Nachlässe von einem Verzicht auf entsprechenden Bezug von Konkurrenzprodukten abhängig machten für den Fall „where the effect of such lease, sale, or contract for sale or such condition, agreement, or understanding may be to substantially lessen competition or tend to create a monopoly in any line of commerce“.[146]

Der amerikanische Supreme Court hatte seine Auslegung der entsprechenden Passagen in den Fällen *International Salt Co. v. United States* (1947) und, nach dem Erlass der Dekartellierungsgesetze, in *Standard Oil Co. of California v. United States* (1949) gerade erheblich verschärft.[147] Allerdings bestand auch in der amerikanischen Tradition kein *per se* Verbot, sondern die Bewertung der Ausschließlichkeitsabreden war davon abhängig, ob der Effekt der Abmachung als Monopolisierung oder substantielle Beschränkung des Wettbewerbs bewertet wurde. Dies schlug sich auch in der Formulierung von Gesetz Nr. 56 und Verordnung Nr. 78 nieder. Während bei der vertikalen Preisbindung erst durch spätere Verwaltungsanweisungen ein Interpretationsspielraum eröffnet wurde, schränkte in diesem Fall bereits der Gesetzestext selbst in Anlehnung an den *Clayton Act* den Umfang des Verbots ein, indem es Ausnahmebedingungen festlegte: „except insofar as such arrangements are not designed to reduce competition and are merely bona fide marketing arrangements between a particular enterprise and its distributing agents with respect to its own products“.[148]

In der Auslegung durch deutsche Juristen brachte vor allem der im Deutschen nichtexistierende Begriff *„distributing agent“* Probleme mit sich. In der offiziellen Übersetzung war der Begriff etwas irreführend mit „Großhandelsvertreter“ über-

145 Law No. 56, in: Amtsblatt der Militärregierung, Deutschland, Amerikanisches Kontrollgebiet, Ausgabe C vom 1.4.1947, S. 2–6, hier: S. 5.

146 The Clayton Antitrust Act of 1914, online unter: https://www.ruhr-uni-bochum.de/gna/Quellensammlung/06/06_claytonantitrust_1914.htm, zuletzt abgerufen am 13.06.2022; Blaich, Ausschließlichkeitsbindungen, S. 338.

147 Edmund H. Schwenk, Der Wandel der Antitrust-Rechtsprechung in den Vereinigten Staaten, in: WuW 3 (1953), Heft 9, S. 515–525, hier: S. 521.

148 Law No. 56, S. 5.

setzt worden, während für die eigentliche Bedeutung eher der etwas künstliche, hölzerne und im Deutschen so nicht genutzte Begriff „Verteilungsagent" angemessen gewesen wäre.[149] Fraglich war vor allem, ob es sich bei diesem „*distributing agent*" zwingend um einen Angestellten des Unternehmens handeln musste, oder ob damit auch ein vertraglich gebundener, eigenständiger Händler gemeint sein konnte. Die amerikanische Dekartellierungsabteilung hatte sich dabei zunächst auf den ersteren Standpunkt gestellt. Im Januar 1951 lockerte die trilaterale DIDEG im nach dem amerikanischen Vertreter benannten „Kelleher-Brief" den alliierten Standpunkt dann insofern, als auch im zweitgenannten Fall eine kartellrechtliche Zulässigkeit nicht grundsätzlich ausgeschlossen wurde, sofern weder Zweck noch Wirkung des entsprechenden Vertrages eine Wettbewerbsbeschränkung darstellten, also die Begleitumstände entscheidend seien und der Vertrag im Sinne der *rule of reason* auszulegen sei.[150]

Auch in der Praxis hatte die Verfolgung von Ausschließlichkeitsklauseln für die alliierten Dekartellierungsabteilungen keine Priorität. So wandte sich etwa die Adam Opel AG mit einer Anfrage am 8.12.1949 an die US-Dekartellierungsabteilung, in der sie ihre eigenen Verträge erklärte, die von den vertraglich gebundenen Händlern verlangten, ausschließlich Opel-Fahrzeuge zu führen und ihnen dafür die exklusiven Verkaufsrechte in einem definierten Territorium gewährten. Opel erklärte sich in dem Schreiben grundsätzlich dazu bereit, die entsprechenden Klauseln aufzuheben, merkte aber an, im Wettbewerb benachteiligt zu sein, wenn es einen entsprechenden Schritt unilateral durchführen würde, ohne dass sich die in der Branche verbreitete Praxis bei konkurrierenden Firmen ändere und beantragte daher eine Ausnahmegenehmigung bis zu einer branchenweiten Lösung.[151] Als dieses Schreiben in der trilateralen DIDEG zur Sprache kam, stimmten die nationalen Vertreter überein, die DIDEG aus der Materie rauszuhalten und stimmten einer unilateralen Antwort seitens des US-Mitglieds zu, welche Opel die weitere Anwendung der Verträge gestattete, bis die DIDEG sich der Materie angenommen habe, ohne dabei aber die DIDEG auf eine zukünftige Handhabung der Praxis festzulegen.[152] Zu einer umfassenden Auseinandersetzung mit der Thematik durch die DIDEG kam es freilich nicht mehr.

Während eine straf- oder verwaltungsrechtliche Verfolgung von Ausschließlichkeitsverträgen seitens der DIDEG und der nationalen alliierten Kartellabteilun-

---

149 Hans Jacobsohn, Die Ausschließlichkeitsklausel im Tankstellenvertrag, in: BB 8 (1953), Heft 21, S. 609–12, hier: S. 610.

150 Alfred Gleiss, Alleinvertriebsabkommen nach Kartellrecht (Westzonen), in: BB 6 (1951), Heft 22, S. 598; Biedenkopf, Vertragliche Wettbewerbsbeschränkung, S. 73.

151 DIDEG, Statement by U. S. Member about Adam Opel AG, 16.12.1949, in: PRO FO 1005/729.

152 Minutes of the Fourth Meeting of the DIDEG, 11.1.1950, in: PRO FO 1005/725.

gen unterblieb, waren diese Art von Wettbewerbsbeschränkungen eine der am häufigsten im Zuge zivilrechtlicher Auseinandersetzungen vor deutschen ordentlichen Gerichten kartellrechtlichen Sachverhalte. Hier waren es vor allem die bereits erläuterten Bierlieferungsverträge, anhand derer deutsche Gerichte exemplarisch über die Zulässigkeit oder Unzulässigkeit von Ausschließlichkeitsbindungen urteilten.

Gerade angesichts der Kriegszerstörungen und des Wiederaufbaubedarfs bei einem noch kaum funktionsfähigen allgemeinen Kapitalmarkt waren die Bierlieferungsverträge und die mit ihnen verbundenen Darlehen insbesondere in der Nachkriegszeit von hoher wirtschaftlicher Bedeutung. So stellte allein die Dortmunder Union Brauerei ihren Wirten von der Währungsreform bis 1952 Darlehen in Höhe von 6,6 Millionen DM zur Verfügung. Angesichts der auch bei der Brauerei selbst angespannten finanziellen Lage war dies nur durch Verkauf von Wertpapieren und Grundstücken möglich. Dass die in der Vorkriegszeit durch Konditionenkartelle und im Nationalsozialismus zunehmend durch staatlich verordnete Branchenregelungen bewirkten Einschränkungen bei der Darlehensvergabe in der Nachkriegszeit nicht mehr vorhanden waren, trug zur weiteren Verbreitung der Bierlieferungsverträge und dem Wettbewerb um die damit verbundenen Nebenleistungen bei.[153] Die betroffenen Brauereien schätzten die Bierlieferungsverträge für die von ihnen gewünschte Marktstabilität als äußerst relevant ein. So schätzte der Deutsche Brauer-Bund die Gesamtzahl dieser Art von Verträgen auf dem westdeutschen Markt auf 100.000 und verteidigte diese verbissen gegen kartellrechtliche Vorbehalte. Dabei verwiesen die Brauer vor allem auf die Rechtsprechung des Reichsgerichts vor 1945. Die Bierlieferungsverträge unterlägen

> in ihrer Gesamtheit einer bis ins feinste entwickelten Rechtsprechung [...], welche – am Maßstab der Sittenwidrigkeit gemessen – sehr strenge Grundsätze aufgestellt hat. Die Rechtsprechung des Reichsgerichts zum Dauerlieferungsvertrag und insbesondere zum Bierlieferungsvertrag füllt viele Bände und ist wissenschaftlich und praktisch geprüft und erprobt. Sie gewährleistet ein hohes Maß von Stabilität für die in Frage kommenden Vertrags- und Geschäftsbeziehungen.[154]

Durch Gesetz Nr. 56 und Verordnung Nr. 78 war die Rechtslage nun aber eine andere. Der BGH indes war auch hier bemüht, etablierte Geschäftspraktiken gegen eine als übereifrig wahrgenommene Anwendung der Gesetze durch niedrigere Gerichtsinstanzen zu schützen. Im Unterschied zum Fall der vertikalen Preisbindung gab es zu den Bierlieferungsverträgen bereits relativ früh, im November 1951, ein Urteil des BGH, sodass es nicht zu einer langjährigen Rechtsunsicherheit bei der

---

153 Bodden, Business as usual?, S. 91 f.

154 Kurzmemorandum des Deutschen Brauer-Bundes, undatiert, S. 2, in: BA B 102/192483.

Auslegung dieser Verträge unter den Kartellgesetze kam.[155] In dem konkreten Sachverhalt hatten die Kläger, ein Ehepaar aus zwei Düsseldorfer Gastwirten, 1934 eine Gastwirtschaft erworben und sich dafür für vom Beklagten, einem Großhändler von Mineralwasser und Bier, 10.000 RM geliehen, unter der Bedingungen, nur von diesem Händler bezogene Getränke auszuschenken und diesen Ausschank nicht vor Abnahme von 2000 hl Bier und nicht vor dem 30. Juni 1939 einzustellen. Der Vertrag war sowohl durch Vertragsstrafen als auch durch Sicherheiten in Form von Hypotheken und Grundschuld zu Gunsten des kreditgebenden Händlers abgesichert. Das Darlehen zahlten die Gastwirte bereits im Jahr 1941 zurück und die Gastwirtschaft wurde im Mai 1946 an einen anderen Gastwirt verpachtet, der die Bierbezugspflicht übernahm. Im entsprechenden Zeitraum wurden aber erst etwa 1200–1300 hl Bier abgenommen, sodass der beklagte Großhändler sich weigerte, die Grundschuld vor Erfüllung der Bierbezugspflicht freizugeben. Die klagenden Gastwirte forderten, den Vertrag als nichtig zu erklären, da die Bezugsverpflichtung wegen ihrer Länge und Schwere gegen die guten Sitten verstoße. Das LG Düsseldorf wies die entsprechende Klage am 17.3.1949 ab, während das OLG Düsseldorf durch Urteil vom 30.12.1950 feststellte, der Vertrag von 1934 sei nichtig, und den Beklagten dazu verurteilte, die Grundschuld auf die Kläger zurück zu übertragen.[156] Das OLG befand, dass die Einschränkungen für die Gastwirte zu hart seien und diese in ihrer wirtschaftlichen Selbstständigkeit, Unabhängigkeit und Bewegungsfreiheit zu stark einschränkten.[157]

Während die vorherigen Instanzen den Vertrag vor allem auf Sittenwidrigkeit gemäß dem UWG und anderer deutscher Gesetze durchleuchteten und dabei vor allem die Maßstäbe der Rechtsprechung durch das Reichsgericht anlegten, widmete sich der 1. Zivilsenat unter Fritz Lindenmaier[158] auch konkret einer Bewertung nach den alliierten Dekartellierungsgesetzen. Die Richter kamen allerdings zu der Ansicht, dass der vorliegende Vertrag nicht durch diese verboten sei. Zwar könne der Vertrag nach Art V. Paragraph 9c2 als Ausschluss von Personen von Marktgebieten oder geschäftlichen Tätigkeitsbereichen verstanden werden, jedoch falle nach dem reinen Wortlaut jeder Kaufvertrag darunter, da in jedem Fall die Wettbewerber des Verkäufers von der geschäftlichen Tätigkeit ausgeschlossen würden.

---

155 Urteil des BGH vom 23.11.1951, I ZR 24/51, in: WuW 1+2 (1951/52), Heft 5, S. 354 f., sowie Volltext unter: https://www.prinz.law/urteile/bgh/I_ZR__24-51, zuletzt abgerufen am 22.09.2020.

156 Ebd., S. 1–5.

157 Ebd., S. 7.

158 Zur Biographie Lindenmaiers: Louis Pahlow, Fritz Heinrich Karl Paul Lindenmaier (1881–1960), in: Simon Apel / Louis Pahlow / Matthias Wiessner (Hrsg.), Biographisches Handbuch des Geistigen Eigentums, Tübingen 2017, S. 187–191.

Daher sei eine Interpretation notwendig, für die die Rechtsaufassung des Gesetzgebers erforscht werden müsse.[159] Als maßgebliche Quelle für diese wurden konkret die amerikanischen Antitrustgesetze, namentlich der *Sherman Act* sowie der *Clayton Act* und deren Auslegung durch den *Supreme Court* identifiziert. Aus dieser Auslegung der amerikanischen Antitrustgesetze leiteten die Bundesrichter wiederum ab, dass entsprechende Verträge nach der *rule of reason* ausgelegt werden müssten, und lediglich solche, die den Wettbewerb ungebührlich einschränken *(unduly restrictive)* unter die Kartellgesetze fallen würden. Eine entfernt liegende *(remote)* Verringerung des Wettbewerbs hingegen falle nicht unter das Kartellverbot.[160] Eine solche sahen die Richter in diesem Fall als gegeben an. Die ausschließlichen Bierlieferungsverträge seien branchenüblich. Zudem sei eine Einschränkung des allgemeinen Wettbewerbs hier nicht das Ziel gewesen. Viel mehr stehe die Abnahmepflicht in innerem Zusammenhang mit der Gewährung des Darlehens. Daher sei die Minderung der Wettbewerbschancen Dritter nur *remote* und dementsprechend beständen keine Bedenken, den Vertrag auch unter den Dekartellierungsgesetzen für zulässig zu erachten.[161]

Zu einem ähnlichen Urteil kam auch der zweite Zivilsenat des BGH bei einem vergleichbaren Sachverhalt. In diesem Fall hatte eine Gastwirtin, die ihr Bier seit Jahrzehnten von der Stiftungsbrauerei Erding bezog, in Betracht gezogen, die Lieferbrauerei zu wechseln, da die Stiftungsbrauerei einer Anfrage über einen Kredit von 2.000 DM zur Modernisierung der Schankanlage auswich. Daraufhin bemühte sich die Spaten-Brauerei aus München, mit der Gastronomin ins Geschäft zu kommen und unterbreitete ein entsprechendes Angebot. Sie schlossen schließlich einen Vertrag, unter dem die Spaten-Brauerei der Gastwirtin einen zinslosen Kredit über die benötigten 2.000 DM gewährte und sich die Gastwirtin im Gegenzug verpflichtete ihr Bier bis zur Tilgung des Darlehens nur noch exklusiv von der Spaten-Brauerei zu beziehen. Kurz darauf widerrief die Wirtin allerdings den Vertrag, da sich die Stiftungsbrauerei, ihre ursprüngliche Lieferantin, inzwischen zur Modernisierung der Schankanlage bereiterklärt hatte. Sie begründete dies damit, dass der Vertrag gegen die guten Sitten nach § 1 UWG sowie gegen Gesetz Nr. 56 verstoße. Die Spaten-Brauerei verklagte daraufhin die Wirtin auf Schadensersatz in Höhe von 2.250 DM sowie weitere 10 DM für jeden anderweitig bezogenen Hek-

---

159 Urteil des BGH vom 23.11.1951, I ZR 24/5, https://www.prinz.law/urteile/bgh/I_ZR__24-51, zuletzt abgerufen am 22.09.2020, S. 15.

160 Ebd., S. 16–18.

161 Ebd., S. 19.

toliter Bier. Das zuständige LG lehnte die Klage ab, das Münchener OLG gab der Klage allerdings in der Berufung statt.[162]

Die Richter des BGH sahen in dem Vertrag keinen Verstoß gegen Gesetz Nr. 56. Es sei nicht im Sinn der Militärregierung gewesen, jede Beschränkung des Wettbewerbs zu verbieten, solang diese nicht wesentlich sei und nicht die in der Präambel erwähnte übermäßige Konzentration deutscher Wirtschaftskraft förderte. Die Richter verwiesen dabei auch auf das vorangegangene Urteil des I. Zivilsenats und dessen Bezug auf das amerikanische Antitrustrecht. Die Wettbewerbsbeschränkung im Fall des zur Debatte stehenden Vertrages sei unwesentlich und die Verminderung des Wettbewerbs Dritter nicht eigentliches Ziel des Vertrages.[163] In einem ähnlichen Fall Ende 1956 hielt der BGH erneut die Exklusivklausel in einem Bierlieferungsvertrag zwischen Brauerei und Gastwirt aufrecht, wenn auch hier in Bezug auf § 1 UWG.[164] Durch die frühen Urteile des BGH blieb die Rechtslage bei den Bierlieferungsverträgen im Gegensatz zur Situation bei der vertikalen Preisbindung für Markenartikel konstant.

Auch wenn die Zeit der rechtlichen Unsicherheit bei den Bierlieferungsverträgen relativ kurz war, versuchten auch hier manche Akteure, sich die zwischenzeitlichen Rechtsirritationen zu Nutze zu machen. Als in einigen Fachzeitschriften Artikel auftauchten, in denen diskutiert wurde, ob die gängigen Bierlieferungsverträge mit Exklusivklauseln möglicherweise einen Verstoß gegen die Dekartellierungsgesetze darstellten, ergriff ein Biergroßhändler die Initiative und stellte eine Broschüre mit Ausschnitten aus diesen Artikeln zusammen und versandte sie an entsprechend vertraglich gebundene Gastwirte, nicht ohne seine eigene Preisliste zu Werbezwecken an die Broschüre anzuhängen.[165] Juristisch betrachtet wurde dieser Versuch für den Händler allerdings zum Bumerang. Die Brauereien, die die benachrichtigten Gastwirte bisher belieferten, erfuhren von der Broschüre und ihr zuständiger Verband verklagte den Händler erfolgreich über drei Instanzen wegen unlauteren Wettbewerbs. Der Bundesgerichtshof urteilte, die Frage nach der Legalität der Bierlieferungsverträge unter den Dekartellierungsgesetzen sei bis zu seinem Urteil vom 23.11.1951 völlig offen gewesen und die in der Broschüre vertretenen Ansichten hätten keinesfalls als gesichert gelten können. Damit seien die Grenzen des geschäftlichen Anstandes bereits überschritten gewesen, auch

---

162 Urteil des BGH vom 14.5.1952, II ZR 256/51, in: WuW 1+2 (1951/52), Heft 9/10, S. 645 f., hier: S. 645, sowie online unter: https://research.wolterskluwer-online.de/document/50c91ed8-d5b8-4383-9478-fa627eb6a65c, zuletzt abgerufen am 23.09.2020.

163 Ebd., S. 645 f.

164 Urteil des BGH vom 16.10.1956, I ZR 2/55, in: WuW 7 (1957), Heft 6, S. 387–392.

165 N. N., Unlautere Kundenwerbung unter Berufung auf eine noch nicht feststehende Rechtsprechung, in: BB 9 (1954), Heft 4, S. 114 f. [Urteil des BGH vom 13.11.1953, I ZR 79/52].

wenn der Händler selbst die Rechtsansichten möglicherweise für zutreffend hielt, da die Gastwirte zumindest formell noch vertraglich gebunden waren.[166]

Auch wenn die Bundesrichter die Dekartellierungsgesetze im Falle der Bierlieferungsverträge weniger dehnen mussten, als dies bei der vertikalen Preisbindung für Markenartikel der Fall gewesen war, wurden auch hier ihre Entscheidungen von deutscher Seite durchaus kritisiert. So bemängelte der ordoliberale Jurist Ernst-Joachim Mestmäcker die simplifizierte Gleichsetzung von branchenüblich und *reasonable* bei der Bewertung der Bierlieferungsverträge, welche auf die Fehlinterpretation eines Urteils des *Supreme Court* durch die Bundesrichter zurückginge.[167] Zudem zweifelte er auch die Interpretation an, der Hauptzweck dieser Verträge sei nicht die Beschränkung des Wettbewerbs. Im Falle der Bierlieferungsverträge sichere nicht die Ausschließlichkeitsklausel das Darlehen, sondern das Darlehen werde lediglich gewährt, um einen durch die Ausschließlichkeitsklausel gewährten, sicheren Absatz zu erzielen. Deswegen sei die *rule of reason* hier nicht in dem Sinne anwendbar, wie das durch den BGH geschehen war.[168] Auch der später als CDU-Generalsekretär und sächsischer Ministerpräsident bekannt gewordene Jurist Kurt Biedenkopf bemängelte die Rechtsprechung des BGH zu den Bierlieferungsverträgen insofern, dass die eigentliche Wettbewerbsverhinderung durch diese Art von Verträgen, nämlich der Marktabschluss durch eine Vielzahl gleichartiger Verträge, in der Urteilsfindung unbeachtet geblieben oder bewusst verkannt worden sei.[169]

Trotz der zuvor zitierten energischen Verteidigung der Bierlieferungsverträge durch den Brauer-Bund wuchs auch in der Branche selbst die Kritik an der Vertragspraxis und ihren Auswirkungen auf die Marktsituation. So wandte sich im Juli 1953 ein Anwalt, der die Brauereiverbände in Hessen und NRW repräsentierte, mit einer Anfrage für eine Ausnahmegenehmigung an die DIDEG. Diese geplante Vereinbarung war die überregionale Fortsetzung eines als „Darlehns- und Anpachtungs-Vereinbarung" (DAV) bezeichneten Vertragswerkes, welches die in NRW zusammengeschlossenen Brauereien bereits im November 1951 beschlossen hatten und welches beinhaltete, Wirten in NRW für einen Zeitraum von fünf Jahren keine Darlehen mehr zu gewährten. Die DIDEG hatte diesem Vertragswerk bereits im April 1952 zugestimmt.[170] Inhalt der neuerlichen Genehmigungsanfrage war eine branchenweite Abmachung, die die Praxis der exklusiven Bierlieferungs-

166 Ebd., S. 115.

167 Ernst-Joachim Mestmäcker, Ausschließlichkeitsverträge, Kopplungsverträge und offene Märkte, in: Juristenzeitung 9, Heft 20 (1954), S. 621–625, hier: S. 622.

168 Ebd., S. 623.

169 Biedenkopf, Vertragliche Wettbewerbsbeschränkung und Wirtschaftsverfassung, S. 85.

170 Bodden, Business as usual?, S. 92 f.

verträge zumindest für die Anwerbung von Neukunden verbot und auf solche Gastwirte beschränkte, die vor dem 1. Juli 1951 bereits mindestens 2 Jahre regelmäßige Kunden ihrer Lieferbrauerei waren. Als Grund für die Vereinbarung wurde genannt, dass sich nach der Währungsreform ein Käufermarkt für Bier entwickelte und wegen des hohen Kapitalbedarfs bei der Wiedereinrichtung von durch Bombenschäden zerstörten oder beschädigten Gaststätten vor allem solche Brauereien mit hoher Liquidität zur Gewährung von Darlehen von den Marktbedingungen profitierten. Dies geschehe auf Kosten finanzschwächerer Konkurrenten und unabhängig von der Qualität des Bieres.

Das Memo des britischen DIDEG-Vertreter A. F. Maddocks bescheinigte dieser Analyse einen durchaus hohen Wahrheitsgehalt und sympathisierte grundsätzlich mit dem Anliegen:

> DIDEG realized from the beginning that there was a good deal of truth in these statements and always considered as objectionable loan contracts between breweries and innkeepers which were related to more or less exclusive patronage.

Ein Komplettverbot der Exklusivverträge in der Branche schätzte die DIDEG auch angesichts der Aufrechterhaltung durch deutsche Gerichte allerdings als nicht realistisch ein:

> Unfortunately, the contracts are supported by long custom, by court decisions, and by the fact that they have contributed to the rebuilding of Germany. For these reasons it is futile to attempt to interdict these loan contracts immediately despite their undesirable characteristics. [171]

Daher entschied sich die DIDEG, obwohl die Ausnahme bestehender Bierlieferungsverträge aus dem Verbot als Nachteil angesehen wurde, die Abmachung der Brauereien zu unterstützen und – angesichts der inzwischen weitgehend inaktiven Natur der DIDEG – mit einer entsprechenden Empfehlung an das BMWi weiterzuleiten.[172]

Letztlich waren diese Branchenvereinbarungen eine Fortsetzung der Konditionenkartelle von vor 1945, die in ähnlicher Weise den Wettbewerb um die Nebenleistungen bei den Bierlieferungsverträgen eingeschränkt hatten. Nancy Bodden konnte diese Kontinuität in ihrer Untersuchung über die Dortmunder Brauereien in der Nachkriegszeit auch am bei der Aushandlung der Verträge beteiligten Führungspersonal der Unternehmen und Verbände belegen, das in den meisten

171 Memo to the Economics and Finance Committee about Agreements between Breweries prohibiting the granting of Loans to Inkeepers, 24.7.1953, DIDEG/Memo(53)67, S. 1, in: PRO FO 1005/738.

172 Ebd., S. 2; Minutes of the Forty-Eigth Meeting of the DIDEG, 24.8.1953, in: PRO FO 1005/728.

Fällen mit dem der Vorkriegszeit identisch war.[173] Ironischerweise war es gerade die Beschränkung des Wettbewerbs mit dem eigentlichen Produkt, dem Bier, durch die Bierlieferungsverträge, die zusätzliche Marktabsprachen nötig machte, da sich der Wettbewerb durch diese Verträge angesichts der angespannten Lage auf dem allgemeinen Kapitalmarkt zunehmend auf die Kreditvergabe verlagert hatte und dadurch die finanziellen Ressourcen der Brauereien zunehmend strapazierte.

Im von Eberhard Günther geleiteten Kartellreferat im BMWi, an das die Abmachung seitens der DIDEG schließlich weitergeleitet wurde, wurde die kritische Einschätzung der Ausschließlichkeitsbindungen, wie sie sich hier spezifisch in Bezug auf die Bierlieferungsverträge gezeigt hatte, auch mit Blick auf die allgemeine Wettbewerbssituation, durchaus geteilt. Wegen des angesichts der Rechtsprechung des BGH vergleichsweise großen rechtlichen Spielraums bei den Ausschließlichkeitsklauseln unter den Dekartellierungsgesetzen nahm die wettbewerbliche Bedeutung dieses Instruments im entsprechenden Zeitraum nach Einschätzung der Ministerialbeamen tendenziell noch zu. Das Referat schätzte individuelle Ausschließlichkeitsbindungen neben der vertikalen Preisbindung und den nun illegal stattfindenden klassischen Preisabsprachen als einen der Hauptgründe für die Erstarrung von Preisgefüge und Handelswegen ein. Wie der vertikalen Preisbindung wurde auch den Ausschließlichkeitsbindungen eine zumindest teilweise Ersatzfunktion für verbotene Kartellabsprachen attestiert.[174] Bei der konkreten Praxis der Bierlieferungsverträge und der mit ihnen einhergehenden Marktabsprachen zu ihrer Beschränkung führte das BMWi die Duldungspolitik der DIDEG indes fort. Dies sollte sich auch nach dem Erlass des GWB und der Gründung des Bundeskartellamts zunächst lange nicht ändern.[175]

Die Einschränkung des durch die Ausschließlichkeitsklauseln ausgelösten Kapitalwettbewerbs in Form der DAV wurde 1954 auch gerichtlich aufrechterhalten. In dem vom OLG Hamm beurteilten Fall hatte die beklagte Brauerei eine zuvor über einen Biergroßhändler von einer anderen Brauerei belieferte Gaststätte angepachtet, nachdem diese wegen wirtschaftlicher Schwierigkeiten des bisherigen Pächters geschlossen worden war. Zu diesem Zeitpunkt waren sowohl die beklagte Brauerei, als auch die andere, klagende Brauerei, die die Gaststätte zuvor beliefert hatte, Unterzeichner des DAV gewesen. Nach der Anpachtung belieferte die beklagte Brauerei über ihren Unterpächter die Gaststätte selbst exklusiv, während der Bierbezug von der klagenden Brauerei eingestellt wurde. Dies verstieß gegen

173 Bodden, Business as usual?, S. 90.

174 N. N., Wettbewerbsbeschränkende Absprachen in der deutschen Wirtschaft, undatiert, S.6, in: BA B102/17104.

175 Bodden, Business as usual?, S. 95 f.

die DAV, weswegen die Beklagte eine Vertragsstrafe schuldete. Vor Gericht bestritt sie aber die rechtliche Vereinbarkeit der DAV mit Verordnung Nr. 78. Nachdem bereits zuvor das zuständige Landgericht die Konventionalstrafe nach der DAV aufrechterhalten hatte, urteilte auch das OLG Hamm für die Rechtsgültigkeit dieser. Zur Begründung gab das Gericht an, dass die DAV lediglich den Kapitalwettbewerb ordne und einschränke, der eigentliche Wettbewerb der Brauereien über die Qualität und den Preis des Bieres hingegen nicht einschränke. Der Kapitalwettbewerb sei zwar nicht per se unlauter, aber der Branche fremd und behindere sogar mitunter den Warenwettbewerb, weswegen die Einschränkung des Kapitalwettbewerbs durch die DAV dem Warenwettbewerb sogar zugutekommen könnte.[176] Die paradoxe Situation, dass mit der DAV eine sekundäre Wettbewerbsbeschränkung benötigt wurde, um die wettbewerbsbeschränkenden Effekte einer primären – der Ausschließlichkeitsverträge – zu limitieren, nahm das Gericht hier also zum Anlass, das entsprechende sekundäre Vertragswerk zu rechtfertigen, nachdem die Ausschließlichkeitsverträge selbst bereits durch den BGH final juristisch gebilligt worden waren.

Der BGH, speziell der I. Zivilsenat, orientierte auch in anderen Branchen seine Auslegung der Ausschließlichkeitsklauseln im Ergebnis eng an der bereits vor 1945 etablierten deutschen Rechtsprechung. So urteilten die Richter im Fall einer Ausschließlichkeitsklausel einer Kreditgenossenschaft, die ihren Mitgliedern (Einzelhandelsgeschäften) den Geschäftsverkehr mit anderen Kreditinstituten sowie entsprechende eigene Tätigkeiten untersagte, die Klausel könnte schon deshalb nicht *reasonable* im Sinne der Interpretation unter den Dekartellierungsgesetzen sein, wenn sie bereits nach deutschem Recht als unlauter, wettbewerbswidrig und nichtig zu bewerten sei. Auch die Ansichten der „beteiligten Berufskreise“ waren für die Richter dabei maßgeblich: Da diese die Klausel in diesem Fall missbilligten, sei schon deshalb für die Anwendung der *rule of reason* kein Raum.[177] Etablierte Rechtsprechung und die Erwartungen der Mehrheit der betroffenen Branchenvertreter waren also nicht selten identisch, und gleichermaßen Richtschnur der Bundesrichter. So wurden – anders als die auch vor 1945 nicht legale Klausel der Kreditgenossenschaft – etablierte Ausschließlichkeitsklauseln etwa auch im Bestattungsgewerbe[178] und in der Herstellung von Porzellanvasen[179] gerechtfertigt. Verschiedene Instanzgerichte wandten die Kriterien des BGH, welche im Fall der Bierlieferungsverträge zu Ausschließlichkeitsklauseln aufgestellt wurden, u. a. auch auf Verträge und Geschäftsbeziehungen zwischen Tankstellenwarten und

176 Urteil des OLG Hamm vom 17.12.1957, 2 U 86/57, in: WuW 8 (1958), Heft 6, S. 364–367.
177 Urteil des BGH vom 16.3.1954, I ZR 179/52, in: WuW 4 (1954), Heft 6/7, S. 450–455, hier: S. 454.
178 Urteil des BGH vom 13.7.1954, V ZR 166/52, in: NJW 7 (1954), S. 1483–1485.
179 Urteil des BGH vom 15.2.1955, I ZR 86/53, in: BGHZ 16, S. 296–307.

Mineralölkonzernen (ausschließlicher Bezug von Kraftstoff gegen Bereitstellung von Zapfanlagen)[180] sowie zwischen KFZ-Reparaturwerkstätten und Autoherstellern (ausschließlicher Bezug von Ersatzteilen vom Originalhersteller des Autos)[181] an. Die Urteile des BGH zu den Bierlieferungsverträgen hatten also präjudizierende Wirkung bezüglich der Ausschließlichkeitsklauseln, die weit über die Brauindustrie und ihre relativ spezifischen Marktbedingungen hinausging.

In der Brauindustrie selbst bestanden noch weitere wettbewerbsbeschränkende Vereinbarungen, die unter den Dekartellierungsgesetzen einer gerichtlichen Prüfung unterzogen wurden. So wurden auch die sogenannten Kundenschutzverträge, mit denen die Brauereien ihre Exklusivbelieferungen auch untereinander horizontal absicherten, im Rahmen der Dekartellierungsgesetze von deutschen Gerichten beurteilt und schließlich durch den BGH juristisch final bewertet. Der zunächst vom Landgericht Karlsruhe beurteilte Sachverhalt war folgender: Ein Bierverlag mit eigenem Depot hatte über Jahre seine aus Gastwirten in Freudenstadt und im oberen Murgtal bestehende Kundschaft beliefert. Als diese Belieferung durch Kriegsschäden an der Infrastruktur zunehmend unmöglich wurde, übertrug der Bierverlag mit dem Depot die Belieferung im Dezember 1943 zunächst teilweise und im September 1944 dann vollständig auf eine Konkurrenzfirma. In dem entsprechenden Vertrag sicherte sich der Bierverlag neben einer vierteljährlichen Kündigungsfrist nach Kriegsende zudem einen absoluten Kundenschutz über 3 Jahre nach Vertragsende zu, d. h. die übernommene Kundschaft war über diesen Zeitraum nach Vertragsende wieder ausschließlich durch den ursprünglichen Bierverlag zu beliefern. Der Bierverlag kündigte den Vertrag schließlich zum 1.9.1949, die Konkurrenzfirma weigerte sich aber, die Belieferung der übernommenen Kunden einzustellen, da die Kundenschutzklausel gegen Gesetz Nr. 56 verstoße. Daraufhin verklagte der ursprünglich liefernde Bierverlag seinen Konkurrenten zunächst vor dem Landgericht Karlsruhe und verlangte die Einhaltung des Kundenschutzes sowie Schadensersatz für vertragswidrig erfolgte Lieferungen. Das LG wies die Klage ab. Zwar hielt das Gericht der Klägerin zugute, dass die Kundenschutzklausel hier nicht die Ausschaltung des freien Wettbewerbs bezweckte. Andererseits könne es aber nicht zweifelhaft sein, dass diese Klausel im Falle ihrer Einhaltung und Rechtsgültigkeit zwangsläufig zum Ausschluss der Beklagten von Marktgebieten und zur Zuteilung von Kunden an die Klägerin führen würde, was aber sowohl nach dem Wortlaut als auch nach Sinn und Zweck von Art. V c Ziff. 2 des Gesetzes Nr. 56 verboten sei. Es komme dabei nicht auf den Zweck der ur-

180 Urteil des LG Stuttgart vom 04.01.1952, 11 Q 45/51, in: WuW 2 (1952), Heft 11, S. 730 f.; Urteil des OLG Celle vom 19.5.1953, 4 U 283/52, in: BB 8 (1953), Heft 17, S. 486 f.; Urteil des OLG Düsseldorf vom 17.5.1957, 2 U 34/56, in: WuW 7 (1957), Heft 12, S. 791–798.

181 Urteil des LG Düsseldorf vom 3.8.1954, 4 O 50/54, in: WuW 4 (1954), Heft 12, S. 787–801.

sprünglichen Absprache an, sondern auf ihre Auswirkung. Zwar sei anzuerkennen, dass sich das Gesetz hier für die Klägerin unvorteilhaft und für die Beklagte vorteilhaft auswirke, es könne der Beklagten aber kein Vorwurf gemacht werden, wenn sie sich auf dieses Gesetz berufe.[182]

Das Oberlandesgericht Stuttgart kam in der Berufung zu einer anderen Auslegung. Zwar folgte sie der Argumentation der Klägerin nicht, Gesetz 56 sei hier nicht anzuwenden, weil die Verpflichtung der Beklagten in der französischen Zone übernommen worden sei. Das Gericht befand, es sei nicht entscheidend, wo die Konzentration oder verbotene Tätigkeiten stattfänden, sondern ob die betroffenen (juristischen) Personen der Zuständigkeit der entsprechenden Militärregierung unterlägen. Die Kundenschutzklausel bewertete das Stuttgarter Gericht aber anders. Der Zweck der Kundenschutzklausel sei nicht die Verhinderung lauteren Wettbewerbs gewesen, sondern hätte lediglich dazu gedient, einen Wettbewerbszuwachs zu verhindern, der auf den eigenen Tätigkeiten der Klägerin beruhte und damit lediglich einen Schutz gegen unlauteres Verhalten geschaffen.[183] Das OLG berief sich dabei auch auf die o. g. Ausführungen des Bundesrichters Fritz Lindenmaier, der sich wiederum auf Urteile des Supreme Courts zu sogenannten *„ancillary clauses"* bezog, nach denen vertragliche Wettbewerbsbeschränkungen unter Umständen erlaubt seien, wenn es sich lediglich um *„reasonable"* Nebenabreden zu Verträgen handle, die ansonsten den Wettbewerb nicht beschränkten.[184] Diesen Gedankengang wandten die Richter der Karlsruher Zweigstelle des OLG Stuttgart auch auf den hier vorliegenden Vertrag an. Bei der Kundenschutzklausel handle es sich lediglich um einen billigen Schutz vor einem unlauteren Vorgehen der anderen Vertragspartei, der die Interessen der Allgemeinheit nicht schädige.[185]

Wenig überraschend schloss sich dann der erste Zivilsenat des BGH, ohne Lindenmaier und Weinkauff selbst, aber unter dem Vorsitz des dritten ehemaligen Reichgerichtsrats, Martin Heidenhain, dem Urteil des Stuttgarter OLG an und verwarf die Revision des Beklagten.[186] Wie zuvor schon bei dem Urteil zu Bierlieferungsverträgen vom November 1951 betonten die Richter auch hier die grundsätzliche Notwendigkeit der Auslegung des Gesetzes durch deutsche Richter nach dem Gesetzeszweck, nach dem nur echte Beschränkungen des Wettbewerbs verboten

182 Urteil des LG Karlsruhe vom 18.8.1950, 1 O 58/50, in: BB 5 (1950), Heft 25, S. 631.

183 Urteil des OLG Stuttgart vom 14.3.1951, 2 U 167/50, in: BB 6 (1951), Heft 10, S. 264 f., hier: S. 264.

184 Fritz Lindenmaier, Wettbewerbsverbote und Dekartellierungsrecht, in: BB 5 (1950), Heft 34, S. 877–879.

185 Urteil des OLG Stuttgart vom 14.3.1951, 2 U 167/50, in: BB 6 (1951), Heft 10, S. 264 f.

186 Urteil des BGH vom 8.2.1952, I ZR 63/51, in: BGHZ 5, S: 71–76; sowie in: WuW 1+2 (1951/52), Heft 6/7, S. 420–22; und unter: https://research.wolterskluwer-online.de/document/28689ca9-d18e-45cf-b1bd-63808eeba7a7, zuletzt abgerufen am 28.9.2020.

seien. Nach anglo-amerikanischer Rechtsprechung seien die sogenannten *ancillary clauses* seit langem für zulässig erachtet worden. Darunter seien untergeordnete Nebenverpflichtungen eines Vertrages zu verstehen, die lediglich eine faire, Treu und Glauben entsprechende Durchführung des Vertrages sicherstellen und bei denen die Beschränkung der geschäftlichen Tätigkeit nicht geeignet sei, die allgemeine Marktlage zu beeinflussen. Auch die zu beurteilende Kundenschutzklausel

> sollte lediglich die berechtigten Interessen der Klägerin im Falle der Beendigung des Vertrages sichern, sie war für die allgemeine Marktlage ohne Bedeutung. Sie geht auch nicht über das hinaus, was im öffentlichen Interesse tragbar ist, um die rechtlichen Belange der Klägerin zu schützen. Sie ist, wie aus einer sinngemäßen Auslegung des Gesetzes folgt, nicht verboten.[187]

Der Vertrag selbst hingegen sei für die Beklagte sogar durchaus vorteilhaft gewesen. Die Kundenschutzklausel stelle in diesem Fall keine *unreasonable restraint of trade* dar und der Vertrag sei daher unter Gesetz Nr. 56 nicht verboten.[188]

Einen fast identischen Fall hatte gut ein Jahr später auch der zweite Zivilsenat des BGH zu beurteilen. Auch in diesem Fall musste eine Brauerei im Jahr 1944, wegen einer gesetzlichen Vorgabe, die den Transport von Bier über größere Strecken verbot, die Belieferung ihrer Kunden in Velden bei Landshut einstellen. Die Belieferung wurde auch hier durch einen lokalen Brauer in Velden übernommen und eine Kundenschutzvereinbarung getroffen, nach der es der Veldener Brauerei für 5 Jahre nach Vertragsende verboten war, die übernommene Kundschaft mit Bier zu beliefern. Die lokale Brauerei weigerte sich aber 1949 nach Vertragsende, diese Verpflichtung einzuhalten und wollte es den Gastwirten selbst überlassen, von wem sie ihr Bier beziehen, und berief sich dabei auch auf die entsprechende Klausel in Gesetz Nr. 56, worauf die ursprüngliche Lieferbrauerei vor Gericht zog. Das Landshuter Landgericht hatte am 9.5.1951 zunächst der Beklagten recht gegeben und die Kundenschutzklausel wegen Gesetz Nr. 56 für ungültig erklärt. Das OLG München hatte unter Berufung auf das o. g. BGH-Urteil die Kundenschutzklausel aber für gültig erklärt und der Berufung der Klägerin Recht gegeben.[189]

Bei der Einschätzung der Rechtsgültigkeit der Kundenschutzklausel unter den Dekartellierungsgesetzen kamen auch die Richter des II. Zivilsenats wenig überraschend zum gleichen Ergebnis wie bereits ein Jahr zuvor ihre Kollegen im I. Zivilsenat. Das Urteil war aber insofern milder, als sie die Einschätzung des Beklagten,

187 Urteil des BGH vom 8.2.1952, I ZR 63/51, in BGHZ 5, S. 74.

188 Ebd., S. 75.

189 Urteil des BGH vom 3.6.1953, II ZR 236/52, in WuW 3 (1953), Heft 9, S. 557 f., hier S. 557, sowie unter: https://research.wolterskluwer-online.de/document/4caa944d-d344-42e4-9fb2-3c31320d700d, zuletzt abgerufen am 29.09.2020.

die Klausel sei unter Gesetz Nr. 56 ungültig, angesichts der 1949 noch ungeklärten Rechtslage als entschuldbaren Rechtsirrtum bewertete. Daher verneinte das Gericht den Anspruch der Klägerin auf Schadensersatz und bürdete der Klägerin zudem 9/10 der Prozesskosten auf, da es sich nicht um eine schuldhafte Vertragsverletzung seitens der Beklagten gehandelt habe. Das Gericht hielt also den Unterlassungsanspruch aufrecht, lehnte die Schadensersatzklage aber ab.[190]

Der BGH verteidigte auch im Fall der Ausschließlichkeitsklauseln und der mit diesen im Braugewerbe komplementären Kundenschutzklauseln etablierte Geschäftspraktiken mit wettbewerbsbeschränkender Tendenz gegen eine strikte Auslegung der Dekartellierungsgesetze und stellte sich damit im Ergebnis in Kontinuität zur Rechtsprechung des Reichsgerichts. Somit wurde die Ausstrahlung von Rechtsirritationen auf die betroffenen Wirtschaftskreise in Form von Rechtsunsicherheit bei etablierten Geschäftspraktiken in diesem Sachverhalt durch den BGH zeitnah unterbunden. Dadurch, dass es bereits 1951 und 1952 zu Urteilen des BGH kam und die Oberlandesgerichte bald dessen wesentliche Richtlinien bei der Auslegung übernahmen, kam es nicht zu einer langjährigen Widersprüchlichkeit in der Rechtsprechung wie bei der vertikalen Preisbindung. Die Auslegung wurde den Bundesrichtern auch dadurch erleichtert, dass im Gegensatz zum Falle der vertikalen Preisbindung bei den Ausschließlichkeitsklauseln bereits im eigentlichen Gesetzestext Ausnahmen für das Verbot vorgesehen waren („bona fide marketing arrangements"), während bei der vertikalen Preisbindung auf den in seiner rechtlichen Natur zweifelhaften Willner-Brief zurückgegriffen werden musste. Die Bundesrichter, vor allem Fritz Lindenmaier, griffen bei ihrer Interpretation auf Vorbilder aus dem amerikanischen Antitrust zurück, legten diese aber einseitig im Sinne einer Bestätigung der in Deutschland etablierten Rechtsprechung, also einer möglichst weit gefassten Legalität von Ausschließlichkeits- und Kundenschutzklauseln, aus. Die Präjudizwirkung dieser Urteile ging dabei vor allem bei den Ausschließlichkeitsklauseln weit über die exemplarisch beurteilten Bierlieferungsverträge in der Brauereibranche hinaus. Die in der DIDEG vertretenen alliierten Kartellexperten sahen die Ausschließlichkeitsverträge wegen ihrer Auswirkungen auf den Wettbewerb deutlich kritischer, verzichteten wegen des starken rechtlichen und wirtschaftlichen Rückhalts für diese aber auf Verbote. Diese Sichtweise wurde im Kartellreferat des BMWi tendenziell geteilt, dabei aber in der Praxis keine Maßnahmen ergriffen, um gegen diese im auslegbaren Graubereich des Kartellverbots liegenden Bindungen vorzugehen. Während die Rechtsprechung der Bundesrichter sich mit den Auffassungen der großen, die Branchenverbände dominierenden Brauereien deckte, versuchten von den Bierlieferungs- und Kundenschutzklauseln

190 Ebd, S. 558.

negativ betroffene Brauereien und Gastwirte auch hier, die Dekartellierungsgesetze zu ihrem Vorteil zu nutzen, hatten damit vor deutschen Gerichten aber im Ergebnis wenig Erfolg.

7.2 Die Molkereifälle – Strafverfahren vor deutschen Gerichten

Während seitens der Besatzungsmächte nur zwei Strafverfahren auf Basis der Dekartellierungsgesetze vor amerikanischen Gerichten in Gang gesetzt wurden, mussten sich deutsche Unternehmen und Manager vor heimischen Gerichten häufiger wegen strafrechtlich relevanter Verstöße der Verantwortung stellen. Allerdings kann auch hier allenfalls von einer punktuellen statt von einer flächendeckenden Umsetzung der Dekartellierungsgesetze gesprochen werden. Gegenüber den zivilrechtlichen Auseinandersetzungen waren die Strafprozesse vor deutschen Gerichten klar in der Minderheit. Strafverfahren mit kriminellen Strafen für wettbewerbsrechtliche Verstöße hatten in Deutschland kein historisches Vorbild und trafen auf einigen Widerstand der Mehrheit der Wirtschaftsverbände. So konstatierte Ludwig Erhard etwa:

> Die alliierten Dekartellierungsgesetze sind dem deutschen Rechtsbewußtsein fremd. Ihre Anwendung führt daher ständig zu Zweifeln und Schwierigkeiten. Gegen ihre Durchsetzung bestehen auch weithin gewisse psychologische Hemmungen, insbesondere, wenn für Verstöße kriminelle Strafen verhängt werden sollen.[191]

Trotz dieser grundsätzlichen Vorbehalte gegen eine strafrechtliche Verfolgung von kartellrechtlichen Verstößen lässt sich nicht feststellen, dass die deutschen Gerichte in der Urteilsfindung auf diese politischen Umstände Rücksicht genommen hätten. Auch Erhard selbst war in seiner Ablehnung von Strafprozessen durchaus nicht so konsequent, wie das Zitat vermuten ließe. Angesichts auch durch Preisabsprachen landwirtschaftlicher Verbände bedingter Preissteigerungen auf dem Buttermarkt wies er bereits im Juli 1951 die Dekartellisierungsstellen aus preispolitischen Erwägungen explizit an, diese Absprachen bei der Staatsanwaltschaft zur Anzeige zu bringen.[192] Während die Gerichte, insbesondere der BGH, bei den zivilrechtlichen Auseinandersetzungen die Durchschlagskraft der Dekartellierungsgesetze begrenzten, waren die Urteile in strafrechtlichen Prozessen meistens eindeu-

191 Antwort Ludwig Erhards auf Anfrage des Vorsitzenden des Sonderausschusses für Bankenaufsicht, Dr. Rudolf Hahn, 4.12.1956, in: BA B 102/17104.

192 N. N., Gesetzwidrige Absprachen über den Butterpreis, in: WuW 1+2 (1951/52), Heft 4, S. 287 f.

tiger. Dies lässt sich auch darauf zurückführen, dass in den Strafprozessen mit durchgeführten Preisabsprachen zumeist klassische „per se Verstöße" gegen die Kartellgesetze vorlagen, die im Gegensatz etwa zur vertikalen Preisbindung bei Markenartikeln oder den Ausschließlichkeitsklauseln den Richtern kaum Interpretationsspielraum ließen. So waren die deutschen Richter zwar bereit, die Dekartellierungsgesetze in Interpretationsfragen zumeist milde auszulegen und Rücksicht auf etablierte Geschäftspraktiken zu nehmen, jedoch bei offensichtlichen Verstößen nicht willens, das Recht offen zu beugen. Im Fall der Molkereien, die hier wegen der relativen Häufung der Verfahren als exemplarisches Fallbeispiel dienen sollen, war eine konsequente strafrechtliche Verfolgung der Kartellabsprachen durchaus politisch gewollt, allerdings lassen sich auch bei Strafverfahren wegen Preisabsprachen in anderen Branchen keine nennenswerten Abweichungen in der Haltung der Gerichte feststellen.

Einige der schließlich vor deutschen Gerichten entschiedenen Strafverfahren nahmen ihren Ausgangspunkt noch in der Endphase der DIDEG, als diese zwar noch bei reduziertem Personalbestand existierte, vor allem die britische Seite aber zunehmend politische Einwände gegen eine eigenmächtige alliierte Durchführung von Kartellverfahren erhob. Infolgedessen delegierte die DIDEG in ihrer Endphase mitunter Verfahren an deutsche Behörden mit der Bitte, diese bei der Staatsanwaltschaft zur Anzeige zu bringen. Im hier behandelten Fall der „Molkereizentrale Bayern in Nürnberg" sowie des „Bayerischen Molkereiverbands" in Kempten scheinen die Untersuchungen von DIDEG und deutscher Staatsanwaltschaft allerdings weitgehend unabhängig voneinander abgelaufen zu sei, wobei letztlich nur das deutsche Gerichtsverfahren auch zu einem Urteil führte. Der Blick auf die Untersuchungen der DIDEG lohnt sich aber für eine genauere Beschreibung der in den publizierten Zusammenfassungen der Urteile der deutschen Gerichte meist nur knapp zusammengefassten konkreten Wettbewerbspraktiken. Zudem soll auch die Frage beantwortet werden, wie sich die in der DIDEG zusammenarbeitenden Kartellabteilungen der Alliierten grundsätzlich zu deutschen Strafverfahren auf Basis der alliierten Kartellgesetze positionierten. Erst dann werden die deutschen strafrechtlichen Verfahren selbst behandelt.

Die ersten Untersuchungen der DIDEG kamen dadurch ins Rollen, dass sich mehrere Großhändler von Butter in Bayern über die Geschäftspraktiken der beiden Molkereiverbände beschwerten, da diese den Verkauf von Butter kontrollieren und beschränken würden.[193] Die Molkereizentrale Bayern umfasste dabei in ihrer Mitgliedschaft alle Molkereien in Bayern außerhalb des Allgäus, während wiederum alle Molkereien im Allgäu Teil des Bayerischen Molkerei Verbands in

193 Restraint of Trade in the Sale of Butter in Bavaria, Paper by U. S. Member, January 1952, DIDEG/P(52)2, in: PRO FO 1005/732.

Kempten gewesen seien. Die Verbände hätten ein Abkommen mit den städtischen Molkereien geschlossen, welches beinhaltete, dass diese dem Verband beitreten. Diese Molkereien wiederum produzierten selbst nicht ausreichend Butter und kauften diese aus anderen Quellen zu, fungierten also quasi als Großhändler. Im Zuge des Abkommens legte der Verband Preise für Groß- und Einzelhandel fest und verbot den Mitgliedern den direkten Handel mit dem Großhandel, dieser solle ausschließlich von den beiden Verbänden Butter beziehen. Der Direktverkauf von Butter wurde hingegen auf die Milchversorger selbst beschränkt. In Folge ihrer Mitgliedschaft in den Verbänden seien die städtischen Molkereien in der Lage gewesen, die Butter erheblich billiger zu beziehen als die Großhändler außerhalb des Verbandes, weswegen es für diese nicht möglich sei, mit den de facto ebenfalls als Großhändler agierenden städtischen Molkereien zu konkurrieren. In diesen Geschäftspraktiken sahen die so benachteiligten Großhändler einen klaren Verstoß gegen die Dekartellierungsgesetze.[194]

Die amerikanische Kartellabteilung beurteilte die Vorwürfe als glaubwürdig und sah einen potenziellen Verstoß gegen Gesetz Nr. 56. Die DIDEG einigte sich daraufhin auf die Einrichtung einer *working party*, um die Vorwürfe zu untersuchen. Diese kam bereits im Februar 1952, nur etwa einen Monat nachdem die amerikanische Seite die DIDEG auf die eingegangenen Beschwerden aufmerksam gemacht hatte, zu einem eindeutigen und einstimmigen Ergebnis:

> On investigation it has been determined by the Working Party that the allegations contained in the U. S. paper are substantiated by evidence, that the activities complained of are continuing, and that no Federal or Laender legislation sanctions such activities.

In Folge dieses Ergebnis empfahl die *working party* ebenfalls einstimmig die Versendung einer *Order to Show Cause* durch die DIDEG.[195]

Waren die *working party* und die DIDEG zu diesem Zeitpunkt noch einig über das Vorgehen, so sollte sich die Entscheidungsfindung im weiteren Verfahrensverlauf noch deutlich komplizierter darstellen. In der *Order to Show Cause* wurde den beiden Verbänden vorgeworfen, gegen Artikel 1, Absatz 1 und 2 von Gesetz Nr. 56 und Verordnung Nr. 78, sowie gegen Sektion 2, Artikel 5 der französischen Verordnung Nr. 96 verstoßen zu haben. Die Order erkannte die hohe Kontinuität staatlicher Markteingriffe in dem Bereich der Landwirtschaft an. So seien im Bereich der Milchwirtschaft Bundesgesetze erlassen worden, die es den Milchproduzenten vorschreiben, seine Milch bei einer bestimmten Molkerei abzuliefern. Ähn-

194 Ebd., S. 1f.

195 Report of the Working Party on Allegations of Restraint of Trade in the Sale of Butter in Bavaria, 26.2.1953, DIDEG/P(52)3, in: PRO FO 1005/732.

liche Marktregelungen waren für den Absatz geschaffen.[196] Diese Marktregelungen galten allerdings nicht für den Verkauf von Butter. Die Molkereizentrale Bayern sei de facto eine Nachfolgeinstitution der 1930 gegründeten Butterverkaufsgenossenschaft.[197]

In Kempten hatten sich bereits vor der reichsweiten Kodifizierung von Markteingriffen in den Milch- und Buttermarkt durch das Milchgesetz von 1930 korporatistische Strukturen mit Reichweite für erhebliche Teile Süddeutschlands herausgebildet. So gründete sich dort im unmittelbaren Anschluss an die Zwangswirtschaft der Kriegsphase 1921 unter Vermittlung des Kemptener Bürgermeisters die „Allgäuer Butter- und Käsebörse", bei der es sich „nicht um eine Börse im Sinne des Börsengesetzes" handelte, sondern deren Aufgabe es war, „für die Allgäuer Milchwirtschaft zuverlässige Preisgrundlagen [zu] schaffen und auch Angebot und Nachfrage [zu] vermitteln [...]".[198] Die Preisfestsetzung erfolgte dabei durch ein korporatistisches Gebilde, in dem Vertreter der Molkereien, ihrer Genossenschaften, der Landwirtschaft, des Handels sowie der Zwischenformen von Produzenten und Händlern vertreten waren. Der Preisaushandlungsprozess stützte sich dabei zwar grundsätzlich auf Marktinformationen in Form von tatsächlich erfolgten Verkaufsabschlüssen, hatte bei der Preisnotierung aber auch eine explizit marktlenkende Absicht, etwa die Verhinderung von Preisschwankungen.[199]

Ähnlich korporatistisch aufgebaute Kartellstrukturen wurden in der Weltwirtschaftskrise zunehmend auch staatlich und reichsweit forciert. So ermächtigte etwa das Milchgesetz von 1930 den Staat bzw. zunächst die Landesbehörden, Betriebe zur Erzeugung oder Verarbeitung von Milch zusammenzuschließen oder an bereits bestehende Zusammenschlüsse anzuschließen. Diese regionalen Zusammenschlüsse hatten bereits die Macht und das Recht, marktordnende Maßnahmen einzuführen.[200] Sofern diese Zusammenschlüsse Milchpreise festlegten, sollten dazu „Preisausschüsse" eingesetzt werden, bei deren Zusammensetzung sowohl Erzeuger, milchverarbeitende Betriebe, Milchhandel sowie die Verbraucher berücksichtigt werden sollten und die so zu „wirtschaftlich angemessene Preise" festlegen sollten.[201] Vor der Verordnung staatlicher Zwangszusammenschlüsse sollten die entsprechenden Betriebe zunächst zu einer freiwilligen Vereinigung bewegt

196 Bzgl. der Tradition staatlicher Eingriffe in die Landwirtschaft vgl. Kapitel 4.2.

197 Order to Show Cause, undatiert, Anhang zu DIDEG/P(52)3, in: PRO FO 1005/732, S. 1.

198 Ausschuß zur Untersuchung der Erzeugungs- und Absatzbedingungen der deutschen Wirtschaft, Die Lage der deutschen Milchwirtschaft. Verhandlungen und Berichte des Unterausschusses für Landwirtschaft (II. Unterausschuß), Bd. 15, Berlin 1931, S. 66.

199 Ebd., S. 66–70.

200 Corni / Gies, Brot – Butter – Kanonen, S. 53 f.

201 Ausschuß zur Untersuchung, Die Lage der deutschen Milchwirtschaft, S. 48 f.

werden.[202] Der entsprechende Paragraph war erst kurz vor der Verabschiedung des bereits mehrere Jahre in der Entstehung befindlichen Milchgesetzes nach einer Reihe von Beratungen des Volkswirtschaftlichen Ausschusses des Reichstags im Juli 1930 unter dem Eindruck der Weltwirtschaftskrise in den Gesetzestext aufgenommen worden.[203] Im offiziellen Gesetzeskommentar bekannte der Gesetzgeber offen, der Paragraph schaffe „zweifellos die Voraussetzungen für eine Art Planwirtschaft" und verglich diese konkret mit den bestehenden Verhältnissen in der Kohlenwirtschaft und dem Kalibergbau, also zwei Branchen in denen äußerst marktmächtige Syndikate bestanden, die jeweils durch gesetzliche Vorgaben gestützt waren.[204]

Der entsprechende Paragraph war in den beiden Lesungen des Volkswirtswirtschaftlichen Ausschusses kurz vor der Verabschiedung des Gesetzes vom Vertreter des Reichsministeriums für Ernährung und Landwirtschaft, Ministerialdirigent Richard Ewald Bose, eingebracht worden. Dieser begründete die Notwendigkeit der Änderung mit einer „völligen Desorganisation des Marktes", bei der Milch „Hunderte von Kilometern ohne Not in die Städte gebracht" werde, um die dort höheren Handelsspannen auszunutzen, was nicht nur zu überhöhten Frachtkosten, sondern auch häufig zu Milchschwemmen und Verderben der Milch führe. Die „beteiligten Wirtschaftskreise" hätten angesichts dieser Verhältnisse bereits „wiederholt Versuche zu einer planmäßigen Ordnung unternommen", denen jedoch „ein voller Erfolg [...] jedoch versagt geblieben" sei, weswegen nun der staatliche Eingriff erfolge.[205] In den Debatten des Volkswirtschaftlichen Ausschusses hatte sich dabei zunächst mit knapper Mehrheit von 14 gegen 13 Stimmen auf Initiative der SPD eine andere Fassung des entsprechenden Paragraphen durchgesetzt, die schärfere Vorgaben zur Berücksichtigung der Verbraucher in den Preisausschüssen machte.[206] Diese Fassung wurde jedoch in der Plenarsitzung wenige Tage später auf einen Antrag des landwirtschaftsfreundlichen Abgeordneten Franz Bornefeld-Ettmann (Zentrum) hin zu Fall gebracht, woraufhin die SPD-Fraktion sich mit einer abgeschwächten Kompromisslösung zufrieden gab, die Bornefeld-Ettmans Antrag leicht modifizierte.[207] Die Vertreter des Reichsministeriums für Ernährung und Landwirtschaft argumentierten, „die Befürchtungen, als könn-

---

202 Ludwig Mayer, Milchgesetz vom 31. Juli 1930 nebst Einleitung, Ausführungsbestimmungen, Erläuterungen und weiteren einschlägigen reichsgesetzlichen Bestimmungen, Berlin 1931, S. 63.
203 Ebd., S. 16.
204 Ebd., S. 139.
205 Bericht des 8. Ausschusses (Volkswirtschaft) über den Entwurf eines Milchgesetzes, Reichstagsdrucksache IV/2356, S. 10.
206 Ebd., S. 17.
207 Verhandlungen des Reichstags, IV. Wahlperiode, 202. und 203. Sitzung, 17. Juli 1930, S. 6464–68; Anlagen Nr. 2357 und Nr. 2400 zu Ebd.

ten die Zusammenschlüsse als ein Mittel zur Hochhaltung der Preise benutzt werden" seien „unbegründet", da dies einen Konsumrückgang zur Folge hätte, der auch die Erzeuger schädige.[208] Hingegen argumentierte der kommunistische Agrarexperte Ernst Putz im Reichstag, die „Zwangskartelle" seien

> durchaus in der Lage, sich zu einer starken Belastung, ja zu einer großen Gefahr für die städtische Verbraucher auszuwirken. Die zu Zwangskartellen zusammengeschlossenen Belieferer können durch diejenigen, die dieses Syndikat in Händen haben, befähigt werden, die Preise beliebig festzusetzen, oder sie können, wenn ihnen die Preise nicht hoch genug erscheinen, einfach den Milchboykott über die Stadt verhängen und dadurch die Verbraucherschaft aufs Schwerste schädigen.[209]

Die Nachfolgeorganisationen von Teilen dieser Kartelle in der Molkereiwirtschaft, die zudem einseitig ohne den vor 1945 gesetzlich forcierten, korporatistischen Interessenausgleich operierten, waren zwanzig Jahre später nun wegen ähnlicher Vergehen in das Visier der DIDEG geraten. Ähnlich wie schon im ursprünglichen amerikanischen Paper, welches die Beschwerden der Großhändler als Basis hatte, warf die DIDEG den beiden Verbänden vor, ab 1949 mit den städtischen Molkereien ein Kombinat gegründet zu haben, welches Marktgebiete und Kunden aufteilte, Preise für Groß- und Einzelhandel festgelegt und überwacht zu haben, sowie den Mitgliedern verboten zu haben, auf eigene Rechnung und vorbei am Kombinat Butter an Großhändler zu verkaufen.[210] Als Resultat seien die Butterpreise nach wie vor nicht wettbewerbsgerecht und die Produktion von Butter limitiert, sowie der Wettbewerb zwischen Butterproduzenten ausgeschaltet. Infolgedessen wurden die Angeklagten aufgefordert darzulegen, warum Ihnen und ihren leitenden Angestellten nicht verboten werden sollte,

a) Preise für Butter festzulegen,
b) den Verkauf an Großhändler und Personen außerhalb gewisser Gebiete zu untersagen,,
c) Kunden zuzuteilen und Märkte aufzuteilen,,
d) Großhändler und unabhängige Molkereien zu diskriminieren oder zu boykottieren,,
e) die Produktion von Butter einzuschränken,
f) den Händlern von Molkereizubehör den direkten Verkauf an Molkereien zu verbieten.

---

208 Reichstagsdrucksache IV/2356, S. 16.
209 Verhandlungen des Reichstags, IV. Wahlperiode, 202. und 203. Sitzung, 17. Juli 1930, S. 6466.
210 Order to Show Cause, undatiert, Anhang zu DIDEG/P(52)3, in: PRO FO 1005/732, S. 2.

Zudem wurde in der Order die Auflösung des Kombinats aus Molkereizentrale Bayern und Bayerischem Molkereiverband angedroht und sich weitere Schritte zum Aufbrechen der o. g. Marktabsprachen vorbehalten.[211]

Hatten die vorherigen Verwaltungsverfahren auch angesichts der trotz grundsätzlicher Vorbehalte gegenüber der alliierten Jurisdiktion in der Sache meist kooperativen Haltung der Angeklagten und ihrer Rechtsvertretung meist einen relativ unproblematischen Verlauf genommen, so stellte sich die Situation in diesem Fall für die DIDEG komplizierter dar. So suchten die deutschen Anwälte in diesem Fall den offenen Konflikt mit der zunehmend schwächer werdenden DIDEG, indem sie trotz der erdrückenden Beweislast in ihrer Antwort auf die *Order to Show Cause* so gut wie alle Vorwürfe rundheraus abstritten. Diese konfrontative Verteidigungsstrategie spaltete die *working party* bereits vor den mündlichen Anhörungen mit den deutschen Anwälten. Der amerikanische Vertreter plädierte ganz im Sinne des bisherigen, offensiven und öffentlichkeitswirksamen amerikanischen Vorgehen für eine öffentlich Anhörung durch die DIDEG in München, bei der die deutsche Öffentlichkeit mit den vorliegenden Beweisen konfrontiert werden sollte. Aus diesem Vorgehen versprach er sich eine starke öffentliche Zustimmung zu einer dann zu erlassenden *Cease and Desist Order.* Das französische und britische Mitglied hingegen sahen eine öffentliche Anhörung durch ein alliiertes Tribunal angesichts der allgemeinen politischen Situation nicht mehr als wünschenswert an.[212] Der Deutschlandvertrag und der EVG-Vertrag waren zwischenzeitlich im Mai 1952 unterzeichnet worden und der Eintritt der Bundesrepublik als gleichberechtigtes Mitglied im westeuropäischen Staatenverbund damit grundsätzlich – trotz aller Schwierigkeiten bei der Ratifizierung und Umsetzung – beschlossen.[213] Vor diesem Hintergrund schien den zukünftigen europäischen Bündnisgenossen ein Besatzungstribunal durch eine Behörde der AHK nicht mehr angebracht zu sein. Alternativ schlugen sie in der *working party* stattdessen vor, entweder mit den Anwälten der beiden angeklagten Verbände eine Einigung zu erreichen und so direkt zu einem *consent decree* zu kommen, oder die Gerichtsunterlagen an die deutschen Behörden zu übergeben, mit der Bitte vor einem deutschen Gericht ein Verfahren nach Gesetz Nr. 56 in Gang zu setzen. Das französische Mitglied favorisierte dabei das *consent decree* und sah den Weg vor ein deutsches Gericht lediglich als Ausweg an, falls keine Einigung mit den deutschen Anwälten erzielt wer-

211 Ebd., S. 3.

212 Report of Working Party on Restrictive Practices in the Sale of Butter in Bavaria, 17.8.1952, DIDEG/P(52)20, in: PRO FO 1005/732.

213 Vgl Anselm Doering-Manteuffel, Die Bundesrepublik Deutschland in der Ära Adenauer. Außenpolitik und innere Entwicklung 1949–1963, 2. Aufl., Darmstadt 1988, S. 61.

den könne, während der britische Vertreter mit beiden Alternativen einverstanden war.[214]

Einig war sich die *working party* lediglich daran, dass die zu überwindenden Diskrepanzen mit den deutschen Anwälten in diesem Fall mutmaßlich deutlich größer sein würden als zuvor in den Fällen des Schleifmittelverbandes sowie der beiden Fälle zu Glühlampen und Installationsmaterial beim ZVEI. Die Übergabe eines laufenden alliierten Verfahrens an deutsche Behörden sei zudem ein Novum und zumindest das Bayerische Wirtschaftsministerium habe aus politischen Gründen in diesem Fall eine Verfolgung durch die Alliierten gegenüber eigener Initiative präferiert.[215] Diese Zurückhaltung dürfte sich wohl dadurch erklären, dass wie schon im Fall der bayerischen Geflügelzüchter auch hier hochrangige Ministerialbeamte aus den zuständigen Landesbehörden, hier des Referats Milch und Fett im Bayerischen Landesernährungsamt, in die Marktpraktiken der Verbände involviert waren.[216] Personell standen diese Referate, die 1948 in das Landesernährungsamt eingegliedert worden waren, in direkter Kontinuität zu den entsprechenden regionalen Wirtschaftsverbänden im Reichsnährstand und wurden erst im Laufe des Jahres 1950 mit dem Ende der Lebensmittelbewirtschaftung aufgelöst.[217] Die amerikanische Militärregierung in Bayern hatte die wesentlichen Institutionen des Reichsnährstands sowie ihr Personal nach 1945 zunächst unter verändertem Namen fortbestehen lassen, da sie angesichts der angespannten Versorgungssituation mit Nahrungsmitteln unmittelbar nach dem Krieg nicht auf die Verteilungsfunktion dieser Institution verzichten wollte.[218] Angesichts der längst überwundenen akuten Versorgungskrise waren die Amerikaner aber nun nicht mehr bereit, die in der *Order to Show Cause* zusammengefassten wettbewerbsfeindlichen Praktiken zu dulden.

Der bereits in der *working party* aufgebrochene Konflikt fand in der DIDEG als Ganzes seine Fortsetzung entlang derselben Linien. Während der amerikanische Vertreter eine möglichst öffentlichkeitswirksame Anhörung wünschte, um

---

214 Report of Working Party on Restrictive Practices in the Sale of Butter in Bavaria, 17.8.1952, S.1, DIDEG/P(52)20, in: PRO FO 1005/732.

215 Ebd., S. 2.

216 Wolfram Dörinkel, Anklage wegen Preisabsprachen auf dem Buttermarkt (Münchener Butterprozeß), in: WuW 5 (1955), Heft 2, S. 129–131.

217 Christoph Bachmann, Blut und Boden – Zur Herrschafts- und Verwaltungsgeschichte des Reichsnährstandes in Bayern, in: Hermann Rumschöttel / Walter Ziegler (Hrsg.), Staat und Gaue in der NS-Zeit. Bayern 1933–1945, S. 621–648; Heinz-Jürgen Weber, Findbuch-Vorwort zu den Milch-, Fett-, und Eierwirtschaftsverbänden, BayHSta, https://www.gda.bayern.de/service/findmitteldatenbank/Findbuch/3e8658a7-cff6-4f34-95e3-2a54452207f9, hochgeladen am 21.4.2016, zuletzt abgerufen am: 1.8.2024.

218 Bachmann, Blut und Boden, S. 633 f.

das vorliegende Beweismaterial in der Bevölkerung bekannt zu machen, favorisierten die Briten und Franzosen eine Einigung mit den deutschen Anwälten, um öffentliche politische Konflikte zwischen Alliierten und Deutschen zu verhindern. Interessanterweise hatte die amerikanische Kartellabteilung aus dem bayerischen Wirtschaftsministerium die Zustimmung zu einer alliierten Anhörung erhalten, der britische Vertreter wandte aber ein, dass das selbst inkriminierte Landesamt für Ernährung hier eine grundsätzlich andere Position vertrat.[219] Neben den o. g. Lösungsansätzen zog die DIDEG auch ein unilaterales amerikanisches Strafverfahren unter Zustimmung der DIDEG in Betracht, konnte sich aber letztlich auf keine der vier Vorgehensweisen einigen, sodass die Frage an das höhergestellte *Economics Committee* weitergeleitet wurde.[220]

Das Verfahren versandete daraufhin allerdings innerhalb der Bürokratie der AHK und wurde von der DIDEG nicht mehr zu Ende geführt. Der Fall der bayerischen Molkereiverbände indes fand auch unabhängig von der DIDEG seinen Weg vor ein deutsches Gericht. Generell setzte sich in der DIDEG aber in der Endphase schließlich die Vorgehensweise durch, vor Entscheidungen stets das Bundeswirtschaftsministerium zu konsultieren sowie in strafrechtlich relevanten Fällen deutschen Behörden eine Anzeige bei der deutschen Staatsanwaltschaft zu empfehlen. Diese Praxis war letztlich die Konsequenz aus der Handlungsunfähigkeit der DIDEG spätestens ab 1953, als vor allem die britische Seite die Durchführung alliierter Kartellverfahren als Einmischung in deutsche Angelegenheiten endgültig ablehnte. Dabei war die Haltung der DIDEG zu Strafverfahren vor deutschen Gerichten unter den alliierten Kartellgesetzen nicht immer einmütig gewesen. Zwar hatten alle drei Besatzungsmächte deutsche Gerichte im Juni 1950 grundsätzlich zu Strafverfahren bei Verstößen gegen alliierte Gesetze ermächtigt, ohne dabei gezielt die Kartellgesetze im Sinn zu haben. Diese juristische Grundsatzentscheidung wurde auch in der DIDEG von allen drei Parteien grundsätzlich anerkannt.

Zunächst uneinig war man sich allerdings bei der Frage der politischen Erwünschtheit solcher Verfahren. Der amerikanische Vertreter sah Kartellverfahren vor deutschen Gerichten – zu diesem Zeitpunkt zusätzlich zu den Verfahren der DIDEG und der einzelnen Besatzungsmächte – uneingeschränkt positiv: Diese würden sowohl der Durchsetzung der alliierten Dekartellierungspolitik dienen als auch zu einem besseren Verständnis dieser führen.[221] Die französische Seite sah

219 Memo to the Chairman of the Economics and Finance Comittee about Investigation and Envisaged Action concerning the Restrictive Business Practices in the Sale of Butter in Bavaria, 30.9.1952, DIDEG/Memo(52)11, S. 2, in: PRO FO 1005/737.

220 Ebd., S. 3.

221 Prosecution under Decartelization Laws in German Courts, Proposal by U. S. Member, 17.4.1951, DIDEG/P(51)23, in: PRO FO 1060/363.

deutsche Verfahren ebenfalls grundsätzlich positiv, setzte sich aber dafür ein, dass diese nur nach Zustimmung der DIDEG in Gang gesetzt werden sollten. Das britische DIDEG-Mitglied sah deutsche Kartellverfahren zwar ebenfalls als grundsätzlich erstrebenswert an, sah durch eine vorbehaltslose Ermächtigung deutscher Staatsanwälte und Gerichte zu ihrer Durchführung allerdings die zuvor nach den amerikanischen Alleingängen mühsam erreichte Übereinstimmung in der DIDEG gefährdet, bei Strafverfahren zunächst die DIDEG in Kenntnis zu setzen. In einer potenziellen großflächigen Ahndung von Kartellverstößen durch deutsche Gerichte sah die britische Seite eine mögliche „unwelcome increase in decartelization activity", weswegen sie zumindest die Anzahl der an deutsche Gerichte delegierten Verfahren eher gering wollte.[222] Aus diesem Grund argumentierten die Vertreter der britischen Hochkommission für eine gewisse politische Kontrollfunktion der DIDEG und AHK bei der Delegation von Ermittlungen an deutsche Staatsanwälte.[223] Zudem sah die britische Seite auch durch die abweichende Formulierung der französischen Dekartellierungsverordnung das mögliche Problem einer uneinheitlichen Handhabung der Dekartellierungsgesetze zwischen den Bundesländern. Die französische und amerikanische Seite sahen dieses Problem wiederum als nicht zwingend an, da die AHK unter dem bestehenden Besatzungsstatut die Möglichkeit hatte, deutschen Gerichten Fälle zu entziehen.[224] Der französische Vertreter schlug einen solchen Eingriff angesichts eines Verfahrens vor dem OLG Hamm vor, bei dem das Gericht durch die Kartellgesetze fälschlicherweise nur horizontale Absprachen in der gleichen Produktionsstufe, nicht aber vertikale Bindungen als unter das Kartellverbot fallend ansah.[225] Tatsächlich kam es aber nie zu einem solchen Eingriff der AHK in ein laufendes Kartellverfahren vor einem deutschen Gericht. Die Problematik der abweichenden Formulierung der französischen Verordnung 96 wurde zudem, wenn auch erst im Nachhinein nach Außerkrafttreten der alliierten Gesetze, durch den BGH ausgeräumt, der urteilte, die französische Verordnung sei trotz abweichender Formulierung genauso auszulegen wie die britische und amerikanischen Dekartellierungsgesetze.[226]

Grundsätzlich stellte sich also schon 1951 die DIDEG hinter deutsche Strafverfahren unter den Dekartellierungsgesetzen, die britische Seite war aber auch hier

222 Minute Sheet from RJB Williams to Economic Adviser, 27.5.1952, in: PRO FO 1036/178.

223 Memo from Law Committee to Economics Comittee about German Prosecutions, 22.8.1951, LAW/Sec(51)117, in: PRO FO 1023/149.

224 Minutes of the Thirty-Fifth Meeting of the DIDEG, 21.5.1951, in: PRO FO 1005/726.

225 Legal Proceedings in German Courts, Paper by the French Member, 5.9.1951, DIDEG/P(51)42, in: PRO FO 1005/731; Letter from DIDEG to Economics Committee about German Prosecutions, June 1951, DIDEG/Memo(51)16, in: PRO FO 1005/736.

226 Urteil des BGH vom 25.2.1958, I ZR 15/57, in: Monatsschrift für Deutsches Recht 12 (1958), Heft 7, S. 483.

wegen der möglichen politischen Unwägbarkeiten einer unkontrollierten deutschen Strafverfolgung unter den alliierten Gesetzen eher um eine zurückhaltende Handhabung bemüht, während die Amerikaner das entsprechende deutsche Vorgehen als wichtigen Schritt zur Etablierung einer strikten Antikartellpolitik in der Bundesrepublik uneingeschränkt begrüßten. De facto kam es aber nur vereinzelt zu Strafprozessen unter den alliierten Kartellgesetzen vor deutschen Gerichten – sowohl während der noch aktiven Phase der DIDEG als auch in der Zeit, als die Handhabung der Kartellgesetze bereits vollständig in deutscher Hand lag. Die meisten dieser Verfahren wurden auf die Initiative deutscher Länderregierungen und ihrer Wirtschaftsministerien in Gang gesetzt, einige davon noch in Absprache mit der DIDEG.

Der Prozess gegen die bayerischen Molkereiverbände war innerhalb der AHK zwar versandet, die dort behandelten Sachverhalte fanden aber unabhängig von den alliierten Institutionen ihren Weg vor ein deutsches Gericht. So ermittelten im März 1953 einige Monate nach dem Beginn des letztlich ergebnislosen DIDEG-Verfahrens die Staatsanwaltschaften aus Ansbach und München gegen die Zusammenschlüsse der bayerischen Molkereien wegen Preisabsprachen auf dem Buttermarkt. Während die Ermittlungen in München auf ein separates preisrechtliches Verfahren nach dem Wirtschaftsstrafgesetz zurückgingen, hatte die Staatsanwaltschaft in Ansbach nach einer Anzeige von Seiten der Gewerkschaften angefangen zu ermitteln.[227] Ob die deutschen Staatsanwälte dabei auch auf Ermittlungsergebnisse der DIDEG zurückgriffen, lässt sich aus den vorliegenden Quellen nicht erschließen. Da über die Versendung der *Order to Show Cause* durch die DIDEG in dem Fall in der deutschen Presse berichtet worden war, dürften der Sachverhalt der Staatsanwaltschaft aber zumindest bekannt gewesen sein.

Nachdem die Staatsanwaltschaft u. a. Dokumente der Molkereiverbände beschlagnahmt hatte, kam es letztlich vor dem Münchener Landgericht zu Anklagen wegen Preis- und Marktabsprachen gegen zwei Vorstandsmitglieder der Molkereizentrale Bayern, gegen zwei milchwirtschaftliche Referenten im Bayerischen Bauern- und Raiffeisenverband sowie gegen den Leiter des Referats Milch und Fett im Bayerischen Landesernährungsamt.[228] Der Kreis der Angeklagten war damit bei den natürlichen Personen weitgehend identisch mit dem im DIDEG-Verwaltungsverfahren bzw. ging über diesen durch die Belangung der Referenten im Bayerischen Bauern- und Raiffeisenverband sogar hinaus. Nicht direkt angeklagt hingegen waren die Institutionen selbst, was nach Gesetz Nr. 56 möglich gewesen wäre,

227 N. N., Ermittlungsverfahren gegen bayerische Molkereien wegen Wettbewerbsbeschränkungen, in: BB 8 (1953), Heft 7, S. 185 f.

228 Wolfram Dörinkel, Anklage wegen Preisabsprachen auf dem Buttermarkt (Münchener Butterprozeß), in: WuW 5 (1955), Heft 2, S. 129–131, hier: S. 129.

allerdings nicht dem deutschen Strafrechtsverständnis entsprach. Auch die Anklagepunkte der Staatsanwaltschaft waren mit der Preisfestsetzung, Marktaufteilung, dem internen Zwang gegen Verbandsmitglieder sowie dem gezielten Marktausschluss von Außenseitern weitgehend identisch mit den bereits in der *Order to Show Cause* angemahnten Wettbewerbspraktiken.

Die Richter der Münchener Strafkammer kamen auch zu demselben Ergebnis wie die DIDEG und bejahten ausdrücklich sowohl den objektiven als auch den subjektiven Tatbestand. Um eine Strafe kamen die Angeklagten in diesem Fall allerdings trotzdem herum. Die Richter der Münchener Strafkammer stellten das Verfahren auf Basis des Straffreiheitsgesetzes von 1954 ein.[229] Dieses Gesetz, welches wegen der Amnestiegewährung für NS-Verbrecher später in Verruf geriet,[230] war ursprünglich u. a. erlassen worden, um bei aus den chaotischen Verhältnissen der Nachkriegszeit entstandene kleinere Verbrechen etwa durch *Displaced Persons* oder andere angesichts der kritischen Versorgungssituation kriminell gewordener Personen die Strafe erlassen zu können. Das Gesetz war aber nicht auf eine bestimmte Art von Straftaten beschränkt, sodass die Anwendung auf ein kartellrechtliches Verfahren zwar ungewöhnlich war, aber keine Zweckentfremdung des Gesetzes darstellte.

Der hier gewährte Straferlass für die klar als schuldig benannten Angeklagten war bei den Strafprozessen vor deutschen Gerichten auf Basis der Dekartellierungsgesetze keinesfalls die Regel, sondern vielmehr eine klare Ausnahme. So waren die bayerischen Molkereiverbände nicht die einzigen Institutionen, die sich wegen Preis- und Marktabsprachen auf dem Buttermarkt vor deutschen Gerichten strafrechtlich zu verantworten hatten. Absprachen über den Butterpreis durch Verbände und Genossenschaften waren bundesweit verbreitet. Der Bundeswirtschaftsminister hatte bereits im Juli 1951 die Dekartellisierungsstellen der Länder veranlasst, entsprechende Absprachen über den Butterpreis sowie ähnliche illegale Praktiken nach den Dekartellierungsgesetzen zu verfolgen.[231] Die entsprechenden Strafverfahren vor den Gerichten waren also politisch in diesem Fall durchaus gewollt. Erhard gab hier seine ansonsten demonstrative Zurückhaltung bei der strafrechtlichen Durchsetzung der alliierten Dekartellierungsgesetze auf, da überhöhte und v. a. steigende Preise für Grundnahrungsmittel angesichts einer Preisstabilität erwartenden Bevölkerung als politisch äußert schädliches Signal

229 Ebd., S. 129 f.

230 Norbert Frei, Amnestiepolitik in den Bonner Anfangsjahren. Die Westdeutschen und die NS-Vergangenheit, in: Kritische Justiz 1996, Heft 4, S. 484–494; Ders. Vergangenheitspolitik, Die Anfänge der Bundesrepublik und die NS-Vergangenheit, 2. Aufl., München 1996.

231 N. N., Gesetzwidrige Absprachen über den Butterpreis, in: WuW 1+2 (1951/52), Heft 4, S. 287 f.

angesehen wurden.[232] Ein solches Strafverfahren wurde etwa 1952 durch die Behörde für Wirtschaft und Verkehr der Hansestadt Hamburg gegen die Butter- und Eierzentrale Nordmark eingeleitet. Diese hatte ihre Mitgliedsmolkereien in einem Rundschreiben dazu aufgefordert, die noch bestehenden behördlichen Maximalpreise für Butter als Festpreise anzusehen und keinesfalls zu unterbieten. Dabei drohte der Verband seinen Mitgliedern auch mit Zwang und im Falle der Missachtung mit Sanktionen.

Die große Strafkammer des LG Hamburg sprach den Geschäftsführer der Nordmark wegen monopolistischer Kontrolle des Buttermarktes schuldig und verurteilte ihn zu 2.000 DM Geldstrafe, ersatzweise einem Monat Gefängnis. Das Gericht sah nicht nur die Preisvorschriften, sondern auch deren rigorose Überwachung auf dem Markt sowie die Drohung mit „erforderlichen drastischen Maßnahmen“ über die berufsständischen Organisationen im Falle von Verstößen als erwiesen an.[233] Diese hatte der Geschäftsführer den Mitgliedsmolkereien in einem Rundschreiben vom 11.6.1951 angedroht, welches kurz nach der Festsetzung der Höchstpreise für Butter durch das Bundesministerium für Ernährung und Landwirtschaft am 8.6. versandt worden war. Der Angeklagte verteidigte sich damit, dass die in der Verordnung festgelegten Höchstpreise auf Basis der Mindesterzeugungskosten der Landwirtschaft berechnet worden seien und er vom Bundesministerium aufgefordert worden sei, diese als Richtpreise zu sehen. Daher habe er sich über die Gesetzmäßigkeit seines Vorgehens keine Gedanken gemacht und zudem angenommen, dass die Landwirtschaft den alliierten Kartellgesetzen nicht unterliege. Zudem habe ein Preiszusammenbruch auf dem Buttermarkt verhindert werden müssen.[234]

Das Gericht hingegen widerlegte die Auffassungen des Angeklagten. Auch wenn im deutschen Strafrecht nur natürliche Personen angeklagt werden können, sei zunächst entscheidend, dass die Genossenschaft, als dessen Hauptgeschäftsführer der Angeklagte fungierte, durchaus unter die Definition juristischer Personen nach der Verordnung Nr. 78 falle, die explizit alle möglichen Formen von übermäßiger Konzentration deutscher Wirtschaftskraft umfasse. Die Landwirtschaft sei genauso Teil der Wirtschaft wie etwa die Eisen- oder chemische Industrie und in-

---

232 Vgl. zum vergleichbaren Sachverhalt Brotpreiserhöhung: Vermerk über eine Besprechung der Minister Erhard und Lübke, StS Westrick, MR Louis, MR Barth, 8.3.1957, in: BA B102/192417. Die Minister waren sich hier einig Brotpreiserhöhungen bis zu 5 Pfennig pro kg „auf keinen Fall zulassen“ zu wollen. Vgl. zu Erhards Preispolitik allgemein: Zündorf, Preis der Marktwirtschaft.

233 N. N., Gesetzwidrige Absprachen über den Butterpreis, in: WuW 1+2 (1951/52), Heft 6/7, S. 428 f.

234 Urteil des LG Hamburg vom 6.3.1952, 13 Js 3826/51, in: WuW 1+2 (1951/52), Heft 7/8, S. 649–653, hier: S. 650.

nerhalb dieser stelle die Zentralgenossenschaft, über die immerhin 8 % der gesamten Butterproduktion des Bundesgebiets liefe, durchaus eine Konzentration von Wirtschaftskraft dar. Auch habe der Gesetzgeber mit der Butterpreisverordnung keinesfalls einen Festpreis etablieren wollen, sondern explizit beabsichtigt, unter der Höchstpreisgrenze eine marktwirtschaftliche Preisbildung zu ermöglichen. Zwar greife die Verordnung durchaus durch einige Regelungen in den freien Wettbewerb ein, schließe diesen aber nicht aus.[235] Durch das Schreiben an die Mitgliedsgenossenschaften habe sich der Angeklagte zumindest einer versuchten Preisabrede durch Preisempfehlung schuldig gemacht. Zudem könne unter den angedrohten „drastischen Maßnahmen“ nur Boykotte oder andere verbotene Diskriminierungshandlungen verstanden werden, sodass in jedem Fall eine Versuchshandlung vorliege, die nach Verordnung Nr. 78 strafbar sei.[236] Zusätzlich zum kartellrechtlichen Teil sprach das Gericht den Angeklagten auch nach der Preisbindungsverordnung von 1940 schuldig, die Preisbindungen der ersten Hand verbot. Zur Zeit dieses Urteils war die Frage, ob die Preisbindungsverordnung zu den durch die Dekartellierungsgesetze aufgehobenen deutschen Gesetzen und Verordnungen zählte, noch umstritten, später setzte sich allerdings die Ansicht durch, dass sie in der Tat im Widerspruch zu den Dekartellierungsgesetzen stand und durch diese aufgehoben worden war.[237]

Die Verteidigung ging gegen das Urteil in Revision. Parallel zu dem Strafverfahren verlor die Nordmark auch ein weiteres Verfahren vor dem Hamburger Landgericht. Dabei ging es um eine Satzungsbestimmung, die alle Genossen dazu verpflichtete, jegliche Butter, die nicht im Kleinverkauf an nahegelegene Händler ging, bei der Nordmark abzuliefern. Das zuständige Registergericht hatte eine entsprechende Satzungsänderung im Genossenschaftsregister für unzulässig erklärt, das Hamburger Landgericht bestätigte die Entscheidung. So sei die entsprechende Passage in der Satzung eindeutig dazu geeignet, den Binnenhandel und die wirtschaftliche Tätigkeit der Genossen zu beschränken. Als größte milchwirtschaftliche Absatzorganisation in Schleswig-Holstein sei die Nordmark auch tatsächlich dazu in der Lage, unter Umständen den regionalen Markt zu beherrschen.[238]

Über die Revision im vorherigen Strafverfahren entschied schließlich der Bundesgerichtshof. Dessen fünfter Strafsenat erhielt das Urteil des Hamburger

235 Ebd., S. 651.
236 Ebd., S. 652.
237 Alfred Gleiss, Preisbindungsverordnung und Dekartellierungsgesetze, in: BB 7 (1952), Heft 7, S. 160 f.; Wolfram Dörinkel, zur Frage der Fortgeltung der Preisbindungsverordnung, in: WuW 1+2 (1951/52), Heft 13, S. 852 f.; Alfred Gleiss / Fromut Völp, Der Räumliche Geltungsbereich der Preisbindungsverordnung in Bezug auf Markenartikel, in: BB 9 (1954), Heft 28, S. 853–856.
238 Beschluss des LG Hamburg vom 26.3.1953, 71 T 20/53, in: BB 8 (1953), Heft 17, S. 486.

Landgerichts aufrecht.[239] Die Richter des BGH stimmten zunächst der Feststellung des LG zu, dass aus Verordnung Nr. 78 keinesfalls eine Ausnahme für die Landwirtschaft hervorgehe, betroffen seien durch das Gesetz alle „übermäßigen Konzentrationen deutscher Wirtschaftskraft“, also nicht nur Kartelle, sondern auch „alle sonstigen Formen von Absprachen oder gemeinschaftlichen Unternehmungen von Personen, deren Zweck oder Wirkung in der Beschränkung des Binnen- oder Welthandels oder anderer wirtschaftlicher Tätigkeit usw.“ besteht. Auch aus dem Milch- und Fettgesetz sowie den dazugehörigen Verordnungen ergebe sich kein Ausschluss des freien Wettbewerbs, da lediglich Höchstpreise, aber keine Festpreise festgelegt seien, die jederzeit unterboten werden können und sollen. Die Rechtsanwälte des Nordmark-Geschäftsführers hatten zudem in der Revision auch auf die absehbare zukünftige Regelung im GWB verwiesen, da der aktuelle Entwurf der Landwirtschaft eine Bereichsausnahme gewährte und zudem behauptet, die amerikanische Antitrustgesetzgebung sei auf landwirtschaftliche Genossenschaften ebenfalls nicht unmittelbar anwendbar. Die Richter verworfen allerdings beide Einwände. Die zukünftige Rechtslage sei für den momentanen Rechtszustand, der hier eindeutig sei, nicht relevant, während die Behauptung über den amerikanischen Antitrust in dieser Allgemeinheit unzutreffend sei.[240]

Die Frage, ob auch bei Preisabsprachen eine Einteilung in wesentliche und unwesentliche Beschränkungen nach der *rule of reason* vorgenommen werden müsse, was amerikanische Besatzungsgerichte etwa im Fall der Münchener Geflügelzüchter verneint hatten, hielten die Richter des 5. Strafsenats in diesem Fall nicht für relevant, da im Fall der Nordmark in jedem Fall eine wesentliche Beschränkung des Wettbewerbs vorliege. Die Nordmark-Zentrale umfasse den Großteil aller Molkereien in Schleswig-Holstein und Hamburg und veräußere 8 % der im gesamten Bundesgebiet hergestellten Butter, sodass durch sie forcierte Preisabreden in jedem Falle eine wesentliche Wettbewerbsbeschränkung darstellten.[241] Die Richter des BGH sahen in dem Rundschreiben zwar keine Preisfestsetzung im Sinne einer Preisabrede und lehnten auch die Feststellung der Strafkammer des LG ab, es bestände durch das Rundschreiben der Versuch einer Preisabrede, da das Rundschreiben keine explizite Zusage der Einhaltung verlangte. In der Sache sei die Verurteilung allerdings trotzdem korrekt, da in dem Rundschreiben der Versuch einer im Gesetzestext von Verordnung Nr. 78 ebenfalls verbotenen Umgehung des Verbotes einer unmittelbaren Preisabrede bestünde. Dieser Versuch sei nach VO 78 eindeutig bereits strafbar. Die Annahme von Boykottmaßnahmen oder Diskriminierungen, die das LG in der Androhung „drastischer Maßnahmen“ gese-

---

239 Urteil des BGH vom 15.12.1953, 5 StR 238/53, in: WuW 4 (1954), Heft 4, S. 271–275.
240 Ebd., S. 271.
241 Ebd., S. 272.

hen hatte vollzog der BGH hingegen nicht nach, da es sich lediglich um eine Androhung gehandelt habe, in der selbst noch kein Anfang der Ausführung einer Boykotthandlung zu sehen sei. Die Bundesrichter rügten ebenfalls die Anwendung der Preisbindungsverordnung. Durch die Bestimmung von VO 78, die alle früheren deutschen Bestimmungen des deutschen Rechts aufhob, die mit ihr in Widerspruch standen, habe die VO 78 – soweit Preisbindungen in Frage standen – die Vorschriften der Preisbindungsverordnung ersetzt. Daher liege ein Verstoß nur gegen die alliierten Strafbestimmungen vor. Auf die Höhe der verhängten Strafe hatten diese Einschränkungen allerdings keinen Einfluss, weswegen die Revision des Angeklagten abseits der erwähnten Berichtigungen verworfen wurde.[242]

Die beiden Fälle der Nordmark und der bayerischen Molkereien war nicht die einzigen Strafverfahren in dieser Branche, die das deutsche Justizsystem beschäftigten. So wurde auch vor dem Braunschweiger Landgericht ein ähnlicher Sachverhalt verhandelt.[243] Der Ursprung des Verfahrens kann nicht unzutreffend als Lokalposse beschrieben werden. Die fünf Angeklagten in diesem Fall waren Leiter von Molkereigenossenschaften, die zusammen zur Belieferung eines bestimmten städtischen Milchmarktes befugt waren. Einer der Angeklagten war zudem Geschäftsführer eines landwirtschaftlichen Interessenverbandes, dem alle fünf Molkereien angehörten. Als die Stadt im Zuge einer karikativen Schulspeisung auf Kosten der Stadtkasse Angebote für die Belieferung mit Milch einholte, erhielt sie zunächst unterschiedliche Preisangebote zwischen 0,07 DM und 0,10 DM für einen Viertelliter Milch. Am Ende einigte sich die Stadt mit einer Molkereigenossenschaft und einer Großhandlung auf einen Preis von 0,09 DM. Kurz darauf folgte eine Besprechung der milchwirtschaftlichen Arbeitsgemeinschaft des landwirtschaftlichen Interessenverbandes. Auf dieser einigten sich die Molkereien allerdings nach einer Debatte über die bei der Schulmilchspeisung entstehenden Kosten darauf, nur zum Preis von 0,12 DM pro Viertelliter Milch zu liefern, woraufhin die Molkerei und die Großhandlung von ihrem ursprünglichen Vertrag zurücktraten.

Der Auftragsvergebungsausschuss der Stadt nahm angesichts dieser Preisforderung von Verhandlungen mit den lokalen Molkereien Abstand und bezog stattdessen Milch und Kakao von einer externen Firma zum Preis von 0,10 DM pro Viertelliter. Dies rief wiederum den Oberstadtdirektor auf den Plan, der sein Veto einlegte, da er es für bedenklich hielt, den Auftrag für eine Schulspeisung an eine auswärtige Firma zu vergeben. Die heimischen Molkereien lehnten aber ein Eintritt in das Angebot ab und beharrten weiterhin auf einem Preis von 0,12 DM, worauf der Auftrag an die auswärtige Firma ginge, die nun ihrerseits 0,11 DM verlang-

242 Ebd., S. 273–275.

243 Urteil des LG Braunschweig vom 18.6.1952, 7 K M s 3/51, in: WuW 1+2 (1951/52), Heft 10, S. 805–809.

te. Aufgrund der gesetzlichen Regelungen durch das Milch- und Fettgesetz war hierfür allerdings eine Ausnahmegenehmigung an das Landwirtschaftsministerium des Landes nötig. Die Genehmigung wurde allerdings verweigert, nachdem sich die fünf lokalen Molkereien nun doch entschieden hatten, mit dem Angebot von 0,11 DM seitens des auswärtigen Anbieters mitzuhalten. Daraufhin trat wiederum die auswärtige Firma von dem vereinbarten Liefervertrag zurück. Nachdem die wiederholten Verzögerungen zu Protesten der Elternschaft geführt hatten, einigte sich die Stadtverwaltung letztlich mit einer Treuhandstelle der Milchwirtschaft auf einen Preis von 0,10DM pro Viertelliter Milch, während das Landesamt für Ernährung den Deal durch die kostenfreie Belieferung mit Zucker und Kakaopulver subventionierte.[244]

Für die vorherigen Absprachen mussten sich die Geschäftsführer der lokalen Molkereien allerdings vor Gericht wegen Verstoß gegen Verordnung Nr. 78 verantworten. Dort bestritten die Angeklagten die Vorwürfe. Sie seien nach Erörterung der einzelnen Kostenfaktoren zufällig zum gleichen Preis von 0,12 DM pro Viertelliter Milch gekommen. Die einzelnen Molkereien ständen in Konkurrenz und würden ihre Betriebskalkulationen geheim halten. Die gemeinsame Belieferung der Stadtverwaltung sei nötig gewesen, um den Bedarf zu decken und den lokalen Markt angesichts steigender Preistendenzen „ruhig zu halten“. Es habe sich daher um eine erlaubte Arbeitsgemeinschaft gehandelt, die der VO 78 nicht unterliege, weil sie lediglich auf einem örtlichen begrenzten Gebiet tätig geworden sei. Auch sei der ursprünglich vereinbarte Preis nicht überhöht gewesen und die kritisierte Absprache sei in Folge der neuen Preisverhandlungen auch nicht eingehalten worden. Von dem Bestehen irgendwelcher Kartellgesetze hätten die Angeklagten gewusst, seien dabei aber nicht auf den Gedanken gekommen, dass diese auch sie selbst betreffen würden.[245]

Das Gericht befand diese Schutzbehauptungen indes für wenig glaubwürdig. So sei aus den Aussagen der Zeugen und dem Verhalten der Angeklagten selbst klar hervorgegangen, dass sich die Angeklagten gegenseitig verpflichtet hatten, den Preis von 0,12 DM je Viertelliter Milch nicht zu unterbieten. Zudem sei es auch ausgeschlossen, dass die Molkereien bei unterschiedlicher Entfernung zum Belieferungsort zufällig bei ihrer Kalkulation auf den gleichen Preis gekommen seien. Die Zusammenkünfte der Angeklagten hätten eindeutig dazu gedient, den Wettbewerb auf dem betreffenden Milchmarkt auszuschalten und stellten daher einen Verstoß gegen Verordnung Nr. 78 dar. Im Gegensatz zum Hamburger Landgericht, welches in diesem Sachverhalt durch den BGH berichtigt wurde, lehnte die Strafkammer des Braunschweiger LGs eine parallele Bewertung des Sachverhalts unter

244 Ebd., S. 805 f.
245 Ebd., S. 806.

der Preisbindungsverordnung ab, da die VO 78 an deren Stelle getreten sei. Auch die Aussage, die Arbeitsgemeinschaft sei erlaubt gewesen, da sie nur örtlich begrenzt tätig gewesen sei, widerlegte das Gericht. Die VO 78 verbiete Preiskartelle jeder Art und damit auch solche von nur örtlicher Bedeutung. Dadurch seien auch die Landwirtschaft und der Ernährungssektor betroffen, da keine entsprechenden Ausnahmen bestünden. Auch die Frage, ob die vereinbarten Preise überhöht seien, spiele unter VO 78 keine Rolle, da sie keine Verordnung gegen Preistreiberei oder überhöhte Gewinne darstelle, sondern alle Preisvereinbarungen unabhängig von ihrem Zweck verbiete. Die Behauptung, die Angeklagten hätten nicht gewusst, dass ihr Verhalten strafbar sei, schätzten die Richter der Strafkammer als unglaubwürdig ein. Zwar sei es wahrscheinlich, dass die Angeklagten davon ausgegangen seien, sich für ihr Handeln nicht vor Gericht verantworten zu müssen, da Strafverfahren wegen Kartellvergehen außerordentlich selten seien. Dies sei aber für die Strafbarkeit der Handlungen irrelevant. Den Angeklagten sei zudem das Verbot der Preisabsprachen bewusst gewesen, da ihnen mehrfach gesagt worden sei, sie müssten getrennt kalkulieren. Auch die von der Verteidigung ebenfalls vorgebrachte Ansicht, die VO 78 sei dem deutschen Rechtsdenken fremdes Besatzungsrecht, dessen Kenntnis von den Angeklagten nicht erwartet werden könne, gehe fehl, da die Verordnung 78 bei dem Verbot von Preisabsprachen ähnliche Grundsätze aufstelle wie bereits zuvor die deutsche Preisbindungsverordnung.[246]

Das Gericht widmete sich zudem der Frage, ob die Aussetzung des Verfahrens angebracht sei, da nach dem Entwurf für das deutsche Kartellgesetz die Preisabsprachen entweder nur noch eine Ordnungswidrigkeit darstellen würden oder durch die bereits diskutierte Bereichsausnahme für die Ernährungswirtschaft sogar völlig straflos sein könnten. Nach Ansicht des Gerichts sei jedoch das Dekartellierungsgesetz als Zeitgesetz nach § 2a Abs. 3 StGB anzusehen, das auch nach seinem Außerkraftsetzen noch auf frühere Taten anzuwenden sei. Als Begründung dafür gab das Gericht an, dass Preisabsprachen und Marktmanipulationen während der allgemeinen Knappheit der Nachkriegszeit besonders verwerflich gewesen seien, da angesichts des knappen Warenangebots dadurch der Notzustand eines ganzen Volkes zum eigenen Vorteil ausgenutzt worden sei, während solche Marktabsprachen in wirtschaftlich weniger angespannten Zeiten, wie sie inzwischen angebrochen waren, ggf. als weniger verwerflich angesehen werden könnten. Die Taten der Angeklagten seien hingegen noch in einer Zeit begangen worden, als Preissteigerungen jeglicher Art für wirtschaftlichen Aufbau und sozialen Frieden gefährlich gewesen seien. Daher verurteilte das Gericht die einzelnen Angeklagten zu Geldtrafen zwischen jeweils 100 bis 500 DM.[247]

---

246 Ebd., S. 806–808.
247 Ebd., S. 808 f.

Gegen das Urteil legten sowohl die Staatsanwaltschaft als auch die Verteidigung Revision ein.[248] Die Verteidigung machte vor allem ähnliche Einwände geltend wie bereits im Verfahren vor dem LG. Der 5. Strafsenat des BGH verwarf diese aber ebenso wie bereits zuvor das Braunschweiger Landgericht. So verbiete die die VO 78 verschiedenste Arten von Konzentration deutscher Wirtschaftskraft und sei auf die Freiheit der wirtschaftlichen Betätigung ausgerichtet. Es sei kein Grund ersichtlich, warum sich diese auf gewisse Wirtschaftszweige beschränken sollte. Jedenfalls sei der Zusammenschluss aller Molkereien in einem Stadtgebiet, wie er in diesem Fall stattgefunden habe, verboten. Auch die Frage, inwieweit Preisempfehlungen durch die VO 78 betroffen seien, spiele keine Rolle, da es sich eindeutig um Preisvereinbarungen und nicht um Empfehlungen gehandelt habe. Die Angeklagten seien deshalb zurecht nach VO 78 verurteilt worden.[249]

Die Revision der Staatsanwaltschaft richtete sich nicht gegen diese Verurteilung, sondern dagegen, dass das Braunschweiger Gericht eine zusätzliche Verurteilung nach dem deutschen Wirtschaftsstrafgesetz abgelehnt hatte. Die Bundesrichter hielten jedoch auch in dieser Hinsicht das Urteil des LG aufrecht. Die Revision der Staatsanwaltschaft rügte ebenfalls, dass die Preisbindungsverordnung nicht angewandt wurde, der BGH stellte sich aber auch hier wie zuvor das LG auf den Standpunkt, diese sei wegen der Passage in VO 78, die zur Verordnung in Widerspruch stehende frühere Bestimmungen des deutschen Rechts explizit verwerfe, hier nicht mehr anzuwenden. Der BGH hob auf die Revision der Staatsanwaltschaft lediglich den Freispruch für einen der Angeklagten auf, der als Verbandsfunktionär der Milch- und Molkereiwarenhändler im vorherigen Urteil im Gegensatz zu den fünf Geschäftsführern der Molkereien sowie einem weiteren beteiligten Landwirtschaftsfunktionär nicht verurteilt worden war.[250]

Ob die Prozesse gegen die Molkereien dazu geneigt waren, diese langfristig an ihren Marktabsprachen zu hindern, ist zweifelhaft. Unter dem GWB wurde die Wirkung des Kartellverbots auf die Landwirtschaft durch die Bereichsausnahme zumindest deutlich eingeschränkt. Im Fall der Hamburger Nordmark scheinen die Bestrebungen zur künstlichen Hochhaltung des Butterpreises zudem nach dem Prozess kein Ende gefunden zu haben. So beschwerten sich die Buttergroßhändler bereits 1955 wieder über die trotz einer Milchschwemme künstlich hochgehaltenen Butterpreise beim Bundeswirtschaftsministerium. Die Beschwerde wurde

248 Urteil des BGH vom 5.3.1953, 5 StR 734/52, in: WuW 3 (1953), Heft 7/8, S. 474–478.
249 Ebd., S. 474 f.
250 Ebd., S. 475–478.

aber erst drei Jahre später, nach der Verabschiedung des GWB und der Gründung des Bundeskartellamts bearbeitet.[251]

Die hier exemplarisch beleuchteten Molkereiprozesse vermitteln einen recht guten Eindruck von den Urteilen der deutschen Gerichte. Wo die Dekartellierungsgesetze in den Zivilprozessen bei Streitfragen wie der vertikalen Preisbindung oder den Ausschließlichkeitsklauseln genug Interpretationsspielraum ließen, um etablierte Geschäftspraktiken auch bei wettbewerbsbeschränkenden Effekten zu schützen, den gerade der BGH gerne nutzte, war die Rechtslage bei den Preisabsprachen als *per se* Verstöße eindeutig. So war den Angeklagten bei Strafprozessen wegen horizontaler Preisabsprachen bei klarer Beweislage ein Schuldspruch fast gewiss. Dass bei den Molkereifällen eine strafrechtliche Verfolgung der entsprechenden Verbände und Molkereien durchaus auch seitens des BMWi und der Landeswirtschaftsministerien politisch erwünscht war, mag den Richtern die entsprechenden Schuldsprüche erleichtert haben, war aber in der Urteilsfindung nicht ursächlich. Das Münchener Landgericht erließ den Angeklagten zwar die Strafe, tat dies aber nur unter Berufung auf ein Amnestiegesetz bei klarer Feststellung der Schuld der Angeklagten. Auch die in den anderen Prozessen verhängten, eher moderaten verhängten Geldstrafen waren weniger ein Zeichen der Milde, sondern bedingten sich eher dadurch, dass hier entsprechend dem deutschen Rechtsverständnis nur leitende Angestellte, nicht aber die betroffenen Unternehmen und Verbände selbst als juristische Personen angeklagt waren und sich die Strafen nach den wirtschaftlichen Verhältnissen der Angeklagten richteten. In anderen Prozessen, etwa in der Bau- und Metallverarbeitungsindustrie, verhängten deutsche Gerichte aber durchaus auch Geldstrafen bis zur in den Gesetzen festgelegten Maximalsumme von 200.000 DM.[252]

Auch wenn Strafprozesse vor deutschen Gerichten zumindest häufiger erfolgten als die entsprechenden alliierten Durchgriffe, so blieben sie doch insgesamt unter den Dekartellierungsgesetzen eine Seltenheit und waren wohl nicht in der Lage, die Unternehmerschaft effektiv von Kartellvereinbarungen abzuhalten, wo diese branchenweit gewillt war, an solchen Absprachen festzuhalten. Entsprechende Verfahren wurden nur vereinzelt durchgeführt, meist auf Anlass der Landeswirtschaftsministerien und ihrer Kartellstellen, in der Endphase der Besatzung mitunter auch durch die Delegation der DIDEG an deutsche Behörden. Insbesondere in der Zeit nach der Einstellung der Tätigkeiten durch die DIDEG ab 1953 wurden Unternehmer für Kartellabsprachen nur selten zur Rechenschaft gezogen. So

251 N. N., Alles in Butter, in: Der Spiegel 15/1958 vom 8.4.1958, https://www.spiegel.de/wirtschaft/alles-in-butter-a-ff898d94-0002-0001-0000-000041761139, zuletzt abgerufen am 8.7.2021.

252 Urteil des AG Kassel vom 04.07.1957, 12 Cs 593/56, in: WuW 6 (1956), Heft 10, S. 672; Urteil des AG Frankfurt vom 18.02.1957, in: WuW 7 (1957), Heft 5, S. 313.

konstatierte etwa der hessische Wirtschaftsminister in einem Schreiben an Ludwig Erhard im Dezember 1955:

> Jedenfalls dürfte auch ohne eine bis in die Einzelheiten eingeleitete Erhebung, die viel Zeit in Anspruch nehmen würde, feststehen, daß die Kartellabsprachen ein Ausmass angenommen haben, das auf eine bewußte Nichtbeachtung des geltenden Rechts bzw. seine zu lockere Handhabung schließen läßt.[253]

Auch Erhard selbst hatte bereits im Juli 1953 gegenüber seinen Ministerialbeamten im BMWi konstatiert, wettbewerbsbeschränkende Maßnahmen u. a. über Preise und Bedingungen „nähmen überhand".[254]

Die nur vereinzelt durchgeführten Strafverfahren, sowohl seitens der Amerikaner, als auch vor deutschen Gerichten hatten also keine ausreichend abschreckende Wirkung, um die Kartellneigung in weiten Teilen der deutschen Unternehmerschaft zu brechen. Wo der Wettbewerb vor allem als Bedrohung wahrgenommen wurde und die Beteiligten wie in der Landwirtschaft an Preisvorgaben gewohnt waren, übernahmen zumeist berufsständische Verbände die zuvor staatlich administrierten Preisvorgaben und ließen sich dabei durch das allliierte Kartellverbot nicht abschrecken. Gerade in Wirtschaftsbereichen, die schon vor 1945 durch ein hohes Maß von Wettbewerbseingriffen sowohl durch staatliche als auch durch berufsständische Organisationen gekennzeichnet waren, blieb der Hang zu Kartellen und anderen Marktabsprachen häufig erhalten. Dass der Staat auch nach 1945 etwa in der Landwirtschaft den Wettbewerb zumindest stark regulierte und der Bereich im GWB eine Bereichsausnahme erhielt, mag diese Neigung noch bekräftigt haben.

Die geringe Verfolgungsdichte erklärt sich aber durch das durchgängige Fehlen einer zuständigen, effektiven und politisch gewillten Institution für die Durchsetzung der geltenden alliierten Gesetze. Die DIDEG war durch interne politische Konflikte, ihre bürokratisch-schwerfällige Verfasstheit, den Mangel an Ressourcen und vor allem durch das Fehlen eines zuständigen trilateralen Gerichts bei Strafverfahren weitgehend gelähmt. Die entsprechenden unilateralen Durchgriffe der Amerikaner beschränkten sich auch aufgrund der politischen Widerstände auf wenige Exempel.

Auf deutscher Seite war das Bundeswirtschaftsministerium wiederum aus politischen Gründen nicht zu einer wirklich konsequenten und umfassenden strafrechtlichen Durchsetzung des Kartellverbots bereit und griff nur in einigen meist

---

253 Antwortschreiben des hessischen Wirtschaftsministers Gotthard Franke an Ludwig Erhard, Dezember 1955, S. 2, in: BA B102/17105.

254 Schreiben Ludwig Erhards an die Abteilungen I-V mit der Bitte um Bekanntgabe an sämtliche Referate, 2.7.1953, I B 5 – 1630/53, in: BA B102/17066.

preispolitisch bedingten Sonderfällen durch. Die Landeswirtschaftsministerien und ihre Kartellstellen, sowie in den Großstädten vereinzelt lokale Behörden waren bisweilen etwas konsequenter bei der Durchsetzung der Kartellgesetze und erstatteten häufiger Anzeige bei den zuständigen Staatsanwälten. Unter den Ländern tat sich vor allem Hessen mit einer strikteren Durchsetzung hervor, was sich einerseits durch dessen sozialdemokratische Regierung, andererseits durch die räumliche Nähe zum Herzen der amerikanischen Besatzungsinfrastruktur in Frankfurt erklärt. Die Amerikaner drängten mitunter deutsche Behörden zur Verfolgung von Kartellvergehen, unter dessen preislichen Konsequenzen sie selbst etwa bei der Errichtung von Gebäuden oder der Materialbeschaffung für ihre militärische Infrastruktur zu leiden hatten. Aber auch dort kann lediglich von einer etwas stärkeren Häufung von Einzelverfahren gesprochen werden, nicht hingegen von einer umfassenden Durchsetzung. Waren es im Falle der zivilrechtlichen Verfahren vor allem die deutschen Gerichte und insbesondere der BGH gewesen, die dem Verbot wettbewerbsbeschränkender Praktiken durch ihren weiten Interpretationsspielraum in vielen Fällen die Schärfe nahmen, so scheiterte die Durchsetzung der strafrechtlichen Seite der Dekartellierungsgesetze in erster Linie auf der administrativen Seite, die nur in wenigen Fällen Verstöße gegen die Dekartellierungsgesetze überhaupt zur Anzeige brachte.

8 Das BMWi und die alliierten Kartellgesetze

8.1 Taktische Zurückhaltung – Grundsätzliche Positionierungen zur alliierten Dekartellierung

In der langen Debatte um das deutsche Kartellgesetz ist Ludwig Erhard vor allem als Streiter für ein grundsätzliches Verbot von Kartellabsprachen, das Verbotsprinzip, in Erinnerung geblieben, während die Mehrheit der Stimmen aus der Wirtschaft, seiner eigenen Partei sowie der deutschen Wettbewerbsjuristen zunächst das Missbrauchsprinzip präferierten, bei dem Kartelle analog zur Situation in der Weimarer Republik grundsätzlich legal gewesen wären und lediglich einer staatlichen und juristischen Aufsicht über etwaigen Machtmissbrauch unterlegen hätten. Erhards Bekenntnis zu einem grundsätzlichen Kartellverbot war keine lang gehegte Überzeugung. So vertrat er etwa in einer Befragung durch das Ferguson-Komitee 1948 noch eine ambivalentere Haltung gegenüber Kartellen, diese seien nicht zu generalisieren, sondern manche wirkten sich günstig aus, indem sie eine „gesunde Marktordnung herstellten", während andere „nur ihre Stellung auf dem Markt sichern" wollten.[1] Mit der Zeit veränderte sich seine Haltung zu den Kartellen aber, sodass er in seiner Amtszeit als Bundeswirtschaftsminister eine klare Position pro Kartellverbot vertrat.[2]

Konstant blieb jedoch trotz der zunehmenden grundsätzlichen Übereinstimmung beim Kartellverbot die politische Skepsis gegenüber den alliierten Dekartellierungsgesetzen. Bereits vor Gründung der Bundesrepublik hatte Erhard in seiner Funktion als Direktor der VfW gegenüber den beiden Militärgouverneuren Robertson und Clay sich für deutlichere deutsche Kompetenzen in Fragen der Dekartellierung eingesetzt. Bereits zu diesem Zeitpunkt schwebte ihm dabei eine eigene, deutsche gesetzliche Lösung vor, seine Abteilung habe bereits ein entsprechendes Gesetz ausgearbeitet, welches er nun zunächst über die Errichtung einer deutschen Abteilung innerhalb der angloamerikanischen BIDEC mit entsprechenden Vollmachten einzubringen versuchte.[3] Während die Dekartellierung zu diesem Zeitpunkt noch exklusiv alliiertes Vorbehaltsrecht blieb, wurde der Gesetzge-

---

1 Befragung von Erhard, Risse und Günther durch Ferguson-Gruppe, 21.12.1948, in: BA B102/17089.

2 Vgl. Volker Hentschel, Ludwig Erhard. Ein Politikerleben, München u. Landsberg am Lech 1996, S. 103 f.

3 Extract from Verbatim Minutes of the Meeting of Military Governors and German Bizonal Officials, 15.10.1948; Translation of Letter from Ludwig Erhard, undatiert (ca. Mitte 1948), beide in: PRO FO 1032/1601.

https://doi.org/10.1515/9783111517674-008

bungsauftrag für ein deutsches Gesetz schließlich im März 1949 an die VfW erteilt.[4] Dies ersparte Erhard und seiner VfW bzw. seinem Ministerium jedoch nicht, sich zu den alliierten Dekartellierungsgesetzen zu positionieren, die sowohl von deutschen Gerichten als auch von den alliierten Kartellbehörden weiterhin als geltendes Recht angewandt wurden und mit dem Ende der AHK 1955 sogar für einige Jahre in den Kompetenzbereich des BMWi übergingen.

Während Ludwig Erhard und sein Kartellfachmann Eberhard Günther immerhin beim Kartellverbot grundsätzlich mit den amerikanischen Antitrustern übereinstimmten, war das BMWi in dieser Hinsicht kein monolithischer Block. So drohte das *Bipartite Control Office* etwa bereits zu Zeiten der VfW Beamten der Fachabteilungen die Entlassung an, weil diese nach dem Ende der staatlichen Preisbindungen mitunter die Absprachen zu Preisen und Geschäftsbedingungen in Industrie und Handel unterstützten. Günther führte dieses Verhalten innerhalb des eigenen Hauses auf Unwissenheit oder die Tendenz, die eigenen noch verbliebenen Kontroll- und Lenkungsaufgaben durch enge Kooperation mit der Wirtschaft zu erleichtern, zurück.[5] Die Neigung, von Ministerialbeamten in einigen der zuständigen Branchenreferaten, Kartellabsprachen über Preise und Bedingungen zumindest stillschweigend zu dulden und sogar informell zu befürworten, setzte sich auch nach der Gründung der Bundesrepublik weiter fort, durchaus zum Missfallen Erhards, der seine Beamten darauf hinwies, dass eine Duldung von oder Zustimmung zu Kartellabsprachen nur auf seine ausdrückliche Anweisung hin gestattet war.[6] Auch Günther kritisierte etwa das hauseigene Referat für die chemische Industrie, dessen angeforderter Vermerk zur Thematik gäbe „kein Bild über die [Kartell-]Bindungen in diesem Industriezweig“.[7]

Obwohl Erhard und Günther sich grundsätzlich für ein Kartellverbot im Zuge des GWB einsetzten, lehnten sie die offensive Anwendung der alliierten Dekartellierungsgesetze etwa in Form der Strafverfahren vor amerikanischen Gerichten ab. So äußerte sich Eberhard Günther gegenüber dem Leiter der US-Kartellabteilung und amerikanischen DIDEG-Vertreter, Grant Kelleher, anlässlich des Strafverfahrens im Schleifmittelfall,

> dass angesichts der Bereitwilligkeit der Alliierten Hohen Kommission, die Gesetzgebung auf diesem Gebiet auf die Deutschen zu übertragen, die weitere Fortsetzung von Verfahren –

---

4 Murach-Brand, Antitrust auf Deutsch, S. 98–101.

5 Dr. Günther an Herrn Bömcke, Entwurf einer Notiz über die Unterrichtung der Facheinheiten, 22.7.1948, in: BA B102/17051.

6 Ludwig Erhard an Abteilungsleiter, Schreiben vom 2.7.1953, in: BA B102/17066.

7 Eberhard Günther, Kurze Stellungnahme IB 5 zu den Berichten der Referate der Abteilung IV, 11.5.1955, in: BA B102/17106.

> ähnlich wie das Schleifmittelverfahren – der Popularisierung der in den Dekartellierungsgesetzen enthaltenen gesunden wirtschaftlichen Idee nicht förderlich sein könne.[8]

Günther sah wie auch sein Vorgesetzter Erhard die rigorose strafrechtliche Verfolgung angesehener deutscher Geschäftsleute und Industrieller durch die Besatzungsmächte unter den Dekartellierungsgesetzen bei der Popularisierung einer ordoliberalen Wettbewerbsordnung als eher schädlich und kontraproduktiv an. Erhard selbst macht gegenüber den amerikanischen Antitrustern deutlich, dass er wie sie grundsätzlich um einen freien Markt in Deutschland kämpfe. Dabei warb er allerdings um Geduld und Verständnis dafür, dass er in der Praxis nicht alles auf einmal umsetzen könne, da es einen Mentalitätswandel bei seinen Landsleuten erfordere, um Kartelle vollständig zu beseitigen.[9] Grundsätzlich setzte Erhard also auf eine eher vorsichtige und behutsame Herangehensweise bei der Dekartellierung, während die amerikanische Seite gerade in den harschen und öffentlichkeitswirksamen Strafverfahren einen Beitrag zur erzieherischen Komponente ihres Feldzugs gegen die Kartelle sah, da man glaubte, so die deutsche politische Öffentlichkeit für das Kartellverbot begeistern zu können.

Der Eindruck, die Vermischung der Fragen nationaler Souveränität mit der Dekartellierung habe der Durchsetzung einer kartellfreien Wettbewerbsordnung politisch geschadet wird bis heute von ordoliberalen deutschen Juristen geteilt. So schreibt etwa Wernhard Möschel über die langfristigen Wirkungen der alliierten Dekartellierungsgesetze:

> Insgesamt wirkte diese Gesetzgebung nicht modellbildend. Obwohl die Rechtsprechung den Zweck des Gesetzes auf den Schutz freier Wettbewerbsprozesse ausrichtete, konnte es seine Herkunft aus repressiven, auf die Zerstörung deutscher Wirtschaftskraft gerichteten Überlegungen nicht verleugnen. Das Stigma aufoktroyierten Besatzungsrechts blieb. Von daher wurde es möglich, wie mein Lehrer Ernst-Joachim Mestmäcker einmal bissig bemerkt hat, ‚im Namen nationaler Würde gegen ein Kartellverbot zu kämpfen'.[10]

Die vorsichtige und distanzierte Haltung seitens des BMWi gegenüber den alliierten Dekartellierungsgesetzen und ihrer Anwendung war grundsätzlich auch weniger durch die inhaltliche Bestimmungen der Gesetze begründet, sondern darauf zurückzuführen, dass es den Gegnern des Kartellverbots etwa in den Interessenverbänden der Wirtschaft gelungen war, den ursprünglichen grundsätzlichen

8 Turnusbesprechung bei der DIDEG (Dr. Günther), 18.8.1950, in BA B102/17089.

9 Alfred C. Mierzejewksi, Ludwig Erhard. Der Wegbereiter der sozialen Marktwirtschaft, übers. v. Anne Emmert und Norbert Juraschitz, München 2005, S. 176 f.

10 Wernhard Möschel, Entflechtung – Antimonopolrecht, in: Bernard Diestelkamp u. a. (Hrsg.), Zwischen Kontinuität und Fremdbestimmung. Zum Einfluß der Besatzungsmächte auf die deutsche und japanische Rechtsordnung 1945 bis 1950, Tübingen 1996, S. 233–244, hier: S. 240.

Strafcharakter der Gesetze gegenüber dem besiegten Kriegsgegner Deutschland in den Mittelpunkt der politischen Debatte zu stellen, auch wenn dieser in der Anwendung de facto längst in den Hintergrund getreten war. Politisch nahmen Erhard und Günther die alliierten Dekartellierungsgesetze als Gift wahr, da die politischen Gegner des Kartellverbots die Bestimmungen der Präambel, welche die „Zerstörung der wirtschaftlichen Fähigkeit Deutschlands, Krieg zu führen" enthielt, dazu nutzten, ein Kartellverbot grundsätzlich als ein alliiertes Strafprojekt zum Schaden der deutschen Wirtschaft darzustellen. So äußerte sich Günther intern angesichts einer sich abzeichnenden Übertragung der Zuständigkeit für die Durchführung der Gesetze auf das BMWi,

> diese würde die deutschen Dienststellen angesichts der weit verbreiteten Meinung, daß es sich bei den alliierten Bestimmungen um die Durchsetzung des Morgenthau-Planes handelt, in größte Schwierigkeiten bringen. Sie wäre geeignet, das Fundament einer deutschen Regelung weiterhin zu erschüttern und die von meinem Ministerium geführte Kartellpolitik zu diskreditieren.[11]

Vor allem der strafrechtliche Part der Dekartellierungsgesetze wurde dabei von Erhard und seinen leitenden Ministerialbeamten als politisch problematisch wahrgenommen:

> Die alliierten Dekartellierungsgesetze sind dem deutschen Rechtsbewußtsein fremd. Ihre Anwendung führt daher ständig zu Zweifeln und Schwierigkeiten. Gegen ihre Durchsetzung bestehen auch weithin gewisse psychologische Hemmungen, insbesondere, wenn für Verstöße kriminelle Strafen verhängt werden sollen.[12]

Intern war im Bundeswirtschaftsministerium versucht worden, immerhin diese Bedenken aus dem Weg zu räumen, indem die kriminellen Strafen per Gesetzesänderung durch ein Bußgeldverfahren ersetzt werden sollten, was allerdings scheiterte.[13] Stattdessen nutzte Erhard die Dekartellierungsgesetze, nachdem diese gegen seinen Willen mit dem endgültigen Ende der AHK 1955 auf sein Ministerium übergegangen waren, als Drohkulisse, um die Verabschiedung des GWB zu forcieren. Sollte diese nicht gelingen, sähe er sich gezwungen, so sehr er es auch bedaure, die alliierten Gesetze schärfer als bisher anzuwenden.[14] Zuvor hatte man sich

11 Eberhard Günther an ORR Ulrich Meyer-Cording (BMJ), Schreiben vom 24.2.1953, in: BA B102/192483. Vgl. auch Robert, Konzentrationspolitik, S. 286 f.

12 Ludwig Erhard an den Vorsitzenden des Sonderausschusses für Bankenaufsicht, MinRat Rudolf Hahn, Antwortschreiben betr. Duldung von Zinskartellen, 4.12.1956, S. 2, in: BA B102/17104.

13 Lüpke, IB 5, Aktivierung des Kartellrechts zum Zweck der Bekämpfung von Preiserhöhungen, 28.11.1956, S. 2, in: BA B 102/17105.

14 Robert, Konzentrationspolitik, S. 312.

intern im BMWi angesichts des Übergangs der Dekartellierungsgesetze auf das eigene Haus darauf geeinigt, „nur die krassesten Verstöße gegen die Kartellvorschriften“ zu ahnden.[15] Auch das Bundeskartellamt urteilte später, „die Tätigkeit des Bundeswirtschaftsministeriums und der Länderwirtschaftsministerien“ bei der Anwendung der alliierten Dekartellierungsgesetze sei „von der Zurückhaltung bestimmt“ gewesen, „die durch die Anwendung von Besatzungsrecht gegenüber der deutschen Wirtschaft geboten war“.[16]

Die weitgehend passive Haltung des BMWi bei der Anwendung der Dekartellierungsgesetze erklärte sich allerdings nicht in allen Fällen nur durch politische Bedenken bei der Anwendung des alliierten Oktrois angesichts des Kampfes um das GWB. So war es im Fall der Glühlampenindustrie (siehe Kapitel 5.2.1) die eigene Mittelstandspolitik des Hauses gewesen, die einer strikten Umsetzung des Kartellverbots entgegenstand. Die führenden Unternehmen der Branche hatten geschickt das Schicksal der wenigen verbliebenen kleinen und mittelgroßen Unternehmen der Branche genutzt, um die Tolerierung umfassender Marktabsprachen zu erreichen. Im BMWi wurde die Befürchtung der Mittelständler geteilt, dass im Falle eines offenen Konkurrenzkampfes nur noch die führenden Unternehmen der Branche bestehen könnten und sich innerhalb von wenigen Jahren eine vollständige Oligopolstruktur herausbilden würde, während die verbliebenen Mittelständler vom Markt verschwinden würden. Ironischerweise waren es in diesem Fall gerade die Großkonzerne Osram und Philips gewesen, die sich die Mittelstandspolitik des BMWi mit ihrer sozialromantisch aufgeladenen Präferenz für kleine und mittlere Unternehmen in ihrem eigenen Interesse zu Nutze machten.

Den Übergang der vollständigen Verantwortung für die Durchsetzung dieser Gesetze auf das BMWi hatte Erhard zudem über die Jahre mehrmals verhindert. Erstmals erklärten die Vertreter des amerikanischen Hochkommissars im April 1953, dass sie aus Budget-Gründen in absehbarer Zeit dazu gezwungen seien, die Durchführung der Kartellgesetze auf eine deutsche Dienststelle zu übertragen. Erhard erklärte daraufhin, eine Übertragung der Durchführung sei bis zur Verabschiedung des GWB nicht möglich, sein Ministerium stehe aber zur Verfügung, wenn die Alliierten angesichts der Verringerung ihres Personals die deutsche Seite stärker einzuschalten wünschten, ohne, dass dabei die Entscheidungsbefugnisse und damit die Durchführung der Gesetze auf das BMWi oder die Landeswirt-

15 IB 5 – 1261/55 – Vorläufige Niederschrift über die Arbeitstagung der Kartellreferenten der Wirtschaftsministerien des Bundes und der Länder am 24.5.1955 im BMWi, 11.6.1955, in: BA B102/17066. Die entsprechende unwidersprochene Aussage tätigte Alfred Müller-Armack.

16 Jahresbericht des Bundeskartellamts 1958, Bundesdrucksache 3/1000, S. 11.

schaftsministerien übertragen werden sollten.[17] Hintergrund war, dass die Alliierten ihr Personal innerhalb der AHK zu diesem Zeitpunkt bereits deutlich reduziert hatten, da das Ende des Besatzungsstatuts politisch absehbar war und somit die Leitungsposition von immer weniger einflussreichen Personen übernommen wurde, die Gesamtzahl der Mitarbeiter sank und auch der Anteil der deutschsprachigen Mitarbeiter sich zunehmend verringerte.[18]

Im Oktober desselben Jahres fühlte der neue amerikanische Hochkommissar, James Bryant Conant, erneut mit der gleichen Anfrage vor. Erhard erklärte aber auch hier, „daß er hauptsächlich aus politischen Gründen die Übernahme der Durchführung der alliierten Kartellgesetze ablehnen müsse."[19] Einen Monat späte wurde der französische Vertreter der DIDEG erneut mit einer entsprechenden Anfrage an das BMWi vorstellig. Die Durchführung der alliierten Kartellgesetze bereite inzwischen nicht nur personelle, sondern auch sachliche Schwierigkeiten, da die britischen Vertreter sowohl in der DIDEG als auch im Wirtschafts- und Finanzausschuss der AHK inzwischen jegliche Maßnahmen auf Basis der Kartellgesetze als Einmischung in deutsche Verhältnisse ansähen und entsprechend ablehnten. Daher seien die entsprechenden Gremien funktionsunfähig und die Einrichtung eines deutschen Gremiums ähnlich dem unter dem GWB geplanten Bundeskartellamt wünschenswert. Eberhard Günther wehrte stellvertretend allerdings auch diese Anfrage, ab „es sei aus politischen, aber auch aus sachlichen Gründen völlig ausgeschlossen, daß deutsche Dienststellen die Durchführung übernähmen".[20]

Stattdessen etablierte sich in dieser Zeit der Modus Operandi, dass die DIDEG etwa bei Anträgen auf Ausnahmeausgenehmigungen diese Anfragen an das BMWi weiterleitete und sich in der Regel bei der Entscheidung nach dessen Empfehlung richtete. Eigene Kartellverfahren setzten die Alliierten zu diesem Zeitpunkt nicht mehr in Gang. Das letzte offizielle Treffen der DIDEG fand am 24.8.1953 statt.[21] Dieser wettbewerbspolitische Schwebezustand hielt dann bis zum 5. Mai 1955 an, als die alliierten Dekartellierungsgesetze mit dem Ende des Besatzungsstatus und der Auflösung der AHK Bundesrecht wurden und die Verantwortung für deren Anwendung nun doch auf das Bundeswirtschaftsministerium überging, welches sich

17 Vermerk über eine Besprechung mit Vertretern der amerikanischen Hohen Kommission in Mehlem, 23.4.1953, in: BA B102/17090.

18 Mierzejewski, America as Model, S. 223.

19 Vermerk über eine Besprechung mit dem amerikanischen Hochkommissar Prof. Conant in Mehlem, 1.10.1953, in: BA B102/17090.

20 Vermerk über eine Besprechung mit M. Benard, Mitglied der DIDEG, 3.11.1953, in: BA B102/17090.

21 Minutes of the Forty-Eighth Meeting of the DIDEG, 24.8.1953, in: PRO FO 1005/728.

dann auf die bereits erläuterte weitgehend passive Handhabung der Gesetze festlegte.

Diese politisch-taktisch motivierte Nichtumsetzung der straf- und verwaltungsrechtlichen Seite der Dekartellierungsgesetze blieb nicht ohne Folgen und auch von Kritik nicht verschont. So antwortete der hessische Wirtschaftsminister auf eine Anfrage Erhards zu bekannten Kartellen, es „dürfe [...] feststehen, daß die Kartellabsprachen ein Ausmass angenommen haben, das auf eine bewußte Nichtbeachtung des geltenden Rechts bzw. seine zu lockere Handhabung schließen lässt.“[22] In der Tat wurde eine Reaktivierung des Kartellstraf- und -verwaltungsrechts vom BMWi sowie den Kartellreferenten der Landeswirtschaftsministerien nach 1955 diskutiert. Anlass dafür waren zumeist weniger grundsätzliche ordnungspolitische Bedenken sondern die konkreten preislichen Auswirkungen von Kartellabsprachen bei als politisch sensibel wahrgenommenen Gütern des täglichen Bedarfs.[23] Dabei sahen die Kartellexperten des Ministeriums der Reaktivierung der alliierten Gesetze allerdings „schwerwiegende rechtliche Bedenken“ entgegenstehen, weswegen das BMWi hier zumeist andere ad-hoc Maßnahmen präferierte, etwa das öffentliche Anprangern von Preiserhöhungen, das Ausüben von direktem Druck auf die Branchen sowie die Drohung mit einem behördlich erlassenen Preisstopp.[24]

Dass es letztlich weniger rechtliche, sondern eher politisch-taktische Gründe waren, die das BMWi von einer aktiveren Anwendung der alliierten Dekartellierungsgesetze abhielten, wurde in der zweiten Jahreshälfte 1957 deutlich. Das GWB war im Juli 1957 durch Bundestag und Bundesrat erlassen worden, sodass die politische Rücksichtnahme auf die bisweilen scharf und polemisch geführte Debatte um dieses auch als „Grundgesetz der Wirtschaft“ bezeichnete Gesetz nun entfiel. Obwohl das Inkrafttreten des GWB und die Einrichtung des Bundeskartellamts zu diesem Zeitpunkt weniger als 6 Monate entfernt waren, nutzte Erhards Ministerium diese Zwischenzeit, um unter den noch geltenden alliierten Regelungen eine Reihe von Verwaltungsverfahren gegen Unternehmen in Gang zu setzen, die gegen die Kartellgesetze verstoßen hatten. Das Ministerium ging hier gegen Branchen vor, deren Wettbewerbsverstöße schon länger bekannt waren, bisher aus den genannten politischen Gründen aber nicht verfolgt worden waren. So versandte das BMWi etwa Aufforderungsäußerungen wegen Preisabsprachen *(‚Order to Show*

22 Antwortschreiben des hessischen Wirtschaftsministers an Ludwig Erhard, Dezember 1955, in: BA B102/17105.

23 Vgl. zur Preispolitik der Ära Erhard: Zündorf, Preis.

24 Vermerk über eine Besprechung der Minister Erhard und Lübke, StS Westrick, MR Louis, MR Baath über Brotpreiserhöhungen, 8.3.1957, in: BA B102/192417; Aktivierung des Kartellrechts zum Zweck der Bekämpfung von Preiserhöhungen, 20.12.1956 (?), in: BA B102/17105.

Cause') u. a. im Juli 1957 an vier Hersteller von Edelstahlrohren[25] und im Oktober desselben Jahres an drei Produzenten von Klavierseitenfederdraht[26] sowie an die Drahtindustrie.[27] Gegen die Rundfunk- und Fernsehindustrie wurde im November 1957 wegen vertikaler Vertriebsbindungen ebenso ein Verfahren in Gang gesetzt[28] wie aus demselben Grund bereits im Oktober gegen die Hersteller von Tonbandgeräten.[29] Ein entsprechendes Verfahren gegen die Automatenwirtschaft wegen vertikaler Vertriebsbindung und Boykottandrohung gegen Händler wurde durch eine Unterlassungsanordnung *(Cease and Desist Order)* beendet, in die die betroffenen Verbände schließlich einwilligten *(Consent Decree)*.[30] Auch in weiteren Fällen erließ das BMWi Unterlassungsanordnungen nach der Verfahrensweise der Verwaltungsverfahren unter den alliierten Dekartellierungsgesetzen.[31] Insgesamt versandte das BMWI zwischen der Übertragung der Kompetenzen für die Dekartellierungsgesetzen im Mai 1955 und dem Inkrafttreten des GWB 17 Aufforderungen zur Äußerung, verhängte 5 Unterlassungsanordnungen und lehnte zudem drei Befreiungsanträge ab.[32]

Während Erhard und seine Ministerialbeamten bei den Strafverfahren mit krimineller Strafe in der Tat wegen ihrer vorsichtigen, ‚erzieherischen' Herangehensweise an Kartellrechtsverstöße Zurückhaltung geübt haben mögen, erwiesen sich die Verwaltungsverfahren unter den alliierten Gesetzen als mehr als adäquate Methode, um illegale und politisch unerwünschte Wettbewerbspraktiken ohne wirkliche Bestrafung der beschuldigten Unternehmen zu unterbinden. Der direk-

25 N. N., Beanstandung und Auskunftsersuchen wegen angeblicher Preis- und Rabattvereinbarung, in: WuW 8 (1958), Heft 2, S. 127–129; N. N., Verwaltungsverfahren nach den alliierten Dekartellierungsgesetzen, in: BB 12 (1957), Heft 35/36, S. 1247 f.

26 N. N., Aufforderung zur Äußerung und Auskunftsersuchen wegen angeblicher Preisabsprache, in: WuW 8 (1958), Heft 3, S. 131 f.

27 N. N., Verwaltungsverfahren nach den alliierten Dekartellierungsgesetzen, in: BB 12 (1957), Heft 35/36, S. 1247 f.

28 N. N., Verwaltungsverfahren gegen Rundfunk- und Fernsehgeräteehersteller wegen Handhabung vertikaler Vertriebsbindungen, in: WuW 7 (1957), Heft 6, S. 361; N. N., Verwaltungsverfahren gegen vertikale Vertriebsbindungen der Rundfunk- und Fernsehindustrie, in: BB 12 (1957), Heft 12, S. 414 f.; Schreiben des BMWi an den Verband des Elektro- und Rundfunk-Großhandels, 15.11.1957, in BA B 102/192476.

29 N. N., Vertikale Vertriebsbindungen. Eröffnung eines Verwaltungsverfahren nach den alliierten Dekartellierungsgesetzen, in: BB 12 (1957), Heft 33, S. 1161; N. N., Beanstandung einer vertikalen Vertriebsbindung, in: WuW 8 (1958), Heft 4, S. 253.

30 N. N., Abschluß eines Verwaltungsverfahrens gegen Verbände der Automatenwirtschaft durch Abgabe einer Unterlassungserklärung, in: WuW 8 (1958), Heft 1, S. 21–23.

31 N. N., Bundeswirtschaftsministerium untersagt Preisempfehlungen, in: BB 12 (1957), Heft 31, S. 1088 f.

32 Jahresbericht des Bundeskartellamts 1958, Bundesdrucksache 3/1000, S. 10.

te, obrigkeitsstaatlich-administrative Eingriff des Wirtschaftsministeriums in Kartellvereinbarungen war zudem im Gegensatz zu Strafverfahren vor Gericht bereits in der deutschen Tradition verankert. Bereits vor der eigenen Übernahme der Befugnisse für die Dekartellierungsgesetze hatten Erhard und Günther entsprechende Verfahren durch die DIDEG zu mehreren Gelegenheiten gebilligt.[33] Wenn sich Erhards Ministerium also vor dem Erlass des GWB weigerte, selbst Verwaltungsverfahren unter den alliierten Gesetzen durchzuführen, war dies lediglich dadurch motiviert, sich in den Debatten um das GWB nicht als williger Vollstrecker der angeblichen amerikanischen Strafpolitik politisch angreifbar zu machen. Gegen die Entflechtung und die Strafverfahren bestanden zwar echte Bedenken in Erhards BMWi, einer Anwendung der recht wenig konfrontativen Verwaltungsverfahren hätte aber sachlich nichts entgegengestanden, während man auf die Anwendung der Straf- und Entflechtungsbestimmungen weiterhin hätte problemlos verzichten können. Zuzustimmen ist hier Volker Hentschel, der mit Blick auf Ludwig Erhard urteilte, dass man als Ordoliberaler mit den alliierten Gesetzen durchaus gut leben konnte, während der Widerstand gegen diese Gesetze vor allem vom nationalen Standpunkt motiviert war, da man das politische Erbe der Besatzungsherrschaft schnellstmöglich loswerden wollte.[34]

8.2 Ein gescheitertes Seifenkartell zur „Heilung der Geister"

Der Wunsch, krisenhafte Phasen durch Marktabsprachen zu überwinden, war in der bundesdeutschen Unternehmerschaft der 1950er Jahre weit verbreitet.[35] Während viele dieser Absprachen angesichts der kartellrechtlichen Ausweglosigkeit zunehmend in der Illegalität durchgeführt worden, versuchten manche Industriezweige auf offiziellem Wege für ihre Kartellpläne Ausnahmegenehmigungen vom Kartellverbot zu erwirken. Während die Mehrzahl dieser Ersuche von den alliierten Kartellbehörden weitgehend geräuschlos abgelehnt oder nicht bearbeitet wurden, nahm das Gesuch der Konsumseifenindustrie eine politische und publizistische Dynamik an, die weit über die wirtschaftliche Bedeutung des Industriezweigs hinausging. Angesichts der zu diesem Zeitpunkt mit Blick auf das zukünftige GWB tobenden ordnungspolitischen Grundsatzdiskussion über das Kartellverbot wurde

---

33 Vermerk über eine Besprechung mit Mitgliedern der Amerikanischen Hohen Kommission, 25.11.1952; Vermerk über eine Besprechung mit dem amerikanischen Hochkommissar Prof. Conant in Mehlem, 1.10.1953, S. 2, beide in: BA B102/17090.

34 Hentschel, Ludwig Erhard, S. 103 f.

35 Dieses Kapitel enthält inhaltliche Überschneidungen mit einem bereits vom Autor veröffentlichen Aufsatz zum selben Fallbeispiel: Hennecke, Erziehungskartell.

das offiziell als Wettbewerbsordnung firmierende Kartell der Konsumseifenindustrie zum „Modell und seinem Experiment" stilisiert, an dem die Tauglichkeit modifizierter Kartellabsprachen für die moderne Marktwirtschaft und damit Sinn und Unsinn des Kartellverbots aufgehängt wurden.[36] So berichteten neben der zeitgenössischen Fach- und Wirtschaftspresse auch überregionale Tages- und Wochenzeitungen sowie politische Magazine umfassend über das zum Modell stilisierte Konsumseifenkartell und dessen langwierigen Genehmigungsprozess.[37] Angesichts dieser politischen und medialen Aufladung sowie dem bereits absehbaren Ende der alliierten Vorbehaltsrechte in der Kartellpolitik gelang es Ludwig Erhard hier, das Genehmigungsverfahren weitgehend von der DIDEG auf das eigene Haus zu transferieren und das für Experten absehbare Scheitern des Kartells politisch in seinem Sinne zu nutzen.

Die Seifenindustrie blickte in den 1950er Jahren bereits auf eine längere Geschichte von Kartellierungen zurück, allerdings waren schon die entsprechenden Versuche der Vergangenheit oft nicht von dauerhaftem Erfolg gekrönt gewesen. Das erste reichsweite Kartell dieses Industriezweigs wurde zu Beginn des 20. Jahrhunderts mit dem „Verband der Vereinigungen der Seifenfabrikanten von Deutschland" geschaffen. Bei diesem Zusammenschluss handelte es sich aber weniger um eine klassische Kartellierung zur Regulierung der allgemeinen Volatilität des Marktes, sondern vielmehr um eine konkrete Abwehrmaßnahme gegen den bereits zu diesem Zeitpunkt international operierenden Lever-Konzern, der 1899 durch die Einrichtung der Sunlicht-Seifenfabrik in Mannheim mit einer eigenen Produktionsstätte auf den deutschen Markt vorgestoßen war. Sowohl dieses Abwehrkartell, als auch weitere Kartellierungsversuche in den folgenden Jahren erwiesen sich allerdings als äußert kurzlebig, sodass sich vor dem 1. Weltkrieg lediglich regional begrenzte Preisabsprachen behaupten konnten.[38]

Nach dem Krieg wurden die Kartellierungsversuche fortgesetzt. So war 1928 eine Kartellbildung bei der Konsumseife geplant, welche im Unterschied zur individuell verpackten und mit Markenzeichen gekennzeichneten Markenseife als ungekennzeichnete Stapelware verkauft wurde. Im Zuge der Kartellierung sollten Preise und Lieferbedingungen einheitlich festgelegt werden, gemeinsam Werbung

36 Curt Ed. Fischer, Ein Modell und sein Experiment, in: WuW 3 (1953), Heft 11, S. 657–662.

37 Vgl. u. a.: N. N., Fieberkurven in der Seifenindustrie, in: Die Zeit vom 9.4.1953; N. N., Wettbewerbs-Kartell, in: Die Zeit vom 21.1.1954; N. N., Nach nackten Prinzipien, in: Der Spiegel 45/1953 vom 3.11.1953, online unter: https://www.spiegel.de/politik/nach-nackten-prinzipien-a-9fdb0d9e-0002-0001-0000-000025657891?context=issue, zuletzt abgerufen am 20.10.2022; N. N., Konsumseifenindustrie auf dem Wege zur Gesundung, Wirtschaftsberichte der Rhein-Ruhr Bank 11 (1954), S. 8 f.

38 Neutz, Seifenkartell, S. 95 f.

betrieben werden sowie der gemeinsame Vertrieb eines Waschmittels und weiterer Spezialitäten unter Aufteilung von Produktion und Absatz nach bestimmten Lieferbezirken für jede angeschlossene Firma organisiert werden. Das Kartell scheiterte aber an der heterogenen Struktur der Industrie, da die Großbetriebe nicht auf Dauer dazu gewinnen zu waren, einem Syndikat beizutreten und so ihre Vorteile etwa bei der parallelen Schaffung von Marken für Markenartikel oder der gezielten Preisunterbietung angesichts höher Produktivität aufzugeben.[39] Die Branche umfasste damals schon Großkonzerne wie Henkel und Lever (ab 1929 Unilever), aber auch nach wie vor viele familiäre Kleinstbetriebe, die unverändert auf handwerklicher Basis arbeiteten. Mit diesen simplen Produktionsverfahren war zudem ein relativ geringer Kapitalbedarf für Neugründungen verbunden, welcher eine stringente Kartellierung weiter erschwerte.[40]

Neben diesen branchenstrukturellen Gegebenheiten, die die Kartellierung traditionell erschwerten, geriet allerdings auch das Produkt Konsumkernseife bereits Ende der 1920er Jahre unter Druck. Der Hauptverwendungszweck für Kernseife war damals, wie auch noch zu Beginn der erneuten Absatzkrise in 1950ern Jahren, die per Hand erfolgte Wäschereinigung. Hier zeichnete sich aber bereits Ende der 1920er Jahre eine Konsumverschiebung ab. Ein damals zur wissenschaftlichen Untersuchung der deutschen Wirtschaft eingesetzter Ausschuss, der sich auch mit der Seifenindustrie befasste, konstatierte:

> In der ersten Gruppe (Haushaltseifen und Waschmittel) hat gegenüber 1913 ein ganz erheblicher Strukturwandel Platz gegriffen, der noch nicht abgeschlossen ist. In wachsendem Maß vollzieht sich [...] der Übergang des Konsums von der Verwendung von Kernseifen und zum Teil auch von Schmierseifen zum Gebrauch von Seifenflocken und Seifenpulver, vor allem aber zum Gebrauch von sauerstoffhaltigen Waschmitteln, allen voran „Persil“.[41]

Dieser Verdrängungsprozess sollte sich in den 1950er Jahren, als die Seifenfabrikanten sich erneut einer schweren Absatzkrise entgegen sahen und diese mittels einer Kartellierung bekämpfen wollten, angesichts von technischen Innovationen bei den synthetischen Waschmitteln, dem Aufkommen von Kleidung aus synthetischen Fasern, der zunehmenden Verbreitung von Waschmaschinen – zunächst vor allem in gewerblichen Wäschereien – sowie ausgedehnter Werbekampagnen für Markenwaschmittel noch deutlich verschärfen. Die Kartellbemühungen der

39 Ausschuß zur Untersuchung der Produktions- und Absatzbedingungen der deutschen Wirtschaft, Die deutsche Seifen- und Parfümerieindustrie. Verhandlungen und Berichte des Unterausschusses für allgemeine Wirtschaftsstruktur (I. Unterausschuß), 5. Arbeitsgruppe (Außenhandel), Bd. 9, Berlin 1931, S. 187 f.

40 Neutz, Seifenkartell, S. 90–92.

41 Ausschuß zur Untersuchung, Die deutsche Seifen- und Parfümerieindustrie, S. 137.

Zwischenkriegszeit waren schließlich erst 1934 unter Zwang von Erfolg gekrönt gewesen, als der Reichswirtschaftsminister unter dem Zwangskartellgesetz im Januar 1934 ein Kartell mit festen Produktionsquoten forcierte. Das Zwangskartell baute auf einem im Vorjahr freiwillig geschlossenen Kartell auf, welches allerdings unvollständig geblieben war, da auch hier wichtige Großbetriebe nicht zur Teilnehme zu bewegen waren.[42] Bereits zu diesem Zeitpunkt war das Kartell vor allem auf die notleidenden Klein- und Mittelbetriebe ausgerichtet, an deren Produktionskosten sich das Kartell bei der Preissetzung orientierte.[43] Durch diese Kartellierung in Kombination mit der staatlichen Rohstoffbewirtschaftung, dem Preisstopp und der starren Konsumpolitik konnte die Struktur der Seifenindustrie während des Nationalsozialismus trotz der sich verändernden Konsumgewohnheiten weitgehend erhalten werden. Nach Ausbruch des Zweiten Weltkriegs war die Seifenindustrie wegen ihres Bezugs der knappen und strikt regulierten Fette zudem die erste Industrie, deren Preise und Gewinnspannen vollends durch staatliche Anordnungen festgesetzt wurden.[44] Das für die Seifenindustrie kennzeichnende Spannungsverhältnis zwischen den vor allem im Rheinland konzentrierten Großbetrieben sowie den besonders in Süddeutschland noch häufigen traditionell arbeitenden Klein- und Mittelbetrieben blieb allerdings auch in der Zwangswirtschaft der Kriegs- und Nachkriegszeit eine Konstante, wobei sich der Konflikt hier vor allem auf den Verteilungskampf um staatliche Rohstoffkontingente verlagerte.[45]

Nach dem Ende der staatlichen Bewirtschaftung entwickelte sich die Lage der Konsumseifenhersteller in den 1950er Jahren katastrophal. Zwar ermöglichten Hamsterkäufe zu Beginn des Koreakrieges zunächst kurzfristige Preiserhöhungen, in der darauffolgenden Flaute brachen die Fabrikverkaufspreise aber drastisch ein, wodurch auch die noch bei höheren Rohstoffpreisen erworbenen Lagerbestände entwertet wurden. Um die Auslastung der Betriebsanlagen angesichts hoher Fixkosten wenigstens ansatzweise zu garantieren, verkauften die oft mittelständischen Seifenhersteller ihre Ware teilweise deutlich unter Selbstkosten. Im Mai 1953 hatte dieser harte Preiskampf bereits zur Schließung von 115 Mittel- und

42 Neutz, Seifenkartell, S. 103.

43 Friedrich Stratmann, Chemische Industrie unter Zwang?, Staatliche Einflußnahme am Beispiel der chemischen Industrie Deutschlands 1933–1949, Stuttgart 1985, S. 69.

44 Hans Linnartz, Betriebswirtschaftliche Probleme der deutschen Seifenindustrie, Wiesbaden 1942, S. 13.

45 Stratmann, Chemische Industrie, S. 410–412.

Kleinbetrieben geführt.[46] Im Mittelstand war inzwischen jeder dritte Betrieb betroffen.[47]

In dieser Situation entwickelte der Verband deutscher Seifenfabrikanten (VDS) den Plan, sich bei der DIDEG um eine Ausnahmegenehmigung für eine preisstabilisierende Kartellvereinbarung zu bemühen. Ursprünglich war der Verband mit der DIDEG dadurch in Kontakt geraten, dass die DIDEG den Verband der Beteiligung an einem internationalen Kartell verdächtigte und im Juni 1952 Unterlagen des Verbandes beschlagnahmte und die Eröffnung eines Strafverfahrens in Aussicht stellte. Nachdem sich dieser Anfangsverdacht schließlich zerschlagen hatte, blieb der Verband mit der DIDEG und der amerikanischen Kartellabteilung in Kontakt und der Vorsitzende des VDS, Carl Harz, bat die alliierte Kartellabteilung um Rat angesichts des Preisverfalls in der Konsumseifenindustrie. Die DIDEG empfahl Gemeinschaftswerbung und die Schaffung von Marken an Stelle der ungekennzeichneten Konsumseife, was der Verband aber nicht bzw. erst nach einer Preisstabilisierung für sinnvoll erachtete.[48]

Weil eine Ausnahmegenehmigung der DIDEG für ein klassisches Preiskartell kaum zu erwarten war, empfahl der ebenfalls vom Verband kontaktierte Leiter der Dekartellierungsstelle des hessischen Wirtschaftsministeriums und spätere Vizepräsident des Bundeskartellamts, Heinz Ewald, stattdessen, das ursprünglich geplante Mindestpreiskartell durch einen Selbstkostenspiegel zu ergänzen und dieses modifizierte Kartell dann der DIDEG vorzulegen. Statt letztlich arbiträr festgelegter Festpreise würde der Selbstkostenspiegel die durchschnittlichen Selbstkosten der Seifenhersteller errechnen, und diese als Mindestpreis festsetzten.[49] Daraufhin wurde eine Wettbewerbsordnung erarbeitet, bei der eine Rechnungsprüfungsgesellschaft als neutrale Kontrollinstanz einen verbindlichen Selbstkostensatz errechnete, unter dem die beteiligten Hersteller nicht verkaufen dürfen. Als maßgeblich für den Selbstkostensatz war zunächst der Durchschnittswert aller beteiligten Unternehmen angedacht, auf Rücksicht auf Bedenken der DIDEG wurde aber letztlich der niedrigste Selbstkostensatz des am günstigsten produzierenden Betriebs festgelegt. Verkaufte ein Hersteller zu einem niedrigeren Preis, musste er nachweisen, dass seine Selbstkosten dies tatsächlich zuließen oder eine Vertragsstrafe zahlen. Ziel dieser Konstruktion war, den um sich greifenden Verlustpreisverkauf einzudämmen, dabei aber im Gegensatz zu einem klassischen

---

46 Schreiben Carl Harz (VDS) an MdB Artur Stegner, 11.5.1953, S. 1, in: BA B 102/9311, Teil 1 v. 2.

47 Stellungnahme des Referats IV B 1, 19.5.1953, S. 1, in: BA B 102/9311, Teil 1 v. 2.

48 Carl Harz, Die Wettbewerbsordnung der Konsumseifenindustrie, in: WuW 5 (1955), Heft 12, S. 775–783, hier: S. 775.

49 Vermerk über die Besprechung von Vertretern des BWM und VDS am 23.12.1952 in Homburg, S. 2, in: BA B 102/9311, Teil 1 v. 2.

Preiskartell durch die Senkung der Selbstkosten einen Wettbewerbsanreiz zur Rationalisierung der Produktion zu erhalten. Vorbild für dieses Modell war ein ähnliches Verfahren gewesen, welches die Reichsbahn 1923 in Zusammenarbeit mit der Deutschen-Waggonbau-Vereinigung für die Bepreisung bei der Auftragsvergabe entwickelt hatte. Dieses Verfahren wurde in der Nachkriegszeit vom einflussreichen Ökonomen Leonhard Miksch aufgegriffen und im Rahmen seiner Habilitationsschrift als positives Beispiel für einen simulierten Wettbewerb genannt, welcher den echten Wettbewerb bei einer unvollständigen Konkurrenzsituation substituieren könne.[50]

Die im VDS organisierten Seifenfabrikanten führten durchaus einige gute Argumente für eine Ausnahmegenehmigung an. Kern ihrer Argumentation war die Ausnahmesituation, in der sich die Industrie zu Beginn der 1950er Jahre befand. 78 % der Betriebe sei im Westdeutschland konzentriert, diese habe ihre Kundschaft in den ostdeutschen Gebieten nun aber verloren. Die Überbesetzung der Seifenindustrie in Westdeutschland habe sich durch geringe Eintrittsbarrieren noch verstärkt. Die Rohstoffbasis, vor allem die historisch in Deutschland traditionell importabhängigen Fette und Fettsäuren könne nur zum Drittel aus dem Inland gedeckt werden, der Rest müsse teuer importiert werden. Neben dieser hohen Rohstoffkosten seien die deutschen Hersteller auch wegen hoher Frachtkosten international kaum konkurrenzfähig, sodass auch der Export kaum ein Ventil für die Überkapazitäten bieten könne.[51] Den aus der schwierigen Gesamtsituation resultierenden „Schleuderpreisen“ bei den Konsumseifen sollte mit dem als Wettbewerbsordnung bezeichneten Selbstkostenspiegel beigekommen werden.

Bereits das Argument der Betriebskonzentration in Westdeutschland relativiert sich allerdings dadurch erheblich, dass durch den erheblichen Bevölkerungszuwachses Westdeutschlands durch Flüchtlinge aus den deutschen Ostgebieten der Absatzausfall weitgehend kompensiert wurde.[52] Die Seifenfabrikanten verschwiegen zudem in ihrer Argumentation, dass der Preisverfall und die Schleuderverkäufe grundsätzlich auf die Konsumverschiebung weg von den Konsumkernseifen und hin zu Markenseifen und Waschmittel zurückzuführen war. So hatte

50 Leonhard Miksch, Wettbewerb als Aufgabe, 2. Aufl., Godesberg 1947, S. 127 f.; Zu Miksch allgemein siehe: Nils Goldschmidt / Arnold Berndt, Leonhard Miksch (1901–1950). A Forgotten Member of the Freiburg School, in: American Journal of Economics and Sociology 64 (2005), Heft 4, S. 973–998.

51 Schreiben des VDS an Dr. Dann (BMWi), 18.7.1952, S. 3; Schreiben des VDS an Ministerialrat Dr. Lenz (BMWi), 11.11.1952, S. 4, beide in: BA B 102/9311, Teil 1 v. 2.

52 Ludwig Sels, Wettbewerbsprobleme in der deutschen Seifen- und Waschmittelindustrie, Köln 1959, S. 23.

bereits die Untersuchung von 1929 ähnliche Dumpingverkäufe als direkte Folge der strukturellen Konsumverschiebung festgestellt:

> Zunächst war es so, daß eine gegen früher gleich gebliebene Masse von Kernseifen und Schmierseifen einem ständig sich verringernden Bedarf gegenüberstand und die Preise dieser Seifenprodukte drückte. Diese Tendenz wurde durch fortgesetzte bewußte Schleuderverkäufe noch verstärkt, die in erster Linie von einigen großen Firmen ausgingen.[53]

Nachdem die strukturkonservierende Kartellpolitik und Wirtschaftslenkung im Nationalsozialismus diese Entwicklung zeitweise ausgebremst hatten, beschleunigte sie sich in den 1950er Jahren nun erheblich. Mit dem Argument konfrontiert, dass der Preisverfall bei der Konsumseife auf strukturelle Verschiebungen zurückzuführen war, denen auch mit einer Kartellierung nicht dauerhaft beizukommen war, argumentierten die Architekten der Wettbewerbsordnung, dass eine Rationalisierung und Modernisierung der Industrie angesichts der angespannten finanziellen Situation ohne eine vorherige Preisstabilisierung nicht zu bewerkstelligen sei. Die Wettbewerbsordnung sollte vor allem eine „Atempause“ von einigen Jahren gewähren, in der sich die Hersteller der neuen Marktsituation anpassen könnten.[54]

Klare Hinweise darauf, dass der Zeitpunkt für solche Umstellungen Mitte der 1950er Jahre schon verpasst war, ergaben sich auch für zeitgenössische Beobachter beim Blick auf den US-amerikanischen Markt. Dort hatten Kernseifen im Vergleich zu synthetischen Waschmitteln 1953 lediglich noch einen Marktanteil von 6,5 %. Die klassische Kernseife zum Waschen befand sich „auf dem Wege des Unterganges.“ Toilettenseife hatte sich behauptet, allerdings dominierten auch hier zunehmend die Großkonzerne Procter & Gamble, Colgate-Palmolive-Peet und Lever Brothers mit ihren Markenartikeln, die Marktanteile von jeweils etwa 40 %, 25 % und 25 % aufwiesen. Die mit der Modernisierung verbundenen hohen Kosten für Werbung und Marketing bei der Etablierung von Markenartikeln sowie die höheren Ausgaben Forschung und Entwicklung bei den Waschmitteln waren dort nur noch von Großkonzernen zu stemmen, während die in Deutschland für den Industriezweig prägenden mittelständischen Betriebe kaum noch eine Rolle spielten.[55] Dass die deutsche Seifenindustrie von derartigen Modernisierungen noch weit entfernt war, zeigte sich unter anderem in Anachronismen wie den nach wie vor bestehenden handwerklich arbeitenden Zwerg- und Familienbetrieben in der Branche. Ein zeitgenössischer Ökonom konstatierte in einer Untersuchung der

---

53 Ausschuß zur Untersuchung, Die deutsche Seifen- und Parfümerieindustrie, S. 138.

54 Carl Harz, Suspendiertes Seifenkartell, in: Der Seifenhändler 6 (1955), S. 3–6, hier: S. 4.

55 Schreiben des Import-Export-Kaufmanns Otto Aldag an Ludwig Erhard, 29.9.1953, in: BA B 102/192386.

Branche, „der handwerkliche Zwergbetrieb, der noch immer so wie in den Zeiten vor der Industrialisierung arbeitet", habe „eine ganz bedeutende Krisenfestigkeit bewiesen. Besonders in den ländlichen Bezirken Süddeutschlands konnte diese Betriebsform nur in ganz geringem Umfange verdrängt werden." Auch während der Überkapazitätskrise der Branche sei „eine umwälzende technische Neuerung [...] auf dem Sektor der Seifenherstellung nicht festzustellen".[56] Eine angesichts der beantragten Ausnahmegenehmigung für die Wettbewerbsordnung durchgeführte Marktanalyse im BMWi zur Lage der Seifenindustrie kam dementsprechend zu dem Ergebnis, wegen des noch laufenden Umstellungsprozesses von Kernseifen auf Waschmittel sei mit einer weiteren Schrumpfung des Marktes zu rechnen, was wiederum zu einer noch schlechteren Kapazitätsauslastung und damit noch höheren Selbstkosten führen würde. Dieser Prozess sei unabhängig von einer etwaigen Genehmigung der Wettbewerbsordnung und würde anhalten, bis die Kapazität dem Bedarf angepasst sei.[57]

Diese Einschätzung wurde im BMWi allerdings durchaus nicht von allen am Genehmigungsprozess zur Wettbewerbsordnung beteiligten Ministerialbeamten geteilt. Nachdem der VDS ursprünglich im Kontakt mit der DIDEG stand, ging der Entscheidungsprozess über die Ausnahmegenehmigung in diesem Fall angesichts der Personalreduktionen und dem bevorstehenden Ende des Besatzungsstatuts zunehmend auf das deutsche Wirtschaftsministerium über. Die DIDEG war zwar nach wie vor für die formale Erteilung der Ausnahmegenehmigung zuständig, beschränkte sich in der Praxis aber auf Detailkorrekturen und richtete sich bei der Entscheidung über die Gewährung der Ausnahmegenehmigung nach der Empfehlung des BMWi. Dort kam der für die Kartellpolitik zuständige Eberhard Günther zu einer äußerst kritischen Einschätzung des Antrags der Seifenfabrikanten. Dieser definiere den Verkauf unter Selbstkosten willkürlich und ohne Bezug auf das UWG als unlauter. Auch im Entwurf des GWB finde der Antrag keine Stütze, da die dort vorgesehenen Krisenkartelle eine konjunkturelle Krise voraussetzen, die Problemlage in der Seifenindustrie aber strukturell bedingt sei. Die Wettbewerbsordnung könne auch nicht als Rationalisierungskartell gewertet werden, da keinerlei konkrete Maßnahmen zur Rationalisierung mit der Vereinbarung verbunden seien. Stattdessen handele es sich trotz des Selbstkostenspiegels nach wie vor um ein Mindestpreiskartell, welches sowohl unter den alliierten Dekartellierungsgesetzen als auch nach dem zukünftigen GWB verboten sei. Zudem äußerte Günther erhebliche Zweifel an der Wirksamkeit der Wettbewerbsordnung, da seitens der Konsumenten bei steigenden Preisen ein Ausweichen auf andere Produkte zu erwarten

56 Peter Meyer-Dohm, Die Lage der westdeutschen Seifenindustrie seit der Währungsreform bis zur Gründung des Seifenkartells, Hamburg 1954, S. 65.

57 Marktanalyse des Referats II A 8, undatiert, S. 3, in: BA B 102/9311, Teil 1 v. 2.

sei. Im Falle einer Genehmigung des Antrags befürchte er außerdem eine präjudizierende Wirkung, da andere krisenhafte Wirtschaftszweige sich ermutigt fühlen könnten, ähnliche Ausnahmen vom Kartellverbot zu fordern. Aus diesen Gründen stellte sich Günther auf die Position, dass Unternehmen, die ihre Grenzkosten nicht erreichten, aus dem Wettbewerb ausscheiden müssten.[58]

Für diese Einschätzung wurde der Kartellfachmann allerdings aus dem zuständigen Branchenreferat für Chemie sowie dessen vorgesetzter Abteilung scharf kritisiert. Günther betrachte das Anliegen aus rein formalen Gesichtspunkten, die Krise in der Seifenindustrie mit Insolvenzen von über einem Drittel der mittelständischen Betriebe sei aber real. Daher dürfe die Frage nicht sein, ob der Antrag den formalen Vorschriften entspreche, sondern es müsse ein formal gangbarer Weg gefunden werden, um dem Anliegen der Seifenindustrie zu entsprechen. Zudem könne von einem realen Wettbewerb angesichts des Preisverfalls gar nicht mehr gesprochen werden, da größere Unternehmen mit breiterem Produktportfolio die Preiskrise bewusst ausnützen würden, um mit Verlustverkäufen unliebsame mittelständische Konkurrenten vom Markt zu verdrängen, die auf Gewinne aus dem Verkauf von Konsumseife angewiesen seien, während die Großunternehmen selbst die Verluste aus Gewinnen bei anderen Produktsparten ausgleichen könnten.[59]

Auch den VDS selbst hatte Günther bei einer Besprechung im BMWi mit seiner Einschätzung sowohl zur kartellrechtlichen Unzulässigkeit als auch mit der wirtschaftlichen Aussichtslosigkeit ihres Vorhabens konfrontiert. Daraufhin antwortete der Verband mit einem längeren Rechtfertigungsschreiben, das an ökonomischen Verrenkungen nicht sparte, um zu beweisen, dass die sinkenden Preise nicht zu einer erhöhten Nachfrage geführt hatten und daher nicht „die Menge und der Preis wettbewerbsstimmend“ seien sondern „faktisch nur noch der Preis.“[60] Dass sich der Sachverhalt mit einer Verlagerung der Nachfrage auf Alternativprodukte erklären ließ, wurde nicht erwähnt, das Wort Waschmittel sucht man in dem 13 Seiten langen Rechtfertigungsschreiben vergeblich. Lediglich mit Blick auf die ebenfalls konkurrierenden Markenseife wurde kurz bemerkt, deren Verhältnis zu den Konsumseifen würde „in den nächsten Jahren keine bemerkenswerte Veränderung erfahren.“ Eine Amerikanisierung des deutschen Marktes erwarteten die Seifenhersteller nicht, da angeblich „die psychologische Empfänglichkeit des

58 Gutachten Eberhard Günthers (Ref. IB 5) zum Antrag des VDS, 16.5.1953, in: BA B102/9311, Teil 1 v. 2.

59 Stellungnahme des Referats IV B 1 zum Gutachten Eberhard Günthers, 19.5.1953; Schreiben Dr. Prentzel (Ref. IV B) an den Minister, 19.5.1953, beide in: BA B 102/9311, Teil 1 v. 2.

60 Stellungnahme des Verbandes Deutscher Seifenfabrikanten, 25.6.1953, S. 4, in: BA B 102/9311, Teil 1 v. 2.

Käufers" gegenüber aufwendig beworbenen Markenartikeln in Deutschland geringer sei als in den USA.[61] Tatsächlich stieg der Anteil der Markenartikel an den noch marktfähigen Feinseifen dann zwischen 1953 und 1959 von 30 % auf 70 %, sodass die Konsumseifenhersteller gleich an zwei Fronten drastisch an Marktanteilen einbüßten.[62]

Bundeswirtschaftsminister Ludwig Erhard selbst schien sich in dem Streit um die geplante Wettbewerbsordnung zunächst grundsätzlich auf die Seite der kartellierungswilligen Industriellen und ihrer Unterstützer im zuständigen Branchenreferat zu stellen. In der Ministerbesprechung mit den Vertretern des Verbandes, zu der er aufgrund eines vorherigen Termins verspätet erschien, ließ er zunächst recht nebulös verlauten, dass „er sich aus bestimmen Gründen dazu entschlossen habe", dass „irgendetwas in Richtung des Antrages der Seifenindustrie liegendes geschehen solle".[63] Der Antrag selbst sollte aber nach Aussagen der Vertreter des BMWi noch überarbeitet werden. In seiner Korrespondenz mit den zuständigen alliierten Stellen führte der Minister seine Argumentation deutlicher aus: Zwar sei er

> überzeugt, daß erst eine rigorose Herabsetzung der Produktionskapazität durch weitere Ausschaltung einer großen Anzahl der Konsumseifenherstellerbetriebe [...] das Gleichgewicht zwischen Erzeugung und Verbrauch auf dem Seifenmarkt wiederherstellen würde. Auf der anderen Seite hat jedoch die Ausschaltung die Ausschaltung von Mittel- und Kleinbetrieben durch die Marktentwicklung sich überstürzende Formen angenommen, die nicht nur für den betreffenden Wirtschaftszweig, sondern für die gesamte Volkswirtschaft unerwünschte Entwicklungen herbeiführen. Um diese Entwicklungen abzuschwächen, halte ich zur Verhinderung des in diesem Wirtschaftszweig zunehmend um sich greifenden Unter-Selbstkosten-Verkaufs die Einführung eines Selbstkostenspiegels als marktregelnde Maßnahme für vertretbar.[64]

Wettbewerbspolitische Grundsätze standen hier Sorgen um Folgeschäden für die Wirtschafts- und Sozialstruktur entgegen, wenn eine mittelständisch geprägte Industrie so schnell von der Bildfläche verschwand, wie dies im Fall der Seifenindustrie im Begriff war zu geschehen. Volkswirtschaftlich war die Branche durchaus bedeutend, eine zeitgenössische Schätzung aus dem BMWi taxierte die Seifen- und Waschmittelindustrie der Bundesrepublik auf etwa 20.000 Beschäftigte und einen

61 Ebd., S. 2.

62 Sels, Wettbewerbsprobleme, S. 188.

63 Besprechung des Herrn Ministers mit Vertretern der Seifenindustrie, 20.5.1953, S. 2, in: BA B 102/9311, Teil 1 v. 2.

64 Schreiben Ludwig Erhards an den Vorsitzenden des Wirtschafts- und Finanzausschusses der AHK, 2.7.1953, S. 2, in: BA B 102/9311, Teil 1 v. 2.

jährlichen Produktionswert von etwa 500 bis 600 Mio. D-Mark.[65] Allerdings lässt sich hierbei nicht genau ermitteln, welcher Anteil daran zu diesem Zeitpunkt noch auf Konsumseife zurückging, da viele Betriebe neben dieser auch chemisch verwandte Produkte wie Markenseifen, Kosmetika oder Kerzen herstellten. Hatte Erhard sich hier scheinbar grundsätzlich der Argumentation des Verbandes und der mit ihm sympathisierenden Beamten in seinem Haus angeschlossen, die in dieser Form der Kartellierung ein sinnvolles Mittel sahen, so werfen spätere Aussagen seinerseits ein völlig anderes Licht auf die Vorgehensweise.

Die Entscheidung für die Zulassung der Wettbewerbsordnung war nach der Ministerbesprechung im Mai 1953 grundsätzlich gefallen, auch wenn diverse Detailfragen, Rücksprachen mit der DIDEG sowie Besprechungen mit protestierenden Vertretern des Handels den Genehmigungsprozess noch fast ein Jahr hinauszögerten. Die formal nach wie vor zuständige DIDEG gewährte der Wettbewerbsordnung schließlich keine offizielle Ausnahmegenehmigung, da sie das Kartell als nach wie vor im Widerspruch zu den alliierten Dekartellierungsgesetzen betrachtete. Sie erklärte sich aber angesichts der Empfehlungen des Bundeswirtschaftsministers aber bereit, solange kein Verfahren zu eröffnen, wie sich das Seifenkartell an die vertraglich festgehaltenen Verpflichtungen hielt.[66] So war die Entscheidung für die Wettbewerbsordnung nach insgesamt 21 Monaten Anlauf mit sechs schriftlichen Anträgen, fünf Besprechungen mit der DIDEG, sieben Besprechungen mit dem hessischen Wirtschaftsministerium, 14 Besprechungen im Bundeswirtschaftsministerium sowie einer Ministerbesprechung und ungezählter Korrespondenz schließlich gefallen und die Wettbewerbsordnung konnte am 4. Mai 1954 in Kraft treten.[67]

Warum aber hatte sich Erhard für die Kartellierung eingesetzt, wenn doch etliche Analysen aus seinem eigenen Ministerium nahelegten, dass diese dem strukturellen Umbruch in der Seifenindustrie kaum gewachsen sein dürfte? Sein Kartellfachmann Eberhard Günther blieb auch angesichts der bevorstehenden Genehmigung grundsätzlich bei seiner ablehnenden Haltung, da die Wettbewerbsordnung ihre Ziele nicht erreichen würde, unrentable Betriebe künstlich im Wettbewerb gehalten würden und zudem eine Präjudizwirkung für andere krisenhafte Branchen zu erwarten sei. Sein unmittelbarer Vorgesetzter, der Ministerialdirigent Roland Risse hingegen, verwies, mit dieser Argumentation konfrontiert, auf

---

65 Stellungnahme des Referats B 1 zum Gutachten Eberhard Günthers, 19.5.1953, in: BA B 102/9311, Teil 1 v. 2.

66 Eberhard Günther, Entscheidung der Alliierten Kommission über den Befreiungsantrag des Verbandes Deutscher Seifenfabrikanten e. V., in: WuW 4 (1954), Heft 8, S. 544 f.

67 Carl Harz, Die Wettbewerbsordnung der Konsumseifenindustrie, in: WuW 5 (1955), Heft 12, S. 775.

die „taktische Lage." Der Minister „wolle diese Wettbewerbsordnung durchführen, um zu beweisen, daß Kartelle auf der Grundlage eines Selbstkostenspiegels kein geeignetes Mittel seien, strukturelle Schwierigkeiten zu überwinden."[68] Diese erstaunliche Strategiebekundung überrascht nach Erhards Einsatz für die Wettbewerbsordnung bei den alliierten Behörden, deckt sich jedoch mit vergleichbaren Aussagen, die Erhard selbst kurz zuvor bei einer Rede vor der Aktionsgemeinschaft Soziale Marktwirtschaft machte. Vor den Vertretern des ordoliberalen Thinktanks sagte er im November 1953:

> Wir machen ja jetzt z. B. den Versuch mit dem Seifenkartell. [...] ich möchte doch einmal fragen dürfen, ob jemand glaubt, daß mit diesem sogenannten Seifenkartell die auf strukturellen Gegebenheiten beruhende Situation in der Kernseifenindustrie wirklich bereinigt werden kann. Vielleicht aber ist es nützlich, an einem solchen Fall einmal die Untauglichkeit des Kartells zu demonstrieren, um zu einer Heilung der Geister beizutragen.[69]

Auch die Aussage in der gleichen Rede, hinter dem Sicherheitsdenken vieler Unternehmer scheine bewusst oder unbewusst die in einer Marktwirtschaft völlig unzutreffende Auffassung zu stehen, der Preis sei ein Ergebnis der Kosten, schien wie auf die Seifenhersteller und ihre Argumentation zugeschnitten.[70] Diese hatten die Wettbewerbsordnung immer wieder öffentlich als Marktregelung gegen die als „unlauter" wahrgenommene und negativ moralisch aufgeladene „Preisschleuderei" angepriesen, ohne die stetig sinkende Nachfrage nach diesem Produkt als ursächlich für den Preisverfall anzuerkennen. Die juristische Definition und Auslegung unlauteren Wettbewerbs nach dem UWG sahen die Seifenfabrikanten dabei als nicht ausreichend an, um der „Preisschleuderei" Herr zu werden.[71]

Zwar ist angesichts der durchaus vorhandenen Unterstützer der Wettbewerbsordnung in den Branchenabteilungen und -referaten des BMWi sowie im hessischen Wirtschaftsministerium, die durchaus ernsthaft um die Bewahrung der mittelständischen Struktur der Seifenindustrie bemüht waren und an die Wirksamkeit einer Kartellierung glaubten, nicht davon auszugehen, dass der gesamte Genehmigungsprozess nur der taktischen Finte Erhards diente. Dennoch ist das hier dokumentierte taktische Verhalten des Ministers plausibel. Zur negativen

---

68 Vermerk über die Besprechung der Fachreferenten, 10.12.1953, S. 2, in: BA B 102/9311, Teil 1 v. 2.

69 Ludwig Erhard, Was mir am meisten am Herzen liegt, in: Johann Lang u.a (Hrsg.), Wir fordern von Regierung und Bundestag die Vollendung der Sozialen Marktwirtschaft. Wortlaut der Vorträge auf der zweiten Arbeitstagung der Aktionsgemeinschaft Soziale Marktwirtschaft e. V. am 18. und 19. November 1953 in Bad Godesberg, Bad Nauheim 1954, S. 106–122, hier: S. 119.

70 Ebd., S. 117.

71 Carl Harz, Die Wettbewerbsordnung der Konsumseifenindustrie, in: WuW 5 (1955), Heft 12, S. 777.

Einschätzung Erhards mag auch beigetragen haben, dass eine ursprünglich geplante Verschrottungskasse, die durch eine Abgabe auf verkaufte Konsumseife finanziert werden sollte und dazu gedacht war, die Kapazitäten in Konkurs gegangener Seifenfabriken aufzukaufen und zu verschrotten und somit die Überkapazität zu lindern, im langen Genehmigungsprozess aufgegeben und nicht realisiert worden war.[72] Diese Regelung hätte Parallelen zum vom BMWi später genehmigten Mühlenkartell aufgewiesen (siehe Kapitel 8.3). In der Tat hatte Ludwig Erhard selbst öffentlich durchblicken lassen, dass er der Seifenindustrie zwar durchaus helfen wolle, aber nicht an den Erfolg der vorgelegten Wettbewerbsordnung in dieser Form glaube.[73] Bei der zitierten „Heilung der Geister" mag Erhard neben den kartellierungswilligen Industriellen dementsprechend nicht zuletzt auch die kartellfreundlichen Beamten aus dem eigenen Hause vor Auge gehabt haben.[74]

Eindeutig abgezielt war die Anmerkung jedenfalls auf den BDI-Vorsitzenden und Schwerindustriellen Fritz Berg, welcher sich in der scharf geführten Debatte um das Kartellverbot im künftigen GWB zu Erhards Hauptgegenspieler aufgeschwungen hatte.[75] Nachdem sich der BDI in der frühen Phase der Regierungsentwürfe mit öffentlicher Kritik an Erhard aus Befürchtung vor einem langfristigen alliierten Oktroi noch zurückgehalten hatte, erschien diese Gefahr den Industriellen inzwischen gebannt.[76] Somit tobte die Debatte um das GWB und das darin erhaltenen Verbotsprinzip parallel zum Genehmigungsprozess des Seifenkartells. In einem publizierten Briefwechsel zwischen Erhard und Berg, den Erhard im Juli 1952 eröffnet hatte und der einige Monate später seine Antwort in der als „Berg-Predigt" bekannten Erwiderung des Verbandsvorsitzenden gefunden hatte, verteidigte der BDI-Vorsitzende äußerst ähnliche Kartellkonzeptionen wie die Seifenfabrikanten.[77] So nannte er explizit den „ruinösen Unterselbstkostenverkauf in Krisenzeiten zur Erhaltung der Liquidität und in der Hoffnung auf einen rettenden neuen Wirtschaftsaufschwung" als Anlass für eine volkswirtschaftlich sinnvolle

72 Meyer-Dohm, Die Lage der westdeutschen Seifenindustrie, S. 76.

73 Sitzung betreffend Wettbewerbsordnung der Konsumseifenindustrie, 19.11.1953, S. 4, in: BA B 102/9311, Teil 1 v. 2.

74 Vgl. zu Konflikten im frühen BMWi bei der Etablierung ordoliberaler Leitlinien: Bernhard Löffler, Soziale Marktwirtschaft und administrative Praxis. Das Bundeswirtschaftsministerium unter Ludwig Erhard, Stuttgart 2002, S. 97–110.

75 Vgl. Achim Schulte-Goebel, Fritz Berg 1901–1979. Unternehmer und Industriepräsident in der Adenauer-Ära, Düsseldorf 2000, S. 90–110.

76 Robert, Konzentrationspolitik, S. 230.

77 Ludwig Erhard, Zehn Thesen zur Verteidigung der Verbotsgesetzgebung, in: WuW 1/2 (1951/52), Heft 11, S. 733–736; Fritz Berg, Die Auffassung der Industrie zur Kartellfrage, in: WuW 1/2 (1951/52), Heft 13, S. 857–869.

Kartellierung, die gegen das Verbotsprinzip spreche.[78] Tatsächlich hatte Berg nicht nur in der Theorie ähnliche Begründungen für eine Kartellierung genannt, sondern sich wenige Tage vor Roland Risses Bezugnahme auf die „taktische Lage“ in einer Rede vor seiner heimischen Südwestfälischen IHK in Hagen konkret auf die Wettbewerbsordnung der Konsumseifenindustrie bezogen, welche nicht in den zu diesem Zeitpunkt vorgesehenen Ausnahmemöglichkeiten des GWB unterzubringen war. Dort bezeichnete er das Seifenkartell als „vorzüglichen Modellfall“, welcher dazu geeignet sei, „unsere immer wieder gegen die Verbotsgesetzgebung erhobenen Bedenken praktisch zu erhärten.“ Mit Blick auf den GWB-Entwurf fügte er hinzu: „Hat damit nicht die ursprüngliche Form der Verbotsgesetzgebung schon die erste Runde verloren?“[79]

Für Ludwig Erhard hingegen war angesichts der Prüfungsberichte seines Hauses sowie der Korrespondenz mit Kaufleuten auf dem amerikanischen Markt absehbar, dass die Konsumseifenindustrie auch mit einem Selbstkostenspiegel nicht mehr vor ihrem Verfall zu bewahren war. Da sowohl Gegner des Kartellverbots als auch die mediale Berichterstattung das Seifenkartell zu einem Modelfall stilisierten, mit dem neue Kartellformen angeblich auf ihre Funktionalität in der neuen Marktwirtschaft geprüft werden könnten, konnte Ludwig Erhard hier einen einfachen Punktsieg für das Kartellverbot einfahren. So griff etwa die CDU-nahe Kölnische Rundschau Erhards Kommentar über die „Heilung der Geister“ auf und konstatierte, „der erste Musterfall einer Kombination von Krisen- und Rationalisierungskartell“ könne „den Beweis bringen, ob ein Kartell tatsächlich zu einer Verbesserung der Verbrauchersituation innerhalb der Marktwirtschaft führt“ und dementsprechend „für die allgemeine Kartelldebatte gewiß neue Aspekte ergeben.“[80]

Die Wettbewerbsordnung trat schließlich am 4. Mai 1954 nach fast zweijährigem Vorlauf in Kraft. Zuvor hatte eine Untersuchung von Fachleuten des BMWi die von der als Rechnungsprüfungsgesellschaft Schwäbische Treuhand-AG als neutrale Kontrollinstanz errechneten Selbstkostensätze und die damit verbundene Kostenunterdeckung beim Verkauf der Konsumseife bestätigt. Das BMWi hatte exemplarisch die Kosten von je einem Großbetrieb, einem mittleren Betrieb sowie einem Kleinunternehmen berechnet. Die Unterdeckung betrug beim Großbetrieb 9 %, beim mittleren Betrieb 11,5 % und beim Kleinbetrieb 16,7 %, während die Einzelhandelspreise nahezu unverändert geblieben waren.[81] Bemängelt hingegen

78 Berg, Auffassung der Industrie, S. 859.

79 Zitiert nach: Eberhard Günther, Vermerk für den Herrn Minister, 8.12.1952, S. 2, in: BA B 102/192387.

80 N. N., Zur Heilung der Geister…, in: Kölnische Rundschau vom 20.1.1954, in: BA B 102/192388.

81 Marktanalyse des Referats II A 8, undatiert, S. 6, in: BA B 102/9311, Teil 1 v. 2.

wurde eine Fiktion in der Wettbewerbsordnung, die davon ausging, dass alle Betriebe Fettsäure im Handel beziehen würden und entsprechende Kosten für Einkauf und Transport berechnete, während de facto 80 % der Unternehmen ihre Fettsäure selbst destillierten.[82] Der VDS-Vorsitzende und Vorstand des Kartells, Carl Harz, stellte diese Regelung als Kompromiss zu Gunsten der kleineren Unternehmen im Kartell da, um die Selbstkostendefinition zu vereinheitlichen.[83] De facto ermöglichte die Regelungen den Herstellern eine Hintertür für Gewinne beim offiziellen Verkauf „zu Selbstkosten", zumal die Kartellvereinbarung einige betriebswirtschaftliche relevante Kostenfaktoren aussparte. Eine weitere Verzögerung des Genehmigungsprozesses ergab sich dadurch, dass Vertreter des Handels durch die Berichterstattung der Presse von der bevorstehenden Genehmigung informiert wurden und gegen diese protestierten. Letztendlich äußerten bei der Vorsprache im Ministerium aber nur die Verbraucherverbände substanzielle Kritik an der Kartellierung, während die Vertreter des Handels lediglich die Wirksamkeit des geplanten Kartells bezweifelten und betonten, keine Senkung ihrer Handelsspannen hinnehmen zu wollen.[84]

Trotz dieser Kritik konnte das Kartell mit der Gründung der Firmengesellschaft „Konsumseife" e. V. als Trägergesellschaft schließlich in Kraft treten. Die Einhaltung der auf Selbstkostenbasis des ‚besten' Betriebs basierenden Preise erwies sich allerdings von Anfang an als problematisch. Eine erste Erschütterung erfuhr das Vertrauen in das Kartell dadurch, dass etliche Firmen bereits vor Inkrafttreten der Wettbewerbsordnung noch Geschäftsabschlüsse zu Preisen unter denen des Selbstkostenspiegels getätigt hatten, die dann bis zu einem Vierteljahr in der Abarbeitung dauerten.[85] Auch nachdem diese Startschwierigkeiten schließlich überwunden waren, glich das Kartell laut seinem Vorsitzenden

> nicht einer friedlichen Gemeinde, sondern einer mit Individualität und Dynamik geladenen Gruppe, heute noch vertragstreu, aber doch schon nebengleisig vorbereitet zum Ausbruch, wenn sich dieser morgen aus eigenen betrieblichen Gründen als vorteilhaft erwiesen sollte.[86]

Entsprechend Dynamiken hatten die Konsumseifenindustrie schon im frühen 20. Jahrhundert bei ihren Kartellierungsversuchen geprägt, in den 1950er Jahren ver-

82 Vermerk über die Besprechung des Prüfungsberichts des Referats II A 8, 17.11.1953, S. 1, in: BA B 102/192387.

83 Carl Harz, Suspendiertes Seifenkartell, in: Der Seifenhändler 6 (1955), S. 4.

84 Sitzung betreffend Wettbewerbsordnung der Konsumseifenindustrie, 19.11.1953, in: BA B 102/9311, Teil 1 v. 2.

85 Carl Harz, Suspendiertes Seifenkartell, in: Der Seifenhändler 6 (1955), S. 5.

86 Ders., Die Wettbewerbsordnung der Konsumseifenindustrie, in: WuW 5 (1955), Heft 12, S. 782.

schärfte die fortgeschrittene Absatzkrise diese problematischen Tendenzen noch. Trotz der Volatilität der Kartellierung war die Beteiligung an der Wettbewerbsordnung zumindest auf dem Papier hoch. Insgesamt beteiligten sich über 230 Unternehmen an dem Zusammenschluss, während lediglich drei mittelgroße und einige Klein- und Kleinstbetriebe offizielle Außenseiter blieben.[87] Während diese wenigen Außenseiter die Preise des Kartells nicht nennenswert am Markt destabilisieren konnten, witterten indes die Hersteller der Markenseife eine Chance auf vergrößerte Marktanteile und versuchten durch signifikante und beworbene Preissenkungen für ihre Produkte, den Marktanteil der kartellierten Konsumseifenhersteller anzugreifen, was nach dem holprigen Start für zusätzliche Unruhe innerhalb des Kartells sorgte.[88]

Neben den synthetischen Waschmitteln waren die Markenseifen das zweite Produkt, welches den geschwächten Konsumseifenherstellern Marktanteile abnahm. Die Hinwendung zu Markenartikeln mit verbürgter Qualität war in den 1950er ein genereller Trend in der Konsumentenpräferenz, welcher auch die Seifenindustrie betraf.[89] Unter anderem Unilever, welches seit Errichtung seiner Seifenfabrik in Mannheim 1899 die Marke Sunlicht auf dem deutschen Markt etabliert hatte, ging im Preiskampf mit all der Marktmacht eines internationalen Großkonzerns gegen das Kartell vor.[90] Das Kartell war hier verwundbar, da die Wettbewerbsordnung für die Konsumseifenindustrie nur einen Teilmarkt kartellierte und durch die Preissetzung für Alternativprodukte wie Markenseifen und Waschmittel angreifbar blieb. Auch die innere Dynamik des Kartells blieb volatil. So wurde etwa die Gewinne aus der oben genannten Fiktion bei den Selbstkosten von einigen größeren Betrieben mit eigener Fettsäureherstellung genutzt, um angesichts von verbotenen Preissenkungen ihren Abnehmern Nachlässe durch Naturalrabatte in Form von anderen Produkten zu gewähren, was durch die Wettbewerbsordnung nicht abgedeckt war.[91]

Relativ glimpflich verlief die Kartellierung für die Endverbraucher. Zwar stiegen die Fabrikabgabepreise für Konsumseife nach Inkrafttreten der Wettbewerbsordnung um etwa 11 %, jedoch betrug die Preissteigerung für Verbraucher nach

87 Bei den mittelgroßen Außenseitern handelte es sich um die Seifenfabrik der Konsumgenossenschaften in Düsseldorf, die Gustav Rübelmann KG in Viernheim sowie die Robert Unkel GmbH in Würzburg, Schreiben des VDS an Dr. Günther, 10.1.1955, S. 1, in: BA B 102/192388.

88 Carl Harz, Suspendiertes Seifenkartell, in: Der Seifenhändler 6 (1955), S. 5; N. N., Schärferer Wettbewerb am Seifenmarkt, in: FAZ vom 19.3.1955, in: BA B 102/192388.

89 Meyer-Dohm, Lage der westdeutschen Seifenindustrie, S. 59.

90 Neutz, Seifenkartell, S. 147.

91 Schreiben des VDS (Dr. Harz) an Kartellreferat BMWi, 10.6.1955, in: BA B 102/9311, Teil 1 v. 2.

Angaben des statistischen Bundesamtes nur ca. 3 %.[92] Diese geringe Preiserhöhung erklärt sich dadurch, dass der Einzelhandel den in den Jahren zuvor erfolgten Preissturz bei den Konsumseifen nicht an die Verbraucher weitergegeben hatte und die durch das Kartell durchgesetzten Preiserhöhungen daher ohne Verluste auffangen konnte. Die Einzelhändler hatten sich hier weitgehend an der Konkurrenz orientiert und angesichts der Volatilität der Fabrik- und Großhandelspreise von häufigen Preisänderungen, die jeweils eine Umetikettierung erfordert hätten, meist Abstand abgenommen.[93] Angesichts einer an konstante Preise gewöhnten Kundschaft war der Wettbewerb im Einzelhandel zu diesem Zeitpunkt wohl noch gemäßigt genug, um bei einem eher nebensächlichen Produkt diese inflexible Preisgestaltung zuzulassen.

Die Straffunktion der Wettbewerbsordnung, die im Genehmigungsprozess noch umstritten gewesen war, blieb in der Praxis letztlich weitgehend bedeutungslos. Während der einjährigen Geltungsdauer wurde nur im Februar 1955 eine Geldstrafe in Höhe von knapp 40.000 DM gegen die 1938 „arisierte" Münchener Milly Kerzen- und Seifenfabrik verhängt, welche allerdings nicht mehr vollstreckt wurde, da sich das Unternehmen wegen fortgesetzter Illiquidität zu diesem Zeitpunkt bereits in einem gerichtlichen Vergleichsverfahren befand.[94] Das Seifenkartell selbst sollte indes den von ihm sanktionierten Münchener Betrieb nicht lange überleben. Nachdem die erwähnten Naturalrabatte durch einige Kartellmitglieder im März 1955 bereits für Ärger unter den kartellierten Unternehmen gesorgt hatten, insistierte die Kartellleitung angesichts der Neufassung der Selbstkostensätze und nur bedingter Bekenntnisse einiger Großunternehmen zur Wettbewerbsordnung, dass sich alle Mitgliedsfirmen vorbehaltslos zur Wettbewerbsordnung in ihrer Gesamtform bekannten. Einige Firmen wollten dieser Aufforderung nicht unmittelbar folgen und am 9. Mai 1955 erklärte eines der beteiligten Großunternehmen dann auch kategorisch den Ausstieg aus dem Kartell. Angesichts der wirtschaftlichen Bedeutung dieses Unternehmens wurde die Wettbewerbsordnung daraufhin vorläufig suspendiert.[95] Diese vorläufige Suspendierung erwies sich schließlich als endgültig.

Trotz ihres vorzeitigen Endes und der erheblichen Probleme bei der Durchsetzung des Selbstkostenspiegels versuchte der Kartellvorstand Carl Harz nach dem Zusammenbruch des Kartells noch, die Wettbewerbsordnung grundsätzlich in ein

92 N. N., Seifenindustrie auf dem Weg zur Gesundung, in: WuW 5 (1955), Heft 3, 192 f.; Carl Harz, Die Wettbewerbsordnung der Konsumseifenindustrie, in: WuW 5 (1955), Heft 12, S. 783.

93 Marktanalyse des Referats II A 8, undatiert, S. 15 f., in: BA B 102/9311, Teil 1 v. 2.

94 Schreiben Firmengesellschaft Konsumseife e. V. (Dr. Harz) an Ref. Chemie BMWi (Dr. Buddenbrook), 13.4.1955, in: BA B 102/192388.

95 Schreiben VDS (Dr. Harz) an Kartellreferat BMWi, 10.6.1955, in: BA B 102/9311, Teil 1 v. 2.

positives Licht zu rücken. Er betonte dabei die lediglich geringen Preissteigerungen für Konsumenten, die zeitweise deutlich verbesserte Ertragslage bei den Produzenten und die damit einhergehenden Qualitätssteigerungen der Seife. Die Wettbewerbsordnung sei ein „geeignetes Instrument", um der mittelständischen Seifenindustrie die notwendige „Atempause" zu verschaffen und die sich im dramatischen Fall der Fabrikabgabepreise niederschlagenden „Störungen" der Handelskette zwischen Herstellern, Handel und Verbraucher zu beheben.[96] Auch in der Kommunikation mit dem BMWi war Harz als treibende Kraft hinter der Kartellierung unmittelbar nach dem Ende der Wettbewerbsordnung noch bemüht, diese grundsätzlich positiv darzustellen und behielt sich eine Wiederinkraftsetzung zu einem späteren Zeitpunkt grundsätzlich vor.[97]

Als sich die Kartellwächter des BMWi einige Monate später erkundigten, ob diese Wiederinkraftsetzungen inzwischen vorgenommen wurde, hatte sich die Meinung des Verbandsvorsitzenden und ehemaligen Kartellvorstands allerdings drastisch geändert. Eine Wiederaufnahme sei nicht erfolgt, was aber nicht an Unstimmigkeiten unter den Kartellmitgliedern gelegen hätten, sondern an einer drastisch veränderten Marktlage. Neue Waschmitteltypen, sogenannte Beads-Pulver seien auf den Markt gestoßen und von den beiden großen Waschmittelproduzenten durch Werbekampagnen „amerikanischer Größenordnung" begleitet worden, die die Kapitalkraft auch der größten Hersteller innerhalb der Wettbewerbsordnung weit übersteige. Die technische Produktionsumstellung sei zwar gegebenenfalls noch finanziell verkraftbar gewesen, die eigenen Marken würden aber durch die stärker beworbenen Produkte der Großproduzenten verdrängt, sodass der Konzentrationsprozess sich „schneller und brutaler als wir ihn uns je vorgestellt haben" vollziehe. Der Produktionsindex für Kernseife war im Vergleich zum Wert von 1936, nachdem er 1953 noch 55 % betragen hatte, 1955 inzwischen auf 44 % gesunken. Bei der auch von Harz nun offen als „sterbendes Produkt" bezeichneten Kernseife verlange der Handel zudem nun neuere Produkt aus einem verbesserten Verfahren, welches die Konsumenten durch die Produkte eines fortschrittlichen Unternehmens kennengelernt hatten. Diese „ungünstige Gesamtlage" zusammen mit den zuvor aufgetretenen Spannungen habe dazu geführt, dass „sich die Perspektive fast aller Firmen in der Beurteilung der Wettbewerbsordnung geändert hat."[98]

---

96 Carl Harz, Suspendiertes Seifenkartell, in: Der Seifenhändler 6 (1955), S. 5 f.; Ders., Die Wettbewerbsordnung der Konsumseifenindustrie, in: WuW 5 (1955), Heft 12, S. 783.

97 Schreiben VDS (Dr. Harz) an Kartellreferat BMWi, 10.6.1955, S. 2 f., in: BA B 102/9311, Teil 1 v. 2.

98 Schreiben der Firmengesellschaft „Konsumseife" e. V. (Dr. Harz) an BMWi (Dr. Günther), 30.11.1955, in: BA BA B 102/9311, Teil 1 v. 2.

Die drastische Beschleunigung des Amerikanisierungsprozesses in der Seifen- und Waschmittelindustrie hatte das ausschließlich auf die Bepreisung des veralteten Produkts Konsumseife ausgelegte Kartell letztlich unabhängig von etwaigen wettbewerbspolitischen Bedenken obsolet gemacht. Die internationalen Großkonzerne Henkel und Unilever lieferten sich ab Mitte der 1950er auf dem westdeutschen Markt einen oligopolistischen Wettbewerb in technischer Innovation und Marketing, der die mittelständischen Seifenhersteller und ihr Kartell vom Markt verdrängte.[99] So gab Henkel in einer juristischen Auseinandersetzung über Markenzeichen vor dem Bundesgerichtshof 1957 an, in 2,5 Jahren mehr als zehn Mio. D-Mark in die Werbung für das Markenwaschmittel ‚Wipp' investiert zu haben.[100] Der Produktionsindex für Waschmittel war mit einer Steigerung auf 143 % im Jahr 1956 im Vergleich zu 1936 das exakte Gegenbild zum Konsumrückgang bei der Kernseife.[101] Von den rund 400 Betrieben der Seifen- und Waschmittelindustrie aus dem Jahr 1950 waren Mitte 1957 nur noch etwa 100 bis 120 übrig.[102] Lediglich „etwa ein halbes Dutzend" dieser hatte Ende der 1950er Jahre die Umstellung der Produktion auf synthetische Waschmittel erfolgreich durchgeführt.[103]

Schlussendlich hatte Ludwig Erhard angesichts dieser Entwicklung durch die Genehmigung des Seifenkartells einen kartellpolitischen Punktsieg errungen, ohne, dass die Kartellierung für das wirtschaftliche Schicksal der Branche wirklich ursächlich war. So erschien das bereits nach kurzer Zeit eingetretene, krachende Scheitern einer Branche, der man ihre Kartellierungswünsche weitgehend gewährt hatte, als durchaus schlagkräftiges Argument in der Debatte um das Verbotsprinzip. Hätte das BMWi der Wettbewerbsordnung ihre Genehmigung verweigert, wäre es für die wettbewerbspolitischen Gegner Erhards leicht gewesen, das Schicksal der Konsumseifenindustrie auf die ‚doktrinäre' Auslegung des Kartellverbots zurückzuführen und gegen eine entsprechende Fassung des GWB zu polemisieren. Tatsächlich nahm der Verdrängungsprozess der Kernseife durch Waschmittel und Markenseifen nach dem Scheitern der Wettbewerbsordnung sogar noch an Fahrt auf. Die Gegner des Kartellverbots hingegen hatten sich selbst in eine Falle manövriert, als sie zuließen, dass ausgerechnet das Kartell der maladen Konsumseifenindustrie in der medialen Begleitung zum „Marktordnungsexperiment" und „Modellfall" für die Tauglichkeit von Kartellen zur Krisenbewältigung in der neuen Marktwirtschaft stilisiert wurde. Für einige informierte Beobachter

99 Zum Konkurrenzkampf zwischen Henkel und Unilever auf dem Waschmittelmarkt ab 1945 vgl. Hilger / Feldenkirchen, Menschen und Marken, S. 124–126.

100 Sels, Wettbewerbsprobleme, S. 97.

101 Ebd., S. 150.

102 Ebd., S. 73.

103 Ebd., S. 60.

und Kenner dieser Industrie war das Scheitern der Wettbewerbsordnung absehbar gewesen. So hatte etwa ein Wirtschaftsjournalist der Deutschen Zeitung und Wirtschaftszeitung bereits im November 1953 vor dem Inkrafttreten der Wettbewerbsordnung prognostiziert:

> Man wird dem Kartell keine glückliche Zukunft voraussagen können. Ein Teilmarkt mit vielfältigen Kanälen zu ungebundenen Ersatz- oder Ausweichgütern erlaubt eine konsequente Kartellierung nicht, um so weniger, wenn sie an der Wurzel des Uebels, das man mit ihr bekämpfen will, vorbeikonstruiert ist. [...] Im ganzen wird die Wettbewerbsordnung als Beispiel einer unzulänglichen Symptomkur dienen an einem Patienten, dem man die Diagnose seiner Leiden zu weitgehend selbst überlassen hat.[104]

Diese Prognose hatte auch in der Retrospektive nichts an ihrer analytischen Schärfe verloren. Durch ähnliche Marktstudien und Vorhersagen innerhalb des BMWi war sich Erhard ebenfalls über das absehbare Schicksal der Konsumseifenindustrie im Klaren und konnte diesen Informationsvorsprung angesichts der Stilisierung dieses Kartells zum Modellfall nutzen. So wurde dann auch angesichts des Scheiterns des Kartells in der Wirtschaftspresse konstatiert, „das erste Kartellexperiment in der Bundesrepublik" habe „seine Bewährungsprobe nicht bestanden" und dabei prognostiziert, dieses Fallbeispiel werde „die Kartelldebatte sicher wieder aufleben lassen" und „von den Verfechtern des Kartellverbots als Beweis dafür aufgegriffen werden, daß Kartelle in einer Wettbewerbswirtschaft keine Existenzberechtigung haben und sich auf die Dauer auch nicht behaupten können."[105] Erhard und sein Ministerium konnten hier also, obwohl die formale Zuständigkeit für die Dekartellierung noch bei der DIDEG lag, die konkrete Rechtspraxis in Form der Genehmigung bzw. Tolerierung des Seifenkartells für die eigene Position im Kampf um das künftige GWB erfolgreich instrumentalisieren.

8.3 Das Mühlenkartell – Langlebige Revision eines amerikanischen Vetos

Kartellwünsche kamen im Untersuchungszeitraum in den unterschiedlichsten Wirtschaftsbereichen auf. Besonders laut aber war der Ruf nach Kartellierung in krisenhaften Branchen, die etwa wegen Überkapazitäten oder sich verändernden Konsumgewohnheiten keine auf Dauer tragfähigen Preise auf dem Markt erzielen konnten. Entsprechende Bemühungen erzielten in diesen Branchen auch die

---

104 N. N., Seifenkartell auf schwachen Beinen, in: Deutsche Zeitung und Wirtschaftszeitung vom 7.11.1953, in: BA B 102/192386.
105 Harald Manke, Das Ende des Seifenkartells, in: Der Volkswirt 9 (1955), Heft 39, S. 23 f.

stärkste politische Unterstützung. Während im Fall das Seifenkartells die Unterstützung des BMWi die angestrebte Tolerierung der DIDEG erbrachte, Erhard selbst dann angesichts der strukturellen Probleme der Branche aber nicht an die Wirksamkeit der geschlossenen Kartellvereinbarung glaubte und das absehbare Scheitern in der Debatte um das GWB instrumentalisierte, war der Verlauf beim Mühlenkartell, das unter den Dekartellierungsgesetzen schließlich eine vom BMWI gewährte Ausnahmegenehmigung erhielt, ein anderer.

Die Mühlen litten in den 1950er Jahren vor allem an einer erheblichen Überkapazität. Im Nationalsozialismus waren ab September 1933 per Gesetz nicht nur Preise und Konditionen kartelliert, sondern die Getreidevermahlung auch reichsweit kontingentiert worden. So war der Wettbewerb unter den Mühlen beinahe vollständig ausgeschaltet und die Struktur in der Mühlenwirtschaft wurde konserviert, obwohl die Mühlen insgesamt nur zu etwa 30 % ausgelastet waren.[106] Die Kontingentierung im Mühlebereich hatte damals im Einklang mit der weiteren Agrarpolitik die Funktion, den landwirtschaftlichen Nebenerwerb zu schützen.[107] Nach dem Krieg war die staatlich forcierte Kontingentierung der Vermahlungsmengen zunächst durch eine Reihe von Gesetzen und Ausführungsverordnungen fortgesetzt worden, lief zum Ende des Jahres 1950 aber endgültig aus.[108] Das 1950 erlassene Getreidegesetz sah hier zunächst eine Art Zwischenlösung vor, die dem Bundeswirtschaftsminister zwar eine Kontingentierung des Verarbeitungsrechts der Mühlen ermöglichte, den Mühlen aber erlaubte, dieses um 20 % zu überschreiten, um einen gewissen Wettbewerb zu ermöglichen. Diese Überschreitungsmöglichkeit hätte die Kontingentierung aber angesichts begrenzter Nachfrage in der Praxis jeglicher Wirkung beraubt, sodass dieser wenig sinnvolle Kompromiss zwischen Wettbewerbs- und Kontingentierungsbefürwortern de facto nie zur Anwendung kam.[109] Die Überkapazitätskrise verschärfte sich im Verlauf der 1950er Jahre tendenziell zusätzlich weiter, da angesichts der steigenden Kaufkraft der Bevölkerung der Konsum von Brotgetreide und -mehl zugunsten höherpreisiger Nahrungsmittel wie Fleisch, Obst und Gemüse zurückging, während der Getreideverzehr in der Kriegszeit angesichts der eingeschränkten Versorgung noch ungewöhnlich hoch gewesen war.[110]

106 Ehrhart Schäfer, Das Mühlenkartell 1955 bis 1971. Bericht über ein wettbewerbspolitisches Kuriosum, Bonn 2004, S. 14.

107 Corni / Gies, Brot – Butter – Kanonen, S. 347.

108 Schäfer, Mühlenkartell, S. 15–17.

109 Ebd., S. 18–20.

110 Ebd., S. 57; Brief Ludwig Erhards an den Vorsitzenden des Wirtschafts- und Finanzausschusses der AHK, 26.1.1954, S. 1, in: PRO FO 1023/244.

Angesichts der Überkapazitäten und Preiskrise in der Mühlenwirtschaft waren sich die verantwortlichen deutschen politischen Instanzen – die Bundestagsausschüsse für Wirtschaftspolitik sowie für Ernährung, Landwirtschaft und Forsten, das BMWi, das Bundesministerium für Landwirtschaft und der Bundesrat – grundsätzlich darüber einig, dass die Branche weiterhin durch eine gesetzliche Lösung beim Kapazitätsabbau und der Preisstabilisierung unterstützt werden sollte. Umstritten war allerdings, inwieweit der Staat hier in den Markt eingreifen sollte. Die Bundesregierung wollte zwar grundsätzlich an einer Kontingentierung festhalten, allerdings dabei nicht wie zuvor den Leistungswettbewerb zwischen den Mühlen durch eine starre Komplettkontingentierung völlig ausschalten.[111] Aus diesem Grund entschied sich der federführende Ausschuss für Ernährung, Landwirtschaft und Forsten im März 1954 dazu, die konkreten Marktregelungen einem freiwilligen Kartell zu überlassen.[112] Sowohl Erhard als auch der Landwirtschaftsminister waren der Überzeugung, dass die Mühlenwirtschaft für eine Übergangsperiode auf Hilfe angewiesen sei und erachteten dabei ein freiwilliges Kartell als die im Vergleich zur gesetzlich forcierten Kontingentierung zu präferierende Lösung, da Letzteres de facto auf ein staatliches Zwangskartell hinausgelaufen wäre.[113]

Bereits im Januar 1953 hatten Vertreter des BMWi und der kartellierungswilligen Mühlen bei der amerikanischen Kartellabteilung und der DIDEG bezüglich einer eventuellen Ausnahmegenehmigung unter den Dekartellierungsgesetzen vorgefühlt. Zu diesem Zeitpunkt hatten die alliierten Vertreter sich allerdings für eine entsprechende Lösung vor der Verabschiedung des deutschen Kartellgesetzes wenig empfänglich gezeigt. Zwar erkannten sie an, dass sich die Mühlenwirtschaft in einer schwierigeren Lage befand, sahen dafür aber eher die verbliebenen Bestimmungen des Getreidegesetzes als Grund an, welches für Getreide Mindest- und Höchstpreise festlege, das produzierte Mehl aber dem freien Markt überlasse. Zudem sei das Kartell unvollständig und würde daher wahrscheinlich nicht zum Erfolg führen, was wiederum die freie Marktwirtschaft als Ganzes diskreditieren könnte. Eine Ausnahmegenehmigung würde zudem die Bereitschaft der deutschen Industrie mindern, sich für die Verabschiedung des deutschen Kartellgesetzes einzusetzen.[114]

Ein Jahr später setzte sich Erhard beim der DIDEG vorgesetzten Wirtschafts- und Finanzausschuss der AHK dann auch offiziell für eine Ausnahmegenehmi-

111 Schäfer, Mühlenkartell, S. 19.

112 Ebd., S. 21.

113 Letter from Ludwig Erhard to the Economics and Finance Committee about the Milling Cartel, 2.6.1954, S. 3, in: PRO FO 1023/244.

114 Schäfer, Mühlenkartell, S. 26 f.

gung für das geplante Kartell der Mühlenwirtschaft ein. Er führte dabei an, dass die Mühlen wegen des Rückgangs beim Brot- und Mehlkonsum am wirtschaftlichen Aufschwung der vergangenen Jahre nicht teilgenommen hätten und zudem durch die deutsche Teilung vielen Mühlen ihre Produktionsgrundlage entzogen worden sei. Die Überkapazität sei dem realen Vermahlungsbedarf gegenüber mit 100 % eher zu niedrig als zu hoch angesetzt.[115] Die Vertreter der Bundesregierung hätten angesichts der problematischen Lage den Müllern die „Wiederherstellung einer befriedigenden Wettbewerbsordnung" in Aussicht gestellt und dabei zunächst an eine dirigistische Lösung auf Basis des Getreidegesetzes gedacht. Eine solche Lösung würde Erhard aber „zutiefst bedauern, weil sie uns einen Schritt zurück in den zwangswirtschaftlichen Bereich tun ließe und den Grundsätzen meiner Wirtschaftspolitik widerspricht". Zudem bestünde die Gefahr, die wenig produktive Struktur der Branche so dauerhaft zum Schaden der Konsumenten zu verewigen. Aus diesen Gründen habe er ein Rationalisierungsprogramm auf freiwilliger Basis gebilligt.[116]

Das geplante Kartell wurde von der Arbeitsgemeinschaft Deutscher Handelsmühlen (ADH) getragen, welcher die Großmühlen repräsentierte, weswegen auch Erhard nur von einer Beteiligung von 600 Betrieben der insgesamt 14.000 Mühlen ausging, welche aber etwa 75 % der Gesamtmehlproduktion umfassten. Diese sollten im Zuge des zu genehmigenden Kartellvertrags ihrem festgestellten prozentualen Marktanteil nicht überschreiten, sich an bestimmte Lieferungs- und Zahlungsbedingungen halten, die Preise mit dem BMWi abstimmen, keine Neubauten oder Betriebserweiterungen durchführen, eine Schiedsgerichtordnung anerkennen und je Tonne Vermahlung einen Beitrag zahlen, der für die Stilllegung von Mühlen sowie andere Rationalisierungsschritte verwendet werden sollte.[117]

Als Rechtfertigung für die Ausnahmegenehmigung führte Erhard nochmal aus, dass die Freiwilligkeit des Kartells hier entscheidend und einem staatlich verordneten Zwangskartell gegenüber zu bevorzugen sei. Durch die angedachten Rationalisierungen solle auch eine Steigerung der Mehl- und Brotpreise vermieden werden, die im Falle einer Zwangskartellierung die zu erwartende Folge sei. Zudem sei bei einem geschätzten Außenseiteranteil von 25 % ein ausreichender Wettbewerb gewährleistet und die Bildung von Monopolpreisen ausgeschlossen. Im Falle der Untätigkeit sei zudem nicht mit meiner schnellen Bereinigung der Strukturkrise zu rechnen, da zusammenbrechende Betriebe wegen des relativ hohen Maschinenkapitals von Gläubigern übernommen und aus Sorge vor noch größe-

115 Schreiben Ludwig Erhards an den Vorsitzenden des Wirtschafts- und Finanzausschusses der AHK, 26.1.1954, S. 1 f., in: PRO FO 1023/244.
116 Ebd., S. 2.
117 Ebd., S. 2 f.

ren Verlusten weitergeführt würden. Bei Nichtgenehmigung des freiwilligen Kartells sei mit einem Zwangskartell zu rechnen, für das mit dem Getreidegesetz bereits die gesetzlichen Grundlagen gelegt waren.[118]

Obwohl die DIDEG und der Wirtschafts- und Finanzausschuss der AHK angesichts von Personalverlusten, dem bevorstehenden Ende des Besatzungsstatuts und der daraus folgenden britischen Verweigerungshaltung selbst keine Verfahren mehr in Gang setzten und sich de facto eng an die Entscheidungen des BMWi gebunden hatte, zeichnete sich in diesem Fall keine einfache Entscheidung zugunsten des Ausnahmegesuchs ab. So machte bereits der AHK-Ausschuss einige Bedenken geltend. Unter anderem hatten die amerikanischen Vertreter die Befürchtung geäußert, dass angesichts der Kartellierung in der Mühlenindustrie auch im Bäckereigewerbe eine Kartellierung verlangt würde.[119] Auf diese und weitere Einwendungen ging Erhard in einem weiteren Schreiben ein. So versicherte er unter anderem, es sei zwar davon auszugehen, dass vor allem größere Mühlen mit einer Jahreskapazität von über 1.000 Tonnen an dem Kartell interessiert seien, kleinere Mühlen seien aber nicht ausgeschlossen. Für diese kleineren Mühlen sehe er auch keine Gefahr durch das Kartell, da diese zwar tendenziell zu etwas niedrigeren Preisen verkaufen würden als die größeren Mühlen, aber ebenfalls an einer Stabilisierung der Preise interessiert seien. Er glaube auch nicht, dass die Außenseiter ihren Marktanteil durch das Brechen der Kartellpreise erheblich erhöhen würde – eine Prognose, die sich, wie hier noch zu zeigen sein wird, definitiv als falsch erweisen sollte. Auch stritt Erhard ab, dass das Mühlenkartell zu einer Krise im Bäckereigewerbe führen würde, da dieses selbst zu Zeiten, als der Getreidemarkt einer völligen staatlichen Zwangswirtschaft unterlegen hatte lediglich mit Maximalpreisen gearbeitet habe. Die Abgabe zur Rationalisierung sei zudem so niedrig, dass auch von dieser kein Einfluss auf den Brotpreis zu erwarten sei.[120]

Erhards Vorhersage, es seien entgegen den amerikanischen Bedenken weder Kartellierungstendenzen noch Preiserhöhungen im Bäckereigewerbe zu erwarten, wurde schon wenige Jahre später Lügen gestraft. So kam es im Februar 1957, weniger als zwei Jahre nach der Genehmigung des Mühlenkartells in weiten Teilen der Bundesrepublik zu einer Brotpreiserhöhung von 5 Pfennig pro Kilogramm, die somit bis zu 3 Pfennig über die Lohnsteigerungen hinausging und wahrscheinlich auf Absprachen im Bäckereigewerbe zurückzuführen war. Hier waren sich die

118 Ebd., S. 3–5.

119 Schäfer, Mühlenkartell, S. 29.

120 Letter from Ludwig Erhard to the Chairman of the Economics and Finance Committee of the AHC, 2.6.1954, in: PRO FO 1023/244.

beiden zuständigen Minister Lübke und Erhard dann einig, die Preiserhöhungen in diesem Ausmaß „auf keinen Fall“ dulden zu wollen.[121]

Obwohl im Nachgang von Erhards Schreiben im Juli 1954 weitere Besprechungen Ludwig Erhards, Alfred Müller-Armacks und Eberhard Günthers mit den amerikanischen AHK-Vertretern Dowling (stellv. Vorsitzender), Haggerty (Abteilungsleiter Landwirtschaft) sowie dem Leiter der Kartellabteilung Stanley E. Disney erfolgten,[122] blieb die amerikanische Seite der AHK hier endgültig bei ihrer ablehnenden Haltung. Die Gründe für diese Haltung führte Disney selbst in seiner Funktion als DIDEG-Vorsitzender im August 1954 im Antwortschreiben an Erhard aus. Nach zwei Anhörungen u. a. mit Gewerkschaften und Verbraucherverbänden kam die DIDEG zur Entscheidung, das Ausnahmeersuchen der Handelsmühlen trotz der Befürwortung durch das BMWi abzulehnen. Das Kartell würde mit 600 der größten Mühlen etwa 75 % der Gesamtkapazität der Mühlenwirtschaft umfassen. Die Preise für Mehl wären höher als die zur Zeit vorliegenden, sie wären zudem fest und nicht flexibel. Aus diesen Preiserhöhungen würden sich wiederum Preiserhöhungen für Brot und Brotgetreide ergeben. Einer der grundlegenden Zwecke der Kartellgesetze sei es aber, Konsumenten vor Wettbewerbsabsprachen zu schützen, die Güter des täglichen Bedarfs verteuern. Daher seien Kartellabsprachen und andere Wettbewerbsbeschränkungen bei solchen Gütern besonders schädlich, insbesondere in diesem Fall, da hier durch die zu erwartenden Preissteigerungen für Brot vor allem die unteren Einkommensschichten überproportional belastet würden. Zudem bürge die geplante Quotierung der Produktion die Gefahr, dass der technische Fortschritt bei Produktion und Distribution in der Branche gehemmt würde. Es sei außerdem zu erwarten, dass im Falle einer Genehmigung des Kartellvertrags dann andere Industrien Gesuche um Ausnahmegenehmigungen für ähnliche Marktabsprachen stellen würden, was die allgemeine Haltung zu einer offenen Wettbewerbswirtschaft auf Dauer erschüttern würde. Aus diesem Grund lehne die DIDEG die geforderte Ausnahmegenehmigung ab.[123]

Die Entscheidung der DIDEG, die wegen der inzwischen passiven Natur der britischen und französischen Seite hier inzwischen völlig auf die amerikanische Kartellabteilung zurückging, war final. Trotzdem hatte sie in diesem Fall nur noch dilatorische Wirkung, da das Ende des Besatzungsstatus und damit der AHK und DIDEG unmittelbar bevorstand, weswegen auf deutscher Seite mit BMWi, Bundesministerium für Ernährung, Landwirtschaft und Forsten (BMELF) und den zustän-

---

121 Vermerk über eine Besprechung der Minister Erhard und Lübke, StS Westrick, MR Louis, MR Baath über Brotpreiserhöhungen, 8.3.1957, in: BA B102/192417.

122 Schäfer, Mühlenkartell, S. 29.

123 Letter from Stanley E. Disney (Chairman DIDEG) to Ludwig Erhard, Measures to regulate Competition in the Grain Milling Industry, 11.8.1954, DIDEG/SEC(54)22, in: PRO FO 1023/144.

digen Ausschüssen im Bundestag die relevanten politischen Stellen trotz der Ablehnung durch die DIDEG grundsätzlich an der Lösung durch ein freiwilliges Kartell festhielten. Folgerichtig erklärte Erhard dann auch bereits kurz nach der Übernahme der Zuständigkeit für die Dekartellierungsgesetze durch sein Ministerium am 28. Juni 1955 in einer Besprechung, einen Kartellantrag der Handelsmühlen, wie er durch die DIDEG weniger als ein Jahr zuvor noch abgelehnt worden war, bei einem erneut gestellten Gesuch um eine Ausnahmegenehmigung grundsätzlich akzeptieren zu wollen.[124]

Daraufhin erarbeitete die ADH als zuständiger Verband für die Handelsmühlen einen neuen Antrag um eine Ausnahmegenehmigung, der im Wesentlichen auf den Ergebnissen der Verhandlungen der vergangenen beiden Jahre und dem vorherigen Antrag beruhte. Federführend waren dabei zunächst die sieben größten Mühlengruppen, die gemeinsam etwa einen Marktanteil von 50 % bei Weizenmehl und 15 % bei Roggenmehl umfassten. Erweitert werden sollte das Kartell dann um einige hundert mittelgroße Mühlen, sodass das Kartell einen Marktanteil von 75–80 % erzielen sollte. Nicht beteiligt an dem Kartellplan hingegen waren die in einem anderen Verband organisierten, handwerklich arbeitenden Kleinmühlen, die zu diesem Zeitpunkt noch auf die Rückkehr einer staatlichen Kontingentierung hofften[125] und später eigene Kartellvereinbarungen trafen.[126] Das beantragte Kartell legte zu verarbeitende Kontingente, Preise, Rabatte und Konditionen fest. Die Quotierung richtete sich dabei nach der Vermahlungsmenge im Jahr 1954. Zudem unterteilte das Kartell sich in der praktischen Umsetzung in die drei großen Hauptgebietskonvention Nord, Süd und West sowie auf der Ebene darunter in weitere Gebietskonventionen, die grundsätzlich an die Vorgaben des Dachkartells gebunden waren, in der praktischen Umsetzung in Einzelfragen aber gewisse Freiheiten genossen. In der Geschäftsführung griffen die Konventionen auf noch bestehende juristische Gesellschaften zurück, die bereits in der Vergangenheit zur Kartellierung genutzt worden waren, während die zentrale Koordinierung der Konventionen dem ADH unterlag, welcher auch personell eng mit den die Kartellvereinbarung durchführenden Gebietskonventionen verbunden war.[127]

Angesichts der mit der zu erwartenden Ausnahmegenehmigung verbundenen Zielsetzung, die Überkapazität in der Mühlenwirtschaft drastisch zu reduzieren, überrascht, dass der vorgelegte Kartellvertrag nicht nur keinen Stilllegungsplan sowie keine Abgabe zur Finanzierung von Stilllegungen, sondern nicht mal ein Neubau- und Erweiterungsverbot enthielt. Hier zeigte sich bereits, dass die Verein-

124 Schäfer, Mühlenkartell, S. 30.

125 Ebd., S. 25 f. u. 53.

126 N. N., Jahresbericht des Bundeskartellamts 1959, S. 90.

127 Schäfer, Mühlenkartell, S. 31 f.

barung primär eine Fortsetzung überkommener Kartellpraktiken war und zur Bereinigung der Strukturkrise in der Mühlenwirtschaft eigentlich wenig beitrug. Das Fehlen entsprechender Vorgaben zur Stilllegung von Kapazitäten wurde dann auch vom BMWi gerügt, die Kartellvertreter rechtfertigten sich aber damit, dass sie diesbezüglich vor allem das zu reformierende Mühlengesetz in der Pflicht sahen. Das BMWi akzeptierte schließlich die entsprechende Argumentation und der am 2. November 1955 eingereichte Antrag des ADH wurde bereits wenige Tage später ohne Auflagen oder Bedingungen genehmigt.[128]

Das Mühlenkartell erwies sich auch als Resultat der politischen Rückendeckung durch das Mühlengesetz im Gegensatz zum bereits nach kurzer Zeit gescheiterten Seifenkartell mit seiner Laufzeit bis 1971 als äußerst langlebig. Jedoch kann trotzdem kaum von einer wirtschaftlichen Erfolgsgeschichte des Kartells gesprochen werden. So gerieten die durch das Kartell gesetzten Preise bereits schnell durch die verbliebenen Außenseiter unter Druck. Die relative Schwäche des Kartells bei der Durchsetzung der Preise lag auch darin begründet, dass der angestrebte Marktanteil von 75 % unerreichbar blieb und sich während der 16jährigen Existenz des Kartells auch kaum veränderte. So lag dieser 1954 bei 66,6 % und 1970 bei 67,2 %.[129] Auch deshalb sahen sich die kartellierten Mühlen gezwungen, auf die offiziell durch das Kartell festgelegten und durch das BMWi bzw. Bundeskartellamt genehmigten Preise de facto über Jahre erhebliche Nachlässe zu gewähren.[130] Der selbst in verschiedenen Führungsfunktionen für den ADH tätige Jurist Erhart Schäfer urteilte in seiner Untersuchung, die Preisbindung sei mit Ausnahme kurzer Perioden unwirksam geblieben. Ähnlich habe sich die Dynamik bei der Kontingentierung erwiesen:

> Die Mengenbindung hat vor allem und eigentlich nur in den Zeiten funktioniert, in denen vorangegangener Wettbewerb zu schmerzlichen Verlusten geführt hatte und Not beten lehrte. Doch ist an den Ketten der Mengenbeschränkung von einigen Mitgliedern immer wieder gerüttelt worden.[131]

Auch die regionalisierte Struktur sorgte mit diversen regionalen Sonderregelungen und Ausnahmegenehmigungen dafür, dass es regional möglich war, die Kartellreise de facto zumindest bis zu einem gewissen Grad zu „differenzieren“, sprich zu unterlaufen.[132]

128 Ebd., S. 40–42.
129 Ebd., S. 90.
130 Ebd., S. 79.
131 Ebd., S. 115 f.
132 Ebd., S. 47.

Warum dieser bemerkenswert nachgiebige Umgang mit den Kernkompetenzen des Kartells notwendig wurde, erklärt sich mit Blick auf die Entwicklung der Marktanteile der Außenseiter. So kam eine interne Untersuchung der ADH zu dem alarmierenden Resultat, das die Außenseiterbetriebe (ohne Kleinmühlen) im Zeitraum zwischen 1954 und 1957 ihre Vermahlungsmenge im Bundesgebiet mit einer Steigerung um 104,8 % mehr als verdoppelt hatten, auf dem Gebiet der süddeutschen Konvention betrug die Steigerung sogar 182,6 %.[133] Auch der Bericht des Bundeskartellamts aus dem Jahr 1959 kam mit Blick auf die Kartelle sowohl der Handelsmühlen als auch der handwerklich arbeitenden Kleinmühlen zu dem Ergebnis, dass es den Außenseitern gelungen sei, ihren Marktanteil seit 1954 um 20 % zu steigern.[134] Der Preisdruck und die Entwicklung der Marktanteile wurde von den kartellierten Mühlen in der ADH zwischenzeitlich als so alarmierend eingeschätzt, dass die Kartellvertreter 1959 das Bundeskartellamt, auf das die Zuständigkeit für das Kartell nach dem Inkrafttreten des GWB 1958 übergegangen war, ersuchten, die Bestimmungen zur Preisbindung und Vermahlungsbegrenzung zeitweise aufzuheben und von dem Plan erst Abstand nahmen, als das Bundeskartellamt durchscheinen ließ, dass für diesen Fall ein Wiederinkrafttreten der entsprechenden Bestimmungen nicht garantiert werden könne.[135]

Dass das Kartell schlussendlich trotzdem 16 Jahre Bestand hatte, dürfte sich nicht unwesentlich durch die recht großzügige Subventionierung der Stilllegung von Kapazitäten durch das Mühlengesetz von 1957 und dessen 3. Durchführungsverordnung erklären lassen. Diese förderte die Stilllegung von Mühlen mit einem Mindestbetrag von 9.000 DM je Tonne Tagesleistung, der sich je nach Auslastungsgrad der Mühle auf bis zu 13.000 DM steigern konnte.[136] BMWi und BMELF waren hier im Wesentlichen davon abgerückt, die Förderung der Stilllegungen zur Aufgabe des Kartells zu machen und regelte diese so auf gesetzlichem Wege, wie von den Kartellvertretern gewünscht.[137] Die Kartellvereinbarung hingegen schuf Anreize für die Mühlen, sich zusätzlich zur staatlichen Förderung finanziell an den Stilllegungen anderer Mühlen zu beteiligen, da sie so die Kapazitäten der stillgelegten Mühlen übernehmen konnten, was angesichts der dynamischen Entwicklung der Außenseiter und der stagnierenden Gesamtvermahlungsmenge innerhalb des Kartells die einzige nennenswerte Möglichkeit darstellte, den eigenen Marktanteil zu erhalten oder auszubauen.[138] Es war also vor allem die staatlich

133 Ebd., S. 82.
134 N. N., Jahresbericht des Bundeskartellamts 1959, S. 90.
135 Schäfer, Mühlenkartell, S. 50.
136 Ebd., S. 104 u. 141; BGBl. 1957 I, S. 664–66.
137 Schäfer, Mühlenkartell, S. 43.
138 Ebd., S. 90.

stark subventionierte Stilllegung wenig rentabler Mühlen und die Übernahme von deren Kapazitäten durch Kartellmitglieder, die sich finanziell an den Stilllegungen beteiligt hatten, die das Kartell wirtschaftlich überlebensfähig hielten, obwohl es seine eigentlichen Grundaufgaben, die Preisfestsetzung und die Quotierung der Produktion, nur äußerst bedingt erfüllen konnte.

Dass die eigentliche Kartellvereinbarung zur Beteiligung am Kapazitätsabbau kaum konkrete Verpflichtungen enthielt, wird auch ersichtlich, wenn man zeitlich etwas über den Untersuchungszeitraum hinaus in die Phase der Aufsicht über das Mühlenkartell durch das Bundeskartellamt blickt. Dieses hatte die Zuständigkeit für das Kartell vom Bundeswirtschaftsministerium übernommen, machte für eine weitere Genehmigung nach § 4 GWB (Strukturkrisenkartell) aber konkrete Maßnahmen zum Abbau der Überkapazität seitens des eigentlichen Kartellvertrags zur Voraussetzung. Diese Forderung stieß bei den Kartellvertretern allerdings auf wenig Gegenliebe, da sie die entsprechende Verantwortung weiter auf eine Neufassung des Mühlengesetzes abschieben wollten. Die Konventionen innerhalb des Kartells erklärten sich lediglich zu einer Generalklausel bereit, welche die Mitglieder grundsätzlich zu geeigneten Maßnahmen zum Kapazitätsabbau verpflichtete, die konkrete Durchführung aber recht nebulös zukünftigen Ausführungsbestimmungen überließ.[139] Auch wenn die Kartellvertreter im Zuge einer Besprechung im BkartA auf Vorschlag des in Kartellrechtsfragen nach wie vor omnipräsenten Juristen Alfred Gleiss die eigene Zusicherungen im Kartellvertrag noch zu konkretisieren versuchten, lehnte die zweite Beschlussabteilung des BKartA den Antrag auf Verlängerung des Kartells schließlich im Mai 1962 ab. Auch das BMWi, welches das BkartA stillschweigend zumindest zu einer temporären Fortführung der bisherigen Linie zu bewegen versuchte, konnte die Entscheidung nicht mehr revidieren.[140]

Die Fortführung des Kartells war allerdings nach wie vor politisch erwünscht und eine Lösung wurde dadurch gefunden, dass das Kartell als sogenanntes „Überläuferkartell" unter der Ägide des BMWi auf der Rechtsgrundlage der Befreiung unter den alliierten Dekartellierungsgesetzen fortgeführt wurde. Interessant ist, dass der Bundeswirtschaftsminister dem Kartell keine Ausnahmegenehmigung auf Grundlage des GWB gewährte, obwohl § 8 GWB den Bundesminister für Wirtschaft durchaus dazu ermächtigte, „aus Gründen der Gesamtwirtschaft und des Gemeinwohls" selbst Ausnahmegenehmigungen zu erteilen. Das inzwischen von Karl Schiller geführte Bundeswirtschaftsministerium sprach sich 1967 auf eine entsprechende Kleine Anfrage im Bundestag konkret gegen eine solche Genehmigung auf Basis von § 8 GWB aus, da dieser Paragraph eine „ultima ratio des betreffen-

139 Ebd., S. 51–55.
140 Ebd., S. 55–61.

den Gesetzes darstellt und besonders enge Tatbestandsvoraussetzungen enthält".[141] Damit präferierte das Bundeswirtschaftsministerium immerhin über einen Zeitraum von neun Jahren die noch unter den alliierten Dekartellierungsgesetzen erteilte Ausnahmegenehmigung gegenüber einer Neuregelung unter dem GWB, nachdem das Bundeskartellamt sich der Genehmigung nach § 4 GWB aus Mangel an entsprechenden zweckdienlichen Maßnahmen seitens des Kartells verweigert hatte. In diesem Fall erwies sich der simplizistische § 3 der Dekartellierungsgesetze, der eine Ausnahmegenehmigung lediglich generalklauselartig daran band, dass die entsprechende Kartellvereinbarung nicht dem Zweck des Gesetzes widerspräche oder zum Erreichen der erklärten Ziele des Gesetzgebers notwendig sei, den umfangreich kasuistisch definierten Ausnahmeparagraphen des GWB gegenüber in der konkreten politischen Handhabung als flexibler.

Abseits dieser politischen Zielsetzungen erwies sich das Mühlenkartell allenfalls komplementär zum gesetzlich ohnehin kodifiziertem Kapazitätsabbau in der Mühlenwirtschaft als zweckdienlich, während mit Preisfestsetzung und interner Kontingentierung die eigentlichen Kerninhalte der Kartellvereinbarung sich als kaum praxistauglich erwiesen. Ihr Zweck lag lediglich darin, angesichts der prekären Situation der Kartellvereinbarung am Markt mehr Wettbewerb zuzulassen, als dies im Falle einer staatlichen Zwangskontingentierung der Fall gewesen wäre und gleichzeitig nicht den Eindruck zu erwecken, die nach zwei Weltkriegen und mit diesen einhergehenden Hungersnöten politisch äußerst sensible Versorgung mit einem Grundnahrungsmittel sei unkontrolliert volatilen Marktkräften und deren Preisdynamik ausgesetzt.

141 Antwort des Bundesministers für Wirtschaft auf Kleine Anfrage der Abgeordneten Geldner u. a. betr. Situation in der Mühlenwirtschaft, 24.1.1967, Bundesdrucksache 5/1328.

9 Die Dekartellierungsgesetze und das Kartelldenken in der Wirtschaft

9.1 Mühsames Ringen um die Kartelle alter Tage – die Linoleumindustrie

Ein gutes Fallbeispiel, welches bisher nicht in der Literatur behandelt wurde, zu dem aber für den Zeitraum der alliierten Dekartellierungsgesetze umfangreiche Quellenbestände zu diskutierten, gescheiterten oder umgesetzten Marktabsprachen vorliegen, ist die Linoleumindustrie. Da sich an diesem Fallbeispiel sowohl grundsätzliche Kontinuitäten im Kartelldenken wie auch die praktischen Schwierigkeiten ihrer Umsetzung exemplarisch und auf vergleichsweise extensiver Quellenbasis verdeutlichen lassen, soll es hier eingehender erläutert werden. Produzenten und Händler rangen intensiv um Wettbewerbsregulierungen in Form von Preisabsprachen und -bindungen sowie Rabattkartellen. Sowohl die im Vergleich zum frühen 20. Jahrhundert veränderte Industriestruktur als auch die neue Gesetzeslage standen für alle Seiten befriedigenden Ergebnissen dabei aber mitunter im Weg.

Die Linoleumindustrie blickte in den 1950er Jahren bereits auf eine längere Kartellgeschichte zurück. Erste Linoleumfabriken waren in Deutschland in den 1880er Jahren entstanden, nachdem die Erfindung in den 1860er Jahren in England kommerziell nutzbar gemacht worden war. Im Verlauf der 1890er Jahre erfolgte eine weitere Reihe von Neugründungen, als regionale Zentren der Industrie etablierten sich Delmenhorst sowie Berlin. Die Neugründungen der 1890er Jahre führten zu einem erheblich verschärften Preiskampf bei gleichzeitig steigenden Rohstoffpreisen. Um den als existenzbedrohend wahrgenommenen Preiskampf einzuschränken, gründeten die Linoleumindustriellen im September 1900 nach fünftätigen Verhandlungen mit dem „Verband Deutscher Linoleumfabriken" das erste Preiskartell der Branche. Die einseitigen Preisfestsetzungen seitens der Industrie trafen schon zu diesem Zeitpunkt auf die Kritik der Händlerschaft. Diese war teilweise in einem übergreifenden Verband der Teppich-, Linoleum- und Möbelstoffhändler organisiert, erreichte aber keine Kartellierung der eigenen Branche.[1] Auch das Kartell der Fabrikanten erwies sich als wenig beständig. Nachdem die gemeinsam abgestimmten Preise bereits häufig durch den vergünstigten Verkauf minderwertiger sogenannter „Partieware" umgangen worden waren, wurde

1 Getrud Hoffmann, Zusammenschlußbestrebungen in der deutschen Linoleumwirtschaft unter besonderer Berücksichtigung des Kartellgedankens, Leipzig 1929, S. 23 f.

https://doi.org/10.1515/9783111517674-009

das Kartell nach einjährigem Bestehen im September 1901 offiziell aufgelöst.[2] Daraufhin entbrannte bei nach wie vor hohen Rohstoffpreisen erneut ein scharfer Preiskampf, dem mit den „Eberswalder Linoleumwerken Frentzel & Söhne“ und der „Ersten Patent-Linoleumfabrik Cöpenick“ zwei Betriebe zum Opfer fielen, welche daraufhin von Konkurrenzunternehmen übernommen wurden.[3]

Nachdem seit 1900 zudem ein Kartell für das Nebenprodukt Linkrusta bestanden hatte, wurde nach der Periode des harten Preiskampfs 1910 mit dem „Verband der deutschen Linoleumfabriken“ auch für das Hauptprodukt Linoleum erneut ein Preiskartell gebildet. Die Rheinischen Linoleumwerke Bedburg (RLB), die auch als einziges größeres Werk nicht Teil der späteren Fusionen waren, blieben dem Kartell zunächst fern, traten dann aber 1912 nach finanziellen Zugeständnissen seitens der kartellierten Unternehmen doch ein. Auch international wurden zwischen den bedeutenden Produzenten Absprachen über Preise und Lieferbedingungen getroffen, dieses Kartell wurde allerdings nur informell als „gentlemen's agreement“ ohne vertragliche Fundierung gestaltet.[4] Auf Seiten der Händlerschaft war ebenfalls ein Kartell mit reichsweiten Kompetenzen zur Preisfestsetzung angedacht und 1912 gründeten die Händler mit dem „Verband deutscher Linoleumhändler“ eine entsprechende Körperschaft. Allerdings traten dort de facto nicht alle Ortsverbände bei, sodass die Preisfestsetzungen teilweise weiterhin auf regionaler Basis erfolgten. Das Kartell der Linoleumproduzenten unterstützte die entsprechenden Bestrebungen der Händler allerdings trotzdem, indem es Außenseiter, die sich den Preisfestsetzungen des Händlerkartells nicht beugten, für den Bezug weiterer Ware sperrte. Im Gegenzug wurde den Fabrikanten ein Mitbestimmungsrecht bei der Preisfestsetzung auf Handelsebene gewährt.[5] Durch die Kartellierung erreichte die Industrie eine bisher nicht gekannte Stabilität bei hohen Gewinnen. 1913 wurde das bestehende Preiskartell zudem um eine Kontingentierung der Absätze erweitert, welche allerdings nach einem Jahr wieder zugunsten des alten, vergleichsweise „lockeren“ Preiskartells abgeschafft wurde.[6]

Im Ersten Weltkrieg wurde das Kartell de facto bedeutungslos, da die Produktion von Linoleum zunehmend zum Erliegen kam und angesichts der Rohstoffknappheit der Verkauf von Rohstoffen und Halbfabrikaten zunehmend profitabler war als die eigentliche Linoleumproduktion.[7] 1919 gründeten die Linoleumfabriken dann mit der „Vereinigung deutscher Linoleumfabriken“ erneut ein ver-

2 Ebd., S. 25.
3 Ebd., S. 26.
4 Ebd., S. 29–31.
5 Ebd., S. 38.
6 Ebd., S. 40.
7 Ebd., S. 41–46.

gleichsweise lockeres Preiskartell ohne zentrale Administration oder Kontingentierung. 1921 erreichte auch der Händlerverein eine einheitliche Preisliste für alle Bezirksverbände. Das Kartell der Produzenten schützte dieses erneut. Den Händlern wurde auch ein Gesamtumsatzrabatt zwischen 1 und 5 % der Bezüge gewährt, für den die Umsätze eines Händlers bei allen kartellierten Linoleumfabriken zusammengerechnet wurden.[8] Allerdings fiel im Vergleich zur Vorkriegszeit die Sperrklausel weg, stattdessen mussten Außenseiter nun für die Belieferung einen Revers unterschreiben, der sie zur Einhaltung der Kartellpreise des Händlerverbands für die weiteren Handelsstufen verpflichtete.[9] Diese Konstellation bestand für einige Jahre und wurde durch Fabrikanten und Händler auch in der Inflationszeit, die die Branche wirtschaftlich gut überstand, aufrechterhalten.[10] Die stabile Ertragslage unmittelbar nach der Inflation spiegelte sich auch darin wider, dass die Unternehmen der Linoleumindustrie im Jahr 1924 durchschnittlich eine Dividende von 10,2 % auszahlen konnten.[11] Im selben Jahr brach allerdings die „Vereinigung deutscher Linoleumfabriken" zusammen, nachdem die RLB aus der Auslandskonvention des Kartells ausgetreten war, da sie unter dessen Bestimmungen ihre Partieware nicht mehr im nötigen Umfang im Ausland absetzten konnte. Die verbliebenen fünf Fabriken gründeten daraufhin mit dem „Verband deutscher Linoleumfabriken" ein neues Kartell, während das Bedburger Unternehmen der größte nennenswerte Außenseiter war. Als solcher hielt sich das außenstehende Unternehmen zwar freiwillig weiter an die Kartellpreisliste,[12] stand jedoch außerhalb der Gesamtumsatzrabattberechnung. Gegen diese Regelung führten die RLB einen Prozess bis zum Reichsgericht, um die Auflösung der auch „Großabnehmerrabatt" genannten Regelung zu erreichen, scheiterte damit aber.[13]

Durch eine fundamentale Änderung der Industriestruktur wurde dieses Spannungsverhältnis zwischen den RLB und den fünf anderen, nach wie vor kartellierten Fabriken 1926 endgültig zementiert. Im Vorlauf zu diesem Zeitpunkt hatten die „Bremer Linoleumwerke Delmenhorst" zusammen mit der Schröder-Bank und der Diskonto-Gesellschaft bereits die Mehrheit der Aktien an den zwei anderen bedeutenden Linoleumwerken Delmenhorsts („Deutsche Linoleumwerke Hansa" und „Delmenhorster Linoleumwerke Ankermarke") sowie an der „Linoleumfabrik Maximiliansau" erworben. Zudem ging das Unternehmen durch Aktientausch eine Interessensgemeinschaft mit den „Germania-Linoleumwerken Bietigheim"

8 Ebd., S. 93.
9 Ebd., S. 47–53.
10 Ebd., S. 55.
11 Ebd., S. 119.
12 Ebd., S. 58.
13 Urteil des RG vom 9.1.1928, VI 120/27, in: Kartell-Rundschau 26 (1928), S. 152–155.

ein, welche durch technischen Fortschritt Vorteile im Produktionsprozess errungen hatten. Diese fünf so zusammengeschlossenen Werke beschlossen im Oktober 1926 schließlich die Fusion, bei der die „Bremer Linoleumwerke Delmenhorst" als Holdinggesellschaft dienten, während das Bietigheimer Unternehmen als aufnehmende Gesellschaft fungierte. Der neu gegründete Konzern, welcher nun die deutsche Linoleumproduktion dominierte, firmierte als „Deutsche Linoleum-Werke A. G." (DLW).[14] Als einziger nennenswerter Außenseiter auf Seiten der Produzenten verblieben somit die RLB. Diese Industriestruktur bestand so auch noch bis in die 1950er Jahre fort und sollte für die Bemühungen um Wettbewerbsabsprachen entscheidend sein. Eine gewisse Parallele zur Struktur der Linoleumindustrie, in der in einem recht spezialisierten und kleinen Wirtschaftszweig ein marktbeherrschendes Unternehmen aus einem Kartell hervorgegangen war, lässt sich bei der Tafelglasindustrie feststellen. Dort hatten die größten und finanzstärksten Unternehmen ebenfalls bereits in den späten 1920er und frühen 1930er Jahren angesichts technischer Innovationen in der Branche einen Konzentrationsprozess innerhalb einer kartellierten Industrie durchgesetzt, indem sie nicht nur Außenseiter, sondern auch die schwächeren Kartellmitglieder durch Kampfpreise unter Druck gesetzt hatten.[15]

In Folge der Fusion in der Linoleumindustrie wurde auch das bisherige Schutzsystem für den Handel aufgegeben und stattdessen zur Durchführung des Händlerschutzes die „Linoleum-Wirtschaftsstelle Oldenburg GmbH" geschaffen, was de facto bedeutete, dass der neu gegründete Konzern auch die Preise für die Handelsstufen bestimmte.[16] Das für die Händlerschaft geschaffene, über die Oldenburger Wirtschaftsstelle koordinierte Preisschutzsystem umfasste indessen auch die Ware des Außenseiters RLB. Die DLW sahen sich zu diesem Zugeständnis gezwungen, „um Ruhe und Ordnung auf dem Linoleum-Markt garantieren zu können."[17] Unmittelbar nach der Gründung des deutschen Konzerns wurde 1927 auch ein neues europäisches Preiskartell gegründet, an dem sich fast alle relevanten Hersteller beteiligten. Der Konzentrationsprozess setze sich auch auf europäischer Ebene fort, als sich zunächst eine Interessengemeinschaft zwischen den DLW und dem bedeutendsten Schweizer Hersteller bildete. Diese wurde später um baltische und skandinavische Unternehmen ergänzt und ein Gewinnpool eingerichtet, der für umlaufende Aktien der beteiligten Gesellschaften die gleiche Dividende vorsah, Konzernaktien aber vom Dividendenbezug ausschloss. Die Continentale Linoleum-Union AG in Zürich diente für den neuen europäischen Trust als Holdingge-

14 Hoffmann, Zusammenschlußbestrebungen, S. 60.

15 Spoerer, Konzentrationsprozeß.

16 Hoffmann, Zusammenschlußbestrebungen, S. 61.

17 Ebd., S. 112.

sellschaft.[18] Der so entstandene Konzern besteht bis heute als „Forbo Holding“, die DLW sahen sich während des Nationalsozialismus allerdings aus politischen Gründen gezwungen, wieder aus der Interessengemeinschaft auszutreten.

Auf dem deutschen Markt setzte sich indessen die zwischen Aufrechterhaltung der alten Kartellabsprachen und offener Rivalität changierende Beziehung zwischen den RLB und dem neugegründeten Konzern DLW fort und bestimmte die Situation für Industrie und Händler. Die DLW hatten ihrerseits für die kartellierte Händlerschaft ein lückenloses und reichsweit einheitliches Preisschutzsystem eingeführt. Die RLB betrieben zunächst ein eigenes Preisschutzsystem, welches gegenüber der Händlerschaft an dem älteren Bezirksschutzsystem festhielt, d. h. mit den einzelnen Orts- und Regionalgruppen unterschiedliche Preislisten vereinbarte und einzelne Ortsgruppen unter Umständen vom Preisschutzsystem ausschloss. Da die Händler gegen diese Uneinheitlichkeit protestierten, schlossen DLW und RLB im September 1929 erneut eine Konvention, unter der ein für das Reichsgebiet einheitliches, gemeinsames Preisschutzsystem gegenüber der Händlerschaft eingerichtet wurde und die RLB ihrerseits erneut in das Gesamtumsatzrabattsystem miteinbezogen wurden.[19]

Dieser neue Kartellvertrag fiel allerdings in der Weltwirtschaftskrise der staatlichen Deflationspolitik zum Opfer, da das Reichswirtschaftsministerium im Zuge dieser von den Linoleumherstellern eine Senkung der Fabrikpreise und die Aufhebung des Händlerschutzes (d. h. de facto der Bindung der Wiederverkaufspreise für die folgenden Handelsstufen) in seiner bisherigen Form forderte und bei Verweigerung damit drohte, die Linoleumindustrie bei der Auftragsvergabe im Rahmen der staatlichen Konjunkturprogramme auszuschließen.[20] Die DLW senkten daraufhin die Fabrikpreise um 7,5 % und hoben zudem das Preisschutzsystem für die folgenden Handelsstufen auf und kündigten die Konvention nach § 8 der Kartellverordnung, da die Grundlage des Kartellvertrages durch die Aufhebung des Preisschutzes in Folge des Eingriffs des RWM entfallen sei.[21] Die RLB versuchten, die Kündigung zunächst noch vor dem Kartellgericht anzufechten, nahmen den Antrag aber angesichts geringer Erfolgschancen schließlich zurück,

18 Ebd., S. 62–64.

19 Konventions-Vertrag vom 12.9.1929; Schriftsatz K. 487/30 in Sachen RLB gegen DLW, RA Heinrich Friedländer an Kartellgericht, S. 3, beide in: RWWA, 58-49-5.

20 Schriftsatz K. 487/30 in Sachen RLB gegen DLW, RA Heinrich Friedländer an Kartellgericht, S. 4, in: RWWA, 58-49-5.

21 Ebd., S. 6.

zumal der ursprüngliche Kartellvertrag inzwischen ohnehin auch ohne die Kündigung der DLW ausgelaufen war.[22]

Hatte das staatliche Eingreifen in der Weltwirtschaftskrise das Kartell der Linoleumindustrie (wenn auch wohl eher als unbeabsichtigter Nebeneffekt) beendet, so kam es im Gegensatz dazu unter staatlicher Moderation zumindest im Auslandsgeschäft 1937 zu einer neuen Kartellvereinbarung. Angesichts von Preisunterbietungen durch die RLB hatten die DLW im Auslandsgeschäft Treuerabatte innerhalb ihrer internationalen Auslandskonvention eingeführt, wogegen die RLB gerichtlich vorgegangen waren. Nachdem Verhandlungen über einen Eintritt der RLB in die Auslandskonvention gescheitert waren, beantragten die DLW eine Zwangskartellierung der Industrie nach dem Zwangskartellgesetz von 1933. Letztlich beschränkte sich die Rolle des RWM dann aber darauf, eine erneute Verhandlungsrunde zwischen den zwei verbliebenen bedeutenden Linoleumproduzenten einzuleiten und zu moderieren. Nach längeren Verhandlungen einigten sich die beiden Unternehmen, dass es der RLB erlaubt sein sollte, die Preise der DLW um 5 % zu unterbieten, bis die RLB ihren Export auf 110 % des Durchschnittsexports aus den Jahren 1933–35 gesteigert habe. Insgesamt war es der RLB erlaubt, den Durchschnittsexport bis auf 120 % des Niveaus aus den Vorjahren zu steigern, was einer ähnlichen Steigerung entsprach, wie sie die DLW selbst für ihre eigenen Exporte im Jahr 1936 im Vergleich zum Durchschnitt der drei Vorjahre erreicht hatten (22 % Steigerung).[23] Reine Preiskartelle ohne Kontingentierung lehnten die RLB zu diesem Zeitpunkt ab, da sie sich als kleineres Unternehmen auf mit geringerer Sortenvielfalt sowie kostengünstigen Druckverfahren im Nachteil gegen die kapitalkräftigere Konkurrenz der DLW sahen, welche durch das Ausweichen auf andere Sorten sowie aufwendigere Drucke reine Preisabsprachen umgehen könne. Die seit 40 Jahren bestehenden „gentlemens' agreements" über Preise in der Industrie seien de facto eine Farce gewesen, die sowohl von kleineren als auch größeren Herstellern regelmäßig gebrochen und umgangen worden seien.[24]

Die grundsätzliche Struktur der Industrie, wie sie in den 1920er und 1930er Jahren entstanden und durch den Dualismus zwischen den RLB als verbliebenem Außenseiter sowie dem selbst aus einem Kartell hervorgegangenen, marktbeherrschenden Konzern DLW gekennzeichnet war, prägte auch die Wettbewerbssitua-

---

22 Schreiben RLB an Direktion der DLW, 11.11.1930; Schreiben RLB an Reichsgericht, AZ: k.487.30, 1.2.1931; Einstellungsbeschluss des Reichsgerichts in Sachen RLB gegen DLW, 27.2.1931, alle in: RWWA, 58-49-5.

23 Besprechung mit DLW in Wiesbaden, 27.8.1937; Besprechung über Zwangskartell am 19.8.1937 in Berlin, beide in: RWWA, 58-240-4.

24 Unmöglichkeit reiner Preiskonventionen in der Linoleumindustrie, Anlage 1 zu Schreiben an das RWM, 1.7.1937, in: RWWA, 58-232-4.

tion unter den alliierten Dekartellierungsgesetzen in den 1950er Jahren. In diesem Zeitraum waren die DLW je nach Produktart für etwa 65 %-75 % der deutschen Gesamtproduktion an Linoleumprodukten verantwortlich und galten daher unter den Dekartellierungsgesetzen als marktbeherrschendes Unternehmen,[25] wurden aber nie einem Entflechtungsverfahren unterzogen. Hatten die RLB sich vor dem Krieg oft absichtlich außerhalb von Kartellabsprachen gestellt und nur bedingt mit den anderen Herstellern kooperiert, drängten sie in der Nachkriegszeit zusammen mit der Händlerschaft stärker auf Marktabsprachen. Neben den zwei größeren Unternehmen bestanden mit der Neußer Balatum AG, der Hamburger Linoleumfabrik Dr. Adolf Gorgas sowie der Linoleumfabrik H. Hellemann in Elverdissen noch drei kleinere Betriebe, deren Marktanteil aber zusammen wohl unter 5 % lag.[26]

Sobald nach der Währungsreform und der weitgehenden Aufhebung der staatlichen Bewirtschaftung wieder weitgehend marktwirtschaftliche Verhältnisse eingekehrt waren, fanden auch Wettbewerbsregelungen in der Branche ihre Fortsetzung oder wurden in den Branchenverbänden jedenfalls rege diskutiert. Als institutionelles Vehikel für Wettbewerbsabsprachen wurde bereits im Dezember 1948 die „Arbeitsgemeinschaft der Deutschen Linoleum- und Feltbase-Fabrikanten“ (ALFF) gegründet. Zweck dieser war laut Gründungsvereinbarung, „gemeinsame Interessen zu beraten, aufeinander abzustimmen und sie anderen gegenüber zu vertreten“, insbesondere „sich über Preis- und Konditionsänderungen vor deren Inkraftsetzung zu unterrichten.“[27] Ein Teil der Initiative sowohl zur Einhaltung der in der Branche weiterhin praktizierten Absatzbindung als auch zu Preisabsprachen ging dabei vom organisierten Fachhandel aus. So kritisierten Vertreter des Fachhandels bei einer Sitzung der ALFF im August 1949, dass gegen den Grundsatz der ausschließlichen Belieferung des Fachhandels von Seiten eines Herstellers, der Balatum AG, verstoßen worden sei. So seien u. a. Textilhändler beliefert worden. Gleichzeitig wurde in der Sitzung auch klargestellt, „daß die Händler sehnlichst eine preisliche Gleichschaltung der von den verschiedenen Fabriken erzeugten Produkte wünschen“. Lediglich der Vertreter der weitgehend marktbeherrschenden DLW merkte an, die „Frage der Gleichpreisigkeit im Rampenlicht der Öffentlichkeit sei eine bedenkliche, insbesondere bei der Lage in der US-Zone“

---

25 Auszug aus einem Brief der Firma Deutsche Lineoleum-Werke A. G., Bietigheim, vom 30.10.1951 an die Linoelum Manufacturers' Association, London, in: RWWA, 58-131-10.

26 Vermerk für Herrn MinDir. Dr. Krautwig betr. Einfuhr von Linoleum aus Amerika, IV B1, Dr. Lenz, 13.12. 1954, S. 1, in: RWWA, 58-5-1.

27 Abschrift der Gründungsvereinbarung der ALFF, 4.12.1948, in: RWWA, 58-61-1.

und gab zudem zu bedenken, dass die Produktionskosten der beiden größten Hersteller [DLW und RLB] unterschiedlich hoch lägen.[28]

Die Tendenz, dass Händlerschaft sowie zunehmend auch die RLB und die kleineren Hersteller auf weitergehende Wettbewerbsabsprachen in Form von Preisabsprachen, Preis- und Absatzbindungen sowie eines industrieweiten Gesamtrabatts für Abnehmer pochten, während die DLW allenfalls zögerlich zu vereinzelten, meist informellen, Absprachen bereit waren, war für die Verhandlungen zwischen Industrie und Handel in den folgenden Jahren maßgeblich. Dabei beriefen sich die DLW mitunter auch auf die alliierten Kartellgesetze mit dem Hinweis, als marktbeherrschendes Unternehmen unter besonderer Beobachtung zu stehen. So klagte Alfred Holtkott, Geschäftsführer der RLB, 1951 darüber, die ALFF sei ein „Torso" und es gälte über die bisher durch die Arbeitsgemeinschaft wahrgenommenen Aufgaben hinaus „Fragen kartellmäßiger Art" zu klären, um die ALFF funktionsfähig zu machen. Dabei rekurrierte er auf den früheren Linoleumverband, dessen Rundschreiben bezeugen würden,

> dass damals über die allgemeine Linoleumpolitik, die Behandlung der Händler, der Propaganda und Preisschutz verhandelt wurde. Heute wird von DLW ängstlich darüber kein Wort verloren. Die Mitkonkurrenten sollen vom Markte verdrängt werden.[29]

Auch der organisierte Fachhandel setzte sich dabei für eine einheitlich koordinierte Preisfestsetzung seitens der Industrie ein. Dabei waren vor allem die von der Industrie an den Großhandel gewährten Preisnachlasse in Form von Rabatten, welche beim Einzelhandel auf die Gewinnspannen drückten, den Händlern ein Dorn im Auge. Angesichts dieser hätten

> unsere Preislisten mit den durch Preisvergleiche in den einzelnen Bezirksgruppen ermittelten Richtpreisen nur beschränkte Bedeutung. Sie können nur wirkliche Ordnung schaffen, wenn die Industrie die Wettbewerbsbedingungen einheitlich gestaltet.

Daher bat der Handelsverband die Hersteller, „allen Ernstes unsere Bemühungen zu unterstützen, trotz gesetzlicher Schranken aus diesem Chaos herauszukommen."[30]

Im Antwortschreiben schlossen sich die RLB der Argumentation des Händlerverbandes an und instrumentalisierten auch die erwarteten sozialen Folgen für

28 Protokoll der Sitzung der ALFF vom 30.8.1949, S. 3 f., in: RWWA, 58-61-1.

29 Auszug aus dem Stenogramm der Besprechung vom 15.11.1951 in Bad Pyrmont, S.1, in: RWWA, 58-61-1.

30 Schreiben Ernst Daasch (1. Vorsitzender Fachverband des deutschen Linoleumhandels) an die Direktion der RLB, 9.2.1952, in: RWWA, 58-131-10.

die Händlerschaft bei dauerhaft ungenügenden Handelsspannen, um Druck auf den Marktführer DLW auszuüben, die alliierten Kartellgesetze offen zu brechen:

> „Mögen die bestehenden alliierten Bestimmungen, mag auch der Entwurf des Gesetzes gegen Wettbewerbsbeschränkungen gewissen Interessen in der Argumentierung einer praktischen Ablehnung selbst der geringsten Bereitschaft zu einer gemeinsamen Lösung, die sich in den letzten Jahren immer klar [sic] abzeichneten, noch so entgegenkommen, so halten wir es für nicht vertretbar, derartige gesetzliche Bestimmungen zum Vorwand eines Systems zu nehmen, welches in der Sucht, die Produktion zu monopolisieren, offensichtlich nicht einmal durch die Gefahr einer Verproletatisierung der Distribution gehemmt zu sein scheint."[31]

Die Einzelhändler, die sich durch abgesprochene und festgelegte Preise der Hersteller stabilere Margen erhofften, als die trotz gesamtwirtschaftlicher Erholung noch volatile Marktlage Anfang der 1950er Jahre ermöglichte, kämpften zusammen mit den RLB und den kleineren Herstellern, die in einem offenen Preiskampf mit dem Marktführer DLW befürchten mussten, nicht mithalten zu können. Die Befürchtung seitens der DLW, für offene Verstöße gegen die Dekartellierungsgesetze zur Rechenschaft gezogen zu werden und als marktbeherrschendes Unternehmen unter verschärfter Beobachtung der alliierten Kartellbehörden zu stehen, war nicht vollkommen unberechtigt. So hatte der damalige Leiter der US-Kartellabteilung, Richardson Bronson, 1948 einen Bericht über die DLW angefertigt.[32] Wahrscheinlich ist aber auch, dass die DLW angesichts ihrer dominanten Marktposition und niedrigeren Produktionskosten an einer weitgehenden Ausschaltung des Wettbewerbs wirtschaftlich nicht interessiert waren, da man sich weitere Gewinne im Kampf um Marktanteile erhoffte. Auch im Fall des Seifenkartells war es trotz der de facto Legalisierung durch das BMWi einer der größten Hersteller gewesen, der aus dem Kartell ausstieg und somit für das Ende der Wettbewerbsabsprachen sorgte [siehe Kapital 8.2].

Auch wenn die DLW sich gegen umfassende horizontale Preisfestsetzungen wehrten, kam es doch innerhalb der Industrie zu einigen, weniger umfassenden Wettbewerbsabsprachen. So beschlossen Händlerverband und Hersteller etwa als „Probefall" die Einführung der Preisbindung der zweiten Hand für Linoleum in Berlin. Die dortige Händlerschaft hatte sich besonders für diese Einführung eingesetzt.[33] Zudem wurde die dortige Einführung gesetzlich dadurch erleichtert, dass sowohl die amerikanische als auch die britische Regierung ihre Dekartellierungs-

31 Schreiben RLB an Fachverband des deutschen Linoleumhandels, 16.2.1952, in RWWA, 58-131-10.

32 Ferguson-Report, S. 64.

33 Schreiben des Spartenleiters Linoleum an RLB, 20.3.1953, in: RWWA, 58-162-2.

gesetze nicht für ihre entsprechenden Sektoren West-Berlins eingeführt hatten, während die entsprechende französische Verordnung in der Praxis nahezu bedeutungslos blieb.[34] Während die RLB die Einführung der vertikalen Preisbindung in Berlin voll mittrugen und selbst einführen wollten,[35] banden die DLW die Preise für ihre eigenen Produkte hingegen nicht für die nächsten Handelsstufen, erklärten sich aber bereit, die Preisbindung „praktisch zu unterstützen" und „nicht zu stören" und zudem die gebundene Preise unterbietenden Außenseiter selbst nicht zu beliefern. Auch die RLB nahm ihre Zusage zur Einführung der vertikalen Preisbindung dann einige Wochen später zurück. Als Grund gab sie an, aus produktionstechnischen Gründen, die Kennzeichnung als Markenartikel nicht mehr auf dem Produkt selbst, sondern nur noch auf der Verpackung machen zu können, weswegen die „Rechtslage nicht so klar" sei, „dass das Risiko einer auch nur partiellen Preisbindung ohne Risiko gestartet werden kann". Zudem habe sich auch die „weitere Verknappung von Linoleum als preisordnender Faktor bemerkbar gemacht" und die „wilden Unterbietungen" seien seltener geworden. Daher wolle man lieber die Bildung des neuen Bundestages [nach der Bundestagswahl im September 1953, RH] abwarten, der „als eine seiner ersten Aufgaben wohl Ordnung in die noch ungeklärte Kartell-Lage bringen wird."[36] Von Seiten des Händlerverbandes, der die Einführung der vertikalen Preisbindung zuvor als „Existenzfrage für den Handel" stilisiert hatte, wurde die letztlich in Berlin umgesetzte Praxis dann auch als enttäuschend empfunden.[37]

Der Händlerverband setzte sich aber weiter für eine „Preisordnung" ein, entweder eine „der 2. Hand oder seitens des Fachverbandes" mit Unterstützung der Industrie. Dabei bezogen sich die Handelsvertreter auch konkret auf mehrere Kartellabsprachen vor 1945 als Vorbild.[38] Auch der Fakt, dass in Darmstadt die Kriminalpolizei gegen sieben Linoleumhändler wegen Preisabsprachen ermittelte, hielt den Verband nicht davon ab, weiter ähnliche Marktregelungen anzustreben. Man müsse nur feststellen, dass der Preis bei normaler Kalkulation zustande käme und entsprechende Preislisten „unverbindlich" seien, um einer Verfolgung zu entge-

34 N. N., Dekartellierungsgesetze finden für Berlin keine Anwendung, in: WuW 1/2, (1951/52), S. 63 f.; A. Gleiss / F. Völp, Der räumliche Geltungsbereich der Preisbindungsverordnung in Bezug auf Markenartikel, in: BB 9 (1954), S. 853–56.

35 Vertrauliches Schreiben RLB an Fachverband des Deutschen Linoleumhandels, 8.8.1953

36 Schreiben der RLB an Dr. Ludwig (Händlerverband), 27.8.1953, in: RWWA, 58-5-1.

37 Protokoll Besprechung Fachverband mit RLB, 17.7.1953 (Protokoll vom 29.7.); Aktennotiz des Fachverbandes des Deutschen Linoleumhandels, 1.4.1953, beide in: RWWA, 58-5-1.

38 Sitzung zwischen Vertretern der Linoleumindustrie und Vorstand des Fachverbandes Linoleumhandel, 11.11.1954, in: RWWA, 58-5-1.

hen.[39] Dass die angestrebten und zumindest teilweise umgesetzten wettbewerbsbeschränkenden Marktabsprachen de facto einen Bruch der Dekartellierungsgesetze darstellten, war dem Führungspersonal des Händlerverbandes bewusst. Mit Blick auf ähnliche Verbote im Entwurf zum GWB hoffte man, dass dieses in dieser Form keinen Bestand haben und nach kurzer Zeit ersetzt werden würde.[40]

Auch wenn die RLB kurzfristig auch angesichts der guten Konjunkturlage auf die Einführung der vertikalen Preisbindung verzichteten, setzte sich das Unternehmen weiterhin grundsätzlich für Preisabsprachen in der Branche ein. Im direkten Gespräch der beiden Vorstandsvorsitzenden der RLB und DLW, Alfred Holtkott und Otto Schaechterle, äußerte sich der RLB-Vorsitzende Holtkott, es sei „kein schöner Zustand, dass jede Fabrik auf dem Gebiet der Preisänderung das täte, was ihr gerade richtig schiene". Ihm „schwebe da mit oder ohne die ALFF eine Lösung vor, die eine einheitliche Preispolitik anstrebt." Auch hier zeigte sich die DLW nicht gänzlich abgeneigt, bekannte sich aber nicht zu formalisierten Wettbewerbsabsprachen. Otto Schaechterle

> hörte sich diese Ausführungen an und erwiderte in dem Sinne, dass man sich untereinander über solche Fragen austauschen könne und dazu keine Kartelle und gar nichts benötige. Vielmehr sei die Möglichkeit einer solchen Verständigung Sache des ‚Klimas der Unterhaltung' und eigentlich von diesem Klima vollkommen abhängig.[41]

Auch der Händlerverband war trotz der enttäuschenden Resultate beim Versuch der Einführung der vertikalen Preisbindung weiter um Absprachen zur Regulierung von Markt und Absatz interessiert. Aus diesem Grund schlug der Handelsverband zusammen mit dem Großhändlerverband ein Rabattkartell vor, dass sowohl Industrie, Großhandel als auch Einzelhandel beinhaltete. Eine zentrale Treuhandstelle sollte nach der Vereinbarung die bei den verschiedenen Herstellern getätigten Käufe zentral erfassen und zusammenrechnen, sodass Mengenrabatte kollektiv gewährt würden, egal wie sich die Einkäufe auf die verschiedenen Herstellern verteilten. Ein Weiterverkauf unter Fabrikpreisen sollte verboten werden und für

---

39 Protokoll über die Sitzung des engeren Vorstandes des Fachverbandes des deutschen Linoleumhandels, 13.8.1954, in: RWWA, 58-5-1. Zum Verfahren gegen die Darmstädter Händler, die später wegen identischer Abgabe von Angeboten auf einen Auftrag des Staatsbauamtes schuldig gesprochen wurden, siehe: N. N., Rule of reason bei Preisabsprachen?, in: Wettbewerb in Recht und Praxis 2 (1956), S. 260; sowie Urteil des OLG Frankfurt vom 13.6.1956, 2 Ss 304/56, in: WuW 6 (1956), Heft 10, S. 682 f.

40 Protokoll der Besprechung der Vertreter der Linoleumindustrie mit dem Vorstand des Fachverbandes des deutschen Linoleumhandels, 2.5.1952, in: RWWA, 58-5-1.

41 Abschrift des Schreibens von Herrn Kohlhauer [ALFF] an Herrn Dr. Gorgas, 29.10.1954, S.1, in: RWWA, 58-61-1.

den Großhandel wurde eine einheitliche Rabattstaffel festgelegt, die je nach Höhe des Gesamtumsatzes zwischen 1 % und 5 % Rabatt gewähren sollte.[42]

Die DLW beauftragten daraufhin die Rechtsanwälte Alfred Gleiss und Arved Deringer mit einem Gutachten. Diese bezeichneten das Vorhaben des Handels als unter den Dekartellierungsgesetzen „kartellrechtlich undurchführbar". Auch wenn die Industrie nur inoffiziell die Wettbewerbsordnung unterstütze, müsste sie auf jeden Fall die Entscheidungen des einzurichtenden Schiedsgerichts gegen sanktionierte Händler durchsetzen und wäre damit an einem nach Gesetz Nr. 56 / Verordnung Nr. 78 verbotenen Rabattkartell beteiligt. Auch die Beantragung einer Ausnahmegenehmigung beim BMWi sei nicht zu empfehlen, da diese de facto fast nie erteilt würden, und zudem erschien es den Juristen angesichts der angedachten Wettbewerbsbeschränkungen „nicht opportun, das Bundeswirtschaftsministerium durch einen solchen Antrag zu veranlassen, dass es sich mit den Verhältnissen in der Linoleum-Industrie näher befasst".[43] Auf Vorschlag des Gutachtens wurde der Entwurf stattdessen formal insofern geändert, dass die beiden Verbände des Handels anstatt in ihre Marktordnung die Industrie kollektiv einzubinden, stattdessen von jedem Produzenten einzeln die Zustimmung bezüglich des Verbotes des Unterschreitens der Fabrikpreise sowie der Rabattstaffel einhole.[44] Dies änderte allerdings nichts an der Tatsache, dass die Rabatte weiterhin als Gesamtumsatzrabatt, d. h. auf den kollektiven Absatz bei der gesamten Industrie bezogen wurden und sich allein dafür die Werke zumindest über eine neutrale Treuhandstelle abstimmen mussten. Die kollektive Natur der Absprache war damit also allenfalls formaljuristisch eingeschränkt. Nachdem die kollektive Erfassung der Bezüge noch in manchen Detailfragen für Konflikte zwischen DLW und RLB gesorgt hatte, wurde die neue Marktordnung dann nach den Groß- und Einzelhandelsverbänden 1957 kurz vor dem Ende der alliierten Kartellgesetze auch von den Industrievertretern genehmigt.[45]

Die grundsätzlichen juristischen Probleme der Linoleumindustrie dabei, die etablierten Wettbewerbspraktiken unter der veränderten Gesetzeslage rechtssicher durchzuführen, änderte sich auch nach der Verabschiedung des GWB nicht. Der Vertreter der DLW äußerte sich in einer entsprechenden Sitzung zwischen Großhändlern, Einzelhändlern und Industrie, „die Aufgabe, eine Bereinigung der Wettbewerbsverhältnisse im Linoleumhandel herbeizuführen, sei nach Erschei-

42 Entwurf für eine Marktordnung für den Verkauf von Linoleum, November 1956, in: RWWA, 58-152-9.

43 Gutachten der RA A. Gleiss und A. Deringer, 14.12.1956, in: RWWA, 58-152-9.

44 Schreiben Dr. Ludwig an Ernst Daasch, 28.12.1956, in: RWWA, 58-152-9.

45 Aktennotiz, 18.6.1957, in: RWWA, 58-152-9.

nen des Kartellgesetzes […] nicht leichter, sondern eher schwerer geworden."[46] Dabei berief er sich auf ein Gutachten der Rechtsanwälte Alfred Gleiss, Arved Deringer und Helmuth Lutz. Diese sahen die einzigen potenziell legalen Möglichkeiten unter dem GWB in einer Einführung der vertikalen Preisbindung oder in einem Rabattkartell der Großhändler. Allerdings bestünden bei der vertikalen Preisbindung „rechtliche Bedenken, ob dies überhaupt zulässig ist" und zudem sei fraglich, ob Linoleumsorten ohne Markenaufdruck als Markenartikel zu werten seien. Zudem könnte die Kartellbehörde die Einführung der gleichen gebundenen Preise durch mehrere Linoleumhersteller als Missbrauch sehen und diese verbieten, während bei einer ausschließlichen Einführung durch die DLW die Konkurrenz deren Preise unterbieten könne.[47] Ein Rabattkartell der Großhändler hingegen sei möglich, allerdings bestünde auch hier die Gefahr, dass die Kartellbehörde einen Missbrauch erkenne, wenn alle Großhändler vom gleichen Preis ausgingen. Daher erfülle ein legal gehandhabtes Rabattkartell die Erwartungen der Großhändler nicht.[48] Tatsächlich machte das Bundeskartellamt wenige Jahre später kartellrechtliche Bedenken gegen die „Wettbewerbsregeln" des Fachverbands des Deutschen Linoleumhandels geltend und erzwang einige Änderungen.[49]

Zusammenfassend lässt sich am Beispiel der Linoleumindustrie festhalten, dass sich grundsätzlich unter den alliierten Dekartellierungsgesetzen nichts am Wettbewerbsverständnis und Kartelldenken in der Branche änderte. Sowohl von Industriellen als auch von der Händlerschaft wurde offener Preiswettbewerb als wirtschaftlich und sozial ruinös betrachtet und unter Berufung auf Kartellabsprachen vor 1945 ähnliche Wettbewerbsabsprachen lautstark eingefordert. Eine konkrete Kontinuitätslinie in der Branche war die zentrale Rolle des Groß- und Einzelhandels bei der Kartellierung. Waren die ersten Kartellabsprachen noch reine Fabrikantenkartelle gewesen, so „schützten" die Hersteller im Laufe der Zeit mehr und mehr auch die Händlerpreise, bis nach der Fusion zu den DLW 1924 diese die Handelspreise über die „Linoleum-Wirtschaftsstelle" de facto festlegten. Nach 1945 forderte der Einzelhändlerverband ähnliche Absprachen ein, welche letztlich sowohl auf vertikale als auch horizontale Preisfestsetzungen seitens der Industrie hinausliefen. Im Falle der RLB, die vor 1945 zumindest auf den ausländischen Exportmärkten ihre preisliche „Bewegungsfreiheit" gegen zu schematische Preiskar-

46 Besprechung Industrie – Fachverband – Großhandelsverband in Frankfurt a. M. am 17.12.1957, S. 1, in: RWWA, 58-120-6.

47 Kartellrechtliches Gutachten der RA Gleiss, Deringer, Lutz im Auftrag der DLW, 16.11.1957, S. 18, in: RWWA, 58-120-6.

48 Ebd., S. 24.

49 Jahresbericht des Bundeskartellamts 1958, Bundesdrucksache 3/1000, S. 34; Jahresbericht des Bundeskartellamts 1959, Bundesdrucksache 3/1795, S. 49.

telle verteidigten, scheint sich im Gegenteil nach dem Tod des Gründers Richard Holtkott und der Übernahme der Geschäftsleitung durch seinen Sohn Alfred 1950 die Neigung zu Kartellabsprachen eher noch verstärkt zu haben.

Im Gegensatz dazu waren die DLW als dominantes Unternehmen der Branche den Kartellpraktiken, auf die ja immerhin die Gründung des eigenen Konzerns zurückging, zunehmend entwachsen. Mitunter argumentierte der Konzern dabei mit der besonderen juristischen Beobachtung, unter die er als marktbeherrschendes Unternehmen stand. Höchstwahrscheinlich ist aber auch, dass der in der Branche dominante Konzern auf Wettbewerbsabsprachen wirtschaftlich nicht mehr angewiesen war und diese allenfalls zur Stützung der organisierten Fachhändler teilweise aufrechterhielt und mittrug. Einen Einschnitt für die Kartellierung der Branche stellte also nicht eine etwaige veränderte Mentalität der Unternehmer dar, sondern eine veränderte Wettbewerbsstruktur der Branche. Trotzdem blieben die alliierten Kartellgesetze auch ohne Anwendung nicht völlig wirkungslos. Wo zuvor die kartellfreundliche Auslegung der Gerichte sowie in den 1930er Jahren das direkte Eingreifen des RWM Kartellabsprachen mitunter gefördert und stabilisiert hatten, fehlte nun jegliche rechtliche und politische Rückendeckung für entsprechende Wettbewerbsbeschränkungen. Zwar war dies in einer Branche, die schon zuvor häufig auf informelle und für diese Zeit vergleichsweise lockere Formen der Wettbewerbsbeschränkungen zurückgegriffen hatte, kein absolutes Hindernis bei der Durchführung solcher zeitgenössisch als „gentlemens' agreements" oder „Frühstückskartelle" bezeichneten Absprachen. Die fehlende Rechtssicherheit verstärkte aber die ohnehin nie aus der Welt geschaffene inhärente Instabilität der Kartellabsprachen und machte es unwilligen Marktteilnehmern wie etwa den DLW einfacher, entsprechende Wettbewerbsbeschränkungen – mitunter unter explizitem Verweis auf die Rechtslage – zu verweigern, sodass vorgeschlagene und diskutierte Marktabsprachen nur in recht begrenztem Umfang auch wirklich durchgeführt wurden.

9.2 (Keine) Abkehr vom Kartelldenken? Wettbewerbsverständnis in der Wirtschaft

Die wettbewerbspolitische Wende in der frühen Bundesrepublik wurde in der Forschung häufig als Abkehr vom Kartelldenken betitelt.[50] Während in der Wirtschafts- und Rechtswissenschaft ordoliberale Denker trotz der vieldiskutierten Ausnahmeregelungen beim GWB die Vertreter der alten Kartellbewegung ab den

50 Hesse, Abkehr; Berghahn, Industriegesellschaft und Kulturtransfer, S. 153–157.

1950er Jahren verdrängt haben, zeichnen die bisherigen unternehmens- und branchengeschichtliche Studien bei der Unternehmerschaft weniger Anzeichen für einen klaren Bruch in den Wettbewerbsvorstellungen. Bei einer Untersuchung der Wettbewerbspraxis unter den alliierten Gesetzen stellt sich unweigerlich auch die Frage nach einem etwaigen Mentalitätswandel innerhalb der westdeutschen Unternehmerschaft. Dies soll hier nicht aus einer ideologisch gefärbten Retrospektive passieren, die, wie mitunter im heutigen wirtschaftswissenschaftlichen Mainstream, marktliberale Wettbewerbsmodelle absolut setzt und die Entwicklung hin zu einer modernen Wettbewerbswirtschaft nach heutigem Verständnis im Wesentlichen als teleologisch zeichnet. Maßstab der Bewertung soll hingegen das zeitgenössische Bestreben der amerikanischen Antitruster sein, ihre Vorstellungen von einer kompetitiven Wirtschaft nach Westdeutschland zu exportieren und die westdeutsche Bevölkerung allgemein sowie die Unternehmerschaft im Speziellen zu einer aktiven Unterstützung des freien Wettbewerbs zu erziehen. Dieses Bestreben war angesichts der zwangsläufig nur temporären direkten juristischen Eingriffe seitens der Amerikaner nämlich eine wesentliche Komponente der amerikanischen Dekartellierungskampagne und ist somit für die Bewertung ihres Erfolges mitentscheidend. Nachdem mit der Linoleumindustrie bereits ein Fallbeispiel umfangreich analysiert wurde, soll nun sowohl aus den bereits unter verschiedenen Gesichtspunkten in dieser Arbeit behandelten Branchen, weiteren, bisher nicht explizit genannten, verstreuten Quellenfunden aus unterschiedlichen Wirtschaftsbereichen sowie bereits in der Forschungsliteratur in einzelnen Unternehmens- und Branchengeschichten gemachten Beobachtungen einige grundsätzliche Ergebnisse zu Kontinuitäten und Brüchen im unternehmerischen Wettbewerbsverständnis und bei Kartellpraktiken unter den alliierten Gesetzen zusammengefasst werden.

In der Synthese bisheriger branchenhistorischer Studien aus den 1950er Jahren zeichnet sich angesichts der ambitionierten amerikanischen Zielsetzungen bestenfalls ein ambivalentes Bild ab. Zwar distanzierten sich einzelne Unternehmer, wie etwa der spätere Arbeitgeberpräsident Otto A. Friedrich schon früh vom System umfassender Preisabsprachen und anderer Wettbewerbsbeschränkungen, traf dabei bei seinen Kollegen trotz einer eher vorsichtigen Konzeption von Wettbewerbswirtschaft auf erheblichen Widerstand.[51] Mehrere Branchenstudien zeichnen für die 1950er Jahre ebenfalls ein eher von Kontinuität geprägtes Bild unternehmerischen Wettbewerbsverständnisses. So konstatiert etwa Paul Erker, dass sich für das Wettbewerbsumfeld in der Gummi- und Reifenindustrie in den 1950er

51 Volker R. Berghahn, Otto A. Friedrich: Politischer Unternehmer aus der Gummiindustrie und das Amerikanische Modell, in: Paul Erker / Toni Pierenkemper (Hrsg.), Deutsche Unternehmer zwischen Kriegswirtschaft und Wiederaufbau. Studien zur Erfahrungsbildung von Industrie-Eliten, München 1999, S. 193–215, hier: S. 205 f.

Jahren wenig änderte und sich zahlreiche Kontinuitätslinien aus der NS- und Kriegszeit nahtlos fortsetzten.[52] Vielmehr sei das ständige Spannungsverhältnis zwischen Phasen scharfen Wettbewerbs und Versuchen seiner Einschränkung durch Preiskartelle und Marktordnungsversuche seit jeher prägend für die Branche gewesen und habe sich in der frühen Bundesrepublik nicht von früheren Jahrzehnten unterschieden. Wenn dann seien die Kartellstrukturen in den 1950er Jahren eher stabiler gewesen als während der formaljuristischen Blütezeit der Kartelle Ende der 1920er Jahre.[53]

Das Beispiel der Reifenindustrie ist auch bei der Anwendung der Dekartellierungsgesetze relevant, da hier ein explizites und rechtskräftiges Gerichtsurteil zu den de facto kartellierten Marktpraktiken der Hersteller vorliegt. So hatten die sieben in der Bundesrepublik tätigen Hersteller von Kfz-Reifen 1954 gleichzeitig, im gleichen Umfange und durch nahezu identisch formulierte Verträge die vertikale Preisbindung für ihre Produkte eingeführt und die Händler somit kollektiv unter Druck gesetzt, dieser zuzustimmen oder von der weiteren Belieferung ausgeschlossen zu werden. Als ein Händler seine gegebene Einverständniserklärung später vor Gericht anfechten wollte, da eine unzulässige Kartellvereinbarung der Hersteller vorliege, wies das LG Hannover die Beschwerde ab. Laut Urteil des Gerichts lasse allein die Tatsache des gleichförmigen Vorgehens der Hersteller nicht auf eine unzulässige horizontale, kartellmäßige Preisvereinbarung untereinander schließen, weswegen das Vorgehen auch unter den Dekartellierungsgesetzen angesichts des zu diesem Zeitpunkt als Befreiung für die vertikale Preisbindung interpretierten Willner-Briefes [siehe Kapitel 7.1.1] rechtens gewesen sei.[54] Selbst angesichts einer in der Mehrheit zurückhaltenden Auslegung der Dekartellierungsgesetze durch deutsche Gerichte sticht dieses Urteil in seiner Exkulpation offensichtlicher Preisabsprachen doch hervor. Die offensichtlich horizontal koordinierte Natur der vertikalen Preisbindung, welche u. a. in einer zusätzlichen Vereinbarung „zum Schutz des lauteren Wettbewerbs" kulminierte, welche einheitliche Konditionen vorsah, die durch ein Schiedsgericht unter Androhung von Vertragsstrafen überwacht werden sollten, wurde einige Jahre später auch vom BMWi kritisiert. So äußerte sich das Ministerium in einem Schreiben vom 29.4.1957 an die Reifenhersteller dahingehend, dass die entsprechenden Vereinbarungen auf ein Konditionenkartell hinauslaufen würden und durch ein Schiedsge-

52 Erker, Wettbewerb, S. 498.
53 Ebd., S. 673–675.
54 Urteil des LG Hannover vom 15.7.1954 – 16 Q 15/54, in: BB 9 (1954), Heft 29, S. 882 f.

richt die notwendige Autonomie der Hersteller bei der vertikalen Preisbindung aufgehoben würde.[55]

Doch auch für Branchen, die schon früher mit einer konsequenteren Auslegung der Dekartellierungsgesetze zu kämpfen hatten, spricht in der bisherigen Forschungsliteratur wenig für einen Mentalitätswandel. So bezeichnete der Geschäftsführer des ZVEI, der wegen Verstößen gegen die Dekartellierungsgesetze zwei alliierte Verwaltungsverfahren auf einer Mitgliederversammlung im März 1951 den Kampf gegen die Kartelle und die Antitrustbewegung als für die deutschen Verhältnisse unpassend und die Einhaltung eines Kartellverbots als unzumutbar.[56] Für den Teilbereich der Fernsehgerätehersteller konstatiert Sebastian Teupe dann auch in den 1950er und frühen 1960er Jahre nach wie vor an horizontalen Absprachen zwischen den Herstellern orientierte Marktordnungsstrategien, welche wesentlich durch die kollektive Anwendung der vertikalen Preis- und Vertriebsbindung zusammen mit einem Rabattkartell zustande kamen.[57] Zu einer ähnlichen Bewertung kommt auch Nancy Bodden in ihrer Fallstudie der Dortmunder Brauindustrie. Weder die alliierten Kartellgesetze noch das GWB hätten dort eine Abkehr vom Kartelldenken bewirkt. Die Kartelltradition habe zudem auch in der Praxis der Absatzpolitik durch eine Reihe wettbewerbsregelnder Absprachen noch lange ihre Fortsetzung gefunden. Eine eindeutige Zäsur im Sinne einer endgültigen und erzwungenen Verhaltensänderung der Unternehmer hin zu einer nicht durch Ordnungsvorstellungen regulierte Wettbewerbswirtschaft habe nicht stattgefunden,[58] obwohl auch die Marktpraktiken der Brauereien bereits unter den alliierten Kartellgesetzen gerichtlicher und behördlicher Prüfung ausgesetzt waren [siehe Kapitel 7.1.2]. Bei der hier bereits behandelten Schleifmittelindustrie ging die Intransigenz sogar so weit, dass sie wenige Jahre nach dem alliierten Strafverfahren explizit gegen das Urteil verstieß, indem sie sich innerhalb des Verbands auf neue Preislisten einigte [siehe Kapitel 4.1].

Auch die grundsätzliche wettbewerbsskeptische Rhetorik, die oft zur Rechtfertigung von Preiskartellen und anderen Marktabsprachen angewandt wurde, unterschied sich bei den Unternehmern der 1950er Jahre nicht nennenswert von der Vorkriegszeit. Wo Preise im Wettbewerb unter Druck standen, wurde oft von „ruinösen Schleuderpreisen“, „wilden Unterbietungen“, „Kampf aller gegen alle“ oder einer „Entartung des Wettbewerbs“ gesprochen. Marktabsprachen hingegen brächten eine „vernünftige Ordnung“ in das „Chaos“ des Wettbewerbs, idealerwei-

55 N. N., Kartellrechtliche Beurteilung einer Vereinbarung zum Schutze des lauteren Wettbewerbs, in: BB 12 (1957), Heft 12, S. 526 f.

56 Reindl, Wachstum, S. 121.

57 Teupe, Kontrolldenken, S. 51.

58 Bodden, Business as usual, S. 98 u. 148.

se sollten Preise „einheitlich" sein. Preiswettbewerb wurde grundsätzlich als schädlich und in Krisenzeiten potenziell existenzgefährdend angesehen, allenfalls ein gewisser Qualitätswettbewerb geduldet. Ein grundsätzliches Kartellverbot hingegen, wie es die alliierten Gesetze festschrieben, wurde als rein amerikanische Erfindung dargestellt, welche für die deutschen Verhältnisse unpassend und nicht anwendbar sei. Diese Abneigung gegen den Import amerikanischer Wettbewerbsideale wurde nicht nur von in Kartellverfahren angeklagten Unternehmern in den Verteidigungsplädoyers offensiv vertreten, sondern auch öffentlich und medial kundgegeben. Wie auch in den Gerichtsverfahren versuchten deutsche Wirtschaftsvertreter hier mitunter, die Amerikaner mit eigenen Waffen zu schlagen, indem sie Argumente aufgriffen, die bereits in den USA von Gegnern einer strikten Antitrustpolitik geltend gemacht wurden. So sicherte sich etwa die Deutsche Schutzvereinigung für Wertpapierbesitz die Dienste eines amerikanischen Rechtsanwalts, der die Dekartellierungspolitik der Amerikanischen Hohen Kommission in einem *legal brief* scharf kritisierte. Diese ignoriere wesentliche Rechtsprinzipien, die Unternehmer in den USA selbst vor einer willkürlichen und unterdrückerischen Auslegung der Antitrustgesetze durch die Gerichte schützten.[59] Selbst dort, wo deutsche Unternehmer aus betrieblichem Eigennutz kein Interesse an Kartellvereinbarungen und vergleichbaren Marktsprachen hatten, ging dies kaum mit einer prinzipiellen Verteidigung des freien Wettbewerbs einher. Vielmehr wurden in diesen Fällen meist auch bei de facto geringem Verfolgungsdruck „rechtliche Bedenken" angemeldet oder die Wirksamkeit der angedachten Maßnahmen in der praktischen Umsetzung angezweifelt.

Trotz des offiziellen Kartellverbots durch die alliierten Gesetze war der Verfolgungsdruck de facto äußerst gering. Die alliierte Zusammenarbeit in BIDEC und DIDEG war von Anfang an äußerst schwierig und bürokratisch, auch weil von britischer und französischer Seite kaum ein eigenes Interesse an der Durchsetzung der Dekartellierungsgesetze bestand. Die amerikanische Seite war hingegen bemüht, notfalls auch unilateral, wenigstens vereinzelt zu Demonstrations- und Erziehungszwecken Exempel zu statuieren. Angesichts der auch auf amerikanischer Seite zunehmend begrenzten personellen Ressourcen war dies aber auf eine äußerst geringe Anzahl an offensichtlichen Verstößen, oft bei Geschäften mit den amerikanischen Streitkräften, beschränkt. Auch zeitlich beschränkte sich die Offensive lediglich auf die Phase zwischen 1949 und 1952, mit Schwerpunkt in der zweiten Jahreshälfte 1950, als die amerikanische Seite bewusst politischen Druck auf die Bundesregierung und die deutsche Wirtschaft ausüben wollte, um die gleichzeitig stattfindenden Arbeiten am GWB zu forcieren. Auch auf Seiten der

59 Thomas Alan Schwartz, America's Germany. John J. McCloy and the Federal Republic of Germany, Cambridge [MA] u. a. 1991, S. 195.

deutschen Gerichte war zumindest die strafrechtliche Verfolgung nur sporadisch. Deutsche Staatsanwälte ermittelten nur in Einzelfällen, meist entweder nach Anzeige der deutschen Landesbehörden wie den Landeswirtschaftsministerien oder den noch bestehenden Preisüberwachungsstellen, die hier mitunter mit den Amerikanern kooperierten, sowie vereinzelt nach Anzeigen von gewerkschaftlicher oder privater Seite.

Der geringe Verfolgungsdruck war dann wohl auch mit ein Grund, warum sich die Interessenvertreter der Wirtschaft bei allen verbalen Unmutsbekundungen gegenüber den alliierten Dekartellierungsgesetzen mit diesen de facto arrangierten. So spielte etwa der als härtester Gegenspieler Erhards in der Kartellfrage bekannt gewordene BDI-Präsident Fritz Berg in der Frage der alliierten Gesetze und ihrer Geltungsdauer ein doppeltes Spiel. Als er im Juni 1952 von geplanten Verschärfungen des GWB-Entwurfs seitens der Bundesregierung erfuhr, machte er im Schreiben an Bundeskanzler Adenauer deutlich, dass „die Industrie" eine Fortgeltung der alliierten Kartellgesetze einem inhaltlich äquivalenten deutschen Gesetz vorziehen würde, da man damit rechnete, sich der Besatzungsgesetze später leichter entledigen zu können als einer entsprechenden gesetzlichen Regelung der Bundesregierung.[60]

Angesichts der Kontinuität im Wettbewerbsverständnis und des allenfalls punktuellen Verfolgungsdrucks waren Preisabsprachen und andere wettbewerbsbeschränkende Vereinbarungen, die entweder eine direkte Fortsetzung früherer Kartelle waren oder eine vergleichbare Wirkung entfalteten, dann auch weit verbreitet. Als Eberhard Günther als Leiter des Kartellreferats im BMWi 1955 eine Übersicht der Kartellbindungen in den verschiedenen Branchen der westdeutschen Wirtschaft aufstellte, wurden in fast jedem Wirtschaftsbereich eine Reihe bewiesener oder vermuteter Absprachen genannt.[61] So fasste ein Referatsleiter aus der Abteilung Industriepolitik auf die entsprechende Anfrage Günthers bezüglich der metallverarbeitenden Industrie lakonisch zusammen:

> Die privatwirtschaftlichen Vorteile der früheren Kartellbindungen sind bei den Firmen natürlich nicht in Vergessenheit geraten und der Grund für die anscheinend vorhandene erhebliche Kartellbereitschaft dieser Industriegruppen.[62]

Auch Ludwig Erhard selbst hatte schon zwei Jahre zuvor in einem internen Schreiben mit Blick auf die westdeutsche Wirtschaft konstatiert, dass „wettbewerbsbe-

---

60 Schulte-Goebel, Fritz Berg, S. 94.

61 Eberhard Günther, Kurze Stellungnahme IB5 zu den Berichten der Referate der Abteilung IV, 11.5.1955, in: BA B102/17106.

62 Erhard Moehrke (IV A 5), Bericht über Kartellbindungen der Industrie, 6.5.1955, in: BA B102/17106.

schränkende Absprachen u. a. über Preise und Bedingungen überhand nehmen".[63] Die Kontinuität alter Kartellpraktiken ging dabei nicht immer ausschließlich von der Führungsebene der Unternehmen aus. So vermerkte der Manager der Vereinigten Glanzstoff-Fabriken, Ludwig Vaubel, dessen Unternehmen auch einem Entflechtungsverfahren unterzogen wurde, bereits 1949 in seinem Tagebuch:

> Die im täglichen Geschäft stehen, neigen dazu in die Verbands- und Kartell-Praktiken von früher zurückzufallen. Die alten Gewohnheiten sind schwer zu überwinden. Ich muß warnen, damit nicht Dekartellisierungs-Interessenten Material für Maßnahmen gegen VGF sammeln können.

Während umfangreiche, branchenweite Preisabsprachen nur auf der Führungsebene getroffen werden konnten, verstießen die Verkäufer des Unternehmens niedrigschwelliger gegen die Dekartellierungsgesetze:

> Immer wieder neigen unsere Kaufleute dazu, in die alten Denkgewohnheiten der Ausschließlichkeitsbeziehungen, der Lieferverpflichtungen und Tätigkeitsabgrenzungen zurückzufallen. Ich benutze dann Dr. Mueller [Kartellrechtsexperte und Rechtsanwalt des Unternehmens, RH] als Mahner und Gewissen, damit uns nicht eines Tages doch Vorwürfe aus kleineren Kartellverstößen gemacht werden können, die schließlich noch das Ganze gefährden.[64]

Während die Mehrheit der deutschen Unternehmer und Kaufleute in den unterschiedlichsten Wirtschaftsbereichen am alten Kartelldenken festhielt und dessen Funktionsweise auch unter der neuen Rechtslage so gut wie möglich zu bewahren suchte, gab es vereinzelt auch kritische Stimmen. Manche dieser waren vor allem dadurch motiviert, dass sie selbst unter den Kartellpraktiken etwa von Zulieferern oder anderen Geschäftspartnern zu leiden hatten. So beschwerte sich etwa die Geschäftsleitung der Mechanischen Weberei Taut in Hüls beim BMWi über die Praktiken der Textilveredler. Bei den „stramm ausgerichteten Kartell-Veredlern" müsse „nach dem Gesetz des Minimum-Faktors der unrentabelste Betrieb noch sein beschauliches Auskommen finden". Zwar gebe es einige Außenseiter, aber auch diese „nennen einem heute die Preise nur mit dem berüchtigten ‚deutschen Blick'", da sie „von ihren kartellierten Kollegen mit falsch aufgefasstem Berufsethos an ihrer Ehre gepackt [werden], wenn sie auf Grund ihrer Leistungsfähigkeit kalkulierte Preise einräumen".[65] Auch im Fall der vertikalen Preis- und Absatzbindung verärgerte das Geschäftsgebaren der Markenartikelhersteller mitunter Teile der

---

63 Schreiben Ludwig Erhards an die Abteilungsleiter I-V, 2.7.1953, in: BA B102/17066.

64 Tagebucheinträge vom 12.1.1949 und 12.5.1949, in: Vaubel, Zusammenbruch, S. 183 u. 197.

65 Schreiben der Mechanischen Weberei Taut an BMWi, 24.1.1953 und 6.3.1953, beide in: BA B102/192522.

Händlerschaft, die sich hier in ihrer Geschäftsfreiheit eingeschränkt und mitunter bei der Auswahl der Geschäfte im Rahmen der Absatzbindung auch von oben herab behandelt sah [siehe Kapitel 7.1.1].[66]

Manche Unternehmer hingegen reflektierten sogar die eigenen Kartellpraktiken der Vergangenheit und die grundsätzlichen Probleme solcher institutionalisierten Preisabsprachen kritisch. So berichtete der Elektrogroßhändler Franz Rauh in einem Schreiben an das BMWi, selbst im Jahre 1928 mit dem Deutschen Leitungsdrahtverband an der Schaffung eines Kartells mitgewirkt zu haben. Auch damals seien die vorgebrachten Argumente gewesen, „dass die Preise auf einem Tiefpunkt angekommen seien, bei welchem die kleinen Fabriken zu Grunde gehen müssten." Zunächst habe das 1928 gegründete Kartell tatsächlich die Lage für alle Beteiligten erheblich verbessert. Allerdings würde in einem Kartell niemals jemand die Senkung der Preise beantragen, da sich Geschäftsführer oder Leitung des Kartells in diesem Fall unbeliebt machen bzw. selbst schädigen würden, während die Abnehmer ihre Lagervorräte entwerten würden. Daher könnten Preise im Kartell allenfalls steigen, aber so gut wie nie sinken. Im Fall des Kartells für Leitungsdraht habe dies dazu geführt, dass eine Reihe von neuen Kabelwerken gegründet worden seien, für deren Produktion der Markt allerdings nicht aufnahmefähig gewesen sei, was die Situation der Industrie dann wieder erschwert habe. Auch das Argument, dass die Großindustrie bei einer freien Preisbildung naturgemäß die kleineren Konkurrenten vom Markt verdrängen würde, verfing nach der Meinung Rauhs nicht, da diese zwar durch die Vereinigung verschiedener Wirtschaftsstufen Vorteile hätten, diese aber durch zusätzliche Kosten und Schwerfälligkeit in der Verwaltung wieder aufgewogen würden. Daher dürfe man Kartelle nur in Ausnahmefällen zulassen, die Diagnose einer solchen „Notlage" aber keinesfalls den Interessenvertretern selbst überlassen, da sonst bald 99 % der Wirtschaft kartelliert wären.[67]

Während ein Teil der Unternehmerschaft die vergangen Kartellpraktiken also auch kritisch reflektierte, rekurrierte die Mehrheit der Unternehmer meist eher positiv auf die alten Wettbewerbsabsprachen. So erinnerte etwa ein Ingenieur der Waggonbauindustrie noch 1960 bei einer Verbandssitzung in Bezug auf eine gegenwärtige Krise der Branche an eine „genossenschaftliche Aktion der Industrie" deren „weitreichende Konzeption [...] vor mehr als 25 Jahren führende Kräfte der Reichsbahn und der Waggonindustrie zusammengeführt hatte, um nachgerade in

66 U. a. Schreiben Heinrich Stuhr an BMWi, 5.12.1953; Schreiben Klischan & Co an BMWi, 5.2.1953, beide in: BA B 102/192415.

67 Schreiben des Elektrogroßhändlers Franz Rauh an BMWi (MD Otto Graf), 29.1.1953, in: BA B102/5273.

letzter Stunde den Waggonbau zu retten."[68] Die Fortsetzung alter Kartellabsprachen wurde von deutschen Unternehmern angesichts von Absatzkrisen oder Kapitalbedarf für Modernisierungen als nach wie vor notwendig angesehen, das alliierte Kartellverbot hingegen als für die deutsche Wirtschaft ungeeigneten amerikanischen Import dargestellt. So schrieb etwa ein fränkischer Textilfabrikant an den Bundeswirtschaftsminister bezüglich der oben kritisierten Marktabsprachen der Textilveredler,

> über die Notwendigkeit eines Kartells und einer Marktordnung auf dem Gebiete der Textilveredlungsindustrie ist ja schon bei der Textilenquete und von der Reichsvereinigung Textilveredlung soviel an Denkschriften [...] geschrieben worden, deren Gesichtspunkte auch heute noch geltend und beachtlich sind, dass es wirklich nicht nötig sein müsste, um solche Selbstverständlichkeiten zu kämpfen.

Über das Kartellverbot durch die alliierten Gesetze hingegen urteilte er nur,

> Sicherlich ist in Amerika manches möglich, was hier bei uns, zumal in unserem im toten Winkel liegenden, Ihnen ja gut bekannten, abgeschlossenen Oberfranken, nicht möglich ist.[69]

Mitunter verteidigten sich kartellierte Unternehmer und ihre juristische Vertretung auch mit Hinweis auf die lange Periode staatlicher Wirtschaftskontrollen in der Zeit des Nationalsozialismus, die in der Nachkriegszeit noch lange fortgesetzt wurden. So verwiesen etwa die Anwälte des von der BIDEC zur Auflösung verurteilten Superphosphat-Syndikats darauf, dass ihre Organisation angesichts der langen Tradition staatlicher Lenkung bei der Preissetzung, Vertrieb, und Produktion in der Agrarwirtschaft kein privatwirtschaftliches Kartell, sondern vielmehr das Resultat der Summe langjähriger landwirtschaftlicher Planwirtschaft sei, die auch von den alliierten Militärregierungen zunächst fortgesetzt worden sei.[70] Auch wenn die Landwirtschaft in ihrem Ausmaß staatlicher Lenkung einen Sonderfall darstellte, ging doch der grundsätzliche Verweis nicht fehl, dass sowohl der deutsche – insbesondere der nationalsozialistische – Staat vor 1945 als auch die alliierten Militärregierungen und die ihnen unterstehenden deutschen Behörden lange ein System administrierter Preise betrieben hatten, dass die Unterschiede in der

---

68 Rede des Ingenieurs Dr. Fritz Hinz auf der JHV des Verbands der Waggonindustrie, 25.10.1960, S.12, in: WABW, B250, Bü 544.

69 Schreiben des Fabrikdirektors Johannes H. A. Lindner an Ludwig Erhard, 4.2.1954, in: BA B102/192522.

70 Gemeinsame und Einzelschriftsätze der Beklagten in Sachen der Superphosphat-Düngemittel Aufforderung zur Äußerung, RA Rudolf Mueller, Gerhard Weisner und Alexander E. Rüdell, 14.11.1949, S. 107–109, in: IfZ OMGUS 17/243-3/1.

Natur zwischen privatwirtschaftlichen Kartellen und als halbstaatlichen Lenkungsorganen fungierenden Selbstverwaltungskörperschaften der Wirtschaft zunehmend hatte verblassen lassen. Zudem stützte der deutsche Staat mitunter auch schon vor 1933 nicht selten privatwirtschaftliche Kartelle, beispielsweise in der Kohlenwirtschaft oder im Kalibergbau. Dies geschah etwa durch Spezialgesetze, die eine zuvor freiwillige Kartellierung juristisch erzwangen, oder durch das Geschäftsgebaren von staatseigenen Unternehmen, die nicht selten die aktivsten Verfechter einer umfassenden Kartellierung ihrer Branche waren.[71] Auch wenn die Mehrheit der Unternehmer eine derart umfassende staatliche Wirtschaftslenkung wie in der Kriegs- und Nachkriegszeit wohl nicht zurückwünschte, war die Gewöhnung an administrierte Preise und andere Wettbewerbsbeschränkungen auch eine Konsequenz dieser langen Periode staatlicher Wirtschaftseingriffe.

Der von Albrecht Ritschl in der Ordnungspolitik der frühen Bundesrepublik verortete „späte Fluch des Dritten Reichs“ lässt sich also auch im Wettbewerbsverständnis der Unternehmerschaft diagnostizieren.[72] Dies ändert sich auch dadurch nicht, dass sowohl staatliche verordnete Kartellierung als auch die Nutzbarmachung zuvor privater Kartelle zur staatlichen Wirtschaftslenkung keine genuin nationalsozialistische Erfindung waren, sondern die Entwicklung im Nationalsozialismus eher die flächendeckende Anwendung zuvor auf einzelne Schlüsselbranchen beschränkter wirtschaftspolitischer Strategien darstellte. Auch Wernhard Möschel sieht historisch in Deutschland ein „wabernde[s] Gebräu aus obrigkeitlich-merkantilistischen und aus genossenschaftlich-zünftlerischen Traditionen im Verhältnis von Staat und Wirtschaft – nicht nur der feudale Fürst, sondern auch der Kartellherr als der erste Diener seines Staates“, das er durch die alliierten Dekartellierungsgesetze allerdings „auch bewusstseinsmäßig überwunden“ sah.[73] Diese Überwindung mag auf das symbiotische Verhältnis zwischen staatlicher Wirtschaftslenkung und Kartellierung zutreffen, änderte allerdings nicht am nach wie vor antikompetitiven Marktverständnis der Mehrheit der Unternehmer, die weiterhin auf klassische Kartelle oder vergleichbare horizontale Absprachen setzte.

Noch schwerer einzuschätzen als die anhand der vorliegenden Quellen zumindest teilweise bewertbare unternehmerische Haltung zu den Dekartellierungs-

71 Vgl. Roelevink / Ziegler, The Syndicate in a Web of Intervention; Girisch, Eduard, Das deutsche Kalisyndikat und seine rechtliche Entwicklung, Heidelberg 1938; Schröter, Die internationale Kaliwirtschaft.

72 Albrecht Ritschl, Der späte Fluch des Dritten Reiches: Pfadabhängigkeiten in der Entstehung der bundesdeutschen Wirtschaftsordnung, in: Perspektiven der Wirtschaftspolitik 6, Bd. 2 (2005), S. 151–170.

73 Möschel, Entflechtung – Antimonopolrecht, S. 244.

gesetzen ist mangels systematischer Erfassung die politische Positionierung der allgemeinen Öffentlichkeit zu diesen. Grobe Anhaltspunkte liefert eine Meinungsumfrage von 1951, in der sich etwa ein Drittel der Befragten gegen die Dekartellierung aussprach und ein Viertel dafür, die größte Gruppe mit 44 % allerdings keine Meinung zur Thematik hatte.[74] Während in der Wirtschaftspresse tendenziell kartellfreundliche Meinungen überwogen, sprechen vage Indizien bei der Öffentlichkeit also für eine eher indifferente Haltung, was angesichts des recht komplizierten und technischen Themas, welches im Gegensatz zu den USA in Deutschland keine populäre politische Tradition hatte, plausibel erscheint. Zumindest in den hier sicherlich nicht objektiven amerikanischen Quellen als in der deutschen Bevölkerung populär bezeichnet wird hingegen die Durchsetzung der Berufsfreiheit gegen den Konzessionszwang durch berufsständische Vereinigungen, welche jedoch nur indirekt mit der Dekartellierung in Verbindung stand.[75]

Auch wenn das unternehmerische Wettbewerbsverständnis sich in der Breite eher nicht änderte und auch die von amerikanischer Seite erhoffte politische Unterstützung der Öffentlichkeit für die Dekartellierungskampagne wohl weitgehend ausblieb, waren die Dekartellierungsgesetze doch bei der Beeinflussung der Wettbewerbsdynamik nicht völlig wirkungslos. Zwar war der strafrechtliche Verfolgungsdruck nicht hoch genug, um etwa in der Illegalität fortgesetzte Preisabsprachen dort zu verhindern, wo die Unternehmer einer Branche geschlossen hinter diesen Absprachen standen. Im Vergleich zur Situation vor 1945 waren Preisabsprachen und vergleichbare Wettbewerbsbeschränkungen aber keinesfalls mehr einklagbar und hatten ihren rechtlichen und politischen Schutz verloren. Die Vielzahl an vor deutschen Gerichten geführten Zivilprozessen unter den Dekartellierungsgesetze zeigen deutlich, dass Unternehmer die alliierten Gesetze aktiv nutzten, um aus von ihnen negativ bewerteten Vertragsverpflichtungen auszubrechen. Auch wenn die deutschen Gerichte bei Zweifelsfragen zumeist etablierte Geschäftspraktiken deckten, war an eine rechtliche Aufrechterhaltung der „per se Verstöße" wie Preisabsprachen, die vor 1945 meist den Kernbestandteil von Kartellabsprachen gebildet hatten, nicht mehr zu denken. Wie etwa der Fall der Linoleumindustrie belegt, belastete diese fehlende Rechtssicherheit die Durchführung von Marktabsprachen erheblich. Im Gegensatz zu unserer heutigen Vorstellung von Kartellabsprachen als klandestinen Angelegenheiten waren die Unternehmer der 1950er Jahren noch aus der Vorkriegszeit gewöhnt daran, Kartellabsprachen in der Regel wie andere Geschäftsverträge vertraglich fixiert und rechtssicher durchführen zu können. Der Verlust dieser Rechtssicherheit bedeutete eine erhebliche Destabilisierung der selbst unter den kartellfreundlichen rechtlichen Bedin-

74 Freyer, Antitrust and Global Capitalism, S. 263.

75 Letter by the U. S. Foreign Service to Ernest Bevin, 16.8.1950, S.2, in: PRO FO 1036/176.

gungen der Vorkriegszeit schon nicht selten instabilen Absprachen. Zuvor unwillige Beteiligte konnten sich so der Beteiligung Kartellen mit Verweis auf die Rechtslage verweigern, oder ohne juristische Konsequenzen zu fürchten aus bestehenden Absprachen aussteigen, wenn ihnen das vorteilhaft erschien.

So hatte der Geschäftsführer des als Ausnahme genehmigten Seifenkartells das Verhalten kartellierter Unternehmen generell recht treffend folgend beschrieben:

> Die Firmengesellschaft glich zwar auch dann noch nicht einer friedlichen Gemeinde, sondern einer mit Individualität und Dynamik geladenen Gruppe, heute noch vertragstreu, aber doch schon nebengleisig vorbereitet zum Ausbruch, wenn sich dieser morgen aus eigenen betrieblichen Gründen als vorteilhaft erwiesen sollte.[76]

Im Falle des Seifenkartells sowie in der Linoleumindustrie waren es vor allem die größten und wirtschaftlich stärksten und in einem größeren Konzern zusammengeschlossene Unternehmen, die aus dem Kartell ausstiegen bzw. sich umfassender Marktabsprachen verweigerten. Solche konzernierten Unternehmen hatten sich seit jeher auch in die klassischen Kartelle vor 1945 zumeist nur schwer eingefügt und waren oft auch in weitreichend kartellierten Wirtschaftszweigen gegenüber den Kartellvereinbarungen Außenseiter geblieben.[77] Diese Haltung machte insofern Sinn, als dass die Kartelle in ihrer Preisbestimmung sich oft an den Kosten der unwirtschaftlichsten Unternehmen im Verbund ausrichteten. Für wirtschaftliche starke Unternehmen, die etwa günstiger, in höherer Qualität oder mit größerer Auswahl produzieren konnten, konnte das ein Anreiz sein, die Kartellpreise am Markt unter Druck zu setzen.

Zwar lassen sich diese Einzelbeobachtungen nicht absolut setzen – so waren es etwa im Fall der Glühlampenindustrie gerade die drei Oligopolisten, die sich für Marktabsprachen einsetzten – jedoch ist die Tendenz, dass häufig vor allem schwächere Betriebe, die im offenen Preiskampf unterlegen wären, von der Kartellierung profitierten, nicht von der Hand zu weisen. Dazu passt auch, dass es zumeist dezidiert krisenhafte Industrien waren, die sich am hartnäckigsten für eine Kartellierung einsetzten. Bereits Werner Abelshauser hat im Hinblick auf das GWB darauf hingewiesen, dass Kartelle den deutschen Unternehmern vor allem als Mittel zur Krisenbewältigung und zum Überstehen schwierigerer Zeiten galten, denen sie sich auch Anfang der 1950er Jahre entgegen wähnten. Lediglich als sich die überaus positive und dynamische gesamtwirtschaftliche Entwicklung in der Bundesrepublik der 1950er Jahre abzeichnete, sei auch der zuvor äußerst scharfe

---

76 Carl Harz, Die Wettbewerbsordnung der Konsumseifenindustrie, in: WuW 5, Heft 12 (1955), S. 775–783.

77 Leonhardt, Kartelltheorie, S. 381.

Widerstand gegen das deutsche Kartellgesetz allmählich gebröckelt.[78] Dieser Einschätzung ist auch basierend auf den Ergebnissen dieser Arbeit durchaus zuzustimmen. Zwar wurde Preiswettbewerb von der Mehrzahl der Unternehmer nach wie vor als potenziell gefährlich wahrgenommen, jedoch ließ in ihren Augen die Dringlichkeit einer Kartellierung und vergleichbarer Wettbewerbsbeschränkungen dann nach, wenn der Absatz sich positiv entwickelte und die Gewinne sich auch ohne Kartelle als ausreichend erwiesen. Die lautesten Verfechter einer Kartellierung hingegen fand man in Branchen, die, etwa wegen technologischen Rückstands oder veränderten Konsumgewohnheiten, nach wie vor in der Krise steckten. Etwas überspitzt könnte man also konstatieren, dass Kartelle sich unabhängig von einer etwaigen Strafverfolgung allmählich zu Instrumenten der Verlierer entwickelten, während Unternehmer in wirtschaftlich erfolgreichen Branchen trotz grundsätzlicher Wettbewerbsskepsis und Befürwortung von Marktabsprachen nicht mehr unbedingt auf Kartelle angewiesen waren.

78 Abelshauser, Lange Fünfziger Jahre, S. 56.

10 Zusammenfassung und Fazit: Gescheitertes Besatzungsprojekt oder Wegweiser einer neuen Wettbewerbswirtschaft?

Hatte Ludwig Erhard die alliierten Dekartellierungsgesetze im Kampf um das GWB noch als „dem deutschen Rechtsbewußtsein fremd“ bezeichnet,[1] so kam das unter diesem Gesetz eingerichtete Bundeskartellamt in seinem ersten Jahresbericht zu einer wohlwollenderen Einschätzung der vergangenen Rechtslage:

> Während der fast 10 Jahre, in denen das neue Gesetz entstand und diskutiert wurde, waren die besatzungsrechtlichen Dekartellierungsbestimmungen das geltende Kartellrecht. Ihre Praktizierung bereitete in mancher Hinsicht die Tätigkeit der späteren deutschen Kartellbehörden vor, indem sie wichtige Erfahrungen vermittelte.[2]

Und in der Tat sah sich das Bundeskartellamt mit ähnlichen Problematiken konfrontiert, wie sie auch schon die deutschen Gerichte sowie die alliierten Kartellbehörden unter den Dekartellierungsgesetzen beschäftigt hatten. Als die Bundesregierung sowie der Wissenschaftliche Beirat beim Bundeswirtschaftsministerium 1962 einen Bericht über die Anwendung des GWB in dessen ersten Jahren verfassten und dabei Reformvorschläge für das Gesetz machten, wurden vor allem die vertikale Preisbindung bei Markenartikeln, Ausschließlichkeitsverträge sowie marktbeherrschende Unternehmen als Problemfelder ausgemacht, bei denen die bisherige Rechtslage nicht ausreiche, um den wettbewerbsrechtlichen Missständen Herr zu werden.[3]

Die Erstarrung der Preise bei Markenartikeln durch die vertikale Preisbindung sowie die festgefahrenen Absatzwege in Folge von Ausschließlichkeitsklauseln waren bereits unter den alliierten Dekartellierungsgesetzen zwei der wesentlichen zivilrechtlichen Streitpunkte vor deutschen Gerichten gewesen. Marktbeherrschenden Unternehmen hingegen hatte die amerikanische Kartellabteilung ursprünglich, wenn auch im Endeffekt mit eher geringem Erfolg, mit großflächigen Entflechtungen beizukommen versucht. Auch wenn die Art der Formulierung sowie die dem amerikanischen Antitrust entlehnten Rechtstechniken der Dekartellierungsgesetze auf deutscher Seite für erhebliche Irritationen gesorgt hatten, spricht also wenig dafür, dass sie den zeitgenössischen wettbewerbsrechtlichen

1 Ludwig Erhard an den Vorsitzenden des Sonderausschusses für Bankenaufsicht, MinRat Rudolf Hahn, Antwortschreiben betr. Duldung von Zinskartellen, 4.12.1956, S. 2, in: BA B102/17104.

2 N. N., Jahresbericht des Bundeskartellamts 1958, Bundesdrucksache 3/1000, S. 10.

3 N. N., Bericht über Änderungen des Gesetzes gegen Wettbewerbsbeschränkungen 1962, Bundesdrucksache 4/617.

https://doi.org/10.1515/9783111517674-010

Problemen der westdeutschen Marktwirtschaft gegenüber grundsätzlich unangemessen gewesen wären.

Während die Dekartellierungsgesetze grundsätzlich durch ihre Generalklauseln die wesentlichen Wettbewerbsbeschränkungen der westdeutschen Wirtschaft abdeckten, erwies sich die Durchsetzung der Gesetze von Anfang an als problematisch. Am Beginn der amerikanischen Antitrustkampagne im besetzenden Deutschland standen ambitionierte Entflechtungspläne gegenüber einer Reihe deutscher Großunternehmen, die wegen ihrer internationalen Geschäftspraktiken im Vorfeld des Zweiten Weltkriegs von den amerikanischen Antitrustern als Teil der nationalsozialistischen Kriegsmaschinerie verstanden wurden. Diese Entflechtungsoffensive scheiterte, von einigen Einzelfällen abgesehen, schon früh am Widerstand sowohl durch konservative Kräfte innerhalb der amerikanischen Militärregierung sowie der britischen Bündnispartner, die eine schnelle Erholung und Wiedereingliederung der westdeutschen Wirtschaft in den europäischen Markt dem Risiko erheblicher Eingriffe in die Industriestruktur vorzogen. Der nicht zu verkennende Strafcharakter dieses frühen Vorstoßes prägte zudem die politische Wahrnehmung der Dekartellierungsgesetze auf deutscher Seite als grundsätzlich punitiv, auch als dies de facto nicht mehr zutraf und die Anwendung der Gesetze durch die alliierten Behörden sich der amerikanischen Antitrustpraxis anglich. Nachdem die erste Welle der Entflechtung unter der Militärregierung Lucius D. Clays abseits der vier sondergesetzlichen Fälle gescheitert war, erfuhren die entsprechenden Bestrebungen unter McCloy 1950 noch einmal ein Wiederaufleben. Dieses war allerdings vom Umfang her nur noch ein Schatten der ursprünglichen Pläne und versandete ebenfalls beinahe wirkungslos mit lediglich vereinzelten kosmetischen Teilerfolgen.

Auf ähnliche politische Widerstände wie die Entflechtungen trafen auch die Strafprozesse. Diese wurden von der amerikanischen Seite trotz der parallel bestehenden trilateralen DIDEG unilateral durchgeführt, da für eine strafrechtliche Durchsetzung trilateral besetzte Gerichte fehlten und zudem die Zustimmung der britischen und französischen Kartellabteilungen zu Strafverfahren grundsätzlich nicht zu erwirken war. Diese Strafverfahren, die vor allem Druck auf die Bundesregierung und die Industrieverbände bei der Aushandlung des GWB ausüben sollten, trafen dann auch nicht nur bei der deutschen Politik auf erheblichen Widerstand, sondern wurden auch innerhalb der DIDEG und AHK von britischer und französischer Seite wegen ihrer unilateralen Natur als bündnispolitischer Affront verstanden. Aus diesem Grund wurden schließlich nur äußerst wenige Exempel dieser Art statuiert.

Weniger kontrovers waren die Verwaltungsverfahren der DIDEG, die als trilaterale Minimallösung fungierten und auch von der deutschen Regierung zwar nicht öffentlich unterstützt, aber zumindest stillschweigend akzeptiert wurden.

Diese mit *Cease and Desist Order* sowie *Consent Decree* recht milden Formen der Handhabung von Wettbewerbsverstößen, welche keine Geld- oder Gefängnisstrafen nach sich zogen, sorgten für weniger Rechtsirritationen und wurden in der Endphase der Dekartellierungsgesetze sogar vom Bundeswirtschaftsministerium angewandt. Auf alliierter Seite war die Durchschlagskraft dieser Methode allerdings beschränkt. Auf den Bruch eines *Consent Decrees* von Seiten der Beklagten würde im amerikanischen Recht ein Folgeverfahren wegen *Contempt of Court* folgen, welches auf Grund der rein administrativen Struktur der DIDEG allerdings kaum durchsetzbar war und wieder ein unilateral amerikanisches Besatzungsgericht erfordert hätte, wozu es allerdings in keinem Fall kam. Zudem bedeutete der hohe juristische Aufwand bei der Verfahrensführung bei gleichzeitig äußerst begrenzter Personalstärke der DIDEG, dass sich die alliierten Verfahren auch hier auf einige wenige Exempel beschränken mussten, wenn auch mehr als bei den amerikanischen Strafverfahren.

Vergleichsweise konsequent in den Urteilen war die strafrechtliche Durchsetzung der Dekartellierungsgesetze vor deutschen Gerichten, die sich allerdings meistens auf offensichtliche per-se Verstöße – in der Regel Preisabsprachen – beschränkte. Die Abwesenheit einer deutschen Kontrollbehörde sowie die Zurückhaltung des Bundeswirtschaftsministeriums bedeuteten allerdings auch hier, dass durch deutsche Staatsanwälte nur in relativ wenigen Fällen Anklage erhoben wurde. Diese gingen zumeist auf Anzeigen seitens deutscher Behörden zurück, oft nach entsprechenden Aufforderungen der amerikanischen Besatzer, vereinzelt auch etwa auf Anzeigen anderer Akteure, wie etwa von Gewerkschaften.

Deutlich häufiger beschäftigt waren die deutschen ordentlichen Gerichte von lokalen Amtsgerichten bis zum Bundesgerichtshof mit zivilrechtlichen Auseinandersetzungen auf Basis der Dekartellierungsgesetze. Die Auslegung dieser durch die Gerichte als Schutzgesetze ermöglichte es deutschen Unternehmern, selbst vor Gericht etwa die Ungültigkeit von Verträgen juristisch zu erstreiten oder Schadensersatz zu fordern, wovon diese reichlich Gebrauch machten. Somit bestand hier kein Durchsetzungsdefizit der Gesetze. Die Mehrheit der deutschen Gerichte, insbesondere der für die Auslegung der Dekartellierungsgesetze bestimmende erste Zivilsenat des BGH, präferierte hier allerdings eine zurückhaltende Auslegung der Gesetze, welche meist dazu diente, überkommene Geschäftspraktiken wie etwa die vertikale Preis- und Absatzbindung oder Ausschließlichkeitsklauseln zu schützen. Die äußerst allgemeine Formulierungsweise und Auslegbarkeit der Dekartellierungsgesetze ermöglichten es deutschen Richtern hier, zu einer weniger tiefgreifenden Interpretation der Gesetze zu kommen als etwa die Juristen der amerikanischen Kartellabteilung oder die Richter der amerikanischen *Zonal District Courts* auf deutschem Boden. Teilweise bedienten sie sich dabei direkt aus dem US-Antitrust entliehenen Rechtsfiguren wie der *rule of reason, ancillary clau-*

se oder *bona fide marketing arrangement*, die schon dort zur Entschärfung der Antitrustgesetze genutzt worden waren. Mitunter wurden aber auch offen auf die Rechtsprechung des alten Reichsgerichts rekurriert oder je nach der Art der Wettbewerbsbeschränkung und ihrem Kontext passende Rechtfertigungsstrategien gewählt. Letztlich kam die zivilrechtliche Auslegung der Dekartellierungsgesetze durch die Mehrheit der Gerichte hier zu einem ähnlichen Ergebnis wie der parallel stattfindende Gesetzgebungsprozess beim GWB: Der Kern des Kartellverbots fiel nicht, wurde aber auch durch zahlreiche Ausnahmen in der Auswirkung erheblich abgeschwächt. Die durch den Transfer der amerikanischen Antitrustgrundsätze auf das deutsche Wettbewerbsrecht ausgelösten Rechtsirritationen führten also in der Tat dazu, dass die transferierte Rechtsnorm in ihrem neuen Kontext bei der Anwendung zu einem gewissen Grad neu konstruiert wurde. Die allgemeinen Formulierungen der Gesetze, die eine Auslegung erforderten und den Richtern hierbei erheblichen Ermessensspielraum gewährten, kamen den deutschen Richtern hier entgegen. Hilfreich für diese war dabei auch, dass die amerikanischen Antitrustgesetze als Vorbilder in ihrer Auslegung keinesfalls monolithisch und statisch gewesen waren, sondern sich auch dort Perioden strikterer Auslegung mit denen einer zurückhaltenderen Umsetzung abgewechselt hatten.

Die amerikanische Kartellabteilung bewertete den Fakt, dass deutsche Gerichte die alliierten Dekartellierungsgesetze anwandten, grundsätzlich positiv und als Zeichen, dass die eigene Dekartellierungskampagne erste Resultate bei der ‚Erziehung' der Deutschen zu einem neuen Wettbewerbsverständnis zeigte. Gerade im strafrechtlichen Bereich wurde eine Verfolgung von aufgedeckten Verstößen seitens deutscher Staatsanwälte von amerikanischen Vertretern der DIDEG und AHK mitunter auch aktiv eingefordert. Die britische Kartellabteilung indes war weniger euphorisch angesichts der Anwendung der Dekartellierungsgesetze durch deutsche Gerichte. Zwar wurde die verstärkte Einschaltung deutscher Institutionen im Kartellrecht grundsätzlich positiv bewertet, allerdings war die britische Seite aus politischen Gründen darauf bedacht, den Umfang der Dekartellierung unter den alliierten Gesetzen bis zum Inkrafttreten des GWB möglichst minimal zu halten. Die französische Kartellabteilung unterstützte hier eher den amerikanischen Standpunkt, ohne dabei aber der Thematik die gleiche Bedeutung zuzumessen wie die amerikanischen Antitruster.[4]

4 Minutes of the Thirty-Fifth Meeting of the DIDEG, 21.5.1951, in: PRO FO 1005/726; Legal Proceedings in German Courts, Paper by the French Member, 5.9.1951, DIDEG/P(51)42, in: PRO FO 1005/731; Letter from DIDEG to Economics Committee about German Prosecutions, June 1951, DIDEG/Memo(51)16, in: PRO FO 1005/736; Memo from Law Committee to Economics Comittee about German Prosecutions, 22.8.1951, LAW/Sec(51)117, in: PRO FO 1023/149; Minute Sheet from RJB Williams

Zwar hatten die amerikanischen Antitruster in Westdeutschland in Folge der Besatzung einen direkteren Zugriff auf die Rechtslage und -praxis als im restlichen Europa, jedoch erwiesen sich auch hier die Widerstände sowohl von deutscher Seite als auch von den europäischen Verbündeten als schwer zu überwindende Stolpersteine. Zudem wurde die Dekartellierung zwar seitens OMGUS/AHK nie komplett aufgegeben, allerdings im Vergleich zu anderen politischen Entwicklungen wie der Westbindung der Bundesrepublik zunehmend nachrangig priorisiert. Es entwickelte sich ausgehend von den alliierten Dekartellierungsgesetzen eine neue bundesdeutsche Kartellrechtspraxis. Diese entsprach aber nur noch sehr bedingt den ursprünglichen Plänen der amerikanischen Antitruster, die sogar über die Rechtspraxis in der Heimat hinausgingen. Stattdessen war die Rechtspraxis eher durch die Rekonstruktion der amerikanisch geprägten Rechtsnormen durch deutsche Juristen und Politiker geprägt, die dem Rechtstransfer nach einer Periode der Rechtsirritationen folgte, während direkte amerikanische Interventionen nur in Einzelfällen erfolgten und lediglich sehr beschränkte Durchschlagskraft entwickelten. Lisa Murach-Brands Schlussfolgerung, es habe sich beim GWB letztendlich um „Antitrust auf Deutsch“ gehandelt, lässt sich also auch durchaus auf die vorherige Rechtspraxis unter den Dekartellierungsgesetzen übertragen.

Trotz der Prozesse vor deutschen Gerichten muss auch das klar formulierte Ziel der amerikanischen Antitruster, durch die Dekartellierung den Antitrustgedanken auch in Deutschland zu popularisieren, insgesamt als Fehlschlag bewertet werden. Zwar erlangte die soziale Marktwirtschaft in ihrer (eher vage definierten) Gesamtheit angesichts des erheblichen Wirtschaftswachstums und steigender Lebensstandards erheblichen Wert als „politischer Markenartikel“,[5] jedoch konnten Dekartellierung und Entflechtung als Einzelmaßnahmen keine nachweisbare, vergleichbare breite politische Unterstützung in der westdeutschen Bevölkerung mobilisieren. Die amerikanischen Antitruster hatten bei ihrem Popularisierungsprogramm die politische Situation in ihrem Heimatland vor Auge, wo Antitrust als Kernbestandteil der politischen Agenda der progressiven Bewegung erhebliche politische Unterstützung genossen hatte. Allerdings erfolgte der Versuch der Popularisierung des Antitrusts in Deutschland zu einem Zeitpunkt, als Antitrust auch in den USA zunehmend von der politischen Agenda progressiver Politiker verschwand und allmählich zur Domäne spezialisierter Technokraten wurde.[6]

---

to Economic Adviser, 27.5.1952, in: PRO FO 1036/178; Prosecution Under Decartelization Laws in German Courts, Proposal by U. S. Member, 17.4.1951, DIDEG/P(51)23, in: PRO FO 1060/363.

5 Ritschl, Später Fluch, S. 165.

6 Richard Hofstadter, What Happened to the Antitrust Movement? Notes on the Evolution of an American Creed, in: Earl F. Cheit (Hrsg.), The Business Establishment, New York u. a. 1964, S. 113–151.

Ähnliche Erfolglosigkeit ist dem Versuch zu konstatieren, die Einstellung der westdeutschen Unternehmer zu offenem Wettbewerb und dem Kartellverbot in der Breite grundlegend zu verändern. Die alliierten Dekartellierungsgesetze wurden von diesen in der Mehrheit als punitives Oktroi der Sieger gegenüber den Besiegten aufgefasst. Das Kartellverbot wurde als ein amerikanischer Import angesehen, der auf die deutschen wirtschaftlichen Verhältnisse so nicht anwendbar sei. Die grundsätzlich wettbewerbsfeindliche Rhetorik, die offenen Preiskampf als „ruinöse Schleuderpreise", „wilde Unterbietungen" oder „Kampf aller gegen alle" schmähte und stattdessen eine „vernünftige Ordnung" dem „Chaos" des offenen Wettbewerbs vorzog, blieb für das unternehmerische Wettbewerbsverständnis bestimmend. Was genau in der deutschen Unternehmerschaft als angemessenes Maß an Wettbewerb verstanden wurde, unterschied sich je nach Bedingungen der Branche mitunter erheblich und war in der konkreten wirtschaftlichen Praxis auch nicht im Rahmen eines fundierten ordnungspolitischen Konzeptes ausformuliert. In den meisten Fällen waren jedoch Marktregelungen vorgesehen, die entweder direkt oder indirekt auf ein möglichst konstantes Preisniveau abzielten und dadurch die überkommene Branchenstruktur grundsätzlich erhielten. Dies war häufig mit konservativen Vorstellungen zum Erhalt der durch diese Branchenstruktur verbundenen sozialen Verhältnisse verbunden, etwa beim Erhalt einer Fachhändlerschaft oder kleiner und mittelständischer Unternehmen. Dementgegen standen amerikanische Vorstellungen, die ausgehend von der langen Tradition des Antitrust sowie neuerer Entwicklungen in der Weltwirtschaftskrise „erstarrte" Preise als grundsätzlich negativ und potenziellen Auslöser für wirtschaftliche Krisen und den Aufstieg eines faschistischen Interventionsstaats ansahen, der in einer wettbewerblich erstarrten Wirtschaft den letzten Ausweg darstelle, überhaupt noch für Dynamik in der Wirtschaft zu sorgen.

Mit der juristischen Realität des Kartellverbots konfrontiert, wichen die Unternehmer auf eine Reihe Strategien zur Fortsetzung von Kartellabsprachen und vergleichbaren Wettbewerbsbeschränkungen aus. Mitunter wurde versucht, für die Fortsetzung von Kartellpraktiken Ausnahmegenehmigungen zu erwirken und dabei auf die deutsche Politik und die alliierten Kartellbehörden mit Appellen einzuwirken, welche im Fall einer konsequenten Anwendung des Kartellverbots Schreckensszenarien mit erheblichen wirtschaftlichen Folgeschäden zeichneten. Andere wichen auf Ersatzregelungen in juristischen Grauzonen aus. So erfreuten sich etwa sogenannte „Wettbewerbsregeln" erheblicher Beliebtheit, die zwar nicht wie Kartellverträge offen Preise festsetzten, aber häufig beispielsweise die systematische Unterbietung bestehender Preise pauschal und ohne Bezug auf das UWG als

„unlauteren Wettbewerb“ brandmarkten.[7] Zudem wurde etwa beispielsweise der Handel branchenweit in einheitliche Kategorien klassifiziert, um eine gleichmäßige Rabattierung innerhalb der Branche zu erwirken. Markenartikler wandten auch die vertikale Preisbindung für Markenartikel entgegen der Rechtfertigung für ihre Legalisierung de facto oft nicht autonom, sondern kollektiv branchenweit an. Klare Preisabsprachen, die auch bei einer gemäßigten Auslegung der Dekartellierungsgesetze nicht mehr zu rechtfertigen waren, setzten die beteiligten Unternehmer angesichts des geringen Verfolgungsdruck oftmals schlicht in der Illegalität und anders als zuvor ohne vertragliche Fixierung informell fort.

Trotz der grundsätzlichen Kontinuität des Kartelldenkens blieben die Dekartellierungsgesetze aber nicht völlig ohne Wirkung auf die Wettbewerbssituation. So war den ohnehin traditionell volatilen Kartellabsprachen die Rechtssicherheit nun völlig entzogen. Im Rechtszustand vor 1945 waren Kartellabsprachen nicht selten vor Gericht aufrechterhalten worden und Zwangsmaßnahmen gegen Außenseiter oder Strafen gegen vertragsbrüchige Kartellmitglieder gerichtlich abgesegnet oder durchgesetzt worden. Diese Rechtssicherheit war den Kartellen unter der neuen Rechtslage definitiv genommen. Klassische Außenseiter waren damit in einer besseren Situation, bei ausreichender eigener Marktmacht Kartelle im Wettbewerb unter Druck zu setzen. Die wirtschaftliche Natur dieser Außenseiter war dabei völlig heterogen. Waren es etwa im Fall der vertikalen Preisbindung für Tafelschokolade wirtschaftlich und sozial marginalisierte, ambulante Straßenhändler, die die Preisstruktur der Branche unterliefen, stand im Falle des Seifenkartells der international operierende Großkonzern Unilever mit seinen beliebten Markenprodukten außerhalb der traditionellen Kartellierungsversuche der bis dahin vor allem mittelständisch geprägten Branche. Auch war es Unternehmen nun möglich, aus wirtschaftlich unbequem gewordenen Kartellvereinbarungen kurzfristig auszusteigen, ohne dafür rechtliche Konsequenzen wegen Vertragsbruchs befürchten zu müssen. Die neue Rechtssituation konnte zudem auch von zuvor widerwilligen Kartellmitgliedern, die außerhalb von Kartellen für ihre eigenes Unternehmen bessere wirtschaftliche Entwicklungschancen sahen, bereits bei den entsprechenden Verhandlungen als strategisches Argument gegen eine Kartellierung genutzt werden.

Während ideelle Verteidigungen einer Wettbewerbswirtschaft unter den zeitgenössischen Unternehmern eher selten waren, wurden „rechtliche Bedenken“ und der Verweis auf die „unklare Rechtslage“ nicht selten von unwilligen Unternehmern als Argumente gegen eine konsequente Kartellierung vorgebracht, obwohl zumindest der straf- und verwaltungsrechtliche Verfolgungsdruck de facto

7 Breuel, Wettbewerbsregeln und Kartellverbot.

äußerst gering war. Wo diese Unternehmer vor 1945 angesichts der rechtlichen und spätestens ab 1933 auch erheblichen politischen Rückendeckung für die Kartellierung oft der *moral persuasion* ihrer kartellierungswilligen Kollegen erlegen waren, konnten sie nun taktisch auf die geänderte Rechtslage verweisen. Häufig handelte es sich dabei um Unternehmen, die schon vor 1945 nur schwer und widerwillig in Kartelle einzubinden waren und nun ihre wirtschaftliche Perspektive außerhalb der meist auf Strukturkonservierung ausgelegten Kartellabsprachen sahen. Die fehlende Rechtssicherheit und die veränderte politische Weichenstellung verstärkten also die Tendenzen zu Volatilität und Instabilität, die den Kartellen bereits vor der nationalsozialistischen Zwangskartellierung häufig Probleme bereitet hatten. Diese grundsätzliche Volatilität der Kartelle hatte die bisherige Kartellforschung wohl auch deshalb nur bedingt im Blick, da die Quellenüberlieferung hier vor allem Untersuchungen zu den größten, langlebigsten und am straffsten organisiertesten Syndikaten ermöglicht hat,[8] während die prekären und zusammengebrochenen Vertreter unter den Kartellen kaum sichtbare Spuren für die Nachwelt hinterließen. Wenn die Fallbeispiele dieser Arbeit vor allem auch die gescheiterten Vertreter ihrer Art behandeln, ist dies also durchaus als Korrektiv gedacht.[9]

Zudem ist Werner Abelshausers These zuzustimmen, dass Kartelle den deutschen Unternehmern vor allem als Mittel galten, in Krisenzeiten für Stabilität zu sorgen.[10] Zwar lässt sich diese These insofern nicht absolut setzen, dass etwa Preisabsprachen in zu diesem Zeitpunkt prosperierenden Wirtschaftszweigen nicht vorgekommen wären. Der Ruf nach Kartellierung war jedoch eindeutig am lautesten in Branchen, die sich entgegen der wirtschaftlichen Gesamtlage etwa wegen veränderter Konsumgewohnheiten oder technologischen Rückstands in strukturellen Krisensituationen befanden, etwa der hier untersuchten Konsumseifenindustrie und Mühlenwirtschaft. Für prosperierende Unternehmen hingegen wurde die gefühlte Notwendigkeit einer Kartellierung angesichts der positiven Konjunktur geringer, sodass man etwas überspitzt formulieren könnte, dass Kartelle zunehmend zum Rettungsanker der Verlierer und Rückständigen wurden, mit entsprechend sichtbar magerer wirtschaftlicher Erfolgsbilanz.

Ambivalent wirkte sich in dieser Hinsicht die Amerikanisierung aus. In den untersuchten Fallbeispielen äußerte sich diese durch den Wandel von einer handwerklichen, klein- und mittelbetrieblich geprägten Struktur hin zu einem Oligopol, in dem wenige dominante Großkonzerne mit erheblichen Ausgaben für Forschung

---

8 Roelevink, Organisierte Intransparenz; Böse, Kartellpolitik im Kaiserreich.

9 Vgl. für eine ähnliche Herangehensweise in der allgemeinen Unternehmensgeschichte: Ingo Köhler / Roman Rossfeld (Hrsg.), Pleitiers und Bankrotteure. Geschichte des ökonomischen Scheiterns vom 18. bis 20. Jahrhundert, Frankfurt a. M. u. a. 2012.

10 Abelshauser, Lange Fünfziger Jahre, S. 56.

und Marketing den Markt dominierten. Einerseits wurde durch diesen Strukturwandel gerade einigen klassischen deutschen Kartellen der Boden entzogen, die sich in solchen Branchen an der Leistungsfähigkeit der wirtschaftlich schwächsten Betriebe orientiert und somit gezielt überkommene Marktstrukturen konserviert hatten. Neben dem rein wirtschaftlich Faktor war durch diese Kartelle oft auch eine als wertvoll angesehene Sozialstruktur erhalten worden, etwa bei der Zusammensetzung der Fachhändlerschaft oder bei der Erhaltung von kleineren und mittleren Betrieben in der Landwirtschaft, im Handwerk oder in mehrheitlich kleinbetrieblich organisierten Industriezweigen. Zu nennen wäre hier erneut das Seifenkartell und die Entwicklung hin zur Dominanz der großen Waschmittelhersteller sowie das Mühlenkartell. Eine ähnliche Nebenfunktion erfüllten auch die strikten Absatzbindungen, die u. a. von den Markenartiklern häufig mit der vertikalen Preisbindung für ihre Produkte verbunden wurden. Im Fall der Linoleumindustrie waren es ironischerweise die ihrerseits selbst aus der Fusion eines ehemaligen Kartells entstandenen DLW, die nun angesichts ihrer wirtschaftlichen Dominanz in der Branche bei den Kartellierungsbestrebungen ihrer kleineren, mittelständischen Konkurrenten bremsten, welche u. a. mit der Erhaltung der bestehenden Sozialstruktur in der Händlerschaft argumentierten. Wo sich eine entsprechende, durch eine Vielzahl von kleinen und mittelständischen Unternehmen dominierte Branchenstruktur halten konnte, bestanden auch die alten Kartellabsprachen häufig weiter fort, beispielsweise in der Schleifmittelindustrie oder bei den Herstellern von Installationsmaterial im ZVEI.

Andererseits waren es in einigen anderen Wirtschaftszweigen, die schon länger durch eine entsprechende oligopolistische Struktur gekennzeichnet waren, gerade diese marktführenden Oligopolisten, die branchenweite Kartellabsprachen durchsetzten, etwa im Falle der Glühlampenindustrie oder bei den Reifenherstellern. Auch abseits dieser recht engen Auslegung von Amerikanisierung als Entwicklung hin zu einem oligopolistischen Markt lässt sich die Übernahme amerikanischer Wettbewerbspraktiken keinesfalls einseitig mit einer Hinwendung zu einer kartellfeindlichen und kompetitiven Mentalität gleichsetzen. So beriefen sich etwa die für ihre umfassenden Marktabsprachen in erhebliche kartellrechtliche Schwierigkeiten geratenen Schleifmittelhersteller gerade auf amerikanische Vorbilder aus den 1920er und frühen 1930er Jahren, als die Durchsetzung des Antitrust auch dort hinter einem kooperativerem Wettbewerbsverständnis zurückgetreten war. Im Fall der DVSG war es sogar das Tochterunternehmen eines US-amerikanischen Marktführers, welches für die gleichen Marktpraktiken zur Rechenschaft gezogen wurde wie zuvor schon das Mutterunternehmen im Heimatland selbst.

Trotz der von ihnen ausgelösten Rechtsirritationen und des erheblichen politischen Widerstands gegen eine flächendeckende und konsequente Anwendung waren die alliierten Dekartellierungsgesetze mehr als nur ein besatzungsrechtlich oktroyiertes Interregnum im Hintergrund der Debatte um das GWB. Zwar mögen die Gesetze unter einem Anwendungsdefizit gelitten haben, unterschieden sich in dieser Hinsicht aber kaum vom GWB in den ersten Jahren seines Bestehens.[11] Sie stellten aber als erste rechtliche Regelung auf deutschem Boden die Integrität des Wettbewerbs und dessen Schutz vor wettbewerbsbeschränkenden Absprachen ins Zentrum der Kartellrechtspraxis. Hinter diese Maxime konnte niemand, der diese Gesetze auslegte, zurück. Zwar mag die Auslegung durch die deutschen Gerichte für Vertreter einer liberalen Wettbewerbswirtschaft häufig unbefriedigend gewesen sein. Aber auch bei diesen konservativen Auslegungen musste nun eine Begründung im Mittelpunkt stehen, warum die zu beurteilenden Marktpraktiken den Wettbewerb nicht oder nur unwesentlich einschränkten. Wo im alten Rechtszustand allenfalls die Lauterkeit der einzelnen Wettbewerbshandlung Maßstab der Bewertung gewesen war, war es nun die Erhaltung des Wettbewerbs als solches. Trotz der unterschiedlichen Rechtstechnik und Formulierungsweise fungierte die alliierten Gesetze in dieser Hinsicht als Vorläufer des GWB. Als dieses am 1.1.1958 in Kraft trat, konnten deutsche Richter, Unternehmer, Rechtsanwälte, Kartellamtsmitarbeiter und Politiker bereits auf zehn Jahre praktische Erfahrung in der Anwendung von Wettbewerbsgesetzen zurückblicken, deren Kern der Schutz des Wettbewerbs vor Kartellabsprachen und dem Missbrauch von Marktmacht gewesen war.

---

11 Teupe, Verhandelte Grenzüberschreitungen; Barnikel, Praxis; Kurzlechner, Fusionen; Edmund Ortwein, Das Bundeskartellamt: Eine Politische Ökonomie deutscher Wettbewerbspolitik, Baden-Baden 1998.

Abkürzungsverzeichnis

ADH	Arbeitsgemeinschaft Deutscher Handelsmühlen
AEG	Allgemeine Electricitäts-Gesellschaft
AG	Amtsgericht
AHK	Alliierte Hohe Kommission
AKU	Algemeene Kunstzijde Unie
ALFF	Arbeitsgemeinschaft der Deutschen Linoleum- und Feltbase-Fabrikanten
BASF	Badische Anilin- und Sodafabrik
BDI	Bundesverband der Deutschen Industrie e. V.
BGH	Bundesgerichtshof
BkartA	Bundeskartellamt
BICO	Bipartite Control Office
BIDEC	Bipartite Decartelization Commission
BIFCO	Bipartite I. G. Farben Control Office
BMELF	Bundesministerium für Ernährung, Landwirtschaft und Forsten
BMWi	Bundesministerium für Wirtschaft
CSG	Combined Steel Group
DAF	Deutsche Arbeitsfront
DAV	Darlehens- und Anpachtungsvereinbarung
DICEA	Division of Investigation of Cartels and External Assets
DIDEG	Decartelization and Industrial Deconcentration Group
DKV	Deutsche Kohlen Verkauf
DLW	Deutsche Linoleum-Werke A. G.
DVSG	Deutsche Vereinigte Schuhmaschinen GmbH
ECA	Economic Cooperation Administration
EGKS	Europäische Gemeinschaft für Kohle und Stahl
EVG	Europäische Verteidigungsgemeinschaft
FARDIP	I. G. Farben Dispersal Panel
FRUS	Foreign Relations of the United States
FTC	Federal Trade Commission
GATT	General Agreement on Tariffs and Trade
GEDAG	German Decartelization Agency
GHH	Gutehoffnungshütte
GWB	Gesetz gegen Wettbewerbsbeschränkungen
HICOG	U. S. High Commissioner for Germany
I. G. Farben	Interessengemeinschaft Farbenindustrie AG
IHK	Industrie- und Handelskammer
ITO	International Trade Organization

https://doi.org/10.1515/9783111517674-011

JCS	Joint Chiefs of Staff
JEIA	Joint Export Import Agency
KG	Kammergericht
KNVO	Kartellnotverordnung
KVO	Kartellverordnung
LG	Landgericht
NIRA	National Industry Recovery Act
NRA	National Recovery Administration
NSMA	National Shoe Manufacturers Association
OLG	Oberlandesgericht
OMGUS	Office of Military Government for Germany (U. S.)
RG	Reichsgericht
RLB	Rheinische Linoleumwerke Bedburg
RM	Reichsmark
RPM	resale price maintenance
RWKS	Rheinisch-Westfälisches Kohlensyndikat
RWM	Reichswirtschaftsministerium
SEC	Securities and Exchange Commission
SS	Schutzstaffel
Tfk	Telefunken
TNEC	Temporary National Economic Comittee
TRIFCO	Tripartite I. G. Farben Control Office
UFA	Universum-Film Aktiengesellschaft
UFI	UFA-Film GmbH
USMC	United Shoe Machinery Corporation
UWG	Gesetz gegen den unlauteren Wettbewerb
VDS	Verband deutscher Seifenfabrikanten
VfW	Verwaltung für Wirtschaft (des vereinigten Wirtschaftsgebiets)
VGF	Vereinigte Glanzstoff-Fabriken
VO	Verordnung
VSt	Vereinigte Stahlwerke
ZVEI	Zentralverband der elektrotechnischen Industrie

Quellen- und Literaturverzeichnis

1 Archivquellen

Archiv des Instituts für Zeitgeschichte (IfZArch)

Office of the Military Government for Germany (U. S.) (OMGUS)

Signaturen: 11/4-3/5, 17/243-2/36, 17/243-2/39, 17/243-3/1, 17/247-1/5, 17/247-1/7, 17/248-3/14, 17/8247/1, 17/8249/3, 17/8249/8, 17/8250/18, 17/8252/6, 17/8254/9

Bundesarchiv Koblenz (BA)

Bundesministerium für Wirtschaft (B 102)

Signaturen: 5273, 5274, 17045, 17051, 17066, 17089, 17090, 17104-6, 192382, 192399, 192408, 192415, 192417, 192419, 192425, 192430, 192469, 192476, 192483, 192484, 192522, 192547

Bundesministerium der Justiz (B 141)

Signaturen: 25115-17

Deutsches Technikmuseum Berlin, Historisches Archiv (DTMB)

I.2.060 AEG-Telefunken

Signaturen: A.04728, A.04740, C.00907, C.00909, C.06219

Hessisches Wirtschaftsarchiv (HWA)

B 135 Deutsche Vereinigte Schuhmaschinen GmbH (DVSG)

Signaturen: 17, 21, 25, 26, 118, 175, 190, 191, 194, 196, 199, 200, 210, 220, 221, 226

Landesarchiv Baden-Württemberg, Hauptstaatsarchiv Stuttgart (LA BW, HSta Stgt)

EA 6-004 Wirtschaftsministerium Württemberg-Baden, Dekartellisierungsstelle

Signaturen: Büschel 3, 8, 20, 22, 118, 181, 201, 275, 239, 320

Rheinisch-Westfälisches Wirtschaftsarchiv zu Köln (RWWA)

Abteilung 58 Rheinische Linoleumwerke, Bedburg

Signaturen: 5-1, 49-5, 61-1, 120-6, 126-5, 131-10, 131-12, 138-12, 152-9, 162-2, 232-4, 240-4

The National Archives, Public Record Office (PRO)

Foreign Office (FO)

371 – Political Departments: General Correspondence from 1906–1966:
Signaturen: 71143A, 76901-4
1005 – Control Commission for Germany (British Element):
Signaturen: 724-38
1006 – Control Commission for Germany (British Element), Schleswig-Holstein:
Signatur: 384

https://doi.org/10.1515/9783111517674-012

1023 – Allied High Commission, Allied General Secretariat, Minutes and Papers:
Signaturen: 149, 244
1030: Control Commission for Germany (British Element), Various Private Office Papers and Administration and Local Government Branch Files:
Signaturen: 142,227
1032: Control Commission for Germany (British Element), Economic and Industrial Planning Staff:
Signaturen: 1369, 1601
1036: Control Commission for Germany (British Element), Office of the Economic Adviser, Files:
Signaturen: 176,178
1046: Control Commission for Germany (British Element), Finance Division, Records:
Signatur: 188
1060: Control Commission for Germany (British Element), Legal Division, Correspondence, Case Files and Court Registers:
Signatur: 363

Wirtschaftsarchiv Baden-Württemberg (WABW):

B 150 Salamander AG
Signaturen: Büschel 365, 1911

B 250 Maschinenfabrik Esslingen
Signaturen: Büschel 264, 544, 602, 610, 614,

2 Zeitgenössische Zeitungen und Zeitschriften

Die Urteile, Aufsätze und Artikel in den hier summarisch aufgelisteten Zeitungen und Zeitschriften sind in den Fußnoten bei jeder Zitation vollständig genannt, werden hier aber nicht einzeln aufgeführt.
Amtsblatt der Alliierten Hohen Kommission
Amtsblatt der Militärregierung, Deutschland, Amerikanisches Kontrollgebiet
Amtsblatt der Militärregierung, Deutschland, Britisches Kontrollgebiet
Betriebs-Berater (BB)
Bundesgesetzblatt (BGBl.)
Der Markenartikel (MA)
Der Seifenhändler
Der Spiegel
Der Volkswirt
Die Zeit
Entscheidungen des Bundesgerichtshofs in Zivilsachen (BGHZ)
Entscheidungen des Reichsgerichts in Zivilsachen (RGZ)
Frankfurter Allgemeine Zeitung (FAZ)
Gewerblicher Rechtsschutz und Urheberrecht (GRUR)
Juristenzeitung
Kartell-Rundschau
Monatsschrift für Deutsches Recht
Neue Juristische Wochenschrift (NJW)

New York Times (NYT)
Reichsgesetzblatt (RGBl.)
University of Pennsylvania Law Review
Wettbewerb in Recht und Praxis
Wirtschaft und Wettbewerb (WuW)
Wirtschaftsberichte der Rhein-Ruhr Bank

3 Zeitgenössische Publikationen und publizierte Quellen

A Decade of American Foreign Policy: Basic Documents, 1941–1949, Washington D. C. 1950.
Arnold, Thurman W., The Folklore of Capitalism, New Haven u. a. 1937.
Arnold, Thurman W., The Bottlenecks of Business, New York 1940.
Ausschuß zur Untersuchung der Produktions- und Absatzbedingungen der deutschen Wirtschaft, Die deutsche Seifen- und Parfümerieindustrie. Verhandlungen und Berichte des Unterausschusses für allgemeine Wirtschaftsstruktur (I. Unterausschuß), 5. Arbeitsgruppe (Außenhandel), Bd. 9, Berlin 1931.
Ausschuß zur Untersuchung der Produktions- und Absatzbedingungen der deutschen Wirtschaft, Die Lage der deutschen Milchwirtschaft. Verhandlungen und Berichte des Unterausschusses für Landwirtschaft (II. Unterausschuß), Bd. 15, Berlin 1931.
Berge, Wendell, Cartels: Challenge to a Free World, Washington D. C. 1944.
Biedenkopf, Kurt, Vertragliche Wettbewerbsbeschränkung und Wirtschaftsverfassung. Die Ausschließlichkeitsklausel als Beispiel, Heidelberg 1958.
Borkin, Joseph / Welsh, Charles A., Germany's Master Plan. The Story of Industrial Offensive, 2. Aufl, London u. a. 1943.
Breuel, Ernst Jürgen W., Wettbewerbsregeln und Kartellverbot, Hamburg 1958.
Charter of the Allied High Commission, 20.6.1949, online unter: https://www.cvce.eu/en/obj/charter_-of_the_allied_high_commission_for_germany_paris_20_june_1949-en-167b9841-e83a-46db-be6f-829c484f8e16.html, zuletzt abgerufen am 15.12.2022.
Clay, Lucius D., Decision in Germany, New York 1950.
Edwards, Corwin D., Economic and Political Aspects of International Cartels. A Study made for the Subcommittee on War Mobilization of the Committee on Military Affairs – United States Senate. Washington D. C. 1944.
Engelmann, Fritz, Der Kampf gegen die Monopole in den USA. Die rechtliche Behandlung der wirtschaftlichen Konzentrationsbewegung in den Vereinigten Staaten von Amerika, Berlin u. Tübingen 1951.
Erhard, Ludwig, Was mir am meisten am Herzen liegt, in: Johann Lang u.a (Hrsg.), Wir fordern von Regierung und Bundestag die Vollendung der Sozialen Marktwirtschaft. Wortlaut der Vorträge auf der zweiten Arbeitstagung der Aktionsgemeinschaft Soziale Marktwirtschaft e. V. am 18. und 19. November 1953 in Bad Godesberg, Bad Nauheim 1954, S. 106–122.
Federal Trade Commission (Hrsg.), Report of the Committee Appointed to Revise the Decartelization Program in Germany [Ferguson-Report], Washington D. C. 1949.
Foreign Relations of the United States, 1945. Volume III: European Advisory Commission; Austria; Germany, Washington D. C. 1968.
Foreign Relations of the United States, 1949. Volume III: Council of Foreign Ministers, Germany and Austria, Washington D. C. 1974.

Gillen, James F. J., Deconcentration and Decartelization in West Germany 1945–1953, Bad Godesberg 1953.
Girisch, Eduard, Das deutsche Kalisyndikat und seine rechtliche Entwicklung, Heidelberg 1938.
Gräfe, Ursula, Die Schleifmittelindustrie: ihre technischen und betriebswirtschaftlichen Grundlagen und ihre Stellung in der deutschen Volkswirtschaft, Berlin 1953, zugl. Diss. Berlin 1953.
Hamilton, Walton / Till, Irene, Antitrust in Action (TNEC-Monograph No. 16), Washington D. C.
Hexner, Ervin, International Cartels, Chapel Hill 1945.
Hoffmann, Gertrud, Zusammenschlußbestrebungen in der deutschen Linoleumwirtschaft unter besonderer Berücksichtigung des Kartellgedankens, Leipzig 1929.
Huber, Ernst Rudolf, Wirtschaftsverwaltungsrecht, 1. Band, 2. Aufl., Tübingen 1953.
Kaysen, Carl, United States v. United Shoe Machinery Corporation. An Economic Analysis of an Anti-Trust Case, Cambridge [MA] 1956.
Kleinwächter, Friedrich, Die Kartelle. Ein Beitrag zur Frage der Organisation der Volkswirthschaft, Innsbruck 1883.
Liefmann, Robert, Kartelle, Konzerne und Trusts, 7. Aufl, Stuttgart 1927.
Linnartz, Hans, Betriebswirtschaftliche Probleme der deutschen Seifenindustrie, Wiesbaden 1942.
Lovasy, Gertrud, International Cartels. A League of Nations Memorandum, Lake Success 1947.
Lynch, David, The Concentration of Economic Power, New York u. a. 1946.
Martin, James Stewart, All Honorable Men, Boston 1950.
Mason, Edward, Controlling World Trade: Cartels and Commodity Agreements, New York u. a. 1946.
Mayer, Ludwig, Milchgesetz vom 31. Juli 1930 nebst Einleitung, Ausführungsbestimmungen, Erläuterungen und weiteren einschlägigen reichsgesetzlichen Bestimmungen, Berlin 1931.
Meyer-Dohm, Peter, Die Lage der westdeutschen Seifenindustrie seit der Währungsreform bis zur Gründung des Seifenkartells, Hamburg 1954.
Michels, Rudolf K., Cartels, Combines and Trusts in Post-War Germany, New York 1928.
Miksch, Leonhard, Wettbewerb als Aufgabe, 2. Aufl., Godesberg 1947.
N. N., A Program for German Economic and Industrial Disarmament. A Study Submitted by the Foreign Economic Administration (Enemy Branch) to the Subcommittee on War Mobilization of the Committee on Military Affairs – United States Senate, Washington D. C. 1946.
N. N., Bericht des Bundeskartellamtes über seine Tätigkeit im Jahre 1960 sowie über Lage und Entwicklung auf seinem Aufgabengebiet, Bundesdrucksache 3/2734.
N. N., Bericht des Bundeskartellamtes über seine Tätigkeit im Jahre 1958 sowie über Lage und Entwicklung auf seinem Aufgabengebiet, Bundesdrucksache 3/1000.
N. N., Bericht des Bundeskartellamtes über seine Tätigkeit im Jahre 1959 sowie über Lage und Entwicklung auf seinem Aufgabengebiet, Bundesdrucksache 3/1795.
N. N., Bericht Wissenschaftlichen Beirats beim Bundesministerium für Wirtschaft über Änderungen des Gesetzes gegen Wettbewerbsbeschränkungen, 1962, Bundesdrucksache 4/617.
N. N., Cartels and National Security. Report from the Subcommittee on War Mobilization to the Committee of Military Affairs – United States Senate, Washington D. C. 1944.
N. N., Investigation of Concentration of Economic Power. Final Report and Recommendations of the Temporary National Economic Committee, Washington D. C. 1941.
Neutz, Erich, Das Seifenkartell von 1954, seine Vorgeschichte und seine Durchführung unter besonderer Berücksichtigung seines Zusammenhangs mit der Entwicklung des westdeutschen Seifen- und Waschmittelmarkte, Nürnberg 1956, zugl. Diss. Nürnberg 1956.
Office of the U. S. High Commissioner for Germany (Hrsg.), Report on Germany. September 21, 1949 – July 31, 1952, Bonn-Mehlem 1952.
Sels, Ludwig, Wettbewerbsprobleme in der deutschen Seifen- und Waschmittelindustrie, Köln 1959.

Stocking, George W. / Watkins, Myron W., Cartels in Action, New York 1947.
Tschierschky, Siegfried, Kartell und Trust, 2. Aufl., Berlin 1932.
United Nations Conference on Trade and Employment, Final Act and Related Documents, Lake Success 1948.
US Department of State (Hrsg.), Germany 1947–1949. The Story in Documents, Washington D. C. 1950.
US Department of State, Documents on Germany, 1944–1985, Washtington D. C. 1985.
Vaubel, Ludwig, Zusammenbruch und Wiederaufbau. Ein Tagebuch aus der Wirtschaft 1945–1949, hrsg. v. Wolfgang Benz, München 1984.
Vertrag über die Gründung der Europäischen Gemeinschaft für Kohle und Stahl, undatiert, online unter: https://eur-lex.europa.eu/legal-content/DE/TXT/PDF/?uri=CELEX:11951K/TXT&from=EN, zuletzt abgerufen am 05.12.2022.
Weinkauff, Hermann, Bericht über meine Amerikareise, Bamberg 1950.
Wiethüchter, Horst, Produktionsbedingungen und Marktverhältnisse der Schleifmittelindustrie in der Bundesrepublik Deutschland, Bonn 1956, zugl. Diss Bonn 1956.

4 Sekundärliteratur

Abelshauser, Werner, Der Ruhrkohlenbergbau seit 1945. Wiederaufbau, Krise, Anpassung, München 1984.
Abelshauser, Werner, Die BASF seit der Neugründung 1952, in: Ders. (Hrsg.), Die BASF. Eine Unternehmensgeschichte, 2. Aufl., München 2003, S. 359–640.
Abelshauser, Werner, Die Langen Fünfziger Jahre. Wirtschaft und Gesellschaft der Bundesrepublik 1949–1966, Düsseldorf 1987.
Abelshauser, Werner, Rüstungsschmiede der Nation? Der Kruppkonzern im Dritten Reich und in der Nachkriegszeit 1933 bis 1951, in: Lothar Gall (Hrsg.), Krupp im 20. Jahrhundert. Die Geschichte des Unternehmens vom Ersten Weltkrieg bis zur Gründung der Stiftung, Berlin 2002, S. 267–472.
Abelshauser, Werner, Umbruch und Persistenz: Das deutsche Produktionsregime in historischer Perspektive, in: Geschichte und Gesellschaft 27 (2001), Heft 4, S. 503–523.
Ahrens, Ralf u. a., Die Dresdner Bank 1945–1957. Konsequenzen und Kontinuitäten nach dem Ende des NS-Regimes, München 2007.
Ambrosius, Gerold, Die Entwicklung des Wettbewerbs als wirtschaftspolitisch relevante Norm und Ordnungsprinzip in Deutschland seit dem Ende des 19. Jahrhunderts, in: Jahrbuch für Sozialwissenschaft 32 (1981), S. 154–201.
Bachmann, Christoph, Blut und Boden – Zur Herrschafts- und Verwaltungsgeschichte des Reichsnährstandes in Bayern, in: Hermann Rumschöttel / Walter Ziegler (Hrsg.), Staat und Gaue in der NS-Zeit. Bayern 1933–1945, S. 621–648.
Bähr, Johannes, Verbandspolitik in Demokratie und Diktatur. Der Spitzenverband der elektrotechnischen Industrie 1918–1950, Frankfurt a. M. 2019.
Baring, Arnulf, Außenpolitik in Adenauers Kanzlerdemokratie. Bonns Beitrag zur Europäischen Verteidigungsgemeinschaft, München und Wien 1969.
Barnikel, Hans-Heinrich, Die Praxis der Kartellbehörden, in: Pohl (Hrsg.), Kartelle und Kartellgesetzgebung, S. 264–287.
Bean, Jonathan J., Beyond the Broker State. Federal Policies toward Small Business, 1936–1961, Chapel Hill 1996.

Berghahn, Volker, Industriegesellschaft und Kulturtransfer. Die deutsch-amerikanischen Beziehungen im 20. Jahrhundert, Göttingen 2011.
Berghahn, Volker, Otto A. Friedrich: Politischer Unternehmer aus der Gummiindustrie und das Amerikanische Modell, in: Paul Erker / Toni Pierenkemper (Hrsg.), Deutsche Unternehmer zwischen Kriegswirtschaft und Wiederaufbau. Studien zur Erfahrungsbildung von Industrie-Eliten, München 1999, S. 193–215.
Berghahn, Volker, Unternehmer und Politik in der Bundesrepublik, Frankfurt a. M. 1985.
Berghoff, Hartmut / Rauh, Cornelia / Welskopp, Thomas (Hrsg.), Tatort Unternehmen. Zur Geschichte der Wirtschaftskriminalität im 20. und 21. Jahrhundert, Berlin 2016.
Berghoff, Hartmut, Moderne Unternehmensgeschichte. Eine themen- und theorieorientierte Einführung, 2. akt. Aufl., Berlin u. a. 2016 Moderne Unternehmensgeschichte. Eine themen- und theorieorientierte Einführung, 2. akt. Aufl., Berlin u. a. 2016.
Bernett, Hanno, Von der Entflechtung bis zur Wiederherstellung alter Konzernstrukturen: die Unternehmensorganisation deutscher Montanunternehmen am Beispiel Mannesmann (1945–1958/9), Bonn 1991.
Beyenburg-Weidenfeld, Ursula, Wettbewerbstheorie, Wirtschaftspolitik und Mittelstandsförderung 1948–1963. Die Mittelstandspolitik im Spannungsfeld zwischen wettbewerbstheoretischem Anspruch und wirtschaftspolitischem Pragmatismus, Stuttgart 1992.
Blaich, Fritz, Amerikanische Firmen in Deutschland 1890–1918. US-Direktinvestitionen im deutschen Maschinenbau, Wiesbaden 1984.
Blaich, Fritz, Ausschließlichkeitsbindungen als Wege zur industriellen Konzentration in der deutschen Wirtschaft bis 1914, in: Horn / Kocka (Hrsg.), Recht und Entwicklung der Großunternehmen, S. 317–342.
Blaich, Fritz, Kartell- und Monopolpolitik im kaiserlichen Deutschland. Das Problem der Marktmacht im deutschen Reichstag zwischen 1879 und 1914, Düsseldorf 1973.
Bodden, Nancy, Business as usual? Die Dortmunder Brauindustrie, der Flaschenbierboom und die Nachfragemacht des Handels 1950 bis 1980, Dortmund u. Münster 2019.
Borkenhagen, Erich, 100 Jahre Deutscher Brauer-Bund e. V. Zur Geschichte des Bieres im 19. Und 20. Jahrhundert, hrsg. vom Deutschen Brauer-Bund e. V., Bonn 1971.
Born, Karl Erich, Internationale Kartellierung einer neuen Industrie: Die Aluminium-Association 1901–1915, Stuttgart 1994.
Böse, Christian, Kartellpolitik im Kaiserreich. Das Kohlensyndikat und die Absatzorganisation im Ruhrbergbau 1893–1919, Berlin/Boston 2018.
Brinkley, Alan, The Antimonopoly Idea and the Liberal State: The Case of Thurman Arnold, in: The Journal of American History 80, Heft 2 (1993), S. 557–579.
Corni, Gustavo / Gies, Horst, Brot – Butter – Kanonen. Die Ernährungswirtschaft in Deutschland unter der Diktatur Hitlers, Berlin 1997.
Degussa (Hrsg.), Aller Anfang ist schwer. Bilder zur hundertjährigen Geschichte der Degussa, Frankfurt a. M. 1973.
Djelic, Marie-Laure, Exporting the American Model. The Postwar Transformation of European Business, Oxford u. a. 1998.
Doering-Manteuffel, Anselm, Die Bundesrepublik Deutschland in der Ära Adenauer. Außenpolitik und innere Entwicklung 1949–1963, 2. Aufl., Darmstadt 1988.
Eckert, Elaine, Die Carbid-Vereinigung GmbH, Regensburg 2014.
Engels, Jens Ivo u. a. (Hrsg.), Krumme Touren in der Wirtschaft. Zur Geschichte ethischen Fehlverhaltens und seiner Bekämpfung, Köln u. a. 2015.

Epple, Matthias, Die Wurzeln der vertikalen Preisbindung in Deutschland. Eine rechtshistorische Analyse, Baden-Baden 2014.

Erker, Paul, In den Zwängen allliierter Kartellgesetzgebung: Das Bosch-Entflechtungsverfahren 1947 bis 1952, in: Johannes Bähr / Paul Erker, Bosch. Geschichte eines Weltunternehmens, München 2013, S. 264–270.

Erker, Paul, Vom nationalen zum globalen Wettbewerb. Die deutsche und amerikanische Reifenindustrie im 19. und 20. Jahrhundert, Paderborn 2005.

Esenwein-Rothe, Ingeborg, Die Wirtschaftsverbände von 1933 bis 1945, Berlin 1965.

Ewald, William, Comparative Jurisprudence II. The Logic of Legal Transplants, in: American Journal of Comparative Law 43 (1995), Heft 4, S. 489–510.

Feldenkirchen, Wilfried, Siemens. Von der Werkstatt zum Weltunternehmen, München 1997.

Finger, Jürgen, u. a. (Hrsg.), Vom Recht zur Geschichte. Akten aus NS-Prozessen als Quellen der Zeitgeschichte, Göttingen 2009.

Frei, Norbert, Amnestiepolitik in den Bonner Anfangsjahren. Die Westdeutschen und die NS-Vergangenheit, in: Kritische Justiz 1996, Heft 4, S. 484–494.

Frei, Norbert, Vergangenheitspolitik, Die Anfänge der Bundesrepublik und die NS-Vergangenheit, 2. Aufl., München 1996.

Freise, Harald, Wettbewerb und Politik in der Rechtsordnung des Nationalsozialismus. Primat der Politik und ständischer Gedanke im Kartell-, Wettbewerbs- und Organisationsrecht 1933–36, Baden-Baden 1994.

Freise, Harald, Wettbewerbs- und Kartellrecht im Nationalsozialismus. Die Sperrpräventivzensur des Kartellgerichts, in: Dieter Gosewinkel (Hrsg.), Wirtschaftskontrolle und Recht in der nationalsozialistischen Diktatur, Frankfurt a. M. 2005, S. 243–265.

Freyer, Tony A., Antitrust and Global Capitalism, 1930–2004, Cambridge 2006.

Friedländer, Vera, Ich war Zwangsarbeiterin bei Salamander, Berlin 2016.

Führer, Karl Christian, Das Fleisch der Republik. Ein Lebensmittel und die Entstehung der modernen Landwirtschaft in Westdeutschland 1950–1990, Berlin 2022.

Furner, Mary O., From „State Interference“ to the „Return of the Market“: The Rhetoric of Economic Regulation from the Old Gilded Age to the New, in: Edward J. Balleisen / David A. Moss (Hrsg.), Government and Markets. Toward a new theory of regulation, New York 2009, S. 94–142.

Gall, Lothar u. a. (Hrsg.), Die Deutsche Bank 1870–1995, München 1995.

Gerber, David, Global Competition. Law, Markets and Globalization, Oxford u. a. 2012.

Gillingham, John, Coal, steel and the rebirth of Europe, 1945–1955. The Germans and French from Ruhr conflict to economic community, Cambridge u. a. 1991.

Gimbel, John, Amerikanische Besatzungspolitik in Deutschland 1945–1949, übers. v. Hans Jürgen von Koskull, Frankfurt a. M. 1971.

Glahé, Philipp, The Heidelberg Circle of Jurists and its Struggle against Allied Jurisdiction: Amnesty-Lobbyism and Impunity-Demands for National Socialist War Criminals (1949–1955), in: Journal of the History of International Law 22 (2020), Heft 1, S. 1–44.

Goldschmidt, Nils / Berndt, Arnold, Leonhard Miksch (1901–1950). A Forgotten Member of the Freiburg School, in: American Journal of Economics and Sociology 64 (2005), Heft 4, S. 973–998.

Guldin, Harald, Die Bundesrepublik Deutschland auf dem Weg zur souveränen Gleichberechtigung: Die politisch-ökonomische Westintegration als Verhandlungsgegenstand zwischen der Alliierten Hohen Kommission und der Bundesregierung in den Jahren 1949 bis 1952. Fallstudie zu einem spezifisch strukturierten Entscheidungssystem in den Sachenbereichen Außen-, Außenwirtschafts- und Sicherheitspolitik, Frankfurt a. M. u. a. 1990.

Hardach, Gerd, Wettbewerbspolitik in der Sozialen Marktwirtschaft, in: Werner Abelshauser (Hrsg.) Das Bundeswirtschaftsministerium in der Ära der Sozialen Marktwirtschaft. Der deutsche Weg der Wirtschaftspolitik (Wirtschaftspolitik in Deutschland 1917–1990, Bd. 4), Berlin 2016, S. 193–264.

Hauser, Johannes, Neuaufbau der westdeutschen Filmwirtschaft 1945–1955 und der Einfluß der US-Amerikanischen Filmpolitik, Pfaffenweiler 1989.

Hawley, Ellis Wayne, The New Deal and the Problem of Monopoly. A Study in Economic Ambivalence, Princeton [NJ] 1966.

Hayes, Peter, Industry and Ideology. IG Farben in the Nazi era, Cambridge u. a. 1987.

Henke, Klaus-Dietmar (Hrsg.), Die Dresdner Bank im Dritten Reich, 4 Bde., München 2006.

Hennecke, Raphael, Ein Erziehungskartell zur „Heilung der Geister"? Ludwig Erhards Bundeswirtschaftsministerium und die gescheiterte Wettbewerbsordnung der Konsumseifenindustrie von 1954/55, in: Zeitschrift für Unternehmensgeschichte 64, Heft 2 (2019), S. 187–216.

Hentschel, Volker, Ludwig Erhard. Ein Politikerleben, München u. Landsberg am Lech 1996.

Herbe, Daniel, Hermann Weinkauff (1894–1981). Der erste Präsident des Bundesgerichtshofs, Tübingen 2008.

Herbst, Ludolf, Der Totale Krieg und die Ordnung der Wirtschaft. Die Kriegswirtschaft im Spannungsfeld von Politik, Ideologie und Propaganda 1939–1945, Stuttgart 1982.

Herget, Lukas / Pahlow, Louis, Erwartungs(un)sicherheit durch Gerichte. Methoden und Chiffren der Justiz: Working Papers of the Priority Programme 1859 „Experience and Expectation. Historical Foundations of Economic Behaviour" 28 (2020).

Hesse, Jan Otmar / Roelevink, Eva-Maria, Cartel Law and cartel register in German twentieth century history, in: Susanna Fellman / Martin Shanahan (Hrsg.), Regulating Competition. Cartel registers in the twentieth-century world, London u. a. 2016, S. 193–207.

Hesse, Jan-Otmar, Abkehr vom Kartelldenken? Das Gesetz gegen Wettbewerbsbeschränkungen als ordnungspolitische und wirtschaftstheoretische Zäsur der Ära Adenauer, in: Hans Günter Hockerts / Günther Schulz (Hrsg.), Der „Rheinische Kapitalismus" in der Ära Adenauer, Paderborn 2016, S. 29–50.

Hesse, Jan-Otma, Zur Semantik von Wirtschaftsordnung und Wettbewerb in nationalökonomischen Lehrbüchern der Zeit des Nationalsozialismus, in: Johannes Bähr / Ralf Banken (Hrsg.) Wirtschaftssteuerung durch Recht im Nationalsozialismus. Studien zur Entwicklung des Wirtschaftsrechts im Interventionsstaat des „Dritten Reichs", Frankfurt a. M. 2006, S. 473–510.

Hilger, Susanne / Feldenkirchen, Wilfried, Menschen und Marken. 125 Jahre Henkel, Düsseldorf 2001.

Hilger, Susanne, „Amerikanisierung" deutscher Unternehmen. Wettbewerbsstrategien und Unternehmenspolitik bei Henkel, Siemens und Daimler-Benz (1945/49–1975), Stuttgart 2004.

Hilger, Susanne, Zwischen Demontage und Wiederaufbau. Unternehmen und alliierte Besatzungspolitik nach dem Zweiten Weltkrieg am Beispiel der Firma Henkel, Düsseldorf, in: Zeitschrift für Unternehmensgeschichte 46 (2001), Heft 2, S. 198–220.

Hofstadter, Richard, What Happened to the Antitrust Movement? Notes on the Evolution of an American Creed, in: Earl F. Cheit (Hg.), The Businesss Establishment, New York u. a. 1964, S. 113–151.

Holtfrerich, Carl-Ludwig, Die Deutsche Bank vom Zweiten Weltkrieg über die Besatzungsherrschaft zur Rekonstruktion, in: Lothar Gall u. a. (Hrsg.), Die Deutsche Bank 1870–1995, München 1995, S. 409–578.

Horn, Norbert / Kocka, Jürgen (Hrsg.), Recht und Entwicklung der Großunternehmen im 19. und frühen 20. Jahrhundert. Wirtschafts-, sozial- und rechtshistorische Untersuchung zur Industrialisierung in Deutschland, Frankreich, England und den USA, Göttingen 1979.

Horstmann, Theo, Die Alliierten und die deutschen Großbanken. Bankenpolitik nach dem Zweiten Weltkrieg in Westdeutschland, Bonn 1991.
Hüttenberger, Peter, Wirtschaftsordnung und Interessenpolitik in der Kartellgesetzgebung der Bundesrepublik 1949–1957, in: Vierteljahrshefte für Zeitgeschichte 24, Heft 3 (1976), S. 287–307.
Huttenlocher Kristina, Sprengel. Die Geschichte einer Schokoladenfabrik, Springe 2016.
Jacobs, Tino, Rauch und Macht. Das Unternehmen Reemtsma 1920 bis 1961, Göttingen 2008.
James, Harold, Nazi Dictatorship and the Deutsche Bank, Cambridge u. a. 2004.
Jeffreys, Diarmuid, Weltkonzern und Kriegskartell. Das zerstörerische Werk der IG Farben, München 2011.
Jovović, Thomas, Deutschland und die Kartelle – eine unendliche Geschichte, in: Jahrbuch für Wirtschaftsgeschichte 2012, Heft 1, S. 237–273.
Kahn, Daniela, Die Steuerung der Wirtschaft durch Recht im nationalsozialistischen Deutschland. Das Beispiel der Reichsgruppe Industrie, Frankfurt a. M. 2006.
Kahn-Freund, Otto, On Uses and Misuses of Comparative Law, in: Ders., Selected Writings, London 1978, S. 294–319.
Kleinschmidt, Christian, An Americanised Company in Germany: the Vereinigte Glanzstoff Fabriken AG in the 1950s, in: Matthias Kipping / Ove Bjarnar (Hrsg.), The Americanisation of European Business. The Marshall Plan and the Transfer of U. S. Management Models, London 1998, S. 171–189.
Kobrak, Christopher / Schneider, Andrea H., Big Business and the Third Reich: An Appraisal of the Historical Arguments, in: Dan Stone (Hrsg.), The Historiography of the Holocaust, Basingstoke 2004, S. 141–172.
Kobrak, Christopher / Wüstenhagen, Jana, International Investment and Nazi Politics: The Cloaking of German Assets Abroad, 1936–1945, in: Business History 48, Heft 3, (2006), S. 399–427.
Köhler, Ingo / Rossfeld, Roman (Hrsg.), Pleitiers und Bankrotteure. Geschichte des ökonomischen Scheiterns vom 18. bis 20. Jahrhundert, Frankfurt a. M. u. a. 2012.
Kopper, Christopher, Das Ministerium Schacht und sein Einfluss, in: Albrecht Ritschl (Hrsg.), Das Reichswirtschaftsministerium in der NS-Zeit. Wirtschaftsordnung und Verbrechenskomplex (Wirtschaftspolitik in Deutschland 1917–1990, Bd. 2), Berlin 2016, S. 76–110.
Köster, Roman, Die Kartell- und Monopoldebatte der Nationalökonomie während der Weimarer Republik, in: Peter Collin (Hrsg.), Treffräume juristischer und ökonomischer Regulierungsrationalitäten, Frankfurt a. M. 2014, S. 211–233.
Kreikamp, Hans-Dieter, Die Entflechtung der I. G. Farbenindustrie A. G. und die Gründung der Nachfolgegesellschaften, in: Vierteljahrshefte für Zeitgeschichte 25 (1977), Heft 2, S. 220–251.
Kreimeier, Klaus, The Ufa Story. A History of Germany's Greatest Film Company, 1918–1945, Berkeley u. a. 1999.
Kretschmer, Bernhard / Zabel, Benno (Hrsg.), Studien zur Geschichte des Wirtschaftsstrafrechts. Methoden – Analysen – Kritik, Baden-Baden 2018.
Kurzlechner, Werner, Fusionen – Kartelle – Skandale, Das Bundeskartellamt als Wettbewerbshüter und Verbraucheranwalt, München 2008.
Lahusen, Benjamin, „Der Dienstbetrieb ist nicht gestört." Die Deutschen und ihre Justiz 1943–1948, München 2022.
Lee, Frederic S., G. C. Means's Doctrine of Administered Prices, in: Philip Arestis / Yiannis Kitromilides (Hrsg.), Theory and Policy in Political Economy. Essays in Pricing, Distribution and Growth, Aldershot u. a. 1990, S. 199–228.
Legner, Sarah, Private Kartellrechtsdurchsetzung in der Weimarer Republik und im Deutschland der frühen Nachkriegszeit, in: Zeitschrift für neuere Rechtsgeschichte 40, Heft 1/2 (2018), S. 59–72.

Legrand, Pierre, The Impossibility of Legal Transplants, in: Maastricht Journal of European and Comparative Law 4 (1994), Heft 2, S. 111–124.

Leonhardt, Holm Arno, Kartelltheorie und Internationale Beziehungen. Theoriegeschichtliche Studien, Hildesheim 2013.

Löffler, Bernhard, Soziale Marktwirtschaft und administrative Praxis. Das Bundeswirtschaftsministerium unter Ludwig Erhard, Stuttgart 2002.

Maddox, Robert Franklin, The War Within World War II. The United States and International Cartels, Westport [CT] und London 2001.

Maschke, Erich, Grundzüge der deutschen Kartellgeschichte bis 1914, Dortmund 1964.

Mierzejewksi, Alfred C., Ludwig Erhard. Der Wegbereiter der sozialen Marktwirtschaft, übers. v. Anne Emmert und Norbert Juraschitz, München 2005.

Mierzejewksi, Alfred C., America as Model? U. S. Antitrust Policy and Ludwig Erhard's Struggle against Cartels in West Germany, in: Alan E. Steinweis (Hrsg.), The impact of Nazism, Lincoln u. a. 2003, S. 213–230.

Möschel, Wernhard, Entflechtung – Antimonopolrecht, in: Bernard Diestelkamp u. a. (Hrsg.), Zwischen Kontinuität und Fremdbestimmung. Zum Einfluß der Besatzungsmächte auf die deutsche und japanische Rechtsordnung 1945 bis 1950, Tübingen 1996, S. 233–244.

Möschel, Wernhard, Entflechtungen im Recht der Wettbewerbsbeschränkungen. Eine vergleichende rechtspolitische Studie, Tübingen 1979.

Müller, Gloria, Strukturwandel und Arbeitnehmerrechte. Die wirtschaftliche Mitbestimmung in der Eisen- und Stahlindustrie 1945–1975, Essen 1991.

Murach-Brand, Lisa, Antitrust auf Deutsch. Der Einfluß der amerikanischen Alliierten auf das Gesetz gegen Wettbewerbsbeschränkungen (GWB) nach 1945, Tübingen 2004.

N. N., Bestandsbeschreibung USMC (Biographical/Historical) beim National Museum of American History, https://sova.si.edu//record/NMAH.AC.0277, zuletzt abgerufen am 28.01.2021.

Nörr, Knut Wolfgang, Die Leiden des Privatrechts. Kartelle in Deutschland von der Holzstoffkartellentscheidung zum Gesetz gegen Wettbewerbsbeschränkungen, Tübingen 1994.

Ortwein, Edmund, Das Bundeskartellamt: Eine Politische Ökonomie deutscher Wettbewerbspolitik, Baden-Baden 1998.

Pahlow, Louis, Fritz Heinrich Karl Paul Lindenmaier (1881–1960), in: Simon Apel / Louis Pahlow / Matthias Wiessner (Hrsg.), Biographisches Handbuch des Geistigen Eigentums, Tübingen 2017, S. 187–191.

Pahlow, Louis, Unternehmensrechtsgeschichte. Methoden und Perspektiven, in: Zeitschrift für Neuere Rechtsgeschichte 36 (2014), Heft 1+2, S. 83–102.

Peritz, Rudolph J. R., Competition Policy in America. History, Rhetoric, Law, 2. erw. Aufl, Oxford, New York u. a. 2000.

Petzina, Dietmar, Autarkiepolitik im Dritten Reich. Der nationalsozialistische Vierjahresplan, Stuttgart 1968.

Phillips-Sawyer, Laura, California Fair Trade: Antitrust and the Politics of „Fairness" in U. S. Competition Policy, in: Business History Review 90 (2016), S. 31–56.

Pierenkemper, Toni, Von Krise zu Krise, Die Fried. Krupp AG von der Währungsstabilisierung bis zum Ende der Weimarer Republik 1924 bis 1933, in: Lothar Gall (Hrsg.), Krupp im 20. Jahrhundert. Die Geschichte des Unternehmens vom Ersten Weltkrieg bis zur Gründung der Stiftung, Berlin 2002, S. 167–265.

Pistor, Katharina / Berkowitz, Daniel, Of Legal Transplants, Legal Irritants, and Economic Development, in: Peter K. Cornelius / Bruce Kogut (Hrsg.), Corporate Governance and Capital Flows in a Global Economy, New York u. a. 2003, S. 347–366.

Plumpe, Gottfried, Die I. G. Farbenindustrie AG. Wirtschaft, Technik und Politik 1904–1945, Berlin 1990.

Plumpe, Werner / Nützenadel, Alexander / Schenk, Catherine R., Deutsche Bank. Die globale Hausbank, 1870–2020, Berlin 2020.

Plumpe, Werner, Desintegration und Reintegration: Anpassungszwänge und Handlungsstrategien der Schwerindustrie des Ruhrgebiets in der Nachkriegszeit, in: Eckart Schremmer (Hrsg.), Wirtschaftliche und soziale Integration in historischer Sicht, Stuttgart 1996, S. 290–303.

Pohl, Hans (Hrsg.), Kartelle und Kartellgesetzgebung in Praxis und Rechtsprechung vom 19. Jahrhundert bis zur Gegenwart, Stuttgart 1985.

Pohl, Manfred, Zerschlagung und Wiederaufbau der deutschen Großbanken, 1945–1957, in: Deutsche Bank (Hrsg.), Beiträge zu Wirtschafts- und Währungsfragen und zur Bankgeschichte 13 (1974), S. 21–32.

Pöting, Annette, Die Kartellgesetzgebung als Instrument staatlicher Wirtschaftslenkung im Zeitalter des Nationalsozialismus, Köln 2006.

Raim, Edith, Justiz zwischen Diktatur und Demokratie. Wiederaufbau und Ahndung NS-Verbrechen in Westdeutschland 1945–1949, München 2013.

Reckendrees, Alfred, Beiersdorf. Die Geschichte des Unternehmens hinter den Marken NIVEA, tesa, Hansaplast & Co, München 2018.

Reckendrees, Alfred, Das „Stahltrust"-Projekt. Die Gründung der Vereinigten Stahlwerke A. G. und ihre Unternehmensentwicklung 1926–1933/34, München 2000.

Reichel, Clemens, Vom Verbund zum Konzern. Die Metallgesellschaft AG 1945–1975, Darmstadt 2008.

Reindl, Josef, Wachstum und Wettbewerb in den Wirtschaftswunderjahren. Die elektrotechnische Industrie in der Bundesrepublik Deutschland und in Großbritannien 1945–67, Paderborn 2001.

Richter, Klaus W., Die Wirkungsgeschichte des deutschen Kartellrechts vor 1914, Tübingen 2007.

Riedel, Matthias, Eisen und Kohle für das Dritte Reich. Paul Pleigers Stellung in der NS-Wirtschaft, Göttingen u. a. 1973.

Ritschl, Albrecht, Der späte Fluch des Dritten Reiches: Pfadabhängigkeiten in der Entstehung der bundesdeutschen Wirtschaftsordnung, in: Perspektiven der Wirtschaftspolitik 6, Bd. 2 (2005), S. 151–170.

Robert, Rüdiger, Konzentrationspolitik in der Bundesrepublik. Das Beispiel der Entstehung des Gesetzes gegen Wettbewerbsbeschränkungen, Berlin 1976.

Roelevink, Eva Maria / Ziegler, Dieter, The Syndicate in a Web of Intervention: the Rhenish-Westphalian Coal Syndicate and the State, 1893–1945, in: Ralf Banken / Ben Wubs (Hrsg.), The Rhine: A Transnational Economic History, Baden-Baden 2017, S. 115–143.

Roelevink, Eva-Maria, Organisierte Intransparenz. Das Kohlensyndikat und der Niederländische Markt, 1915–1932, München 2015.

Roelevink, Eva-Maria, Warum weniger eine Theorie als vielmehr eine neue empirische Kartellforschung notwendig ist. Eine Replik auf Holm A. Leonhardt: Zum Richtungsstreit in der Kartellgeschichtsforschung, ZUG 61, Heft 1 (2016), S. 116–120.

Sattler, Friederike, Die Commerzbank 1945 bis 1989. Neuanfang, Wirtschaftsboom und Internationalisierung, in: Dies. u. a., Hundertfünfzig Jahre Commerzbank, 1870–2020, München 2020, S. 219–414.

Schäfer, Ehrhart, Das Mühlenkartell 1955 bis 1971. Bericht über ein wettbewerbspolitisches Kuriosum, Bonn 2004.

Scheybani, Abdolreza, Handwerk und Kleinhandel in der Bundesrepublik Deutschland. Sozialökonomischer Wandel und Mittelstandspolitik 1949–1961, München 1996.

Schöning, Jörg, „Es wurde um ein Butterbrot verkauft." Das Erbe der Ufa: Entflechtung und Neuausrichtung nach dem Zweiten Weltkrieg, in: Rainer Rother / Vera Thomas (Hrsg.), Linientreu und populär. Das Ufa-Imperium 1933–1945, Berlin 2017, S. 194–206.

Schröder, Rainer, Die Entwicklung des Kartellrechts und des kollektiven Arbeitsrechts durch die Rechtsprechung des Reichsgerichts vor 1914, Ebelsbach 1988.

Schröter, Harm G., Americanization of the European Economy. A compact survey of American Economic Influence in Europe since the 1880s, Dordrecht 2005.

Schröter, Harm G., Die internationale Kaliwirtschaft 1918 bis 1939. Zum Verhältnis von industrieller Kartellpolitik und Staatsinterventionismus, Kassel 1985.

Schröter, Harm G., Kartellierung und Dekartellierung, 1890–1990, in: Vierteljahrschrift für Sozial- und Wirtschaftsgeschichte 81 (1994), Heft 4, S. 457–493.

Schröter, Harm G., Kartellverbot und andere Ungereimtheiten. Neue Ansätze in der internationalen Kartellforschung, in: Margit Müller / Heinrich R. Schmidt / Laurent Tissot (Hrsg.), Regulierte Märkte: Zünfte und Kartelle, Zürich 2011, S. 119–211.

Schröter, Harm G., Quo vadis Kartelldiskurs?, in: Zeitschrift für Unternehmensgeschichte 62 (2017), Heft 2, S. 302–309.

Schulte-Goebel, Achim, Fritz Berg 1901–1979. Unternehmer und Industriepräsident in der Adenauer-Ära, Düsseldorf 2000.

Schwartz, Thomas Alan, America's Germany. John J. McCloy and the Federal Republic of Germany, Cambridge [MA] u. a. 1991.

Settele, Veronika, Revolution im Stall. Landwirtschaftliche Tierhaltung in Deutschland 1945–1990, Göttingen 2020.

Spoerer, Mark, Der Konzentrationsprozeß in deutschen Tafelglasindustrie 1925 bis 1932. Eine Fallstudie über den Einfluß des technischen Fortschritts auf Marktstruktur und Marktergebnis, in: Zeitschrift für Unternehmensgeschichte 38 (1993), Heft 2, S. 73–113.

Stegmann, Dirk, Hugenberg contra Stresemann: Die Politik der Industrieverbände am Ende des Kaiserreichs, in: Vierteljahrshefte für Zeitgeschichte 24 (1976), Heft 4, S. 329–378.

Stokes, Raymond G., Recovery and Resurgence in the West German Chemical Industry: Allied Policy and the I. G. Farben Successor Companies, 1945–1951, Ann Arbor 1986.

Stratmann, Friedrich, Chemische Industrie unter Zwang?, Staatliche Einflußnahme am Beispiel der chemischen Industrie Deutschlands 1933–1949, Stuttgart 1985.

Sudrow, Anne, Der Schuh im Nationalsozialismus, Göttingen 2010.

Taylor, Graham D., The Rise and Fall of Antitrust in Occupied Germany, 1945–48, in: Prologue 11 (1979), S. 22–39.

Teichova, Alice, An Economic Background to Munich. International Business and Czechoslovakia 1918–1938, Cambridge 1974.

Teubner, Gunther, Eigensinnige Produktionsregimes: Zur Ko-evolution von Wirtschaft und Recht in den varieties of capitalism, in: Soziale Systeme 5 (1999), Heft 1, S. 7–25.

Teubner, Gunther, Legal Irritants: Good Faith in British Law or How Unifying Law Ends up in New Divergences, in: The Modern Law Review 61 (1998), Heft 1, S. 11–32.

Teubner, Gunther, Rechtsirritationen. Zur Koevolution von Rechtsnormen und Produktionsregimes, in: Günter Dux / Frank Welz (Hrsg.), Moral und Recht im Diskurs der Moderne. Zur Legitimation gesellschaftlicher Ordnung, Opladen 2001, S. 351–380.

Teupe, Sebastian, Die Schaffung eines Marktes. Preispolitik, Wettbewerb und Fernsehgerätehandel in der BRD und den USA 1945–1985, Berlin u. a. 2016.

Teupe, Sebastian, Kontrolldenken. Vertikale Preisbindung, Hersteller-Händler-Beziehungen und die Transformation des Wettbewerbs im Markt für Fernsehgeräte zwischen den 1950er und 80er Jahren, in: ZUG 59, Heft 1 (2014), S. 47–72.

Teupe, Sebastian, Verhandelte Grenzüberschreitungen. Die Entwicklungstrends der deutschen Kartellrechtspraxis am Beispiel der Fernsehgeräteindustrie, 1950 bis 1990, in: Hartmut Berghoff / Cornelia Rauh / Thomas Welskopp (Hrsg.), Tatort Unternehmen. Zur Geschichte der Wirtschaftskriminalität im 20. und 21. Jahrhundert, Berlin 2016, S. 102–128.

Thiessen, Jan, Wirtschaftsrecht und Wirtschaftsrechtler im Schatten der NS-Vergangenheit, in: Manfred Görtemaker / Christoph Safferling (Hrsg.), Die Rosenburg. Das Bundesministerium der Justiz und die NS-Vergangenheit – eine Bestandsaufnahme, Göttingen 2013, S. 204–295.

Toye, Richard, The International Trade Organization, in: Amarita Narlikar / Martin Daunton / Robert M. Stern (Hrsg.), The Oxford Handbook on the World Trade Organization, Oxford 2014, S. 85–101.

Vogt, Helmut, Wächter der Bonner Republik. Die Alliierten Hohen Kommissare 1949–1955, Paderborn 2004.

Watson, Alan, Legal Transplants. An Approach to Comparative Law, Edinburgh 1974.

Weber, Heinz-Jürgen, Findbuch-Vorwort zu den Milch-, Fett-, und Eierwirtschaftsverbänden, BayHSta, https://www.gda.bayern.de/service/findmitteldatenbank/Findbuch/3e8658a7-cff6-4f34-95e3-2a54452207f9, 21.4.2016, zuletzt abgerufen am: 1.8.2024.

Wells, Wyatt, Antitrust and the Formation of the Postwar World, New York 2002.

Welskopp, Thomas, Arbeit und Macht im Hüttenwerk. Arbeits- und industrielle Beziehungen in der deutschen und amerikanischen Eisen- und Stahlindustrie von den 1860er bis zu den 1930er Jahren, Bonn 1994.

Wessel, Horst A. Die Haltung der Unternehmer zur Zwangskartellierung, in: Pohl (Hrsg.), Kartelle und Kartellgesetzgebung, S. 188–201.

Wilson, Sarah, The Origins of Modern Financial Crime. Historical Foundations and Current Problems in Britain, Abingdon u. a. 2014.

Witschke, Tobias, Gefahr für den Wettbewerb? Die Fusionskontrolle der Europäischen Gemeinschaft für Kohle und Stahl und die „Rekonzentration" der Ruhrstahlindustrie 1950–1963, Berlin 2009.

Zündorf, Irmgard, Der Preis der Marktwirtschaft. Staatliche Preispolitik und Lebensstandard in Westdeutschland 1948 bis 1963, Stuttgart 2006.

Anhang: Gesetz Nr. 56 der amerikanischen Militärregierung

Aus: Amtsblatt der Militärregierung, Deutschland, Amerikanisches Kontrollgebiet, Ausgabe C vom 1.4.1947, S. 2–6.

advisable to clarify the application of Military Government Proclamation No. 2 by redefining and substantially limiting the broad powers reserved to Military Government and to the Ministers President acting under the authority of Military Government set out in such Proclamation,

NOW, THEREFORE, I, General Joseph T. McNarney, Commanding General, United States Forces European Theater, and Military Governor for Germany (U. S.), do hereby proclaim as follows:

ARTICLE I

Full legislative, executive and judicial power exists in the respective States of Hesse, Württemberg-Baden and Bavaria in accordance with their constitutions, subject only to the following reservations stated by the Deputy Military Governor in the respective letters approving the constitutions:

a. International agreements to which the United States is a party,

b. Quadripartite legislation,

c. Powers reserved to Military Government in order to effectuate basic policies of the occupation.

ARTICLE II

In the fields reserved to Military Government, as set forth in Article I hereof, and only with respect to such fields, the authority of Military Government and of the Ministers President thereunder continues in force as provided in Military Government Proclamation No. 2.

ARTICLE III

Legislation in the fields reserved to Military Government which is approved and promulgated by the Ministers President pursuant to Article II hereof shall require the approval of Military Government in advance of its promulgation in accordance with Article III of Military Government Proclamation No. 2.

ARTICLE IV

This Proclamation shall become effective as to the State of Bremen upon its adoption of a constitution, subject to the reservations which may be stated by Military Government in approving any such constitution.

JOSEPH T. McNARNEY
General, U. S. Army,
Commanding General,
United States Forces
European Theater, and
Military Governor for Germany (U.S.)

Dated: 1 March 1947

gebracht, die Anwendbarkeit der Proklamation Nr. 2 der Militärregierung zu klären und zwar durch eine Neufassung und wesentliche Begrenzung der weitgehenden Befugnisse, die für die Militärregierung und den von ihr ermächtigten Ministerpräsidenten in dieser Proklamation vorbehalten sind.

Ich, General Joseph T. McNarney, Kommandierender General der Amerikanischen Streitkräfte in Europa und Militärgouverneur (U.S.) für Deutschland, erlasse daher die folgende Proklamation:

ARTIKEL I

Gemäß ihren Verfassungen haben die Länder Hessen, Württemberg-Baden und Bayern volle gesetzgebende, vollziehende und richterliche Gewalt, die lediglich durch die folgenden, von dem stellvertretenden Militärgouverneur in den die Verfassungen bestätigenden Schreiben gemachten Vorbehalte eingeschränkt ist:

a. Internationale Vereinbarungen, an denen die Vereinigten Staaten beteiligt sind,

b. Vier-Mächte-Gesetzgebung,

c. Befugnisse, die der Militärregierung zur Verwirklichung grundlegender Ziele der Besetzungspolitik vorbehalten sind.

ARTIKEL II

Auf den nach Artikel I dieser Proklamation der Militärregierung vorbehaltenen Gebieten, und nur auf diesen, bleibt die Machtbefugnis der Militärregierung und der von ihr ermächtigten Ministerpräsidenten, wie in Proklamation Nr. 2 der Militärregierung vorgesehen, bestehen.

ARTIKEL III

Gesetzgebung auf den der Militärregierung vorbehaltenen Gebieten, die von den Ministerpräsidenten auf Grund des Artikels II dieser Proklamation genehmigt und verkündet wird, bedarf vor ihrer, in Artikel III der Proklamation Nr. 2 der Militärregierung vorgesehenen Verkündung der Genehmigung der Militärregierung.

ARTIKEL IV

Diese Proklamation tritt für das Land Bremen mit der Annahme einer Verfassung unter den etwaigen, von der Militärregierung bei der Genehmigung einer solchen Verfassung gemachten Vorbehalten in Kraft.

JOSEPH T. McNARNEY
General, Armee der
Vereinigten Staaten,
Kommandierender General der
Amerikanischen Streitkräfte in Europa
und Militärgouverneur (U.S.)
für Deutschland

1. März 1947

MILITARY GOVERNMENT — GERMANY
UNITED STATES ZONE AND LAND BREMEN

LAW NO. 56

Prohibition of Excessive Concentration of German Economic Power

This law is enacted, in accordance with paragraph 12 of the Potsdam Agreement, in order: (i) to prevent Germany from endangering the safety of her neighbors and again constituting a threat to international peace, (ii) to destroy Germany's economic potential to wage war, (iii) to insure that measures taken for Germany's reconstruction are consistent with peaceful and democrativ purposes, (iv) to lay the groundwork for building a healthy and democratic German economy.

MILITÄRREGIERUNG — DEUTSCHLAND
AMERIKANISCHE ZONE UND LAND BREMEN

GESETZ NR. 56

Verbot der übermäßigen Konzentration deutscher Wirtschaftskraft

Dieses Gesetz wird erlassen gemäß Ziffer 12 des Potsdamer Abkommens,

(I) um zu verhindern, daß Deutschland die Sicherheit seiner Nachbarn gefährdet und den internationalen Frieden von neuem bedroht;

(II) um Deutschlands wirtschaftliche Fähigkeit, Krieg zu führen, zu zerstören;

(III) um sicherzustellen, daß die für den Wiederaufbau

2

https://doi.org/10.1515/9783111517674-013

To this end it is desirable that the German economy be reorganized and that concentrations of economic power as exemplified, in particular, by cartels, syndicates, trusts, combines, and other types of monopolistic or restrictive arrangements which could be used by Germany as instruments of political or economic aggression, be eliminated at the earliest practicable date. It is likewise desirable to prevent Germany from using international cartels and similar international arrangements in the same manner.

It is therefore ordered as follows:

ARTICLE I

PROHIBITION OF RESTRICTIVE AND MONOPOLISTIC ENTERPRISES AND PRACTICES

1. Excessive concentrations of German economic power, whether within or without Germany and whatever their form or character, insofar as such concentrations or any part or activity thereof are subject to the jurisdiction of Military Government, are prohibited, their activities are declared illegal and they shall be eliminated, except as hereinafter provided in Article III.

2. Cartels, combines, syndicates, trusts, associations or any other form of understanding or concerted undertaking between persons, which have the purpose or effect of restraining, or of fostering monopolistic control of, domestic or international trade or other economic activity, or of restricting access to domestic or international markets are hereby declared to be excessive concentrations of economic power within the purview of this law.

3. All economic enterprises having their headquarters located in the United States Zone (or Land Bremen) and employing, in Germany on the effective date of this law, or thereafter, directly or indirectly, more than 10,000 persons shall be examined as **prima facie** constituting excessive concentrations of economic power, and shall be dealt with in accordance with the provisions of this law if Military Government or its designated agency determines that these enterprises do, in fact, constitute excessive concentrations of economic power provided, however, that when such economic enterprises are located entirely within the United States Zone (or Land Bremen) on the effective date of this law, or thereafter, they shall be dealt with in accordance with the provisions of this law as excessive concentrations of economic power unless their continuance is approved by Military Government.

4. It shall be the duty of such agency as Military Government shall designate for the purpose, to determine the general or special circumstances under which any enterprise or activity, not included within the definitions set out in paragraphs 2 and 3 above, but whose character or activities are deemed objectionable, shall be considered to constitute an excessive concentration of economic power. In making such determination, consideration shall be given to the following factors:

(1) The percentage of the total German production or other economic activity in the field in which the enterprise operates which is produced or controlled by such enterprise;

(2) The asset value of the enterprise and its annual volume of business;

(3) The number of persons directly or indirectly employed by the enterprise;

Deutschlands ergriffenen Maßnahmen mit friedlichen und demokratischen Zielen in Einklang stehen;

(IV) um die Grundlage für den Aufbau einer gesunden und demokratischen deutschen Wirtschaft zu schaffen.

Um dieses Ziel zu erreichen, ist es wünschenswert, die deutsche Wirtschaft zu reorganisieren und Konzentrationen der Wirtschaftskraft — wie sie insbesondere Kartelle, Syndikate, Truste, Interessengemeinschaften und sonstige Typen von monopolistischen oder beschränkenden Abkommen darstellen, die von Deutschland als politische oder wirtschaftliche Angriffswerkzeuge benutzt werden könnten — so bald wie möglich zu beseitigen. Es ist gleichfalls wünschenswert, Deutschland daran zu hindern, sich internationale Kartelle und ähnliche internationale Abmachungen in derselben Weise nutzbar zu machen.

Es wird daher Folgendes verordnet:

ARTIKEL I

VERBOT VON BESCHRÄNKENDEN UND MONOPOLISTISCHEN WIRTSCHATSUNTERNEHMEN UND GESCHÄFTSGEBAREN

1. Übermäßige Konzentrationen der deutschen Wirtschaftskraft, gleichviel ob innerhalb oder außerhalb Deutschlands und ohne Rücksicht auf ihre Form und ihren Charakter, sind, soweit sie oder ihre Tätigkeit ganz oder teilweise der Zuständigkeit der Militärregierung unterworfen sind, verboten; ihre Betätigungen werden für ungesetzlich erklärt, und sie sind zu beseitigen, vorbehaltlich der Bestimmungen des Artikels III.

2. Kartelle, Interessengemeinschaften, Syndikate, Truste, Verbände und alle sonstigen Formen von Absprachen oder gemeinschaftlichen Unternehmungen von Personen, deren Zweck oder Wirkung in der Beschränkung des Binnen- oder Welthandels oder anderer wirtschaftlicher Tätigkeit, in der Förderung einer monopolistischen Kontrolle derselben oder in der Beschränkung des Zugangs zu Binnen- oder Weltmärkten besteht, werden hiermit für übermäßige Konzentrationen der Wirtschaftskraft im Geltungsbereich dieses Gesetzes erklärt.

3. Sämtliche wirtschaftlichen Unternehmen, die ihren Sitz in der Amerikanischen Zone (oder im Lande Bremen) haben und die am Tage des Inkrafttretens dieses Gesetzes oder zu einem späteren Zeitpunkt unmittelbar oder mittelbar mehr als 10 000 Personen in Deutschland beschäftigen, werden als **prima facie** übermäßige Konzentrationen der Wirtschaftskraft einer Prüfung unterworfen und sind gemäß den Bestimmungen dieses Gesetzes zu behandeln, wenn die Militärregierung oder die von ihr bezeichnete Stelle feststellt, daß diese Unternehmen tatsächlich übermäßige Konzentrationen der Wirtschaftskraft darstellen, jedoch mit der Maßgabe, daß Wirtschaftsunternehmen, die am Tage des Inkrafttretens dieses Gesetzes oder zu einem späteren Zeitpunkt in ihrer Gesamtheit innerhalb der Amerikanischen Zone (oder des Landes Bremen) gelegen sind, als übermäßige Konzentrationen der Wirtschaftskraft gemäß den Bestimmungen dieses Gesetzes zu behandeln sind, falls nicht ihr Weiterbestehen von der Militärregierung genehmigt ist.

4. Es ist die Pflicht der von der Militärregierung zu diesem Zwecke bezeichneten Stelle, die allgemeinen oder besonderen Bedingungen festzulegen, unter denen ein Unternehmen oder eine Tätigkeit, die nicht unter die in Ziffer 2 und 3 aufgeführten Begriffsbestimmungen fällt, deren Charakter oder Geschäftsgebaren jedoch als bedenklich angesehen wird, als übermäßige Konzentration der Wirtschaftskraft gilt. Bei solchen Feststellungen sind die folgenden Umstände zu berücksichtigen:

(1) der von dem betreffenden Unternehmen erzeugte oder kontrollierte prozentuale Anteil an der deutschen Gesamtproduktion oder sonstiger wirtschaftlicher Betätigung auf dem Gebiete, in dem das Unternehmen tätig ist;

(2) der Wert des Aktivvermögens des Unternehmens und sein Jahresumsatz;

(3) die Anzahl der unmittelbar oder mittelbar von dem Unternehmen beschäftigten Personen;

(4) The character of the production and the nature of the activity of the enterprise;

(5) The nature and extent of the participation of the enterprise in any contract, agreement, combination, practice, or other arrangement or relationship of a restrictive or monopolistic character, such as is referred to in paragraph 2 of this Article, or which tends to create special privileges in the purchase or sale of materials, to restrict production or distribution, to fix prices, or to allocate business or sales territories, or which provides for the exclusive exchange of patents or technical information;

(6) Any grouping of enterprises or activities of similar or dissimilar character or covering distinct stages of production.

ARTICLE II
PROHIBITION OF GERMAN PARTICIPATION IN INTERNATIONAL CARTELS

5. Participation, directly or indirectly by any German person within the jurisdiction of Military Government in any cartel, combination, enterprise, activity or relationship which has the purpose or the effect of restraining international trade or other economic activity is hereby declared illegal and is prohibited. This provision shall not be construed, however, to prohibit ordinary agency agreements and transactions of purchase and sale which do not have this purpose or effect.

ARTICLE III
EXEMPTIONS

6. The agency designated by Military Government to enforce this law will consider, and in approved cases, grant exemptions in respect to any agreement, arrangement, act or purpose otherwise prohibited by this law, if it is considered that the character or activities of the enterprise under review:

(a) Are not repugnant to the purposes of this law; or

(b) Are required to further the declared objectives of Military Government.

ARTICLE IV
POWERS AND DUTIES OF THE IMPLEMENTING AGENCY

7. The agency designated by Military Government to enforce this law will take such action in regard to the elimination of enterprises or activities prohibited by this law as it finds appropriate to accomplish the purposes thereof, including the elimination of corporate entities, the redistribution and removal of property, investments and other assets and the cancellation of obligations of cartels, syndicates, trusts, combines or other organizations of a monopolistic or restrictive character; and shall to the extent appropriate to carry out the purposes of this law have the power to:

(a) Issue and enforce such rules, regulations, orders, directives, and definitions as it may deem appropriate;

(b) Determine the principles, plans and procedure for the elimination of prohibited enterprises;

(c) Consider reports and proposed plans for elimination of enterprises and activities prohibited by this law and for the establishment of deconcentrated or reorganized production units;

(d) Investigate, collect and compile information concerning the properties, products, ownership, management, control, organization, business, and business conduct of any person or enterprise and its relation to other persons or enterprises wherever situated;

(4) die Art der Produktion und die Natur der Tätigkeit des Unternehmens;

(5) die Art und das Ausmaß der Beteiligung des Unternehmens an Verträgen, Abkommen, Zusammenschlüssen, Geschäftshandlungen oder sonstigen Abmachungen oder Beziehungen beschränkender oder monopolistischer Natur, wie in Ziffer 2 dieses Artikels angegeben, oder welche auf die Schaffung besonderer Vorrechte beim Ankauf oder Verkauf von Material, die Beschränkung von Produktion oder Verteilung, die Festsetzung von Preisen, die Zuteilung von Geschäfts- oder Absatzgebieten abzielen, oder welche den ausschließlichen Austausch von Patenten oder technischer Information vorsehen;

(6) die Zusammenfassung von Unternehmen oder Betätigungen ähnlicher oder verschiedener Art oder von bestimmten Produktionsstufen.

ARTIKEL II
VERBOT DEUTSCHER BETEILIGUNG AN INTERNATIONALEN KARTELLEN

5. Die unmittelbare oder mittelbare Beteiligung einer deutschen Person, die der Zuständigkeit der Militärregierung unterworfen ist, an einem Kartell, Zusammenschluß, Unternehmen, einer Tätigkeit oder an Beziehungen, deren Zweck oder Wirkung in der Beschränkung des internationalen Handels oder anderer wirtschaftlicher Betätigung besteht, wird hiermit für ungesetzlich erklärt und verboten. Diese Bestimmung ist jedoch nicht auszulegen als Verbot von gewöhnlichen Vertriebsberechtigungen und Ankaufs- und Verkaufsgeschäften, die nicht diesen Zweck oder diese Wirkung haben.

ARTIKEL III
BEFREIUNGEN

6. Die von der Militärregierung mit der Durchführung dieses Gesetzes beauftragte Stelle hat hinsichtlich von Vereinbarungen, Abmachungen, Handlungen oder Zwecken, die anderenfalls durch dieses Gesetz verboten sein würden, Befreiungen in Betracht zu ziehen und, wenn sie solche für angebracht hält, zu gewähren, falls sie zu dem Ergebnis gelangt, daß Charakter oder Betätigung des betreffenden Unternehmens

(a) mit den Zwecken dieses Gesetzes nicht in Widerspruch stehen oder

(b) zur Förderung der festgelegten Ziele der Militärregierung erforderlich sind.

ARTIKEL IV
BEFUGNISSE UND PFLICHTEN DER AUSFÜHRENDEN DIENSTSTELLE

7. Die von der Militärregierung mit der Durchführung dieses Gesetzes beauftragte Stelle hat bezüglich der Beseitigung der durch dieses Gesetz verbotenen Unternehmen oder Betätigungen die Maßnahmen zu ergreifen, die ihr zur Erreichung der Ziele dieses Gesetzes angebracht erscheinen, einschließlich der Beseitigung von Körperschaften, der Neuverteilung und dem Entzug von Vermögen, Vermögensanlagen und sonstigen Vermögenswerten, und der Aufhebung der von Kartellen, Syndikaten, Trusten, Interessengemeinschaften und anderen Organisationen monopolistischer oder beschränkender Natur eingegangener Verpflichtungen; sie hat, soweit es für die Durchführung der Zwecke dieses Gesetzes erforderlich ist, die Befugnis:

(a) die ihr zweckmäßig erscheinenden Vorschriften, Ausführungsverordnungen, Anordnungen, Anweisungen und Begriffsbestimmungen zu erlassen und durchzusetzen;

(b) die Grundsätze, Pläne und das Verfahren für die Beseitigung der verbotenen Unternehmen zu bestimmen;

(c) Berichte und Vorschläge zur Beseitigung der durch dieses Gesetz verbotenen Unternehmen und Betätigungen und zur Schaffung dekonzentrierter oder reorganisierter Produktionseinheiten zu prüfen;

(d) Untersuchungen zu führen, Material zu sammeln und zusammenzustellen hinsichtlich Vermögen, Erzeugnissen, Eigentumsverhältnissen, Geschäftsleitung, Kontrolle, Organisation, Geschäften und geschäftlichem Gebaren aller Personen oder Unternehmen und deren Beziehungen zu anderen Personen oder Unternehmen, gleichviel wo sie sich befinden;

(e) Require the compilation and submission of information, and the keeping of records; seize or require the production of records, books of account, contracts, agreements, correspondence, or papers; require the attendance and testimony of witnesses under oath and the production of evidence;

(f) Seize, hold or require the conveyance of property; direct the termination or dissolution of any contract, enterprise, arrangement or relationship; and take such other measures as it may deem appropriate and consistent with the provisions of this law;

(g) Require enterprises subject to the prohibitions of Article I to submit plans for the disposal of assets or other appropriate action for the purpose of compliance with this law; approve such plans; and prohibit unauthorized transfers of property by such enterprises prior to such approval.

8. The agency referred to in paragraph 7 above may delegate to appropriate German governmental agencies such powers, and may issue such directives with respect thereto, as it may deem necessary for the enforcement and application of this law.

ARTICLE V

DEFINITIONS

9. As used in this law:

(a) The term "person" shall mean any natural or juristic person existing under public or private law, including associations, corporations, partnerships or governmental agencies;

(b) The terms "enterprise", "activity" and "relationship" shall mean every kind of economic, business or financial instrumentality, activity or person, whether in the form of a cartel, trust, combine, stock company, syndicate, concern, aggregate of firms or bodies, or otherwise and whether related by agreement, combination, association or understanding;

(c) The expression „cartels, combines, syndicates, trusts, associations or any other form of understanding or concerted undertaking between persons, which have the purpose or effect of restraining or fostering monopolistic control of, domestic or international trade or other economic activity, or restricting access to domestic or international markets" shall include the following:

(1) The fixing of prices or the terms or conditions in the purchase or sale of any product or thing;

(2) The exclusion of any person from any territorial market or field of business activity, the allocation of customers, or the fixing of sales or purchase quotas, except insofar as such arrangements are not designed to reduce competition and are merely bona fide marketing arrangements between a particular enterprise and its distributing agents with respect to its own products;

(3) The allocation of distributors or the allocation of products among customers;

(4) The boycott of, or discrimination against, any manufacturer, distributor, consumer, or other person for the purpose of eliminating or preventing competition;

(5) The limitation of production or the fixing of production quotas;

(6) The suppression of technology or invention, whether patented or unpatented;

(7) The devising of any arrangement, in connection with the exploitation of patents or other similar exclusive privileges, so as to extend the monopoly or privilege to matters not contained in the authorized grant.

(e) die Zusammenstellung und Unterbreitung von Auskünften und die Führung von Akten anzuordnen; Akten, Geschäftsbücher, Verträge, Abkommen, Schriftwechsel oder Geschäftspapiere zu beschlagnahmen oder deren Vorlage anzufordern; das Erscheinen und die eidliche Vernehmung von Zeugen und die Vorlage von Beweismaterial zu verlangen;

(f) Vermögen zu beschlagnahmen, in Besitz zu nehmen oder dessen Übertragung zu verlangen; die Beendigung oder Auflösung von Verträgen, Unternehmen, Abmachungen oder Beziehungen zu verfügen und sonstige Maßnahmen zu ergreifen, die ihr geeignet und mit den Bestimmungen dieses Gesetzes vereinbar erscheinen.

(g) Unternehmen, die den Verbotsbestimmungen des Artikels I unterliegen, anzuweisen, daß sie Pläne für die Verfügung über Vermögenswerte oder andere geeignete Maßnahmen zum Zwecke der Befolgung dieses Gesetzes unterbreiten, solche Pläne zu genehmigen und unbefugte Vermögensübertragungen solcher Unternehmen vor Erteilung einer solchen Genehmigung zu verbieten.

8. Die in Ziffer 7 erwähnte Stelle kann an geeignete deutsche Regierungsstellen diejenigen Befugnisse übertragen und diejenigen darauf bezüglichen Anweisungen erlassen, die sie zur Durchsetzung und Anwendung dieses Gesetzes für erforderlich hält.

ARTIKEL V

BEGRIFFSBESTIMMUNGEN

9. In diesem Gesetz gilt der folgende Sprachgebrauch:

(a) Der Ausdruck „Person" bedeutet jede natürliche und juristische Person des öffentlichen oder privaten Rechts einschließlich Personenvereinigungen, Körperschaften, Gesellschaften und Regierungsstellen.

(b) die Ausdrücke „Unternehmen", „Tätigkeit" und „Beziehungen" umfassen jede Art von wirtschaftlichen, geschäftlichen oder finanziellen Gebilden, Betätigungen oder Personen, sei es in der Form eines Kartells, Trustes, einer Interessengemeinschaft, einer Aktiengesellschaft, eines Syndikates, Konzernes, der Zusammenfassung von Firmen oder Personengesamtheiten, oder sei es in anderer Weise, gleichviel ob sie auf einem Abkommen, einem Zusammenschluß, einer Personenvereinigung oder einer Absprache beruhen.

(c) der Ausdruck „Kartelle, Interessengemeinschaften, Syndikate, Truste, Verbände und alle sonstigen Personen, deren Zweck oder Wirkung in der Beschränkung des Binnen- oder Welthandels oder anderer Wirtschaftstätigkeit, in der Förderung einer monopolistischen Kontrolle derselben, oder in der Beschränkung des Zugangs zu Binnen- oder Weltmärkten besteht", umfaßt folgendes:

(1) die Festsetzung von Preisen oder Zahlungs- oder sonstigen Bedingungen beim Ankauf oder Verkauf von Erzeugnissen und Gegenständen aller Art;

(2) den Ausschluss von Personen von Marktgebieten oder geschäftlichen Tätigkeitsbereichen, die Zuteilung von Kundschaft, oder die Festsetzung von Verkaufs- oder Einkaufskontingenten, mit Ausnahme von Abmachungen, die nicht die Beschränkung des Wettbewerbes zum Ziele haben, und bei denen es sich nur um in gutem Glauben abgeschlossene Marktabreden zwischen einem bestimmten Unternehmen und seinen Großhandelsvertretern bezüglich der eigenen Erzeugnisse handelt;

(3) die Zuteilung von Grossisten oder die Zuteilung von Erzeugnissen an Kunden;

(4) den Boykott oder die diskriminierende Behandlung von Herstellern, Grossisten, Verbrauchern oder anderen Personen zum Zwecke der Ausschaltung oder Verhinderung des Wettbewerbes;

(5) die Beschränkung der Produktion oder die Festsetzung von Produktionskontingenten;

(6) die Unterdrückung technischer Neuerungen oder Erfindungen, gleichviel ob patentiert oder nicht;

(7) Abmachungen im Zusammenhang mit der Ausbeutung von Patenten oder anderen ähnlichen ausschließlichen Schutzrechten mit dem Ziele, das Monopol oder das Schutzrecht auf Gegenstände auszudehnen, die in der gesetzmäßigen Erteilung nicht enthalten sind.

(d) The terms "ownership" and "control" shall include every kind of economic, business, or financial relationship which has the effect of establishing common or concerted action among two or more business units, whether in the form of majority or minority stock participations, direct or indirect power to vote shares, ownership of certificates or other evidences of indebtedness carrying management privileges, personal relationships such as common offices or directorships, contractual arrangements or agreements, or any other relationship having the like effect.

(e) The terms "subject to the jurisdiction of Military Government" and "U. S. Zone" shall include, in addition to the U. S. Zone of Germany, Land Bremen.

ARTICLE VI

CONFLICTING LAWS REPEALED

10. This law, and all regulations, orders and directives issued under it, shall be deemed to repeal, alter, amend or supersede all provisions of German law inconsistend therewith.

ARTICLE VII

PENALTIES

11. Any judicial proceedings under this law shall be taken before either German courts or Military Government courts as Military Government shall decide.

12. Any person violating, or evading, or attempting to violate or evade, or procuring the violation of any provision of this law or of any regulation, order or directive issued thereunder shall upon conviction, be liable to a fine of not more than RM 200.000 or to imprisonment for not more than ten (10) years, or both.

ARTICLE VIII

EFFECTIVE DATE

13. This law shall become effective on 12 February 1947, provided, however, that for a period of six months thereafter, the continuation of acts or condition prohibited under paragraph 3 of Article I shall not subject the violator to criminal prosecution. If it appears to the satisfaction of the agency designated by Military Government that, in the case of a particular enterprise, a longer period is required to effect compliance with this law, said period of six months may be extended as may be necessary.

BY ORDER OF MILITARY GOVERNMENT:

Approved: 28 January 1947

REGULATION NO. 1

[under Law No. 56]

I. PURPOSE OF THIS REGULATION

This regulation is issued under and in amplification of Law No. 56 and shall become effective on 12 February 1947. It has the purpose of:

(a) Defining the procedure to be adopted by enterprises affected by Law No. 56 (herein after called "subject" enterprises).

(b) Defining the procedure which shall govern applications for exemptions from the operation of the Law and requests for interpretation;

(c) Defining the rights of subject enterprises to appeal.

II. EXEMPTIONS

A. Exemption is hereby granted to the Reichsbahn, the Reichspost, and to public utilities in the U. S. Zone, except

(d) Die Ausdrücke „Eigentum" und „Kontrolle" umfassen jede Art von wirtschaftlichen, geschäftlichen oder finanziellen Beziehungen, die ein gemeinsames oder gemeinschaftliches Vorgehen von zwei oder mehr Geschäftsunternehmen zur Folge haben, sei es in der Form von Mehrheits- oder Minderheitsaktienbeteiligungen, von Aktien mit unmittelbarem oder mittelbarem Stimmrecht, des Eigentums an Schuldscheinen oder sonstigen Schuldurkunden, die Vorrechte hinsichtlich der Geschäftsführung mit sich bringen, von persönlichen Beziehungen, wie gemeinsame Organe der Verwaltung oder Geschäftsführung, von vertraglichen Abmachungen oder Abkommen oder von sonstigen Beziehungen mit gleicher Wirkung.

(e) Die Ausdrücke „. . . der Zuständigkeit der Militärregierung ist unterworfen" und „Amerikanische Zone" umfassen außer der Amerikanischen Zone Deutschlands auch das Land Bremen.

ARTIKEL VI

AUFHEBUNG ENTGEGENSTEHENDER GESETZE

10. Durch dieses Gesetz und alle auf Grund desselben erlassenen Ausführungsverordnungen, Anordnungen und Anweisungen gelten alle früheren Bestimmungen des deutschen Rechtes, die mit diesem Gesetz in Widerspruch stehen, als aufgehoben, geändert, ergänzt oder ersetzt.

ARTIKEL VII

STRAFEN

11. Ein gerichtliches Verfahren auf Grund dieses Gesetzes findet gemäß der Entscheidung der Militärregierung entweder vor einem deutschen Gericht oder vor einem Gericht der Militärregierung statt.

12. Wer gegen eine Bestimmung dieses Gesetzes oder eine auf Grund dieses Gesetzes erlassene Ausführungsverordnung, Anordnung oder Anweisung verstößt oder sie umgeht oder es versucht, gegen sie zu verstoßen oder sie zu umgehen oder einen solchen Verstoß herbeiführt, wird, im Falle der Verurteilung mit einer Geldstrafe bis zu 200 000,— RM oder mit Gefängnis bis zu zehn (10) Jahren oder mit beiden Strafen bestraft.

ARTIKEL VIII

DATUM DES INKRAFTTRETENS

13. Dieses Gesetz tritt am 12. Februar 1947 in Kraft, jedoch mit der Maßgabe, daß während eines Zeitraumes von sechs Monaten nach diesem Tage die Fortsetzung von Handlungen oder die Aufrechterhaltung eines Zustandes, die gemäß Artikel I, Ziffer 3, verboten sind, den Zuwiderhandelnden einer strafrechtlichen Verfolgung nicht aussetzt. Ist die von der Militärregierung bezeichnete Stelle im Falle eines bestimmten Unternehmens zu der Überzeugung gelangt, daß ein längerer Zeitraum zur Befolgung dieses Gesetzes erforderlich ist, so kann die vorgesehene Frist von sechs Monaten in dem erforderlichen Ausmaß verlängert werden.

IM AUFTRAGE DER MILITÄRREGIERUNG:

Bestätigt: 28. Januar 1947

AUSFÜHRUNGSVERORDNUNG NR. 1

[zu Gesetz Nr. 56]

I. ZWECK DIESER AUSFÜHRUNGSVERORDNUNG:

Diese Ausführungsverordnung wird auf Grund des Gesetzes Nr. 56 zu dessen Ergänzung erlassen; sie tritt am 12. Februar 1947 in Kraft. Sie hat den Zweck:

(a) das Verfahren zu bestimmen, welches von den unter das Gesetz Nr. 56 fallenden Unternehmen (nachstehend „betroffene" Unternehmen genannt) einzuhalten ist;

(b) das Verfahren zu bestimmen, welches für Anträge auf Befreiungen von der Wirksamkeit des Gesetzes und für Ersuchen auf dessen Auslegung maßgebend ist;

(c) die dem betroffenen Unternehmen zustehenden Rechtsmittel zu bestimmen.

II. BEFREIUNGEN:

A. Befreiung wird hiermit der Reichsbahn, der Reichspost und den gemeinnützigen Betrieben innerhalb der Amerikanischen Zone mit der Maßgabe erteilt, daß die Militär-

Register

https://doi.org/10.1515/9783111517674-014

www.ingramcontent.com/pod-product-compliance
Lightning Source LLC
LaVergne TN
LVHW102229300926
849160LV00006B/79